Die Ost-CDU 1948-1952

Forschungen und Quellen zur Zeitgeschichte

Im Auftrag der
Konrad-Adenauer-Stiftung
herausgegeben von Günter Buchstab,
Klaus Gotto, Hans Günter Hockerts,
Rudolf Morsey und Hans-Peter Schwarz

Band 19
Die Ost-CDU 1948-1952
Zwischen Widerstand und Gleichschaltung

Droste

Michael Richter

Die Ost-CDU 1948–1952

Zwischen Widerstand und Gleichschaltung

Droste

Bayerischer Rundfunk

BAYERISCHER
RUNDFUNK
RA
XX ri
202/92 II

Die Deutsche Bibliothek – CIP-Einheitsaufnahme
Michael Richter
Die Ost-CDU 1948 – 1952
Zwischen Widerstand und Gleichschaltung /
Michael Richter. – 2., korrigierte Aufl. – Düsseldorf: Droste, 1991
(Forschungen und Quellen zur Zeitgeschichte;
Bd. 19)
Zugl.: Bonn, Univ., Diss., 1988/89
ISBN 3-7700-0917-7 Pb.
ISBN 3-7700-0916-9 Gewebe
NE: GT

AUSGESONDERT

1. Auflage 1990
2. korrigierte Auflage 1991

Alle Rechte vorbehalten
© 1991 Droste Verlag GmbH, Düsseldorf
Gesamtherstellung: Richarz Publikations-Service, 5205 Sankt Augustin 1
ISBN 3-7700-0917-7

Inhalt

Teil 2
Zwei deutsche Staaten

Tabellenverzeichnis

a) Verzeichnis der Tabellen und Diagramme im Text

b) Verzeichnis der Tabellen im Anhang

Vorwort

Die vorliegende Untersuchung wurde im Wintersemester 1988/89 von der Philosophischen Fakultät der Rheinischen Friedrich-Wilhelms-Universität in Bonn als Dissertationsschrift angenommen. Sie wurde für die Drucklegung überarbeitet.

Ohne die Unterstützung des Archivs für Christlich-Demokratische Politik der Konrad-Adenauer-Stiftung und der Exil-CDU hätte die Arbeit nicht geschrieben werden können. Mein herzlicher Dank gilt daher Herrn Dr. Klaus Gotto und den Mitarbeitern der Konrad-Adenauer-Stiftung, die mir den Zugang zu den Archivalien möglich machten und mir in zahlreichen Gesprächen Hinweise und Anregungen gaben. Ebenso herzlich bedanke ich mich für die intensive Unterstützung durch den Vorsitzenden der Exil-CDU, Herrn Johann Baptist Gradl, sowie durch alle beteiligten Mitglieder der Exil-CDU. Zu danken habe ich auch den Leitern und Mitarbeitern des Bundesarchivs Koblenz, des Instituts für Zeitgeschichte München, des Public Record Office in London und des Deutschlandbüros der CDU in Berlin für die Bereitstellung umfangreicher Materialien und ihren sachkundigen Rat. Ferner danke ich allen Zeitzeugen, die mir auf Tagungen und in Einzelgesprächen wichtige Informationen gaben.

Zu besonderem Dank bin ich Herrn Professor Dr. Alexander Fischer verpflichtet, der die Entstehung der Arbeit begleitet und das umfangreiche Manuskript durchgesehen hat. Dank sage ich auch den Professoren Dr. Konrad Repgen und Dr. Hans-Peter Schwarz für ihre Hinweise. Ihnen und den Mitherausgebern Dr. Klaus Gotto sowie Professor Dr. Hans Günter Hockerts sei außerdem für die Aufnahme der Untersuchung in die Forschungen und Quellen zur Zeitgeschichte gedankt. Frau Verena Faßbender und Herrn Dr. Hubert Salm von der Konrad-Adenauer-Stiftung danke ich für die redaktionelle Betreuung.

Mein ganz persönlicher Dank gilt meiner Mutter Ingeborg Richter für ihre tatkräftige Hilfe beim Korrekturlesen und beim Schreiben des Manuskriptes.

Köln 1989 Michael Richter

EINLEITUNG

1. Fragestellungen und Zielsetzungen

Bereits im Jahre 1979 betonte Hermann Rudolph, daß „die Vergegenwärtigung ihrer Geschichte ein unverzichtbarer Schlüssel"[1] für die Analyse der DDR ist. Das gilt ebenso für die Bundesrepublik. Während ihrer Entstehungsphase sind in beiden deutschen Staaten die politischen Grundstrukturen geschaffen worden, die sich in ihren wesentlichen Zügen ebenso bis in die jüngste Vergangenheit erhalten haben wie die „selbst in Inhalt und Form ihrer Feindseligkeit"[2] zum Ausdruck kommende Bezogenheit der beiden Staaten aufeinander. Besonders deutlich war diese Affinität in der Zeit der Entstehung der beiden deutschen Staaten. Über diese Zeit liegen der zeitgeschichtlichen Forschung eine Vielzahl von Darstellungen vor, in denen die Prozesse, die zur Teilung Europas und Deutschlands geführt haben, in ihren Kausalitäten und Interdependenzen aufgearbeitet wurden. Auch die während des Prozesses der Teilung Deutschlands unternommenen Versuche, die Einheit des Landes zu erhalten, sind ausführlich und kontrovers diskutiert worden. In die Kontroversen einbezogen war und ist die Haltung der größeren Parteien und ihrer führenden Politiker in den westlichen Zonen bzw. der Bundesrepublik. Erhebliche Defizite gibt es hingegen bei der Einordnung von Politikern der CDU der SBZ und der aus ihr hervorgegangenen Parteiformationen. Bisher unbekannt ist, welche Rolle CDU-Politiker wie Hickmann, Nuschke oder der erste Außenminister der DDR, Dertinger, im Prozeß der Herausbildung der beiden deutschen Staaten und bei der Teilung Berlins spielten. Diese Lücke möchte die vorliegende Arbeit, die gezielt versucht, der „eigentümliche(n) Gemengelage von Abgrenzung und Verklammerung zwischen den beiden deutschen Staaten und Gesellschaften"[3] Rechnung zu tragen, schließen. Gegenstand der Untersuchung sind die CDU der SBZ und Berlins (CDUD)

---

1 Hermann Rudolph: „Die DDR bekommt ihre eigene Geschichte". In: „Frankfurter Allgemeine Zeitung" vom 11. Juni 1979, zit. b.: A. Fischer: Bilanz und Perspektiven S. 1057.

2 Bleek: Plädoyer S. 141.

3 Ebd.

und die aus ihr hervorgegangenen CDU-Formationen CDU der SBZ/DDR, Exil-CDU der SBZ und die Berliner CDU-Organisationen (Landesverband Berlin der CDU und „Arbeitsgemeinschaft Groß-Berlin beim Gesamtverband der CDU“). Untersucht wird die Parteiorganisation, die Sozialstruktur, die Programmatik und die Funktionen der jeweiligen CDU-Formationen in ihrem politischen und gesellschaftlichen Umfeld. Hintergrund der Darstellung sind die Prozesse der von den alliierten Besatzungsmächten entschiedenen Entwicklung in Deutschland und vor allem die sowjetische Deutschlandpolitik. Eine intensivere Beachtung finden die deutschlandpolitischen Konzeptionen und Aktivitäten der CDU der SBZ/DDR. Angesichts der kontroversen Diskussionen über die 1952 formulierten sowjetischen Neutralisierungsangebote lassen sich aus der Untersuchung der Beziehungen zwischen der sowjetischen Besatzungsmacht und der CDU der SBZ, die sowohl unter der Führung Jakob Kaisers als auch unter der Hugo Hickmanns und Otto Nuschkes modifiziert neutralistische Positionen einnahm, Erkenntnisse über die politischen Absichten und Zielvorstellungen der UdSSR erwarten.

Für eine Bestimmung der Funktion der CDU im Rahmen der sowjetischen Deutschlandpolitik wird zunächst ihr Verhältnis zur SMAD/SKK untersucht. Zunächst geht es darum, welche Positionen SMAD/SKK und SED von 1948 bis 1952 gegenüber der ab 1948 zunächst neutralistisch orientierten CDU einnahmen und welche Schlüsse sich aus der von SMAD/SKK und SED durchgesetzten Veränderung der Organisation, Programmatik und Aufgaben der CDU der SBZ/DDR auf die deutschlandpolitischen Absichten der Sowjets ziehen lassen. Dabei wird das Verhältnis der Sowjets zur CDU der SBZ/DDR, das sich nur unter Beachtung der gesamten politischen und gesellschaftlichen Entwicklung der SBZ bestimmen läßt, in einen Zusammenhang mit den deutschlandpolitischen Optionen der UdSSR gestellt. Ebenso werden die Auswirkungen der bei der Gründung des Kominform im September 1947 verkündeten „Zwei-Lager-Theorie“ auf die sowjetische Deutschlandpolitik und damit auf die in die gesamtdeutsche „Arbeitsgemeinschaft der CDU/CSU“ eingebundene CDU der SBZ und Berlins und die Folgen der Anfang 1952 verkündeten Modifizierung dieser Theorie zugunsten einer stärkeren Betonung des Interessenkonflikts zwischen „imperialistischen“ und besiegten „kapitalistischen“ Staaten und der möglichen Interessengemeinschaft der besiegten Staaten (Deutschland, Japan) mit der UdSSR untersucht. Es wird der Frage nachgegangen, ob und inwieweit die CDU der SBZ/DDR Möglichkeiten hatte, Einfluß auf politische Prozesse zu nehmen, oder ob die Entwicklung ausschließlich von den Sowjets bzw. der SED bestimmt wurde. Dabei werden die Beziehungen zwischen SMAD/SKK bzw. SED einerseits und CDU der SBZ/DDR andererseits nach Ebenen (interzonal, zonal, regional) und Bereichen (Politik, Wirtschaft, Gesellschaft) untersucht, um auf diese Weise zu Schlüssen über die Aufgaben und das Selbstverständnis der CDU zu gelangen. Neben der Frage, welche Rolle die CDU in den Konzeptionen der sowjetischen Besatzungsmacht spielte, ist die Wirkung aktiven Gestaltens und passiven Erfahrens politischer Prozesse durch die CDU der SBZ/DDR auf die westlichen Alliierten zu untersuchen. Hatten die Aktivitäten oder das Schicksal Kaisers, Hickmanns, Nuschkes oder Dertingers Einfluß auf Entscheidungen der westlichen Alliierten?

Eine der zentralen Figuren der Politik in der SBZ und im Nachkriegsdeutschland war Jakob Kaiser. Seine Politik, Deutschland zu einer Brücke zwischen Ost und West zu gestalten, hatte vermeintliche Berührungspunkte mit der sowjetischen Deutschlandpolitik. Von daher verdient die Bestimmung des Verhältnisses Kaisers zur sowjetischen Besatzungsmacht für die Interpretation der deutschlandpolitischen Ziele der UdSSR besondere Beachtung. Wenn die Sowjets die Einheit Deutschlands auf neutraler und demokratischer Grundlage anstrebten, wie das bis heute von vielen Historikern behauptet wird, dann erhält die Frage, warum die Sowjets den auf Ausgleich zwischen Ost und West bedachten Vorsitzenden der CDU der SBZ und Berlins, Jakob Kaiser, absetzten, besondere Brisanz. Mit der Person Kaisers verbunden war bis Anfang 1948 das Schicksal der CDU der SBZ, die sich unter Kaiser noch primär als CDUD für ganz Deutschland verstanden hatte. Untersucht wird daher, ob es einen Zusammenhang zwischen der Absetzung Kaisers und der Form und Rolle der CDU der SBZ in der sowjetischen Zone wie in ganz Deutschland gab und ob, wie in der Forschung bis heute behauptet wird, die CDU der SBZ nach Kaisers Absetzung im wesentlichen „gleichgeschaltet" war. Bestimmt werden muß das Verhältnis der zwei Parteiführungen in Berlin (Ost und West) zueinander und das Verhältnis dieser beiden konkurrierenden CDU-Leitungen (CDU der DDR und Exil-CDU der SBZ) zu den gemeinsam beanspruchten mitteldeutschen CDU-Mitgliedern. Ebenso wird den Fragen nachgegangen, ob sich aus der Spaltung des Hauptvorstandes im Dezember 1947 in den Koordinierungsausschuß der Landesvorsitzenden der CDU der SBZ und die Hauptvorstandsmitglieder, die sich der Leitung unter Kaiser anschlossen (Büro Kaiser), auch Polarisierungen innerhalb der Landes- und Kreisverbände und der Orts- und Betriebsgruppen ergaben und ob in den Auffassungen der konkurrierenden Parteivorstände nach der Absetzung Kaisers im Dezember 1947 über die Haltung zum Volkskongreß hinaus wesentliche programmatische Unterschiede existierten. Veränderte sich Kaisers christlich-sozialistische und neutralistische Haltung durch die Verlagerung seines Büros in den Westen Berlins? Vertraten andererseits die Landesvorsitzenden der CDU der SBZ ab Januar 1948 plötzlich in allen Fragen eine andere Haltung als unter der Leitung Kaisers? In welchen Punkten gab es Brüche oder Kontinuität in den Auffassungen? Angesichts der vorherrschenden Meinung von der umfassenden Gleichschaltung der CDU unter Hickmann und Nuschke ab 1948 kommt der Beantwortung der Frage besondere Bedeutung zu, in welchen Punkten sich die CDU ab 1948 sowjetischen Auffassungen (Volkskongreß) näherte und in welchen Bereichen sie ihre Eigenständigkeit länger wahren konnte. In diesem Zusammenhang wird untersucht, ob und inwieweit die CDU der SBZ eine Sonderrolle in der SBZ/DDR spielte und inwieweit die Verwendbarkeit der Partei für mögliche gesamtdeutsche Optionen der UdSSR Auswirkungen auf die Haltung der SMAD/SKK und SED zur CDU hatte. Dabei werden parallele Prozesse in der Umgestaltung der LDP oder SED zum Vergleich herangezogen. Es wird der Frage nachgegangen, welche Rolle die Landes-, Regional- und Kommunalparlamente für der Arbeit der CDU der SBZ spielten, auf welche Weise die Partei die Parlamente nutzte und über welche Mehrheiten sie verfügte. Es findet nicht nur die soziale Struktur und die Programmatik Beachtung, sondern es ist zu klären, in welchem Maße, in welchen Bereichen (Politik, Wirtschaft, Gesellschaft) und auf welchen Ebenen (interzonal, zonal, regional, kommunal) der Partei die Realisierung eigener Vorstellungen gelang und mit welchen Widerständen sie dabei zu rechnen hatte. Beantwortet wird auch, ob die CDU eine "Volkspartei" war oder ob ihre politischen, wirtschaftlichen und gesellschaftlichen Ziele es erlauben, wie dies von DDR-Historikern getan wird, von einer „kleinbürgerlichen" Partei zu sprechen. Weitgehend bekannt ist die Tatsache der Gleichschaltung der CDU der SBZ im Sinne kommunistischer Politik. Ungenau sind hingegen die Vorstellungen darüber, wann und auf welche Weise dieser Prozeß in den verschiedenen Bereichen sowie auf den unterschiedlichen Ebenen abgeschlossen war. Die Behandlung ihrer politischen Gegner erlaubt Einblicke in die Vorstellungen der sowjetischen und deutschen Kommunisten von der politischen Gestaltung eines vereinten Deutschlands. Dennoch ist der Frage nachzugehen, ob der Umgang der Kommunisten mit den demokratischen Kräften in der SBZ Vorlage für ihr geplantes Vorgehen in ganz Deutschland war oder ob in bezug auf Deutschland auch unterschiedliche politische Strukturen für Deutschland oder die sowjetische Zone vorgesehen waren. Daher wird untersucht, ob es während des alliierten Notenwechsels 1952 (Vorrang der Option der Wiedervereinigung) eine Modifizierung im Umgang mit der CDU der DDR gab und ob die politischen Wirkungsmöglichkeiten auf den verschiedenen Parteiebenen wuchsen. Die Analyse versucht zu zeigen, was für und gegen die Annahme spricht, daß die UdSSR die politischen Verhältnisse in der SBZ/DDR als Vorlage für die politische Ordnung eines politisch und militärisch neutralisierten Deutschland ansahen.

Im Zusammenhang mit der Rolle der CDU der SBZ im Rahmen der Umwandlung der SBZ/DDR zu einer kommunistischen Diktatur wird in der Arbeit auch die Entwicklung der Landes- und Kreisverbände, der Orts- und Betriebsgruppenarbeit, der Haltung der CDU innerhalb der Gewerkschaft und der Massenorganisationen untersucht. Dabei werden unterschiedliche Auffassungen in den Parteileitungen auf Zonen/DDR-Ebene, in den Landes- und Kreisvorständen und an der Parteibasis besonders beachtet. Ebenfalls noch nicht geklärt ist, welche Akzeptanz die beiden konkurrierenden Parteiführungen in Berlin (Ost) und in Berlin (West) unter den Mitgliedern hatten und wie sich die Umgestaltung auf Landes-, Kreis-, Orts- und Betriebsebene, in den Massenorganisationen und gesellschaftlichen Institutionen (Schule, Polizei, Justiz etc.) abspielte. Handelte es sich, wie in kommunistischen Darstellungen behauptet, bei dem Prozeß der Umgestaltung der CDU um einen demokratischen, von der Mitgliederschaft ausgehenden Prozeß? Während bisher vor allem die Parteivorstände im Zentrum des Interesses standen, ist zu untersuchen, welchen Einfluß die Landes- und Kreisverbände sowie die Orts- und Betriebsgruppen innerhalb der CDU hatten, wie sich die CDU-Arbeit dort gestaltete, welchen Einfluß die Orts- und Betriebsgruppen in den Gemeinden und Betrieben hatten und ob es regionale Besonderheiten in der Arbeit und in der Entwicklung der Partei gab.

Seit der Gründung der Union hatte es organisatorische und programmatische Unterschiede in den Auffassungen der verschiedenen Gründungszentren gegeben. Vor allem standen sich marktwirtschaftliche und sozialistische sowie zentralstaatliche und föderative Auffassungen gegenüber, die sich im Laufe der Nachkriegsentwicklung weiter modifizierten und differenzierten. In diesem Zusammenhang werden die Zusammenhänge zwischen dem Prozeß der Teilung des Landes 1948 bis 1952 und der Entwicklung der verschiedenen Unionsgliederungen untersucht. Besondere Beachtung finden die neutralistische und christlich-sozialistische Haltung des Koordinierungsausschusses der CDU der SBZ im Prozeß der innerparteilichen Auseinandersetzung in der Union der Westzonen mit den entsprechenden Rückwirkungen auf die CDU der SBZ, der Einfluß der Besatzungsmächte auf die in ihren jeweiligen Zonen geschaffenen politischen, wirtschaftlichen und gesellschaftlichen Realitäten und die Orientierungsvorgaben der Besatzungsmächte bei der Durchsetzung verschiedener programmatischer Auffassungen innerhalb der Unionsverbände der Zonen. Die Arbeit geht der Frage nach, inwieweit sich in der polarisierenden Entwicklung der Union in den Zonen und in Berlin die Teilung Deutschlands widerspiegelt und welche Zusammenhänge es zwischen der politischen Teilung Berlins (Blockade der Westsektoren, Ostmagistrat) und der Teilung des bis dahin einheitlichen Landesverbandes Berlin der CDU gab. Ebenso wird versucht, Klarheit darüber zu gewinnen, welche Motive den Handlungen Hickmanns, Nuschkes, Dertingers oder Göttings zugrunde lagen. Konnte der in Dresden lebende Hickmann überhaupt die der Sowjetisierung der SBZ folgende Westbindung der Westzonen, deren Folge wiederum die noch stärkere Ostbindung der SBZ war, begrüßen? Lagen die Unterschiede in den politischen Auffassungen in regional verschiedenen Sichtweisen und in Rücksichtnahmen gegenüber den politisch und kulturell sehr unterschiedlichen Besatzungsmächten begründet? Welche Chancen hatten Auffassungen in den Unionsverbänden der Zonen (Neutralismus, Sozialismus, Marktwirtschaft, Föderalismus), die den Interessen der jeweiligen Besatzungsmächte entgegenstanden? Die Beantwortung dieser Fragen soll auch Aufschlüsse über den Zusammenhang zwischen politisch-moralischen Grundüberzeugungen und der Adaption verschiedener vorgebener Realitäten im Sinne pragmatischen politischen Handelns geben.

Die Rolle der Exil-CDU der SBZ, ihre Funktionsweise und ihre Rolle innerhalb der CDU/CSU und der Bundesrepublik sowie ihr Wirken in der DDR sind wissenschaftliches Neuland. Dabei zeigt die Existenz und Tätigkeit der Exil-CDU in der Bundesrepublik – wie auch vergleichbarer Parteigliederungen in der SPD und FDP – die enge Verflechtung der politischen Strukturen und Entwicklung in den zwei deutschen Staaten. Die Arbeit versucht sowohl Aufschlüsse über die innerparteilichen

Strukturen und Kräfteverhältnisse der Exilpartei als auch der gesamtdeutschen CDU, deren Gliederung die Exilpartei seit ihrer Gründung 1950 war, zu liefern. Ebenso wird untersucht, welchen Einfluß die mitteldeutsche CDU-Lobby innerhalb der gesamtdeutsch organisierten Bundes-CDU und auf die Deutschlandpolitik der Regierung Adenauer nahm und welche Positionen sie dabei vertrat. In diesem Zusammenhang werden Antworten auf eine Vielzahl von Fragen gesucht: Gab es einen Zusammenhang zwischen dem Modell „Exilpartei" der SBZ in der Bundesrepublik und westlichen alliierten Vorstellungen, wie sie sich in der Politik des „Containment" und des „Roll back" ausdrückten? Welche Haltung nahmen die westlichen Alliierten und die UdSSR gegenüber Exilorganisationen der SBZ/DDR in der Bundesrepublik und in Berlin (West) ein? Welche Schlüsse ergeben sich aus dem Vergleich der Exil-CDU der SBZ mit ähnlichen Exilparteien sowjetisch besetzter Staaten? Welche politischen Grundüberzeugungen und Strategiekonzeptionen lagen der Arbeit der Exil-CDU der SBZ und der des Ostbüros der CDU zugrunde? Gab es ähnliche Aktivitäten auch bei den anderen demokratischen Parteien, und wo lagen Unterschiede und Gemeinsamkeiten in der Art des Vorgehens? Welche Erfolge hatte die Arbeit der Exil-CDU der SBZ und des Ostbüros der CDU? Konnte eine Veränderung politischer Konstellationen erreicht werden? Die Arbeit versucht einen Beitrag zu dem bisher kaum behandelten Komplex des antikommunistisch-demokratischen Widerstandes zu leisten. Trotz ihres Einsatzes für Demokratie und ihres Wirkens gegen den stalinistischen Totalitarismus wird bis heute das Wirken der meisten Akteure eher unter der Rubrik „Kalte Krieger" abgehandelt und mit entsprechenden Aktivitäten der östlichen Seite gleichgesetzt. Die Arbeit untersucht daher, welche Auffassungen von Widerstandsarbeit dem Wirken des Ostbüros der CDU zugrunde lagen, wie sich die Arbeit in westliche Gesamtstrategien gegenüber der expansiven Politik der UdSSR einfügte, welche Veränderungen sich aus der praktischen Arbeit ergaben und welche Bedeutung die Arbeit der Exil-CDU der SBZ und des Ostbüros der CDU für die Menschen in der DDR hatte.

Ein Ziel der Arbeit ist es, die persönliche Haltung führender CDU-Politiker und einfacher Mitglieder zu erklären. Die Entwicklung der CDU wird im Zusammenhang von subjektiven Lebenserfahrungen und politischen Prozessen zu verstehen versucht. Die Auswirkungen, die die materielle Situation der Zeit auf das politische Denken und Handeln der Menschen hatte, die Rolle der psychischen Situation der Deutschen als besiegtes Volk, Schuldkomplexe bei ehemaligen Mitläufern im Dritten Reich und Selbstgerechtigkeit bei denen, die dem Nationalsozialismus widerstanden hatten, sind dabei zu beachten. Es zeigt sich auch immer wieder, daß Aufgaben von den Akteuren aller Ebenen in der damaligen Situation als wichtig angesehen wurden, die sich erheblich von denen unterscheiden, die man im nachhinein als wichtig erkannte. Daraus resultiert die Frage, wie in der Bevölkerung wenige Jahre nach Ende des Zweiten Weltkrieges ihre Situation beurteilt wurde. Gab es Hoffnungen auf eine Besserung, oder war die Stimmung von Pessimismus geprägt? Welche Konsequenzen ergaben sich aus der Einschätzung der Situation für das Denken und Handeln der

Menschen? Wie wirkten sich regionale Unterschiede auf die politische Ausprägung von Grundüberzeugungen aus? Die subjektiven Motive für Handlungen wie loyale Zusammenarbeit mit der Besatzungsmacht, illegale Widerstandsarbeit gegen die von der Besatzungsmacht geschaffenen politischen Strukturen, Flucht, Spitzeltätigkeit, Märtyrertum oder politische Passivität lassen sich heute kaum rekonstruieren. Mit oral history wird versucht, etwas von der Bewußtseinslage und Stimmung der damaligen Zeit einzufangen. Bis heute präsent ist den Akteuren, welche Sorgen sie umtrieben, wie sie ihre Handlungen gegenseitig bewerteten und welche Rolle zum Beispiel persönliche Erlebnisse mit Angehörigen der Besatzungsarmee spielten. Diese schwer verifizierbaren Erfahrungen sollen neben den politischen Prozessen in die Arbeit Eingang finden. Grundlage für das Verständnis der damaligen Entwicklung freilich bleibt eine adäquate Einschätzung sowjetischer Interessen und Vorgehensweisen.

2. Forschungsstand

Folgt man den Darstellungen der Entwicklung der CDU der SBZ/DDR bis Anfang der 80er Jahre, so erhält man – trotz einiger anders lautender Aussagen – den Eindruck, daß die CDU mit der Absetzung Kaisers im Dezember 1947 im wesentlichen gleichgeschaltet war. Während die SED die Macht übernahm und die CDU wie die LDP zu einem „Transmissionsriemen der Partei" umfunktionierte, repräsentierte der legale Vorsitzende der CDU, Kaiser, im Westen Deutschlands weiterhin die CDU-Mitglieder in der SBZ/DDR. Politiker wie Nuschke, Dertinger oder Götting wurden in der Regel undifferenziert als Marionetten der SED dargestellt, die wesentlich zur „Gleichschaltung" beitrugen. Unterschiede zwischen ihnen wurden kaum gemacht. Über Hickmann, einen der interessantesten Politiker der SBZ, wurde bisher kaum berichtet.

Diese polarisierende Darstellung hat ihre Entstehungsgeschichte. Nach der Aufteilung der Parteileitung in zwei konkurrierende Führungszentren – ein Prozeß, der sich innerhalb des Landesverbandes Berlin der CDU wiederholte – gab es unterschiedliche Darstellungen der Abläufe und der Verfassung der beiden Parteiführungen.

Die Darstellungen der CDU-Führung unter Hickmann und Nuschke durch Kaiser und die von ihm bald nach seinem Wechsel in die Berliner Westsektoren geschaffenen Publikationsorgane waren fast für die gesamte westliche Presseberichterstattung maßgeblich. Für die Zeit von 1948 bis 1952 fällt der Informationsfluß von der Zeitung „Der Tag", dem Blatt Kaisers, über die offiziellen Pressedienste der CDU zu verschiedenen westdeutschen Tageszeitungen auf. Die westdeutsche Presse und die Öffentlichkeit schenkten den Aussagen Kaisers Glauben, da man ihn und die ihn umgebenden Politiker in Fragen der CDU der SBZ für kompetent hielt. Aber Kaiser wollte, bei aller Sachkompetenz in Fragen CDU der SBZ/DDR, in der politischen Landschaft der Westzonen/Bundesrepublik Interessen durchsetzen. Um die Anliegen der Bevölkerung der SBZ während des komplizierten Prozesses der Bildung und ersten Festigung der Bundesrepublik in die Politik einbringen und um als Lobby mitteldeutscher Interessen fungieren zu können, brauchte Kaiser ein politisches Fundament, das er neben seiner Tätigkeit als Vorsitzender der Christlich-Demokratischen Arbeitnehmerschaft vor allem als Vorsitzender der CDU der SBZ zu finden suchte. Um sich in dieser Position behaupten zu können, disqualifizierte er die konkurrierende Parteiführung und prägte so das Image der CDU-Führung unter Nuschke wesentlich mit. Den Eindruck einer „gleichgeschalteten", mit der SED, der Sowjetischen Militäradministration (SMAD), im Volkskongreß und in der Nationalen Front eifrig mitarbeitenden CDU der SBZ vermittelte neben Kaiser auch die offizielle kommunistische Presse in der SBZ, die ebensowenig wie Kaiser daran interessiert war, die CDU unter Hickmann oder Nuschke als eine um ihre Eigenständigkeit ringende Partei darzustellen. Der „reaktionäre Flügel" der CDU, dem praktisch fast alle Mitglieder angehörten, wurde als „Kaiser-Clique" innerhalb einer insgesamt „fortschrittlichen" CDU diskreditiert und in seiner Bedeutung heruntergespielt. Damit bestätigte die SED-Presse das Bild, das Kaiser von der Parteiführung verbreitete.

Da aber auch die CDU der SBZ selbst durch entsprechende Zensuranweisungen zunehmend gezwungen war, von sich das Bild einer Partei zu zeichnen, der Volkskongresse und die Blockpolitik mehr am Herzen lagen als die eigene Parteiräson, rundete sich das Bild ab. Die zahlreich vorhandenen Bekundungen ihres Selbstbehauptungswillens wurden kaum beachtet. Die Zeit der Polarisierung und des verstärkt einsetzenden Kalten Krieges forderte klare Fronten.

Nachdem die CDU der SBZ/DDR lange kein Thema für wissenschaftliche Erörterungen dargestellt hatte, setzte, angeregt durch das Bundesministerium für Gesamtdeutsche Fragen, in den sechziger Jahren wieder eine Beschäftigung ein. Sie stand in der Tradition der frühen, von Kaiser beeinflußten Darstellungen und zeichnete wie die vom Bundesministerium für Gesamtdeutsche Fragen geförderte und herausgegebene Darstellung Norbert Mattedis über „Die Gründung und Entwicklung der Parteien in der Sowjetischen Besatzungszone Deutschlands 1945–1949"[4] das Bild einer ab 1948 gleichgeschalteten CDU der SBZ.

Aus derselben Zeit liegen Biographien Kaisers vor. Ein Standardwerk zur Person des ehemaligen CDU-Vorsitzenden stellt die Biographie Werner Conzes (1969) über die Entwicklung Kaisers in den Jahren 1945 bis 1949 dar. Sie stützt sich auf den Nachlaß Kaisers im Bundesarchiv in Koblenz und zeichnet durch die Konzentration auf die Person Kaisers – ganz in der bisherigen Tradition der Darstellung der CDU der SBZ/DDR stehend – das Bild einer Partei, deren Eigenständigkeit mit

4 Vgl. MATTEDI S. 110–115.

der Absetzung Kaisers im Dezember 1947 im wesentlichen beendet ist.[5] Auch bei der Biographie Kaisers von Erich Kosthorst[6] (1972) wiederholt sich dieser Eindruck.[7] Beide Teilbiographien gehören zu einer Reihe, in der 1967 auch ein Band von Elfriede Nebgen, der Mitstreiterin und späteren Ehefrau Kaisers, erschien.[8] Schon die Widmung der Untersuchung über Kaiser an ihn selbst im ersten Band läßt die Intention erkennen, die unbestrittenen Verdienste Kaisers im Widerstand gegen den Nationalsozialismus und bei der Schaffung eines demokratischen Deutschlands herauszustellen. So werden auch bei Conze und Kosthorst die Bemühungen der CDU-Führung unter Hickmann und Nuschke, der Errichtung einer kommunistischen Diktatur Einhalt zu gebieten, sowie die Rolle der Partei als Faktor der sowjetischen Deutschlandpolitik übergangen.[9] In den siebziger Jahren setzte eine differenzierte Bewertung der CDU innerhalb der politischen Struktur der SBZ/DDR ein. Zu nennen sind eine Darstellung von Roderich Kulbach[10] und Veröffentlichungen von Peter Joachim Lapp über die Volkskammer und das Parteiensystem der DDR. 1981 veröffentlichte der Weggefährte Kaisers, Johann Baptist Gradl, eine sehr informative, auch als Quelle zur Geschichte der Partei wichtige Darstellung der Entwicklung der CDU der SBZ 1945–1948,[11] die allerdings das überkommene Bild der ab 1948 gleichgeschalteten CDU, wenn auch nuancierter als bisher, bestätigte.

Kaum neue Informationen lieferte eine Darstellung von Robert K. Furtak[12] aus dem Jahre 1973, der die CDU der SBZ zudem als „Minderheitspartei" bezeichnet, die keine Macht beansprucht hätte. Furtak unterschätzte damit völlig die Bedeutung der CDU der Jahre 1948 bis 1952, indem er sie pauschal mit der späteren CDU der DDR gleichsetzte.

Neue Akzente setzte seit Anfang der achtziger Jahre der Arbeitsbereich Geschichte und Politik der DDR an der Universität Mannheim, der sich seit dem Beginn seiner Forschungen zur Geschichte der SBZ/DDR „zu einem Mittelpunkt der historisch orientierten DDR-Forschung"[13] entwickelt hat. Die hier arbeitende Forschergruppe untersuchte erstmalig auf der Basis bisher unzugänglicher Materialien die politischen Strukturen und Entwicklungen der SBZ und der frühen DDR. Durch die Untersuchungen der Parteien, Organisationen und des Blocks konnten auch über die Rolle der CDU innerhalb der politischen Strukturen der SBZ völlig neue Erkenntnisse gewonnen werden.

---

5 Vgl. CONZE.
6 Vgl. KOSTHORST: Jakob Kaiser.
7 DIRKSEN: Bürgertum S. 361 verweist darauf, daß auch die Darstellungen der Entwicklung der LDP mit dem Jahr 1948 enden.
8 Vgl. NEBGEN: Der Widerstandskämpfer.
9 So auch Alfred GROSSER S. 382.
10 KULBACH: Die CDU-Ost.
11 GRADL: Anfang unter dem Sowjetstern.
12 Vgl. FURTAK S. 193f.
13 NIEDBALSKI S. 756.

Das ist vor allem ein Verdienst von Siegfried Suckut, der sich bisher am ausführlichsten in der gesamten Forschung mit der Entwicklung der CDU in der SBZ beschäftigte und zahlreiche Veröffentlichungen vorgelegt hat.[14] Wie in allen Mannheimer Darstellungen wird allerdings auch in den Beiträgen Suckuts die Bedeutung der CDU im politischen Gefüge der SBZ/DDR eher gering veranschlagt. Das liegt daran, daß sich die Darstellung der Entwicklung der CDU weitgehend auf die SBZ/DDR beschränkt und wichtige deutschlandpolitische Aspekte der Parteientwicklung nicht genügend berücksichtigt wurden. Die Sonderstellung der Berliner Union und die Exil-CDU werden nur am Rande erwähnt. Dennoch stellen die Arbeiten Suckuts bisher die mit Abstand wichtigsten Forschungen über die Geschichte der CDU der SBZ/DDR dar. Sie veranschaulichen eindrucksvoll die internen Entwicklungen in der SBZ und beschreiben präzise die Auseinandersetzungen im Block. Ebenfalls informativ sind zahlreiche Publikationen von Karl Wilhelm Fricke.[15] Für die Geschichte der CDU der SBZ/DDR instruktiv ist vor allem seine Darstellung der Rolle der CDU im antikommunistisch-demokratischen Widerstand.[16] Wichtige Beiträge zur Geschichte der CDU der SBZ/DDR 1948 bis 1952 lieferten seitdem, wenn auch mit sehr unterschiedlichem Ansatz, Winfried Becker,[17] Christel Dowidat[18] und Bernhard Wernet-Tietz.[19]

Sehr positiv wirkt eine Bewertung Kaisers im einleitenden Kommentar der 1988 erschienenen Quellenedition von Tilman Mayer.[20] Aufschlußreich sind die Ausführungen von Christian Hacke[21] in der Einleitung seiner Quellenedition, mit denen er sich als einer der besten Kenner der Person Kaisers erweist.

Aufschlüsse über die Arbeit der Ostbüros der Parteien lassen sich seit neuestem einer Dissertation Wolfgang Buschforts über das Ostbüro der SPD[22] entnehmen. Wenngleich die Untersuchung die politischen Rahmenbedingungen für die Tätigkeit des Ostbüros wenig reflektiert und sich auf dessen Aufbau und Tätigkeit beschränkt, liefert sie zahlreiche vergleichende Hinweise über die Arbeit des Ostbüros der CDU.

Seit etwa zwanzig Jahren gibt die CDU der DDR „Beiträge zur Geschichte der Christlich-Demokratischen Union Deutschlands"[23] heraus, die wegen ihrer parteilichen Darstellungsart mehr als Quelle für bisher nicht zugängliche Informationen

---

14 Vgl. S. SUCKUT im Literaturverzeichnis der Arbeit.
15 Vgl. Beiträge von Karl Wilhelm FRICKE im Literaturverzeichnis.
16 Vgl. FRICKE: Opposition und Widerstand S. 47–67 (Kapitel: CDU und LDP im Ringen um parlamentarische Demokratie).
17 Vgl. BECKER: CDU/CSU 1945–1950.
18 Vgl. DOWIDAT.
19 Vgl. WERNET-TIETZ.
20 Vgl. MAYER.
21 Vgl. Beiträge von Christian HACKE im Literaturverzeichnis.
22 BUSCHFORT: Das Ostbüro der SPD.
23 Vgl. BÖRNER: Für die Souveränität; vgl. G. FISCHER: Die prinzipiellen Auseinandersetzungen; vgl. GUDENSCHWAGER/KOSTKA; vgl. W. HEINRICH; vgl. KIND; vgl. H. KOCH: Dem Fortschritt zugewandt; vgl. KOPPE; vgl. KRUBKE; vgl. V. THIEL; vgl. ZILLIG.

aus Archiven der DDR und Ost-Berlins denn als Beiträge zur wissenschaftlichen Diskussion von Bedeutung sind. Die Beiträge wählen willkürlich Aspekte der Parteientwicklung aus und lassen wesentliche Tatsachen einfach weg. Die Darstellungen wurzeln, obwohl von der CDU herausgegeben, im marxistisch-leninistischen Geschichtsverständnis. Allerdings ist in den letzten Jahren eine leichte Versachlichung der Darstellung festzustellen. Das gilt auch für die neueste marxistisch-leninistische Literatur zur Geschichte der SBZ/DDR,[24] deren Bedeutung für die wissenschaftliche Diskussion damit zunimmt. Neben den neueren Überblickswerken führender SED-Historiker finden sich einige andere, zum Teil schon ältere Arbeiten von DDR-Autoren, die ebenfalls interessante Aspekte zur CDU-Geschichte liefern.[25] Aufschlußreich ist eine Darstellung von Hans Teller[26] über das Wirken des Ostbüros der CDU aus kommunistischer Sicht. Auch vom Institut für Marxismus/Leninismus beim ZK der SED[27] und vom Institut für Gesellschaftswissenschaften beim ZK der SED liegen Veröffentlichungen vor,[28] in denen das Verhältnis der SED zur CDU aus kommunistischer Sicht dargestellt wird. Eine Diskussion mit marxistisch-leninistischen Positionen und Darstellungen wurde in der Arbeit zwar hin und wieder geführt, jedoch nicht gesucht. Wegen der durchgängig fundamentalen Unterschiede in der Darstellung und Bewertung der CDU-Entwicklung hätte die notwendigerweise ideologiekritische Auseinandersetzung mit kommunistischen und adäquaten CDU-Positionen den Rahmen der Arbeit gesprengt.

In der bisherigen Forschung wenig berücksichtigt wurde das Bemühen der CDU der SBZ/DDR um Erhalt der Eigenständigkeit der Partei, wie sie sich vor allem in der Entwicklung der Landesverbände der CDU der SBZ/DDR darstellt. Ebenfalls kaum geklärt war bisher die Rolle der CDU der SBZ/DDR und der Exil-CDU der SBZ in der sowjetischen Deutschlandpolitik, die Interdependenzen zwischen den Unionsgliederungen in Ost und West, die Rolle der Exil-CDU der SBZ in der westdeutschen Politik und die Arbeit des Ostbüros der CDU sowie die damit zusammenhängende Parteiarbeit der Exil-CDU in der SBZ/DDR. Ebenfalls nicht aufgearbeitet war die Entwicklung des Landesverbandes Berlin der CDU im Prozeß der politischen Teilung der Stadt in den Jahren 1948 und 1949. Zur Aufarbeitung dieser Defizite möchte die vorliegende Arbeit beitragen.

---

24 Vgl. BADSTÜBNER; vgl. BADSTÜBNER/HEITZER; vgl. SCHÖNEBURG.

25 Dazu gehören Veröffentlichungen von Jochen CERNY, Günther GROSSER: Das Mehrparteiensystem; Eberhard HEINRICH/Klaus ULLRICH, Heinz HEITZER: Zur Dialektik; Werner HORN: Der Kampf der SED; Gerhard KEIDERLING, Manfred KRAUSE, Werner KÜNZEL, Helmut NEEF: Entscheidende Tage; S. SACHER und Rolf STÖCKIG: Zur Rolle der SED.

26 Vgl. TELLER.

27 Vgl. Veröffentlichungen des IML im Literaturverzeichnis.

28 Vgl. Institut für Gesellschaftswissenschaften beim ZK der SED: Gemeinsam zum Sozialismus.

3. Quellenlage

Das Archiv des Hauptvorstandes der CDU der DDR verfügt über einen umfangreichen Aktenbestand, der über die Entwicklung der Partei detailliert Auskunft geben kann. Da Archive in der DDR und in Berlin (Ost) westlichen Forschern jedoch bisher nur in Ausnahmefällen zugänglich waren,[29] mußte sich die Forschung in der Bundesrepublik auf im Westen zugängliche Quellen stützen. Zur Erforschung der Frühgeschichte der DDR kommt erschwerend hinzu, daß sowjetische Unterlagen ebenfalls nicht zugänglich sind. Da alle wesentlichen Entscheidungen in der SBZ und der DDR Anfang der 50er Jahre von sowjetischen Stellen getroffen wurden, fallen fundierte Aussagen über die Frühgeschichte der DDR schwer.

Dennoch wird die Quellenlage in der DDR von der westlichen Forschung heute positiver beurteilt als noch vor Jahren.[30] Das hat verschiedene Gründe:

In der DDR wurden zahlreiche Akten und andere Texte über die Zeit nach dem Zweiten Weltkrieg veröffentlicht. Neben diesen Dokumentationen erschienen in der DDR verschiedene Erinnerungen, die sich ebenfalls als Quellen eignen.[31] Aufschlüsse liefern auch wissenschaftliche Untersuchungen (Dissertationen, Habilitationen) aus der DDR, die in der Regel auf einer breiten Quellenlage beruhen und oft Originaldokumente umfangreich zitieren.[32] Auch den Beiträgen der CDU der DDR zur Geschichte der CDU[33] lassen sich zahlreiche Informationen zur Parteigeschichte entnehmen. Als Bereicherung der wissenschaftlichen Diskussion sind die Beiträge kaum geeignet, da sie die Entwicklung der CDU aus ideologischen Gründen verzerrt darstellen. Auch die von der CDU der DDR herausgegebenen „Dokumente der CDU“ sind tendenziös und willkürlich zusammengestellt. Die hier veröffentlichten Texte kürzen oft ohne Kennzeichnung die originalen Verlautbarungen. Hintergrund der willkürlichen Auswahl der Texte und ihrer Kürzung sowie der verzerrenden

---

29 Zu den Ausnahmen zählt Siegfried Suckut vom Arbeitsbereich Geschichte und Politik der DDR an der Universität Mannheim, der im Parteiarchiv der CDU der DDR arbeiten konnte und als Ergebnis die Protokolle der Sitzungen des Zentralen Blocks veröffentlichte; vgl. SUCKUT: Blockpolitik.

30 Vgl. WEBER: Die DDR S. 111.

31 Vgl. TJULPANOW: Deutschland nach dem Kriege; vgl. Erinnerungen an Otto Nuschke; vgl. DESCZYK: Ludwig Kirsch; vgl. FISCHER G.: Otto Nuschke; vgl. HEINRICH: Politische Erinnerungen; vgl. SCHAPER: Als die Welt sich wandelte; vgl. WIRTH: Wir leben in der DDR.

32 Vgl. BLEEK S. 1188.

33 Vgl. CDU der DDR: Beiträge zur Geschichte der CDUD.

Darstellung der Entwicklung der CDU in der SBZ/DDR ist das von den Autoren und Herausgebern an das marxistisch-leninistische Geschichtsbild adaptierte eigene Verständnis der Entwicklung der CDU. Demnach wird von den Autoren der CDU der DDR wie von den SED-Autoren die Entwicklung des Parteiensystems der SBZ/DDR vom „Klassenstandpunkt" aus interpretiert.

Eine Quelle zur Entwicklung der CDU stellen die Tageszeitungen der CDU dar, die zum Teil – wie die „Neue Zeit" und einige der Landeszeitungen[34] – in der Bundesrepublik vorhandenen sind. Dazu kommen Funktionärsblätter[35] und Pressemitteilungen der CDU. Sie spiegeln bis 1950 die innerparteilichen Auseinandersetzungen wider und veröffentlichen offizielle Verlautbarungen. Vor allem das Funktionärsblatt „Union teilt mit" liefert zahlreiche Informationen, Stellungnahmen und statistisches Material aus dem gesamten Parteileben. Neben den CDU-Blättern kann auch auf Zeitungen der SED und der SMAD/SKK nicht verzichtet werden, da sich in ihnen sowohl zahlreiche Stellungnahmen zur Entwicklung der CDU als auch Kampagnen gegen die CDU finden. Eine weitere Quelle sind in der Bundesrepublik erschienene Erinnerungen politischer Akteure der Nachkriegszeit, vor allem die Veröffentlichungen von Johann Baptist Gradl,[36] Peter Bloch,[37] Ferdinand Friedensburg,[38] Heinrich Grüber,[39] Hans Edgar Jahn,[40] Ernst Lemmer[41] und Anna Hermes,[42] sind für die behandelte Problematik informativ.

Hinweise zum Verhältnis der westlichen Unionsverbände zur CDU der SBZ/DDR finden sich in veröffentlichten Quellen wie den Protokollen der Zonenausschußsitzungen der CDU der britischen Zone,[43], den Protokollen des CDU-Bundesvorstandes[44] und den Kabinettsprotokollen der Bundesregierung.[45]

---

34 „Der neue Weg". „Märkische Union". „Der Fortschritt". „Der Demokrat".

35 „Union teilt mit". Die Unionbetriebsgruppe. Die Parteiorganisation. Bauernbrief der Union. Union und Wirtschaft. Stimme junger Unionsmitglieder. Die Union in der Sozialpolitik. Kulturbrief der CDU. Die Union in der Kommunalpolitik. Die CDU in der staatlichen Verwaltung. Die Union in der Nationalen Front. Der Unionsfreund.

36 Vgl. GRADL: Sowjetstern.

37 Vgl. BLOCH. Die Erinnerungen Blochs werden von anderen Zeitzeugen als subjektiv bewertet. Vgl. z. B. die Aussagen von Wolfram Kesseler auf der 2. Tagung des Archivs für Christlich-Demokratische Politik „Geschichte der CDU in der SBZ/DDR 1946–1952" am 5./6. Juli 1988 in Schloß Eichholz, Protokoll S. 211. Ähnlich bewerten Erika Wolf und Else Dau die Aussagen Blochs.

38 Vgl. FRIEDENSBURG.

39 Vgl. GRÜBER.

40 Vgl. JAHN: An Adenauers Seite.

41 Vgl. LEMMER: Manches war doch anders.

42 Vgl. Anna HERMES.

43 Vgl. KONRAD-ADENAUER-STIFTUNG: Konrad Adenauer.

44 Vgl. BUCHSTAB: Die Protokolle des CDU-Bundesvorstandes.

45 Vgl. BOOMS.

1988 erschienen von Christian Hacke[46] und Tilman Mayer[47] erstmals Quelleneditionen mit Reden und Aufsätzen Kaisers, durch die ein breiteres wissenschaftliches Publikum mit bereits seit längerem zugänglichen Quellen bekanntgemacht wird. Die Edition Hackes gibt leider die Quellen der Texte nicht an.[48]

Weitere Informationen lassen sich den FRUS-[49] und OMGUS-Akten[50] entnehmen. Vor allem die „Subject Weekly Intelligence Reports“ und die Berichte des „Political Advisors for Germany“ (POLAD) an das „Secretary of State“ in Washington enthalten verschiedene Berichte über die CDU und andere deutsche Parteien. Sie veranschaulichen die Einschätzung der damaligen Entwicklung der Parteien durch die amerikanische Besatzungsmacht. Auch in den Unterlagen des britischen Außenministeriums im Public Record Office in London finden sich ergänzende Hinweise, die für die Arbeit genutzt wurden.

Für die Erforschung der Nachkriegsgeschichte ist die Lektüre westlicher Zeitungen aus der damaligen Zeit nützlich. In ihnen spiegelt sich die Entwicklung in der SBZ/DDR wider. Den Blättern, die vor allem in Berlin über Informanten in der SBZ/DDR verfügten, lassen sich viele Details entnehmen. Für die Darstellung der Entwicklung der CDU wurde vor allem die Zeitung „Der Tag“ ausgewertet, die ab 1948 die Meinung der Exil-CDU der SBZ zu Entwicklungen in der SBZ/DDR veranschaulicht. Das Blatt brachte oft Beiträge, die auf Berichten von Informanten des Ostbüros der CDU in der SBZ/DDR basierten. Da diese Berichte, die sich parallel auch in den Unterlagen der Exil-CDU und im Nachlaß Kaisers finden, Ereignisse oft verzerrt darstellen und zahlreiche ungesicherte Informationen enthalten, ist ein vorsichtiger Umgang mit ihnen geraten. Dennoch liefern sie en bloc ein Stimmungsbild, das als Ergänzung anderer Quellen brauchbar ist. Die Berichte sind von unterschiedlicher Qualität und müssen von Fall zu Fall auf ihre Verwertbarkeit hin beurteilt werden. Zu den Informanten gehörten zum Beispiel hohe Funktionsträger, die sachkundig zu Entwicklungen in den führenden Parteigremien, in der Parteiorganisation sowie in der SBZ/DDR insgesamt Auskunft geben. Daneben gibt es jedoch auch offensichtlich erdachte Berichte von Personen, die sich mit ihren übertrieben sensationellen Meldungen wohl wichtig machen wollten. Alle eingehenden Berichte wurden im Ostbüro der CDU überprüft und je nach ihrer Verwertbarkeit an verschiedene Stellen weitergeleitet.

---

46 Vgl. HACKE: Jakob Kaiser.

47 Vgl. MAYER.

48 Da die vorliegende Arbeit vor der Veröffentlichung von Hackes Publikation entstand, sah der Verfasser angesichts der Tatsache, daß Hacke keine Quellen angibt, keinen Anlaß, Reden, Äußerungen oder Aufsätze Kaisers durchgängig nach Hacke zu zitieren.

49 Vgl. FRUS 1949 3; 1950 4; 1951 3.

50 In den im Archiv des Instituts für Zeitgeschichte (München) aufbewahrten Mikrofiches enthalten vor allem die Bestände MF 260 OMGUS/OMGBS und MF 84 POLAD interessante ergänzende Informationen zur Geschichte der CDU der SBZ.

Berichte westdeutscher Blätter, das zeigen der Informationsfluß und die zeitliche Verschiebung der Meldungen, griffen bei Nachrichten über die CDU in der SBZ/DDR in der Regel auf solche Informationen zurück, die zudem bereits in der Zeitung „Der Tag“ publiziert waren. Bei der Auswertung des Blattes ist Zurückhaltung geboten, da sich neben den oft schwer überprüfbaren Berichten aus der SBZ/DDR darin auch das politische Interesse Kaisers, die CDU in der SBZ/DDR als bereits „gleichgeschaltet“ darzustellen, findet.

Die umfangreichste Quelle zur Frühgeschichte der CDU in der SBZ und in der DDR stellen ohne Zweifel die Bestände der Exil-CDU der SBZ dar, die zum überwiegenden Teil im Archiv für Christlich-Demokratische Politik der Konrad-Adenauer-Stiftung in Sankt Augustin aufbewahrt werden.[51] Ergänzt werden sie durch die Nachlässe von Jakob Kaiser und Pfarrer Ludwig Kirsch im Bundesarchiv in Koblenz.

Im Bestand des Archivs für Christlich-Demokratische Politik befinden sich etwa 70 Nachlässe und Nachlaßsplitter ehemaliger Funktionsträger der CDU der SBZ/DDR von unterschiedlichem Umfang. Am ergiebigsten sind die Nachlässe von Johann Baptist Gradl, Willy Heller, Ernst Lemmer, Otto Lenz und Werner Jöhren. Aber auch kleinere Nachlässe und Nachlaßsplitter enthalten Unterlagen, wie Protokolle von Sitzungen, Berichte und Korrespondenzen. Zu den Nachlässen kommen die Unterlagen des Landesverbandes Berlin der CDU. Zu ihnen gehören Aktenbestände der Berliner CDU-Kreisverbände Prenzlauer Berg, Lichtenberg, Köpenick, Mitte, Schöneberg und Wilmersdorf, die es erlauben, die Teilung des Landesverbandes Berlin der CDU im Jahr 1948 recht genau nachzuzeichnen. Auch in anderen Beständen, so in denen des CDU-Landesverbandes Westfalen-Lippe, in den Akten der Bundesgeschäftsstelle der CDU und in der Abteilung Pressedokumentation, finden sich Unterlagen über die Entwicklung der CDU der SBZ. Selten hingegen stößt man auf Briefwechsel zwischen führenden Politikern der CDU. Sie scheinen nicht in die Bestände Eingang gefunden zu haben. Zum großen Teil werden sie sich im Archiv des Hauptvorstandes der CDU der DDR befinden. Ein erheblicher Bestandteil der Unterlagen der Exil-CDU bzw. des Ostbüros der CDU, zu dem auch der Briefwechsel führender Persönlichkeiten der Exil-CDU gehört, war nicht auffindbar, und stand daher der Auswertung ebenfalls nicht zur Verfügung. Die dennoch umfangreichen Bestände der Exil-CDU im ACDP enthalten vor allem Unterlagen der „Reichsgeschäftsstelle der CDUD“ in Berlin ab 1945, der „Exil-CDU“ und der CDU der DDR. Sie werden ergänzt durch Sach- und Personalunterlagen im Deutschlandbüro der CDU (ehemals Ostbüro) in Berlin. Diese Unterlagen liefern Erkenntnisse über die Entwicklung der CDU in der SBZ/DDR in den vierziger und fünfziger Jahren. Eine weitere Quelle zur Entwicklung der CDU stellen die veröffentlichten Landtagsdrucksachen der Landtage

51 Vgl. BUCHSTAB: Die Bestände des Archivs für Christlich-Demokratische Politik der Konrad-Adenauer-Stiftung.

der SBZ/DDR dar. Die stenographischen Berichte und Drucksachen der Landtage der SBZ/DDR wurden im Rahmen der Arbeit ebenfalls ausgewertet. Vergleicht man die Protokolle der Landtagssitzungen mit Berichten von Informanten des Ostbüros der CDU über die Sitzungen, dann wird deutlich, daß es sich bei den Protokollen um „geglättete“ Darstellungen des Sitzungsverlaufes handelt.[52] Dennoch stellen die Protokolle bis 1950 eine brauchbare Quelle zur Fraktionsarbeit der CDU dar. Nach 1950 kann von einer parlamentarischen Arbeit keine Rede mehr sein, und auch die Drucksachen werden unergiebig. Durch die Verlagerung von Unterlagen der CDU der SBZ nach der Absetzung Kaisers in den Westteil Berlins sowie durch die zahllosen Informanten der Exil-CDU in der DDR ist ein Einblick in interne Entwicklungen der Führung der CDU der DDR möglich. Da die ausgewerteten Unterlagen bereits in der Frühzeit aus der SBZ und dem Ostsektor Berlins verbracht wurden, scheinen Zweifel an ihrer Authentizität unbegründet.[53] Grundsätzlich scheinen Zweifel an Quellenmaterialien jeglicher Art aus der DDR jedoch angebracht.[54]

Alle Unterlagen sind unvollständig. Von den Sitzungen des Politischen Ausschusses der CDU finden sich Protokolle erst ab Oktober 1949. Nur für den allerdings wichtigen Zeitraum von Juni bis Dezember 1950 liegen die Protokolle lückenlos vor. Sie veranschaulichen, auf welche Weise die Gruppe von Funktionären um Gerald Götting die Parteiführung übernahm und die Partei auf prokommunistischen Kurs brachte. Für das Jahr 1951 liegen wenig Unterlagen über die Entwicklung in der Parteiführung vor. Allerdings spiegelt sich die Entwicklung in den für die Jahre 1950/51 fast vollständig vorhandenen Protokollen der Landesvorstandssitzungen der brandenburgischen CDU wider. Für das Jahr 1952 gibt es eine Vielzahl von Protokollen der Sitzungen des Sekretariats und des Erweiterten Sekretariats. Sie erlauben einen Überblick über die organisatorische Umgestaltung der Partei in eine zentralistische Partei unter Leitung eines hierarchisch aufgebauten Systems von eingesetzten Sekretären. Protokolle des Hauptvorstandes existieren über die Jahre 1949 bis 1952 verstreut. Sie sind wenig ergiebig, da wichtige Entscheidungen, die im Politischen Ausschuß und später bei Sekretariatssitzungen gefällt wurden, sich meist nur in Andeutungen wiederfinden. Außerdem fassen die Ergebnisprotokolle die Diskussionen stark zusammen. Bei der Auswertung der Protokolle mußte berücksichtigt werden, daß an nahezu allen Sitzungen Vertreter der sowjetischen Besatzungsmacht teilnahmen und sich die CDU-Funktionäre daher einer „verschlüsselten“[55] Sprache bedienten. Offene Konflikte spiegeln sich daher selten wider. Sie wurden außerhalb

52 Ein entsprechendes Beispiel schildert Bloch S. 135.

53 Vgl. die Auseinandersetzung zwischen S. Suckut und P. J. Lapp über die Authentizität der von S. Suckut edierten Protokolle der Sitzungen des Zentralen Blocks im Deutschland Archiv Hefte 7 und 9 1986.

54 Vgl. Ralf Georg Reuth: „Seltsame Lücken in den Goebbels-Aufzeichnungen. Was in den aus DDR-Archiven stammenden Texten fehlt“. In: „Frankfurter Allgemeine Zeitung“ vom 2. November 1987.

55 Bloch S. 83.

der offiziellen Versammlungen ausgetragen und lassen sich häufig den Berichten der Informanten des Ostbüros entnehmen. Oft wurden von Sitzungen zwei unterschiedliche Fassungen angefertigt, von denen eine für die SMA bestimmt war.[56] Bei der Darstellung der Entwicklung der Exil-CDU ergab sich die Schwierigkeit, daß aufgrund eines Beschlusses ihres Hauptvorstandes von Vorstandssitzungen keine Protokolle angefertigt wurden.[57] Die vorliegenden Protokolle der Sitzungen des Hauptvorstandes, des Politischen Ausschusses der Partei und für die spätere Zeit die Protokolle der Sekretariatssitzungen der CDU der DDR stellen wichtige Quellen zur Frühgeschichte der DDR dar. Sie ermöglichen eine recht genaue Beschreibung der Arbeitsweise der Führung der CDU der SBZ/DDR. Neben den offiziellen Protokollen liegen von wichtigen Sitzungen ebenfalls protokollartige Aufzeichnungen von Informanten des Ostbüros vor. Sie stellen eine aufschlußreiche Ergänzung der offiziellen Protokolle dar.

Vor allem für das Jahr 1950 existieren etwa für jeden zweiten Monat Monatsberichte der Hauptgeschäftsstelle. Ihnen lassen sich Informationen über die organisatorische und politische Entwicklung sowie statistische Angaben entnehmen. Für den Zeitraum vom Oktober 1948 bis zum November 1949 liegt ein Jahresarbeitsbericht der Hauptgeschäftsstelle vor, der ebenfalls wichtige statistische Angaben und Hinweise über die organisatorische Entwicklung enthält.

Protokolle über Landesvorstandssitzungen sind kaum vorhanden. Keine Protokolle gibt es von den CDU-Landesleitungen in Thüringen und Mecklenburg. Die meisten Protokolle stammen aus Brandenburg. Da die Entwicklung in den Ländern und Regionen in den Berichten an das Ostbüro besonders berücksichtigt wurde, wird dieses Defizit an Unterlagen jedoch durch eine Vielzahl von Informationen über die Entwicklung in den Ländern ausgeglichen.

Einblicke in die meist sachbezogene Arbeit der Minister und Staatssekretäre, die der CDU angehörten, liefern die für die zweite Jahreshälfte 1949 recht zahlreich vorhandenen Protokolle der Ministerkonferenzen und Sitzungen der Minister und Staatssekretäre der CDU. Sie enthalten jedoch wenig Informationen über die Entwicklung in der CDU. Dem Umstand, daß eine Vielzahl an Unterlagen der CDU-Fraktion in der Provisorischen Volkskammer aus der Zeit vom 7. Oktober 1949 bis zum Januar 1950 vorliegt, ist es zu verdanken, daß genau über die Haltung der CDU zur DDR-Staatsgründung und ihr Verständnis von parlamentarischer Arbeit im entstehenden SED-Staat berichtet werden kann.

Informationen zur organisatorischen und programmatischen Entwicklung der Partei liefern die Protokolle der Sitzungen der Landesgeschäftsführer (und -sekretäre), die für den Zeitraum vom November 1949 bis zum Januar 1951 mit ebenfalls erheblichen Lücken vorliegen.

---

56 So in der CDU-Fraktion des brandenburgischen Landtags. Vgl. Brief Gerhard Rothe an d. Autor vom 21. Oktober 1987 (ACDP MAT Richter QD).

57 Aussage Oesterlein am 8. November 1988, Protokoll S. 113 (ACDP VI-015).

Recht zahlreich sind Protokolle und Berichte von Sitzungen der Kreis- und Ortsgruppenvorstände. Sie erlauben einen Einblick in die Arbeit an der Parteibasis und veranschaulichen deutlich die wachsenden Diskrepanzen zwischen der Politik der Parteiführung und der Haltung der Mitglieder.

Ausgewertet wurden auch zahlreiche Rundschreiben der Hauptgeschäftsstelle sowie der Landes- und Kreisgeschäftsstellen. Die für das erste Halbjahr 1951 reichlich vorliegenden L-Rundschreiben der Hauptgeschäftsstelle an die Landesvorstände und deren Rundschreiben an die Kreisvorstände veranschaulichen die organisatorische und programmatische Gleichschaltung der Partei von oben nach unten. Berichten die Kreis- und Ortsvorstände 1949 noch selbständig aus ihrem Parteileben, übernehmen sie bereits 1951 lückenlos die von den übergeordneten Parteistellen angewiesenen Beiträge. Die meisten Rundschreiben der Landesverbände existieren aus Sachsen, Sachsen-Anhalt und Berlin. Lückenlos liegen die Rundschreiben des Landesverbandes Sachsen-Anhalt vom Februar bis zum Mai 1951 vor. Sie informieren zugleich über die Entwicklungen im Hauptvorstand.

Trotz erheblicher Lücken in einzelnen Bereichen kann von einer relativ hohen Quellendichte gesprochen werden. Das ist dem Umstand zu verdanken, daß sich die einzelnen Archivalien ergänzen. Die Unvollständigkeit erklärt sich aus dem Umstand, daß die Unterlagen in aller Regel auf illegalem Weg aus der SBZ/DDR verbracht wurden. Vor diesem Hintergrund ist die Fülle des Materials aus der SBZ/DDR und dem Ostsektor Berlins eher erstaunlich.

Zur Ergänzung der schriftlichen Quellen wurden zahlreiche mündliche Befragungen ehemaliger Funktionsträger vorgenommen. Die Protokolle der etwa 40 durchgeführten Interviews mit Zeitzeugen wurden ausgewertet und die gewonnenen Erkenntnisse für die Arbeit genutzt. Von einigen Interviews wurden Wortprotokolle erstellt, die im ACDP aufbewahrt werden. Eine für den Historiker seltene Chance ergab sich durch Projekttagungen, die vom Archiv für Christlich-Demokratische Politik in den Jahren 1981 bis 1988 organisiert wurden. Diese Tagungen dienten ebenfalls der Zeitzeugenbefragung. Zu jeder der bisher fünf Tagungen wurden etwa 20 bis 30 ehemalige Funktionäre der CDU der SBZ/DDR bzw. der Exil-CDU der SBZ eingeladen. Neben den zahllosen Informationen, die für die wissenschaftliche Auswertung auf Band mitgeschnitten wurden, boten die Zusammenkünfte die Gelegenheit, die Zeitzeugen nach Methoden der oral history zu befragen und Forschungsergebnisse zur Diskussion zu stellen. Für den in der vorliegenden Untersuchung bearbeiteten Zeitraum wurden im November 1987 und im Juli 1988 Tagungen mit jeweils etwa 25 ehemaligen Funktionsträgern der CDU der SBZ/DDR veranstaltet. Die Wortprotokolle der Projekttagungen vom 23./24. November 1981, vom 22./23. November 1982, vom 22./23. März 1986, vom 11./12. November 1987 und vom 5./6. Juli 1988, die im ACDP aufbewahrt werden, bilden eine wertvolle Ergänzung des schriftlichen Materials.

Teil 1

Von der Absetzung Kaisers bis zur Gründung der beiden deutschen Staaten

I. Führungswechsel an der Parteispitze

1. Absetzung Kaisers. Koordinierungsausschuß unter Hickmann

Am 19. Dezember 1947 mußten die Vorsitzenden der CDU der SBZ und Berlins, Jakob Kaiser und Ernst Lemmer, auf Anweisung der SMAD von ihren Ämtern zurücktreten. Vier Tage zuvor war in London die 5. Tagung des Rates der Außenminister zu Ende gegangen, deren Scheitern den Endpunkt einer Entwicklung bedeutete, die „von dem Versuch einer Zusammenarbeit der Westmächte mit der Sowjetunion beim Aufbau einer neuen Friedensordnung zur vollkommenen Entfremdung ... sowie zur Spaltung Deutschlands und der gesamten Welt geführt hatte".[1] Mit dem Scheitern der Londoner Konferenz erwies sich, daß die skeptische Lagebeurteilung durch Adenauer zutraf, der seit Mitte 1945 von der Unabwendbarkeit der Teilung Deutschlands überzeugt war.[2] Kaiser hingegen hatte die Verständigungsmöglichkeiten zwischen Ost und West zu optimistisch eingeschätzt und den Prozeß der Herausbildung zweier antagonistischer sozialer und politischer Ordnungssysteme, der 1948 eine „bis aufs 16. Jahrhundert zurückgehende Gleichgewichtspolitik zu Ende"[3] gehen ließ, nicht richtig erkannt. Das Deutschland, dem Kaisers Hoffnungen galten, war als dominierender Akteur ausgeschaltet. Indem die SMAD die Positionen Kaisers „in den Bereich der unrealistischen Wunschträume"[4] verwies, trug sie mit dazu bei, daß Adenauer „aus der Trias Adenauer, Jakob Kaiser, Josef Müller ... zuerst als Primus und später als geschichtlicher Sieger"[5] hervorging. Die alte Konkurrenz zwischen Adenauer und Kaiser ist durch die politisch begrenzte Bewegungsfreiheit der CDU in der SBZ letztlich nicht zur Austragung gekommen.[6]

Die Entscheidung für die Westbindung fiel Adenauer allerdings leichter als den in der SBZ lebenden Politikern. Für sie bedeutete die Westbindung in erster Linie Ostbindung ihrer eigenen Territorien. Ihre Entscheidung für einen Vorrang der auf Neutralisierung hinauslaufenden Wiedervereinigung Deutschlands war, wie immer die Folgen für die Entwicklung in Europa gewesen wären, letztlich nur ein Versuch, der Einbindung in das sowjetische Imperium zu entgehen.

Letzter Anlaß für die Absetzung Kaisers war seine Weigerung, sich an dem von der SED inszenierten „1. Volkskongreß für Einheit und gerechten Frieden" zu beteiligen, dessen Vertreter die sowjetischen Interessen bei der Londoner Konferenz unterstützen sollten. Kaiser bestritt die demokratische Legitimation des Gremiums.

---

1 Meissner: Die Sowjetunion S. 467.
2 Schwarz: Adenauer S. 529.
3 Schwarz: Die außenpolitischen Grundlagen S. 30.
4 Strauss: Konrad Adenauer S. 90.
5 Ebd.
6 Heck: Adenauer S. 197.

Da der Volkskongreß nicht alle politischen Kräfte Deutschlands repräsentiere, diene er nicht der Einheit, sondern der Teilung des Landes. Die CDU-Führung hatte durch ihre Weigerung die SED erstmals gezwungen, eine auf Gesamtdeutschland zielende sowjetische Initiative allein und ohne die formelle Unterstützung der Blockpartner zu ergreifen und damit deren Glaubwürdigkeit offen in Frage gestellt. Für die Sowjets war das Anlaß genug, einen Wechsel in der Führungsspitze der CDU herbeizuführen. Dafür standen ihnen im Hauptvorstand der CDU genügend kooperationsbereite CDU-Politiker zur Verfügung, die sich wie Nuschke und die meisten Landesvorsitzenden aus pragmatischen Gründen bereits 1947 für eine Teilnahme am Volkskongreß ausgesprochen hatten.

Hintergrund der Absetzung war eine Änderung der politischen Strategie der sowjetischen Regierung. Ende September 1947 war im schlesischen Schreiberhau das „Kominform" gegründet worden. Bei der Tagung hatte das Politbüromitglied Andrej Shdanow die „Zwei-Lager-Theorie" offiziell verkündet, nach der eine neutrale Haltung in den weltpolitischen Auseinandersetzungen unmöglich sei.[7]

Wenngleich die SED an der Konferenz nicht beteiligt war, blieben die dort gefaßten Beschlüsse nicht ohne Auswirkungen auf die Entwicklung in der SBZ. Ohne alternative Optionen in der Deutschlandpolitik wie den Versuch, die Deutschen mehrheitlich für ihre Politik zu gewinnen,[8] völlig aufzugeben, basierte die sowjetische Entscheidung für einen „aggressiven revolutionären Kurs"[9] auf einer Strategie der Sowjets, deren Ziel der Aufbau eines in sich festgefügten, der Kontrolle der Moskauer Zentralgewalt unterstehenden Satellitensystems war.[10] Damit stand vor dem Hintergrund der Bildung des Ostblocks auch für die SBZ die Übernahme des sowjetischen Herrschaftssystems auf der Tagesordnung. Die damit einhergehende Zentralisierung der politischen und wirtschaftlichen Prozesse, der Beginn der Planwirtschaft und die Umwandlung der SED in eine leninistische Kaderpartei forderten Eingriffe in die Struktur des Block- und Parteiensystems, die mit einer Abkehr von der These vom „eigenen deutschen Weg zum Sozialismus" verbunden waren. Da auf dieser Theorie auch die Existenz relativ unabhängiger Blockparteien basierte, war die Beendigung ihrer selbständigen Arbeit nur eine Frage der Zeit.

Sein politisches Ziel definierte Stalin im Januar 1948 gegenüber jugoslawischen und bulgarischen Kommunisten wie folgt: „Der Westen wird sich Westdeutschland zu eigen machen, und wir werden aus Ostdeutschland unseren eigenen Staat machen."[11] Wesentliche Weichenstellungen für diese Teilungsoption waren bereits

---

7 Vgl. Hartl/Marx S. 200. Vgl. Bandulet S. 78.

8 Vgl. Pfeiler S. 39.

9 Meissner: Die Sowjetunion S. 448.

10 Geiling: Außenpolitik S. 16.

11 Djilas: Gespräche mit Stalin S. 195. Vgl. Meissner: Die Sowjetunion S. 466.

seit 1945 mit Maßnahmen wie etwa der Bodenreform, den Sequestrierungen und der SED-Gründung getroffen worden.

Ausdruck fand die bevorzugte Arrondierung des Herrschaftsgebietes in der Absetzung des auf einen Ausgleich zwischen Ost und West bedachten Kaiser. Mit ihm stieß die SMAD den einzigen maßgeblichen deutschen Parteiführer aus dem Spiel um die außenpolitische Orientierung Deutschlands, der den Gedanken nationaler Selbständigkeit ohne Bindung an die Blöcke glaubhaft vertreten hatte.[12] Neben dem Willen zur Einheit Deutschlands standen für ihn gute Beziehungen zur UdSSR an zweiter Stelle seiner Prioritätenliste. Vor allem ihn muß die Erkenntnis geschmerzt haben, daß für die Sowjetmacht „grundsätzlich nur Feindseligkeit oder Beherrschungswille gegenüber Völkern und Parteien gilt, die sich der von ihr vertretenen Doktrin nicht unterwerfen".[13] Für Kaiser war es schwer verständlich, daß die Sowjets entgegen nationalen russischen Interessen nur bereit waren, mit Vasallen Politik zu machen. In der Gleichsetzung der Sowjets mit legitimen Vertretern Rußlands lag das Dilemma der Politiker, die hofften, durch ihre Unterordnung unter den Willen der sowjetischen Kommunisten eine demokratische Politik zu erreichen. Nach der Absetzung des CDU-Vorsitzenden Andreas Hermes im Dezember 1945 warf die Absetzung Kaisers für die CDU-Politiker wiederum die Frage auf, von welcher Art Kompromisse bei eigenen Entscheidungen sein dürften, die mit der sowjetischen Besatzungsmacht geschlossen werden konnten. Auch Kaiser hatte, z. B. bei der Frage der „Nationalen Repräsentation", Zugeständnisse an die SMAD gemacht. Seine Kompromißbereitschaft war allerdings in dem Moment verbraucht, in dem die Besatzungsmacht ihn aufforderte, sich dem Volkskongreß zur Verfügung zu stellen, dessen Ziel entweder die Ausweitung des sowjetischen Einflusses auf ganz Deutschland oder die Teilung des Landes war. Mit seiner fehlenden Bereitschaft, in dieser Frage entgegenzukommen, hing auch seine Intoleranz gegenüber Politikern zusammen, deren Kompromißfähigkeit gegenüber der SMAD mit ihrer Beteiligung am „Volkskongreß" noch nicht erschöpft war. Zu ihnen gehörte neben den Landesvorsitzenden der CDU der SBZ auch Nuschke, der immer wieder erklärte, daß für ihn die Möglichkeit entscheidend sei, sich mit der CDU der SBZ und Berlins an zukünftigen freien Wahlen beteiligen zu können. Dafür war er zu Zugeständnissen bereit, die Kaiser bereits zu weit gingen. Wie Kaiser hoffte auch Nuschke nach der Londoner Konferenz noch, die Situation werde sich durch die Verhandlungen der Alliierten ändern. Wie er gingen 1948 viele CDU-Politiker in allen Zonen und in Berlin davon aus, daß die Wiedervereinigung nicht mehr lange auf sich warten lassen würde.

Völlig anders schätzte Adenauer die Situation ein und behielt mit seiner skeptischen Beurteilung der Pläne und Vorgehensweisen der Sowjets auch recht. Für

---

12 Vgl. SCHWARZ: Vom Reich S. 343.
13 EBD.

ihn stand fest, daß an dem Willen der SMAD, einer eigenständigen CDU das politische Rückgrat zu brechen, keine noch so elastische Taktik etwas ändern konnte.[14] Ähnlich argumentierte die Mehrzahl der SPD-Politiker, die Kaiser vorwarfen, er habe durch sein Beharren auf der Fiktion einer möglichen ehrlichen Zusammenarbeit mit den Kommunisten länger als zwei Jahre geholfen, die Menschen über die wahre Situation im östlichen Deutschland hinwegzutäuschen.[15]

Nachdem der für die Parteien zuständige Chef der Informationsabteilung der SMAD, Oberst Sergej Tjulpanow, die Landesvorsitzenden der CDU der SBZ und Berlins aufgefordert hatte, sich von ihrem Parteivorsitzenden zu trennen, erklärten diese unter dem Druck der Ereignisse noch am 19. Dezember 1947: „Die Landesverbände der sowjetischen Zone beabsichtigen, sich solange von der Zonenleitung zu trennen, bis die Basis einer vertrauensvollen Zusammenarbeit zwischen dieser und der SMAD wiederhergestellt ist. Diese Regelung soll trotz des Vertrauens zu Jakob Kaiser erfolgen, weil sonst eine vertrauensvolle Zusammenarbeit in den Landesverbänden mit der SMA nicht möglich und die Fortsetzung einer eigenständigen Unionsarbeit in der Zone notwendig ist."[16] In dieser Situation, in der die Partei praktisch ohne Vorsitz war, erklärte der für die CDU zuständige Offizier der Informationsabteilung der SMAD, Hauptmann Kratyn, daß die SMAD bis auf weiteres die Vorsitzenden der sechs Landesverbände unter Leitung des sächsischen CDU-Landesvorsitzenden Hugo Hickmann und des Vorsitzenden der CDU von Mecklenburg, Reinhold Lobedanz, als oberste Vertretung der CDU der SBZ und Berlins betrachte. Den Vorschlag der Landesvorsitzenden, wie in den westlichen Zonen ohne Zonenleitung zu arbeiten, lehnte die SMAD ab.[17] Sie war nicht daran interessiert, die Leitung der CDU zu dezentralisieren. Die SMAD befahl, Beauftragte zur Sicherung der laufenden Geschäfte in der Partei einzusetzen. Generalsekretär Georg Dertinger schlug für die Funktion den brandenburgischen CDU-Vorsitzenden Wilhelm Wolf, den Berliner Bürgermeister Ferdinand Friedensburg, den stellvertretenden Landesvorsitzenden der Berliner CDU, Heinrich Krone, und Otto Nuschke vor. Hickmann hatte Robert Tillmanns und Krone für diese Funktion vorgeschlagen. Da die SMAD gegen eine Mitarbeit Tillmanns Einspruch erhob, lehnte auch Krone ab.[18] Auch Friedensburg erklärte, er stehe für die Funktion nicht zur Verfügung. Daraufhin beauftragte die SMAD Dertinger als Generalsekretär der CDU mit der Bildung eines Koordinierungsausschusses, dem die Einsetzung eines interimistischen geschäftsführenden Vorstandes oblag. Eine Polarisierung kündigte sich an, als sämtliche in den Westsektoren Berlins wohnenden

14 Vgl. DUD Ausgabe C vom 27. Februar 1948.
15 Vgl. STEIN S. 3 und 7.
16 CONZE S. 204.
17 Vgl. Niederschrift der Sitzung des Geschäftsführenden Vorstandes des Landesverbandes Sachsen am 2. Januar 1948 im Unionshaus Dresden S. 4 (BA NL Kaiser 51).
18 EBD.

Referenten der Parteizentrale, darunter die Vorstandsmitglieder Johann Baptist Gradl und Robert Tillmanns, ihre Mitarbeit in dem neuen Gremium verweigerten.

Dem Plan der SMAD, die Führung der CDU vorübergehend Hickmann, Lobedanz und den anderen Landesvorsitzenden zu übergeben und einen geschäftsführenden Ausschuß mit Nuschke, Dertinger und Wolf einzusetzen, stimmten alle Landesvorsitzenden der CDU der SBZ bis zum 23. Dezember 1947 zu. Sie betonten, der geschäftsführende Ausschuß stelle keine Parteiführung dar, sondern regele lediglich die Verwaltungs und Verbindungsaufgaben, die durch die Neugestaltung des Vorstandes nötig geworden seien.

Der Vorstand der Berliner CDU lehnte eine Zustimmung mit der Begründung ab, daß solche grundlegenden Entscheidungen nach den Statuten der CDU nur einem Parteitag zukämen. Kaiser erklärte angesichts der Vorgänge noch am selben Tage vor der Presse, die Vorgänge in der SBZ zwängen ihn zu der Erkenntnis, „daß in der Ostzone die Möglichkeit, in aufrechter Haltung den demokratischen Weg selbständiger Unionspolitik zu gehen, praktisch nicht mehr gegeben erscheint".[19] Zugleich erklärte er, auf jeden Fall als gewählter Vorsitzender der CDU der SBZ und Berlins von Berlin (West) aus weiterzuarbeiten.

Nach der Absetzung der Parteivorsitzenden Kaiser und Lemmer versuchten Otto Grotewohl und Erich W. Gniffke seitens der SED, Lemmer als neuen CDU-Vorsitzenden zu gewinnen. Am 2. Weihnachtstag luden sie ihn deswegen zu einem Gespräch in die Wohnung Gniffkes ein.[20] Der Plan scheiterte an Lemmer,[21] der zwar weiterhin dem Bundesvorstand des FDGB und – wie Friedensburg – dem Präsidialrat des Kulturbundes angehörte[22], eine Übernahme des Parteivorsitzes jedoch ablehnte, da er damit die Absetzung Kaisers anerkannt hätte.

Es stellt sich die Frage nach der Rechtmäßigkeit der Absetzung. Kaiser beanspruchte, auch weiterhin Vorsitzender der CDU der SBZ zu sein. Indem er sich auf den Wählerwillen der CDU-Mitglieder berief, ignorierte er, daß die sowjetische Besatzungsmacht die alleinige und oberste Befehlsgewalt innehatte und Entscheidungen souverän traf, ohne dafür das Votum der besiegten Deutschen einholen zu müssen. Kaiser ignorierte dieses Besatzungsrecht, nachdem er festgestellt hatte, daß sich die Sowjets weitestgehend über deutsche Interessen hinwegsetzten. Geprägt durch seine Erfahrung mit der SMAD, schien es ihm nicht mehr sinnvoll zu sein, die sowjetischen Interessen zu akzeptieren, da diese Akzeptanz angesichts der konzessionslosen Politik der Sowjets zwangsläufig zu einer Haltung gegen eigene deutsche Interessen führte. Deswegen setzte er sich über die Absetzung durch die SMAD hinweg und bezeichnete sich auch weiterhin als Vorsitzenden der CDU der SBZ. Damit ging Kaiser in

19 Erklärung Kaisers (ACDP III-012-923).
20 Vgl. LEMMER: Manches S. 312f.
21 Vgl. GNIFFKE: S. 312f.
22 Friedensburg gehörte darüber hinaus dem Präsidium des Kulturbundes an. Vgl. FRIEDRICH: Der Kulturbund S. 132.

Opposition zur Siegermacht UdSSR. Möglich war das nur, weil er sich angesichts des inzwischen offensichtlich gewordenen Interessengegensatzes zwischen der UdSSR und den USA auf die Duldung und Unterstützung der westlichen Alliierten stützen konnte. Als der Vorsitzende der CDUD, Andreas Hermes, im Dezember 1945 durch die SMAD abgesetzt worden war, hatte die Aufrechterhaltung eines Anspruches auf den Parteivorsitz noch nicht zur Diskussion gestanden. Drei Jahres später opponierte Kaiser offen gegen den Willen einer Besatzungsmacht und entschied sich für eine Form der Durchsetzung politischer Interessen, die für den 1948 verstärkt einsetzenden Kalten Krieg kennzeichnend war.

2. Arbeitsgemeinschaft der CDU/CSU

Unmittelbar nach der Absetzung Kaisers tagte am 28. und 29. Dezember 1947 im Ostsektor Berlins die Arbeitsgemeinschaft der CDU/CSU. Hauptberatungspunkt war die Lage der CDU der SBZ und Berlins. Adenauer nahm an der Sitzung im Ostsektor Berlins nicht teil. Verschiedene Gründe veranlaßten ihn, sich von den Vorgängen im sowjetischen Machtbereich fernzuhalten.[23] Einerseits hielt er es nicht für möglich, die Politik der CDU der SBZ und Berlins mit der Politik der westlichen Unionsverbände auf einen Nenner zu bringen, andererseits war er nicht daran interessiert, Kaiser, der in wichtigen politischen Fragen konträre Positionen einnahm, durch seine Teilnahme den Rücken zu stärken. Zwar begrüßte er es, daß Kaiser nun Front gegen die sowjetischen Kommunisten gemacht hatte, es paßte aber nicht in sein Konzept, daß die Besprechung der CDU-Führer aus Ost und West nicht in den Westzonen stattfand.[24] Zudem war er davon überzeugt, daß die CDU-Führung in der SBZ genauso zwangsläufig unter sowjetischem Einfluß stand, wie deutsche Politiker in den Westzonen die Interessen der westlichen Sieger respektieren mußten. Während Adenauer Distanz hielt, lag allen Politikern der CDU der SBZ und Berlins gerade daran, einen engen Kontakt zu den westlichen Unionsverbänden zu demonstrieren. Die SMAD sollte davon überzeugt werden, daß jeder Konflikt mit der CDU der SBZ und Berlins zugleich ein Konflikt mit den Unionsverbänden der Westzonen sei.[25]

Aus der britischen Zone waren Karl Arnold, Friedrich Holzapfel, Gustav Heinemann, Günther Gereke und Carl Schröter erschienen. Josef Müller, Friedrich Wilhelm von Prittwitz und Gaffron, Heinrich von Brentano und Bruno Dörpinghaus vertraten die Union der amerikanischen Zone. Aus der SBZ nahmen neben den Landesvorsitzenden verschiedene Vorstandsmitglieder an den Besprechungen teil.

---

23 Vgl. Niederschrift der Sitzung des Geschäftsführenden Vorstandes des Landesverbandes Sachsen am 2. Januar 1948 in Dresden S. 6 (BA NL Kaiser 51).

24 Vgl. SCHWARZ: Adenauer S. 573.

25 Vgl. GRADL: Adenauer S. 348.

Kaiser nutzte die Tagung, um in Anwesenheit der sowjetischen Offiziere Nasarow und Kratyn seine Positionen noch einmal darzulegen. Er kritisierte den Totalitätsanspruch der SED und die mangelnde Solidarität der westlichen Unionsverbände,[26] wiederholte seine Bereitschaft, zu einer Verständigung mit der UdSSR zu kommen und wies in diesem Zusammenhang auf die gesamtdeutsche Bedeutung der Union hin, die in der SBZ mit einem potentiellen Wählerstamm von bis zu 40 Prozent zur Zeit die stärkste Partei sei. Hickmann betonte, Kaiser und Lemmer seien weder abgesetzt noch zurückgetreten; man befinde sich daher in einem Interimszustand. Die amtierenden Landesvorsitzenden hätten nicht die Absicht, den eigenständigen Kurs der Partei zu verlassen. Nuschke versuchte, seine Teilnahme am Volkskongreß mit seiner Loyalität gegenüber der Besatzungsmacht zu rechtfertigen. Aber auch er würdigte die Haltung Kaisers, der „wie kein anderer im Westen und im Osten die Zusammenarbeit mit der großen Sowjetunion in den Mittelpunkt seines Bekenntnisses gerückt“[27] hätte.

Alle Anwesenden sprachen Kaiser ihr Vertrauen aus. Gustav Heinemann und der CDU-Landesvorsitzende von Sachsen-Anhalt, Leo Herwegen, forderten sogar, Kaiser zum gesamtdeutschen Parteivorsitzenden zu wählen.

Einig waren sich die Versammelten über die Notwendigkeit, bald eine zonenübergreifende Union zu schaffen und auf einem Parteitag den Status Kaisers klären zu lassen. Holzapfel verlas auf einer abschließenden Pressekonferenz eine Erklärung, in der es hieß:

„Die Union der sowjetisch besetzten Zone ist ein wesentlicher Bestandteil der Gesamtunion ... Jakob Kaiser, Ernst Lemmer und Hugo Hickmann sind ... nach wie vor die Vertreter der sowjetisch besetzten Zone und Berlins im Vorstand der Arbeitsgemeinschaft CDU/CSU. Sie genießen das volle Vertrauen der Gesamtunion.“[28]

Damit unterstützte die Arbeitsgemeinschaft der CDU/CSU in der Situation, in der „die gewaltsame Ausschaltung Kaisers durch die sowjetische Besatzungsmacht ... den handgreiflichen Beweis für die unrealistische Konzeption der Berliner CDUD-Führung“[29] lieferte, deren Konzeption und bestätigte – selbst wenn die Stellungnahme nur aus Solidarität mit den Unionspolitikern der SBZ erfolgt sein sollte – auf diese Weise, daß Unsicherheit in der Einschätzung der Gesamtlage bestand und die Entwicklung noch formbar schien.[30] Noch während der Tagung warnte Adenauer von Köln aus die teilnehmenden CDU-Politiker vor voreiligen Beschlüssen. Er empfahl, eine Klärung der Lage abzuwarten. Bei aller Sympathie für Kaiser und Lemmer, so Adenauer, müsse zunächst abgewartet werden, ob die CDU der SBZ und Berlins

26 Vgl. Protokoll der Sitzung der Arbeitsgemeinschaft der CDU/CSU am 28./29.12.1947 (BA NL Kaiser 97).

27 EBD.

28 „Gesamtunion für Reichseinheit“. In: „Neue Zeit“ vom 30. Dezember 1947.

29 MORSEY: Der politische Aufstieg S. 28.

30 Vgl. KOSTHORST: Jakob Kaiser (1888–1961) S. 151.

überhaupt noch verhandlungsfähig sei. Im übrigen könne nur die CDU der SBZ und Berlins selbst rechtsgültige Beschlüsse für ihre Parteiorganisation fassen.[31]

Auch von der SPD kam Kritik. Sie richtete sich vor allem gegen die Auffassungen Müllers, der ähnliche nationalstaatliche Hoffnungen wie Kaiser hegte und der die CSU als „künftigen bayerischen Landesverband einer christlichen ‚Reichsunion' in nascendi“[32] ansah. Noch heftiger und für die politische Zukunft Müllers entscheidender war die Kritik aus seiner eigenen Partei. Der „Bauernflügel“[33] der CSU forderte eine klare Abgrenzung von den Politikern, die mit zum Abgang Kaisers beigetragen hätten und weiterhin „ihre Hand zu einer kalten Gleichschaltung der CDU reichten“[34]. Der „Münchner Merkur“ betonte, weite Kreise der Union seien der Auffassung, daß in der SBZ das Maß des Erträglichen an Einschränkungen der freien politischen Willensbildung bereits überschritten sei.

Auch in der württembergischen CDU wurde überlegt, ob es nicht sinnvoller sei, die CDU in der SBZ aufzulösen, um der kommunistischen Diktatur keine demokratische Kulisse zu leihen.[35] Die deutlichsten Worte fand die in Südbayern erscheinende „Bayerische Rundschau“ der CSU, die die Absetzung Kaisers als „das wichtigste deutsche Ereignis seit der Kapitulation“[36] bezeichnete. Bei der Ausschaltung Kaisers, so das Blatt, ginge es sowohl der CDU/CSU als auch den Sowjets um grundsätzliche Fragen der Politik. Deswegen müßte die mangelnde Bereitschaft der Teilnehmer an der Berliner Tagung der Arbeitsgemeinschaft der CDU/CSU, klare Folgerungen aus dem sowjetischen Vorgehen zu ziehen, kritisiert werden. Es sei ein Fehler, zu glauben, das Heil der Union hänge von einer geschickten Taktik der Partei ab. Die Entscheidung der Sowjets gegen die Grundzüge der Unionspolitik sei gefallen und die Entwicklung in der SBZ in ein neues Stadium getreten. Die SBZ werde dasselbe Schicksal erleiden wie die Länder Südosteuropas. Die Situation der CDU sei ein „unabtrennbarer Bestandteil der deutschen Ausweglosigkeit“.[37] Die CDU in der SBZ müsse ihre Arbeit beenden, und den westlichen Unionsverbänden käme die Aufgabe zu, „unter schonungsloser Darlegung der Parallelen zu 1933 ... die Abgrenzung zur Ost-CDU ... vorzunehmen“.[38] Mit dem Hinweis auf eine notwendige europäische Orientierung der süd- und westdeutschen Unionsverbände deckte sich die Stellungnahme weitgehend mit den Positionen Adenauers. Sie bedeutete zugleich eine Absage an die Politik Müllers und leitete eine Polarisierung in der Einschätzung des

---

31 Vgl. „Die Vorgänge in der Ostzone. Eine Erklärung der CDU-Zonenleitung in Köln“. In: Informationsdienst A. Zonenausschuß der CDU vom 1. Januar 1948.

32 MINTZEL: S. 78.

33 EBD. S. 79.

34 DUD Ausgabe D vom 16. Januar 1948.

35 Vgl. EBD.

36 „Die Kunst des Möglichen. Die Politik der CDU/CSU“. Sonderdruck aus Nr. 1 der „Bayerischen Rundschau“ vom Januar 1948 (BA NL Kaiser 97).

37 EBD.

38 EBD.

Verhältnisses der westlichen Unionsverbände zur CDU der SBZ und Berlins ein, die erst durch die Aufkündigung der Zusammenarbeit der Arbeitsgemeinschaft CDU/CSU mit der neuen Parteiführung der CDU der SBZ unter Nuschke im Herbst 1948 ein vorläufiges Ende fand.

Nachdem die Arbeitsgemeinschaft der CDU/CSU Kaiser Ende Dezember 1947 im Ostsektor Berlins ausdrücklich als Parteivorsitzenden bestätigt und sich damit wie Kaiser über die Anweisung der sowjetischen Besatzungsmacht hinweggesetzt hatte, wurde Hickmann Anfang Januar 1948 von den Landesverbandsvorsitzenden der CDU der SBZ beauftragt, die Leitung des nach Kaisers Absetzung neugeschaffenen Koordinierungsausschusses der Landesvorsitzenden zu übernehmen.[39] Neben dem fortgesetzten Anspruch auf Selbstbestimmung der Partei betonte dieser Ausschuß seit seiner Konstituierung ausdrücklich die Achtung des bestehenden Besatzungsrechts. Jeder Versuch, es zu ignorieren, so eine der ersten offiziellen Verlautbarungen, widerspreche der „gegebenen Legalität und ... insbesondere jedem politischen Verstand".[40] Nur aus dem Vertrauen zwischen den politischen Parteien und den Besatzungsmächten könne der nötige Bewegungsraum für die deutsche Demokratie entwickelt werden. Auf Initiative von Generalsekretär Dertinger distanzierte sich der Ausschuß bereits am 5. Januar 1948 von der Politik Kaisers, erklärte die Krise der Partei für beendet und distanzierte sich damit von der Haltung der Arbeitsgemeinschaft der CDU/CSU.

Der nun einsetzende loyale Kurs der Landesvorsitzenden gegenüber der SMAD lief parallel zu einer sich verschärfenden Haltung der SED, den Walter Ulbricht mit einer Rede am 4. Januar 1948 einleitete und in der er forderte, die „reaktionären" Kräfte in der CDU und LDP zu isolieren und zu bekämpfen.[41]

Kaiser lehnte unterdessen eine Anerkennung des Koordinierungsaussschusses ab und forderte „als Vorsitzender der Union der Ostzone und Berlins"[42] die Einberufung eines Parteitages noch für den Januar. Diesem Wunsch schlossen sich sofort der Landesverband Berlin und am 4. Januar 1948 die CDU Sachsens und Mecklenburgs an.[43] Während Hickmann und Nuschke in der Öffentlichkeit noch erklärten, der Kurs der CDU habe sich nicht geändert und es bleibe bei der Ablehnung des Volkskongresses durch die CDU,[44] häuften sich aus den Orts- und Kreisverbänden die Berichte, nach denen die Kreis- und Ortskommandanturen der SMA immer

---

39 G. Fischer behauptet fälschlich, Nuschke hätte diese Aufgabe übernommen. Vgl. G. FISCHER: Otto Nuschke S. 198.

40 Kreisverband Freiberg/Sa.: Die Neuordnung der Unionsführung. 19. Januar 1948 (ACDP I-297-004).

41 ULBRICHT: Zu den Aufgaben S. 403.

42 Brief Kaiser an Hickmann vom 5. Januar 1948 (BA NL Kaiser 51).

43 Zur Haltung des LV Sachsen vgl. EBD. Vgl. auch: „Ostzonen-CDU wünscht Parteitag". In: „Der Tagesspiegel" Beiblatt vom 6. Januar 1948.

44 Vgl. „Um den CDU-Koordinierungsausschuß". In: „Der Tagesspiegel" vom 7. Januar 1948.

mehr CDU-Vorsitzende zu oft stundenlangen Verhören mitten in der Nacht vorluden und versuchten, sie zu einer Ablehnung Kaisers und zu einer Zustimmung zum Volkskongreß zu bewegen. Auf diese Weise wollte die Besatzungsmacht offensichtlich bis zum Parteitag eine Mehrheit mobilisieren, die die Absetzung Kaisers demokratisch legitimieren sollte.[45]

In dieser Situation, die von allen politischen Beobachtern und den Unionsmitgliedern als unübersichtlich empfunden wurde, setzte Kaiser am 10. Januar 1948 durch eine Rede in Berlin ein deutliches Zeichen. Nachdem er am 8. Januar 1948 in einer Sitzung des Finanzausschusses mit Ernst Lemmer, Walther Schreiber, Heinrich Vockel, Johann Baptist Gradl und Otto Lenz die rechtliche Situation der CDU besprochen hatte,[46] nahm er bei einer CDU-Versammlung in der „Neuen Welt" (amerikanischer Sektor) in Anwesenheit von Otto Suhr, Franz Neumann und Kurt Swolinsky von der Berliner SPD vor etwa 3000 Zuhörern zu den Ereignissen Stellung[47] und kritisierte die Haltung der Sowjets. Er betonte, die CDU sei in ihrer Zusammenarbeit bis zu dem Punkt gegangen, an dem jeder weitere Schritt eine Aufgabe der Grundsätze der Partei bedeutet hätte. Von Anfang an wäre die Blockpolitik „ein gewagtes Spiel um die Grundsätze der nichtkommunistischen Parteien"[48] gewesen. Mit der Volkskongreßbewegung aber, die wahrscheinlich die Funktion habe, die Blockpolitik abzulösen, werde die Teilung des Landes vertieft. Deswegen sei er zu einer Mitwirkung nicht mehr bereit. Er kritisierte ebenfalls die Kooperationsbereitschaft Nuschkes und betonte, die CDU dürfe sich als deutsche Partei nicht auf die Interessen einer einzelnen Besatzungsmacht festlegen. Erstmals äußerte er Verständnis für die Haltung der Kreise, die der CDU der SBZ und Berlins immer mit Vorbehalten gegenübergestanden hatten.[49]

Die Sowjets erklärten nach der Rede, damit hätte Kaiser alle Brücken zur SMAD endgültig abgebrochen. Das muß ihm selbst auch ebenso klar gewesen sein wie die Tatsache, daß für ihn in der SBZ „nur noch die Wahrung eines rechtlichen und moralischen Anspruchs ohne politische Erfolgsaussicht"[50] in Frage kam.

So sehr ihm die kommunistische Presse nach der Rede ein Einschwenken auf westliche Positionen vorwarf, so wenig hatte er dies wirklich getan. Wegen seiner gegen die Frankfurter Vorbesprechungen zur Kompetenz- und Organisationserweiterung

---

45 Vgl. „Die Gleichschaltung der CDU". In: „Telegraf" vom 7. Januar 1948.

46 Vgl. Protokoll der Sitzung des Finanzausschusses der CDU am 8. Januar 1948 in Berlin (BA NL Kaiser 309).

47 Jakob KAISER: „Um Demokratie und Freiheit". Rede vom 10. Januar 1948 (ACDP I-090-017/4). Vgl. HACKE: Jakob Kaiser S. 299–308.

48 EBD. S. 3.

49 „Kaiser gegen Gleichschaltung der CDU im Osten". In: „Passauer Neue Presse" vom 13. Januar 1948.

50 Vgl. CONZE S. 215.

der westdeutschen Zweizonenverwaltung geäußerten Vorbehalte hatte ihm Heinrich Vockel sogar empfohlen, zur Entwicklung im Westen Deutschlands ein positiveres Verhältnis zu finden, da sich sonst zwischen ihm und den westlichen Unionsführern erneut Schwierigkeiten ergeben könnten.[51]

Jakob Kaiser wiederholte am 10. Januar 1948 seine Forderung, einen Parteitag abzuhalten, und zielte damit auf eine Bestätigung seiner Funktion durch die Delegierten. Auch den Sowjets war klar, daß ein Parteitag Kaiser bestätigen und der Unruhe unter den Unionsmitgliedern ein Ventil öffnen würde.[52] Deswegen hielten sie es für zweckmäßiger, den Parteitag zu verschieben und Zeit zu gewinnen, um durch verschärfte Repressalien ein für sie günstigeres Abstimmungsergebnis der bis dahin durch Einschüchterung „knieweich gemachten Delegierten"[53] zu erreichen. Gelegenheit dazu bot sich in den im Januar und Februar jedes Jahres fälligen Neuwahlen der Orts- und Kreisvorstände, bei denen in den meisten Fällen auch die Delegierten zum Zonenparteitag aufgestellt wurden.[54] Die Behandlung der CDU und der LDP trug dazu bei, das Ansehen der SMAD und der SED in der Bevölkerung weiter sinken zu lassen. Aus allen Gegenden der SBZ und Berlins trafen im Januar beim Hauptvorstand der CDU Erklärungen ein, in denen sich die Kreis- und Ortsverbände mit Kaiser solidarisierten. Kaiser bedankte sich in Schreiben an die Kreissekretäre für „die Zeichen der Verbundenheit und des Vertrauens".[55] Die gesamte Situation legte es den Sowjets nahe, einen Parteitag der CDU ihrer Zone zunächst zu untersagen. Am 12. Januar 1948 empfing Oberst Tjulpanow die Mitglieder des Koordinierungsausschusses, um sie über die Entscheidung zu informieren.[56] Nach dem Treffen erklärten die Landesvorsitzenden mit Ausnahme des Landesvorsitzenden der Berliner CDU, Walther Schreiber, den die Sowjets im Dezember 1945 gemeinsam mit Andreas Hermes vom Parteivorsitz der CDUD abgesetzt hatten, sie wollten in Zukunft stärker auf die Wünsche der Besatzungsmacht eingehen. Zwar drückten die Landesvorsitzenden nach wie vor ihre Erwartung aus, daß bald ein Parteitag einberufen werden könnte, zugleich erklärten sie jedoch, daß Kaisers Rede dies erheblich erschwert habe. Völlig auf der Linie der sowjetischen Deutschlandpolitik lag ihre Ablehnung der Frankfurter Konferenz,[57] die nach Meinung der CDU-Landesvorsitzenden „in ihrer Zusammensetzung wie Entstehung jeder demokratischen Legitimität"[58] entbehrte. Die Politik

51 Brief H. Vockel an Kaiser vom 10. Januar 1948. Zit. n. CONZE S. 216.
52 So CONZE S. 212.
53 So Prof. Landsberg in „Verzögerungstaktik". In: „Telegraf" vom 14. Januar 1948.
54 Vgl. „SMA will keinen CDU-Parteitag". In: „Die Neue Zeitung" vom 16. Januar 1948.
55 Brief Kaiser an den KV Schwerin, Herrn Brendler, vom 12. Januar 1948 (ACDP III-013 DbCDU ChO 263 AC 1948/1949).
56 Vgl. G. FISCHER: Otto Nuschke S. 198.
57 Am 7. und 8. Januar 1948 erörterten die Militärgouverneure mit den Ministerpräsidenten der Bizone Pläne für eine Reorganisation des Wirtschaftsrates. Vgl. LILGE S. 41.
58 Erklärung der Pressestelle der CDU vom 12. Januar 1948 (BA NL Kaiser 51).

des Koordinierungsausschusses stieß unter den Mitgliedern auf breite Ablehnung. Das zeigte auch eine Betriebsversammlung der Hauptgeschäftsstelle der CDU, bei der Hickmann mit 45 gegen 4 Stimmen bei 4 Enthaltungen aufgefordert wurde, zu veranlassen, daß Generalsekretär Dertinger seine Tätigkeit in der Hauptgeschäftsstelle sofort einzustellen habe. Die Versammelten beschlossen, „das auf undemokratische Weise eingesetzte Koordinierungskomitee“[59] nicht anzuerkennen. Daraufhin sah sich Hickmann veranlaßt, den Anwesenden mitzuteilen, daß sowohl der Koordinierungsausschuß als auch Dertinger auf Befehl der SMAD eingesetzt und somit unantastbar seien.[60] Schon vor der Versammlung hatte der CDU-Betriebsrat erklärt, von Dertinger, als dessen Stellvertreter seit Januar 1948 Gerald Götting fungierte,[61] keine Weisungen mehr entgegenzunehmen.[62] Am 12. Januar 1948 erklärten auch die meist in den Westsektoren Berlins wohnenden Referenten der Hauptgeschäftsstelle ihr Vertrauen zu Kaiser und Lemmer und lehnten eine Anerkennung des Koordinierungsausschusses ab.[63] Zehn der zwölf Referenten legten ihre Ämter nieder und schieden aus der Hauptgeschäftsstelle aus; nur Eberhard Plewe und Gerhard Desczyk behielten zunächst ihre Posten.[64] Vom Geschäftsführenden Ausschuß des Hauptvorstandes schlossen sich Johann Baptist Gradl, Elfriede Nebgen, Robert Tillmanns und Heinrich Krone der Vertrauensbekundung an. Hickmann reagierte auf diese Aktivität des Geschäftsführenden Ausschusses des Hauptvorstandes mit der Erklärung, daß die Arbeit des Hauptvorstandes ruhe[65] und sich damit auch das Mandat des für den Hauptvorstand gebildeten Geschäftsführenden Ausschusses erledige.[66]

In der Praxis hatte das zur Folge, daß Mitarbeiter wie Gradl den Sitz der Parteileitung nicht mehr betreten durften. Nuschke gab Gradl am 14. Januar 1948 den „freundschaftlichen Rat“, das Parteihaus nicht mehr zu betreten, da er sonst die Besatzungsmacht benachrichtigen müsse, die ihm, so Nuschke, einen entsprechenden Befehl gegeben hätte.[67] Ohne demokratische Legitimation übernahmen auf diese Weise Hickmann, Nuschke, Dertinger und der Koordinierungsausschuß auf Befehl der Sowjets das Haus der CDU in der Berliner Jägerstraße, in dem bis dahin der gewählte Hauptvorstand residiert hatte.

59 Brief des Betriebsrates an den Hauptvorstand z. H. Prof. Hickmann vom 12. Januar 1948 (BA NL Kaiser 51).
60 Vgl. „CDU und Volksdemokratie“. In: „Der Tagesspiegel“ vom 14. Januar 1948.
61 Vgl. Bloch S. 120.
62 „CDU-Betriebsrat für Kaiser“. In: „Der Sozialdemokrat“ vom 12. Januar 1948.
63 Erklärung. Berlin, 12. Januar 1948, unterzeichnet von E. Bernoth, E. Dovifat, J. Endenbach, O. H. v. d. Gablentz, M. Gärtner, I. Marx, A. Mainka, H. Remele, F. Sagner, K. Sahlberg u. E. Plewe.
64 Vgl. Sopade 437 vom 3. April 1948.
65 Vgl. Brief Hickmann an E. Nebgen vom 12. Januar 1948 (BA NL Kaiser 51).
66 Vgl. Brief Hickmann an J. B. Gradl vom 13. Januar 1948. In: Gradl: Sowjetstern S. 142.
67 Vgl. Gradl: Sowjetstern S. 143.

Die Erklärungen Hickmanns und das Vorgehen gegen die gewählten Mitglieder des Hauptvorstandes machten deutlich, daß sich das Eingreifen der SMAD nicht auf Kaiser und Lemmer beschränkte, sondern daß die Weiterarbeit aller Mitglieder des Hauptvorstandes verhindert werden sollte, die nicht zu einer Zusammenarbeit mit der Besatzungsmacht bereit waren. Die SMAD duldete nur eine Parteileitung, die die Befehle und Anweisungen der Besatzungsmacht als ein entscheidendes Kriterium ihrer politischen Tätigkeit akzeptierte. Dazu waren im Unterschied zu den meist in den Westsektoren Berlins lebenden Mitarbeitern der Hauptgeschäftsstelle vor allem die Landesvorsitzenden der SBZ bereit.

Unter der Überschrift „Keine Legendenbildung!"[68] trat Nuschke am 15. Januar 1948 an die Öffentlichkeit. Er betonte, keinen Stellungswechsel vollzogen, sich aber davon überzeugt zu haben, daß der Volkskongreß in der Richtung der Außenpolitik der UdSSR liege und damit „die Ziele der Besatzungsmacht mit dem von der Union mit Leidenschaftlichkeit vertretenen Gedanken der deutschen Einheit parallel"[69] lägen. Nuschke ergänzte die Betonung seiner Übereinstimmung mit der Besatzungsmacht durch Angriffe gegen die SED.[70] Ähnlich argumentierte Nuschke auf einer Volkskongreßtagung, die am 17./18. März in Bremen stattfand. Wie alle CDU-Teilnehmer aus der SBZ (u. a. Fascher, Siebenpfeiffer, Zibolsky) erkärte Nuschke, daß es sich beim Volkskongreß um keine Veranstaltung der SED handele.[71]

Kaiser bemühte sich nach seiner Absetzung, keine Unklarheiten über seinen Anspruch auf den Parteivorsitz aufkommen zu lassen. Die Intensität, mit der er sich noch im Januar um eine neue Zeitung bemühte, die zunächst den Namen „Deutsche Zeitung"[72] erhalten sollte, zeigt, daß es ihm mit der Führungsrolle in der CDU der SBZ und Berlins durchaus ernst war. Mit Hilfe des neuen Blattes, das die „Neue Zeit" ersetzen und von den ehemaligen Mitarbeitern der „Neuen Zeit" herausgegeben werden sollte, wünschte er „für die rechtmäßige Führung der Union der Ostzone, die Träger des Widerstandes gegen den Kommunismus war und bleibt, eine neue Möglichkeit der Einwirkung auf die Unionsmitglieder in der Ostzone"[73] zu schaffen.

Während Kaiser seinen Führungsanspruch in der CDU der SBZ bekräftigte, beschlossen die Landesvorsitzenden der SBZ am 26. Januar 1948 ihrerseits endgültig die

68 „Keine Legendenbildung". In: „Neue Zeit" vom 15. Januar 1948.

69 EBD.

70 EBD. Vgl. NUSCHKE: Reden und Aufsätze S. 97. Hier wird diese Passage ohne Kennzeichnung weggelassen.

71 Vgl. Enclosure No. 2 to Despatch No. 51 of January 26, 1948, from the American Consulate, Bremen (IfZ-Archiv, Bestand MF 84 POLAD 798–20).

72 Jakob KAISER: Betr.: Tageszeitung zur Fortsetzung einer freiheitlichen und fortschrittlichen Politik der legitimen Führung der CDU für Berlin und die Sowjetzone S. 5 vom 25. Januar 1948 (BA NL Kaiser 35).

73 EBD. S. 2.

Regelung einer interimistischen Lösung durch den Koordinierungsausschuß.[74] Hickmann, der sich inzwischen selbst in Briefen an Kaiser als „Der Vorsitzende der CDUD“[75] auswies, definierte auf einer Tagung der Landesgeschäftsführer am 22. Januar 1948 noch einmal den Kurs der Partei. CDU-Politik in der SBZ müsse im Rahmen der Blockpolitik erfolgen und stütze sich auf das am 13. Februar 1946 formulierte Bekenntnis zum christlichen Sozialismus. Die damals formulierte „fortschrittliche demokratische Linie“ sei von Kaiser nicht durchgehalten worden.[76] Es gebe keine Krise der Demokratie in der Zone, sondern nur ein Drängen, daß „der im Februar 1946 festgelegte progressive Kurs im vollen Umfange wiederhergestellt“[77] werde. Aus der Not des politischen Druckes durch die SMAD versuchte Hickmann so die Tugend einer Renaissance sozialistischen Strebens in der Union zu machen. Kaiser, der aus ganz anderen Gründen das Feld räumen mußte, wurde zum Abweichler von einem „eigentlichen Kurs“ stilisiert, den es so nie gegeben hatte. Hickmann verband seine Direktiven für die CDU mit der von ihm ständig wiederholten Forderung, eine nationale Vertretung Deutschlands durch „Zusammenfassung von Vertretern aller deutschen Länderparlamente zu einer Repräsentanz“[78] zu schaffen. Seinem Eingehen auf die Wünsche der sowjetischen Macht setzte er so die Hoffnung auf Veränderung der Verhältnisse durch zonenübergreifende Strukturen entgegen.

Um das Verhalten der Landesvorsitzenden der SBZ und das vieler Mitglieder der CDU Anfang 1948 richtig beurteilen zu können, muß man ihre politische Haltung vor dem Hintergrund der scheinbar ungeklärten Situation in Deutschland und den daraus resultierenden Hoffnungen sehen. Kaum jemand ahnte, daß der Zustand der Teilung Jahrzehnte andauern würde.Was bringt die Zukunft? Wie wird meine jetzige Haltung später beurteilt werden? Solche Fragen spielten nicht nur auf höchster Ebene eine wichtige Rolle. Auch unter den Funktionären der Orts- und Kreisverbände stellten sich viele die Frage: „Wie wird es in Berlin beurteilt, wenn wir weiter arbeiten innerhalb der Partei? Es besteht durchaus die Möglichkeit, daß wir einmal Resolutionen unterschreiben müssen, die nicht unsere Meinung sagen ...“[79]

Für die meisten CDU-Mitglieder stand nicht die Parteiarbeit, sondern ihr Beruf im Zentrum des Interesses. Sie registrierten die Auseinandersetzungen nicht so intensiv wie die Probleme vor Ort. Neben der schwierigen materiellen Situation, in der sich fast alle Mitglieder selbst befanden, sahen sie sich in ihren Gemeinden und Arbeitsstellen

---

74 Vgl. P-Rundschreiben Nr. 3/1948 der HGS vom 26. Januar 1948: Unveränderter Kurs der Union (ACDP I-297-001). Vgl. Utm 1/2 1948 S. 1.

75 Brief Hickmann an Kaiser vom 27. Januar 1948 (BA NL Kaiser 51).

76 Vgl. EBD. S. 4.

77 EBD. S. 6.

78 Rundfunk-Vortrag vom 28. Januar 1948 in der Sendereihe „Die Stimme der Union“ beim Berliner Rundfunk 22.15 Uhr (ACDP II-101-013).

79 Bericht Kreis Altenburg/Thür. vom 28. Januar 1948 (persönlicher Besuch) – (ACDP III-013-800).

einer Vielzahl von Problemen und Aufgaben gegenüber, die sie aus christlicher Überzeugung lösen helfen wollten.[80] Egal, ob in der Wirtschaft, der Verwaltung oder in anderen Arbeitsbereichen: Die Aufgaben und Probleme vor Ort bestimmten die persönlichen Entscheidungen. So lagen auch die Motive, die im Laufe der Jahre immer mehr Menschen zur Flucht veranlaßten, nicht in der allgemeinen politischen Entwicklung begründet, sondern in Repressalien und der materiellen Not, die sie selber erlebten. Die Bindung an ihre heimatliche Umgebung prägte ihre Entscheidungen. Ein Beispiel dafür ist der sächsische Landesvorsitzende Hugo Hickmann. Für ihn war ein Weggang aus seiner sächsischen Heimat kaum vorstellbar. Entsprechend bewegten sich seine Überlegungen mehr um die Art des Ausharrens. Erst bei unmittelbarer Bedrohung durch politische Repressalien oder bei Verlust der Existenzgrundlage flohen viele von ihnen aus der SBZ und später aus der DDR.

3. Landesverbände

Sachsen-Anhalt. Am 23. Dezember 1947 forderte der CDU-Landesvorstand von Sachsen-Anhalt einstimmig die Schaffung einer gesamtdeutschen CDU und eines interzonalen CDU-Büros unter Leitung Kaisers.[81] Der Vorschlag stieß bei der Besatzungsmacht freilich auf wenig Gegenliebe. Ziel der SMAD war nicht die Ausweitung der Kompetenzen Kaisers, sondern die Einschränkung des Spielraumes der CDU. Sie ordnete ihrerseits in den CDU-Zeitungen den Abdruck eines Artikels aus der „Täglichen Rundschau" an, in dem Kaiser als „Agent der westlichen Reaktion" bezeichnet wurde, und forderte die Kreis- und Ortsvorstände auf, Stellungnahmen gegen den Parteivorsitzenden abzugeben. Die Vorstandsmitglieder mußten stundenlange Verhöre über sich ergehen lassen, bei denen ihnen klargemacht wurde, daß Kaiser für die Sowjets untragbar geworden sei und sie sich von ihm distanzieren müßten.[82] Dazu wurden ihnen auf den Kommandanturen vorgefertigte Distanzierungserklärungen zur Unterschrift vorgelegt. In einzelnen Fällen versuchten die Sowjets, die Unterschrift mit Haftverschonung zu erpressen.[83] Die Ortsgruppen wurden angewiesen, Mitgliederversammlungen zum Thema „Volkskongreß" abzuhalten, bei denen über die Absetzung Kaisers gesprochen werden mußte.

80 So Erika Wolf in einem Brief an d. Autor vom 7. September 1988 (ACDP MAT Richter PO).

81 Vgl. Memorandum. In: Protokoll der fünften Sitzung des Vorstandes der Christlich-Demokratischen und Christlich-Sozialen Union Deutschlands am 3. und 4. Februar 1948 im Hotel „Schiff Bismarck", Köln (ACDP I-009-007/2).

82 Vgl. „Seelenmassage". In: „Der Abend" vom 2. Januar 1948.

83 Aussage von Ewald Ernst am 24. August 1988 (ACDP MAT Richter QP).

Die Zustimmung zum Volkskongreß wurde zum entscheidenden Kriterium für die Sowjets. Nachdem der Koordinierungsausschuß der Teilnahme der CDU am Volkskongreß zugestimmt hatte, war es den Ortsgruppen und Kreisverbänden fast unmöglich, eine ablehnende Haltung einzunehmen. Da im Januar 1948 dennoch viele Kreisverbände dem Volkskongreß noch immer nicht zugestimmt hatten, forderte die SMA den Landesvorstand auf, von allen Kreisvorständen Zusagen zum Volkskongreß und Absagen an die Person und die Politik Kaisers einzuholen und der SMA vorzulegen.[84] In allen Kreisen des Landes stand die CDU unter dem Zwang, ihre eventuelle Ablehnung der Kreiskonferenzen des Volkskongresses, von denen bis Mitte Januar 1948 allein in Sachsen-Anhalt 43 veranstaltet wurden,[85] zu begründen. Eine Teilnahme war notwendig, um persönlich nicht gefährdet zu sein. Die Kreisverbände hatten Kandidaten der CDU aufzustellen, die von der SMA genehmigt werden mußten. Das räumte den Sowjets die Möglichkeit ein, „fortschrittliche" Funktionäre zu favorisieren. In Magdeburg erhielt die Kreisfrauenreferentin Hedwig Matuschek von den Sowjets keine Genehmigung mit der Begründung, sie sei „undemokratisch"[86] und gegen eine Mitarbeit im DFD. Trotz des sowjetischen Druckes bekannten sich weiterhin zahlreiche Kreisvorstände zu Kaiser. In Calbe zum Beispiel faßte der CDU-Kreisvorstand in Anwesenheit eines Offiziers der Besatzungsmacht den Beschluß, Kaiser das volle Vertrauen auszusprechen und einen Zonenparteitag zu fordern, auf dem der CDU-Vorsitzende seine Position zur Abstimmung stellen sollte.[87] Wie hier hörten sich die Sowjets die Standpunkte aller Funktionäre an und setzten anschließend die Funktionäre ab, die sich für Kaiser ausgesprochen hatten – so das Landesvorstandsmitglied Hans Jaroni, stellvertretender Kreisvorsitzender von Eisleben, der daraufhin aus der sowjetischen Zone floh.[88] Die gesamte Entwicklung führte zu einer starken Polarisierung zwischen dem Landesvorstand und den Kreisvorständen, die auf einer Sitzung des Großen Politischen Ausschusses des Landesverbandes am 9. Januar 1948 deutlich wurde. Während der Landesvorsitzende der CDU, Leo Herwegen, und sein Stellvertreter, Prof. Erich Fascher, den Kurs des Koordinierungsausschusses verteidigten und Kaiser mit seinen Anhängern als „amerikanische Gruppe in der CDU"[89] bezeichnete, protestierten die Vertreter der Kreisverbände schon während der Ausführungen lautstark und forderten mehrheitlich die sofortige Einberufung eines Zonenparteitages. Unter dem permanenten Druck der SMA mußten – ungeachtet ihrer internen Proteste – Ende Januar alle CDU-Kreisverbände ihre Zustimmung zur Teilnahme an den Kreisvolkskongressen erklären und Kandidaten

84 Vgl. Bericht KV Magdeburg vom Januar 1948 (BA NL Kaiser 51).

85 Vgl. SCHAPER S. 51.

86 Bericht KV Magdeburg vom Januar 1948 (BA NL Kaiser 51).

87 Vgl. Bericht Sachsen-Anhalt. KV Calbe vom 29. Dezember 1947 (ACDP III-013-800).

88 Vgl. Bericht Hans Jaroni vom 19. Februar 1948 (ACDP III-013-800). Vgl. Brief H. Jaroni an Lemmer vom 15. Mai 1948 (ACDP III-013 DbCDU Ok Hans Jaroni).

89 Persönlicher Bericht über die Sitzung des Großen Politischen Ausschusses der CDU Sachsen-Anhalts am 9. Januar 1948 (ACDP I-294-906/AII; BA NL Kaiser 51).

aufstellen. In Sachsen-Anhalt war es den Kreisverbänden durch die Einrichtung des sogenannten „Politischen Ausschusses“ als einem Gremium der Vertreter der Kreisverbände beim Landesvorstand gelungen, sich eine Kontrollinstanz über die Politik des Landesvorstandes zu schaffen. Erklärtes Ziel des Landesvorstandes war es Anfang 1948, in Angleichung an die Strukturen der übrigen Landesverbände, diesen nur in Sachsen-Anhalt existierenden „Politischen Ausschuß“ durch einen „Landesausschuß“ zu ersetzen, der, wie in den anderen Landesverbänden, stärker unter dem Einfluß des Landesvorstandes stand.

Im Frühjahr 1948 erlebte die CDU Sachsen-Anhalts eine Verhaftungswelle, der sich der Chefredakteur des CDU-Blattes „Der neue Weg“, Herbert Kunze-Cornelius,[90] und der Vizepräsident des Landtages von Sachsen-Anhalt, Werner Hennemann, durch ihre Flucht aus der SBZ entzogen. Verhaftet wurden u. a. der ehemalige Landesgeschäftsführer der CDU, Ludwig Müller, das Vorstandsmitglied Hans Perschmann[91] und der CDU-Stadtrat für Ernährung von Halle/Saale, von Rohrscheidt.[92] Im März 1948 verbot die SMA den für Anfang April vorgesehenen Landesparteitag und untersagte etwa 50 CDU-Funktionären des Landesverbandes eine Kandidatur zu den Kreisvorstandswahlen.[93] Für die Kreisdelegiertenkonferenzen befahl die SMA eine einheitliche Tagesordnung.[94] Den Wortführern der Opposition gegen den Kurs Leo Herwegens im Landesvorstand, Pfarrer Wittelsbach, den Landtagsabgeordneten Friedrich Hampel und Richard-Wilhelm Haase, wurde eine neue Kandidatur für den Landesvorstand untersagt.[95]

Brandenburg. Indem sie sich auf die Zustimmung des Koordinierungsausschusses zum Volkskongreß berief, drängte die SMA auch in Brandenburg die CDU-Gremien aller Ebenen zur Teilnahme am Volkskongreß und zur gleichzeitigen Ablehnung ihres Parteivorsitzenden Kaiser.

Am 22. Dezember 1947 fand im Cottbuser Stadttheater ein Volkskongreß des Kreis- und Stadtverbandes statt, an dem auf Anweisung der SMA auch die Landesvorstandsmitglieder der CDU teilnehmen mußten. Der Vorsitzende der CDU-Landtagsfraktion, Willy Heller, erklärte auf dieser Versammlung: „Wir Delegierte der CDU nehmen an diesem Kreisvolkskongreß teil mit der ausdrücklichen Erklärung, daß wir uns damit nicht in Gegensatz zu Jakob Kaiser und Ernst Lemmer und den vom Parteitag gewählten Vorstand stellen ... Wir sehen im Kreisvolkskongreß kein Vorparlament, das irgendwie die Funktion eines vom Volk in geheimer freier Wahl

90 Vgl. Herbert Kunze-Cornelius (ACDP III-013 DbCDU Ok).
91 Vgl. Hans Perschmann (ACDP III-013 DbCDU Ok).
92 Name unklar, auch von Rohrschach genannt.
93 Vgl. „Opposition nicht geduldet“. In: Sopade 437 vom 3. April 1948.
94 „CDU-Krise endgültig überwunden“. In: „Der neue Weg“ vom 9. März 1948.
95 Vgl. „Die CDU-Rücktritte in Sachsen-Anhalt“. In: „Der Kurier“ vom 17. März 1948.

gewählten Parlaments ersetzt."[96] Willy Heller befand sich damit im Einverständnis mit dem Kurs des Landesvorstandes der CDU, der seinerseits erklärte, die politische Linie, „wie sie von Jakob Kaiser und Ernst Lemmer im Auftrage der betreffenden Organe der Partei festgelegt worden ist",[97] fortführen zu wollen. Der Landesvorstand unterstützte den Volkskongreß nur unter dem Vorbehalt, daß dieser sich darauf beschränke, die staatliche Einheit Deutschlands zu fordern, und übte zugleich Kritik an Kaisers mangelnder, „für die Ostzone dringend gebotene(r) Zusammenarbeit mit der sowjetischen Besatzungsmacht"[98].

Im Januar 1948 begannen die Sowjets auch in Brandenburg gegen die Anhänger Kaisers vorzugehen. Der brandenburgische Innenminister Bernhard Bechler (SED) ließ überall Plakate gegen Kaiser anbringen.[99] Die Sowjets verhafteten den CDU-Bürgermeister von Liebenwalde, Otto Kintzel,[100] den Kreisjugendreferenten der CDU in Frankfurt/Oder, Bernhard Becker[101] und das Landesvorstandsmitglied, den Kreisverbandsvorsitzenden der Potsdamer CDU, Hans Egidi. Alle hatten sich öffentlich für Kaiser ausgesprochen. Egidi setzte sich nach seiner Freilassung, der zahlreiche Unterredungen des Landesvorsitzenden Wilhelm Wolf, des Landtagsabgeordneten Frank Schleusener und des Probstes Heinrich Grüber bei Wilhelm Pieck, dem brandenburgischen Ministerpräsidenten Karl Steinhoff und Innenminister Bechler vorangegangen waren, nach Berlin (West) ab.[102]

Der permanente Druck der Sowjets forcierte in Brandenburg die Polarisierung zwischen dem Landesvorstand und den Kreisverbänden. Dies ließ eine Kreisversammlung der Potsdamer CDU erkennen, bei der der CDU-Landesvorsitzende Wolf von der Versammlung heftig attackiert wurde. Der Vorsitzende der Ortsgruppe Potsdam, Friedrich Bolle, forderte unter starkem Beifall die Einhaltung der Menschenrechte und griff den undemokratischen Führungsstil des Landesvorstandes an.[103] Damit sah sich Wolf – wie alle anderen Landesvorsitzenden – sowohl der Kritik der CDU-Basis als auch der der SMAD ausgesetzt.

Sachsen. Die Entwicklung der sächsischen CDU nach der Absetzung Kaisers stand wesentlich unter dem Einfluß des Landesvorsitzenden Hickmann, der als Vorsitzender des Koordinierungsausschusses zugleich die politische Orientierung des

---

96 Willy HELLER: In der Sowjetischen Besatzungszone von 1945 bis 1949 (Abschrift einer Tonbandaufzeichnung vom 27. April bis 2. Mai 1980) – (ACDP I-255-001/2).
97 Brief E. Zborowski an Hellmut Meier vom 15. Januar 1948 (ACDP I-297-100/2/2).
98 EBD.
99 Vgl. „Telegraf" vom 17. Januar 1948.
100 Vgl. DUD Ausgabe A vom 27. Januar 1948.
101 Vgl. Bernhard Becker (ACDP III-013 DbCDU Ok).
102 Vgl. Brief F. Schleusener an W. Pieck vom 14. Februar 1948. Vgl. Erklärung H. Egidi, Potsdam vom 1. März 1948. Vgl. Brief H. Egidi an W. Wolf vom 5. März 1948 (ACDP I-296 NL Egidi).
103 Vgl. Kreisparteitag der CDU Potsdam (BA NL Kaiser 51).

Gesamtverbandes der CDU der SBZ bestimmte. Hickmann rief den Landesvorstand der sächsischen CDU am 2. Januar 1948 zu einer Sitzung in Dresden zusammen, bei der er seine ablehnende Haltung gegenüber dem Volkskongreß wiederholte und klarstellte, daß er Kaiser und Lemmer nach wie vor als die gewählten Vorsitzenden der CDU ansehe.[104] Anders als bei Kaiser, so Hickmann, bestünde jedoch bei Lemmer die Aussicht, daß die Sowjets ihn wieder als CDU-Vorsitzenden anerkennen würden. Voraussetzung dafür wäre allerdings, ihn von Kaiser, der zu stark unter dem Einfluß von Elfriede Nebgen und Johann Baptist Gradl stände, zu trennen.[105] Hickmann betonte, daß „hundertprozentige" Unionsarbeit in der SBZ seit der Gründung der CDU noch zu keinem Zeitpunkt möglich gewesen sei und es nur darum gehen könne, angesichts der erstrebten Wiedervereinigung Deutschlands den Zielen der CDU so nahe wie möglich zu kommen. Deswegen lehne er „die primitive Politik Schumachers"[106] ab und sei bereit, mit den Kommunisten zusammenzuarbeiten. Der sächsische CDU-Landesvorstand beschloß, die sechs Landesvorsitzenden als vorübergehende Parteileitung anzuerkennen, zugleich aber einen außerordentlichen Parteitages vorzubereiten. Die Aussichten auf einen baldigen Parteitag stießen – anders als die Anerkennung des Koordinierungsausschusses – in den Kreisverbänden auf positive Resonanz. Wie der Vorsitzende des Kreisverbandes Görlitz-Weißwasser, Wendelin Siebrecht,[107] der sich offen und uneingeschränkt zu Kaiser bekannte, forderten die meisten Kreisvorsitzenden, möglichst noch im Januar 1948 einen Parteitag abzuhalten.[108] Die Kreisvorsitzenden hofften, daß dieser Kaiser bestätigen würde, wodurch ihr weiteres politisches Handeln abgesichert wäre. Gerade das aber versuchte die SMA zu verhindern. Wendelin Siebrecht wurde durch den Kreiskommandanten von Niesky am 15. Januar 1948 für abgesetzt erklärt. Das hatte zur Folge, daß der gesamte Kreisvorstand zurücktrat und die Arbeit der CDU im Kreis vorübergehend eingestellt wurde.[109] Vor Siebrecht hatten die Sowjets bereits die Kreisvorsitzende von Chemnitz-Land, Pfarrer Ernst-Günter Haß, und von Görlitz, Amtsgerichtsdirektor Hermann Gocht, wegen ihrer ablehnenden Haltung zum Volkskongreß für abgesetzt erklärt.[110] Der Kreisvorsitzende von Rochlitz, Alexander Rombi, floh unter dem Druck der Ereignisse aus der SBZ.[111] Angesichts des zunehmenden Drucks durch die

---

104 Vgl. Niederschrift der Sitzung des Geschäftsführenden Landesvorstandes am 2. Januar 1948 13.00 Uhr im Unionshaus in Dresden (BA NL Kaiser 51).

105 Vgl. Anonymer Bericht (ACDP I-188-001/3).

106 Vgl. EBD. Vgl. Niederschrift der Sitzung des Geschäftsführenden Landesvorstandes am 2. Januar 1948 13.00 Uhr im Unionshaus in Dresden (BA NL Kaiser 51).

107 Vgl. Brief W. Siebrecht an Hickmann vom 5. Januar 1948 (BA NL Kaiser 51).

108 Vgl. Brief des KV Chemnitz-Land an den Vorstand der CDU der Ostzone vom 17. Januar 1948 (BA NL Kaiser 51).

109 Vgl. Beschluß des KV der CDUD Weißwasser-Görlitz in Niesky vom 23. Januar 1948 (BA NL Kaiser 51).

110 Vgl. Niederschrift der Sitzung des Geschäftsführenden Vorstandes der LV Sachsen am 2. Januar 1948 in Dresden S. 10 (BA NL Kaiser 51).

111 Vgl. „Der Tagesspiegel" vom 21. Dezember 1947.

SMA erklärten die ersten Kreisvorstände bereits im Januar ihre Bereitschaft, sich am Volkskongreß zu beteiligen. Der Kreisverband Pirna verband dies mit der Hoffnung, daß sich der Volkskongreß unter maßgeblicher Mitwirkung von CDU und CSU bald über ganz Deutschland erstrecken werde.[112] Trotz der Drohungen der SMA[113] kam es in ganz Sachsen immer wieder zu Sympathiekundgebungen für Kaiser.[114]

In dieser äußerst verworrenen Situation reiste Hickmann durch Sachsen und warb für seine Politik, einen Ausgleich mit den Sowjets finden und der Teilung Deutschlands entgegenwirken zu wollen. Die Mehrzahl der Kreisvorsitzenden unterstützte ihn. Der Kreisvorsitzende der Leipziger CDU, Landgerichtsdirektor Carl Günther Ruland,[115] wandte sich in gleichlautenden Schreiben an Adenauer, Arnold und Müller und forderte Verständnis für die Haltung der Unionsverbände der SBZ. Ruland forderte, die westlichen Verbände dürften die CDU in der SBZ nicht im Stich lassen und müßten alles dafür tun, daß möglichst bald ein gesamtdeutscher Unionsverband geschaffen werde, an dessen Spitze ein Triumvirat, bestehend aus Kaiser, Adenauer und Müller, die Union leiten könnte.[116] Neben solchen Überlegungen gab es innerhalb der sächsischen CDU aber auch Bedenken, Hickmann könne sich in der Gesamtunion zum Gegenspieler Kaisers entwickeln und sich dabei den CSU-Vorsitzenden Müller zum Verbündeten machen.[117] Ausgelöst wurden solche Bedenken durch von Hickmann vermehrt geäußerte Bemerkungen, eine weitere Zusammenarbeit mit Kaiser sei angesichts der Situation weder politisch klug noch sinnvoll.[118] Flankiert wurden sie zugleich durch Artikel in der „Täglichen Rundschau", dem Blatt der SMAD, in dem die Sowjets die Anhänger Kaisers als nazistische und verbrecherische Elemente bezeichneten, die in der CDU Unterschlupf gefunden hätten.[119] Auch der Landesgeschäftsführer der sächsischen CDU, Hans Teubert, begann sich angesichts der scharfen Kritik der Sowjets an Kaiser vorsichtig von ihm zu distanzieren. Auf einer am 28. Januar 1948 in Dresden stattgefundenen Tagung der CDU-Kreisgeschäftsführer lehnte er die Alternative – Kaiser oder keine CDU – ab, da sie den Realitäten der SBZ nicht genügend Rechnung trage. Er berief sich dabei auf den ehemaligen Vorsitzenden der

---

112 Vgl. „Bekenntnis zur Blockpolitik". In: „Die Union" vom 3. Januar 1948.

113 Vgl. „Sächsische CDU unter Druck". In: „Die Neue Zeitung" vom 10. Januar 1948.

114 Vgl. Protokoll der Kreiskonferenz der Kreisverbände Dresden-Stadt- und Land am 17. Januar 1948 (ACDP III-012-923).

115 Ab 1948 Oberlandesgerichtspräsident von Sachsen. Vgl. BENJAMIN S. 137.

116 Vgl. Brief C. G. Ruland an K. Adenauer, K. Arnold und Müller vom 17. Januar 1948 (BA NL Kaiser 51).

117 Vgl. Brief Ruth Matthaes an Elfriede Nebgen vom 18. Januar 1948 (BA NL Kaiser 51).

118 Vgl. Bericht Kreisverband Dresden vom 30. Januar 1948 (ACDP III-013-800).

119 Vgl. „Klärung in der CDU – Wer waren die Schrittmacher Kaisers?" In „Tägliche Rundschau" vom 24. Januar 1948.

CDU der SBZ, Andreas Hermes, der sich ebenfalls gegen Kaisers kategorische und illusorische Art, Politik zu machen, gewandt hatte.[120]

Während die Führung der sächsischen CDU die Politik des Koordinierungsausschusses schnell übernahm, blieb die Mehrzahl der Mitglieder bei ihrer Zustimmung zu Kaiser. Dabei ging es den Mitgliedern weni weniger um praktische Fragen der Politik, die unter Hickmann nicht wesentlich anders behandelt wurden wie unter Kaiser, als um die Frage des Maßes möglicher Kompromisse gegenüber den Kommunisten. Geprägt durch ihre Erfahrungen mit den Sowjets und der SED, hatte sich bei der Mehrzahl der CDU-Mitglieder, wie vorher bereits in der SPD, eine antikommunistische Grundhaltung herausgebildet, die keinen Raum für neue Konzessionen ließ. Anders als im Landesvorstand ließen sich diese Überzeugungen an der Basis länger vertreten. In den Vorständen hätten sie sofort zur Absetzung oder sogar zur Verhaftung geführt. In den Ortsgruppen begann man zu diesem Zeitpunkt über neue Formen der Parteiarbeit nachzudenken. Dabei wurden die CDU-Mitglieder durch die starke illegale Tätigkeit der SPD in Sachsen angeregt. In einigen Orten gab es Kontakte zu illegalen SPD-Gruppen.[121] Die SPD hatte bereits zum 1. Volkskongreß Tausende von Plakaten mit der Aufschrift „Einheit mit Zwang währt nimmer lang" geklebt. In ganz Sachsen kursierte eine illegale Zeitung der SPD.[122] In Freital bei Dresden z. B. wurde die Frage illegaler Parteiarbeit bei einer internen Vorstandssitzung besprochen[123] und beschlossen, Kontakt zum neuen Büro Kaisers im Westen Berlins aufzunehmen. Ähnlich sah es in zahlreichen anderen Ortsgruppen und Kreisvorständen der CDU aus. Nach außen schwenkten die CDU-Gruppen auf die Volkskongreßbewegung um, traten aber gleichzeitig in Kontakt zum Büro Kaisers im Westen Berlins. Hier saßen von ihnen 1947 gewählte Personen, die von zahlreichen Mitgliedern auch weiterhin als Parteiführung angesehen wurden.[124] Wie bisher berichteten sie aus ihrem Parteileben[125] und versorgten sich mit Informationen und Hinweisen für die Parteiarbeit. Öffentliche Sympathieerklärungen für Kaiser wurden unterdessen allerdings immer gefährlicher und führten zur Absetzung und immer häufiger, wie im Fall des CDU-Kreisvorsitzenden und Bürgermeisters von Plauen, Max Kludas, zur sofortigen Verhaftung.[126]

Hickmann sah sich unter diesen Umständen gezwungen, die CDU immer stärker auf einen Kurs weg von Kaiser zu orientieren. Auf einer Sitzung des Landesvorstandes mit den sächsischen Kreisverbandsvorsitzenden am 6. Februar 1948 erreichte er die

120 Vgl. Bericht KV Dresden vom 30. Januar 1948 (ACDP III-013-800).
121 Vgl. Bericht des KV Borna vom 30. Januar 1948 (ACDP III-013-800).
122 Vgl. Bericht Dresden vom 5. Februar 1948 (BA NL Kaiser 51).
123 Vgl. Bericht KV Dresden vom 30. Januar 1948 (ACDP III-013-800).
124 Vgl. Informationen – Mitteilungen II des KV Dresden-Land (ACDP III-013-800).
125 Diese Berichte aus dem Bestand ACDP III-013 und BA NL Kaiser wurden als Quellen für die vorliegende Arbeit mit herangezogen.
126 Max Kludas (ACDP III-013 DbCDU Ok).

Erklärung, daß „die Fortführung der Zonenleitung durch Herrn Kaiser unmöglich geworden“[127] sei. Ganz im Sinne der Politik des Koordinierungsausschusses wiederholte er zugleich seine Ablehnung jeglicher Kompetenzerweiterungen des Volkskongresses, die geeignet sein könnten, ihn zu einer nicht aus Wahlen hervorgegangenen Regierung auszubauen.[128] Bereits vor der Sitzung hatte Hickmann Nuschke beauftragt, Einspruch gegen eine Erweiterung des Volkskongresses auf wirtschaftliche Bereiche zu erheben.[129]

Ungeachtet solcher Erklärungen setzte die SMAD den angestrebten Umgestaltungskurs der SBZ und der CDU Schritt für Schritt fort. Ab Februar 1948 durften in Sachsen nur noch CDU-Versammlungen durchgeführt werden, deren Reden und Erklärungen von der SMA zuvor genehmigt waren. In Dresden mußten alle sächsischen Kreisjugendreferenten der CDU am 18. Februar 1948 eine Entschließung gegen Kaiser annehmen, obwohl sie zuvor eine genau entgegengesetzte Resolution vorgeschlagen hatten.[130] Eine Stellungnahme der CDU-Kreistagsfraktion im Stadtparlament von Niesky gegen den Kreisvolkskongreß bewirkte, daß der Ortsgruppe Niesky der CDU die Durchführung weiterer Versammlungen nicht mehr genehmigt wurden. Die Folge war, daß die Arbeit illegal fortgesetzt wurde. Der abgesetzte Vorsitzende des Kreisverbandes Niesky, Wendelin Siebrecht, der in engem Kontakt zum Büro Kaiser stand, spielte angesichts des neuen Kurses der CDU in Sachsen sogar mit dem Gedanken, in den Teilen Schlesiens, die nach dem Krieg in das Land Sachsen eingegliedert worden waren, einen illegalen Landesverband Schlesien der CDU zu konstituieren.[131]

Trotz des Drängens der SMA lehnten die CDU-Kreisgeschäftsführer am 26. Februar 1948 noch einmal eine Erweiterung der Kompetenzen des Volkskongresses ab.[132] Die Folge war eine Pressekampagne der SED gegen Kreisvorsitzende der CDU, die wie Pfarrer Ludwig Kirsch Bedenken gegen den Volkskongreß äußerten.[133]

Die politische Entwicklung führte in Sachsen zur Selbstauflösung zahlreicher CDU-Ortsgruppen und zum Boykott der CDU-Presse durch die Mitglieder.[134] Im Frühjahr 1948 begann die SMA, ihr Spitzelsystem innerhalb der CDU auszubauen, da sie feststellte, daß ihr die Kontrolle über die verstärkt konspirativ arbeitenden

---

127 Entschließung 6. Februar 1948 Dresden (BA NL Kaiser 51).

128 Vgl. Protokoll der Sitzung des geschäftsführenden Landesvorstandes Sachsen vom 6. Februar 1948 (BA NL Kaiser 51).

129 Vgl. Notiz über die Sitzung am 6. Februar 1948. Aussprache Ruland (ACDP I-294-906/AII).

130 Vgl. Brief W. Siebrecht vom 5. März 1948 (BA NL Kaiser 51). Vgl. Entschließung. Sitzung der Kreis-Jugendreferenten am 19. Februar 1948 in Dresden (ACDP III-013-800).

131 Vgl. Brief W. Siebrecht an das CDU-Büro Schlüterstr. 39. Berlin-Charlottenburg o. D. (BA NL Kaiser 51).

132 Vgl. Bericht von der Geschäftsführerbesprechung Dresden 26. Februar 1948 (BA NL Kaiser 51).

133 Vgl. „Herr Pfarrer steht Kopf“ vom 1. März 1948 (BA NL Kirsch 2).

134 Vgl. Bericht Sachsen vom 5. März 1948 (ACDP III-013-800).

CDU-Gruppen teilweise entglitt.[135] Sie verlangte, daß die Presse stärker über „fortschrittliche" Ortsgruppen und Kreisverbände berichtete.[136]

„Fortschrittliche" Verbände wurden gegen "reaktionäre" Ortsgruppen oder Kreisverbände ausgespielt.[137] Besatzungsmacht und SED gingen mit Redeverboten und Demonstrationen konzertiert gegen Redner der CDU vor. Unangemeldete Versammlungen, die den Sowjets durch ihre Spitzel bekannt wurden, führten zu harten Strafen.[138] Anfang Mai 1948 erhielt die sächsische CDU von der SMA die Erlaubnis, in Friedersdorf bei Löbau ein CDU-Schulungsheim zu eröffnen und Bildungshefte herauszugeben.[139] Auf diese Weise hoffte die SMA wohl, Einfluß auf die Orientierung der CDU nehmen zu können. Der Erfolg blieb jedoch aus. Die Bildungshefte der CDU[140] verkörperten eher ein „Gegenprogramm der Reaktion zur volksdemokratischen Revolution".[141] Von einer prokommunistischen Haltung der sächsischen CDU konnte Mitte 1948 noch keine Rede sein. Die Weichen waren allerdings gestellt. Ein Konflikt in der Leipziger Stadtverordnetenversammlung war für die weitere Entwicklung symptomatisch. Hier riefen SED-Abgeordnete den Mandatsträgern der CDU und LDP zu, sie würden „sowieso bald abgeholt",[142] dann könne die SED endlich machen, was sie wolle.

Thüringen. Am 23. Dezember 1947 tagte im Unionshaus in Weimar der erweiterte Landesvorstand der CDU Thüringens. Der CDU-Landesvorsitzende Siegfried Trommsdorff erinnerte dabei an den bereits am 3. Dezember 1947 gefaßten Beschluß der Landesleitung, sich am Volkskongreß zu beteiligen. In Gegenwart des sowjetischen Majors Popolowski warf er Kaiser vor, die Richtigkeit der Blockpolitik in Frage gestellt zu haben und forderte alle Funktionäre auf, sich entweder hinter die Politik der Landesleitung zu stellen oder ihre politischen Ämter niederzulegen. Einer gegen den Parteivorsitzenden Kaiser gerichteten Entschließung stimmten bei namentlicher Abstimmung 21 der 23 Anwesenden zu.[143] Sie wurde an die Kreisverbände der

135 Vgl. Bericht Sachsen vom 8. März 1948 (ACDP III-013-800).

136 Vgl. „Fortschrittliche CDU-Arbeit in Oschatz". In: „Die Union" vom 17. März 1948.

137 Vgl. „CDU-Aristokrat verhöhnt das Volk". In: „Leipziger Volkszeitung" vom 16. April 1948. Vgl. Vorgang Crimmitschau. Vgl. Über die Vorgänge in der CDUD (ACDP III-013-800).

138 Vgl. Bericht Kreis Löbau vom 17. Mai 1948 (ACDP III-013-800).

139 Vgl. Bericht über die Tagung der Kreisgeschäftsführer am 31. März 1948 (ACDP III-013-800).

140 „Unsere Demokratie – Die Politik unserer Zeit". „Unsere Christliche Politik – die Forderung der Zeit". „Unser Sozialismus – Die Frage der Zeit". Hg. v. der CDUD LV Sachsen 1948.

141 SACHER S. 44.

142 Zit. b. STÖSSEL 1 S. 389.

143 Vgl. CDU LV Thüringen: Zur Klärung der politischen Lage (ACDP I-090-017/4). Vgl. Bericht Mayer und Olbrich. KV Jena vom 22. Januar 1948 (ACDP III-013-800).

CDU verschickt und diente den örtlichen Kommandanturen dazu, die Vorstände aufzufordern, sich der Erklärung des Landesvorstandes anzuschließen.[144] Neben Wilhelm Bachem gehörte der Vizepräsident des thüringischen Landtages, Walter Rücker, in der thüringischen CDU zu den schärfsten Gegnern Kaisers. Rücker, der unter starkem Druck durch die SMA stand, machte gezielt Stimmung gegen den Parteivorsitzenden. Er verbreitete, Kaiser habe die Sowjets durch sein Verhalten so erzürnt, daß sie auf eine geplante Räumung Thüringens verzichtet hätten.[145] So unsinnig derartige Behauptungen waren, lösten sie doch hier und da die gewünschten Emotionen in der Bevölkerung aus. Bei der Neuorientierung des Landesverbandes Thüringen der CDU engagierten sich Rücker und Bachem so stark, daß sich CDU-Generalsekretär Dertinger veranlaßt sah, öffentlich darauf hinzuweisen, daß die Führung des Landesverbandes nach wie vor in den Händen von Trommsdorff liege.[146] Das entsprach der Politik der SMA, die zunächst daran interessiert war, den zurückhaltenden Trommsdorff im Amt zu halten. Im Gegensatz zu Bachem und Rücker, deren Zusammenarbeit mit der SMA in den Kreisverbänden bekannt war,[147] genoß Trommsdorff eher das Vertrauen der Mitglieder. Mit seiner gemäßigten Haltung, die wie bei Hickmann eine Anerkennung des Volkskongresses als unabdingbare Gegebenheit einschloß, war er für die Sowjets 1948 der richtige Mann.

Im Januar 1948 begannen die Sowjets auch in Thüringen gegen alle Anhänger Kaisers vorzugehen. Mit der Verhaftung der persönlichen Referentin des als Befürworter der Politik Kaisers bekannten thüringischen Versorgungsministers Georg Grosse, Frau Irmgard Vester, leiteten sie die Absetzung des CDU-Ministers ein.[148] Vor allem auf Kreisebene verstärkte die SMA den Druck und forderte von den Kreisverbänden, sich an den Kreisvolksausschüssen zu beteiligen. Die wachsende Unzufriedenheit unter den Mitgliedern machte sich auf Versammlungen Luft, auf denen Kaiser gefeiert und Politiker wie Bachem oder Rücker angegriffen wurden.[149] Die Folge war eine weitere Zunahme der Pressionen. Am 31. Januar 1948 beschloß die Landesleitung der CDU personelle Konsequenzen für alle Kreisvorstände, die sich noch immer zu Kaiser bekannten. So hatten die CDU-Kreisvorsitzenden von Eisenach, Gotha, Heiligenstadt und Hildburghausen dem Landesvorstand gutgläubig berichtet, daß die Mitglieder nach wie vor zu Kaiser und dem gewählten Hauptvorstand ständen. Sie wurden unverzüglich abgesetzt. Neben den Kreisverbänden hatte die Landesleitung auch noch mit erheblichen Widerständen aus der CDU-Fraktion des thüringischen Landtages zu rechnen. Auf einer Sitzung des Landesvorstandes am 31. Januar 1948

144 Vgl. Sopade 118 vom Juni 1948.
145 Vgl. Bericht eines Kreisvorsitzenden vom 14. Februar 1948 (ACDP III-013-800).
146 Vgl. „Neues von der CDU – Dertinger dementiert". In: „Der Tagesspiegel" vom 3. Januar 1948.
147 Vgl. Notiz einer CDU-Ansprache am 5. Januar 1948 in Erfurt (BA NL r 51) Kaiser 51).
148 Vgl. „Kaiser verlangt neuen Parteitag". In: „Die Neue Zeitung" vom 12. Januar 1948.
149 Vgl. Persönlicher Bericht aus dem Kreis Altenburg vom 28. Januar 1948 (ACDP III-013-800).

kam es in Gegenwart eines Vertreters der SMA zum offenen Eklat zwischen Rücker und dem Vorsitzenden der CDU-Landtagsfraktion, dem Vizepräsidenten des thüringischen Oberlandesgerichtes, Karl Magen, der die Politik Bachems und Rückers offen angriff.[150] Die Folge war das Verbot einer Wiederwahl Magens in den Landesvorstand. Es folgten Drohungen durch die Sowjets, die ihn schließlich zur Flucht veranlaßten. Am 14. Februar 1948 wurde auch der thüringische Versorgungsminister Georg Grosse von den Sowjets aufgefordert, sein Amt zur Verfügung zu stellen.[151] Vor ihm war bereits der thüringische Minister für Land- und Forstwirtschaft, Hans Lukaschek, der wegen seiner Kontakte zum Kreisauer Kreis bis 1945 im KZ Ravensbrück inhaftiert war, von den Sowjets aus dem Amt gedrängt worden. Auch den Geschäftsführer der CDU in Thüringen, Georg Schneider[152], hatten die Sowjets abgesetzt. Im sowjetischen Gefängnis umgekommen war zuvor auch der ehemalige Vizepräsident des thüringischen Landtages, Max Kolter (CDU).[153] Zu den Absetzungen und Verhaftungen auf höchster Ebene kamen zahlreiche Aktionen der Sowjets auf mittlerer und unterer Parteiebene, die zu einer starken Verunsicherung der thüringischen CDU-Mitglieder führten. Im Frühjahr 1948 konnte von einer normalen Parteiarbeit der CDU-Ortsgruppen keine Rede mehr sein. Nicht nur für die Veranstaltungen der Kreis- und Ortsverbände wurde die Tagesordnung und der Text der zahlreichen Resolutionen von der SMA festgelegt, auch im thüringischen Landtag durften nach der Absetzung Magens nur noch Themen behandelt werden, die zuvor von der SMA genehmigt worden waren. Als am 5. März 1948 der 2. Volkskongreß des Landes Thüringen tagte, waren bereits 12 der 25 Kreisvorsitzenden der thüringischen CDU auf Veranlassung der SMA abgesetzt oder aus eigenem Willen zurückgetreten.[154]

Mecklenburg. Auch in der mecklenburgischen CDU führte die Absetzung Kaisers zu einer raschen Polarisierung innerhalb der Partei. Während der stellvertretende Landesvorsitzende Otto Gartz erklärte, es müsse alles getan werden, um ein Vertrauensverhältnis zur Besatzungsmacht zu erhalten,[155] kamen aus den Kreisverbänden

150 Vgl. Bericht eines Sitzungsteilnehmers über die Landesvorstandssitzung am 31. Januar 1948 in Weimar (BA NL Kaiser 51).

151 Vgl. „SMA stürzt CDU-Minister". In: „Der Tagesspiegel" vom 15. Februar 1948.

152 Georg Schneider, den Wolfgang Seibert als eine „wirklich herausragende Persönlichkeit" beschreibt, wurde nach seiner Flucht 2. Vorsitzender der DAG und Mitglied des Bundestages (Brief Wolfgang Seibert an d. Autor vom 29. August 1988).

153 Vgl. Maria Kolter (ACDP III-013 DbCDU Ok).

154 Vgl. Persönliches Gespräch am 28. Februar 1948 (BA NL Kaiser 51). Vgl. Persönlicher Bericht Jena vom 4. April 1948 (ACDP III-013-800). Vgl. „12 von 25 mußten fliehen". In: Sopade 437 vom 3. April 1948.

155 Vgl. „Neues von der CDU – Dertinger dementiert". In: „Der Tagesspiegel" vom 3. Januar 1948.

andere Stellungnahmen. Der Landrat von Usedom, Werner Jöhren,[156] der als Kreisvorsitzender der CDU die stärkste Partei der pommerschen Insel führte, sprach sich ebenso für eine Beibehaltung der Parteiführung durch Kaiser aus wie z. B. der Kreisvorstand der CDU in Schönberg.[157]

Derartige Erklärungen blieben nicht ohne Folgen. Ähnlich wie in Brandenburg, wo auf staatliche Anordnung Flugblätter gegen Kaiser angebracht werden mußten, fand man zum Jahresende 1947 auch an den „schwarzen Brettern" der Gemeinden auf Usedom Resolutionen, auf denen die Inselbevölkerung angeblich den sofortigen Rücktritt des „reaktionären Landrats Jöhren" forderte. Auf einer zum 29. Dezember 1947 in Heringsdorf einberufenen Versammlung aller der SED angehörenden Bürgermeister und anderer Funktionäre des SED-Kreisvorstandes Usedom erhielten die SED-Funktionäre die Anweisung, in allen Gemeinden „Volksaktionen" zu organisieren. Die so von der SED angeordneten Demonstrationen und Resolutionen gegen den Landrat führten allerdings dazu, daß beim Landratsamt mehr Sympathie- als Mißtrauenserklärungen eingingen. Die Mißtrauenskundgebungen zeigten durch ihre stereotypen Formulierungen ohnehin, daß sie auf Veranlassung der SED geschrieben wurden.[158] Es dauerte dann auch nicht lange, bis Major Nasarow Jöhren offiziell das Mißtrauen der SMA gegen seine Person mitteilte und ihm befahl, sich täglich auf der Kommandantur zu melden.

In Schwerin trat unterdessen am 4. Januar 1948 der Erweiterte Landesvorstand der mecklenburgischen CDU zusammen. Die anwesenden 24 Vorstandsmitglieder und 18 Kreisvorsitzenden begrüßten in einem Telegramm an den Landesvorsitzenden Reinhold Lobedanz eine Teilnahme am Volkskongreß und bezogen gegen Kaiser Stellung. Zu der Sitzung waren oppositionellen Kreisvorsitzenden Reisegenehmigungen von der SMA gar nicht erst erteilt worden.[159] Andere führende Funktionäre der CDU distanzierten sich, wie der Vorsitzende der CDU-Landtagsfraktion Gustav Röseler, der mecklenburgische Wirtschaftsminister Siegfried Witte und der Landtagsabgeordnete Karl-Heinz Kaltenborn, von Erklärungen gegen den Parteivorsitzenden der CDU der SBZ. Die SMA begann zugleich mit der Absetzung der widerstrebenden Funktionäre, von denen ein Teil aus der SBZ flüchtete.[160] Auch der Chefredakteur der CDU-Zeitung „Der Demokrat", Arthur Jansen, erklärte seinen Rücktritt, nachdem ihn der Presseoffizier der SMA gezwungen hatte, einen in allen CDU-Landeszeitungen der SBZ abgedruckten Artikel gegen Kaiser auch in seinem Blatt zu veröffentlichen.[161]

---

156 Vgl. W. Jöhren auf der Jahresabschlußsitzung der CDU der Ortsgruppe Seebad Heringsdorf am 27. Dezember 1947 (ACDP I-350-002/2).

157 Protokoll der Betriebsversammlung des Landratsamtes Usedom vom 31. Dezember 1947 (ACDP I-350-001/4).

158 Vgl. Brief W. Jöhren an Oberstleutnant Kowjasin vom 3. Januar 1948 S. 3f. (ACDP I-350-001/4).

159 Vgl. „Der Gefangene von Usedom". In: „Der Abend" vom 12. Januar 1948.

160 Vgl. Innenpolitik. In: Sopade 437 vom 3. April 1948.

161 Vgl. „Tägliche Rundschau" vom 25. Dezember 1947.

Die Entwicklung auf Usedom war typisch für die Vorgehensweise von SMA und SED. Am 9. Januar 1948 trat im Seebad Ahlbeck der Kreistag der Kreises Usedom zusammen. Der SED-Kreisrat Gerhard Casparius erklärte vor den Abgeordneten öffentlich, Jöhren entspreche nicht mehr den Erfordernissen des politischen Systems der SBZ. Die SED müsse in Zukunft verstärkt mit den Funktionären der CDU zusammenarbeiten, die sich wie die SED für den „Gedanken einer kämpferischen, fortschrittlichen Demokratie"[162] einsetzten. Gemeinsam mit ihnen werde man die Volksdemokratie errichten. Auf keinen Fall könne es darum gehen, „Brücken zu bauen zwischen der Demokratie des Ostens und der monopolistischen Demokratie des Westens". Freundschaft müsse man dort suchen, „wo wahrhafte Volksdemokratie zu Hause"[163] sei. Wer sich von der CDU an diesem Kurs beteiligen wolle, wäre willkommen. Leute wie Jöhren müßten verschwinden. Nachdem ihm wenig später auch die SMA öffentlich „Sabotage am Wiederaufbau"[164] vorgeworfen hatte, sah sich Jöhren gezwungen, sein Amt zur Verfügung zu stellen. Kurz danach floh auch er nach Berlin. Jöhren wurde wenig später Leiter des Büros von Kaiser, aus dem später das Ostbüro der CDU hervorging.

In der CDU-Landesleitung setzten sich unter dem Schutz von Lobedanz die „fortschrittlichen" Funktionäre immer stärker durch. Am 9. Februar 1948 lieferte der aus dem Landesverband Berlin der CDU ausgeschlossene Generalsekretär der CDU der SBZ, Dertinger, mit einer Rede sein Debüt als neu aufgenommenes Mitglied der Ortsgruppe Schwerin.[165] Umgekehrt erkundigte sich der Kreisverband Wismar im Büro Kaisers, ob es möglich sei, aus dem Landesverband Mecklenburg aus- und geschlossen dem Landesverband Berlin beizutreten, da man nicht mehr gewillt sei, die Politik des Landesvorstandes mitzutragen.[166]

Für die Landesverbände der CDU der SBZ und Berlins war mit der Absetzung Kaisers eine neue, schwierige Situation entstanden, die sich mit der Etablierung des Koordinierungsausschusses der Landesvorsitzenden der CDU weiter komplizierte. Die Kreisverbände und Ortsgruppen sahen sich plötzlich zwei konkurrierenden Parteileitungen gegenüber, die beide für sich beanspruchten, die eigentliche Parteiführung darzustellen. Da bekannt war, daß der Koordinierungsausschuß seine Existenz der SMAD verdankte und Kaiser gegen den Willen der SMAD ausdrücklich betonte, auch weiterhin Vorsitzender der CDU der SBZ zu sein, der nur den Sitz der Parteileitung in einen anderen Sektor Berlins verlegt habe, orientierten sich zunächst auch weiterhin

162 Protokoll der 10. Sitzung der Kreistages des Kreises Usedom am 9. Januar 1948 in Seebad Ahlbeck S. 3 (ACDP I-350-002/3).
163 EBD. S. 5.
164 Vgl. „Tägliche Rundschau" vom 10. Februar 1948. Vgl. Brief W. Jöhren an die Redaktion der „Täglichen Rundschau" vom 14. Februar 1948 (ACDP I-350-001/4).
165 Vgl. „Klammer für die Einheit Deutschlands". In: „Der Demokrat" vom 9. Februar 1948.
166 Vgl. Bericht Wismar vom 10. Februar 1948 (ACDP III-013-800).

viele CDU-Mitglieder und Funktionäre an Kaiser. Aber auch die im Koordinierungsausschuß agierenden Landesvorsitzenden, deren demokratische Legitimität ergänzt wurde durch ihre Legalität nach dem sowjetischen Besatzungsrecht, wurden von vielen Migliedern als ihre offiziellen Repräsentanten angesehen. Damit waren weitere Konflikte vorprogrammiert.

II. Polarisierung der CDU

1. „Büro Jakob Kaiser“

Nachdem Kaiser und einigen anderen Mitgliedern des 1947 gewählten Hauptvorstandes der Zugang zum Sitz der Parteileitung in der Jägerstraße verwehrt worden war, verlegten sie ihr Parteibüro in die Schlüterstraße im Bezirk Charlottenburg. Wochenlang transportierten Alfred Sagner und andere Mitarbeiter heimlich Akten, Schreibmaschinen und wichtige Materialien in die Schlüterstraße. Bevor Generalsekretär Dertinger eine Kontrolle am Eingang des Unionshauses einrichten ließ, war es Sagner sogar gelungen, die „Parteikasse“ in Sicherheit zu bringen. Dadurch verfügte das neue Büro Kaisers über finanzielle Mittel.[1]

Mit Hilfe der britischen Militärverwaltung gelang es den abgesetzten Mitgliedern des Hauptvorstandes, die alle ihren Wohnsitz in den Westsektoren Berlins hatten, in Berlin-Charlottenburg, Reichsstraße 4 zwei Stockwerke eines geräumigen Hauses zu mieten. Neben Kaiser gehörten Johann Baptist Gradl, Heinrich Krone, Elfriede Nebgen, Robert Tillmanns, von der Jungen Union Josef Bock und Alfred Sagner und von der Presse Wilhelm Gries, Karl Brammer, Emil Dovifat sowie Alfred Gerigk der Gruppe an, die von hier aus die Parteigeschäfte weiterführte. Zwar veränderte sich die Arbeitsweise des entmachteten „Hauptvorstandes der CDU“ vollständig, der Kontakt zur Parteibasis aber blieb weiterhin bestehen. Wie früher zur Jägerstraße, so kamen jetzt zahlreiche Besucher zum Parteibüro in der Schlüterstraße und später in der Reichsstraße. Vertreter von Ortsgruppen meldeten sich im Büro Kaisers als „Zonen-Ortsgruppe“[2] an. Kaiser konnte sich so weiterhin nicht nur de jure als Erster Vorsitzender der CDU der SBZ und Berlins fühlen.[3] Bis zum Sommer 1948 waren die Kontakte zwischen dem „Büro Jakob Kaiser“ und den Ortsgruppen und Kreisvorständen, die Kaiser weiterhin als führenden Repräsentanten der CDU

1 Gespräch d. Autors mit Alfred Sagner am 27. April 1987 (ACDP MAT Richter PY,23).

2 Bericht Dr. Marx (ACDP III-013-800).

3 Vgl. CONZE S. 223. Vgl. Brief Charlotte Schubotz, Ortsgruppenvorsitzende von Zechlinerhütte an den Vorsitzenden der CDUD vom 20. Juli 1948 (ACDP III-013-800).

der SBZ ansahen, weitgehend hergestellt. Durch die äußeren Umstände bedingt, entwickelten die CDU-Gruppen Formen illegaler Parteiarbeit. Über die ganze SBZ verteilt entstand so im Laufe der Zeit ein Netz von „Kaiser-CDU-Gruppen", die formal ebenfalls dem Koordinierungsausschuß der CDU unterstanden. Damit existierten in Berlin zwei konkurrierende Parteileitungen der CDU der SBZ und Berlins: der von den Sowjets abgesetzte Teil des Hauptvorstandes mit Sitz in der Schlüterstraße (Reichsstraße) und der Koordinierungsausschuß mit Sitz in der Jägerstraße. Beide beanspruchten, als gewählte Mitglieder des Hauptvorstandes die legitime CDU-Führung zu repräsentieren.

Nach der Zustimmung der Landesvorsitzenden der CDU der SBZ (Koordinierungsausschuß) zum Volkskongreß nahm Kaiser am 18. Februar 1948 von West-Berlin aus noch einmal Stellung zu den politischen Ereignissen.[4] Drei Tage vor der Zwangsvereinigung der rumänischen Kommunisten und Sozialdemokraten zur Rumänischen Arbeiterpartei[5] und dem Beginn des kommunistischen Putsches in der ČSR[6], durch den sich die These vom sowjetischen Expansionismus für westliche Beobachter endgültig bewahrheitete[7], bezeichnete er die Vorgänge in der SBZ als markantes Beispiel volksdemokratischer Gleichschaltung. Die deutsche Öffentlichkeit erfahre in unmittelbarer Nähe „Volksfrontpolitik, wie sie in osteuropäischen Ländern angewandt wird"[8]. Mit der Volkskongreßbewegung sei „eine rücksichtslose totalitäre Politik" eingeleitet worden, der sich als Nichtkommunist nur fügen könne, wer die Bedeutung des Volkskongresses als Instrument totalitärer Tendenz nicht durchschaue oder wer sich einrede, durch Mitmachen diese Tendenz korrigieren zu können. Mit der Entscheidung für die Teilnahme würde ein entscheidender Akt der Gleichschaltung vollzogen.

Am 20. Februar 1948 fand in der Schlüterstraße eine Besprechung über den zukünftigen Kurs der CDU der SBZ statt.[9] Nach einer deutlichen Kritik am Berliner Oberbürgermeister Friedensburg wegen dessen Teilnahme an der Besprechung der CDU-Landesvorsitzenden, von der der Berliner Landesvorsitzende Schreiber durch einen Offizier der SMAD ausgeschlossen worden war, wurde über eine eventuelle Beendigung der Arbeit der CDU in der SBZ diskutiert[10]. Kaiser vertrat dabei die Auffassung, man dürfe die CDU-Mitglieder nicht auffordern, die CDU-Arbeit zu beenden, solange die Weltmächte noch miteinander verhandelten. Man müsse klären,

---

4 Jakob Kaiser: „Ein ordnendes Wort". In: „Der Tagesspiegel" (Sonderdruck) vom 18. Februar 1948.
5 Fejtö S. 218.
6 Kaplan S. 1075.
7 Vgl. Staritz: Auf dem Wege S. 33.
8 Jakob Kaiser: „Ein ordnendes Wort". In: „Der Tagesspiegel" (Sonderdruck) vom 18. Februar 1948.
9 Protokoll vom 20. Februar 1948 (BA NL Kaiser 51).
10 Für eine Auflösung trat z. B. W. Gries ein.

was das Mindestmaß an geistiger und organisatorischer Festigkeit sei, das man von einer sich als unabhängig bezeichnenden Union in der SBZ fordern müsse. Ein Kontakt zum Koordinierungsausschuß wurde außer von Lemmer von allen Anwesenden abgelehnt. Gradl machte darauf aufmerksam, daß man es gar nicht in der Hand hätte, die Partei in der SBZ aufzulösen. Der richtige Weg bestände darin, aller Welt klarzumachen, daß man trotz der organisatorischen Trennung von den Mitgliedern „die echte Stimme der Union" der SBZ darstelle. Um dieser Stimme Gehör zu verschaffen, bereitete Kaiser mit Unterstützung der westlichen Alliierten[11] die Herausgabe einer neuen Tageszeitung (Der Tag) vor, die in Groß-Berlin, vor allem aber in der SBZ vertrieben werden sollte.[12] Sie sollte die Tageszeitung „Neue Zeit" ersetzen, die nun ebenso wie das Funktionärsblatt „Union teilt mit" die Meinung des Koordinierungsausschusses verbreitete.

2. Hickmann contra Kaiser

Am 3. und 4. Februar 1948 traf sich der Vorstand der Arbeitsgemeinschaft der CDU/CSU im Kölner Hotel „Schiff Bismarck" zu seiner 5. Sitzung.[13] Durch die Anwesenheit von Kaiser und Hickmann erhielt die Tagung einen auf die Vorgänge in der SBZ und Berlin bezogenen Akzent. Kaiser resümierte noch einmal die Umstände, die zu seiner Absetzung geführt hatten.[14] Deutlich gegen Hickmann gewandt, begründete er seine Ablehnung einer Mitwirkung am Volkskongreß ausdrücklich mit dem Willen zur Einheit Deutschlands. Der Volkskongreß sei „der Versuch und die Vorbereitung einer totalitären Beherrschung Deutschlands"[15]. Hickmann wiederholte den von ihm schon Ende Januar 1948 in Dresden gemachten Vorschlag, durch alle deutschen Parlamente Delegierte zu einer „Nationalen Repräsentation" entsenden zu lassen. Der Vorschlag, der von der Versammlung einstimmig angenommen wurde, sah vor, daß auf je 750 000 Einwohner ein Vertreter bestellt würde.[16] Der Vorschlag

11 Vgl. Brief Jakob Kaiser an Robert D. Murphy (OMGUS) vom 25. März 1948 (IfZ-Archiv, Bestand MF 84 POLAD 460/18).

12 Vgl. Information Control, Press, S 4. OMGBS Monthly OMG Report March 48 (IfZ-Archiv, Bestand MF 260 OMGBS 4/128-2/5 7 of 7).

13 Protokoll der Sitzung der Arbeitsgemeinschaft der CDU/CSU am 3./4. Februar 1948 in Köln (ACDP I-009-007/2). Anwesend waren: K. Adenauer, J. Kaiser, H. Hickmann, J. Müller, F. Holzapfel, P. Altmeier, U. Steiner, F. v. Prittwitz und Gaffron, B. Dörpinghaus, W. Hilpert, J. Semler, H. Vockel, A. Zimmer und O. Lenz. Vgl. AG 537 (CA) CDU-CSU Arbeitsgemeinschaft Meeting in Cologne, 11 Feb 1948, Kenneth Dayton, Acting Director Civil Administration Division (IfZ-Archiv, Bestand MF 84 POLAD 798-20).

14 Rede Kaisers am 3. Februar 1948 in Köln S. 5 (BA NL Kaiser 63).

15 EBD. S. 6.

16 Kurzprotokoll der Landesvorstandssitzung der CDU Sachsens am 6. Februar 1948 (ACDP III-013-800/36).

war am 27. Februar 1948 im Zentralen Block diskutiert und auch von der SED begrüßt worden. Nachdem sich die SMAD am 4. März 1948 zunächst gegen den Plan ausgesprochen hatte, zog auch die SED zwei Tage später ihre Zustimmung zurück und erklärte, die Akzeptierung der Frankfurter Beschlüsse durch die CDU/CSU und die auf der Tagung der Arbeitsgemeinschaft der CDU/CSU Anfang Februar in Köln ausgesprochenen Weigerung Adenauers, mit „fortschrittlichen“ Kräften der SBZ zusammenzuarbeiten, mache eine gemeinsame „Nationale Repräsentation“ unmöglich.[17] Nachdem auch ein entsprechender Antrag der CDU-Fraktion des Landtages in Halle/Saale von der Tagesordnung abgesetzt worden war, wechselten die Sowjets im März 1948 vor dem Hintergrund der Konferenz der Außenminister der drei Westmächte und der Beneluxstaaten in London, wo die Zusammenarbeit der drei Westmächte bei der Schaffung eines föderativen deutschen Regierungssystems beschlossen wurde, wiederum ihre Taktik. Um die auf Bildung eines deutschen Weststaates zielenden Aktivitäten zu stören, teilte Wilhelm Pieck Wilhelm Külz und Otto Nuschke mit, daß der Vorschlag der Arbeitsgemeinschaft der CDU/CSU in modifizierter Form akzeptierbar wäre. Nach Piecks Vorstellung sollten die Blockparteien in den Landtagen der SBZ einen gemeinsamen Antrag vorlegen, der „in Übereinstimmung mit den Bestrebungen des Volkskongresses“[18] nach den von der Arbeitsgemeinschaft der CDU/CSU vorgeschlagenen Bedingungen Delegationen zu einer deutschen Gesamtvertretung entsenden lassen sollte.

Die SPD hatte auf den in der Tat nicht sehr realistischen Vorstoß der Arbeitsgemeinschaft der CDU/CSU, dem sich diesmal auch Adenauer nicht entzogen hatte, ziemlich barsch reagiert. Sie erklärte, man könnte ein so grundsätzliches Problem nicht mit organisatorischen Mitteln lösen. Indem sie Hickmann als Initiator hinter den Aktivitäten der westdeutschen Unionspolitiker ausmachte, deutete sie die ganze Angelegenheit als Manöver der CDU der SBZ: „Es ist immer eine Macht, eine Partei, eine Initiative, die mit den verschiedensten Richtungen und Männern spielt. Immer wieder finden sich Leute, die da glauben, daß man mit dem Totalitarismus einen Kompromiß schließen und ein siegreiches Zweihundert-Millionen-Volk mit einer taktischen Pfiffigkeit politisch überspielen könne.“[19] Tatsächlich waren die gesamtdeutschen Bemühungen einiger Politiker der CDU zu dieser Zeit weniger von Realismus geprägt als der antikommunistische Realitätssinn der deutschen Sozialdemokratie. Durch die frühe politische Ausschaltung der SPD in der SBZ war deren Führern eher als der Mehrheit der CDU-Politiker klar, daß die Sowjets eine kompromißlose Politik betrieben, die nicht nach deutschen Interessen fragte. Adenauer, der diese Erkenntnis sonst teilte, hielt sich Anfang 1948 zurück. Das veranlaßte die SPD, bei ihm mit

17 Vgl. Subject Weekly Intelligence Report No. 23 (II) 1948, HQ Intelligenz Division (IfZ-Archiv, Bestand MF 84 POLAD 455/3).

18 Mitteilung Nr. 4 des Verbindungsbüros der CDU-Landtagsfraktionen der SBZ vom 27. Februar 1948 (ACDP III-013-628/1/9).

19 „Eine Nationalversammlung nach CDU-Plänen“. In: Sopade 413 vom 2. März 1948.

Verwunderung „einen Kurswechsel in der Frage der Nationalen Repräsentation“[20] zu konstatieren. Möglicherweise wartete er einfach ab, bis die gesamtdeutschen Anstrengungen seiner Parteifreunde von selbst an den Realitäten scheitern würden. Auch in Köln wollte er sich nicht als derjenige profilieren, der die Tatsache der Teilung ständig aussprach. Mit allen Anwesenden stimmte er, wahrscheinlich ohne an deren Realisierbarkeit zu glauben, sowohl der Einberufung eines gesamtdeutschen Parteitages als auch der baldigen Schaffung einer gesamtdeutschen Union zu.

Das von der Tagung verabschiedete Kommunique bestätigte Kaiser und Lemmer als Vorsitzende der CDU der SBZ und drückte die Erwartung aus, daß es Hickmann gelingen möge, „die CDU in der Ostzone auf der politischen Grundlage zu halten, die die Gesamtunion als verpflichtend ansieht“[21].

Nach seiner Rückkehr gab Hickmann am 6. Februar 1948 dem Landesvorstand in Dresden einen Lagebericht[22], in dem er sich intensiv mit der Entwicklung in den Westzonen auseinandersetzte. In seinem Bericht von der Kölner Tagung formulierte er die Unterschiede seiner Auffassung zu den Ansichten Kaisers: Er sprach sich für die Fortsetzung der Blockpolitik aus, betonte aber, diese dürfe nicht auf die Linie der SED abrutschen. Im Gegensatz zu einer Teilnahme am Volkskongreß in Berlin, den er wegen seiner außenpolitischen Wirkung ablehnte, begrüßte er eine Teilnahme der CDU am Volkskongreß des Landes Sachsen, dessen engerer Rahmen allerdings nicht überschritten werden dürfe. Hickmann wandte sich deutlich gegen die neue Geschäftsstelle der CDU der SBZ im britischen Sektor Berlins und die Absicht Kaisers, eine eigene Tageszeitung herauszugeben. Kaisers Absicht, in die Zone hineinzuarbeiten, bezeichnete er als illegal und lehnte sie strikt ab.

Hickmanns politische Konzeption ging deutlich von der Akzeptanz sowohl der westlichen als auch der östlichen Machtpolitik und der sich daraus ergebenden Gefahr der Spaltung aus. Dieser Gefahr versuchte er durch eine gesamtdeutsche CDU als Klammer der Teile Deutschlands entgegenzuwirken. Sein Ziel war eine Neutralisierung Deutschlands auf parlamentarisch-demokratischer Grundlage und im Einverständnis mit den Sowjets. Dafür war er in der SBZ auch zu Kompromissen bereit, die Kaiser ablehnte, da er nicht mehr an eine Verständigungsmöglichkeit mit der UdSSR glaubte. Erst nach seiner Absetzung durch die Sowjets im Januar 1950 mußte auch Hickmann erkennen, daß seine und alle Bemühungen demokratischer Politiker an einer Politik der UdSSR scheitern mußten, in der sich ideologischer Messianismus mit hemmungslosem Machtstreben vereinte.

---

20 EBD.

21 Protokoll der 5. Sitzung der Arbeitsgemeinschaft der CDU/CSU am 3./4. Februar 1948 in Köln (ACDP I-009-007/2).

22 Protokoll der Sitzung des Geschäftsführenden Landesvorstandes Sachsens der CDU vom 6. Februar 1948 (BA NL Kaiser 51/43). Vgl. CONZE S. 218.

Wie sich den Sowjets die Situation der CDU darstellte, macht ein Artikel deutlich, der in der „Täglichen Rundschau“, dem Blatt der SMAD für die deutsche Bevölkerung, am 8. Februar 1948, dem 60. Geburtstag Kaisers, erschien.[23] Der Artikel sagt weniger über den Jubilar als über die Sicht der Realität durch die sowjetischen Kommunisten aus. In dieser „fremdartigen Dichtung“[24] wurde die CDU zu einem Werkzeug der amerikanischen Geheimdienste erklärt. In Kaiser und Nebgen sahen die Sowjets die Hauptfiguren einer antisowjetischen Verschwörung, die neben ihren Kontakten zum Geheimdienst der USA auch Kontakt zum Vatikan hielten. Kaiser hätte wie die „unrühmlichen“ Attentäter des 20. Juli 1944 schon während des Krieges das Ziel gehabt, den „Hitlerstaat ohne Hitler“ zu erhalten. Sein jetziges Ziel sei die „Versklavung Europas“. Aber durch neue Führer der CDU der SBZ wie Dertinger, Herwegen und Nuschke, die die wirklichen deutschen Nationalinteressen verträten, wäre sein Verschwörungsplan zusammengebrochen. Die sowjetischen Vorwürfe richteten sich auch gegen einige politische Freunde Kaisers, die noch in der SBZ wirkten.[25] Im Gegensatz dazu würdigten die Sowjets Lemmer als eines der „angesehensten Vorstandsmitglieder“, der keinesfalls der „Kaiserclique“ zugerechnet werden dürfe. Die von den Sowjets vorgenommene Differenzierung verstärkte die ohnehin vorhandenen Gerüchte, nach denen sich Lemmer und Krone wieder führend an der Arbeit der CDU in der SBZ beteiligten.[26] Lemmer war trotz der CDU-Krise Anfang 1948 in den Präsidialrat des Kulturbundes gewählt worden[27] und hatte auf der 7. Interzonenkonferenz der deutschen Gewerkschaften, die vom 3. bis zum 5. Februar 1948 in Dresden stattfand, zum Thema „Gewerkschaften und Parteien“[28] referiert, ohne daß dies zu Komplikationen geführt hätte. Anders als Kaiser verzichtete er auf direkte Angriffe gegen die Sowjets. Auf einer Konferenz der Zeitungsvertreter der CDU der SBZ und Berlins, die am 9. Februar 1948 unter Leitung Dertingers und in Anwesenheit des zuständigen sowjetischen Presseoffiziers, Major Saslawski, im CDU-Haus in der Jägerstraße stattfand[29], betonte auch Hickmann, Lemmer käme – anders als Kaiser – bei einer Wiedereinsetzung der alten Zonenleitung für die Sowjets durchaus in Betracht. Er, so Hickmann, hätte Kaiser bereits nach dem 11. Dezember 1947 empfohlen, Lemmer stärker in den Vordergrund der Unionsführung treten zu lassen. Diese Lösung, für die er die Billigung Tjulpanows gehabt hätte, wäre aber von Kaiser zurückgewiesen worden. Nach seinen Reden im Westen Berlins käme er für die Sowjets als Parteiführer nicht mehr in Frage. Entsprechend gab Hickmann den

23 „Verschwörung gegen die Demokratie“. In: „Tägliche Rundschau“ vom 8. Februar 1948.

24 Jakob KAISER: „Ein ordnendes Wort“. In: „Der Tagesspiegel“ vom 18. Februar 1948.

25 J. Bock, G. Grosse, W. Siebrecht, H. Krukenmayer u. a.

26 „CDU gegen Gerüchte“. In: „Der Tagesspiegel“ vom 7. Februar 1948.

27 Vgl. „Die Neue Zeitung“ vom 20. Januar 1948.

28 Referat Lemmers auf der 7. Interzonenkonferenz der deutschen Gewerkschaften in Dresden 3.–5. Februar 1948 (ACDP I-280-051/1).

29 Vgl. Bericht über die Pressekonferenz der Unionszeitungsvertreter der SBZ und Berlins am 9. Februar 1948 in der Jägerstraße (BA NL Kaiser 51).

CDU-Journalisten die Empfehlung, den ganzen „Komplex Kaiser" totzuschweigen und als überholt darzustellen.

Die Hoffnungen Hickmanns auf eine führende Mitarbeit Lemmers in der Parteileitung erwiesen sich als unbegründet. Lemmer, der im Gegensatz zu Kaiser als kompromißbereiter und pragmatischer Politiker galt, wäre durchaus auf das Ansinnen der Sowjets eingegangen, ihn zum Parteivorsitzenden zu machen, wenn sich ein Modus vivendi hätte finden lassen. Lemmer hatte aber dennoch Verständnis für die Haltung Nuschkes. Er sah sich vor dieselben Fragen wie dieser gestellt und akzeptierte, daß Nuschke, der vom weltgeschichtlichen Sieg der Sowjets überzeugt war, auf das „sowjetische Pferd" setzte. Lemmer traf sich auch nach seinem Wegzug aus Klein-Machnow im Mai 1949 häufiger mit Nuschke, um mit ihm über die politische Entwicklung zu sprechen.[30] Die CDU-Mitglieder in der Zone konnten Lemmers Position schwer beurteilen. Man wußte, daß er im Vorstand des FDGB und des Kulturbundes tätig war. Es kursierten Gerüchte, nach denen er gemeinsam mit Hickmann und Dertinger die Unionspolitik gestalte.[31] Dieser Eindruck wurde durch einen Artikel Lemmers erhärtet, den er in der Zeitschrift des Kulturbundes „Aufbau" im Mai 1948 veröffentlichte. In dem Artikel kritisierte er den „Parteizwang" in den Westzonen, relativierte den Unterschied zwischen Block- und Koalitionspolitik und bestritt die Notwendigkeit einer Opposition in der Demokratie.[32] Die Haltung Lemmers, der sich später deutlich zu den Prinzipien der parlamentarischen Demokratie bekannte, zeigt, wie offen für viele Politiker bis 1948 die Frage der Form der Demokratie war. Noch war in den Westzonen keine endgültige Entscheidung darüber gefallen, ob die neue deutsche Demokratie mehr nach amerikanischen oder britischem Vorbild gestaltet werden sollte. Die Aussagen Lemmers dürfen jedoch nicht als Zustimmung zur kommunistischen Blockpolitik mißverstanden werden. Seine Vorstellungen gingen, wie bei vielen CDU-Politikern in der SBZ, in die Richtung einer Konkordanzdemokratie, wie sie in der Schweiz seit langem funktionierte und in Österreich der Nachkriegszeit praktiziert wurde. Dabei war die Favorisierung Lemmers im Jahre 1947 sehr viel weniger das Ergebnis theoretischer Erwägungen über die beste Form der Demokratie als vielmehr Ausdruck seines Pragmatismus, der ihn die Realität der SBZ als Grundlage seiner Überlegungen akzeptieren ließ.

3. Volkskongreß und SED 1948

Am selben Tag, an dem die im Juli 1947 geschaffene Deutsche Wirtschaftskommission (DWK) durch die Zuerkennung von Gesetzgebungsbefugnissen regie-

30 Gespräch d. Autors mit Henning Lemmer am 26. Januar 1987 in Berlin (ACDP MAT Richter PK 1).

31 Bericht eines Mitgliedes des KV Erfurt der CDU vom 3. Februar 1948 (ACDP III-013-800).

32 Vgl. LEMMER: Wiederaufbau S. 370f.

rungsähnlichen Charakter erhielt, faßten die Vorsitzenden der CDU-Landesverbände gemeinsam den Entschluß, sich am Volkskongreß zu beteiligen. Sie entsprachen damit der Forderung der SMAD, sich dem Gremium zur Verfügung zu stellen, und lieferten ein Zeichen ihrer Loyalität gegenüber der Besatzungsmacht. Die Zusage zur Mitarbeit bedeutete zugleich eine Absage an die Haltung Kaisers, der der Besatzungsmacht die Zustimmung zum Volkskongreß verweigert hatte, weil er befürchtete, daß damit die Teilung des Landes weiter vorangetrieben würde. Am 11. und 12. Februar 1948 trafen sich im Unionshaus in der Jägerstraße die Vorsitzenden der Landesverbände und die Minister der SBZ, die der CDU angehörten. Auch der Berliner Oberbürgermeister Friedensburg beteiligte sich an den Beratungen. Durch eine Anweisung der SMAD blieb der Vorsitzende des Landesverbandes Berlin der CDU, Walther Schreiber, der sich weiterhin zu Kaiser bekannte, von den Beratungen ausgeschlossen.[33] Eine Aufforderung Schreibers an Friedensburg, unter den gegebenen Umständen die Sitzung ebenfalls zu verlassen, verweigerte dieser mit dem Hinweis auf seine Funktion als Oberbürgermeister von Berlin.[34] Den Beschluß der Versammlung, sich an dem für den März geplanten 2. Volkskongreß zu beteiligen, verbanden die Landesverbandsvorsitzenden mit der Empfehlung der „Unterstützung des von der Arbeitsgemeinschaft CDU/CSU in allen deutschen Landtagen beabsichtigten Antrages auf Bildung einer gesamtdeutschen Vertretung“[35]. Sie betonten, der Volkskongreß sei keine einseitige Angelegenheit der SED oder der SBZ. Bei dem Beschluß der Union zur Teilnahme wäre von ausschlaggebender Bedeutung gewesen, daß man zugleich die Empfehlung ausgesprochen hätte, den Vorschlag der Arbeitsgemeinschaft der CDU/CSU auf Schaffung einer „Nationalen Repräsentation“ zu unterstützen. Bringe der Volkskongreß den Willen des Volkes nach Einheit und Frieden zum Ausdruck, so zeige der Antrag der Arbeitsgemeinschaft der CDU/CSU einen möglichen Weg, dieses Ziel in die Tat umzusetzen.

So wenig realistisch eine solche Verknüpfung von SED- und CDU/CSU-Initiativen war, zeigte der Vorschlag doch, mit welcher Verbissenheit die Landesvorsitzenden der CDU der SBZ versuchten, die in allen Zonenverbänden der CDU anerkannten Positionen beizubehalten und sie mit den Vorgaben ihrer Besatzungsmacht zu verbinden. Die weitere Entwicklung bestätigte, daß die Landesvorsitzenden, wenn sie auch in wichtigen politischen Fragen von ihrer Besatzungsmacht zunehmend zur Anpassung gezwungen wurden, sich dennoch beharrlich bemühten, keine ihrer Positionen freiwillig aufzugeben. Auch nach der erzwungenen Akzeptanz der Volkskongreßbewegung war die CDU die Partei in der SBZ, die den politischen Ordnungsvorstellungen der SMAD am fernsten stand.[36]

---

33 Brief W. Schreibers an die CDU-Mitglieder in Berlin vom 28. Februar 1948 (ACDP II-108-008).

34 Vgl. Protokoll der 2. Sitzung des Landesausschusses des LV Berlin der CDU vom 14. Februar 1948 (ACDP III-012-790).

35 Entschließung vom 12. Februar 1948 (BA NL Kaiser 51).

36 So auch KOCH/MÜLLER/STARITZ/SUCKUT S. 103.

So dauerte es auch nicht lange, bis die Landesvorsitzenden der CDU mit ihren Vorstellungen in Konflikt mit der SMAD und der SED gerieten. Diese stellten sich Anfang 1948 auf die eingetretenen Veränderungen der grundlegenden politischen Rahmendaten ein, die sich aus dem Scheitern einer gemeinsamen Politik der Alliierten ergaben und ihren Ausdruck in der auf der Gründungsversammlung des Kominform verkündeten „Zwei-Lager-Theorie" fanden. Ziel der sowjetischen und deutschen Kommunisten in der SBZ war es nun, die CDU so umzuformen, daß sie sich in den Prozeß der Ostintegration der SBZ einfügen und die mit diesem Prozeß einhergehenden Veränderungen der politischen und wirtschaftlichen Struktur akzeptieren würde. Auf die Dringlichkeit der intensiven Beeinflussung von CDU und LDP wies Ulbricht auf einer parallel zur Konferenz der CDU-Landesvorsitzenden stattfindenden Tagung des SED-Parteivorstandes am 12. Februar 1948 hin.[37] Er forderte eine Intensivierung der „Zusammenarbeit und Beeinflussung der demokratischen Kräfte in beiden bürgerlichen Parteien" und machte auf den Zusammenhang zwischen der Umfunktionierung der Parteien und die von der SED angestrebte Entwicklung aufmerksam: „Wie soll jedoch die demokratische Entwicklung vorwärtsgehen, wenn wir nicht imstande sind, die demokratischen Kräfte in den beiden bürgerlichen Parteien zu beeinflussen ... ?"[38] Ulbricht verlangte, auf allen Parteiebenen von CDU und LDP prokommunistische Politiker für die Volkskongreßbewegung zu gewinnen und die „Kaiser-Gruppe", zu der freilich die Mehrzahl der Mitglieder zählte, in der CDU zu isolieren. Gegen den seit Anfang 1948 immer deutlicher erhobenen Führungsanspruch der SED protestierten die Landesvorsitzenden der CDU energisch. Im Februar 1948 stellten sie deswegen im Zentralen Block ihre Zusammenarbeit mit der SED ein. Auf der vorläufig letzten Sitzung am 13. Februar 1948 traten die grundsätzlichen Meinungsverschiedenheiten zwischen CDU und LDP einerseits und der SED andererseits noch einmal klar zutage. So bereit die CDU-Vertreter[39] auch zur Zusammenarbeit waren und Zugeständnisse machten, die Auffassungen der SED über die weitere Entwicklung stießen „auf Unverständnis und strikte Ablehnung"[40]. Die Kritik der Unionsvertreter betraf vor allem den Versuch der SED, mit Hilfe der SMAD „Führungs- und Totalitätsansprüche anzumelden und in die Tat umzusetzen, d. h. die Gleichberechtigung der übrigen Parteien zu verneinen"[41]. Die Tatsache, daß die Vertreter von CDU und LDP den Führungsanspruch der SED so offen in Frage stellten, führte der SMAD wie der SED-Spitze allerdings klar vor Augen, daß radikale Veränderungen der beiden Parteien nötig waren, um den eigenen Führungsanspruch ungehindert durchsetzen zu können. Dazu bedurfte es einer verstärkten personellen Unterwanderung der Parteien sowie

37 ULBRICHT: Die nächsten Aufgaben S. 451f.
38 EBD.
39 CDU-Vertreter: G. Dertinger, W. Wolf, H. Hickmann, O. Nuschke, W. Rübel.
40 Sitzung vom 13. Februar 1948 (Regeste). In: SUCKUT: Blockpolitik S. 248.
41 Utm vom 9. September 1948 S. 5.

der Unterstützung der bereits etablierten prokommunistischen Kräfte in CDU und LDP, die „mit aktiver Hilfe der SED"[42] an die Führung der Parteien lanciert werden mußten. In der SED kam es deswegen zu einer grundsätzlichen „Neubestimmung der innenpolitischen Funktion der Block-Kooperation"[43].

Exkurs: Blockpolitik im Verständnis von SED und CDU

Herkommen und Funktionsweise der Blockpolitik sind heute kaum mehr umstritten. Die Blockpolitik gehört zum Instrumentarium, zu dem kommunistische Parteien greifen, wenn sie sich – wie weltweit üblich – in der Minderheit befinden.

SED. Bereits Lenin mußte sich mit der Frage auseinandersetzen, wie die Bolschewiki aus ihrer Minderheitssituation heraus dennoch die Macht ergreifen und sichern konnten, um ihre revolutionären Ziele durchzusetzen. Von Lenin stammt die Lehre von der „Aktionseinheit", bei der zwei Grundformen unterschieden werden:

1. Aktionseinheit von unten – mit den Massen – und
2. Aktionseinheit von oben – mit den Parteispitzen.

Aktionseinheit von unten heißt, daß sich die Kommunisten an Aktionen anderer Organisationen und Gruppen beteiligen, eventuell ihre Forderungen und Losungen übernehmen, um bei dieser Gelegenheit ihre eigenen Vorstellungen zu verbreiten, eigene Interessen durchzusetzen oder die Basis einer anderen Organisation gegen deren Führung auszuspielen.

Bei der Aktionseinheit von oben geht es hingegen um die Gewinnung anderer Organisationen und Gruppen, um deren Unterordnung unter die eigenen Ziele und die schließliche Ausschaltung dieser Gruppierungen.[44] Auch die Mitarbeit in demokratischen Parlamenten gehörte für Lenin zur Aktionseinheit von oben: „So lange ihr nicht stark genug seid, das bürgerliche Parlament und alle sonstigen reaktionären Institutionen auseinanderzujagen, seid ihr verpflichtet, gerade innerhalb dieser Institutionen zu arbeiten."[45] Schließlich könne man die „nichtproletarischen Schichten" zur Durchsetzung der eigenen Ziele nicht einfach vertreiben oder unterdrücken, sondern „mit ihnen muß man zurechtkommen, die kann (und muß) man nur durch eine sehr langwierige, langsame, vorsichtige organisatorische Arbeit ummodeln und umerziehen"[46].

---

42 Institut für Gesellschaftswissenschaften beim ZK der SED (Hg.): Gemeinsam zum Sozialismus S. 99.

43 Suckut: Zu Krise S. 683.

44 Friedrich-Ebert-Stiftung: Zur Strategie und Taktik S. 10.

45 Lenin S. 44.

46 Lenin zit. b. Matern S. 30.

In seiner Schrift „Der ‚linke Radikalismus', die Kinderkrankheit im Kommunismus" aus den Jahr 1920 beschreibt er, wie die Kommunisten im Prozeß der Machtergreifung mit den „nichtproletarischen" Schichten umgehen sollten:
„Aus alledem aber ergibt sich für ... die kommunistische Partei absolut unumgänglich die Notwendigkeit ... zu lavieren, Übereinkommen und Kompromisse mit verschiedenen Parteien der Arbeiter und der Kleinbesitzer zu schließen ... Die kleinbürgerlichen Demokraten ... schwanken unvermeidlich zwischen der Bourgeoisie und dem Proletariat, zwischen der bürgerlichen Demokratie und dem Sowjetsystem, zwischen Reformismus und Revolutionarismus, zwischen der Liebe zu den Arbeitern und der Furcht vor der proletarischen Diktatur usw. Die richtige Taktik der Kommunisten muß darin bestehen, daß man diese Schwankungen ausnutzt, sie aber keineswegs ignoriert; um sie auszunutzen, muß man Zugeständnisse an die Elemente machen, die sich dem Proletariat zuwenden – gleichzeitig aber muß man den Kampf gegen diejenigen führen, die zur Bourgeoisie abschwenken."[47] Wenngleich die Äußerungen Lenins in einer anderen historischen Sitution geäußert wurden, waren sie für die Kommunisten nach dem Zweiten Weltkrieg von unmittelbarer Bedeutung für ihre bündnispolitische Vorgehensweise.[48]

CDU. Wie aber stellte sich den Vertretern der CDU nach dem Ende des Zweiten Weltkrieges die Blockpolitik dar? Der Mitbegründer der CDUD in Berlin, Theodor Steltzer, der wegen seiner Kontakte zu den Männern des 20. Juli 1944 nur knapp der Hinrichtung entgangen war, beschreibt die Stimmung, in der sich die Menschen befanden. Viele, so Steltzer, sahen „ein Konvergieren zu einer neuen Ganzheit und geistigen Einheit" und versuchten, „vom Ganzen her zur Ganzheit hin zu denken" und „wieder zu gemeinsamen geistigen Grundlagen und Maßstäben zusammenzufinden".[49]

Von einem solchen Verständnis waren auch die meisten CDU-Politiker in der SBZ geprägt. Die bündnispolitischen Theorien der Kommunisten waren vor allem in kirchlichen oder bürgerlichen Kreisen unbekannt.[50] Wenige Informierte erinnerten sich noch an die konkordanzpolitischen Regierungsmodelle Polens oder der ČSR in der Zeit zwischen den beiden Weltkriegen.[51] Wesentlich intensiver wirkte die Erinnerung an die Parteiendemokratie der Weimarer Republik und deren Scheitern. In der CDU wies Nuschke, der als Altparlamentarier den preußischen Landtag als Abgeordneter miterlebt hatte, immer wieder auf die Mängel der Weimarer Demokratie hin: „Ich habe sie doch mitgestaltend erlebt. Wenn irgendeine kleine Splitterpartei

47 Lenin S. 61.
48 So auch A. Fischer: Sowjetische Deutschlandpolitik S. 103f.
49 Steltzer S. 7.
50 So auch Hans-Ulrich Koch in einem Gespräch mit dem Autor am 19. Januar 1987 in Berlin (ACDP MAT Richter PF,3).
51 Vgl. „Blockpolitik". In: „Der Sozialdemokrat" vom 25. August 1947.

auszutreten drohte, hatten wir die Kabinettskrise. Der Krisenzustand war beinahe eine Dauererscheinung."[52]

Vor dem Hintergrund der Erfahrungen der Weimarer Republik waren die Gründer der CDUD nach der Zulassung ihrer neuen Partei notgedrungen bereit gewesen, sich der von den Sowjets befohlenen „Einheitsfront der antifaschistisch-demokratischen Parteien" anzuschließen. Sie hofften auf diese Weise sogar, der Bevorzugung der KPD durch die Sowjets begegnen und Einfluß auf die praktische Politik gewinnen zu können.[53] Dabei bedeutete ihre Entscheidung für die Blockpolitik keinen Verzicht auf ein nach demokratischen Grundsätzen arbeitendes Parlament und eine daraus gewählte deutsche Regierung.[54] Sie sahen im Block eher eine nachkriegsbedingte Notlösung, die ihre Aufgaben nur vorübergehend, bis zur Bildung einer aus freien Wahlen hervorgegangenen deutschen Regierung zu erfüllen hatte. Vor diesem Hintergrund entwickelte sich in der CDU ein eigenes Blockverständnis, das die Partei dem kommunistischen Verständnis argumentativ entgegensetzte:

- Blockpolitik ist eine auf Gleichberechtigung und Toleranz gegründete „Arbeits- und Ausgleichsgemeinschaft".[55] Keine Partei hat eine führende Rolle.[56]
- Blockpolitik ist eine der möglichen Formen loyaler Zusammenarbeit von Parteien unter außerordentlichen Umständen.[57]
- Keine Partei verliert durch den Block ihre programmatische Unabhängigkeit.[58]
- Auch innerhalb des Blockes kann es eine gesunde Opposition geben.[59]
- Blockpolitik darf keine der Blockparteien bevorzugen.[60]
- Blockpolitik bietet die Möglichkeit, persönliches, kameradschaftliches Kennenlernen und die persönliche Beeinflussung als Mittel des politischen Kampfes zu nutzen.[61]
- Durch das gemeinsame Vorgehen im Block werden alle Bürger veranlaßt, sich am notwendigen Aufbau zu beteiligen.[62]

---

52 Otto NUSCHKE: Gesamtdeutsche Verantwortung. Referat auf dem 3. Parteitag in Erfurt am 18. September 1948. In: NUSCHKE: Ein Kämpfer S. 36.

53 So auch SUCKUT: Blockpolitik S. 21.

54 Vgl. TRAVERS S. 230. Vgl. Hans TEUBERT, auszugsweise Abschrift einer Rede Teuberts (Dresden). Bericht von der Tagung der Kreisverbandsgeschäftsführer in Dresden am 31. März 1948 (ACDP III-013-800).

55 „Die neue Führungsordnung". In: Utm vom Januar/Februar 1948.

56 Vgl. NUSCHKE: Ein Kämpfer S. 36.

57 Vgl. Jakob KAISER auf dem 2. Parteitag der CDU am 12. Juli 1947: „Deutschland zwischen Ost und West". In: „Neue Zeit" vom 7. September 1947. Vgl. Hugo HICKMANN: „Zielklarer Weg der CDU". In: „Neue Zeit" vom 10. Februar 1948.

58 Jakob KAISER: Um Demokratie und Freiheit. 10. Januar 1948 (ACDP I-090-017/4).

59 EBD.

60 EBD.

61 So Leo HERWEGEN: In: Bericht über die Sitzung des Großen Politischen Ausschusses in Sachsen-Anhalt vom 9. Januar 1948 (BA NL Kaiser 51).

62 So Werner Jöhren auf der Jahresabschlußfeier der CDU-Ortsvereinigung Seebad Heringsdorf am 27. Dezember 1947 (ACDP I-350-002/2).

- Für die kleinen Parteien bringt die Blockpolitik den Vorteil, an den Regierungsgeschäften beteiligt zu werden.[63]
- Die Blockpolitik führt zu einem Vertrauensverhältnis unter den Parteien, das allerdings nicht durch die Förderung einseitiger Interessen gestört werden darf.[64]

Die von der CDU postulierten Kriterien „echter" Blockpolitik zeigen, daß die Vertreter der CDU, die nie ein gemeinsames Blockverständnis vereinbart oder fixiert hatten, das Blocksystem im Sinne des klassischen politischen Konkordanzsystems interpretierten, in dem „nicht nach dem Mehrheitsprinzip, sondern nach dem Prinzip des ‚gütlichen Einvernehmens' (amicabilis compositio) verfahren wird"[65], um zu Entscheidungen zu gelangen.

Zwei Tage vor dem Auseinanderbrechen des Alliierten Kontrollrates in Berlin und parallel zur Brüsseler Fünf-Mächte-Konferenz tagte am 17. und 18. März 1948 im Ostsektor Berlins der 2. Deutsche Volkskongreß. Die Delegierten waren wie beim 1. Volkskongreß nicht gewählt worden, sondern wurden durch die Vorstände der Parteien und Massenorganisationen willkürlich bestimmt. Die CDU der SBZ war mit 191 Delegierten vertreten. Damit war die Quote der CDU-Vertreter gegenüber 1947 von einem Viertel auf ein Fünftel gesunken.[66] Nuschke wurde für die CDU als 3. Vorsitzender ins Präsidium des durch den Kongreß berufenen Volksrates bestellt, dem neben ihm von der CDU noch Reinhold Lobedanz und Theodor Brylla angehörten. Dertinger wurde Mitarbeiter des Sekretariats des Volksrates.[67] Lemmer hatte sich trotz zahlreicher „nachdrücklicher Aufforderungen"[68] als einziger führender CDU-Politiker der SBZ der Mitarbeit am Volkskongreß entziehen können. Er hatte zwar seinen prinzipiellen Willen zur Mitarbeit bekundet, jede Stellungnahme gegen Kaiser hingegen abgelehnt. Die Sowjets forderten jedoch, die Stellungnahme für den Volkskongreß mit einer öffentlichen Ablehnung der Haltung Kaisers zu verbinden. Dazu war Lemmer nicht bereit. Aber auch seine Haltung war schwankend. Als „Der Tagesspiegel" berichtete, Lemmer werde nicht am 2. Volkskongreß teilnehmen, dementierte er diese Behauptung[69] und betonte ausweichend, daß er weiterhin im FDGB-Vorstand und als Abgeordneter des brandenburgischen Landtages tätig sei.[70]

63 So Reinhold LOBEDANZ: „Über die Arbeit der Union". In: Mitteilungen des LV Mecklenburg der CDU. Rundschreiben Nr. 3. Schwerin, Juli 1948 (ACDP I-350-001/3).
64 Vgl. „Grundlagen der CDU-Arbeit". In: CDU LV Sachsen. Rundbrief Nr. 2 vom 24. Januar 1949 (ACDP III-013-628/1).
65 STAMMEN S. 68f. Vgl. NASSMACHER S. 78f. Vgl. LEHMBRUCH S. 7ff.
66 Vgl. STARITZ: Auf dem Wege S. 32.
67 Die weiteren CDU-Mitglieder in: Utm vom April 1948 S. 4.
68 „Volksrat ohne Lemmer". In: „Der Tagesspiegel" vom 17. März 1948.
69 Vgl. Brief E. Nebgen an E. Lemmer vom 24. März 1948 (BA NL Kaiser 5).
70 Information (BA NL Kaiser 154).

Nach Nuschke, der in seiner Eröffnungsrede die Politik der Westalliierten angriff, betonte Hickmann in seinen wesentlich gemäßigteren Ausführungen, daß der Volksrat kein Vorparlament darstellen dürfe, sondern daß am Ende des Weges der Volkskongreßbewegung eine verfassunggebende Nationalversammlung stehen müsse, die dem deutschen Volk in freier Selbstbestimmung eine Verfassung zu geben habe.[71] Die CDU stimme nur unter diesem Vorbehalt der Arbeit des Volksrates zu. Die CDU nutzte die Tagung auch, um gegen die Wirtschaftspolitik der DWK zu protestieren. Der mecklenburgische Wirtschaftsminister Siegfried Witte (CDU) kritisierte energisch die radikalen Verstaatlichungen, durch die die Unternehmer verunsichert würden, was zur Folge hätte, daß die Produktion stagniere. Die CDU beschränkte ihren Protest gegen die kommunistische Wirtschaftspolitik jedoch nicht nur auf Proteste auf höchster Ebene. Über das Verbindungsbüro der CDU-Landtagsfraktionen bei der Hauptgeschäftsstelle veranlaßte sie einen Vorstoß der CDU-Fraktionen gegen die Sequestrierungen[72] und zeigte damit eigenes wirtschaftspolitisches Profil. Praktische Auswirkungen hatte die Aktion jedoch nicht.

Einen Monat nach der Konstituierung des Deutschen Volksrates bildeten sich dessen Ausschüsse. Nuschke übernahm den Vorsitz des Auschusses für einen Friedensvertrag. Im Verfassungsausschuß, der den Entwurf einer Verfassung für die „Deutsche Demokratische Republik" ausarbeiten sollte und in dem Lobedanz als Stellvertreter Grotewohls amtierte[73], unternahmen die Vertreter der CDU ebenfalls einige erfolglose Vorstöße, Grundsätze der CDU im Verfassungstext zu verankern. Nach Meinung der CDU sollte die Verfassung eine parlamentarische Staatsform, die Gewaltenteilung, eine Kombination von Mehrheits- und Verhältniswahlrecht sowie die Einrichtung eines Staatsgerichtshofes garantieren. Die SED-Vorschläge über eine Einheitslistenwahl lehnten die Vertreter der CDU strikt ab. Hickmann und Dertinger wandten sich ebenso gegen die Zulassung von Massenorganisationen zu Volkskammerwahlen.[74] Der Berliner CDU-Vertreter Helmut Brandt warnte vor einem Mißbrauch des Parlaments für die Interessen einer Partei.[75] Die unterschiedlichen Einwände der CDU basierten auf den Thesen der CDU für eine Reichsverfassung aus dem Jahr 1947 und auf Ausarbeitungen des Verfassungsausschusses der Arbeitsgemeinschaft der CDU/CSU vom April 1947 in Heppenheim, an denen die CDU der SBZ und Berlins seinerzeit durch Lobedanz beteiligt gewesen war.[76] Die CDU-Vorschläge blieben jedoch fast völlig unbeachtet. Bis auf wenige unbedeutende Änderungen deckte sich der Entwurf

71 Vgl. „CDU und Volksrat". In: Utm vom April 1948 S. 2.

72 Vgl. die Protokolle der Landtage vom April 1948 (ACDP V-001).

73 INSTITUT FÜR GESELLSCHAFTSWISSENSCHAFTEN BEIM ZK DER SED: Gemeinsam zum Sozialismus S. 92.

74 Vgl. LAPP: Volkskammer S. 12–14.

75 Vgl. Protokoll des Verfassungsausschusses des Volksrates. Akte 149 Blatt 67. zit. b.: SCHÖNEBURG S. 280.

76 HGS der CDU: L-Rundschreiben 4/1948 (ACDP I-297-100/1/7).

des Ausschusses mit den Vorschlägen der SED. Abweichend sah der Volksratsentwurf eine Ländervertretung, das Amt eines Staatspräsidenten und die Einschaltung parlamentarischer Gutachterausschüsse bei der Prüfung der Verfassungsmäßigkeit von Gesetzen vor.[77] Diese Abweichungen vom SED-Entwurf wurden von der SED später alle wieder beseitigt.

Mit der 5. Tagung des Deutschen Volksrates endete die Arbeit des Verfassungsausschusses. Ein bereits am 3. August 1948 vorgelegter Verfassungsentwurf wurde gebilligt.[78] Er entsprach in allen wesentlichen Punkten der SED-Vorlage.[79] Die wichtigsten von den CDU-Vertretern erreichten Änderungen betrafen

- die Sicherung der Religionsausübung (Art. 40),
- die Gewährleistung des Religionsunterrichtes (Art. 43),
- die Anerkennung des kirchlichen Vermögens und der staatlichen Leistungen an die Kirchen (Art. 44),
- die Einrichtung eines Verfassungsausschusses (Art. 65) und
- das Recht der Länderkammer auf eigene Gesetzesinitiativen (Art. 77).[80]

Mit dem Artikel 6, Absatz 2 (Boykotthetze gegen demokratische Einrichtungen und Organisationen)[81] des Verfassungsentwurfes schuf sich die SED ein Instrument der Willkür gegen ihre politischen Gegner, unter dem CDU und LDP später gleichermaßen zu leiden hatten. Die CDU, die vorgeschlagen hatte, daß Boykotthetze nicht gegeben sei, „wenn eine andere demokratische Organisation oder ihre Mitglieder in Wahrung berechtigter demokratischer eigener Interessen handelt“[82], konnte sich nicht durchsetzen. Für CDU und LDP bedeutete der Artikel 6, Absatz 2, daß sie nun bei jeder Kritik „schlafwandlerisch an der Grenze der versuchten Boykotthetze entlangtapp(t)en“[83].

Das Wirken der CDU im Volksrat hatte der SED und der SMAD die oppositionelle Haltung der Partei in inhaltlichen Fragen vor Augen geführt und gezeigt, daß die Zustimmung der CDU zu den politischen Grundlinien der sowjetischen Politik nicht ausreichte, wenn die Alleinherrschaft der SED auf Dauer gesichert werden sollte.

---

77 Vgl. TRAVERS S. 261.
78 Vgl. Ursachen und Folgen 26 S. 485.
79 Vgl. TRAVERS S. 262f.
80 Vgl. Zum Entwurf einer Verfassung für die deutsche demokratische Republik. Aus der Zusammenstellung der von der CDU erreichten Änderungen bei der Ausarbeitung des Verfassungsentwurfes. In: L-Rundschreiben der HGS der CDU 29 vom 2. November 1948. Zit. b.: BÖRNER: Souveränität S. 102f.
81 Vgl. FRICKE: Politik und Justiz S. 168f.
82 Zit. b. TRAVERS S. 101.
83 BLOCH S. 131.

CDU und LDP mußten programmatisch, personell und organisatorisch entkernt werden, um für die Durchsetzung kommunistischer Politik genutzt werden zu können. Neben dem forcierten Ausbau eines Spitzelsystems[84] intensivierte die SMAD die Schulung der Funktionäre von CDU und LDP. Im April 1948 schloß die SMAD ihre Funktionärsschule in Königs Wusterhausen, in der die SMAD seit dem Januar 1946 etwa 500 Funktionäre aller Parteien geschult hatte, und gestattete den Parteien die Einrichtung eigener Landesparteischulen. Die CDU hatte auf Zonenebene bis zu diesem Zeitpunkt nur eine Schulungsstätte in Blankenburg im Harz besessen, an der regelmäßig auch Vertreter der SMAD referiert hatten.[85] Das wichtigste Vorhaben der Sowjets zur Verringerung des Einflusses von CDU und LDP aber war die Vorbereitung von Neugründungen der prokommunistischen Parteien DBD und NDPD.

4. Kaiser contra Hickmann

Am 26. April 1948 fand in Frankfurt am Main die 6. Sitzung der Arbeitsgemeinschaft der CDU/CSU statt, an der u. a. Adenauer, Kaiser, Hickmann, Lemmer und Müller teilnahmen.[86] Dem Gremium lag ein Entwurf Kaisers vor, nach dem die Arbeitsgemeinschaft bedauerte, daß die Landesvorsitzenden der CDU der SBZ es nicht vermocht hätten, die von Kaiser vertretene Ablehnung des Volkskongresses aufrechtzuerhalten.[87] Sie hätten sich, so der Entwurf, durch ihre Zustimmung von der Gesamtunion gelöst. Während Kaiser auf diese Weise schon zu diesem frühen Zeitpunkt dafür plädierte, die CDU-Landesverbände der SBZ als nicht mehr zur Union gehörig zu betrachten[88], verteidigten Lemmer und Hickmann die Haltung des Koordinierungsausschusses. Noch, so die beiden Politiker, würde in der SBZ CDU-Politik betrieben. Eine Selbstaufgabe der Partei hätte nur zur Folge, daß die Sowjets „ihre Kreaturen"[89] an die Spitze der Partei stellen würden.

84 Vgl. DUD Ausgabe A vom 20. April 1948; Zahlreiche Berichte an das CDU-Ostbüro informieren über den Ausbau des Spitzelsystems, vgl. die Aussagen von W. Oesterlein Protokoll S. 126 (ACDP VI-015).

85 Vgl. Presse-Informationen der Jungen Union 1/1948 (ACDP III-012-180).

86 Vgl. Arbeitsgemeinschaft der CDU/CSU: Protokoll der sechsten Sitzung des Vorstandes der Arbeitsgemeinschaft der CDU/CSU Deutschlands am 26. April 1948 in Frankfurt am Main, Tagungsraum Mitteldeutsche Creditbank, Frankfurt a.M., 26. April 1948 (ACDP I-009-007/2).

87 Vgl. „Der ‚Dolchstoß'". In: „Der Tag" vom 14. Mai 1948.

88 Zu den parallelen Prozessen in der DPD (FDP/LDP) vgl. KRIPPENDORFF S. 151–154. Hier setzte sich Ernst Mayer für die Trennung des „Koordinierungsausschusses der DPD", der mit der AG CDU/CSU vergleichbar ist, von der LDP der SBZ ein.

89 Vgl. Protokoll über die Sitzung des Zonenausschusses der CDU der britischen Zone am 19. und 20. Mai 1948 in Bad Meinberg/Lippe. In: PÜTZ S. 493.

Kaiser ging es bei seiner Abqualifizierung der amtierenden CDU-Leitung unter Hickmann offensichtlich darum, seinen eigenen Führungsanspruch in der CDU der SBZ gegen den Anspruch des Koordinierungsausschusses durchzusetzen. Eine Anerkennung der CDU-Leitung im Ostsektor Berlins durch die Arbeitsgemeinschaft der CDU/CSU hätte seinen Anspruch, die CDU der SBZ ohne Einschränkung zu repräsentieren und damit seine Position im Westen insgesamt geschwächt. Noch aber waren die führenden Unionspolitiker der Westzonen nicht bereit, den Stab über die CDU in der SBZ zu brechen. Im Schlußkommunique forderten sie die CDU in der SBZ auf, trotz der schwierigen Lage den Kampf getreu den Unionsideen fortzusetzen. Das war ein Erfolg für Hickmann. Die Tatsache, daß dieser nach seiner Rückkehr in die SBZ die Zustimmung zum Volkskongreß nun als auf der Linie der CDU/CSU liegend bezeichnete[90], stimmte die westlichen Unionspolitiker allerdings bedenklich, denn damit lieferte er der SPD weiteres Material für ihre Behauptung, die CDU/CSU unterstütze die Politik der Sowjets. Unter den Mitgliedern der CDU in der SBZ verlor Kaiser durch seinen Vorschlag etwas an Ansehen, da man hier befürchtete, durch seine Politik in eine politische Isolation von der Gesamtunion zu geraten.[91] An der grundsätzlichen Zustimmung zur Person Kaisers änderte das freilich kaum etwas. Das wurde auch in der Haltung der jungen Unionsmitglieder deutlich, die sich während der gesamten Kaiser-Krise fast durchweg hinter ihren Vorsitzenden stellten.

5. Junge Union der SBZ und Berlins

Mit dem Anstieg der Mitgliederzahl der CDU auf 218 189 im Dezember 1947[92] war auch die Junge Union zum Jahresende 1947 auf etwa 42 000 Mitglieder angewachsen. Damit gehörten etwa 20 bis 25 Prozent der CDU-Mitglieder der Jungen Union an. Als Vertreter eines Viertels der CDU-Mitgliedschaft beanspruchten die Vorsitzenden der Jungen Union Einfluß auf die Politik der CDU.[93] Die Junge Union war aber nicht nur ein Faktor, mit dem in der CDU zu rechnen war, sie stellte auch den Monopolanspruch der FDJ in Frage. Die führenden Vertreter der CDU-Jugend hatten von vornherein Bedenken gegen die Schaffung einer einheitlichen

---

90 Vgl. Utm vom Juni 1948 S. 2.

91 Subject Weekly Intelligence Report No. 35 1948, HQ Intelligence Division (IfZ-Archiv, Bestand MF 84 POLAD 455/3): „Kaiser himself is reported to have lost good deal of favour with rank and file in Soviet Zone as result of recent proposal for exclusion of Eastern CDU from CDU/CSU Working Kommittee. Menbers feel it is unjust to condemn them to isolation because of attitude of zonal leaders.“

92 Vgl. Tabelle im Anhang: Mitglieder der CDU der SBZ/DDR und Berlins.

93 Vgl. Alfred SAGNER: Die Arbeit der JUNGEN UNION in der sowjetischen Besatzungszone ruht. S. 3f. (ACDP III-013-870).

Jugendorganisation geäußert. Bereits im Sommer 1947 war die SMAD deswegen mit zahlreichen Verhaftungen gegen die Junge Union vorgegangen.

Am 18. Dezember 1947 sprach der Zonenarbeitskreis der Jungen Union dem Parteivorsitzenden sein volles Vertrauen aus und kritisierte die von den Sowjets heraufbeschworene Parteikrise. Auf Antrag der Jungen Union Berlins beschloß man zudem, die Arbeit in der SBZ niederzulegen, bis dort wieder demokratische Verhältnisse hergestellt sein würden. Entsprechend wandten sich die Sprecher der Jungen Union am 23. Dezember 1947 gegen eine Beteiligung am Koordinierungsausschuß und erklärten, ihre weitere Arbeit mit der Person Kaisers verbinden zu wollen. Alfred Sagner lehnte als Vorsitzender der Jungen Union der SBZ und Berlins Aufforderungen Hickmanns und Nuschkes ab, seine Haltung zu überdenken und die Leitung der Jugendarbeit der CDU fortzuführen.[94] Auch die Verbände der Jungen Union Sachsens und Thüringens erklärten ihre Zustimmung zu Kaiser und Lemmer.[95] In Sachsen-Anhalt und Mecklenburg steckte die Arbeit der Jungen Union noch in den ersten Anfängen. Ende 1947 existierten hier nur an den Universitäten aktive Gruppen. In Brandenburg hatten einige Vertreter der Jungen Union bereits am 7. Januar 1948 ihre Bereitschaft zur Teilnahme am Volkskongreß erklärt[96], nachdem kurz zuvor die Verhaftung des Vorsitzenden der Jungen Union von Frankfurt/Oder, Bernhard Becker, bekanntgeworden war.[97] Am 17. Januar 1948 trat im Albert-Voß-Haus in Berlin-Tempelhof der Deutschlandrat der Jungen Union zusammen. Auch er sprach Kaiser sein Vertrauen aus, lehnte den Volkskongreß als „kommunistische Parteiangelegenheit“[98] ab und bestätigte den Beschluß der Berliner Jungen Union. Die Versammlung distanzierte sich ausdrücklich von den Mitgliedern, die sich am Volkskongreß beteiligten.[99] Nach dieser Erklärung verboten die anwesenden Vertreter der SMAD noch während der Sitzung den Vertretern aus der SBZ und dem Ostsektor Berlins eine weitere Mitarbeit in der Jungen Union.[100]

Da die SMAD mit den Jugendverbänden aller demokratischen Parteien ähnlich verfuhr, beschlossen diese, ihren Widerstand gegen die kommunistischen Pressionen zu koordinieren. Die „Jungen Liberaldemokraten“, die „Jungsozialisten“ und die

---

94 Gespräch d. Autors mit A. Sagner am 27. April 1987 in Bonn (ACDP MAT Richter PY,10).
95 Vgl. Vierteljahresbericht der Jungen Union im Gesamtverband der sowjetischen Zone und Berlins. Hg. von der HGS der CDU. Junge Union Berlin, 9. Januar 1948 (BA NL Kaiser 51).
96 Vgl. Junge Union Berlin: Rundbrief Nr. 12/13 vom Januar 1948 S. 5 (ACDP II-101-002/8).
97 Vgl. Sopade 437 vom 3. April 1948.
98 Junge Union Berlin: Rundbrief Nr. 14 vom Februar 1948 S. 6 (ACDP III-012-426).
99 Vgl. EBD.
100 Alfred SAGNER: Die Arbeit der JUNGEN UNION in der sowjetischen Besatzungszone ruht S. 4 (ACDP III-013-870). Vgl. Airgram from U. S. Political Advisor for Germany (James W. Riddleberger) to the Secretary of State, Washington, D. C., A-39, January 21, 1948 (IfZ-Archiv, Bestand MF 84 POLAD 798-20).

„Junge Union" schlossen sich unter Losungen wie „Antikommunismus ist demokratische Pflicht!"[101] zur „Jungen Aktion" zusammen. Auf einer Kundgebung in Berlin erklärten sie, nie wieder dürften die „freiheitlichen Kräfte sich verzetteln und von einem zur Diktatur entschlossenen Gegner nacheinander zerschlagen werden"[102]. Die SMAD sah sich angesichts der Koordinierung der Arbeit der Jugendverbände in Berlin zu schnellem Handeln veranlaßt. Am 26. Januar 1948 beauftragte Hauptmann Kratyn den bisherigen Leiter des Arbeitsausschusses der brandenburgischen CDU, Hermann Gerigk, mit der Leitung eines neu gegründeten Zonenjugendausschusses der CDU. Zugleich wurde die Bezeichnung „Junge Union" in der gesamten SBZ verboten. Daraufhin legten die Vertreter der CDU in der FDJ, Rita Wrusch und Marga Lindner, ihre Ämter im FDJ-Zentralrat nieder.[103] Der Sprecher der „Jungen Aktion", Scheffler (SPD), erklärte, der Austritt der CDU- und LDP-Vertreter aus dem Zentralrat könne als „Folge des Zusammengehens der nichtkommunistischen Berliner Parteijugend"[104] angesehen werden. In einem „Offenen Brief an alle Mitglieder der Jungen Union"[105] erklärten die beiden Sprecher der Jungen Union, Alfred Sagner und Josef Bock, am 1. Februar 1948, daß die Arbeit der Jungen Union in der SBZ ab sofort ruhe. Die Junge Union Berlin erklärte die Unvereinbarkeit der gleichzeitigen Mitgliedschaft in der FDJ und der Jungen Union.[106] In einer Situation, in der ein Teil der aktivsten Mitarbeiter der Jungen Union bereits 1947 verhaftet war[107], wurde damit die legale Arbeit der Jungen Union in der SBZ endgültig beendet. Der Auszug der CDU-Vertreter aus dem Zentralrat der FDJ setzte sich auf den unteren Ebenen fort. Auch in den meisten Landessekretariaten und in zahlreichen FDJ-Kreisleitungen traten die CDU-Vertreter aus der FDJ aus oder wurden ausgeschlossen.[108] Da viele aktive Mitglieder sich in der Folgezeit gezwungen sahen, die SBZ zu verlassen, richtete Alfred Sagner in Berlin-Tempelhof ein Wohnheim als erste Zuflucht ein.[109]

Am 2. Februar 1948 fand auf Einladung von CDU-Generalsekretär Georg Dertinger und im Beisein des für die CDU zuständigen Offiziers der Informationsabteilung

---

101 Fritz KLAUCK: „Politik aus Notwehr". In: Junge Union Berlin: Rundbrief Nr. 18/19/20 vom August 1948 (ACDP II-101-002/8).

102 Junge Union Berlin: Rundbrief Nr. 14 vom Februar 1948 (ACDP III-012-426).

103 EBD.

104 „Zur Politik der FDJ". In: Sopade 439 vom 6. April 1948.

105 „Offener Brief". In: Junge Union Berlin: Rundbrief Nr. 14 vom Februar 1948 S. 8 (ACDP III-012-426). Vgl. Airgram from U. S. Political Advisor for Germany (James W. Riddleberger) to the Secretary of State, Washington, D. C., A-132, February 16, 1948 (IfZ-Archiv, Bestand MF 84 POLAD 798-20).

106 „Klare Stellung zur ‚Freien Deutschen Jugend'". In: EBD.

107 Hans Beitz, Ewald Ernst, Manfred Klein, Georg Wrazidlo u. a. Zur Verhaftung M. Kleins vgl. BORKOWSKI S. 176–178.

108 Vgl. LIPPMANN S. 103.

109 Vgl. SEIBERT S. 18.

der SMAD, Hauptmann Kratyn, im CDU-Parteihaus in der Jägerstraße eine Besprechung der Vertreter der ehemaligen Jungen Union der SBZ statt.[110] Alfred Sagner und Josef Bock waren nicht eingeladen worden. Dertinger wies die Erklärung Sagners über die Beendigung der Arbeit der Jungen Union in der SBZ und die Entschließung des Deutschlandrates der Jungen Union zurück. Die Entschließung sei ohne Zutun der Vertreter der SBZ erfolgt und daher für die Zone nicht bindend.[111] Die Tatsache, daß eine Zustimmung der Vertreter der Jungen Union der SBZ durch die SMAD verhindert worden war, wurde freilich nicht erwähnt. In einer veröffentlichten Erklärung hieß es: „Die Jugendausschüsse der Union der Ostzone stellen fest, daß ihre Tätigkeit in unveränderter Weise fortgesetzt wird und sie wie bisher auch ihre Mitarbeit in der FDJ weiterführen werden."[112] Die Praxis sah jedoch zunächst anders aus. Dertinger versuchte erfolglos, die Arbeit der Jugendausschüsse zu beleben. Eine von ihm zum 17. Februar 1948 einberufene Tagung der neuen CDU-Jugendausschüsse mußte ausfallen, da nur zwei Vertreter der Landesverbände erschienen waren.[113] Deswegen ließ er zunächst in den Landesverbänden Jugendausschußsitzungen organisieren. Am 24. Februar 1948 fand eine Jugendausschußsitzung des Landesverbandes Thüringen statt, die – wie vom Generalsekretär gewünscht – die Erklärung des Deutschlandrates der Jungen Union ablehnte und die Fortsetzung der Mitarbeit in der FDJ beschloß.[114] Nach entsprechenden Sitzungen in den anderen Landesverbänden kam es am 2. März 1948 zu der von Dertinger gewünschten Tagung der CDU-Jugendausschüsse aller Länder der SBZ.[115] Die Versammlung stellte die Mitarbeit in der FDJ frei und bestimmte Ilse-Ruth Bubner zur Ersten Vorsitzenden des Jugendausschusses. Die neuen Jugendausschußvertreter der Landesverbände erklärten, es sei falsch, „jetzt, in den entscheidenden Entwicklungen, an den gefährlichen Punkten ... zu versagen und den anderen das Feld kampflos zu überlassen"[116]. Die politischen Handlungen würden von den Augenblickserfordernissen laufend modifiziert. Wer verlange, daß „in der Tat nur das reine Ideal sich verkörpere", sei „genau so ein Tor, als wenn er Bibelzitate von der politischen Tribüne schleudere"[117].

---

110 Vgl. Airgram from U. S. Political Advisor for Germany (James W. Riddleberger) to the Secretary of State, Washington, D. C., A-132, February 16, 1948 (IfZ-Archiv, Bestand MF 84 POLAD 798-20).

111 Vgl. Protokoll der Sitzung der Vorsitzenden der Jungen Union und der Jugendreferenten der Landesverbände am 2. Februar 1948 (ACDP I-254-002/2).

112 „Jugendausschüsse statt JUNGE UNION". In: Junge Union Berlin: Rundbrief Nr. 14 vom Februar 1948 (ACDP III-012-426).

113 Vgl. DUD Ausgabe C vom 27. Februar 1948. Erschienen waren Gerigk (Brandenburg) und Britting (Mecklenburg). Vgl. Subject Weekly Intelligence Report No. 19 1948, HQ Intelligence Division (IfZ-Archiv, Bestand MF 84 POLAD 455/3).

114 Vgl. Protokoll der Sitzung des engeren Jugendausschusses am 24. Februar 1948 (ACDP III-013-800).

115 Vgl. „Jugendausschuß der JUNGEN UNION". In: Utm vom März 1948 S. 8f.

116 „Die JUNGE UNION in der Ostzone". In: Utm vom März 1948 S. 9.

117 EBD.

Anders als in der SBZ gestaltete sich die Situation in der Viermächtestadt Berlin. Obwohl die sowjetischen Kommandanturen die Junge Union in den meisten Stadtbezirken des Ostsektors verboten, ging die Arbeit weiter.[118] Am 16. April 1948 stellte Oberst Jelisarow als Vertreter des sowjetischen Kommandanten in einer Sitzung der Stellvertretenden Kommandanten einen Antrag auf Verbot der Jungen Union in ganz Berlin, der am 23. April 1948 von General Kotikow wiederholt und durch die westlichen Besatzungsmächte zurückgewiesen wurde.[119] Die Berliner Junge Union verwahrte sich gegen den Verbotsantrag und verwies auf die Anfang Mai 1947 durch Hauptmann Kratyn genehmigte Bezeichnung „Arbeitskreis JUNGE UNION der Christlich-Demokratischen Union Deutschlands" und auf andere entsprechende Erklärungen Kratyns.[120] Dennoch konnte die Junge Union nicht verhindern, daß die Sowjets ihre Arbeit mit der des gesamten Landesverbandes ab Mitte April 1948 Schritt für Schritt lahmlegten und unter Leitung des zum „Arbeitskreis" Helmut Brandts übergetretenen Studentenreferenten des Landesverbandes Berlin, des Pädagogikstudenten Walter Bredendieck, sogar versuchten, Mitglieder der Jungen Union in den Westsektoren Berlins für den Arbeitskreis zu gewinnen. Bredendieck, der vor allem unter den Mitgliedern der Jungen Union warb, die in Opposition zu den Vorsitzenden der Jungen Union Berlins, Peter Lorenz und Fritz Klauck, standen, rief am 30. September 1948 einen Jugendausschuß des Arbeitskreises ins Leben.[121]

Die Jugendausschüsse der CDU der SBZ vertraten die Politik des Koordinierungsausschusses. Wie der Koordinierungsausschuß zielten sie auf möglichst viel Eigenständigkeit im Rahmen der durch die Besatzungspolitik vorgegebenen Strukturen. So verhinderten sie auf einem Kongreß der Vertreter der Jugendausschüsse aller Parteien am 20. April 1948 die Annahme eines Vorschlages der FDJ, die Jugendausschüsse zu einem Jugendauschuß des Deutschen Volksrates zusammenzufassen.[122] Neben gemäßigten Kräften wirkten in den CDU-Jugendauschüssen auch prokommunistische Personen wie Hermann Gerigk, der sich Jahre später als enttarnter Agent des MGB in einem West-Berliner Gefängnis das Leben nahm. Gerigk arbeitete engagiert in der FDJ mit und unternahm bereits Anfang 1948 mit Erich Honecker Propagandafahrten in die Westzonen.[123] Leute wie er stießen auf Ablehnung durch die übrigen CDU-Jugendvertreter[124], die es ohnehin schwer genug hatten,

118 Vgl. Schreiben der Jungen Union. KV Prenzlauer Berg vom 14. Januar 1948 (BA NL Kaiser 31).

119 Vgl. Office Of Military Government US Berlin Sector. APO 742-A, US-Army 22. April 1948. Subject: „Junge Union" and „Junge Liberaldemokraten". (IfZ-Archiv, Bestand MF 260 OMGBS 4/132-3/7).

120 Vgl. Rundbrief des Sekretariats der Jungen Union. LV Berlin der CDU vom 27. April 1948 (ACDP II-108-008).

121 Vgl. Vertraulicher Bericht über Vorstandssitzungen des Arbeitskreises Groß-Berlin der CDU (ACDP III-012-923).

122 Vgl. Junge Union Deutschlandrat. Presse-Information Nr. 1 1948 S. 1f. (ACDP III-012-180).

123 Vgl. Hermann GERIGK: Reisebericht über Fahrt nach Württemberg (ACDP III-013-800).

124 Vgl. Vertraulicher Vermerk (ACDP I-254-002/3).

die CDU-Jugend für ihren Kurs zu begeistern. Es war kein Geheimnis, daß die Mehrzahl von ihnen nach wie vor Sagner als ihren Vorsitzenden ansah. Um dem entgegenzuwirken, startete Generalsekretär Dertinger eine Verleumdungskampagne gegen Sagner[125], indem er behauptete, Sagner und H. Koppe hätten versucht, die Vorsitzende des Zonenjugendausschusses, Ilse-Ruth Bubner, in die Berliner Westsektoren zu entführen.[126] Die Vorwürfe waren absurd und zielten darauf, die Arbeit der Jungen Union zu diskreditieren, die unter Anleitung des vom Büro J. Kaisers aus agierenden Sagner dabei war, illegale Gruppen in der SBZ zu bilden.[127] Die Aktivitäten dieser Gruppen, die von der amerikanischen Militärregierung wie folgt beschrieben wurden: „A small circle of trusted people who deal with each other only orally. Unarmed. Supported and provsioned by the population“[128], bestanden vor allem aus Flüsterpropaganda gegen die SED. Gelegentlich wurden auch Flugblätter hergestellt. In einigen Gegenden gab es eine Zusammenarbeit mit illegalen SPD-Gruppen.[129] Die SMAD ging mit aller Härte gegen die illegalen Gruppen der Jungen Union vor. Wo sie wie im September 1948 in Straußberg enttarnt wurden, verhafteten die Sowjets die Jugendlichen und verurteilten sie in der Regel zu Haftstrafen von 25 Jahren.[130]

Dennoch war das Einverständnis der CDU-Jugend der SBZ mit Kaiser und Sagner 1948 ungebrochen.[131] Durch die Zustimmung aus der SBZ legitimiert, wurde Sagner im November 1948 sogar zum Vorsitzenden des Deutschlandrates der Jungen Union gewählt.[132]

Da die Junge Union im universitären Bereich besonders aktiv war, gingen SMAD und SED verstärkt gegen CDU-Studenten vor. An sämtlichen Universitäten und Hochschulen der SBZ und des Ostsektors von Berlin kam es ständig zu Relegierungen und Verhaftungen von Studentenvertretern der CDU und LDP. So wurde beispielsweise der Vorsitzende der CDU-Hochschulgruppe der Berliner Linden-Universität und Chefredakteur der amerikanisch lizenzierten Studentenzeitschrift „Colloqium“, Joachim Schwarz, zur Einschüchterung mehrmals im Ostsektor Berlins verhaftet und wieder freigelassen.[133] Die Beeinträchtigung der politischen Arbeit der demokratischen Studentengruppen und der freien Lehrtätigkeit der Wissenschaftler durch

125 Vgl. „Gangsterdemokratie“. In: „Neue Zeit“ vom 9. Juli 1948.

126 Vgl. Junge Union Berlin: Rundbrief Nr. 18/19/20 vom August 1948 S. 5.

127 Vgl. Brief Ruth und Erika an E. Nebgen vom 9. August 1948 (ACDP III-013-630/3).

128 A. Dana Hodgon, American Consul General, American Consulate Stuttgart, Germany, April 28, 1948 No. 156, secret, Subject: Illegal Aktivities of CDU Youth Movement in Sachsen-Anhalt, to the Secretary of State, Washington, (IfZ-Archiv, Bestand MF 84 POLAD 798-14).

129 Vgl. EBD.

130 Vgl. Arno Schröder/Günter Bartelt (ACDP III-013 DbCDU Ok).

131 Vgl. Brief Rudolf Schuster aus Meißen an J. Kaiser vom 21. Juli 1948 (ACDP III-012-180). Vgl. „Erfurter Beschlüsse werden abgelehnt“. In: „Der Tag“ vom 25. September 1948.

132 Vgl. Informationsdienst der Jungen Union Deutschlands. Beilage zum DUD Ausgabe C vom 7. Januar 1949.

133 Vgl. DUD Ausgabe A vom 29. Mai 1948.

die Sowjets führten zu ersten Protestaktionen der demokratischen Studentengruppen, deren letzendliches Ergebnis die Bildung einer „Freien Universität“ im Westen der Stadt war.[134] Anders als in Berlin hatten die Studenten und Wissenschaftler der Universitäten und Hochschulen der SBZ derartige Möglichkeiten nicht. Hier gingen die Sowjets mit aller Härte gegen die CDU- und LDP-Gruppen vor, die noch bis 1950 „geistige und politische Oppositions- und Widerstandszentren im akademischen Bereich“[135] darstellten. So gab es bei den Studentenratswahlen im Wintersemester 1948/49 an einigen Universitäten der SBZ Mehrheiten der CDU- und LDP-Hochschulgruppen von 50 bis 70 Prozent. Das war sowohl für die SMAD wie für die SED Grund genug, mit „massiver Gewalt“[136] gegen die Hochschulgruppen vorzugehen. Zahlreiche Studenten wurden verhaftet und etliche von ihnen durch die Sowjets hingerichtet. Verhafteten die Sowjets wie in Leipzig den „harten Kern“ der LDP-Hochschulgruppe mit seinem Vorsitzenden Wolfgang Natonek, so wurde die Hochschulgruppe der CDU Zentrum der Aktivitäten der nichtkommunistischen Studenten.[137] Das zeigte, daß es den Studenten und Wissenschaftlern nicht primär um die Zugehörigkeit zu dieser oder jener Parteigruppierung ging, sondern um gemeinsame Aktivitäten als Ausdruck ihrer antikommunistisch-demokratischen Gesinnung.

6. Landesparteitage der CDU 1948

Brandenburg. Vom 7. bis 9. Mai 1948 fand in der Stadt Brandenburg der 3. Landesparteitag der brandenburgischen CDU statt.[138] Er spiegelte deutlich die Polarisierung in der Partei wider. Angesichts des gewachsenen politischen Drucks durch die SMA ließ sich auf dem Parteitag zwar offiziell keine Stimme mehr gegen den Volkskongreß vernehmen. Ereignisse wie die Verhaftung des Ortsgruppenvorsitzenden der CDU von Schönwalde, Klaus Paul, den die Sowjets zu 25 Jahren Zwangsarbeit verurteilten, schüchterten die Delegierten ein.[139]

Um so intensiver nutzten die Delegierten jede Gelegenheit, den Befürwortern des Volkskongresses eine deutliche Abfuhr zu erteilen. Bei der Wahl des neuen Landesvorstands, bei der der Landesvorsitzende Wilhelm Wolf mit 121 von 134 Stimmen wiedergewählt wurde, erhielt Landesgeschäftsführer Ernst Zborowski, der

---

134 Vgl. EBD. Vgl. „Der Kampf um die Universität“. In: „Der Tag“ vom 28. Mai 1948. Vgl. „CDU-Hochschulgruppe fordert Streik“ In: „Der Tag“ vom 27. Mai 1948. Vgl. LV Berlin der CDU: CDU-Informationen vom Juli/August 1948 S. 8 (ACDP I-257-001/2).

135 FRICKE: Opposition S. 60.

136 EBD.

137 Vgl. BERGER S. 15.

138 Bei BLOCH S. 127 fälschlich in Potsdam.

139 Bereits 1946 war der Sohn von Klaus Paul im sowjetischen Lager Sachsenhausen umgekommen. Vgl. Klaus Paul (ACDP III-013 DbCDU ChO).

als Anhänger des Volkskongresses angesehen wurde, nur 53 der abgegebenen Stimmen. Nur durch die Verhinderung einer Stichwahl gegen Peter Bloch durch die SMA erreichte er knapp die erforderliche Stimmenzahl. Abgewählt wurde auch der bisherige Vorsitzende des Jugendausschusses Hermann Gerigk. An seine Stelle trat als neuer Jugendvertreter Walter Schupp aus Cottbus. Auch die als besonders „fortschrittlich" geltende Annerose Zibolsky wurde nicht wieder in den Erweiterten Landesvorstand gewählt.[140] Der Landesvorsitzende Wolf warf in seinen Ausführungen der SED Totalitätsstreben vor, forderte die Einhaltung der Grundrechte in der SBZ, mehr Mitwirkungsmöglichkeiten für die CDU in der Verwaltung und die Sicherung des Privateigentums.[141] Scharf kritisierte Wolf die Haltung Kaisers, der auf der vorausgegangenen Sitzung der Arbeitsgemeinschaft der CDU/CSU den Antrag gestellt hatte, die Beziehungen zur Leitung der Landesvorsitzenden (Koordinierungsausschuß) abzubrechen.[142] Die Ausführungen Wolfs machten klar, daß er größten Wert darauf legte, die Beziehungen zur CDU/CSU aufrechtzuerhalten. In einer Entschließung bezeichneten die Delegierten in Anlehnung an die Beschlüsse der Sitzung der Arbeitsgemeinschaft der CDU/CSU vom 26. April 1948 die CDU der SBZ auch als „lebendiges Glied"[143] der Gesamtunion. Zugleich verbanden sie jedoch ihr Bekenntnis zu Demokratie, persönlicher Freiheit und Sozialismus aus christlicher Verantwortung vorschriftsmäßig mit Erklärungen, in denen der Volkskongreß und die Blockpolitik begrüßt wurden. Unmittelbar nach dem Landesparteitag verunglückte der Landesvorsitzende Wolf mit seinem Wagen auf der Berliner Avus tödlich. Über die Ursachen und Umstände seines Todes rankten sich schnell zahlreiche Gerüchte[144], die nicht überprüfbar sind, aber dennoch zeigen, daß man eine Ermordung Wolfs immerhin für möglich hielt.

Bedingt durch den Tod Wolfs, fand Ende Juni ein neuer Wahlparteitag der brandenburgischen CDU statt. Da die SMA eine Kandidatur Peter Blochs untersagte, wurde der Landesgeschäftsführer Zborowski als „Wunschkandidat der SMA"[145] in

140 Vgl. „Landesparteitag Brandenburg". In: Utm 6 vom Juni 1948 S. 5f. Vgl. „Parteitag mit Doppelgesicht". In: „Der Tag" vom 11. Mai 1948. Trotz ihres schlechten Wahlergebnisses drängte die SMA, die beiden Kandidaten schnell in den Vorstand aufzunehmen. Das galt vor allem für Hermann Gerigk, „who is destined for reapid advancement under their (SMA) petronage". Subject Weekly Intelligence Report No. 31 1948, HQ Intelligence Division (IfZ-Archiv, Bestand MF 84 POLAD 455/3).

141 Vgl. Schlußwort von Wilhelm Wolf auf dem Landesparteitag am 7., 8. und 9. Mai 1948 in Brandenburg (ACDP I-297-100/2/7).

142 Vgl. „Der neue Weg" vom 14. Mai 1948. Vgl. „Ein Dolchstoß". In: „Neue Zeit" vom 8. Mai 1948.

143 „Landesparteitag Brandenburg". In: Utm 6 vom Juni 1948 S. 6.

144 Erika Wolf, die Witwe Wilhelm Wolfs, spricht von einem unaufgeklärten, Wolfram Kesseler von einem gestellten Unfall. Else Dau macht auf das angeblich eigenartige Verhalten Ernst Zborowskis am Sterbebett Wilhelm Wolfs aufmerksam, das sie als Mitschuld deutet (Persönliche Gespräche d. Verfassers) – (ACDP MAT Richter PU,4 und PH1). Vgl. Brief Erika Wolf an d. Autor vom 7.9.1988 (ACDP MAT Richter PO).

145 Bloch S. 127.

einem fragwürdigen Wahlakt zum neuen Landesvorsitzenden der CDU des Landes Brandenburg gekürt.

Nach dem Wahlparteitag zeigte der neue Landesvorsitzende politisches Profil. In Klein-Machnow forderte er am 7. Juli 1948[146] die Einhaltung des Wahltermins im Oktober 1949, stellte die weitere Mitarbeit der CDU am Volkskongreß in Frage und betonte, die CDU habe „allen Grund, die Demokratie der SED in Zweifel zu ziehen“[147]. Im August wiederholte Zborowski seine Vorwürfe gegen die SED. Er forderte freie Wahlen und kritisierte die Arbeit des Koordinierungsausschusses.[148] Dadurch gewann er schnell die Sympathie der Mitglieder, während die SMA, die ihn erst zum Landesvorsitzenden gekürt hatte, ihn nun argwöhnisch beobachten ließ und seine Absetzung vorbereitete. Bereits Anfang November 1948 mußte er sein Amt wieder zur Verfügung stellen[149], nachdem er inzwischen auch in Veröffentlichungen in der „Märkischen Union“ die totalitären Methoden der SED kritisiert hatte.[150] Der Hauptgrund für seine Absetzung war jedoch die von ihm auf dem 3. Zonenparteitag der CDU geäußerte Kritik an der Oder-Neiße-Grenze. Nachdem er sich vom Wunschkandidaten der SMA zum „Hauptsprecher der Reaktion im Landesverband“[151] entwickelt hatte, ersetzten ihn die Sowjets durch den bisherigen 3. Landesvorsitzenden Karl Grobbel.

Sachsen-Anhalt. Vor dem 3. Landesparteitag der CDU von Sachsen-Anhalt, der vom 21. bis 23. Mai 1948 im Stadtschützenhaus von Halle stattfand, setzten die Sowjets durch die Verhaftung des Fraktionsvorsitzenden der CDU und Vizepräsidenten des Landtages von Sachsen-Anhalt, Anton Miller[152], ein deutliches Signal. Die SMA ließ den Parteivorstand wissen, daß die sowjetischen Behörden eine Wiederwahl des Landesvorsitzenden Leo Herwegen sowie die Abwahl des 2. Vorsitzenden Bruno Geissler und des CDU-Gewerkschaftsführers Karl Gierke wünschten.[153] Beide galten, wie Anton Miller, als Gegner Herwegens und Sympathisanten Kaisers. Gierke hatte sich zudem durch seine Forderungen nach Gleichberechtigung der CDU im FDGB

146 Subject Weekly Intelligence Report No. 42 1948, HQ Intelligence Division (IfZ-Archiv, Bestand MF 84 POLAD 455/3).

147 „Ostzonen-CDU gegen Volksdemokratie“. In: „Der Tag“ vom 11. Juli 1948. Vgl. „Landtagswahlen“. In: „Der Tag“ vom 23. Juli 1948.

148 Vgl. Bericht über die Tagung der Kreisgeschäftsführer des LV Brandenburg der CDU am 5. August 1948 in Potsdam (ACDP III-013-800). Vgl. Bericht von Siegfried Tscheschner über eine öffentliche Versammlung der CDU in Zerrenthin am 14. August 1948 (ACDP III-013-800).

149 Vgl. „Ernst Zborowski zurückgetreten“. In: Utm vom Dezember 1948.

150 Vgl. „Propagandawirbel gegen Blockpolitik“. In: „Neue Zeit“ vom 16. September 1948.

151 Kind S. 38.

152 Vgl. DUD Ausgabe A vom 5. Juni 1948.

153 Vgl. Pressedienst der Arbeitsgemeinschaft der CDU/CSU vom 7. Juni 1948. Vgl. Sopade 112 vom Oktober 1948.

unbeliebt gemacht. Angesichts dieser sowjetischen Vorgaben war es eine Sensation, als der Kreisverband Zeitz, der als „Hort der Opposition gegen Herwegen und den neuen Kurs“[154] galt, kurz vor der Wahl die Nominierung Erich Faschers beantragte, der zur allgemeinen Überraschung mit 101 von 155 Stimmen zum neuen Landesvorsitzenden gewählt wurde. Herwegen wurde 2. Vorsitzender, nachdem Geissler auf das Drängen der SMA hin gebeten hatte, von seiner Wiederwahl abzusehen. Neben Gerald Götting gehörte gegen den ausdrücklichen Willen der SMA jedoch auch der CDU-Gewerkschafter Gierke wieder dem Vorstand an.[155]

CDU-Generalsekretär Dertinger, der das Hauptreferat des Parteitages hielt, wurde von den Delegierten „eisig“ aufgenommen. Als ihm am Abend ein Delegierter des Kreisverbandes Lutherstadt Wittenberg politischen Verrat vorwarf, griff Dertinger den Sprecher tätlich an.[156] Politisch bestätigte der Parteitag die Linie des Koordinierungsausschusses. Die Delegierten bekannten sich zum Volkskongreß und zur Blockpolitik, forderten die Eigenständigkeit der CDU und wandten sich gegen die Weststaatbildung und den Marshallplan.[157] Nach dem Landesparteitag wurde der nur in Sachsen-Anhalt existierende „Große Politische Ausschuß“, der als Forum der Kreisvorstände galt, aufgelöst und am 7. Juli 1948 durch den auf dem Landesparteitag neugewählten Landesausschuß ersetzt.[158]

Thüringen. Die thüringische CDU hielt ihren 3. Landesparteitag vom 23. bis 25. Mai 1948 in den Erfurter Reichshallen ab.[159] Wie bei allen Landesparteitagen hatte der Vorstand die politische Linie bereits vor dem Parteitag festgelegt. Der Landesvorsitzende Siegfried Trommsdorff bezeichnete es als vornehmste Aufgabe der CDU, den Ideen des Christentums im politischen Leben wieder Geltung zu verschaffen. Aus christlicher Verantwortung lehne die CDU den Kapitalismus strikt ab und hätte sich „bewußt und in voller Überzeugung der Volkskongreßbewegung angeschlossen“[160]. Neben Nuschke und Dertinger, die wie auf allen Landesparteitagen die Hauptreferate hielten, forderte der Vertreter der SMA Thüringen, Major Majaroski, die Delegierten auf, gegen „Reaktionäre“ und die „großen und kleinen Kaiser“[161] in der Partei vorzugehen. Gerade die Politiker, die als Anhänger Kaisers galten, erhielten bei den Wahlen jedoch die Mehrzahl der Stimmen. Auf diese Weise gelang es den Delegierten im Sommer 1948 immerhin noch, ihren Protest zum Ausdruck zu bringen; auf späteren Parteitagen war auch das nicht mehr möglich. Während

154 Vertraulicher Bericht Sachsen-Anhalt (ACDP I-254-002/3).
155 Vgl. „Landesparteitag Sachsen-Anhalt“. In: Utm vom Juni 1948.
156 Vgl. Vertraulicher Bericht Sachsen-Anhalt (ACDP I-254-002/3).
157 Vgl. „Landesparteitag Sachsen-Anhalt“. In: „Der neue Weg“ vom 25. Mai 1948.
158 SCHAPER: Jahre der Entscheidung S. 54.
159 Vgl. CDU LV Thüringen: Landesparteitag 21.–24. Mai 1948 in Erfurt (ACDP III-013-800).
160 Gedanken zum dritten Landesparteitag der CDU Thüringen (ACDP III-013-800).
161 THIEL S. 42.

der Landesvorsitzende Trommsdorff bei der Wahl des neuen Vorstandes gerade 69 Stimmen auf sich vereinigen konnte, erhielt der von den Sowjets zum Rücktritt von seinem Amt als Minister für Land- und Forstwirtschaft gezwungene Georg Grosse, der sich offen zu Kaiser bekannte, 149 der abgegebenen Stimmen.[162] Damit wäre Grosse unter demokratischen Umständen neuer CDU-Vorsitzender in Thüringen geworden. Unter sowjetischer Regie aber wurde der bisherige Landesvorsitzende Trommsdorff gegen das Votum der Delegierten wiederum zum Landesvorsitzenden der CDU bestimmt.[163] Seine Stellvertreter wurden Bialek und Quehl.[164] Für die SMA erklärte der ebenfalls anwesende Gardegeneralmajor Kolesnitschenko, die Besatzungsmacht werde die Arbeit der CDU auch in Zukunft umfassend unterstützen.[165]

Sachsen. Die sächsische CDU führte ihren 3. Landesparteitag vom 4. bis 6. Juni 1948 im Gebäude des Sächsischen Landtages in der Königsbrücker Straße in Dresden durch.[166] Auch im stärksten CDU-Landesverband der SBZ drehten sich im Sommer 1948 die Diskussionen vor allem um die kommenden Wahlen, bei denen man von einem klaren Sieg der Union ausging.[167] Trotz der Akzeptanz, die der sächsische CDU-Vorsitzende Hickmann unter den Mitgliedern genoß, standen sich auch in Sachsen eine im wesentlichen auf Kaiser fixierte Mitgliederschaft und die von Hickmann auf den Kurs des Koordinierungsausschusses gebrachte Landesleitung gegenüber. Das spiegelte sich auch auf dem Landesparteitag deutlich wider. Die Namen von Nuschke oder Dertinger brauchten nur erwähnt zu werden, um Pfeifkonzerte der Delegierten hervorzurufen. Lautstarken Protest erntete auch der Vertreter der SMA, Oberst Kusiminow, als er Kaiser einen „Feind der Deutschen und der Demokratie“[168] nannte. Den meisten Beifall erhielten dann auch nicht der Landesvorsitzende, sondern der als kompromißloser Anhänger Kaisers geltende Kreisvorsitzende der Dresdner CDU, Rudolf Schmidt. Zu einem Eklat kam es, als die Delegierten Schmidt spontan als Kandidaten für das Amt des stellvertretenden Landesvorsitzenden aufstellten und auch wählten.[169] Die Vertreter der SMA griffen

162 Vgl. Hermann REMELE: Die ferngesteuerte Wahlregie klappt nicht. Aktennotiz für Kaiser (BA NL Kaiser 118).

163 Vgl. „Landesparteitag Thüringen“. In: Utm vom Juni 1948 S. 7.

164 Subject Weekly Intelligence Report No. 33 1948, HQ Intelligence Division (IfZ-Archiv, Bestand MF 84 POLAD 455/3).

165 Vgl. „Parteitag der CDU Thüringen“. In: „Neue Zeit“ vom 25. Mai 1948.

166 Vgl. Tagesordnung für die 3. Landesvertreterversammlung (ACDP I-188-001/4).

167 Vgl. Bericht Sachsen (Marx) vom 4. Juni 1948 (ACDP III-013-800).

168 „Landesparteitag der CDU Sachsen“. In: Sopade vom Juli 1948. Vgl. Subject Weekly Intelligence Report No. 35 1948, HQ Intelligence Division (IfZ-Archiv, Bestand MF 84 POLAD 455/3).

169 Vgl. Alfred Krause auf der Tagung „CDU in der SBZ 1946–48“ am 22. und 23. November 1982 in Walberberg, Protokoll S. 231 (ACDP VI-015-021).

ein und verboten Schmidt, das Amt anzunehmen.[170] Schmidt war aber keinesfalls der einzige, der den Kurs Hickmanns kritisierte. Auch der Sprecher der CDU-Fraktion im Sächsischen Landtag, Martin Knabe, richtete Angiffe gegen die Politik des Koordinierungsausschusses.[171] Insgesamt jedoch bestätigte der Parteitag unter dem Druck der SMA erwartungsgemäß die Politik Hickmanns, der die Union als Klammer der deutschen Einheit beschwor und zugleich den Willen zur Mitarbeit im Rahmen der vorgegebenen politischen Ordnung der SBZ bekräftigte.[172]

Mecklenburg. Als letzter Landesverband in der SBZ führte die CDU Mecklenburgs ihren 3. Landesparteitag vom 12. bis 14. Juni 1948 in Schwerin durch. Wie in allen Landesverbänden zeigte auch dieser Parteitag die wachsende Diskrepanz zwischen der Parteileitung und den Vertretern der Kreisverbände. Während des ganzen Parteitages kursierten anonyme Rundschreiben mit dem Briefkopf der „Reichsgeschäftsstelle"[173], in denen die Politik des Landesvorsitzenden Reinhold Lobedanz und des Koordinierungsausschusses kritisiert wurde. Vermutungen, der inzwischen im Büro Kaisers tätige ehemalige Landrat von Usdedom, Werner Jöhren, könnte hinter den Flugschriften stecken, wurden von diesem bestritten.[174] Die Stimmung der Delegierten war gereizt und entlud sich vor allem bei der Wahl des Vorstandes. Ein Vorschlag des Landesvorstandes, drei gleichberechtigte Stellvertreter des Landesvorsitzenden zu wählen, wurde von den Delegierten zurückgewiesen. Die Versammelten bestanden auf Wahl eines 2. und 3. Vorsitzenden, um durch diese Differenzierung den Einfluß deutlich prosowjetischer Kandidaten zurückzudrängen. Lobedanz erhielt bei seiner Wiederwahl als Landesvorsitzender 135 der 160 abgegebenen Stimmen. Der stellvertretende Fraktionsvorsitzende der CDU im Schweriner Landtag, Karl Heinz Kaltenborn, der mit 127 Stimmen zum 2. Vorsitzenden gewählt wurde, mußte auf Befehl der SMA die Annahme der Wahl verweigern. Hans Krukenmayer, der ehemalige Vorsitzende des Landesverbandes Mecklenburg-Vorpommern, mußte aus demselben Grund auf eine Kandidatur verzichten. Dadurch erreichten die Sowjets, daß Eugen Jacobs zum 2. Vorsitzenden gewählt wurde. Der als sowjetischer Agent geltende Karl Garz[175],

---

170 Vgl. die Äußerungen von Ernst Eichelbaum und Martin Knabe (ACDP III-013 DbCDU Ok Rudolf Schmidt).

171 Vgl. Martin Knabe (ACDP III-013 DbCDU Ok).

172 Vgl. „Die Union in ihrer deutschen Verantwortung". In: „Neue Zeit" vom 6. Juni 1948. Vgl. „Sachsens Union an Unions-Freunde im Westen". In: „Neue Zeit" vom 8. Juni 1948. Vgl. ZILLIG S. 59.

173 Flugblatt: „Ein Kreis, der die Entscheidung bringen will". Text in: Verleumder und Demagogen. Eine Entgegnung (Flugblatt: „Die Demokraten der Mecklenburger Union") – (ACDP Bibliothek).

174 Vgl. Mitteilungen des LV Mecklenburg Nr. 3. Schwerin Juli 1948. Vgl. Brief Karl-Heinz Kaltenborn an W. Jöhren vom 13. Juli 1948 (ACDP I-350-001/3).

175 Vgl. die Aussagen von H. Spehr Protokoll S. 124 (ACDP VI-015). Karl Garz kam am 29. Dezember 1955 in der StVA Cottbus ums Leben (ACDP III-013 DbCDU Ok Gerda Garz).

auf dessen Wahl sowohl Lobedanz als auch die SMA größten Wert gelegt hatten, erhielt bei der Wahl zum 2. Vorsitzenden lediglich 17 Stimmen. Daraufhin zwangen die Sowjets den Jugendvertreter Walter Wurm, auf eine Kandidatur zu verzichten, und erreichten damit, daß Garz in den Vorstand gelangte. Wurm setzte sich danach in den Westen ab.[176]

Den stärksten Beifall während des gesamten Parteitages erhielt der Vorsitzende der CDU-Landtagsfraktion Gustav Röseler, als er Jöhren für die von ihm im Landtag geleistete Arbeit dankte.[177] Peinlich wenig Applaus erhielten dagegen Nuschke und Dertinger für ihre Referate. Als Nuschke die Delegierten mit „Liebe Parteifreunde" begrüßte, kamen Zwischenrufe wie „Sag schon Genosse!" aus der Menge.[178] Beifall erhielt Hickmann, als er freie Wahlen noch für das Jahr 1948 forderte. Die Vertreter der SMA beobachteten den gesamten Verlauf des Parteitages genau. In seinem Grußwort forderte Oberst Beljajew die Delegierten auf, „die wirklichen Freunde der Demokratie zu erkennen", und versprach auch der mecklenburgischen CDU dabei die volle „Unterstützung der SMA"[179].

Politisch brachte der Parteitag die CDU Mecklenburgs voll auf den Kurs des Koordinierungsausschusses. Lobedanz stimmte der Teilnahme am Volkskongreß zu, betonte aber – wie der Vorsitzende des Koordinierungsausschusses Hickmann –, der Volkskongreß dürfe keine Vorstufe zu einem Parlament sein. In einem Telegramm an die Arbeitsgemeinschaft der CDU/CSU forderte der Parteitag, die Einheit der Union über die Zonengrenzen hinweg herzustellen und bat die Politiker der Westzonen, sich nicht an den Londoner Beschlüssen zu beteiligen.[180]

Die Parteitage zeigten, daß der Kurs des Koordinierungsausschusses nur von einem geringen Teil der Parteibasis getragen wurde und die Mehrzahl der Mitglieder sich weiterhin an Kaiser orientierte. Außerdem lehnte die überwiegende Mehrheit der Mitglieder die Blockpolitik offen ab.[181] Für die Vertreter der sowjetischen Besatzungsmacht, die an allen Parteitagen teilnahmen, war das dort erkennbare Stimmungsbild Anlaß, nach den Parteitagen massiv gegen die mittlere Funktionärsebene vorzugehen.

---

176 Vgl. „In wessen Auftrag?". In: „Der Tag" vom 10. September 1948.
177 Vgl. Notizen (ACDP I-350-001/3).
178 EBD.
179 Mitteilungen des LV Mecklenburg der CDU Schwerin Nr. 3. vom Juli 1948 S. 2 (ACDP I-350-001/3).
180 Vgl. „Für Selbstbestimmungsrecht der Deutschen". In: „Neue Zeit" vom 15. Juni 1948. Vgl. „Protest gegen das Londoner Diktat". In: „Tägliche Rundschau" vom 15. Juni 1948.
181 Vgl. SUCKUT: Blockpolitik S. 44.

III. Parteiarbeit im Zeichen von Ostbindung und Gleichschaltung

1. Formen der Einflußnahme der SMAD – Kreisverband Dresden – ein Beispiel

Die Sowjets gingen auf die unterschiedlichste Weise gegen die CDU vor. Maßnahmen wie die Absetzung der Parteivorsitzenden, die Absetzung oder Verhaftung von Landesvorsitzenden, Vorsitzenden und Mitgliedern der Landtagsfraktionen, Ministern und Staatssekretären und direkte Anordnungen über den politischen Kurs der Partei waren nur die Spitze eines Eisbergs. Ständig und systematisch, auf allen Ebenen und in allen Bereichen, wurde die politische Arbeit der CDU behindert und umgestaltet. Hauptakteure aller Aktionen waren die Kommandanturen, die SED, die Massenorganisationen und kryptokommunistischen Parteien, die „Nationale Front", der Volkskongreß und die Organe des Staatsapparates. Es war ein Kampf an allen Fronten und mit allen Mitteln. Er galt der CDU genauso wie der LDP. Folgende Aufzählung gibt einen Überblick über Methoden der SMAD während der gesamten Besatzungszeit:

- Seit ihrer Gründung mußte die CDU im „antifaschistisch-demokratischen" Block mitarbeiten. Das gab der SMAD über die SED und später über die NDPD, die DBD und die Massenorganisationen die Möglichkeit zur Disziplinierung gemäß den sich verändernden Blockrichtlinien.
- Die SMAD verpflichtete die CDU auf Begriffe wie Antifaschismus[1], Entnazifizierung, Demokratisierung und Friedenssicherung[2], deren schillernde Bedeutung die Sowjets zur ideologischen Disziplinierung nutzten.
- Ununterbrochen verhafteten die Sowjets CDU-Mitglieder und Funktionäre aller Ebenen.[3]
- In zahllosen Prozessen – ab 1950 vorwiegend Schauprozessen wurden jahrzehntelange Haftstrafen für politische „Vergehen" ausgesprochen. Hin und wieder kam es auch zu Hinrichtungen von CDU-Funktionären. Vor wichtigen Tagungen verhafteten die Sowjets oftmals einige Funktionäre, um die übrigen einzuschüchtern.
- Die SMAD-Zentrale in Berlin gab den Orts- und Kreiskommandanten direkte Anweisungen, der CDU und der LDP Schwierigkeiten verschiedenster Art zu machen. So wurden bis 1948 Registrierungen von CDU-Ortsgruppen durch die zuständigen Kommandanturen äußerst restriktiv gehandhabt, um die Chancen der Kommunisten bei Wahlen zu erhöhen. Die CDU erhielt wesentlich weniger Papier zugeteilt als die SED. Die SMAD verbot den Druck von Plakaten, Flugschriften und

1 Vgl. Knütter S. 36.
2 Vgl. Weber: Zum Transformationsprozeß S. 39.
3 Vgl. Nawratil S. 62f.

sonstigem Propagandamaterial. Kommunistische Zeitungen konnten in weit höherer Auflage erscheinen als CDU-Blätter.[4]

- Zur zahlenmäßigen Benachteiligung kamen Eingriffe in die Arbeit der Redaktionen. Es gab eine Zensur. Oft mußten von der SMAD vorgegebene Artikel abgedruckt werden.[5] Die freie Redaktionsarbeit wurde durch personelle Umbesetzungen und laufende Eingriffe zunehmend behindert. Die Blätter glichen sich den SED-Zeitungen immer mehr an.
- Ab 1948 wurde den CDU-Mitgliedern der Bezug westlicher Presseerzeugnisse verboten.
- Durch die Kriminalisierung demokratischer Politiker und die zunehmende Gleichsetzung der Politik der westlichen Demokratien mit der des Nationalsozialismus schufen sich die Sowjets die Voraussetzungen für ein Vorgehen gegen die CDU. Nach dem Befehl Nr. 160 der SMAD vom 8. Dezember 1945[6] verhängten die SMT langjährige Freiheitsstrafen oder die Todesstrafe für Spionage und antisowjetische Propaganda[7] und für mutmaßliche Sabotage- und Diversionsakte, die angeblich im Auftrag westlicher Dienststellen oder Personen – wie Kaiser, Lemmer oder Adenauer – ausgeführt wurden.[8]
- Die leitenden Funktionäre der CDU mußten zeitweilig täglich zu Aussprachen bei der SMAD erscheinen.[9]
- Sämtliche Veranstaltungen der CDU, auch interne und engere Vorstands- und Fraktionssitzungen, wurden von den zuständigen Offizieren der Informationsabteilung der SMAD/SKK kontrolliert.[10]
- Alle Veranstaltungen, auch geschlossene Mitglieder- und Funktionärsversammlungen, bedurften einer Genehmigung; das lähmte die Parteiarbeit ebenso wie
- die äußerst kurzfristigen Genehmigungen und Absagen, die Einladungen zu Parteiversammlungen unter den katastrophalen Verkehrsverhältnissen häufig unmöglich machten.
- Veranstaltungen mußten oft abgesagt werden, da der SMAD/SKK-Vertreter nicht erschien.
- Genehmigungen wurden zunehmend nur für Versammlungen mit vorgeschriebener Tagesordnung erteilt.

---

4 Vgl. Tabelle im Anhang: Kommunistische und CDU-Zeitungen.

5 Vgl. WEBER: Von der SBZ S. 40.

6 Vgl. CREUZBERGER S. 128f.

7 Vgl. FRICKE: Politik und Justiz S. 121.

8 Zur sowjetischen Methode, außenpolitische Bedrohungen zu konstruieren, um eine innenpolitische Opposition niederzuhalten, vgl. PIPES S. 137.

9 Vgl. Unterhaltung mit der Besatzungsmacht auf Einladung. Ort: Freiberg Kommandantur. Dienstag, den 10.1.1950, 11.30 Uhr (ACDP I-197-001). Vgl. LEMMER: Manches S. 319. Vgl. DOERNBERG: Die Tätigkeit S. 43.

10 Vgl. Helmut R. KÜLZ: „Hinter dem Vorhang. Die Parteien in der Sowjetzone. Die Unterdrückten – LDP und CDU“. In: „Frankfurter Rundschau“ vom 27. August 1948.

- Die Versammlungen mußten laufend von der SMAD/SKK festgelegte Entschließungen und Stellungnahmen verabschieden.
- Versammlungen, die befohlene Entschließungen nicht annahmen, mußten wiederholt werden. Wurden die Entschließungen dennoch nicht angenommen, drohten Verhaftungen oder die Auflösung der CDU-Gruppen.
- Sämtliche CDU-Gremien waren zur ständigen Berichterstattung bei den SMAD/SKK Informationsabteilungen verpflichtet.[11]
- Die SMAD/SKK nahm durch das Verbot der Wahl unliebsamer Personen Einfluß auf die Vorstände und setzte nach Belieben Funktionäre ab.
- Den Sowjets nicht genehme Funktionäre erhielten für Fahrten zu Tagungen keine Benzinzuteilungen.[12]
- In vielen Fällen wurden Funktionäre während wichtiger Tagungen und Abstimmungen auf der Kommandantur festgehalten.
- Zeitpunkt und Ablauf wichtiger CDU-Tagungen und Parteitage sowie die inhaltlichen Ausführungen bedurften der Genehmigung durch die Besatzungsmacht. Unliebsame Parteitagsbeschlüsse wurden wieder aufgehoben.
- Sämtliche Funktionäre der CDU wurden laufend durch die Organe des MGB überwacht.
- Unbequeme Funktionäre erhielten Auftritts- und Redeverbot. Die Sowjets entzogen ihnen Lebensmittelkarten, drohten mit der Mißhandlung von in sowjetischer Haft befindlichen Familienangehörigen und suchten Fehlverhalten (Nazivergangenheit, Unterschlagung, Homosexualität etc.) zur Erpressung zu nutzen.
- Loyale Spitzenpolitiker wurden protegiert und erhielten Vergünstigungen wie die begehrten Pajoks, nach deren Erhalt sich die Beschenkten etwa ein halbes Jahr kaum Gedanken über die sonst äußerst schwierige Versorgung machen mußten.[13] Nicht selten retteten die Pajoks, wie im Fall Gerald Göttings, der Tbc-krank aus dem Krieg heimgekommen war, das Leben der Beschenkten.[14]
- Dem CDU-Vorsitzenden Nuschke stellten die Sowjets ein großes, repräsentatives Gehöft (Gertrudenhof) und eine Luxuslimousine zur Verfügung.
- Jeder Funktionär mußte jederzeit mit sich wiederholenden Wohnungsdurchsuchungen rechnen.

---

11 Vgl. (CDUD LV Sachsen): An die Sowjetische Kontrollkommission Dresden N 6, Hospitalstraße 7. Arbeitsbericht für Monat März 1951 vom 7. April 1951 (ACDP III-013-791). Vgl. Beantwortung der Fragen – SKK – Termin 8. März 1952 (ACDP III-013-789 u. 799).

12 Vgl. Ernst EICHELBAUM: Bericht über die Anfänge der CDU in der SBZ (in Leipzig), erstattet Mitte August 1982 (ACDP-I-201-001).

13 Ein Pajok (russisch für Verpflegungsration) wog ca. 40 Kilogramm und enthielt u. a.: Mehl, Zucker, Butter, etliche Büchsen Wurst und Fleisch, Salz, Tee, Kaffee, Schokolade, Weinflaschen, Zigaretten, 5 Flaschen Wodka, Anzugstoff, Unterwäsche, Schuhe, Pelzstücke. Nach Auskunft von Ilse-Ruth Bubner in einem Gespräch mit d. Autor am 5. Juli 1988 (ACDP MAT Richter QO,6).

14 Aussage von S. DÜBEL Protokoll S. 64 und 77 (ACDP VI-015).

- In den meisten Fällen verloren Funktionäre, die sich nicht anpaßten, ihre Arbeitsstelle.
- Ihre Telefonanschlüsse wurden gesperrt und ihr Briefwechsel kontrolliert.
- Untergeordnete Funktionäre wurden gegen ihre Vorgesetzten ausgespielt.
- Wie in den anderen besetzten Ländern[15] baute die SMAD/SKK ein umfangreiches Spitzelsystem auf. In allen CDU-Vorständen saßen Spitzel.[16]
- Neben ihren eigenen Aktionen steuerte die Besatzungsmacht die parallelen Angriffe durch die SED, die Nationale Front, staatliche deutsche Stellen oder durch prokommunistische CDU-Mitglieder, die oft direkt mit dem sowjetischen Geheimdienst zusammenarbeiteten.[17]

In seinen Erinnerungen schreibt der Chef der Informationsabteilung der SMAD, Sergej Tjulpanow, daß die Mitarbeiter seiner Behörde gegenüber der CDU „auf Grund des besonderen Charakters dieser Partei äußerst überlegt und vorsichtig, aber auch unbeirrt“[18] vorgingen. Die Sowjets hatten es mit einer neuen Partei zu tun, die offen Führungsansprüche erhob und sich dabei auf eine breite soziale Basis stützen konnte.[19] Zudem lag den Sowjets daran, das gesamtdeutsche Potential der CDU für ihre Ziele zu nutzen.[20] Dadurch unterschied sich die Situation der CDU von der vergleichbarer Parteien in anderen sowjetisch besetzten Ländern. Die Verdrängung von CDU und LDP aus der politischen Mitverantwortung und die Errichtung der totalitären kommunistischen Alleinherrschaft vollzogen sich neben spektakulären Aktionen wie der zweimaligen Absetzung der Vorsitzenden der CDU der SBZ in zahlreichen Etappen. Am Ende einer Reihe kleiner Entmachtungen, Konzessionen, Drohungen und Verlockungen stand eine entkernte CDU, deren christliche Fassade personell, programmatisch und organisatorisch marxistisch-leninistisch aufgefüllt war.

Kreisverband Dresden – ein Beispiel

Auf den Landesparteitagen der CDU waren die Kräfte in der CDU, die weiterhin Kaiser als ihren Vorsitzenden ansahen und sich dem neuen Kurs des Koordinierungs-

---

15 Vgl. KAPLAN: Die politischen Prozesse S. 126.

16 Vgl. BLOCH S. 153. Vgl. Willi Oesterlein auf der Tagung „Die CDU in der SBZ/DDR 1948 bis 1952“ am 11./12.11.1987 in Schloß Eichholz, Protokoll S. 212 (ACDP VI-015). Vgl. Interview d. A. mit Ruth Matthaes am 11. Januar 1988, Protokoll S. 40f. (ACDP MAT Richter QN). Dies geht auch aus zahlreichen Aussagen hervor, die in der Ortskartei des Ostbüros der CDU gesammelt sind.

17 Vgl. Wilhelm Bachem und Hermann Gerigk (ACDP III-013 ACDP III-013 DbCDU Ok). Zu weiteren Beeinträchtigungen vgl. Kap.: Die Beeinträchtigung der Landtagsarbeit der CDU-Fraktionen.

18 TJULPANOW S. 236.

19 EBD. S. 240.

20 EBD. S. 244.

ausschusses der CDU verweigerten, deutlich in Erscheinung getreten. Durch ihre offiziellen Vertreter und durch ihre Spitzel in der CDU hatte die Besatzungsmacht einen umfassenden Überblick über diesen Personenkreis, gegen den sie seit dem Sommer 1948 mit Unterstützung der SED systematisch vorging. Bevorzugtes Ziel von Absetzungen und Verhaftungen waren Kreistags- und Stadtverordnete sowie Kreisvorsitzende der CDU. In zahlreichen Parlamenten verfügten CDU und LDP über klare Mehrheiten. Durch ihr Vorgehen bewirkten die Sowjets einerseits eine schrittweise Veränderung der Mehrheiten in den Kreis- und Kommunalparlamenten, andererseits eine enorme Einschüchterung unter den Funktionären, die wußten, wie schnell man als Feind abgestempelt und in ein sowjetisches Lager verbracht werden konnte.[21] Die SED trug ebenfalls zur Verunsicherung bei, wenn ihre Vertreter – wie in Leipzig – erklärten, die Abgeordneten von CDU und LDP würden ohnehin bald abgeholt.[22]

Die Verdrängung Rudolf Schmidts veranschaulicht exemplarisch die konzertierte Vorgehensweise von SMAD und SED. Schmidt war den Sowjets seit seinem Auftreten und seiner von ihnen nicht anerkannten Wahl zum stellvertretenden Vorsitzenden des Landesverbandes Sachsen der CDU auf dem Landesparteitag Anfang Juni 1948 ein Dorn im Auge.[23] Bereits unmittelbar nach dem Landesparteitag in Dresden untersagten ihm die SMA-Obristen Portinkoff und Piatkin von der Zentralkommandantur, weiterhin als Vorsitzender des Kreisverbandes Dresden der CDU zu fungieren[24], da er der Durchsetzung einer fortschrittlichen Politik in Dresden im Wege stünde.[25] Der Kreisvorstand der Dresdner CDU teilte ihm daraufhin offiziell mit, daß er auf Befehl der SMA nicht mehr dem Kreisvorstand angehöre.[26] Der Vorgang verdeutlicht, wie direkt die Sowjets personelle Veränderungen in der CDU beeinflußten. Der Absetzungsbefehl wurde wie üblich von Artikeln in der kommunistischen Presse flankiert. Versuche Hickmanns, Schmidt zu halten, waren ohne Erfolg.[27] Nach seiner Absetzung als Kreisverbandsvorsitzender betrieben die Sowjets die Mandatsniederlegung Schmidts als Stadtverordneter des Dresdner Stadtparlaments. In einer öffentlichen Sitzung erklärte der sowjetische Kapitän Wachs, der Stadtkommandant hätte mit

---

21 Vgl. Brief Reimer Mager an Jakob Kaiser vom 21. Juli 1948 (BA NL Kaiser 51).

22 So auf der 13. Sitzung der Leipziger Stadtverordnetenversammlung im Juli 1948. Vgl. Stössel 1 S. 389. Vgl. „Jedem Bürger das Recht der freien Entschließung". In: „Die Union" vom 10. Juli 1948.

23 Vgl. Rudolf Schmidt (ACDP III-013 DbCDU Ok).

24 Vgl. Brief Rudolf Schmidt an Hugo Hickmann vom 5. Juli 1948 (BA NL Kaiser 51).

25 Vgl. Brief Reimer Mager an Jakob Kaiser vom 21. Juli 1948 (BA NL Kaiser 51).

26 Vgl. Brief des CDU-KV Dresden an Rudolf Schmidt vom 1. September 1948 (ACDP I-297-100-2/5).

27 Vgl. Brief Hugo Hickmann an Rudolf Schmidt vom 4. September 1948 (ACDP I-297-100-2/5).

Befremden das antidemokratische, „gegen alles Fortschrittliche“[28] gerichtete Auftreten einiger Verordneter zur Kenntnis nehmen müssen. Einer dieser „Reaktionäre“, der LDP-Abgeordnete Wolfgang Mischnick, habe sich bereits in den Westen abgesetzt. Nun müßte die „fortschrittliche Mehrheit aller Fraktionen“[29] sich auch von Reimer Mager und Rudolf Schmidt trennen. Daraufhin gaben am 9. Dezember 1948 alle Fraktionen eine gemeinsame Erklärung[30] gegen die „antidemokratischen“ Kräfte im Stadtparlament ab und erklärten die Mandate von Schmidt und dem Vorsitzenden der CDU-Fraktion Mager für aufgehoben. Für die CDU-Fraktion hatte Martin Richter ohne Rückfrage bei der Fraktion die gemeinsame Erklärung unterzeichnet. Nachdem sich Schmidt weigerte, sein Mandat niederzulegen, wies auch die CDU-Fraktion die bereits veröffentlichte und von Martin Richter unterzeichnete Erklärung aller Fraktionen sowie alle gegen Schmidt erhobenen Vorwürfe in einem internen Beschluß „auf das entschiedenste“[31] zurück. Damit war Richter in der Fraktion isoliert. Über die Beweggründe, sich in einer öffentlichen Erklärung gegen Schmidt zu stellen, informierte er Schmidt, indem er den von der Fraktion gegen ihn erhobenen Vorwurf des Verrates zurückwies: „Meine Schwäche ist, daß ich dieses unwürdige ‚noch geduldet‘ zu sein, ertrage, weil ich nicht weiß, was aus meiner Familie werden soll, wenn ich die Konsequenzen meiner und Eurer Erkenntnis ziehe.“[32] Nicht immer waren die Konsequenzen der politischen Haltung so unerbittlich wie für den stellvertretenden Vorsitzenden des Kreisverbandes der CDU von Delitzsch, Hans-Georg Löser, der bei seiner Verhaftung durch Mitarbeiter des MGB in seiner Wohnung erschossen wurde.[33] Aber auch geringere Strafen konnten sich in der katastrophalen materiellen Situation verheerend für die Familien auswirken. Manch ein Funktionär war zur Aufgabe von politischen Prinzipien bereit, wenn sich die materielle Situation dadurch verbessern ließ. Die Sowjets wußten dies genau. Mit einer Politik von „Zuckerbrot und Peitsche“ versuchten sie, sich Funktionäre gefügig zu machen.

Die Absetzung Schmidts konnte auch durch die Fraktion nicht mehr verhindert werden. Sie war in ihrer Art bei weitem kein Einzelfall. In ganz Sachsen wurden Anhänger Kaisers auf diese Weise aus ihren Ämtern verdrängt. In Leipzig untersagte die SMA dem Bürgermeister Ernst Eichelbaum (CDU) jede politische

28 Öffentliche Sitzung der Stadtverordneten zu Dresden am 25. November 1948. Stenographische Niederschrift (Abschrift) S. 3 (ACDP I-297-100-2/5).

29 EBD. S. 4.

30 Vgl. Gemeinsame Erklärung der Fraktionen zur Arbeit der Stadtverordnetenversammlung am 4. Dezember 1948 (ACDP I-297-100-2/5).

31 Interner Fraktionsbeschluß am Donnerstag, den 9. Dezember 1948 (ACDP I-297-100-2/5).

32 Brief Martin Richter an Rudolf Schmidt vom 29. Dezember 1948 (ACDP I-297-100-2/5).

33 Vgl. Bericht über die Ermordung des Herrn Hans-Georg Löser aus Delitzsch, stellvertretender Kreisvorsitzender des KV Delitzsch der CDU, durch die NKWD, Berlin, 25. Juli 1950 (ACDP III-013-630/2).

Tätigkeit.[34] Nach seiner Flucht beklagte Eichelbaum das umfangreiche Spitzelwesen, mit dem SMA und SED das Land überzögen. Der Terrorismus des Systems, so der ehemalige Leipziger Bürgermeister, bestehe in einer „Politik, die mit der Verängstigung, mit der Furcht regiert" und in der Bevölkerung eine „dauernde Angst"[35] vor Gewalttätigkeiten erzeuge.

2. Beeinträchtigung der parlamentarischen Arbeit und Gründung von DBD und NDPD

1948 kam es in allen Landtagen der SBZ noch zu teilweise heftigen Auseinandersetzungen zwischen den Abgeordneten der SED einerseits und denen der CDU und LDP andererseits. Dabei waren die Anträge und Ausführungen der CDU oft durch das Verbindungsbüro der Landtagsfraktionen beim Hauptvorstand der CDU koordiniert und daher in allen Landtagen einheitlich.

Thüringen. Im thüringischen Landtag kam es zu heftigen Debatten, als die CDU-Abgeordneten Walter Rücker und Johannes Mebus am 3. Juni 1948 die einseitige Besetzung der Polizei durch Mitglieder der SED kritisierten.[36] Einen Tag später wies der Vorsitzende der CDU-Fraktion und Vizepräsident des thüringischen Oberlandesgerichtes, Karl Magen, einen Gesetzesvorschlag der SED über die Verwaltungsgerichtsbarkeit[37], der auf deren Abschaffung hinauslief, zurück. Die SED wolle auf diese Weise, so Magen, „das Kernstück eines Rechtsstaates ... beseitigen"[38]. Als Magen auch noch die Mehrheit der SED im Landtag und in der Bevölkerung in Frage stellte, kam es zu tumultartigen Szenen im Landtag, die erst mit dem demonstrativen Auszug der SED-Fraktion ein Ende fanden.[39] Der Vorstoß Magens bewirkte allerdings vor allem, daß SMAD und SED verstärkt auf seine Absetzung hinarbeiteten. Da er täglich mit seiner Verhaftung rechnen mußte, floh er noch im Juni 1948 in den Westen.[40] Zuvor war er ständigen Verhören und Kontrollen durch die Organe der SMA ausgesetzt

34 Vgl. Ernst EICHELBAUM: Bericht über die Anfänge der CDU in der sowjetisch besetzten Zone Deutschlands (in Leipzig) – (erstattet Mitte August 1982) S. 20f. (ACDP I-201-001).
35 Ernst EICHELBAUM: „Im Schatten der Gewalt". In: „Kölnische Rundschau" vom 19. November 1948.
36 Vgl. Thüringischer Landtag. 1. Wahlperiode. 41. Sitzung am 3. Juni 1948 S. 1138f.
37 Vgl. Thüringischer Landtag. Landtags-Drucksache Nr. 351
38 Steno-Bericht der 42. Sitzung S. 101 (ACDP I-297-100/8).
39 Vgl. Thüringischer Landtag. 1. Wahlperiode. 42. Sitzung am 4. Juni 1948 S. 1194. Vgl. „Kampf für den Rechtsstaat". In: „Thüringer Tageblatt" vom 8. Juni 1948.
40 Vgl. DUD Ausgabe C vom 13. Juni 1948.

gewesen, die auch seine Wiederwahl in den Landesvorstand der CDU verboten hatten.[41] Ihm folgte wenig später der CDU-Landtagsabgeordnete und Bürgermeister von Camburg, Otto Brötling.[42] Am 23. Juli 1948 kam es wiederum zu heftigen Debatten[43], als der CDU-Abgeordnete Johannes Mebus eine parteiparitätische Besetzung der Schulratsstellen forderte und die SED die demokratische Zuverlässigkeit von CDU und LDP offen in Frage stellte. CDU und LDP konstatierten daraufhin, daß ihre Mitarbeit im Parlament in Zukunft wohl überflüssig sei. Vor allem die LDP kritisierte scharf den alleinigen Führungsanspruch der Kommunisten in Wirtschaft, Polizei, Bildungswesen und in sämtlichen anderen Bereichen und verglich die Situation mit der Machtergreifung der Nationalsozialisten im Jahr 1933. Die Antworten der SMAD und SED waren typisch und bestätigten unmittelbar die Vorwürfe der Liberalen. Noch am selben Tag wurde der Vorsitzende der LDP-Fraktion Hermann Becker, ungeachtet seiner Immunität, aus dem Landtag heraus festgenommen und ohne jede Verhandlung in eines der unzähligen Arbeitslager der UdSSR deportiert.[44]

Der Vorfall wirkte auf die nichtkommunistischen Abgeordneten schockierend, machte er doch wieder einmal deutlich, daß die Kommunisten gewillt waren, ihre Macht mit allen Mitteln durchzusetzen.[45] Fast schon friedlich wirkte dagegen die Methode der SMA, in allen Parlamenten Abgeordnete von CDU und LDP kurz vor wichtigen Abstimmungen zur Kommandantur zu befehlen, um auf diese Weise kommunistischen Anträgen zum Durchbruch zu verhelfen.[46]

Aber auch nach der Verhaftung des LDP-Fraktionsvorsitzenden Becker kam es immer wieder zu kritischen Beiträgen der Abgeodneten von CDU und LDP: so am 19. November 1948, als es zwischen dem CDU-Abgeodneten Johannes Mebus und der SED-Fraktion zu Auseinandersetzungen über die Einführung marxistischer Lehrbücher für die Lehrerausbildung kam.[47] Es war eine der letzten wirklichen Debatten. Die SED machte klar, daß sie keine Opposition dulde. Der thüringische Ministerpräsident Werner Eggerath forderte vor dem Landtag, alle diejenigen „hart und unerbittlich ... niederzuschlagen, die es noch einmal wagen, die sich anbahnende Demokratie zu unterminieren“[48].

Mecklenburg. Wie in allen Landtagen der SBZ verschärften sich im Sommer 1948 auch im Schweriner Landtag die Auseinandersetzungen. So kam es nach einer Kritik

---

41 Vgl. „Vizepräsident Magen“. In: „Der Tag“ vom 8. Juli 1948.

42 Vgl. Sopade vom August 1948 S. 12.

43 Vgl. Thüringischer Landtag. 46. Sitzung am 23. Juli 1948 S. 1289f.

44 Vgl. FRICKE: Opposition S. 59.

45 Vgl. Gertrud VOIGT: Zur Geschichte der CDU unmittelbar nach dem Krieg 1946–49 S. 6 (ACDP I-296 NL Gertrud Voigt).

46 Vgl. „Kultur in Thüringen“. In: „Der Tag“ vom 28. Juli 1948.

47 Vgl. Thüringer Landtag. 51. Sitzung am 19. November 1948 in Weimar S. 1425f. Vgl. Thüringer Landtag. Landtags-Drucksache Nr. 488.

48 EBD. S. 1455.

Karl-Heinz Kaltenborns an der Währungsreform in der SBZ zu einer Pressekampagne der SED gegen den stellvertretenden CDU-Fraktionsvorsitzenden.[49] Trotz des Einsatzes außerparlamentarischer Methoden mußte sich die SED 1948 immer wieder die Kritik von CDU und LDP gefallen lassen. Hauptpunkte der Kritik der CDU-Fraktion waren vor allem der SED-Entwurf eines Zweijahresplanes für die Wirtschaft[50], das unparlamentarische Verhalten der Kommunisten, das Übergehen des Wunsches der CDU nach Abhaltung von Wahlen[51], die Bevorzugung von Arbeiterkindern bei der Zulassung zum Hochschulstudium[52] und immer wieder die SED-Bildungspolitik[53]. Gerade für die CDU-Vertreter im Bildungsbereich brachte die kommunistische Bildungspolitik unüberwindbare Probleme mit sich. Zahlreiche CDU-Lehrer flohen – wie die CDU-Landtagsabgeordnete und Dozentin an der Universität Rostock, Annemarie von Harlem[54] – in den Westen oder legten ihre Ämter nieder wie der Rektor der Universität Greifswald, Prof. Rudolf Seliger (CDU), der sich weigerte, die Hennecke-Bewegung an der Universität einzuführen.[55]

Sachsen. Durch die Arbeit der DWK, deren Kompetenzen Schritt für Schritt erweitert wurden, schrumpften die Möglichkeiten der Landespolitik auch in Sachsen immer mehr. Daher ging es bei den Debatten im Dresdener Landtag wie in allen Landesparlamenten oft eher ums Prinzip als um die behandelten Themen.

So wandte sich die CDU-Fraktion im September 1948 gegen die Abschaffung privater Kunst-Institute und den Einfluß der FDJ bei der Vereinheitlichung der Sportbewegung, durch die sich der CDU-Abgeordnete Paul Rademacher an die „Zeit der Gleichschaltung“[56] erinnert fühlte. Die FDJ, so der CDU-Abgeordnete, versuche nicht nur einen „Kadavergehorsam, sondern auch die politische Diktatur“[57] in der Sportbewegung einzuführen. Im Herbst 1948 beantragte die CDU-Fraktion beim Landtagspräsidenten eine Regierungserklärung darüber, daß 1949 auf jeden Fall freie Wahlen stattfinden würden. Der Antrag wurde von der SMA ersatzlos gestrichen.[58] Im Oktober kam es in Dresden wie in allen Landtagen zu heftigen Debatten über den Antrag der SED, die Lichtspieltheater zu enteignen.[59] Für die

49 Vgl. „Die Zeiten sind vorbei ...“. In: „Der Tag“ vom 11. Juli 1948.
50 Vgl. 1. Landtag des Landes Mecklenburg. 33. Vollsitzung am 21. August 1948 Sp. 1330f.
51 Vgl. Auszug aus dem Protokoll über die Fraktionssitzungen der CDU in Schwerin vom 23 bis 25. August 1948 (ACDP I-350-001/3).
52 Vgl. 1. Landtag des Landes Mecklenburg. 34. Vollsitzung am 25. August 1948 Sp. 1388.
53 Vgl. „Aus den Landtagen“. In: Utm vom September 1948. S. 13.
54 Vgl. „CDU-Landtagsabgeordnete geflüchtet“. In: „Der Tag“ vom 8. September 1948.
55 Vgl. „Niedersächsische Rundschau“ Nr. 45/46. 3./4. Dezemberausgabe 1948.
56 Sächsischer Landtag. 1. Wahlperiode. 48. Sitzung vom 30. September 1948 S. 1041.
57 „Abgeordneter Rademacher (CDU) verleumdet die FDJ“. In: „Sächsische Zeitung“ vom 1. Oktober 1948.
58 Vgl. „Besatzung streicht Tagesordnungspunkt im Landtag“. In: DUD Ausgabe C vom 8. November 1948.
59 Vgl. Sächsischer Landtag. 1. Wahlperiode. 49. Sitzung am 28. Oktober 1948.

CDU wies der Abgeordnete Carl Günther Ruland darauf hin, daß das Gesetz über die Enteignung der Filmtheater verfassungsändernd sei und daher nach Artikel 96 der Sächsischen Verfassung nur mit einer Zweidrittelmehrheit angenommen werden könnte.[60] Hickmann wandte sich zur selben Zeit gegen die Bevorzugung von Arbeiterkindern bei der Vergabe von Studienplätzen sowie gegen die ungleiche Vergabe von Stipendien.[61]

Auch 1949 kam es hin und wieder zu Vorstößen der CDU-Fraktion. So wandte sich die CDU gegen die Propagierung eines materialistischen Geschichtsbildes an den Schulen.[62] Der entsprechende Antrag wurde allerdings genauso abgelehnt wie ein Vorschlag von Hickmann zur Bildung eines Verfassungssenats, der bei Zweifeln über die Verfassungsmäßigkeit eines Vorganges zu entscheiden haben sollte.[63] Anfang des Jahres 1949 nutzte die CDU den sächsischen Landtag, um gegen die überdurchschnittliche Zahl der Entlassungen von CDU-Mitgliedern zu protestieren. Der CDU-Abgeordnete Franz Jensch wies den Anspruch der SED auf die meisten Stellen in der Verwaltung zurück. Erst die Wahlen, so der Gewerkschafter, würden zeigen, welche die stärkste Partei sei.[64] Der Abgeordnete Karl Buchheim setzte sich für die Autonomie der kirchlichen Bibliotheken ein[65], und Frau Magdalene Kupfer forderte die Einbeziehung kirchlicher Vertreter in den Landesausschuß für Strafverfolgung[66]. Ebenso wandte sie sich gegen die Ankündigung der SED, die Oberschulen Sachsens müßten eine „scharfe Waffe im Kampf der Arbeiterklasse werden“[67]. Wichtig sei vielmehr die Aufrechterhaltung der Schülerselbstverwaltung. Die FDJ dürfe nicht „diktatorisch die Angelegenheiten des Schülerrates“[68] an sich reißen.

Brandenburg. Im Landtag in Potsdam war einer der Hauptpunkte der Kritik der CDU der Alleinvertretungsanspruch der SED, wie er sich in der bevorzugten Behandlung des SED-Zweijahresplanes durch die DWK zeigte. Für die CDU-Fraktion stellte der Abgeordnete Germanus Theiß das Wirtschafts- und Sozialprogramm der CDU vom Juli 1948 als vernünftige Ergänzung des SED-Planes dar und betonte, der Plan für die DWK könne unmöglich nur von einer Partei aufgestellt und durchgeführt werden.[69] Die CDU kritisierte die Benachteiligung privater Betriebe

60 Vgl. EBD. 51. Sitzung am 10. Dezember 1948.
61 Vgl. EBD. 50. Sitzung am 8. Dezember 1948.
62 Vgl. Sächsischer Landtag. 1. Wahlperiode. 61. Sitzung am 1. Juli 1949.
63 Vgl. EBD. S. 1384. Vgl. „Aus den Landtagen“. In: Utm vom August 1949 S. 13.
64 Vgl. Sächsischer Landtag. 1. Wahlperiode. 53. Sitzung am 4. Februar 1949 S. 1150
65 EBD. S. 1163.
66 EBD. S. 1166.
67 EBD. 55. Sitzung am 4. März 1949 S. 1202.
68 EBD. 59. Sitzung am 29. April 1949 S. 1278.
69 Vgl. Landtag des Landes Brandenburg. 1. Wahlperiode. Drucksache Nr. 339 Stenographischer Bericht 41. Sitzung am 8. September 1948 in Potsdam S. 13f.

durch den SED-Plan. Nuschke polemisierte im Landtag gegen die Sequestrierungen, die darin bestanden, Friseure, Gastwirte und Schuhmacher zu enteignen und jeden zum Faschisten zu stempeln, „der etwas besitzt, was ein anderer gerne haben möchte“[70].

Auch in Brandenburg griffen SMAD und SED zu außerparlamentarischen Methoden gegen CDU und LDP. So erteilte die SED-Fraktion dem SED-Kreisvorstand Potsdam eine Anweisung, in der es hieß:

„Sofort in allen Betrieben, Städten und Dörfern Belegschaftsversammlungen durchführen gegen Obstruktion der CDU und LDP im Landtag ... Mit den fortschrittlichen CDU- und LDP-Mitgliedern ... unter Einschaltung der Volksausschüsse und demokratischen Massenorganisationen Stellung nehmen gegen den reaktionären Flügel ... Entschließungen in den Belegschaftsversammlungen annehmen lassen, die das reaktionäre Verhalten der CDU- und LDP-Landtagsfraktion verurteilen ...“[71]. Allein in Cottbus schickte die SED etwa zehntausend Arbeiter und Angestellte auf die Straße, die die SED in einer Resolution feststellen ließ: „Wir Werktätigen besitzen die Kraft und die Macht, jeden reaktionären Anschlag auf die Verwirklichung unseres Planes zum besseren Leben zurückzuweisen.“[72] Zugleich führte die SED Pressekampagnen durch, in denen sie die „fortschrittlichen“ Kreisverbände der CDU wie Ostprignitz und Calau[73], die den SED-Plan bereits unterstützten, lobte und „reaktionäre“ Kreisverbände angriff.[74] Trotz derartiger Aktionen der Kommunisten kam es im Dezember 1948 wieder zu heftigen Debatten, als sich die CDU wie in den anderen Landtagen gegen eine Enteignung der Lichtspieltheater wandte.[75] An der Tatsache der Enteignung änderten ihre Proteste allerdings nichts.

Sachsen-Anhalt. Die Lichtspieltheater wurden 1948 auf Befehl der SMAD in allen Ländern der SBZ enteignet. Ein Antrag der CDU-Fraktion des Landtages in Halle, die Enteignung der Kinos wenigstens auf solche mit mehr als 500 Plätzen zu beschränken, wurde auf Befehl der SMA von der Tagesordnung des Landtages gestrichen. Ebenso erging es dem CDU-Antrag, die willkürlich zusammengesetzten Landesbodenkommissionen parlamentarisch zu besetzen, um so eine Revision der zahllosen Rechtsbeugungen bei der Bodenreform zu erreichen.[76] Da auch ein

70 Landtag des Landes Brandenburg. 1. Wahlperiode. Stenographischer Bericht 32. Sitzung am 23. März 1948 Drucksache Nr. 268 S. 18.

71 „Opposition und Blockpolitik“. In: DUD Ausgabe A vom 20. September 1948.

72 EBD.

73 Vgl. KIND S. 38.

74 Vgl. „Kreisrat unterstützt Ablieferungssabotage“. In: „Märkische Volksstimme“ Ausgabe Ruppin vom 16. November 1948 (ACDP III-013 DbCDU Ok Heinz Wiegel). Vgl. „Märkische Volksstimme“ vom 15. November 1948 (ACDP III-013 DbCDU Ok Bernhard Fleurin).

75 Vgl. Landtag des Landes Brandenburg. 1. Wahlperiode. Drucksache Nr. 367 Stenographischer Bericht 47. Sitzung am 9. Dezember 1948 in Potsdam.

76 Vgl. „Rekruten der Volksdemokratie“. In: DUD Ausgabe B vom 16. August 1948. Vgl. „Demokratischer Kasernenhof“. In: „Der Tag“ vom 21. Juli 1948.

Vorschlag, eine „Nationale Repräsentation" aus Vertretern aller deutschen Parlamente zu schaffen, von der SMA untersagt wurde, intervenierte Nuschke bei Marschall Sokolowski, der ihm mitteilte, daß der CDU-Antrag von der SMAD nicht erwünscht sei.[77]

Gerade im Landtag von Sachsen-Anhalt, wo CDU und LDP wie im Potsdamer Landtag über eine Mehrheit der Stimmen verfügten, verboten die Sowjets regelmäßig Anträge der CDU und der LDP und verhinderten auf diese Weise, daß die Parteien ihren Stimmenvorteil nutzen konnten. Sehr gut war andererseits die Zusammenarbeit der CDU- und LDP-Parlamentarier mit verschiedenen Abgeordneten der SED, die ehemals der SPD angehört hatten. Die „heimlichen Sozialdemokraten" begrüßten die Mehrheit von CDU und LDP im Landtag und unterstützten die Fraktionen mit Informationen.[78] Sogar die CDU der Westzonen, die an der Situation eher desinteressiert war[79], bescheinigte der CDU-Fraktion des Landtages von Sachsen-Anhalt, daß sie „ihren Widerstandswillen an den Grenzen des Möglichen zu halten versteht"[80]. Tatsächlich gelang es der CDU-Fraktion noch bis Mitte 1949, ihr eigenes Profil zu wahren. Der Fraktionsvorsitzende Anton Miller wandte sich immer wieder in deutlichen Worten gegen die SED-Politik und kritisierte den Zweijahresplan der SED.[81]

In der ersten Hälfte des Jahres 1949 bildeten die folgenden Themen Schwerpunkte der oft heftigen Auseinandersetzungen zwischen CDU und SED: Enteignungen, Glaubensfreiheit, Vereinsrecht, unabhängige Rechtsprechung, Personalabbau, SED-Zweijahresplan, Blockpolitik, Benachteiligung privater Betriebe, Benachteiligung der CDU-Bewerber bei der Polizei, kommunistischer Schulunterricht und kommunistische Orientierung des FDGB.[82] Immer wieder kam es im Landtag zu tumultartigen Szenen, so etwa, wenn Anton Miller die Personalpolitik der SED angriff.[83] Erst nachdem die Kommunisten Miller, der zugleich Vizepräsident des Landtages war, im Juni 1949

77 Vgl. Bericht eines Mitgliedes des Landtages im Büro Kaiser am 14. Februar 1948 (BA NL Kaiser 51).

78 Vgl. Das politische Gesicht Sachsen-Anhalts, 31. März 1948 (ACDP III-013-800). Auch Ewald Ernst bestätigte in einem Gespräch mit d. Autor am 28. Juni 1988 die „hilfreichen, von gegenseitigem Vertrauen getragenen Beziehungen" der CDU-Fraktion zu einzelnen Abgeordneten der SED, die früher Mitglieder der SPD gewesen waren (ACDP MAT Richter QL).

79 Vgl. Briefwechsel Anton Miller – Bruno Dörpinghaus vom 21. Juni und 27. Juli 1948 (ACDP I-009-005/3).

80 „Rekruten der Volksdemokratie". In: DUD Ausgabe B vom 16. August 1948.

81 Vgl. SCHAPER: Jahre der Entscheidung S. 56f.

82 Vgl. Landtag Sachsen-Anhalt. Halle (Saale). Außerordentliche Sitzung am 10. Januar 1949 Sp. 1712–1716. Vgl. EBD. 41. Sitzung am 8. Februar 1949 Sp. 1754–1758. Vgl. EBD. 43. Sitzung am 8. April 1949 Sp. 1846–1860.

83 Vgl. EBD. 44. Sitzung am 9. April 1949 Sp. 1903. Vgl. „Ostzone". In: DUD Ausgabe C vom 14. Januar 1949. Vgl. „Ostzone". In: DUD Ausgabe C vom 21. April 1949.

zum Rücktritt gezwungen hatten[84], kehrte auch im Landtag von Sachsen-Anhalt die für Diktaturen übliche Ruhe ein.

In allen Landtagen der SBZ hatten CDU und LDP gegen den Führungsanspruch der SED und ihr unparlamentarisches Verhalten protestiert. Ebenso fanden der Zweijahresplan, die Art der Sequestrierungen (Lichtspieltheater) sowie die Bildungs- und Personalpolitik die Mißbilligung von CDU und LDP. Durch die Haltung der beiden Parteien hatte die Besatzungsmacht Schwierigkeiten, politische Maßnahmen über die SED-Fraktionen der Landtage durchzusetzen. Vor allem in den Landtagen von Brandenburg und Sachsen-Anhalt, wo CDU und LDP gemeinsam über eine Mehrheit an Sitzen verfügten, mußten die Sowjets durch ihr Veto gegen Anträge von CDU und LDP immer wieder selbst in Erscheinung treten. Der Führungsanspruch der SED war hier durch eine formale Mehrheit nicht abgesichert.

Die Mehrheitsverhältnisse in den Landtagen vor der Einbeziehung von NDPD, DBD und Massenorganisationen zeigt folgende Tabelle[85]:

Zahl der Landtagsabgeordneten vor der Einbeziehung von NDPD/DBD und Massenorganisationen

Land	CDU	LDP	(Zus.)	SED	VdgB	KB	(Zus.)	insges.
Brandenburg	31	20	(51)	44	5	–	(49)	100
Mecklenburg	31	11	(42)	45	3	–	(48)	90
Sachsen	28	30	(58)	59	2	1	(62)	120
Sachsen-Anhalt	24	32	(56)	51	2	–	(53)	109
Thüringen	19	28	(47)	50	3	–	(53)	100
zusammen	133	121	(254)	249	15	1	(265)	519

Wesentlich komplizierter war die Situation für die SED in zahlreichen kommunalen und regionalen Parlamenten, in denen CDU und LDP gemeinsam über zum Teil beachtliche Mehrheiten verfügten. SMAD/SKK und SED gingen deswegen 1948 in allen Parlamenten und mit allen Mitteln gegen diese Mehrheiten vor:

– Mit massivem Druck versuchten SMAD und SED, CDU- und LDP-Abgeordnete zu Fraktionsübertritten zu bewegen.[86] Allerdings waren SMAD und SED nicht in allen Fällen für einen Übertritt prokommunistischer Abgeordneter. Wenn die SED wie in

84 Vgl. Landtag von Sachsen-Anhalt. Halle (Saale). 46. Sitzung am 29. Juni 1949 Sp. 2058.
85 Vgl. Künzel S. 105 und 125.
86 Vgl. Braas S. 91.

Sachsen über eine stabile Mehrheit verfügte, war sie dagegen, da die Übertritte der CDU und LDP „fortschrittliche“ Kräfte entzogen.[87]

- Durch Verhaftungen wurden die CDU/LDP-Fraktionen dezimiert. Zahlreiche Abgeordnete wurden durch eine drohende Verhaftung zur Flucht veranlaßt. Auf die Neubesetzung der CDU/LDP-Fraktionssitze nahm die SMAD/SKK zunehmend direkten Einfluß. Dadurch gelangten prokommunistische CDU-Abgeordnete in die Parlamente.
- Besatzungsmacht und SED bestachen Abgeordnete von CDU und LDP, damit diese sich zugunsten der SED ihrer Stimme enthielten[88] oder nötigten ganze Fraktionen, mit der SED zu stimmen.[89]
- Um bei wichtigen Entscheidungen SED-Mehrheiten zu erhalten, wurden Abgeordnete von CDU und LDP während der Parlamentssitzungen zu Verhören auf die Kommandanturen befohlen.
- SMAD/SKK und SED organisierten außerparlamentarische Aktionen gegen CDU und LDP. Dazu gehörten Entschließungen, Resolutionen, Versammlungen und Massenaufläufe kommunistischer Gruppierungen gegen unliebsame Anträge, Äußerungen oder gegen Personen von CDU und LDP.[90]
- In den Landtagen kontrollierte die SMA alle Plenar-, Präsidial- und Ausschußsitzungen. Im Thüringer Landtag waren fünf sowjetische Offiziere ständig damit beschäftigt, sämtliche Debatten mitzuschreiben.[91]
- Die Landtage mußten der SMA regelmäßig Berichte über die Arbeit liefern.
- Sämtliche Parlamente waren zur Durchsetzung von SMAD-Befehlen gezwungen, was die Position der SED stärkte.[92]
- Ein wichtiges Instrument der SMAD/SKK war das Verbot von Gesetzesanträgen. Trotz der Mehrheiten von CDU und LDP in den Landtagen von Sachsen-Anhalt und Brandenburg konnten hier keine Gesetze verabschiedet werden, die die Entwicklung der SBZ zur „Volksdemokratie“ hätten aufhalten können.[93] Allein im Brandenburgischen Landtag lehnte die SMA 1947 11 Anträge und 1948 bereits 38 Anträge ab.[94]

---

87 Vgl. KÜNZEL S. 105 und 125.

88 So im LT von Sachsen-Anhalt der Abgeordnete Herbert Fiering (LDP). Vgl. „Rekruten der Volksdemokratie“. In: DUD Ausgabe A vom 16. August 1948.

89 Vgl. Interview d. A. mit Esther-Maria von Coelln am 1. Juli 1987, Protokoll S. 14 (ACDP MAT Richter QL). Frau von Coelln war bis zu ihrer Flucht im Jahre 1950 Mitglied des Thüringer Landtags und stellvertretende Vorsitzende der CDU-Fraktion.

90 Vgl. „Opposition und Blockpolitik“. In: DUD Ausgabe B vom 20. September 1948.

91 Vgl. Interview d. A. mit Esther-Maria von Coelln am 1. Juli 1987, Protokoll S. 22 (ACDP MAT Richter QL).

92 Vgl. KÜNZEL S. 101.

93 Vgl. „Besatzungsmacht streicht Tagesordnungspunkt im Landtag“. In: DUD Ausgabe C vom 8. November 1948.

94 Vgl. KÜNZEL S. 103.

Bayerischer Rundfunk

– Die SMA nahm direkten Einfluß auf die CDU-Fraktionen und versuchte, unliebsame Anträge gar nicht erst zur Abstimmung kommen zu lassen.[95]
– Zudem wurden den gewählten Landtagen zunehmend gesetzgeberische Kompetenzen entzogen, die auf die von den Sowjets etablierten zentralstaatlichen (DWK) oder politisch-gesellschaftlichen Repräsentativinstitutionen (Volkskongreß) übergingen, die sich nie einer freien Wahl stellen mußten. Die Landtage konnten keine Gesetze verabschieden, die im Widerspruch zum politischen Willen der DWK oder des Volkskongresses standen.

Auf eine wesentliche Änderung der Mehrheitsverhältnisse in den Parlamenten der SBZ und im offiziellen gesellschaftlichen Leben der SBZ aber zielte die Gründung der beiden prokommunistischen Parteien DBD und NDPD. Ihre Aufgabe bestand von Anfang an vor allem in der Schwächung von CDU und LDP.[96] Während Koalitionen zwischen CDU und LDP von vornherein durch das Blockprinzip verhindert waren, schufen die Kommunisten sich mit den neuen prokommunistischen Parteien, deren Einbeziehung in die Parlamente sie schrittweise durchsetzten, eine stabile Mehrheit. Ergänzt wurde diese Mehrheit durch die ebenfalls erreichte Einbeziehung der Massenorganisationen.

Am 29. April 1948 wurde die DBD und am 25. Mai 1948 die NDPD offiziell gegründet. Hatte die sowjetische Besatzungsmacht schon die 1945 entstandenen Parteien zur Mitarbeit im Block gezwungen und damit die Weichen für deren politische Entwicklung gestellt, so nahm sie nun die Konstruktion und politische Ausrichtung der neuen Parteien selbst in die Hand. Dazu erarbeitete die SMAD in Zusammenarbeit mit den Kaderabteilungen der SED Anfang des Jahres 1948 ein genaues Konzept.[97] Bereits Ende 1947 war auf einer Besprechung des Leiters der Informationsabteilung der SMAD, Oberst Tjulpanow, mit zuständigen Offizieren die Bildung einer bäuerlichen und einer nationaldemokratischen Partei in den Grundzügen beschlossen worden.[98] Mit Hilfe der SED-Kaderabteilungen wurden nun zuverlässige, aber weniger bekannte Kommunisten ausgesucht, die, nachdem ihre SED-Mitgliedschaft formal aufgehoben worden war, in andere Gegenden der SBZ versetzt wurden. Hier bildeten sie den Grundstamm der neuzuschaffenden Parteien. Am 16. und 18. April 1948 kündigten Ulbricht und Pieck erstmals

95 Vgl. Interview d. A. mit Esther-Maria von Coelln am 1. Juli 1987, Protokoll S. 14 (ACDP MAT Richter QL).

96 So auch DIRKSEN: Bürgertum S. 378. Eine weitere Aufgabe der NDPD bestand in der Gewinnung national gesinnter Kreise für die sowjetische Deutschlandpolitik.

97 * * *: Die Teilung Deutschlands. Sowjetische Strategie und Taktik S. 506 (ACDP I-090-017/3).

98 Nach Unterlagen des Archivs des Ostbüros der SPD. Akte NDPD – 0372 –. Zit. n. STARITZ: Die NDPD S. 42.

öffentlich die Erweiterung des bestehenden Parteiensystems an.[99] Sie begründeten dies mit der angeblich fehlenden Anziehungskraft der bestehenden Parteien auf jene Personengruppen, „die zwölf Jahre politisch ganz anders dachten, in der jetzigen weltpolitischen Auseinandersetzung sich nicht zurechtfinden und im neuen, fortschrittlichen demokratischen Deutschland nicht warm werden können"[100].

Die NDPD. Mit dem Befehl Nr. 35 der SMAD vom 26. Februar 1948, der die Beendigung der Entnazifizierung anordnete, erhielten ehemalige Mitglieder der NSDAP in der SBZ das Recht, sich in allen politischen Parteien zu betätigen. Der Besatzungsmacht war jedoch nicht daran gelegen, daß die ehemaligen NSDAP-Mitglieder in die CDU und LDP eintraten. Mit der Gründung der NDPD unter dem Vorsitz von Lothar Bolz, der bis zu seiner Emigration in die Sowjetunion im Jahre 1933 Mitglied der KPD gewesen war, schuf die SMAD eine Partei, die den kommunistischen Alleinherrschaftsanspruch von Anfang an bejahte und sich dennoch nach außen antimarxistisch gebärdete.[101] Die SMAD lizenzierte der NDPD Plakate mit der Aufschrift „Gegen den Marxismus – für die Demokratie", für die die CDU niemals eine Erlaubnis erhalten hätte.[102] Beabsichtigt scharf war die Kritik der NDPD an der CDU und LDP. Der CDU warf Lothar Bolz vor, sie reiße einen Spalt zwischen Religiösen und Religionslosen auf. Das religiöse Bekenntnis dürfe keinen Einfluß auf die Politik haben.[103] Um die Verbreitung der NDPD zu fördern, erschien die „Tägliche Rundschau", die Zeitung der SMAD für die deutsche Bevölkerung, nach der Gründung der NDPD mit der „National-Zeitung" der NDPD als Werbeeinlage.[104] Deutlicher konnte kaum gezeigt werden, wessen nationale Interessen die Partei vertrat.

Die DBD. Die Positionen der CDU waren besonders in den ländlichen Regionen sehr stark, in denen die sogenannten „Altbauern"[105] dominierten. Diese Dominanz blieb nicht ohne Einfluß auf die personelle Besetzung der Gemeinderäte und der Vorstände der VdgB. Zudem verbesserte sich die Position der CDU ständig. Immer mehr wichtige Funktionen der VdgB gingen an die CDU. Bei den 1948 anstehenden Kommunalwahlen hätte die CDU voraussichtlich in der Mehrzahl der ländlichen Gemeindevertretungen eine Stimmenmehrheit erhalten. Beispiele für ein bevorstehendes Fiasko der SED gab es Anfang des Jahres 1948 bereits. Bei Neuwahlen in Kleinwelka verbesserte die CDU ihren Stimmenanteil von 468 auf 491 Stimmen,

99 Vgl. Leonhard S. 396.
100 „Neues Deutschland" vom 30. April 1948.
101 Vgl. Kopp.
102 So Bloch S. 125.
103 Vgl. Bolz S. 6f. Vgl. „42 Fragen". In: „Der Nationale Demokrat antwortet" 1 vom November 1950 S. 74f.
104 Vgl. Bericht Dr. Marx „Gilt für alle Landesverbände" vom 2. Juli 1948 (ACDP III-013-630/3).
105 Im Gegensatz zu den Neusiedlern aus den Ostgebieten.

während der Anteil der Stimmen für die SED von 393 auf 234 abfiel. In Rittersberg im Kreis Marienberg erhielt die CDU 112 und die SED 108 Stimmen.[106] Ähnlich sah es auch in zahlreichen anderen Gemeinden aus. Wollte die SMAD das Vordringen der CDU in den ländlichen Bereichen stoppen, mußte sie handeln. Ein Vierteljahr vor den anstehenden Kommunalwahlen erfolgte im Juli 1948 unter dem Vorsitz des SED-Funktionärs Ernst Goldenbaum die Bildung eines Parteivorstandes der DBD. Dabei behielt sich die SMAD sämtliche Personalentscheidungen vor.[107] Es folgte die Bildung von Landesvorständen, die von sich aus Kreis- und Ortsvorstände einsetzten. Die DBD, die wie die NDPD „von oben nach unten"; konstruiert war, hatte zunächst keine Mitglieder.[108] Sie warb ab Sommer 1948 vor allem unter den parteilosen Bauern und CDU-Mitgliedern der ländlichen Bereiche der SBZ. Dabei machte sie keinen Hehl aus ihrer kommunistischen Haltung.[109] Wie für die „National-Zeitung" der NDPD warb die „Tägliche Rundschau" auch für das „Bauernecho" der DBD, indem es den Beziehern des SMAD-Blattes eine Zeitlang gratis mitgeliefert wurde.[110]

Nachdem durch die Weigerung von CDU und LDP, die führende Rolle der SED in Staat und Gesellschaft anzuerkennen, der Zentrale Block auseinanderzubrechen gedroht hatte, schuf die Gründung der beiden Parteien eine neue Situation. Gestärkt durch NDPD und DBD, setzte die SED die Wiederaufnahme der seit dem Frühjahr ruhenden Arbeit des Zentralen Blocks am 8. August 1948 durch. Die neuen prokommunistischen Parteien, deren Aufgabe unter anderem darin bestand, der CDU und LDP Wähler- und Mitgliederpotentiale zu entziehen, unterschieden sich in ihrer Organisationsstruktur, Programmatik und Arbeitsweise völlig von der CDU und LDP. Als „schichtenspezifische Transmissionsparteien"[111] hatten sie für die SMAD Modellcharakter für die angestrebte Form von CDU und LDP als sogenannte „kleinbürgerlich-demokratische Parteien"[112]. Ihre Gründung lieferte der SMAD, wie vorgesehen, den Anlaß, die für den Führungsanspruch der SED bedrohlichen Landtags- und Gemeindewahlen zu verschieben. SMAD und SED konnten die so gewonnene Zeit nutzen, um „den Einfluß reaktionärer bürgerlicher Politiker und Anschauungen in der Bauernschaft und in den städtischen Mittelschichten zurückzudrängen"[113]. Wie die LDP faßte auch die CDU die Gründung der neuen

106 Vgl. Mitteilungen des LV Mecklenburg d. CDU: Ein Wahlerfolg der CDU S. 8 (ACDP I-350-001/3).

107 Vgl. Wernet-Tietz S. 106.

108 Vgl. Bericht: Sondersitzung der „Demokratischen Bauernpartei" am 5. September 1949 (ACDP I–238-002/1).

109 Vgl. Wolfgramm S. 515.

110 Vgl. Bericht Dr. Marx „Gilt für alle Landesverbände" vom 2. Juli 1948 (ACDP III-013-630/3).

111 Staritz: Die NDPD S. 17.

112 Schneider S. 42.

113 Ebd.

Partei als gegen sich gerichtete Maßnahme auf. Die CDU-Führung erklärte, mit der DBD würden Ziele verfolgt, die mit dem Wesen des Bauerntums nichts zu tun hätten und ihm schaden würden.[114] Nuschke erklärte, es wäre besser gewesen, den Entscheidungs- und Bewegungsspielraum der bereits bestehenden Parteien zu vergrößern.[115] Er forderte damit genau das, was SMAD und SED um jeden Preis zu verhindern suchten.

3. Widerstand gegen Ostbindung und SED-Dominanz

Der 2. Deutsche Volkskongreß hatte für die Zeit vom 23. Mai bis zum 13. Juni 1948 ein „Volksbegehren für einen Volksentscheid über die Einheit Deutschlands“[116] beschlossen, das der Koordinierungsausschuß der CDU am 5. Mai 1948 mit einem Aufruf unterstützten mußte.[117] Das „Volksbegehren“, das mit einer listenmäßigen Erfassung auch der ablehnenden Äußerungen und mit den Absperrungsmaßnahmen der Sowjets an der Demarkationslinie einherging, löste allgemeine Verärgerung aus.[118] Hinzu kam, daß im Mai 1948 in der SBZ der Vertrieb westlicher Presseerzeugnisse weiter eingeschränkt wurde. Die von Kaiser gerade ins Leben gerufene Zeitung „Der Tag“ wurde fast überall in der SBZ beschlagnahmt. Nur in einigen Städten – unter anderem in Erfurt und Potsdam – konnte man Ende Mai 1948 an den Bahnhöfen noch westliche Presseerzeugnisse kaufen.[119] Der Unmut an der Basis wurde durch anmaßendes Auftreten der SED-Funktionäre, Enteignungen und Verhaftungen und durch die neuen Parteien DBD und NDPD weiter angeheizt.

Die Sowjets waren über die Stimmung in der CDU gut informiert. Da sie nicht daran interessiert sein konnten, die CDU-Leitung, die bereits die Arbeit des Zentralen Blocks boykottierte, mehr als nötig gegen sich aufzubringen und um sie stärker an die sowjetische Politik zu binden, empfing Marschall Sokolowski am 27. Mai 1948 im Beisein von Botschafter Semjonow Hickmann, Nuschke und Lobedanz als Vertreter des Koordinierungsausschusses.[120] Er informierte sie über die mit dem Befehl Nr. 64 der SMAD abgeschlossenen Enteignungen[121] und dementierte in allen Parteiführungen kursierende Gerüchte über weitere umfangreiche Sequestrierungen

114 Vgl. Walter Rücker: „Wozu Bauernpartei?“. In: Utm vom August 1949.
115 Vgl. Utm vom Mai 1948 S. 4.
116 IML: Geschichte der SED S. 169.
117 Vgl. Cdu der Ddr: Dokumente 1 S. 25f.
118 Vgl. Psychologisches zum Volksbegehren Berlin 16. Mai 1948 (ACDP III-013-800).
119 Vgl. Briefwechsel J. B. Gradl – Press Section. PRISC Branch. HO Military Government BTB vom Mai 1948 (ACDP I-294-951).
120 Vgl. Subject Weekly Intelligence Report No. 27 1948, HQ Intelligence Division (IfZ-Archiv, Bestand MF 84 POLAD 455/3).
121 Vgl. Bloch S. 123.

und einen eventuellen Anschluß der SBZ an die UdSSR.[122] Sokolowski verlangte Loyalität gegenüber der Politik der Besatzungsmacht, stellte den CDU-Politikern aber dafür baldige freie Wahlen, wesentliche Erleichterungen bei der Registrierung von Ortsgruppen und die Zulassung von Betriebsgruppen der CDU in Aussicht. Angesichts der allgemeinen Situation diente das Treffen wohl in erster Linie der Beschwichtigung der CDU-Führung angesichts der von der SMAD forcierten Sowjetisierung der SBZ und des immer deutlicher erhobenen Führungsanspruchs der SED.

Im Juni 1948 vertiefte sich die Teilung Europas und Deutschlands. Die Londoner Empfehlungen der Westmächte veranlaßten die UdSSR, ihren Machtbereich noch stärker abzugrenzen. Mit der Blockade der Berliner Westsektoren versuchten sie zugleich, ihren Einflußbereich zu stabilisieren und zu erweitern. In Ungarn und der ČSR wurden nach sowjetischer Regie die Sozialdemokraten mit den Kommunisten zwangsvereinigt.[123] Damit waren in allen sowjetisch besetzten Staaten Europas die wesentlichen oppositionellen Kräfte ausgeschaltet. Die Kommunisten kamen unter dem Schutz sowjetischer Waffen an die Macht.[124] Die CDU der SBZ war der politischen Polarisierung ungeschützt ausgesetzt. Da der Koordinierungsausschuß von der SMAD immer häufiger zu prosowjetischen Erklärungen gezwungen wurde, sah sich der Vorsitzende der Arbeitsgemeinschaft der CDU/CSU, Bruno Dörpinghaus, veranlaßt, sich von den Äußerungen der CDU-Führung im Ostsektor Berlins zu distanzieren.[125] Das kam der Auffassung Kaisers entgegen, der auf dem Parteitag der CDU von Südbaden noch einmal seine Forderung nach einem Abbruch der Beziehungen zur CDU-Führung in der SBZ wiederholte.[126] Der SED andererseits ging die Anpassung der CDU noch lange nicht weit genug. Nach der Anerkennung der Volkskongreßbewegung forderte sie jetzt auch die Akzeptanz des kommunistischen Wirtschaftsverständnisses. Als Versuch, aus dem Dilemma herauszukommen, kann ein Telegramm der Landesvorsitzenden der CDU der SBZ vom 12. Juni 1948 an die Arbeitsgemeinschaft der CDU/CSU angesehen werden, in dem sie die CDU-Politiker in den Westzonen beschworen, „über sonstige Meinungsverschiedenheiten hinweg alle Anstrengungen darauf zu vereinigen, bei den Besatzungsmächten die Zulassung

---

122 Vgl. LV Sachsen der CDU: Rundbrief Nr. 2/1949 vom 24. Januar 1949 S. 5 (ACDP III-013-628/1). Im Sommer 1948 gab es unter höheren Funktionären aller Parteien der SBZ Flüsterkampagnen, wonach auch die SBZ der UdSSR als Unionsrepublik angeschlossen werden sollte. Vgl. „Ein bemerkenswertes Dementi". In: DUD Ausgabe A vom 5. Juni 1948. Vgl. TJULPANOW S. 249f. Vgl. Bericht von Albert Holman, Special Agent, CIC: Indication Of Sowiet Zone Joining USSR. Re: Subversion, Political. 18. August 1948, Secret! (IfZ-Archiv, Bestand MF 260 OMGBS 4/139-1/10 2 Of 3). Vgl. LEONHARD: Beitrag S. 41.

123 Ungarn 12.–14. Juni 1948. ČSR 27. Juni 1948.

124 Vgl. HACKER S. 413.

125 Vgl. B. Dörpinghaus am 4. Juni 1948 (ACDP I-009-001/1).

126 Vgl. Jakob KAISER: „Deutschland und Europa". In: „Der Tag" (Sonderausgabe) vom 6. Juni 1948.

von Wahlen zu einer gesamtdeutschen Nationalversammlung zu erwirken"[127]. Den Politikern war klar, daß ihre Partei in der SBZ nur bei gesamtdeutschen Lösungen eine Chance zum Überleben hatte. Westbindung der Westzonen hieß für sie Ostbindung der SBZ und damit das Ende politischer Betätigung.

Freilich waren die CDU-Politiker der Westzonen nicht die richtige Adresse für ihre Wünsche, denn nicht sie, sondern die Sowjets betrieben die Teilung des Landes. Auf einer am 14. Juni 1948 in Warschau durchgeführten Konferenz der sowjetisch besetzten Staaten ließ die UdSSR die Regierungen beschließen, durch den Volksrat die Bildung einer Regierung und die Integration der SBZ in den sich bildenden Ostblock vorzubereiten.[128] Die 11. Tagung der SED bestätigte am 29. Juni 1948 diesen Beschluß. Grotewohl betonte, die SED werde sich in Zukunft eindeutig und ohne jeden Rückhalt nach dem Osten zu orientieren haben. Ulbricht erklärte: „Setzen wir an die Stelle des Wortes ‚Rußland' das Wort ‚Deutschland', dann haben wir haargenau die Kennzeichnung der Situation, in der wir heute leben."[129] Die SED gab ihren Zweijahresplan bekannt und kündigte an, als „Partei neuen Typus" ihre führende Rolle in Staat und Wirtschaft um jeden Preis durchzusetzen.[130] In einer Situation, in der ihre Minoritätssituation bei freien Wahlen offenkundig geworden wäre, behauptete die SED, die „Arbeiterklasse" und die Mehrheit des Volkes zu vertreten und riß mit Hilfe der Sowjets die politische Macht immer stärker an sich.[131] Als CDU und LDP gegen den Anspruch der SED opponierten, bezeichnete Ulbricht die beiden Parteien als Unterschlupf der „Reaktion" und erklärte, daß es „kein friedliches Hineinwachsen in den Sozialismus"[132] gebe. Die Sowjets gingen mit Verhaftungen in einem bis dahin unbekannten Ausmaß gegen die beiden Parteien vor.[133] Bereits unmittelbar vor der 11. Tagung des Parteivorstandes der SED fand am 24. Juni 1948 vor dem SMT Berlin-Lichtenberg ein Prozeß gegen etwa 25 aktive CDU-Mitglieder statt. Alle Angeklagten wurden wegen angeblicher Spionage, antisowjetischer Propaganda und illegaler Gruppenbildung zu 25 Jahren Haft verurteilt.[134] Den 18jährigen Schüler Armin Toepfer aus Magdeburg verurteilte das sowjetische Gericht zum Tode.[135] Toepfer hatte einem CDU-Jugendkreis der katholischen Kirche angehört.

---

127 CDU DER DDR: Dokumente 1 S. 26f. Vgl. „Ost-CDU an CDU/CSU". In: „Der Tag" vom 16. Juni 1948.

128 Vgl. HELLER S. 14. Vgl. GOROSCHKOWA S. 87.

129 ULBRICHT: Zweijahresplan S. 138.

130 Vgl. BADSTÜBNER/HEITZER S. 97.

131 Vgl. J. MÜLLER S. 29f.

132 ULBRICHT: Zweijahresplan S. 35.

133 Vgl. FRICKE: Opposition S. 59.

134 Unter den Verurteilten befanden sich Pfarrer Werner Dirksen, der Musiker Hans Schmidt, der Buchhändler Fritz Sadenwater (Schwerin) und der Kaufmann Walter Tasche (ACDP III-013 DbCDU Ok).

135 Toepfer wurde später zu 25 Jahren Haft begnadigt (ACDP III-013 DbCDU Ok).

Nachdem die SED mit den Beschlüssen der 11. Tagung des Zentralsekretariats am 3. Juli 1948 ihren Führungsanspruch bekräftigt hatte, setzte in der CDU eine Protestwelle ein. Angesichts des starken Rückhalts in der Bevölkerung und der Mehrheiten, die die CDU mit der LDP in einzelnen Landtagen und zahlreichen Kommunal- und Regionalparlamenten besaß, wies die Partei den Anspruch der SED kategorisch zurück. Für die Parteiführung erklärte Hickmann, die SED sei „weit über die Grenze hinausgegangen, die der politisch gute Geschmack auch jedem Parteimann gebieten sollte“[136]. Die CDU müsse der SED nun „ein offenes ‚Stopp‘ entgegensetzen“[137]; man werde sich keine neue Diktatur gefallen lassen.

Gerald Götting schrieb in der Landeszeitung der CDU Sachsen-Anhalts: „Die Wirklichkeit um einer Doktrin willen zu vergewaltigen, wird unserem Volk kein Dienst sein ... Klassenkampf ist Selbstvernichtung unseres Volkes!“[138] Wie die LDP zog auch die CDU eine endgültige Aufhebung der Blockpolitik in Erwägung und verhandelte mit den Liberalen über die Koordinierung der weiteren Vorgehensweise gegen die SED[139], die daraufhin ihre Angriffe gegen CDU und LDP erheblich verschärfte. Grotewohl bezeichnete die SED als „Avantgarde der deutschen Arbeiterschaft“ und behauptete, CDU und LDP seien "nicht fähig“[140], produktionssteigernden Einfluß auf die Arbeiter auszuüben. Zu den verbalen Angriffen der SED kamen Verhaftungen von Mitgliedern der CDU und LDP. Unter anderem verhafteten die Sowjets alle Mitglieder einer der CDU nahestehenden Gruppe, die über die ganze Zone verteilt versuchte, Widerstand gegen die Errichtung der kommunistischen Diktatur zu leisten.[141] Solcher Widerstand war keine Ausnahmeerscheinung. Es gab ihn bei allen demokratischen Parteien.

„Der Tag“, das Blatt Kaisers, konstatierte, daß die SED die Schraube des Terrors überdreht habe. In der ganzen SBZ sei eine Widerstandsbewegung im Wachsen.[142] In den Westzonen stellte man fest, daß in der SBZ „eine ganz muntere Gegenwehr ausgebrochen“[143] sei. Trotz des offensichtlichen Widerstandes der CDU-Mitglieder und der Führung der CDU in der SBZ, der angesichts der sowjetischen Pläne zwar verständlich, aber ohne Aussicht auf Erfolg war, stand für die Arbeitsgemeinschaft der

---

136 Vgl. „Neue Zeit“ und alle CDU-Landeszeitungen vom 6. Juli 1948 sowie „Proteste aus der Ostzone“. In: „Der Tag“ vom 6. Juli 1948.

137 „Stopp“. In: „Neue Zeit“ vom 14. Juli 1948.

138 Gerald GÖTTING: „Revolutionierung der Herzen“. In: „Der neue Weg“ vom 24. August 1948.

139 Vgl. „Bruch der ostzonalen Blockpolitik?“. In: „Der Tag“ vom 15. Juli 1948.

140 O. Grotewohl am 15. Juli 1948 in Suhl. In: Dokumentation des Informationsbüros West S. 76.

141 Vgl. Horst RECK (ACDP III-013 DbCDU Ok).

142 „Was geschieht in der Ostzone?“. In: „Der Tag“ vom 18. Juli 1948.

143 „Union“. Wochenblatt der CDU Württemberg vom 18. Juli 1948.

CDU/CSU eine „saubere westliche Lösung ... unter grundsätzlicher Betonung ihres provisorischen Charakters“[144] auf der Tagesordnung.

Da der SMAD angesichts der gespannten Situation die Abhaltung des für den 16. bis 19. Juli 1948 im Ostsektor Berlins geplanten Parteitages der CDU der SBZ zu riskant erschien, befahl sie kurzfristig dessen Verlegung auf den Herbst des Jahres.[145] Parallel dazu bereiteten die Sowjets die Verhinderung der ebenfalls für den Herbst geplanten Wahlen vor. Vertreter der SMAD legten allen Parteien nahe, die Verschiebung der Wahlen, die für die SED zu einem totalen Fiasko zu werden drohten, als einen „spontanen Wunsch der Werktätigen“ erscheinen zu lassen. Bei Nachwahlen im Januar 1948 war die SED im Kreistag von Stadtroda von 98 auf 25 Sitze gefallen, während die CDU die Anzahl ihrer Sitze von 35 auf 110 aufstocken konnte. In Gernwitz im Kreis Roda fiel die SED, die gemeinsam mit der VdgB angetreten war, von 89 auf 14 Sitze zurück. Die CDU erhielt statt bisher 13 nun 104 Sitze. Ähnlich sah es auch in anderen Orten aus.[146]

Die Anordnung der SMAD, die Verschiebung der Wahlen zu begrüßen, stieß in der CDU auf heftigen Widerstand. Auf einer Sitzung des Hauptvorstandes am 16. Juli 1948 drückten die Vorstandsmitglieder noch einmal ihre Sorge über die ständigen Angriffe der SED und über eine eventuelle Verschiebung der Herbstwahlen aus und einigten sich darauf, auf jeden Fall auf Durchführung der Wahlen zu bestehen. Sie vereinbarten, daß alle CDU-Landtagsfraktionen nach der parlamentarischen Sommerpause entsprechende Anträge in den Landtagen einbringen sollten.[147] In einem Rundschreiben an die Landesverbände informierte Generalsekretär Dertinger über den einstimmig gefaßten Beschluß des Parteivorstandes, in dem es hieß: „Jede Mitwirkung an Beschlüssen, die Wahlen zu verschieben, ist von der CDU abzulehnen.“[148]

Auf die politische Entwicklung in der SBZ hatte der Beschluß keinen Einfluß. Am 21. Juli 1948 nahm die DWK den Zweijahresplan der SED als eigenen Plan an. Am 23./24.

144 Bericht über die Sitzung der AG CDU/CSU am 22. Juli 1948. Vertrauliche Information (ACDP I-009-007/2).

145 Vgl. Beizettel „Kurzfristige Verschiebung des Parteitages“. In: Utm vom Juli 1948. Vgl. Einladung an Andreas Hermes mit Programm (ACDP I-090017/4). Folgende Kandidaten für den Zonenvorstand waren am 1. Juni 1948 bereits nominiert worden: Nuschke als Vors., Hickmann, Lobedanz und Grobbel als Stellvertreter, Witte, Ganter-Gilmans, Bauer, Kirsch, Rohner, Kube, Wurm, Götting, Schmidt und von Coelln. Vgl. Subject Weekly Intelligence Report No. 35 1948, HQ Intelligence Division (IfZ-Archiv, Bestand MF 84 POLAD 455/3).

146 Vgl. Bericht Thüringen vom 29. und 31. Januar 1948 Bl. 3 (BA NL Kaiser 51). Vgl. „Wahlniederlagen der SED“. In: „Der Tag“ vom 16. April 1948.

147 Vgl. Subject Weekly Intelligence Report No. 42 1948, HQ Intelligence Division (IfZ-Archiv, Bestand MF 84 POLAD 455/3).

148 CDU HGS. Verbindungsbüro der Landtagsfraktionen der sowjetischen Zone: Mitteilung Nr. 19 vom 19. Juli 1948 gez. G. Dertinger (ACDP III-013-800).

Juli 1948 beschloß die SED eine grundsätzliche Veränderung der Verwaltungsstruktur zu ihren Gunsten. Überall wurden CDU-Mitglieder aus staatlichen Ämtern verdrängt, in denen sie wie die LDP-Mitglieder ohnehin völlig unterrepräsentiert waren:

Parteipolitische Zusammensetzung der Mitarbeiter des Staatsapparates in den Ländern der SBZ im Jahr 1948 (in %)

	SED	CDU	LDP	NDP	DBD	parteilos
Brandenburg	36,2	3,6	2,36	0,33	0,11	57,4
Mecklenburg	46,9	5,5	2,3	0,5	0,5	44,3
Sachsen-Anhalt	46,2	7,2	4,4	0,5	0,2	41,5
Thüringen	45,5	7,6	9,0	0,5	0,5	36,9
Sachsen	43,2	4,7	6,2	0,1	0,1	45,7

Quelle: NORDEN: Ein freies Deutschland S. 20.

Der Vizepräsident der Zentralverwaltung für Inneres, Erich Mielke, sagte den „Feinden der Demokratie, Agenten, Schumacherleuten, Spionen, Saboteuren“[149] in der Verwaltung den Kampf an. Ulbricht kündigte die „Entfernung“ „reaktionärer Elemente in den bürgerlichen Parteien“ an, die „formal-demokratische Verhältnisse“ anstrebten. Eine wesentliche Aufgabe des Staates müsse in Zukunft in der „Niederhaltung dieser Kräfte“[150] bestehen. Zugleich beschloß die SED eine weitere Stärkung der Massenorganisationen, um so den Einfluß von CDU und LDP weiter zu schmälern. Ulbricht informierte über die geplante Einrichtung einer Verwaltungsakademie in Forst-Zinna, in der sämtliche Verwaltungsangestellte künftig im kommunistischen Sinne geschult würden.[151] Die SED betonte ihren Führungsanspruch im Block, in dem es „keine Koalitionspolitik alten Stils“[152] geben dürfe. Neben der Ankündigung eines drastischeren Vorgehens gegen die oppositionellen Kräfte in den anderen Parteien empfahl Ulbricht am 28. Juli 1948 vor dem Parteivorstand auch eine parteiinterne „Säuberung“. Ihr sollten vor allem Sozialdemokraten und sogenannte „Altkommunisten“ zum Opfer fallen. Viele von ihnen verschwanden in den Zuchthäusern und Konzentrationslagern der SBZ. Andere wurden in die UdSSR deportiert, wo zu diesem Zeitpunkt über zehn Millionen Menschen in kommunistischen Arbeitslagern gefangengehalten wurden. Selbst in der SED bereitete die Entwicklung zahlreichen

149 Erich MIELKE: Die Personalpolitik in der Verwaltung. Entschließung der staatspolitischen Konferenz der SED in Werder zur Stellung der SED zur Personalpolitik in der Verwaltung. In: INSTITUT FÜR THEORIE DES STAATES UND DES RECHTS DER ADW: Geschichte des Staates und des Rechts 1 S. 159.

150 ULBRICHT: Die Entwicklung S. 128f. u. 133.

151 BADSTÜBNER S. 100.

152 „Die Blockpolitik“. In: „Neues Deutschland“ vom 27. Juli 1948.

Mitgliedern und Funktionären Unbehagen. Angesichts einer auch in SED-Kreisen für möglich gehaltenen Änderung der politischen Situation durch Verhandlungen der alliierten Besatzungsmächte versuchten sich einige von ihnen bei Funktionären der CDU und LDP rückzuversichern.[153]

Ohne daß die SED von ihren Führungsansprüchen abgerückt war, kam es nach einer Vorbesprechung am 5. August 1948 erstmals seit dem 13. Februar 1948 wieder zu einer Sitzung des Zentralen Blocks.[154] Hier wurde die Fortsetzung der Blockpolitik und die Aufnahme der DBD und des FDGB beschlossen. Die Aufnahme der NDPD in den Block folgte am 7. September 1948. Eine Woche nach der Verabschiedung des CDU-Wirtschaftsprogrammes forderte die SED, ihren Zweijahresplan ins Zentrum der Arbeit des Zentralen Blockes zu stellen[155], nachdem gerade der Zweijahresplan und die anmaßende Haltung der SED im Block im Zentrum der Kritik der CDU und der LDP gestanden hatten.

Es liegen keine Unterlagen vor, die den plötzlichen Sinneswandel der CDU- und LDP-Führungen erklären. Es liegt aber nahe, zu vermuten, daß er auf entsprechende Anordnungen der SMAD zurückzuführen ist. Die plötzlich gezeigte Kompromißbereitschaft, die einer Phase erbitterten Widerstandes folgte, muß vor dem Hintergrund der wachsenden Spannungen zwischen Ost und West gesehen werden. Die Geduld der Sowjets beim Spiel mit einer „konfliktbereiten Oppositionspolitik“[156] hatte rapide abgenommen. Ihnen ging es um die Etablierung der Macht, die sie nur durch eine kommunistische Alleinherrschaft glaubten sichern zu können. Dazu sollten CDU und LDP als Staffage dienen. Die ihnen zugedachte Aufgabe bestand keinesfalls darin, sich wieder und wieder als politische Faktoren zu profilieren.

Mit der Wiederaufnahme der Blockarbeit, der Einbeziehung des FDGB und der neuen prokommunistischen Parteien NDPD und DBD in den Block gelang es der SMAD, das Parteiensystem der SBZ entscheidend zugunsten der SED zu verändern[157], wenn auch für die neuen Parteien und den FDGB mit der Aufnahme in den Zentralen Block noch keineswegs der Anspruch auf eine parallele Vertretung in den Landes-, Kreis- und Ortsblockausschüssen verbunden war. Hier konnten CDU und LDP die Vorherrschaft der SED, die durch die Aufnahme der anderen Parteien und der Massenorganisationen erreicht werden sollte, zunächst verhindern.[158] Durch die Einbeziehung des FDGB, der DBD und der NDPD in den Zentralen Block und in den Deutschen Volksrat[159] waren allerdings auch für die untergeordneten Gremien deutliche Zeichen gesetzt.

---

153 Vgl. Umlauf „Gültig für alle Länder der Ostzone!“ vom 12. Juli 1948 S. 3 (ACDP III-013-630/3).
154 Protokoll der Sitzung bei SUCKUT: Blockpolitik S. 257–282.
155 Vgl. DIRKSEN: Die Mitwirkung der LDPD S. 235.
156 SUCKUT: Blockpolitik S. 688.
157 Vgl. WEBER: Geschichte der DDR S. 169. Vgl. DIRKSEN: Bürgertum S. 381.
158 Vgl. WERNET-TIETZ S. 142.
159 Vgl. „Tägliche Rundschau“ vom 31. Juli 1948.

Während SMAD und SED die Wiederaufnahme der Blockarbeit erzwangen, verschärften sie zugleich die Ausgrenzung der politischen Positionen Kaisers aus der CDU. In einem Artikel über das Attentat des 20. Juli 1944 unterstellte die SMAD Hermes, Kaiser und Lemmer, sie hätten die „gleichen Ziele, wie der Faschismus" sie hatte. Bereits bei ihrem Widerstand gegen die NS-Diktatur wären sie von „panischer Angst vor dem Sieg des sozialistischen Staates" getrieben gewesen. Darum hätten die engsten Kampfgefährten Kaisers „dem verbrecherischen Naziregime mit aller ihnen zur Verfügung stehenden Kraft gedient"[160].

Das waren deutliche Töne, die darauf zielten, gegen Anhänger Kaisers in der CDU vorgehen zu können. Wer sich Ende 1948 noch offen zur Person Kaisers bekannte, mußte mit sofortiger Verhaftung rechnen. Viele CDU-Mitglieder, die es dennoch taten, verbrachten viele Jahre ihres Lebens in kommunistischen Gefängnissen und kamen nicht selten darin um.[161]

4. Wirtschafts- und Sozialprogramm

Trotz der offensichtlichen Protegierung der SED durch die Besatzungsmacht und die sich abzeichnende Entwicklung hin zu totalitären Strukturen versuchte die CDU Ende Juli 1948, den mit der Verkündung eines Zweijahresplanes verbundenen Führungsanspruch der SED durch die Erstellung eines eigenen Programmes abzuschwächen. Dem Koordinierungsausschuß kam es darauf an, in einer Zeit „stärkster politischer und wirtschaftlicher Spannungen"[162] klare Aussagen über den Kurs der Partei zu treffen.[163] Der Unmut, der sich in der CDU angestaut hatte, machte sich auf einer Tagung des Erweiterten Parteivorstandes am 29. Juli 1948 Luft. In seiner einleitenden Ansprache wandte sich Lobedanz gegen die neuen Parteien NDPD und DBD und die durchgängige Besetzung der Landesregierung von Mecklenburg mit SED-Mitgliedern.[164] Nuschke bedauerte, daß die SBZ vom Westen „sozusagen abgehängt worden"[165] sei, forderte eine Nationalversammlung und übte erhebliche Kritik an der Tatsache, daß die DWK den Zweijahresplan der SED zum Gesetz erheben wolle. „Die Zeiten, wo Parteien dem Staat befehlen", wären doch, so Nuschke, „hoffentlich

---

160 Vgl. „Die entlarvten ‚Helden' – Der Sinn der Ereignisse des 20. Juli". In: „Tägliche Rundschau" vom 13. August 1948.

161 Vgl. „Das große Sterben in den Sowjet-Lagern". In: „Der Tag" vom 6. August 1948.

162 „Für eine organische parlamentarische Demokratie". In: „Neue Zeit" vom 30. Juli 1948.

163 Unverständlicherweise wird das CDU-Programm von Matschke nicht erwähnt. Vielmehr behauptet Matschke ausdrücklich, die CDU hätte über kein eigenes Wirtschaftsprogramm verfügt (MATSCKE S. 131).

164 Reinhold LOBEDANZ: „Das Fundament unserer Arbeit". In: CDU DER SBZ: Der Weg der Union S. 5.

165 Otto NUSCHKE: „Demokratie und Friede". In: EBD. S. 10.

für alle Zeiten vorbei"[166]. Die CDU-Führung forderte die baldige Bildung einer gesamtdeutschen Regierung, die Sicherung der parlamentarischen Demokratie, das Verbot des Führungsanspruchs einer Partei und termingerechte Wahlen.[167] Öffentlich kritisiert wurden die Personalpolitik in der Verwaltung, die Mißstände in der Polizei sowie vor allem der die private Wirtschaft und die Versorgungslage der Bevölkerung mißachtende Zweijahresplan der SED. Ausdrücklich wurde von Ludwig Kirsch die Notwendigkeit betont, alle außerparlamentarischen Tendenzen der Volksausschüsse im Keime zu ersticken. Wilhelm Heinrich forderte eine politische Kontrolle der DWK. Verschiedene Sprecher betonten die fundamentale Bedeutung freier Wahlen im Herbst 1948.[168]

Nach erheblicher Kritik am Zweijahresplan der SED, die vor allem von Siegfried Witte vorgetragen wurde, formulierte der erweiterte CDU-Vorstand ein Wirtschafts- und Sozialprogramm, das in der Tradition des von Kaiser formulierten „Christlichen Sozialismus" stand.[169] In dem Programm wurde die „autokratische Befehlswirtschaft", wie sie die SED anstrebte, abgelehnt. Ziel sollte vielmehr eine „gelenkte Bedarfswirtschaft" sein, „in der alle Arbeitenden in freiwilliger Einordnung und Plandisziplin mit allen ihren Kräften und Gaben in freier Zusammenarbeit dem Wohle des ganzen Volkes dienen"[170]. Der SED-Plan lasse soziale Rücksichtnahmen auf die allgemein notleidende Bevölkerung nicht erkennen und sei „klassenkämpferischen Charakters". Die SED betone die Sicht des Lohnarbeiters in der Großindustrie über und maße sich an, daß ihr Entwurf der Plan des gesamten Volkes sei.[171] In ihrem Programm machte die CDU eigene Vorschläge zur Planung und Lenkung der Volkswirtschaft, zur landwirtschaftlichen, industriellen und handwerklichen Erzeugung, zur Versorgung der Bevölkerung, zur sozialen Arbeit und Finanzpolitik sowie zur Verbesserung der Verwaltungsarbeit.[172]

Die SED griff das CDU-Programm sofort als „privatkapitalistisches Gegenprogramm"[173] zu dem von ihr im Entwurf vorgelegten Zweijahresplan an. Der Vorwurf, das Programm strebe „kapitalistische" Verhältnisse an, griff freilich zu kurz. Tatsächlich handelte es sich bei dem Programm der CDU um einen der wenigen Versuche, die Positionen eines „christlichen Sozialismus" für den Wirtschaftsbereich

---

166 EBD. S. 14.

167 Vgl. Utm vom August 1948 S. 1f.

168 Vgl. Subject Weekly Intelligence Report No. 43, HQ Intelligence Division (IfZ-Archiv, Bestand MF 84 POLAD 455/3).

169 Vgl. KRUBKE S. 17f.

170 CDU DER SBZ: Der Weg der Union S. 45.

171 Vgl. Siegfried WITTE: „Für freie demokratische Friedenswirtschaft". In: „Neue Zeit" vom 31. Juli 1948.

172 Vgl. CDU DER SBZ: Der Weg der Union.

173 Zit. n.: KOPPE S. 34. Vgl. „Ein Programm ist kein Plan". In: „Neues Deutschland" vom 6. August 1948. Vgl. „Diskutiert das Wirtschaftsprogramm der CDU". In: Utm vom September 1948 S. 4. Vgl. SCHAPER: Jahre der Entscheidung S. 56.

zu entfalten. Seine Bedeutung liegt weniger in seinen Inhalten als in der Tatsache, daß die Union in der SBZ zu einem Zeitpunkt, an dem die SBZ verstärkt den Weg zu einer „Volksdemokratie" einschlug, die Courage aufbrachte, den Kommunisten mit einem eigenen Programm Paroli zu bieten. Damit gelang es der CDU deutlich, bei allen Konzessionen, die sie bereits hatte machen müssen, ihr programmatisches Profil zu wahren.

Am 2. August 1948 legte die CDU ihr Programm der DWK und dem Deutschen Volksrat vor. Nachdem es am 18. August 1948 in der 30. Sekretariatssitzung der DWK zur Debatte gestanden hatte[174], wurde es in allen wesentlichen Punkten zurückgewiesen. Ebenso erging es Alternativvorschlägen des LDP-Wirtschaftsausschusses zum SED-Zweijahresplan, die am 21. September 1948 von der DWK zurückgewiesen wurden.[175]

5. Widerstand gegen die Umwandlung des FDGB

Auf der Tagung der Sozialausschüsse der CDU in Herne hatte der 2. Vorsitzende des DGB der britischen Zone, Matthias Föcher, Ende 1947 die Grundlagen der Mitarbeit der Union in den Gewerkschaften so formuliert: Die CDU bejahe die Einheitsgewerkschaft, wende sich jedoch strikt gegen marxistische Tendenzen. Die CDU-Gewerkschafter seien nicht bereit, unter roten Fahnen zu marschieren.[176] Dieser Haltung kam für die CDU in der SBZ und in Berlin eine besondere Bedeutung zu, hatte sie es hier doch mit Gewerkschaften zu tun, deren wichtigste Funktionen fest in der Hand der SED waren. In Anlehnung an den in Herne formulierten Kurs der CDU wandte sich im Januar 1948 der Gewerkschaftsreferent des Landesverbandes Berlin der CDU, Johannes Müller, an die CDU-Gewerkschafter Berlins und der SBZ und forderte in einem Aufruf zu den bevorstehenden FDGB-Wahlen, daß „alle früheren Richtungen ihrem Stärkeverhältnis entsprechend"[177] zur Leitung des FDGB berufen werden müßten. Keine Partei dürfe ein gewerkschaftliches Führungsmonopol für sich beanspruchen. Die CDU-Mitglieder würden sich mit allen gewerkschaftlichen Kräften verbinden, die „unter Beachtung der Überparteilichkeit und der weltanschaulichen Toleranz den gleichen Zielen zustrebten, ... die neuen deutschen Gewerkschaften zu einem wirksamen Instrument des sozialen Aufstiegs aller Arbeitnehmer"[178] zu

---

174 Vgl. KRUBKE S. 67f.
175 Vgl. DIRKSEN: Die Mitwirkung der LDPD S. 242f.
176 Vgl. Protokoll der Sitzung des Arbeitskreises für Gewerkschaftspolitik. LV Berlin der CDU vom 8. Dezember 1947 (ACDP II-113-103/2).
177 CDU-Aufruf zu den FDGB-Wahlen (ACDP II-113-103/2). Vgl: An alle Kreisgewerkschaftsreferenten. Brief J. Müller an die Gewerkschaftsreferenten des LV Berlin der CDU vom 30. Januar 1948 (ACDP II-113-103/2).
178 EBD.

gestalten. Auch Lemmer, der zwei Monate zuvor als 2. Vorsitzender der CDU der SBZ und Berlins von der SMAD abgesetzt worden war, forderte auf der 7. Interzonenkonferenz der deutschen Gewerkschaften Anfang Februar 1948 in Dresden, die Arbeit der Gewerkschaften „parteipolitisch unabhängig zu halten“[179]. Die Einheit der Gewerkschaftsbewegung müsse für alle Zukunft in den Prinzipien gegenseitiger Toleranz begründet sein. Lemmer betonte, er wünsche, daß neben Karl Marx und Friedrich Engels im FDGB auch Gestalten wie Bischof Wilhelm-Emanuel Freiherr von Ketteler, Adolf Kolping, Johann H. Wichern, Max Hirsch oder Friedrich Naumann Achtung entgegengebracht werde. Für eine Einheitsgewerkschaft seien die Prinzipien religiöser Toleranz unabdingbar. Ungeachtet solcher Forderungen formten SMAD und SED den FDGB schnell zu einer kommunistischen Gewerkschaft um und legten so die Grundlagen für eine Spaltung der deutschen Gewerkschaften.

Nur in der Viermächtestadt Berlin hatten die demokratischen Parteien Möglichkeiten, gegen die Umfunktionierung des FDGB zu einem Instrument kommunistischer Machtpolitik zu opponieren. Bereits im Februar 1948 bildete sich innerhalb des Berliner FDGB eine „Arbeitsgemeinschaft Gewerkschaftsopposition“, an der sich auch die Vertreter der CDU beteiligten.[180] Die sich aus dieser Arbeitsgemeinschaft entwickelnde „Unabhängige Gewerkschaftsopposition“ (UGO) stand von Anfang an unter dem dominierenden Einfluß der SPD. Den in der Minderheit befindlichen CDU-Gewerkschaftern blieb somit die Wahl zwischen dem kommunistischen FDGB und der sozialdemokratisch dominierten UGO. Daraus ergaben sich Spannungen zwischen den CDU-Gewerkschaftern, die in der UGO und denen, die wie Mina Amann im FDGB mitarbeiteten.[181] Am 6. März 1948 nahm Kaiser zur Entwicklung des FDGB Stellung.[182] Er kritisierte die kommunistische Orientierung des FDGB und formulierte sein Verständnis von Gewerkschaftsarbeit. Er bezeichnete die Gewerkschaften als Probe dafür, ob die großen Weltanschauungsgruppen ohne Dogmatismus miteinander arbeiten könnten. Die Gewerkschaften seien durch „die Realistik ihrer wirtschaftlichen und sozialen Zielsetzung“[183] am ehesten geeignet, eine solche Zusammenarbeit zu gewährleisten. Kaiser warnte vor einem Auseinanderbrechen des FDGB, betonte aber zugleich, daß er sich für eine Trennung einsetzen würde, wenn der FDGB weiterhin kommunistische Politik betreibe. Da dieser Kurs bereits zu erkennen war, bedeuteten Kaisers Äußerungen de facto eine Stellungnahme für die UGO. Die Folge in der CDU waren wochenlange Debatten über die Frage, in welcher Gewerkschaftsorganisation man mitarbeiten solle. Im Arbeitsausschuß für

179 Lemmer auf der 7. Interzonenkonferenz der deutschen Gewerkschaften in Dresden am 3.–5. Februar 1948 (ACDP I-280-051/1).

180 Vgl. Wilke S. 70f.

181 Vgl. Brief Mina Amann an Jakob Kaiser vom 17. März 1948 (BA NL Kaiser 78).

182 Vgl. Jakob Kaiser: Klare Entscheidung für Berlin und Deutschland. 6. März 1948. S. 14f. (ACDP I-294-911/AI).

183 Ebd. S. 16.

Gewerkschaftsfragen des Landesverbandes Berlin der CDU vertrat Mina Amann die Auffassung, christliche Gewerkschafter dürften sich weder ausschließlich an den von der SED beherrschten FDGB noch an die von der SPD dominierte UGO binden. Vor allem könne man von den Mitgliedern im Ostsektor schlecht verlangen, aus dem FDGB auszutreten.[184] Gegen den Widerstand Amanns beschloß der Arbeitsausschuß, der Linie Kaisers zu folgen und allen Mitgliedern den Austritt aus dem FDGB zu empfehlen. Von exponierten CDU-Mitgliedern aus dem Ostsektor, die im FDGB tätig waren, verlangten die Versammelten Zurückhaltung in der Öffentlichkeit. In einem Rundschreiben[185] forderte der Landesverband Berlin seine Mitglieder auf, sich, „soweit sie in Freiheit und demokratisch entscheiden können"[186], der UGO anzuschließen. Anfang August 1948 stellte der Vorsitzende des Arbeitskreises für Gewerkschaftsfragen des Landesverbandes Berlin der CDU, Eduard Bernoth, fest, daß Zugehörigkeit und Mitarbeit beim FDGB „mit den Grundsätzen der Freiheit, der Demokratie der Unabhängigkeit und nicht zuletzt auch des christlichen Sittengesetzes einfach unvereinbar"[187] wären. Auch Amann schloß sich nun dieser Linie an und schied aus dem Bundesvorstand des FDGB aus.[188]

Die Landesverbände der CDU der SBZ hatten, anders als der Landesverband Berlin, nicht die Möglichkeit, ihre Mitarbeit im FDGB einfach zu beenden. Auch hier zeigte der FDGB immer deutlicher sein kommunistisches Profil. CDU-Betriebsgruppen wurden, kaum daß sie von der SMAD zugelassen waren, durch die SED diskriminiert und bekämpft.[189] Den CDU-Gewerkschaftsfunktionären blieb nur die Möglichkeit des verbalen Protestes. Im September 1948 erklärte das Bundesvorstandsmitglied des FDGB, Karl Gierke (CDU), daß die Übereinstimmung der politischen Ziele des FDGB und der SED bei den CDU-Mitgliedern eine starke Beunruhigung auslösten. Die CDU sähe durch die Haltung des FDGB die Gewerkschaftseinheit gefährdet.[190]

Ein Beispiel für die Haltung des FDGB war die Verschiebung der im Herbst 1948 anstehenden Betriebsratswahlen durch den Bundesvorstand des FDGB, die parallel zur Verschiebung der Landtags- und Gemeindewahlen durch die SMAD erfolgte.

---

184 Vgl. Protokoll der Sitzung des Arbeitsausschusses für Gewerkschaftsfragen am 24. Juni 1948 im Albert-Voß-Haus in Berlin-Tempelhof (ACDP II-101-011).

185 CDU LV Berlin. Gewerkschaftsreferat: Rundschreiben vom 10. Juli 1948 (ACDP II-113-003/2 und II-101-011).

186 EBD. Vgl. CDU LV Berlin. Gewerkschaftsreferat: Rundschreiben vom 4. August 1948 (ACDP II-113-003/2). Vgl. CDU LV Berlin: Die Politik der Berliner Union S. 82f.

187 „Gewerkschaftliche Klärung". In: „Der Tag" vom 5. August 1948.

188 Vgl. CDU-Informationen des LV Berlin der CDU Nr. 3 vom Oktober/November 1948 S. 9 (ACDP III-012-1066).

189 Vgl. dazu ausführlicher den Abschnitt über das Ende der Betriebsgruppenarbeit der CDU (2/III/7).

190 Vgl. Karl GIERKE: „Das Mitbestimmungsrecht im Betrieb". In: „Der neue Weg" vom 10. September 1948.

Auch für die Verlegung der Gewerkschaftswahlen war die abnehmende Attraktivität der SED die Ursache. In zahlreichen Betrieben gab es Mehrheiten von CDU und LDP.[191] Eine für den 12. November 1948 nach Schwerin einberufene Tagung der Unions-Gewerkschafter protestierte zwar entschieden gegen die Verschiebung der FDGB-Wahlen[192], konnte die Verlegung des Termins aber nicht verhindern. Eine Schwächung ihrer Position bedeutete für die in Herne gewählten CDU-Gewerkschafter der SBZ der Abbruch der Beziehungen der Arbeitsgemeinschaft der CDU/CSU zur neuen CDU-Parteileitung unter Nuschke, in dessen Folge sie nicht mehr zu den Beratungen der Sozialausschüsse der CDU/CSU eingeladen wurden.[193] Ohne die schützende Rückendeckung der westlichen Gewerkschaften mußten sich die CDU-Gewerkschafter auf die Verhältnisse in ihrer Zone einstellen. Hier aber bestand Anfang 1948 kein Zweifel am Willen der Besatzungsmacht, die Alleinherrschaft der SED in allen Bereichen durchzusetzen. Zu diesem Zweck wurde auf einer Tagung des Bundesvorstandes des FDGB in Bitterfeld beschlossen, die Funktionen des Betriebsrates auf die Betriebsgewerkschaftsleitung zu übertragen. Der gleichzeitige Beschluß, die Gewerkschaften sollten in Zukunft ihr Augenmerk mehr auf die Arbeitsdisziplin und die Steigerung der Arbeitsproduktivität lenken, ließ die Entwicklung des FDGB von einer Arbeitnehmervertretung zu einem kommunistischen Instrument der Reglementierung und Bevormundung der Arbeiterschaft offen zutage treten.[194] Ohne eine Alternative zu haben, erklärte die CDU ihre Bereitschaft, sich an der vom FDGB inszenierten „Aktivistenbewegung" zu beteiligen.[195] Diese sollte die Arbeitnehmer zu hohen Arbeitsleistungen in der durch die sowjetischen Demontagen und die kommunistische Wirtschaftsweise stark geschwächten SBZ veranlassen. Immer wieder protestierten CDU-Gewerkschafter – wenn auch erfolglos – gegen die Umfunktionierung des FDGB. Der 2. Vorsitzende des CDU-Gewerkschaftsausschusses, Paul Nowak, erklärte, die christlichen Gewerkschafter müßten aus dem FDGB ausscheiden, wenn dieser kommunistische Politik betreibe.[196] Unter den Gewerkschaftern der CDU und in den CDU-Betriebsgruppen gab es erste Überlegungen, ob es nicht sinnvoller sei, eigene christliche Gewerkschaften ins Leben zu rufen. Diese Überlegungen kulminierten Ende des Jahres 1949 in entsprechenden Beschlüssen und fanden erst mit der Absetzung und Verhaftung der Verantwortlichen ein Ende.[197] Der sächsische CDU-Landtagsabgeordnete Franz Jensch verlangte eine Intensivierung der CDU-Arbeit unter der Arbeitnehmerschaft, um so die Position der CDU zu

191 Vgl. „Opposition wird gestrichen". In: DUD Ausgabe C vom 13. Oktober 1948.
192 Vgl. „Tagung der Union-Gewerkschafter". In: „Der neue Weg" vom 12. November 1948.
193 EBD.
194 Vgl. LILGE S. 54.
195 Vgl. Entschließung der Referenten für Arbeits- und Gewerkschaftsfragen der CDU zu Fragen der Gewerkschaftsarbeit vom 22. Dezember 1948. In: WEBER: Parteiensystem S. 162.
196 Vgl. „BGL übernimmt Betriebsratsfunktionen". In: „Der neue Weg" vom 3. Dezember 1948.
197 Siehe dazu den Abschnitt über das Ende der Betriebsgruppenarbeit der CDU (2/III/7).

verbessern.[198] Ende Januar 1949 rief die CDU alle Gewerkschaftsreferenten der Partei zu einer Zonentagung nach Halle, um noch einmal das Verhältnis der CDU zum FDGB und zur „Aktivistenbewegung" zu beraten. Die Teilnehmer betonten ihre Bereitschaft zu einer konstruktiven Mitarbeit, nahmen aber zugleich „entschieden Stellung gegen den neuerdings vom FDGB beschrittenen Weg des kompromißlosen Klassenkampfes"[199]. Der Zonengewerkschaftsausschuß der CDU forderte eine Aussprache mit dem Bundesvorstand des FDGB und dem Zentralsekretariat der SED und erklärte, zur Zeit könne kein CDU-Mitglied mehr mit gutem Gewissen im FDGB mitarbeiten. Die Unzufriedenheit in CDU-Gewerkschaftskreisen wuchs durch eine Erklärung des FDGB-Bundesvorstandes vom 28. April 1949, in der die kommunistische Orientierung des FDGB offen zugegeben und die CDU/CSU scharf angegriffen wurde.[200] Hinzu kam, daß der FDGB CDU-Betriebsgruppen nicht nur grundsätzlich überging, sondern auch ständig angriff. In den „Richtlinien für die Instrukteure der I. G. Metall" hieß es Anfang des Jahres 1949, die Instrukteure sollten Kontakt mit der BGL, der Betriebsleitung und der Parteigruppe der SED halten. Für die CDU protestierte das Mitglied des Bundesvorstandes des FDGB Karl Gierke „im Namen der 90 000 Arbeiter und Angestellten der CDU" schriftlich beim Bundesvorstand des FDGB und legte „schärfsten Protest" gegen „die Unterordnung gewerkschaftlicher Arbeit unter die SED-Betriebsgruppe"[201] ein.

Alle Proteste konnten die Entwicklung des FDGB von einer Gewerkschaft zu einer Organisation nicht verhindern, mit deren Hilfe die SMAD und SED die Arbeitnehmerschaft bevormundete und sie zu vermehrter Arbeit zu veranlassen suchte. Die Entwicklung des FDGB trug dazu bei, daß am 4. April 1949 der 3. Vorsitzende des FDGB, Lemmer, sein Amt zur Verfügung stellte und von Klein-Machnow nach Berlin (West) übersiedelte.[202] Lemmer hatte nach seiner Absetzung als 2. Vorsitzender der CDU der SBZ und Berlins vergeblich gehofft, die Kommunisten würden ein Minimum an Kooperationswillen mit den anderen politischen Kräften Deutschlands an den Tag legen. Ihr Vorgehen in Gewerkschaftsfragen machte erneut deutlich, daß für die SMAD und die SED nur die Alleinherrschaft zählte, die sie auch mit den Methoden des Terrors zu erreichen gewillt waren. Vor dem Hintergrund dieser Vorgehensweisen wurden im Westen aus gutem Grund sämtliche gesamtdeutschen Umarmungsversuche von SMAD und SED als Manöver zu deren Machterweiterung abgelehnt.[203]

---

198 Vgl. SACHER S. 182.

199 „Abschluß der CDU-Gewerkschaftstagung". In: „Neue Zeit" vom 1. März 1949.

200 Vgl. Fernschreiben des FDGB-Bundesvorstandes. Berlin 28. April 1949 (Abschrift). Vgl. Brief des CDU-KV Chemnitz-Land an den CDU-LV Sachsen z. Hd. Prof H. Hickmann vom 2. Mai 1949 (ACDP I-297-003).

201 Brief Karl Gierke an den Bundesvorstand des FDGB für die Zone z. Hd. des Kollegen Herbert Warnke. Leuna 12. Mai 1949 (ACDP III-013 DbCDU ChO 277 Karl Gierke 1950).

202 Gespräch d. Autors mit Henning Lemmer am 26. Januar 1987 in Berlin (ACDP MAT Richter PK1). Vgl. Zeitungsausschnitte über Lemmer (ACDP I-280-041/5).

203 Zur weiteren Entwicklung der CDU-Gewerkschafts- und Betriebsgruppenarbeit vgl. den Abschnitt über das Ende der Betriebsgruppenarbeit (2/III/7).

6. III. Parteitag der CDU 1948 in Erfurt

Nachdem die SMAD im Sommer bereits die Verschiebung des Parteitages und der Gemeindewahlen auf den Herbst 1948 angeordnet hatte, verbot sie der CDU nun, in Berlin zu tagen. Statt dessen mußte der Parteitag im entlegenen Erfurt durchgeführt werden. Außerdem untersagte die SMAD die Teilnahme von Landtagsabgeordneten der CDU, von denen viele durch ihr oppositionelles Verhalten in den Landesvorständen der CDU bekannt waren. Gestattet wurde ausschließlich die Teilnahme von Delegierten der Kreisverbände. Aber auch von diesen hatten die Sowjets rund ein Drittel von der Delegiertenliste gestrichen.[204] Trotz der zahlreichen Sicherungsvorkehrungen wurde der Parteitag zu einem Tribunal des Protestes der CDU der SBZ.

Schon in seiner Eröffnungsrede[205] kritisierte der mecklenburgische Landesvorsitzende Reinhold Lobedanz die einseitige marxistische Erziehung in der Schule und forderte einen christlichen Staat mit einem gesunden Mittelstand und freiem Unternehmertum. Die von der CDU angestrebten sozialistischen Verhältnisse wollte Lobedanz auf dem Wege der Evolution erreichen. Entschieden lehnte er eine Selbstaufgabe der CDU ab, die – so der Redner – nur durch die Schranken, die das System ihr auferlege, nicht die Stärke hätte und politische Erfolge aufweisen könnte wie die Schwesterparteien in den Westzonen. „Den Beweis dafür", so Lobedanz, „würden wir bei den Gemeindewahlen in diesem Jahr geliefert haben, wenn sie stattgefunden hätten"[206]. Die CDU würde sich auch in Zukunft jedem Versuch widersetzen, dem Volksrat parlamentarische Befugnisse zu erteilen. Lobedanz kritisierte indirekt das Vorgehen der Sowjets in Deutschland und stellte vor dem Plenum offen die Endgültigkeit der Oder-Neiße-Grenze in Frage. Für seine kritischen Ausführungen erhielt Lobedanz gleich zu Beginn des Parteitages starken Beifall. Die Sowjets hielten es angesichts der kritischen Ausführungen des sonst eher kompromißbereiten mecklenburgischen Landesvorsitzenden wohl für notwendig, den Enthusiasmus der Anwesenden zu bremsen. Noch vor den Ausführungen Nuschkes nahm deswegen der Chef der Informationsabteilung der SMAD, Tjulpanow, das Wort. Was er sagte, ließ an Klarheit nichts zu wünschen übrig. Mit „größerer Schärfe als bisher"[207] machte er die CDU auf die Grenzen ihrer Wirkungsmöglichkeiten aufmerksam[208] und gab der Partei Anweisungen:

---

204 Vgl. „Der Sprung über die Klinge". In: DUD Ausgabe A vom 6. Oktober 1948. Vgl. „Die Gleichschaltung der Ostzonen-CDU". In: Sopade vom Oktober 1948.

205 Vgl. CDU DER SBZ: Erfurt 1948 S. 7–16.

206 EBD. S. 10.

207 TJULPANOW S. 251.

208 Vgl. Sergej TJULPANOW: „Die Überwindung der faschistischen Ideologie". In: „Neue Zeit" vom 19. September 1948.

1. Die CDU müsse die sowjetischen Reformen der sozial-ökonomischen Struktur der SBZ anerkennen.
2. Die CDU müsse die Unveränderbarkeit der Oder-Neiße-Grenze akzeptieren.
3. Die CDU müsse die wachsende Rolle der Arbeiterklasse – sprich SED – anerkennen.
4. Jede Form des Antisowjetismus und Nationalismus sei untersagt.
5. Der Zweijahrplan der SED müsse anerkannt und jede westliche Wirtschaftshilfe abgelehnt werden.
6. Die CDU der SBZ könne sich nicht so entwickeln wie die CDU/CSU in den Westzonen, „deren Führer offenkundig zu freiwilligen oder unfreiwilligen Agenten des amerikanischen Imperialismus und zu Sammelpunkten der deutschen Reaktion geworden“[209] seien.

Erstmals forderte der Chef der Informationsabteilung der SMAD, Tjulpanow, damit öffentlich die Umwandlung der CDU in eine prokommunistische Partei, wie sie die DBD und die NDPD bereits darstellten. Auch die amerikanische Militärregierung stellte fest, daß die SMAD damit zu der Praxis übergehe, der CDU „really directives“ zu geben, die deutlich zeigten, „that the SMA wished to see a bourgeois party like the CDU transformed into a Marxist party like the SED“[210].Tjulpanows Anweisungen wurden zum Auslöser für die weitere Entwicklung der CDU zu einer prokommunistischen Blockpartei. Wieder einmal wurde deutlich, daß wesentliche Wendungen in der Entwicklung der CDU von der SMAD selbst bestimmt und durchgesetzt wurden. Die SED und die Massenorganisationen dienten dabei nur als Instrumente der SMAD.

Nuschke begann sein Hauptreferat mit einem Aufruf zur Einheit Deutschlands und wandte sich, indem er sich ausdrücklich auf „unsere Parteifreunde Konrad Adenauer und Josef Müller“[211] bezog, gegen die Londoner Empfehlungen. Er beschwor die „große Partei der CDU/CSU ... als die einzige Partei, die in allen Zonen stark vertreten“[212] sei. Ihr – so Nuschke – komme die Aufgabe zu, die Einheit Deutschlands zu schaffen. In seinen Ausführungen über die Zukunft der SBZ betonte er die Notwendigkeit des Festhaltens an den Grundsätzen parlamentarischer Demokratie. Ziel müsse eine aus „allgemeinen, gleichen, geheimen und direkten Wahlen hervorgegangene gesamtdeutsche parlamentarische Vertretung“[213] bleiben. Obwohl Tjulpanow vor ihm genau das Gegenteil angekündigt hatte, wiederholte Nuschke vor dem Plenum der

209 EBD. S. 20.
210 Airgram from the Political Adviser for Germany, Berlin (R. Murphy) to the Secretary of State, Washington, D. C., No. A-734, October 1, 1948 (IfZ-Archiv, Bestand MF 84 POLAD 798-14).
211 NUSCHKE: Die Union in ihrer gesamtdeutschen Verantwortung S. 22.
212 EBD. S. 23.
213 EBD.

Delegierten, er habe „das Zugeständnis des höchsten Beamten der SMA“, daß die SBZ nicht sowjetisiert werden solle. Für die CDU als die Partei des christlichen Sozialismus komme es darauf an, ideologisch unvoreingenommen an die neuen politischen Strukturen heranzugehen. Dabei werde sich die Partei weiterhin für die Gleichberechtigung der privaten Wirtschaft und für die Freilassung der zahllosen Zivilinternierten einsetzen und sich gegen die ungerechte Behandlung der CDU-Mitglieder in allen Bereichen der Gesellschaft wehren.

Mit einer Reminiszenz auf die Kabinettskrisen im preußischen Landtag während der Weimarer Republik leitete Nuschke sodann seine Begründung der Zustimmung zur Blockpolitik ein, die sich nach seiner Überzeugung in der deutschen Geschichte einmal würde sehen lassen können. Voraussetzung dafür sei allerdings die völlige Gleichberechtigung der Blockpartner. Niemand dürfe „den Anspruch auf die alleinige Führung des Landes erheben, es sei denn, er ist durch demokratische Wahlen bestätigt“[214]. An die Vertreter der Kreisverbände gewandt, erklärte Nuschke, er kenne die Methoden der SED und wisse sich mit dem Kampf aller bedrängten Mitglieder der CDU einig. Dennoch müßten die Methoden Kaisers, der die Mitglieder auffordere, Widerstand und Sabotage zu leisten, strikt abgelehnt werden. Nuschke kündigte entschlossenen Widerstand gegen die Fortsetzung der Parteiarbeit durch den abgesetzten Vorsitzenden an und erklärte, indem er einen schwedischen Freund zitierte, jeder Deutsche in der SBZ habe drei Möglichkeiten:

„Entweder ihr verübt Selbstmord oder ihr geht alle nach dem Westen, und wenn ihr das nicht wollt, dann bleibt die selbstverständliche klare Forderung, daß ihr euch mit eurer Besatzungsmacht loyal verständigen müßt.“[215] Er ließ keinen Zweifel daran, daß er sich für Verständigung entschieden hatte. Hintergrund seiner Entscheidung war eine grundsätzliche Ostorientierung Nuschkes, der nach Aussage Lemmers bereits seit dem Rapallo-Vertrag von 1922 auf eine enge Partnerschaft Deutschlands mit dem Osten setzte und sich selbst gern als „Eurasier“ bezeichnete.[216]

Im Rechenschaftsbericht betonte der CDU-Generalsekretär Dertinger, von einer Krise der CDU, wie im Westen behauptet werde, könne keine Rede sein. Er verwies auf 45 000 neue Mitglieder, 700 neue Ortsgruppen und 600 Betriebsgruppen, die sich seit dem Sommer 1948 gebildet hatten. Dertinger interpretierte diesen Zuwachs als einen Erfolg der CDU-Politik nach Kaiser. Es stimme nicht, daß die CDU zu einem Instrument fremder Macht geworden sei: „Ich glaube nicht wir

214 EBD. S. 32.

215 Stenographisches Protokoll des 3. CDU-Parteitages im Archiv des Hauptvorstandes der CDU, Bestand: Sekretariat des Hauptvorstandes, Archivnummer 1899, zit. n. SUCKUT: Blockpolitik S. 44. Vgl. GRADL: Sowjetstern S. 156.

216 Nach Gesprächen mit Lemmer charakterisiert R. Murphy Nuschke als „a well meening man who is absolutely convinced that Germany‘s only hope in the future lies with the East. He is reported to have said: ‚I am an Eurasian‘.“ Airgram from the Political Advisor of Germany, Berlin (R. Murphy) to the Secretary of State, Washington, D. C., No. A-734, October 1, 1948 (IfZ-Archiv, Bestand MF 84 POLAD 798-14).

sind dem Unionsprogramm untreu geworden, sondern jene, die 1945 mit uns zusammen das Unionsprogramm annahmen, aber 1947 unter den Einwirkungen der Westentscheidungen sich von diesem Programm distanzierten."[217] Dertinger betonte, es gäbe für die CDU in der SBZ keinerlei Veranlassung, ihre Arbeit einzustellen. Sie sei stärker denn je. Der Gegner hätte dies ebenfalls begriffen. „Sonst würden wohl die Gemeindewahlen stattgefunden haben."[218] In Zukunft müsse die CDU eine „kämpfende Union"[219] sein, ohne jedoch eine Haltung wie die der Irredenta-Politik Kaisers einzunehmen. Kaisers Versuch, in der SBZ eine politische Untergrundbewegung gegen die Besatzungsmacht aufzubauen, sei zum Scheitern verurteilt. Die Hinweise Dertingers auf die wachsende Stärke der CDU waren wohl in erster Linie an die Adresse der Sowjets gerichtet. Tjulpanow, der Chef der Informationsabteilung der SMAD, kannte die eigentlichen Mehrheitsverhältnisse in der Bevölkerung wahrscheinlich besser als jeder ande andere und nahm daher „den Anspruch bestimmter Kreise der CDU ernst, ... der SED die Führungsrolle bei der Bestimmung der wirtschaftlichen und sozialen Entwicklung" in der SBZ „streitig zu machen"[220]. Deswegen ordnete er auf dem Parteitag die Anerkennung der führenden Rolle der SED durch die CDU an.

Von den 283 Delegierten gehörten 61 dem Erweiterten Vorstand an. 222 Delegierte vertraten nach dem Statut je 1000 CDU-Mitglieder; von ihnen entfielen 68 auf Sachsen, 47 auf Sachsen-Anhalt, 36 auf Thüringen, 28 auf Mecklenburg, 25 auf Brandenburg und 18 auf Berlin. Für das Amt des Parteivorsitzenden schlug der Wahlausschuß Nuschke vor, den die SMAD bereits seit dem Mai 1948 favorisierte.[221] Andere Kandidaten waren von der SMAD verboten worden. Der Antrag der CDU, Pfarrer Ludwig Kirsch für das Amt des 2. Vorsitzenden zu nominieren, war von der SMAD ebenfalls abgelehnt worden, da Kirsch sich öffentlich für ein Volksbegehren gegen die Verschiebung der Gemeindewahlen ausgesprochen hatte.[222] Nuschke erhielt 186 der 250 abgegebenen Stimmen. 61 Delegierte hatten ihren Zettel weiß abgegeben, drei Stimmen waren ungültig. Für die Ämter des 2. bis 4. Vorsitzenden schlug der Wahlausschuß Reinhold Lobedanz, Hugo Hickmann und Karl Grobbel vor. Die Versammlung ergänzte die Liste um Ernst Zborowski und Hans-Paul Ganter-Gilmans. Hickmann erhielt 228, Grobbel 216, Lobedanz 171, Zborowski 81 und Ganter-Gilmans zwölf der abgegebenen Stimmen. Neben den vier Vorsitzenden des Gesamtverbandes wurden auch die

217 NUSCHKE: Die Union in ihrer gesamtdeutschen Verantwortung S. 43.
218 EBD. S. 44.
219 EBD. S. 45.
220 TJULPANOW S. 240.
221 Vgl. SUCKUT: Blockpolitik S. 35. In den Darstellungen der CDU der DDR wird fälschlicherweise behauptet, Nuschke sei auch Vorsitzender des „Koordinierungsausschusses" gewesen (vgl. z. B. CDU DER DDR: Zeittafel S. 9). Vorsitzender war jedoch Hickmann.
222 Vgl. „Stimmungen und Mißstimmungen". In: „Der Tag" vom 21. September 1948.

anderen Landesvorsitzenden Erich Fascher (Sachsen-Anhalt), Siegfried Trommsdorff (Thüringen), Ernst Zborowski (Brandenburg) und Helmut Brandt („Arbeitskreis Groß-Berlin beim Gesamtverband der CDU") in den Hauptvorstand der CDU gewählt. Gegen die 18 Delegierten aus Berlin erhob die Mandatsprüfungskommission Einspruch, da sie zu Recht bezweifelte, daß jeder der 18 Delegierten 1000 Mitglieder verträte.[223] Offensichtlich beanspruchte Helmut Brandt, auch die Mitglieder des legalen Landesverbandes Berlin aus allen Sektoren der Stadt zu vertreten. Nur so war die Zahl von 18 Mandatsträgern zu verstehen. Vor allem die Vertreter Sachsens und Brandenburgs versuchten vergeblich, die auf sowjetische Anweisung eingerichteten Berliner Mandate in Frage zu stellen[224], die der SMAD letzlich nur dazu dienten, ihren Anspruch auf alle Sektoren Berlins zu dokumentieren.Schon vor dem Parteitag hatten „reaktionäre Kreise"[225] dem 1947 zum 2. Vorsitzenden gewählten Lemmer angeboten, ihn anstelle Nuschkes zum Vorsitzenden der CDU zu wählen. In einem Brief an den Vorsitzenden des Koordinierungsausschusses, Hickmann, lehnte Lemmer eine Wahl in den neuen Parteivorstand ab, um – wie er schrieb – keine neuen Schwierigkeiten heraufzubeschören.[226] Lemmer hatte zwar vor dem Parteitag schriftlich sein ausdrückliches Vertrauen in die Zonenleitung unter Hickmann, Nuschke und Lobedanz erklärt[227] und bis zum verschobenen Zonenparteitag im Sommer 1948 auch mit dem Gedanken gespielt, sich wieder am Zonenvorstand und auch am Volksrat zu beteiligen[228], dies aber immer davon abhängig gemacht, daß Angriffe auf Kaiser unterblieben.[229] Im März hatte Lemmer deswegen eine Unterredung mit Kratyn gehabt, bei der dieser ihm erklärt hatte, er könne im Fall einer Kandidatur zwar weiterhin freundschaftliche Kontakte zu Kaiser unterhalten, die SMAD müßte aber eine öffentliche Ablehnung der Politik Kaisers von ihm verlangen.[230] Lemmer lehnte eine Verurteilung der Haltung Kaisers jedoch ab, was dazu führte, daß er sich immer weiter aus der Parteipolitik zurückzog.

In der abschließenden Aussprache des Zonenparteitages kam es noch einmal zu einer Reihe kritischer Äußerungen. Obwohl Tjulpanow das Thema tabuisiert

---

223 Vgl. „Ohne Mandat". In: „Der Tag" vom 17. September 1948.

224 Vgl. Koppe S. 43f.

225 Wirth: Nuschke S. 26.

226 Vgl. „Gleichschaltung der Ostzonen-CDU". In: Sopade vom Oktober 1948. Vgl. „Ernst Lemmer lehnt ab". In: „Der Tag" vom 17. September 1948.

227 Vgl. Subject Weekly Intelligence Report No. 47 1948, HQ Intelligence Division (IfZ-Archiv, Bestand MF 84 POLAD 455/3).

228 Vgl. Subject Weekly Intelligence Report No. 28 1948, HQ Intelligence Division (IfZ-Archiv, Bestand MF 84 POLAD 455/3).

229 Vgl. Subject Weekly Intelligence Report No. 27 1948, HQ Intelligence Division (IfZ-Archiv, Bestand MF 84 POLAD 455/3).

230 Vgl. Subject Weekly Intelligence Report No. 26 1948, HQ Intelligence Division (IfZ-Archiv, Bestand MF 84 POLAD 455/3).

hatte, griff der brandenburgische Landesvorsitzende Zborowski offen die Oder-Neiße-Grenze an. Pfarrer Ludwig Kirsch sprach der SED das Recht ab, sich mit der Arbeiterschaft zu identifizieren, und fragte die SED, ob sie die Macht an sich reißen wolle, obwohl doch jeder wisse, daß sie in der Minderheit sei. Paul Nowak kritisierte die kommunistische Ausrichtung des FDGB. J. Schneider verwies auf die restriktive Handhabung bei der Gründung von CDU-Betriebsgruppen, die in zahlreichen VEB überhaupt keine Genehmigung zur Gründung erhielten. Trotz der zahlreichen Kritiken verlief der Parteitag insgesamt so ruhig, daß einige Teilnehmer ihn als „Parteitag des Schweigens" bezeichneten. Die westliche Presse hatte keinen Zutritt. Im Wandelgang hielt sich ständig etwa ein Dutzend sowjetische Offiziere in Zivil auf, die für die Einhaltung des von der SMA angeordneten Programms sorgten.[231] Auch zwischen den Delegierten saßen sowjetische Offiziere in Uniform oder Zivil.[232] Da der reglementierte Ablauf kaum Freiräume ließ, drückten die Delegierten, wie schon auf den Landesparteitagen im Sommer des Jahres, ihre Meinungen durch Beifalls- und Mißfallenskundgebungen aus. Tosenden Applaus erhielt z. B. Rektor Hans Klings aus Thüringen, der die Schulpolitik der SED kritisierte und eine kämpferische Kulturpolitik der CDU forderte.[233] Eine Frau Stache hingegen, die über eine Reise in die UdSSR erzählen wollte, wurde ausgetrampelt. Als auch noch Frau Magdalene Stark-Wintersig aus Berlin über eine Reise in die UdSSR berichten wollte, verließ die Mehrzahl der Delegierten den Saal, so daß der Bericht abgebrochen werden mußte.[234] Die Ausführungen Luitpold Steidles gingen ebenfalls in lauter Empörung unter. Von zahlreichen Mißfallenskundgebungen waren auch die Ausführungen Nuschkes begleitet.[235]

Unter den Delegierten kursierten verschiedene Flugblätter, die zum Teil aus dem Büro Kaisers stammten. Auf einem hieß es:

„Wenn wir die Blockpolitik mitgemacht haben, dann nur, um die geplante Bolschewisierung der Ostzone mehr und mehr zu hemmen. Diese politische Aufgabe aber ist durch die Entwicklung der vergangenen Monate unmöglich geworden. Heute steht die Ostzone mitten in der Umbildung zum ‚volksdemokratischen' sowjetischen Satellitenstaat ... Wir haben zu lange von den SED/KPD-Funktionären geglaubt, es auch bei ihnen mit demokratischen Menschen, die für Deutschland eintreten, zu tun zu haben."[236] Auf anderen Zetteln wurde vor vermuteten Spitzeln des MGB in der

231 Vgl. „Der Sprung über die Klinge". In: DUD Ausgabe A vom 6. Oktober 1948.
232 Vgl. Ernst EICHELBAUM: Bericht über die Anfänge der CDU in der sowjetisch besetzten Zone Deutschlands (in Leipzig). Erstattet Mitte August 1982 S. 39f. (ACDP I-201).
233 Vgl. GUDENSCHWAGER S. 29.
234 Vgl. „Innenpolitische Chronik. Parteitag mit Opposition". In: „Die Neue Zeitung" vom 21. September 1948.
235 Vgl. KISTNER S. 19.
236 STEIN S. 18.

CDU gewarnt[237] oder auf die Vergangenheit Dertingers als Journalist während der Zeit des Dritten Reiches aufmerksam gemacht.[238]

Der Parteitag verabschiedete eine Entschließung, in der sich die CDU „zur parlamentarischen Demokratie und einer sozialistischen Gestaltung unserer Gesellschaftsordnung“[239] bekannte. Sie forderte Gleichberechtigung für die Vertretung des christlichen Glaubens an den Schulen, Hochschulen und im gesamten Kulturbereich, trat für die Stärkung der Familie, gegen jeden Wehrdienst unter fremder Flagge, das Verlassen der Ostzone und für die Festlegung der Wahlen auf den Herbst 1949 ein.

Der Vorstand wurde beauftragt, ein Parteiprogramm zu erarbeiten, das den Mitgliedern klare Richtlinien für die Parteiarbeit an die Hand gab.[240]

In ihren kommunalpolitischen Richtlinien forderte die CDU den Erhalt der Selbstverwaltung der Gemeinden, Rechtssicherheit für die Bürger, ein unparteiisches Beamtentum, eine Einteilung der Landkreise nach wirtschaftlichen und geographischen Gesichtspunkten und eine beschränkte Staatsaufsicht über die Kommunen, die in einer Organisation der kommunalen Selbstverwaltung (Städtetag, Gemeindetag) zusammengeschlossen werden sollten. Die kommunalen Betriebe sollten nicht verstaatlicht und den Gemeinden und Kreisen eigene Steuerquellen belassen werden.

Das Agrarprogramm der CDU. Neben den Ausarbeitungen über die Kommunalpolitik, die den zentralistischen Anschauungen der SED völlig widersprachen, formulierte der 3. Parteitag auch einen umfangreichen Agrarplan und Vorschläge für eine Steuerreform, die an die DWK weitergeleitet werden sollten. Der Agrarplan der CDU befaßte sich vor allem mit den praktischen Problemen der Landwirtschaft, etwa mit Fragen der Gesundung des Bodens, der Düngung, Motorisierung und der Agrarpreise. Er kritisierte die kommunistische Anbauplanung und forderte für alle Landwirte gesicherte Einkommen.[241] Stand für die SED der „Klassenkampf auf dem Lande“ im Vordergrund des Interesses, bot die CDU mit ihrem Agrarplan vor allem praktische Hilfen für die Landwirte an. Der Agrarplan wurde wie das im Dezember 1948 veröffentlichte und am 7. April 1949 vom Hauptvorstand angenommene „ländliche Genossenschaftsprogramm“[242] von der SED und DBD angegriffen, da es den Wegfall der Anbaurichtlinien, individuelle Wahlfreiheit bei der Aufstellung des Produktionsprogramms und größere Möglichkeiten des Austauschs der abzuliefernden Produkte forderte.[243]

---

237 Vgl. Akte R. B. (ACDP III-013 DbCDU ChO 307 R. B. 1952). Vgl. Akte W. B. (ACDP III-013 DbCDU ChO 307 W. B. 1952).

238 Vgl. „Zusammenhänge eines Stellungswechsels“ (Flugblatt) – (BA NL Kaiser 423).

239 CDU DER SBZ: Erfurt 1948 S. 56f. Vgl. Utm vom Oktober 1948.

240 Vgl. BLOCH S. 130.

241 Vgl. Unser Agrarplan. Redeskizze I. Wirtschafts- und Sozialprogramm der CDU vom 2. November 1948 (ACDP I-350-001/2).

242 Vgl. „Wirtschaftspolitische Fragen“. In: Utm vom August 1949.

243 Vgl. R. REUTTER: „Ihr kommt etwas spät, meine Herren!“. In: „Neues Deutschland“ vom 14. Juni 1949. Vgl. WERNET-TIETZ S. 149.

Mit ihren kommunalpolitischen Richtlinien, ihrem Agrar- und ihrem Genossenschaftsprogramm, die dem Wirtschafts- und Sozialprogramm vom Juli 1948 folgten, unternahm die CDU gerade zu dem Zeitpunkt einen programmatischen Profilierungsversuch, in dem die Besatzungsmacht ihre völlige Unterordnung unter die SED vorsah.

Die Programme müssen vor dem Hintergrund der durch die Besatzungsmacht geschaffenen wirtschaftlichen, sozialen und kulturellen Realitäten gesehen werden. Mit ihnen zielte die CDU auf eine Milderung der radikalen Maßnahmen der Kommunisten, deren Ziel in der folgenden Zeit dann auch darin bestand, die programmatischen Ansätze der CDU zu unterdrücken und sie zur Unterordnung unter das Programm der SED zu zwingen. Dieses Ziel sollte schließlich im Herbst 1951 mit der Annahme der Thesen des „Christlichen Realismus" durch die CDU erreicht werden.

7. Aufkündigung der Zusammenarbeit durch die Arbeitsgemeinschaft der CDU/CSU

Unmittelbar nach dem 3. Parteitag der CDU der SBZ wiederholte Kaiser vor der Arbeitsgemeinschaft der CDU/CSU seine Forderung nach ausdrücklicher Nichtanerkennung der rivalisierenden Parteiführung, an deren Spitze Hickmann nun durch Nuschke abgelöst worden war. Um seinen eigenen Führungsanspruch glaubhaft vertreten zu können, warf Kaiser der Führungsmannschaft unter Nuschke vor, sich endgültig sowjetischem Willen gebeugt zu haben. Seine Forderung nach dem Abbruch der Beziehungen zur CDU-Führung unter Nuschke verband er mit dem Anspruch, allein die rechtmäßige Parteiführung zu verkörpern und noch immer die Mitglieder in der SBZ zu repräsentieren.

Dieser Auffassung Kaisers folgend, beschloß der Vorstand der Arbeitsgemeinschaft der CDU/CSU bei seiner Tagung am 21. September 1948 in Königswinter auf Vorschlag Adenauers, nicht mehr mit der in Erfurt gewählten Leitung zusammenzuarbeiten, sondern Kaiser und Lemmer als die gewählten Vorsitzenden der CDU der SBZ und Berlins in der Arbeitsgemeinschaft anzuerkennen, denen auch allein das Recht zustände, die Gesamtunion in der SBZ und Berlin zu repräsentieren.[244] Bereits im Februar 1948 war es zu einem Scheitern der liberalen Parallelorganisation gekommen.[245] Ausdrücklich wurde jedoch die Verbundenheit mit den CDU-Mitgliedern in der SBZ ausgedrückt, die wie bisher zu den Zielen der CDU ständen. Als

244 Vgl. Arbeitsgemeinschaft der CDU/CSU. Generalsekretariat: Vertrauliche Information Nr. 12 vom 24. September 1948: Protokoll der Konferenz des Vorstandes der Arbeitsgemeinschaft der CDU/CSU und der Landesvorsitzenden der Westzonen und Berlins am 21. September 1948 (ACDP I-009-007/2).

245 Vgl. KOCH/MÜLLER/STARITZ/SUCKUT S. 103.

einziger votierte der CSU-Vorsitzende Josef Müller für die Aufrechterhaltung des Kontaktes zur Parteileitung unter Nuschke.[246] Friedrich Holzapfel ging andererseits sogar soweit, vorzuschlagen, die Arbeitsgemeinschaft der CDU/CSU künftig auf die Unionsverbände der westlichen Zonen zu beschränken. Schon im Sommer 1948 hatte es scharfe Proteste des Landesverbandes Berlin der CDU gegen eine solche Haltung gegeben[247], nachdem der Landesverband Berlin im Juni und Juli nicht mehr zu den Beratungen der Landesverbandsvorsitzenden der Union der westlichen Besatzungszonen eingeladen worden war.[248] Auf der Tagung der Landesvorsitzenden der Union am 22. Juli 1948 in Königstein war sodann beschlossen worden, die Vertreter Berlins und der SBZ mit beratender Stimme zu den Sitzungen der Landesvorsitzenden und des Parlamentarischen Rates hinzuzuziehen, ohne dadurch die angestrebte „saubere westliche Lösung"[249] in Frage zu stellen.

Adenauer argumentierte, die CDU-Mitglieder in der SBZ und in Berlin dürften nicht den Eindruck erhalten, als seien sie aus der Union ausgeschlossen worden, und wandte sich gegen eine Beschränkung der Arbeitsgemeinschaft auf Vertreter der westlichen Zonen. Die Arbeitsgemeinschaft beschloß daraufhin, daß „die bisherigen Mitglieder der Arbeitsgemeinschaft, die nicht mehr der Ostzonen-CDU angehören, auch fernerhin Mitglieder der Arbeitsgemeinschaft bleiben sollten"[250]. Beim Abbruch der Beziehungen zur CDU-Leitung unter Nuschke ging es Adenauer wohl auch darum, den Vorwürfen der SPD, die Union paktiere mit den Kommunisten bei deren Teilung Deutschlands durch den Volkskongreß, entgegentreten zu können. Der Vorwurf war vor den Wahlen in Berlin oft erhoben worden und wurde auch nach dem Abbruch der Beziehungen zur CDU in der SBZ weiter benutzt.[251]

Nuschke, der auf dem Parteitag noch einmal die Einheit der Union beschworen hatte, kritisierte den Beschluß der Arbeitsgemeinschaft der CDU/CSU und bezeichnete ihn als für die CDU der SBZ nicht verbindlich, da bei der Besprechung kein Vertreter der CDU der SBZ anwesend gewesen sei.[252] Er bezog sich dabei auf

246 Vgl. Protokoll der Zonenausschußsitzung der CDU für die britische Zone am 28. und 29. Oktober 1948 in Königswinter. In: PÜTZ: Konrad Adenauer S. 754f.

247 Vgl. Brief des Vorsitzenden des Landesverbandes Berlin der CDU W. Schreiber an Ulrich Steiner als Vorstandsmitglied der Arbeitsgemeinschaft CDU/CSU vom 13. Juli 1948 (ACDP I-247-004/1).

248 Vgl. Brief H. Brentano an die Vorsitzenden der Fraktion der CDU der 11 Länder der westlichen Besatzungszonen vom 13. Juli 1948 (ACDP I-012-004).

249 Arbeitsgemeinschaft der CDU/CSU. Generalsekretariat: Vertrauliche Information Nr. 5 vom 24. Juli 1948 Bericht über die Tagung der Landesvorsitzenden der CDU/CSU am 22. Juli 1948 in Königstein (ACDP I-009-007/2).

250 Arbeitsgemeinschaft CDU/CSU. Generalsekretariat: Vertrauliche Information Nr. 14 Protokoll der Sitzung des Organisations-Ausschusses am 12. Oktober 1948 im Generalsekretariat in Frankfurt a. M. vom 16. Oktober 1948 (Abschrift) – (ACDP I-021-007/1).

251 Vgl. „Das letzte Stadium der Ost-CDU". In: Sopade 891 vom November 1949.

252 Vgl. „Nuschke nicht einverstanden". In: „Der Tag" vom 23. September 1948.

den § 2 der Präambel der Arbeitsgemeinschaft, in der es hieß: „Beschlüsse der Arbeitsgemeinschaft sind für die Parteiorganisationen dann verbindlich, wenn jede Zone vertreten ist und die Beschlüsse von den anwesenden Vertretern einstimmig gefaßt sind.“[253] Damit bestätigte Nuschke noch einmal seine Auffassung, wonach Kaiser und Lemmer keine Berechtigung mehr hätten, für die CDU der SBZ zu sprechen, während dem Koordinierungsausschuß und ihm als neuem CDU-Vorsitzenden der SBZ dieses Recht zukäme. Der am 1. Oktober 1948 tagende Hauptvorstand erklärte, er könne „nur mit tiefem Bedauern von der ungeheuerlichen Behauptung Jakob Kaisers Kenntnis nehmen, daß sich ‚die Parteileitung dem Willen, das marxistisch-leninistische System in der Ostzone einzuführen, in Erfurt gebeugt‘ hätte“. Dies sei eine „leichtfertige Irreführung der west- und süddeutschen Parteifreunde“[254] und eine Beleidigung, die der Gesamtunion Schaden zufüge.

Der Ärger der CDU-Leitung, die ja tatsächlich die Positionen des „Christlichen Sozialismus“, wie ihn Kaiser in der SBZ vertreten hatte, weitgehend beibehalten und auf dem Parteitag in Erfurt ausformuliert hatte, war angesichts der westlichen Haltung groß. Sie erklärte, Kaiser führe sich auf wie ein „schlechter Verlierer“, der zur billigen „Methode der Diffamierung“[255] übergegangen sei. Sein Haltung hebe sich vor allem von der des CSU-Vorsitzenden Josef Müller ab, der dem Parteitag sogar ein „herzliches Gruß-Telegramm“[256] gesandt habe. Auch die von Kaiser gegen den Wahlvorgang erhobenen Vorwürfe wies die neue Parteileitung als absurd zurück. Wie bei allen Parteitagen, so hätte auch diesmal eine Vorauswahl der Kandidaten durch die SMAD stattgefunden. Auch beim 2. Parteitag der CDU der SBZ und Berlins im September 1947, der die Wiederwahl Kaisers gebracht hätte, wären zahlreiche Vertreter der Besatzungsmacht anwesend gewesen. Wie der CSU-Vorsitzende, so kritisierte auch Lemmer die Art der Darstellung der CDU der SBZ durch Kaiser und forderte eine unbedingte Unterscheidung zwischen Parteileitung und Mitgliedern.[257]

Auch von der SPD mußte sich Kaiser Kritik gefallen lassen. Er tue so, als wäre mit seiner Absetzung und dem Erfurter Parteitag in der SBZ die Volksdemokratie ausgebrochen. Dabei hätte auch er zu Zeiten seines Parteivorsitzes die Augen vor zahlreichen Ungerechtigkeiten verschlossen. Schließlich habe er sich von der SED

---

253 Geschäftsführung der Arbeitsgemeinschaft CDU/CSU vom 28./29. August 1946. Zit. b. MÜCHLER S. 37.

254 „Eine notwendige Abwehr. Der Hauptvorstand der CDU gegen irreführende Behauptungen“. In: „Neue Zeit“ vom 2. Oktober 1948.

255 „Gruß aus dem Grabe?“. In: „Neue Zeit“ vom 26. September 1948.

256 „Ost-CDU – West-CDU“. In: „Der Fortschritt“ vom 25. September 1948.

257 R. Murphy schreibt, Lemmer „regretted this tendency to write off the Soviet Zone CDU. In his opinion one had to differentiate between the leadership and the membership of the party. The leaders were definitely following the policy desired by the SMA, but the individual members still represented a considerable opposition to this line and would do so as long as they believed that they were not totally out-off from the West.“ Airgram from the Political Advisor for Germany, Berlin (R. Murphy) to the Secretary of State, Washington, D. C., No. A-734, October 1, 1948 (IfZ-Archiv, Bestand MF 84 POLAD 798-14).

sogar mißbrauchen lassen, die SPD zu nötigen, an der Bildung der kommunistisch gesteuerten „Nationalen Repräsentation“ teilzunehmen.[258]

Die Vorwürfe, die Kaiser der Leitung der SBZ-CDU machte, waren – liest man die Reden und Erklärungen der Erfurter Parteitages – in der Tat undifferenziert. Während Tjulpanow die Brückentheorie und den „Christlichen Sozialismus“ Kaisers kritisierte, vertraten Nuschke und die anderen Leitungsmitglieder der CDU genau diese Positionen. Sie sprachen Kaiser zwar jeden weiteren Führungsanspruch ab, traten aber zugleich programmatisch sein Erbe an. Wie er beschworen auch sie die Einheit Deutschlands und der Union; wie er gingen auch sie bis an die Grenze des in der SBZ Machbaren. Von Kaiser mußten sie sich nun die Vorwürfe anhören, die ihm selbst immer gemacht worden waren: Die Politik der CDU der SBZ sei „irreal und illusionistisch“ und diene „mehr dem Verschleiern als dem Klären“[259].

Die Vertreter der westlichen Unionsverbände werden bei ihrer Entscheidung, die Verbindung zur CDU-Führung unter Nuschke abzubrechen, möglicherweise von der Überzeugung ausgegangen sein, daß sie zwar den Niedergang der CDU in der SBZ ohnehin nicht aufhalten, sich selber aber politisch durch diese Kontakte erheblichen Schaden zufügen könnten. Neben der allgemeinen Zunahme der Spannungen zwischen Ost und West fiel die Entscheidung zur Trennung zudem zu einem Zeitpunkt, in dem innerhalb der Union der Westzonen ein Profilierungsprozeß im Gange war, bei dem sich die Richtungen durchsetzten, die sozialistische Ideen als unvereinbar mit der Politik der Union ansahen und die schon von daher kein besonderes Interesse an einem sich explizite als sozialistisch bezeichnenden Teilverband in der SBZ hatten. Durch eine weitere Mitgliedschaft der CDU der SBZ unter Nuschke in der Arbeitsgemeinschaft der CDU/CSU wären die zunehmend in eine Isolation geratenden sozialistischen Kräfte in der Union gestärkt worden.[260] Somit war der Abbruch der Beziehungen ein strategischer Erfolg der marktwirtschaftlich orientierten Strömungen in der CDU/CSU. Kaiser hing zwar noch seinen sozialistischen Ideen nach, als „Kaiser ohne Land“ aber fand er nach der Übernahme des Vorsitzes der „Reichsarbeitsgemeinschaft der Sozialausschüsse“ zum teilweisen „Schulterschluß mit Adenauer“[261]. Tatsächlich verteidigte die CDU-Linke in den Westzonen die Haltung Nuschkes. Gegen den „Seitenwechsler“ Kaiser betonten z. B. die „Frankfurter Hefte“, seine Politik, eine illegale CDU-Arbeit fortzusetzen, sei der Bevölkerung gegenüber unverantwortlich, da Opposition gegen die Besatzungsmächte überall in Deutschland verboten sei. CDU und LDP könnten in der SBZ nur versuchen, die Entwicklung

258 Vgl. Stein S. 18f.

259 „„Über die Kraft“‟. In: „Der Tag“ vom 22. September 1948.

260 Bereits auf der Tagung der Arbeitsgemeinschaft der CDU/CSU am 3./4. Februar 1948 in Köln wurden derartige Befürchtungen geäußert. Vgl. AG 537 (CA) CDU-CSU Arbeitsgemeinschaft Meeting in Cologne, 11 Feb 1948, K. Dayton, Acting Director Civil Administration Division (IfZ-Archiv, Bestand MF 84 POLAD 798-20). So auch Tjulpanow S. 244.

261 Vgl. Wengst: Die CDU/CSU S. 33.

zur Volksdemokratie durch konstruktive Zusammenarbeit solange aufzuhalten, bis eine gesamtdeutsche Lösung eine Veränderung der gesamten Situation bringe. Die verzerrende Darstellung der Haltung der CDU in der SBZ nütze ausschließlich der SED. Es stehe völlig außer Zweifel, daß CDU und LDP in der SBZ nach wie vor den Kommunismus entschieden ablehnten. In beiden Parteien werde „eben alles auf Hoffnung hin getan“, und der Erfolg hänge „von einem nicht allzu späten Zusammenschluß“[262] der Zonen ab. Bei den kommenden Wahlen in der SBZ sei mit einem klaren Sieg von CDU und LDP zu rechnen, und man könne diesen Wahlen gespannt entgegensehen.

Eingekeilt zwischen den Anweisungen der SMAD und den westlichen Vorwürfen der Uneigenständigkeit, war in den Landesverbänden der CDU der SBZ nach dem Parteitag das Bedürfnis stark, den west- und süddeutschen Parteifreunden die eigene Loyalität zu beweisen: „Die reaktionären Elemente strengten sich besonders nach dem 3. Parteitag der CDU 1948 an, in den Augen der westdeutschen Imperialisten weiterhin als ihresgleichen zu gelten.“[263]

Der 3. Parteitag der CDU in Erfurt hatte die CDU als programmatisch noch relativ eigenständige Partei gezeigt. Die weitere Entwicklung brachte aber weder einen Wahlsieg von CDU und LDP noch gar die Vereinigung der Zonen. Vielmehr trieben die Sowjets die Teilung Deutschlands durch die weitere Sowjetisierung ihrer Zone weiter voran. Dabei war den Kommunisten sowohl der Mitgliederzuwachs der CDU als auch deren programmatische Profilierung ein Dorn im Auge. Die Rede Tjulpanows auf dem 3. Parteitag leitete einen neuen Abschnitt in der Entwicklung der CDU ein, in deren Verlauf die Arbeit der Partei immer direkter durch die Besatzungsmacht gelenkt wurde.

Nach dem Parteitag setzte die SMAD die Einschränkung der Handlungsfreiheit der CDU fort. Im Oktober 1948 ordnete sie an, daß keine Zeitungen der CDU und der LDP mehr im Handel der SBZ geführt werden durften.[264] Vorausgegangen war das Verbot des Vertriebs westlicher Presseerzeugnisse in der SBZ und ab September auch im Ostsektor Berlins.[265] An den Kiosken der SBZ waren seitdem nur noch kommunistische Blätter zu erwerben. Auf das Verbot des öffentlichen Vertriebs der Blätter der CDU der SBZ reagierte die Partei mit der Einrichtung von Pressevertriebsstellen der CDU.[266] Der nächste Akt bestand in der „Reinigung“ der Archive der CDU durch die SMAD. Ein Großteil der CDU-Unterlagen wurde

262 Help S. 811f.
263 Sacher S. 174.
264 Vgl. „Angst vor der Wahrheit“. In: DUD Ausgabe A vom 21. Oktober 1948.
265 Vgl. Brief Jakob Kaiser an Robert Murphy (Political Advisor OMGUS), vom 30. August 1948 (IfZ-Archiv, Bestand MF 84 POLAD 460/18). Vgl. „An unsere Leser im Ostsektor“. In: „Der Tag“ vom 24. September 1948.
266 Vgl. CDU KV Rathenow/Westhavelland: An unsere Mitglieder und Gesinnungsfreunde in Rathenow 10. November 1948 (ACDP I-297-002).

konfisziert. Außerdem mußte die Partei alle noch laufenden Abonnements westlicher Informationsträger abbestellen.[267]

IV. Teilung des Landesverbandes Berlin 1948/49

1. Der Landesverband nach der Absetzung Kaisers

Das Jahr 1948 stellt einen tiefen Einschnitt in der Entwicklung Berlins dar. Die Blockade der westlichen Sektoren durch sowjetisches Militär, die Einrichtung einer Luftbrücke zur Versorgung der Bevölkerung und die politische Teilung der Stadt durch die Errichtung eines zweiten, ungewählten Magistrats im Ostsektor sind dafür markante Beispiele. Auch der Landesverband Berlin der CDU wurde von der politischen Teilung Berlins unmittelbar betroffen. Anders als bei der politischen Polarisierung zwischen den Unionsverbänden der Westzonen und der sowjetischen Zone Deutschlands, die ohnehin nur durch die Arbeitsgemeinschaft der CDU/CSU locker zusammengehalten wurden, kam es im Landesverband zu einer direkten Spaltung eines einheitlichen Landesverbandes. Die Berliner Union unter dem Vorsitz Walther Schreibers verfügte über ein einheitliches Organisationsgefüge in allen Berliner Sektoren, und auch im sowjetischen Ostsektor galt Schreiber als unbestrittener Vorsitzender des Landesverbandes. Das änderte sich nach der Absetzung Kaisers durch die SMAD.

Erste Reaktionen auf die Absetzung Kaisers waren eine Vertrauenserklärung der Berliner Jungen Union[1] und eine Erklärung Schreibers, daß sich die Politik der sechs CDU-Landesvorsitzenden der CDU der SBZ und Berlins nicht von den Auffassungen des Parteivorsitzenden unterscheide.[2] Der Landesvorsitzende der Berliner Jungen Union, Peter Lorenz, erklärte, die Junge Union werde einen neuen Vorstand nicht anerkennen und sich an dessen Anordnungen nicht gebunden fühlen. Andere Berliner CDU-Politiker vermuteten, daß in der SBZ „eine neue Partei entstehen werde, die mit der CDU nichts außer dem Namen gemeinsam hätte“[3]. Wie Schreiber erklärte auch der CDU-Fraktionsvorsitzende des Abgeordnetenhauses, Kurt Landsberg, die Berliner CDU werde auch in Zukunft nur Kaiser und Lemmer als Parteivorsitzende anerkennen. Bereits am 21. Dezember 1947 deutete Landsberg eine eventuelle Trennung des Landesverbandes Berlin von der CDU der SBZ und Berlins an. Bei der Begründung

267 „Angst vor der Wahrheit“. In: DUD Ausgabe A vom 21. Oktober 1948.

1 Vgl. Junge Union Berlin. Rundbrief Nr. 12/13 vom Januar 1948.
2 Vgl. Deutschlanddienst Berlin Blatt 36 vom 19. Dezember 1947.
3 Vgl. „Der Tagesspiegel“ vom 21. Dezember 1947.

seiner Ablehnung der Absetzung Kaisers berief sich Landsberg auf die Zuständigkeit aller alliierten Mächte für Berlin als Ganzes. Nur alle vier Besatzungsmächte, so Landsberg, hätten die Befugnis, den CDU-Vorsitzenden abzusetzen.[4]

Einen Tag nach der Sitzung der Arbeitsgemeinschaft der CDU/CSU in Berlin trat am 30. Dezember 1947 der Landesausschuß der Berliner CDU zusammen und beantragte beim Hauptvorstand der CDU der SBZ und Berlins, noch im Januar einen Parteitag einzuberufen. Zugleich machte der Ausschuß eine weitere Zusammenarbeit von der Gewährleistung der politischen Unabhängigkeit des Hauptvorstandes abhängig.[5] Das Ziel des Landesverbandes Berlin war klar. Im Falle einer zunehmenden politischen Beeinflussung des Zonenverbandes wollte man in Berlin „wie in einer selbständigen Zone arbeiten und einen selbständigen Landesverband bilden“[6]. Schreiber betonte, bei den Vorgängen in der SBZ handele es sich nicht um eine Krise der CDU, sondern um eine „Krise der deutschen Demokratie im hiesigen Raum“[7]. Dieses Verständnis der Ereignisse prägte die Entscheidung der Berliner CDU, sich zur Wahrung ihrer politischen Unabhängigkeit von der CDU der SBZ abzukoppeln.[8]

Im Januar 1948 begannen die Sowjets die Volkskongreßbewegung auch im Ostsektor Berlins zu etablieren, um auf diese Weise die Reste der noch vorhandenen demokratischen Strukturen zu beseitigen. Bisher hatten sich die Sowjets in Berlin wegen der Anwesenheit und der Verantwortlichkeiten der westlichen Alliierten zurückgehalten. Nun schlugen sie auch im Ostsektor Berlins offen den Weg zur kommunistischen Alleinherrschaft ein.

Am 5. Januar 1948 wurde für ganz Berlin ein „Ständiger Ausschuß für Einheit und gerechten Frieden“ ins Leben gerufen[9] und die CDU-Verbände des Ostsektors aufgefordert, sich zu beteiligen. Da die Ortsgruppen und Kreisverbände eine Mitarbeit jedoch durchgängig verweigerten, überzogen die Kommandanturen sie mit Schikanen unterschiedlichster Art. Im ganzen Ostsektor wurden bereits im Januar 1948 zahlreiche Versammlungsverbote ausgesprochen. Die Vorsitzenden der Ortsgruppen und Kreisverbände wurden zur SMA befohlen und dort aufgefordert, positive Stellungnahmen zum Volkskongreß abzugeben.

In dieser Situation tagten am 30. Januar 1948 der Landesausschuß der Berliner CDU und die Stadtverordnetenfraktion der CDU gemeinsam im Schöneberger

---

4 Vgl. „Der Kurier“ vom 22. Dezember 1947.

5 Vgl. „Kommuniqué der Berliner CDU“. In: „Der Tagesspiegel“ vom 31. Dezember 1947. Vgl. Referat des Landesvorsitzenden Dr. Walther Schreiber in der Landesausschuß-Sitzung am 30. Dezember 1947 S. 7. Vgl. Die Rechtliche Stellung des Landesverbandes Berlin der CDU (ACDP II-108-008).

6 „Wille lehrt Moses“. In: „Der Kurier“ vom 5. Januar 1948.

7 „Neue Zeit“ vom 3. Januar 1948.

8 Ähnlich war die Entwicklung beim LV Berlin der LDP. Vgl. Krippendorff S. 149.

9 Vgl. Goroschkowa S. 59.

Rathaus und beschlossen eine kategorische Ablehnung jeder Beteiligung am Volkskongreß für alle Gremien des Landesverbandes Berlin der CDU. Die Versammelten beschlossen, Steidle und Dertinger wegen parteischädigenden Verhaltens aus dem Landesverband Berlin auszuschließen.[10] Da zu diesem Zeitpunkt eine konkurrierende CDU-Organisation des Koordinierungsausschusses in Berlin noch nicht existierte, wurden beide wenig später als Mitglieder in den Landesverband Mecklenburg der CDU aufgenommen.[11]

In der kommunistischen Presse wurde der Ausschluß für eine breit angelegte Kampagne genutzt. Das „Neue Deutschland" sah den „Block der fortschrittsfeindlichen Parteien, der Berliner SPD, CDU und LDP, zur Großoffensive gegen die demokratischen Volkskräfte angetreten"[12]. Bereits Anfang Februar 1948 kam es in allen Berliner Stadtbezirken zu Delegiertenkonferenzen des Volkskongresses. Sie hatten die Aufgabe, eine Groß-Berliner Delegiertenkonferenz für den 21. und 22. Februar 1948 vorzubereiten.[13] Daran nahmen bereits einzelne CDU-Mitglieder, wie der spätere Vorsitzende der CDU des Ostsektors, Arnold Gohr, teil. Angesichts der Aktivitäten des Volkskongresses forderte der Landesverband Berlin der CDU seine Mitglieder auf, sich vom Volkskongreß zu distanzieren und jede Mitgliedschaft in kommunistischen Massenorganisationen zu vermeiden.[14] Der Landesverband distanzierte sich von Rundbriefen des Hauptvorstandes der CDU der SBZ und Berlins, in denen zur Teilnahme am Volkskongreß aufgerufen wurde, und stellte Anfang Februar 1948 den Abdruck seiner Versammlungsankündigungen in der „Neuen Zeit" ein.[15]

2. Trennung von der CDU der SBZ

Am 12. Februar 1948 verbot die SMAD dem Landesvorsitzenden der Berliner CDU, Schreiber, die Teilnahme an einer Beratung der Landesvorsitzenden der CDU der SBZ.[16] Damit entzogen sie einer weiteren Zusammenarbeit der Parteigliederungen

10 Vgl. Protokoll der 1. Landesausschußsitzung des Landesverbandes Berlin der CDU mit der Stadtverordneten-Fraktion der CDU am 30. Januar 1948 (ACDP III-012-790). Vgl. Brief L. Steidle an W. Schreiber vom 13. Januar 1948. In: STEIDLE S. 45f.

11 Vgl. „Tägliche Rundschau" vom 1. Februar 1948.

12 „Neues Deutschland" vom 1. Februar 1948.

13 Vgl. Aufruf des „Vorbereitenden Ausschusses Berlin-Mitte für Einheit und gerechten Frieden" (ACDP II-101-009).

14 Vgl. Beschluß des Landesvorstandes und des Landesausschusses vom 5. Februar 1948 (ACDP II-101-013). Vgl. zur Absage der Mitarbeit der Berliner CDU im FDGB den Abschnitt: Widerstand gegen die Umwandlung des FDGB (1/III/5).

15 Vgl. CDU LV Berlin: Rundschreiben Nr. 2 vom 7. Februar 1948 (ACDP III-012-1068).

16 Vgl. Airgram from U. S. Political Advisor for Germany (James W. Riddleberger) to the Secretary of State, Washington, D. C., A-132, February 16, 1948 (IfZ-Archiv, Bestand MF 84 POLAD 798-20).

den Boden und bewirkten die Trennung des Landesverbandes Berlin vom bisherigen CDU-Verband der SBZ und Berlins. Am 14. Februar 1948 beschäftigten sich der Landesausschuß der CDU und die CDU-Fraktion der Stadtverordnetenversammlung mit der von den Sowjets geschaffenen neuen Lage und stellten einstimmig fest, „daß durch diesen Eingriff dem Berliner Landesverband eine weitere Zusammenarbeit und die Aufrechterhaltung einer organisatorischen Verbindung mit den Landesverbänden der sowjetisch-besetzten Zone unmöglich gemacht worden ist“[17].

Der Landesverband Berlin wurde durch die Trennung von der CDU der SBZ ein selbständiger Teil der Arbeitsgemeinschaft der CDU/CSU und blieb auf diese Weise zunächst mit den fünf Landesverbänden der SBZ im Rahmen der Dachorganisation des Gesamtverbandes verbunden. Schreiber betonte zwar, daß er an einer Wiederaufnahme der Beziehungen zu seinen Parteifreunden in der SBZ interessiert sei, gab aber zu bedenken, daß „unionsfremde Elemente und schwach gewordene Funktionäre in den nächsten Tagen eine Spaltung der Union im sowjetischen Sektor versuchen“[18] könnten.

Tatsächlich begannen die Sowjets bereits im Februar 1948, die CDU in Berlin als illegal zu bezeichnen. Der sowjetische Stadtkommandant erklärte gleichzeitig, das Verbot der Teilnahme des Landesvorsitzenden Schreiber an der Sitzung der Landesvorsitzenden der CDU der SBZ hätte sich nur auf die Person Schreibers bezogen. Durch die Trennung des Landesverbandes Berlin von der CDU der SBZ habe sich dieser in die Illegalität begeben.[19] Die Bezirkskommandanturen der SMA befahlen die Kreisvorsitzenden der CDU des Ostsektors zu sich und forderten sie ultimativ auf, gegen die Beschlüsse ihrer Landesleitung Stellung zu beziehen. Für den Fall einer Weigerung wurde ihnen ein Verbot jeglicher weiteren politischen Arbeit in Aussicht gestellt. Auch der Hauptvorstand der CDU der SBZ bezeichnete die Trennung des Landesverbandes Berlin von der CDU der SBZ als „rechtlich unzulässig“[20] und forderte alle Berliner Unionsmitglieder auf, sich jeder Mitwirkung an der Durchführung der Beschlüsse zu enthalten. Dertinger erklärte, jeder, der gegen die Aufforderung des Zonenvorstandes handele, sei illegal tätig.[21] Ungeachtet solcher Drohungen stellten sich jedoch alle Ortsgruppen des Ostsektors hinter ihren Landesvorstand.[22] Die Forderung, nach dem gewählten Vorstand der CDU der SBZ und Berlins nun auch noch den von ihnen gewählten Landesvorstand abzulehnen, überforderte ihre politische Kompromißbereitschaft.

---

17 Protokoll der 2. Sitzung des Landesausschusses des LV Berlin der CDU vom 14. Februar 1948 S. 5 (ACDP III-012-790).

18 CDU LV Berlin. Schreiber an die CDU-Mitglieder. 28. Februar 1948 (ACDP II-108-008).

19 Vgl. Koppe S. 15.

20 „Berliner Beschluß rechtlich unzulässig“. In: „Neue Zeit“ vom 17. Februar 1948. Vgl. Die rechtliche Stellung des Landesverbandes Berlin der CDU (ACDP II-108-008).

21 Vgl. „‚Kollektiv‘ gegen CDU Berlin“. In: „Der Tagesspiegel“ vom 17. Februar 1948.

22 Vgl. Protokoll der 1. Vorstandssitzung der Ortsgruppe Alexanderplatz vom 19. Februar 1948 (ACDP II-101-004).

Beim Hauptvorstand der CDU der SBZ begann man unterdessen, eine konkurrierende CDU-Organisation in Berlin zu bilden. Auf Einladung von Gerhard Desczyk fand am 24. Februar 1948 eine Besprechung in der Parteizentrale statt, bei der die Anhänger der Politik des Koordinierungsausschusses in Berlin ihr künftiges Verhältnis zum Vorstand der CDU der SBZ berieten.[23] Unter dem Vorsitz von Wilhelm Schmidt bildete sich im CDU-Haus in der Jägerstraße ein „Aktionsausschuß Berlin der CDU im Sowjetischen Sektor", um „die Weiterarbeit der Union im sowjetischen Sektor sicherzustellen"[24]. Dabei ging es um die gesicherte Weiterführung der CDU-Arbeit der CDU der SBZ durch den Koordinierungsausschuß in Berlin. Aus der Sicht der mit Kaiser konkurrierenden Parteileitung unter Hickmann war im Ostsektor ein „CDU-freier Raum" entstanden, den es schleunigst auszufüllen galt, wollte man nicht dem für illegal erklärten Landesverband Berlin das Feld überlassen. Der „Aktionsausschuß" lud bereits zum 28. Februar 1948 zu einer ersten Sitzung ein, zu der allerdings kein einziger Ortsgruppenvorsitzender des Ostsektors erschien.[25] Der Kreis um Desczyk versuchte deswegen in der Folgezeit, die Kreisvorsitzenden der CDU im Ostsektor von der Politik des Landesverbandes zu lösen und für die Linie Hickmanns zu gewinnen.[26] Dem wirkte allerdings der Landesvorsitzende Schreiber erfolgreich entgegen. Eine von ihm einberufene interne Konferenz sämtlicher CDU-Kreis- und Ortsgruppenvorsitzenden des Ostsektors billigte einmütig den politischen Kurs des Landesverbandes und nahm gegen die Versuche „außerparteilicher Kräfte"[27] Stellung, die Partei zu spalten.

Die SMAD verstärkte nun den Druck auf die CDU-Funktionäre des Ostsektors.[28] Die CDU mußte den Sowjets die Arbeitsstellen sämtlicher Funktionäre melden. Außerdem gingen die Sowjets dazu über, CDU-Mitglieder so unter Druck zu setzen, daß diese sich bereit erklärten, im Sinne der Sowjets zu agieren. Über die so gewonnenen Mitglieder versuchte die SMA nun Einfluß auf die Vorgänge in den Kreisverbänden zu gewinnen.[29] Einzelnen Ortsgruppenvorsitzenden, die sich dem sowjetischen Ansinnen widersetzten, wurde eine weitere politische Tätigkeit verboten. Sie durften weder Versammlungen abhalten noch wiedergewählt werden.

An die Stelle dieser Funktionäre versuchten die Sowjets nun kooperative Mitglieder zu plazieren. Sämtliche Versammlungen wurden von Vertretern der SMA kontrolliert und durften nur noch nach von der SMA festgelegten Tagesordnungen

23 Vgl. Bericht vom 25. April 1948 (ACDP III-012-923).

24 Rundschreiben des „Aktionsausschusses Berlin der CDU im Sowjetischen Sektor" vom 25. Februar 1948 (ACDP III-012-1717).

25 Vgl. „Berliner CDU bleibt fest". In: „Der Tagesspiegel" vom 29. Februar 1948.

26 Vgl. Brief G. Desczyk an den Vorsitzenden des Kreisverbandes Berlin-Mitte der CDU, Julius Gladenbeck, vom 19. Februar 1948 (ACDP II-108-008). Vgl. Protokoll Besprechung Schlüterstraße am 20. Februar 1948 S. 3 (BA NL Kaiser 51).

27 „Berliner CDU bleibt fest". In: „Der Tagesspiegel" vom 29. Februar 1948.

28 Ähnlich waren die Abläufe im LV Berlin der LDP. Vgl. KRIPPENDORFF S. 150.

29 Vgl. Was geschieht im Ostsektor Berlins? 5. März 1948 (ACDP I-009-005/1).

ablaufen. Immer wieder wurden die Mitgliederversammlungen genötigt, Entschließungen anzunehmen, deren Inhalte von der SMA vorgelegt worden waren. Angesichts des bevorstehenden Landesparteitages der Berliner CDU erklärte die SMA die Teilnahme der Kreisverbände für unerwünscht[30] oder gab, wie in Berlin-Mitte, die Anweisung, beim Landesparteitag gegen die Wiederwahl „reaktionärer" Politiker zu stimmen. In Berlin-Treptow verbot die Kommandantur die Durchführung eines Kreisparteitages, auf dem die Delegierten für den Landesparteitag gewählt werden sollten, für so lange Zeit, bis der Kreisvorstand in eine Teilnahme am Volkskongreß eingewilligt haben würde.[31]

3. III. Landesparteitag April 1948

In dieser Situation kam am 10. April 1948 die Berliner CDU zu ihrem 3. Landesparteitag zusammen. Bis auf den Kreisverband Berlin-Friedrichshain waren auch alle Kreisverbände des Ostsektors durch ihre Delegierten vertreten.[32] Kurz vor Beginn der Versammlung im Schöneberger Rathaus traten Hickmann und Lobedanz als Vertreter des Koordinierungsausschusses der Landesvorsitzenden der CDU der SBZ mit der Erklärung an die Öffentlichkeit, daß keine Sitzung der Arbeitsgemeinschaft der sechs Landesvorsitzenden der CDU der SBZ und Berlins durch den Koordinierungsausschuß behindert worden wäre.[33]

Der Ausschluß Schreibers von der gemeinsamen Sitzung am 12. Februar 1948 sei ohne Zutun der Vertreter des Gesamtverbandes erfolgt, die darin demzufolge auch keine Beendigung der gemeinsamen Arbeit sähen. Hickmann und Lobedanz bedauerten, daß der Landesverband Berlin die gemeinsamen politischen Positionen aufgeben wolle.

In der Tat war das Gremium, das bisher die organisatorische Verbindung zwischen dem Landesverband Berlin und den Landesverbänden der SBZ dargestellt hatte, nicht durch CDU-Politiker, sondern durch die SMAD an der gemeinsamen Arbeit gehindert worden. Angesichts der Bemühungen Kaisers, in der Arbeitsgemeinschaft der CDU/CSU einen Abbruch der Beziehungen der westlichen Unionsverbände zum Koordinierungsausschuß der Landesvorsitzenden zu erreichen, versuchte Hickmann dem Eindruck entgegenzutreten, die Landesvorsitzenden der CDU der SBZ hätten

30 Vgl. „Demokratische Praxis der SMA". In: DUD Ausgabe A vom 6. April 1948.

31 Vgl. „Vor dem Berliner Landesparteitag der CDU". In: DUD Ausgabe A vom 8. April 1948. Vgl. Bericht vom 25. April 1948 (ACDP III-012-923).

32 Vgl. Airgram from U. S. Political Advisor for Germany (James W. Riddleberger) to the Secretary of State, Washington, D. C., A-290, April 13, 1948 (IfZ-Archiv, Bestand MF 84 POLAD 798-14). Vgl. Subject Weekly Intelligence Report No. 27 1948, HQ Intelligence Division (IfZ-Archiv, Bestand MF 84 POLAD 455/3).

33 Vgl. „Zur Landesversammlung der Berliner CDU". In: „Neue Zeit" vom 10. April 1948.

von sich aus den Kontakt zum Landesverband Berlin abgebrochen. Da die Teilung der CDU in einen unabhängigen Landesverband Berlin und in die CDU der SBZ durch die politischen Rahmenbedingungen ohnehin gegeben war, diente die Erklärung wohl in erster Linie zur Selbstrechtfertigung der Landesvorsitzenden der SBZ.

Ungeachtet der Erklärung des Koordinierungsausschusses bestätigte der Landesparteitag der Berliner CDU einstimmig den am 14. Februar 1948 gefaßten Beschluß, die organisatorische Verbindung zur CDU der SBZ abzubrechen.[34]

Die Trennung von der Institution „CDU der SBZ und Berlins" veränderte auch das Verhältnis des Landesverbandes Berlin der CDU zu dem von der Arbeitsgemeinschaft als obersten Repräsentanten der CDU der SBZ und Berlins anerkannten Jakob Kaiser. Obwohl keine ausdrückliche Trennung von Kaiser erfolgte, fungierte Kaiser nach der Trennung des Landesverbandes Berlin von den Landesverbänden der CDU der SBZ nicht mehr als Vorsitzender der CDU der SBZ und Berlins, sondern beanspruchte nur noch, die CDU-Mitglieder in der SBZ zu repräsentieren. Die Interessenvertretung der Berliner CDU einschließlich der CDU-Mitglieder aus dem Ostsektor Berlins wurde vom Landesverband Berlin der CDU unter Schreiber selbst wahrgenommen. Allerdings wurde Kaiser einstimmig zum Sprecher Berlins innerhalb des Vorstandes der Arbeitsgemeinschaft der CDU/CSU gewählt. Dadurch wurde die praktisch zunächst weiterbestehende enge Verbindung der Parteileitung unter Kaiser mit dem Landesverband Berlin der CDU dokumentiert, die sich auch in einer engen personellen Verflechtung ausdrückte. Kaiser wurde auch angeboten, in den Landesvorstand einzutreten. Er lehnte jedoch mit der Begründung ab, sich für gesamtdeutsche Aufgaben freihalten zu wollen.

Mit 93 gegen 27 Stimmen bei 9 Enthaltungen beschlossen die Delegierten des Landesparteitages den Ausschluß aller Mitglieder, die sich weiterhin am Volkskongreß beteiligen würden. Schreiber ging in seinem Referat noch einmal auf den Entschluß zur Trennung von der CDU der SBZ ein. Er griff die Landesvorsitzenden der CDU der SBZ an und verlangte von ihnen, sich bald zu entscheiden, „wie lange sie noch einer Politik der Unfreiheit und revolutionären Willkür durch ihre Mitarbeit den falschen Anschein des Rechts und der Freiheit"[35] geben wollten. Die beste Lösung, so Schreiber, der Ende 1945 von der SMAD selbst als 2. Vorsitzender der CDUD abgesetzt worden war, sei es nun, die politische Arbeit in der SBZ einfach einzustellen. Deutliche Kritik an diesen Äußerungen Schreibers übte daraufhin der im Dezember 1945 gemeinsam mit ihm abgesetzte Vorsitzende der CDUD, Andreas Hermes. Seine Kritik richtete sich über Schreiber hinweg direkt an Kaiser, dessen Politik des

34 Vgl. Rundschreiben Nr. 6 1948 des LV Berlin der CDU vom 13. April 1948 (ACDP II-101-013).

35 W. SCHREIBER: Politisches Referat auf dem Landesparteitag der CDU am 10. April 1948 S. 3 (ACDP III-012-1065).

Abbruches der Beziehungen zum Koordinierungsausschuß Hermes strikt ablehnte. Er verteidigte ausdrücklich die Politik Hickmanns und betonte die Notwendigkeit, die Einheit Deutschlands und der Union überall und solange wie möglich zu wahren. Das Band zur CDU der SBZ dürfe nicht „ohne Erschöpfung der letzten Mittel des Ausgleichs zerschnitten werden“[36]. Die Meinung der beiden CDU-Politiker, die bis Ende 1945 gemeinsam die Leitung der CDUD innegehabt hatten, gingen weit auseinander. Während Schreiber von den Vertretern des Koordinierungsausschusses angegriffen wurde, fanden die Äußerungen von Hermes dort ein positives Echo. „Der neue Weg“, das Blatt der CDU in Sachsen-Anhalt, schrieb: „Der Gründer der Union, Andreas Hermes hat auf dem Parteitag Berlin der Union in wohlabgewogenen, der Versöhnung dienenden Worten sein Verständnis und seine positive Würdigung für die Politik der Ostzonenleitung zum Ausdruck gebracht ...“[37] Auch die SMAD und die SED lobten die Anerkennung der Kompromißbereitschaft der CDU-Leitung durch deren ehemaligen Vorsitzenden.[38] Neben all dem Lob für den abgesetzten Vorsitzenden wirkte die Kritik an der Berliner CDU um so deutlicher. Die Landesvorsitzenden der CDU der SBZ warfen dem Landesverband Berlin „Gesinnungszwang“[39] vor. Die Behauptung Schreibers, der Volkskongreß wäre „nicht der Vorkämpfer der deutschen Einheit, sondern der Totengräber Deutschlands“[40], stelle die Tatsachen auf den Kopf und lasse das Mindestmaß an Achtung vermissen, das auch dem politisch Andersdenkenden entgegengebracht werden sollte.

Derartige Bemerkungen mußten den im Ostsektor Berlins wohnenden CDU-Mitgliedern allerdings wie Hohn klingen. Seit Wochen wurden sie von den Vertretern des Koordinierungsausschusses bedrängt, sich am Volkskongreß zu beteiligen. In den Berliner Zentralverwaltungen waren sämtliche CDU-Mitglieder entlassen worden, die sich geweigert hatten, Veranstaltungen des Volkskongresses zu besuchen.[41] Mitglieder, die wegen ihrer Teilnahme vom Landesverband Berlin aus der CDU ausgeschlossen wurden, blieben Mitglied des Gesamtverbandes der CDU der SBZ, der sich auf diese Weise einen kleinen Mitgliederstamm im Ostsektor Berlins schuf. Der Landesverband reagierte auf diesen Schritt des Koordinierungsausschusses mit dem Angebot, allen CDU-Mitgliedern, die in der SBZ den Kurs der CDU nicht mehr mittragen wollten, im Landesverband Berlin „ein politisches Heimatrecht zu geben“[42]. Von diesem Angebot machten in der Tat einige Mitglieder aller Länder der SBZ Gebrauch. Sie blieben formal Mitglied der CDU der SBZ/DDR und wurden zugleich als Mitglieder des

36 Andreas HERMES S. 15. Vgl. Airgram from U. S. Political Advisor for Germany (James W. Riddleberger) to the Secretary of State, Washington, D. C., A-132, February 16, 1948 (IfZ-Archiv, Bestand MF 84 POLAD 798-20).
37 „Der neue Weg“ vom 20. April 1948.
38 Vgl. „Dr. Hermes‘ späte Erkenntnis“. In: „Neues Deutschland“ vom 13. April 1948.
39 „Gesinnungszwang im Landesverband Berlin“. In: „Neue Zeit“ vom 11. April 1948.
40 Vgl. „CDU der Ostzone und Berliner Landesverband“. In: „Neue Zeit“ vom 14. April 1948.
41 Vgl. „Eine klare Antwort“. In: „Der Tag“ vom 16. April 1948.
42 EBD.

Landesverbandes Berlin eingetragen[43], der sich aufgrund der besonderen Situation in Berlin als einziger Landesverband der CDU dem sowjetischen Druck entziehen konnte. Um den Vorwürfen des Landesverbandes Berlin, die CDU in der SBZ wäre bereits „gleichgeschaltet", entgegenzutreten, kündigte der Koordinierungsausschuß für Mitte Juli 1948 einen Parteitag in Berlin an, der beweisen sollte, „daß die Union der Ostzone ihre Politik nicht im Zeichen der Gleichschaltung"[44] durchführe. Diesen vom Koordinierungsausschuß geplanten Zonenparteitag in Berlin verboten die Sowjets und zeigten damit deutlich das Dilemma, in dem die Landesvorsitzenden der CDU der SBZ in der Tat steckten. Zugleich versuchten sie, dem von ihnen protegierten „Aktionsausschuß Berlin der CDU" neue Mitglieder zuzuführen, indem sie den Mitgliedern ankündigten, daß die westlichen Alliierten Berlin bald verlassen und sie dann allein in Berlin herrschen würden.[45]

4. Gründung des „Arbeitskreises Groß-Berlin" April 1948

Nach dem Landesparteitag der Berliner CDU am 10. April 1948 lag die Führung der gesamten Berliner Union weiterhin in den Händen ihres Landesvorsitzenden Walther Schreiber. Selbst die ehemaligen Historiker der DDR-CDU mußten zugeben, daß „der Einfluß der reaktionären Kräfte ... zu Beginn des Jahres 1948 sogar noch angewachsen" war und die „fortschrittlichen" Kräfte „mehr und mehr ... in eine Isolierung"[46] gerieten. Nachdem bereits im Februar 1948 ein „Aktionsausschuß Berlin der CDU im sowjetischen Sektor" ins Leben gerufen worden war, konstituierte sich auf Anregung des Ortsgruppenvorsitzenden der CDU von Köpenick-Süd, Arnold Gohr, dessen enge Kooperation mit der SMAD bekannt war, am 24. April 1948 ein „Arbeitskreis Groß-Berlin beim Gesamtverband der CDU". Kurz zuvor war durch den Vorsitzenden der LDP von Berlin-Lichtenberg, Franz Gensecke, ein ähnlicher Arbeitskreis der LDP ins Leben gerufen worden.[47] Beide „Arbeitskreise" traten auf Initiative der SMAD ins Leben.[48] Anders als der „Aktionsausschuß" des Wilhelm Schmidt, der sich nur für den Ostsektor der Hauptstadt konstituiert hatte, beanspruchte der „Arbeitskreis" Einfluß in ganz Berlin. Er bekannte sich wie der „Aktionsausschuß"

43 So z. B. der Vorsitzende des KV der CDU Niesky, Wendelin Siebrecht.

44 „Gewissenszwang". In: „Neue Zeit" vom 14. April 1948.

45 Vgl. W. HAHN: Chronik des KV Prenzlauer Berg. Berlin 1958 (unveröffentlichtes Manuskript) S. 19 (ACDP I-282-001/3).

46 KOPPE S. 16f.

47 Vgl. „Arbeitsgemeinschaft der Ostsektoren-LDP". In: „Der Tagesspiegel" vom 22. April 1948. Vgl. KRIPPENDORFF S. 150.

48 Eine andere Auffassung vertrat H. Brandt in einem Gespräch mit dem Autor am 22. Juni 1987 in Sankt Augustin (ACDP MAT Richter QB,2). Da aber in der damaligen Zeit ausschließlich Gründungen auf sowjetische Initiative erfolgten, war zwangsläufig auch die Gründung des „Arbeitskreises" von den Sowjets in die Wege geleitet.

zur Politik des Koordinierungsausschusses der Landesvorsitzenden der CDU der SBZ. Wie für Kaiser mit dem Koordinierungsausschuß im Bereich der SBZ, so war für Schreiber mit dem „Arbeitskreis" für Berlin eine konkurrierende CDU-Organisation entstanden, die sich unter dem Schutz der Besatzungsmacht entwickeln konnte, ohne demokratischen Abstimmungen ausgesetzt zu werden.

Dem Vorstand des „Arbeitskreises" gehörten als 1. Vorsitzender der politisch auf der Linie Hickmanns und Nuschkes liegende Berliner Stadtverordnete Rechtsanwalt Helmut Brandt und als dessen Stellvertreter Gohr und Carl-Leo Butke an.[49] Auffallend war, daß Brandt mit seiner Rechtsanwaltspraxis am Kurfürstendamm im britischen Sektor Berlins wohnte und auf diese Weise der Groß-Berliner Anspruch des „Arbeitskreises" dokumentiert wurde. Brandt diente dem „Arbeitskreis" vor allem als bürgerliches Aushängeschild. Durch ihn hofften die Sowjets, auch in den Westsektoren Berlins Anhänger für den „Arbeitskreis" zu gewinnen. Der eigentliche Initiator war Gohr, der den „Arbeitskreis" ins Leben rief und sein Wirken nach sowjetischen Anweisungen lenkte.

Kurz vor der Gründung des „Arbeitskreises" und nach Bestätigung des Abbruches der organisatorischen Verbindungen des Landesverbandes Berlin zur CDU der SBZ durch den Landesparteitag hatte sich Brandt, der auch Mitglied des Deutschen Volksrates war, in einem „Offenen Brief"[50] an Schreiber gewandt und dessen Politik verurteilt. Es sei eine Illusion, zu glauben, es gebe irgendwo in Deutschland Demokratie. Das Modell der Weimarer Republik habe versagt. Heute müsse man tolerant und bereit sein, in die Schule des politischen Gegners zu gehen. Schreiber warnte in seinem Antwortschreiben[51] vor jeder Toleranz gegenüber totalitären Kräften. Angesichts des kommunistischen Terrors sei es ein Fehler, zu glauben, dem revolutionären Drang der Kommunisten mit liberalen Methoden begegnen zu können. Schreiber bestätigte den Ausschluß Brandts aus der Berliner CDU wegen dessen Mitarbeit im Volksrat. In der Presse warnte er öffentlich vor jeder Kollaboration mit dem Kommunismus. Die SMAD und SED benutzten Kollaborateure, weil sie die Machtergreifung der Kommunisten verharmlosen und die Widerstandskraft derer, die widerstrebten, schwächen wollten. Wie bei der Machtergreifung der Nazis seien die Kommunisten ihren Helfern aber nur solange dankbar, solange sie gebraucht würden. Zur Abwehr der kommunistischen Durchdringung sei eine klare Scheidung der Geister nötig. Um ein zweites Prag in Berlin zu vermeiden, werde auch in Zukunft jeder sofort aus dem Landesverband ausgeschlossen, der sich der kommunistisch gesteuerten Volkskongreßbewegung anschließe.[52]

---

49 Vgl. KOPPE S. 20.
50 Vgl. „Brief eines Ausgestoßenen". In: „Neue Zeit" vom 16. April 1948.
51 Brief Schreiber an Brandt vom 17. April 1948 (ACDP III-012-923 u. 1717).
52 Vgl. „Kollaborateure und Kommunismus". In: „Der Tag" vom 18. April 1948.

Der „Arbeitskreis" unter Leitung Brandts betonte daraufhin, er wolle nicht nur diejenigen Mitglieder erfassen, die vom Landesverband Berlin ausgeschlossen worden seien, sondern er sei auch bestrebt, alle Ortsgruppen und Kreisverbände Berlins für sich zu gewinnen. Brandt erklärte seine Absicht, der Spaltung der CDU in Berlin entgegenwirken zu wollen, indem er den „Arbeitskreis" aus einer Minderheit zu einer Mehrheit entwickeln und so den Zusammenhalt der Berliner CDU mit der CDU der SBZ wiederherstellen würde.[53] Der Konzeption, dem Landesverband Berlin der CDU unter Schreiber einen Landesverband Berlin der CDU, angeschlossen an die CDU der SBZ als dem eigentlichen CDU-Landesverband entgegenzustellen, lag das sowjetische Drängen auf Ausdehnung der eigenen Macht auf ganz Berlin zugrunde. Auch mit der parallel laufenden Ausdehnung des Volkskongresses auf ganz Berlin, das die SMAD entgegen der Londoner Erklärung von 1944 als Teil der SBZ interpretierte, versuchten die Sowjets – wie schließlich mit der Blockade der Westsektoren – die ehemaligen Kriegsverbündeten aus der Stadt zu vertreiben. Die Westalliierten reagierten auf Manöver dieser Art entsprechend. Sie untersagten kurz nach der Gründung der „Arbeitskreise" von CDU und LDP deren Tätigkeit in den Westsektoren Berlins und empfahlen, Anträge auf Zulassung als politische Parteien zu stellen. Bis zu einer eventuellen Zulassung seien in Berlin nur die Landesverbände der CDU unter Schreiber und der LDP unter Carl Hubert Schwennicke durch die Alliierte Kommandantur lizenziert.[54] Da es sowohl eine CDU wie eine LDP in Berlin bereits gab, hätten Anträge Brandts und Genseckes wenig Aussicht auf Erfolg gehabt. Neugründungen unter anderem Etikett aber hätten nicht den erstrebten Zielen der SMAD gedient. Um den „Arbeitskreisen" aber dennoch zu einem Durchbruch zu verhelfen, störten die Sowjets die Tätigkeit der legalen CDU und LDP in ihrem Sektor, so gut sie konnten. Nachdem General Kotikow am 20. April 1948 bei einer Sitzung der Alliierten Kommandantur bereits vergeblich ein Verbot der Jungen Union in Berlin gefordert hatte[55], begannen die Kommandanturen im April ihren Druck auf die CDU-Verbände des Sowjetsektors zu verstärken.[56] Es kam zu Hausdurchsuchungen, Telefonsperren, Versammlungsverboten und zahlreichen Verhören. Auf diese Weise gelang es der SMA, einen Teil des verunsicherten Kreisvorstandes der CDU in Weißensee auf ihre Seite zu ziehen.[57] Als nächstes ordnete die Zentralkommandantur

53 Vgl. „Arbeitskreis Groß-Berlin der CDU". In: „Neue Zeit" vom 25. April 1948.

54 Vgl. „CDU- und LDP-‚Opposition' nicht anerkannt". In: „Der Tagesspiegel" vom 28. April 1948. Vgl. „Zweierlei Maß". In: „Nacht-Express" vom 28. April 1948.

55 Vgl. Office Of Military Government US Berlin Sector APO 742-A, US-Army 22 April 1948. Louis GLASER: Subject „Junge Union" and „Junge Liberaldemokraten". To: US Commandant. 1. References: (a)BK/R(48)131(b) Deputies Meeting, 20 April 1948 (IfZ-Archiv, Bestand MF 260 OMGBS 4/132-3/7 1 Of 3).

56 Vgl. Civil Administration And Political Affairs (IfZ-Archiv, Bestand MF 260 OMGBS 4/128-2/5 7 Of 7).

57 Vgl. Subject Weekly Intelligence Report No. 36 (II) 1948, HQ Intelligence Division (IfZ-Archiv, Bestand MF 84 POLAD 455/3).

an, daß ab sofort sämtliche CDU-Versammlungen 72 Stunden vor ihrer Abhaltung genehmigt werden müßten.[58] Die Folge dieses Befehls war allerdings vor allem, daß die CDU-Gruppen ohne Genehmigung der SMA tagten.[59] Während die Sowjets die CDU-Gruppen unter Druck setzten, erklärte der Vorsitzende des „Arbeitskreises", Brandt, der „Arbeitskreis" sei als Teil des Gesamtzonenverbandes der CDU die „allein lizenzierte christlich-demokratische Organisation von Groß-Berlin"[60] und vertrete allein die Grundsätze des Gründungsausrufes der CDU.[61] Da Brandt immer massiver eine Teilnahme der CDU-Mitglieder am Volkskongreß forderte[62], blieben Konflikte nicht aus. In den Stadtbezirksparlamenten griffen sich Vertreter des Landesverbandes und des „Arbeitskreises" gegenseitig an.[63] Dabei wurde den Vertretern des Landesverbandes vorgeworfen, ihre Arbeit sei illegal, da dieser sich vom „Gesamtverband" getrennt habe. Auch in den Kreisverbänden versuchte sich der „Arbeitskreis" verstärkt zu etablieren. Am 2. Juni 1948 gab Gohr die Gründung eines „Arbeitskreises Köpenick" bekannt und begann, die Mitglieder ultimativ zum Wechsel in den „Arbeitskreis" aufzufordern.[64] Auf einer Sitzung des „Arbeitskreises" im Unionshaus in der Jägerstraße wiederholte am 4. Juni 1948 Carl-Leo Butke noch einmal den Anspruch, der „Arbeitskreis" stelle den legitimen Landesverband Berlin dar, und die Arbeit Schreibers sei illegal. Butke berief sich dabei auf ein Urteil des Amtsgerichts Köpenick, das besagte, daß der Landesverband Berlin durch sein Ausscheiden aus dem Zonenverband die Lizenzgrundlage verloren habe.[65] Für Aufregung in der Berliner CDU sorgte die Tatsache, daß Butke bei seiner Aufforderung, in allen Berliner Stadtbezirken „Arbeitskreise" zu bilden, sich auf den „prominenten Förderer des Arbeitskreises"[66], Ferdinand Friedensburg, berief, zu dem er beste Kontakte habe. Vor dem Landesausschuß des Landesverbandes Berlin dementierte Friedensburg zwar seine Sympathien für den „Arbeitskreis", konnte aber

58 Vgl. „Maßnahmen gegen CDU im Ostsektor". In: „Der Tagesspiegel" vom 29. April 1948.
59 Vgl. Walter HAHN: Chronik des KV Prenzlauer Berg (unveröffentlichtes Manuskript) – (ACDP I-282-001/3).
60 „Dr. Brandt über den ‚Arbeitskreis Groß-Berlin der CDU'". In: „Neues Deutschland" vom 30. April 1948.
61 Vgl. Aufruf des Arbeitskreises Groß-Berlin der CDU vom 14. Mai 1948 (ACDP III-012-629).
62 Vgl. LV Berlin der CDU: Rundschreiben 8 1948 vom 24. Mai 1948 (ACDP II-108-008). Vgl. „Neues Deutschland" vom 9. Mai 1948.
63 Vgl. „Keine Unterstützung für SED-Volksbegehren". In: „Der Tag" vom 20. Mai 1948.
64 Vgl. CDU-Arbeitskreis Köpenick: Rundschreiben vom 2. Juni 1948 gez. Gohr (ACDP III-012-923). Vgl. Formular des Arbeitskreises Groß-Berlin im Gesamtverband der CDU. Juni 1948 (ACDP II-002-002/9).
65 Vgl. Rundschreiben Gohr, Vorsitzender der CDU OG Köpenick-Süd, vom 13. Mai 1948. Vgl. Bericht Haupt vom 4. Juni 1948 P III (ACDP III-012-923).
66 Vgl. „Dr. Friedensburg und die Tagung der Ostzonenminister". In: „Neue Zeit" vom 3. Juni 1948.

die Zweifel nicht zerstreuen.[67] Schon am 12. Februar 1948 hatte er sich nicht mit Schreiber solidarisch gezeigt, als dieser von den Sowjets an der Teilnahme einer Sitzung der Landesvorsitzenden der CDU der SBZ gehindert worden war. Bekannt war, daß Friedensburg mit SED-Stellen kooperierte, was für ihn bei seiner Tätigkeit als Bürgermeister allerdings auch unerläßlich war.[68] In der strikt antikommunistischen SPD bezeichnete man ihn wegen seiner Bereitschaft zur Kooperation mit östlichen Dienststellen als „russophilen"[69] Politiker. In der Tat gehörte Friedensburg eher zu den auf Kooperation mit den Sowjets orientierten Politikern[70], zu denen auch Hermes, Lemmer, Hickmann und Nuschke zählten.

Da der „Arbeitskreis" nun überall als Berliner CDU auftrat, verschickte der Landesverband ein Rundschreiben an seine Mitglieder, in dem ausdrücklich darauf hingewiesen wurde, daß der „Arbeitskreis" mit dem Landesverband nicht identisch sei; er trage sogar dazu bei, die demokratischen Parteien zu schwächen und die Bestrebungen der Kommunisten zu unterstützen.[71]

Am 17. Juni 1948 beschloß der Koordinierungsausschuß der Landesvorsitzenden der CDU der SBZ, in Zukunft nur noch den „Arbeitskreis" als „legale Vertretung der Berliner Unionsmitglieder"[72] anzusehen. Der Koordinierungsausschuß nahm Brandt in den Kreis der Landesvorsitzenden der CDU der SBZ auf und zwang Schreiber, die Parteiräume im Unionshaus in der Jägerstraße zu verlassen.[73] Eine Woche später forderte die SED, die das im Ostsektor gelegene Stadthaus durch kommunistische Gruppen umlagern ließ, die Berliner Parteien in einem offenen Brief auf, sich politisch umzuorientieren und sich der Volkskongreßbewegung anzuschließen.[74] Gleichzeitig lud Brandt als „Vorsitzender des Landesverbandes Berlin der CDU" zu einer Versammlung des „Arbeitskreises" ins Restaurant Carlson am Alexanderplatz ein. Die wenigen Anwesenden beschlossen die Aufhebung der durch den Landesverband Berlin

---

67 Vgl. Protokoll der 4. Sitzung des Landesausschusses des LV Berlin der CDU am 4. Juni 1948 (ACDP III-012-790).

68 Vgl. „Dr. Friedensburg und der Arbeitskreis". In: „Die Neue Zeitung" vom 5. Juni 1948. Vgl. GURLAND S. 524 Anm. 50.

69 So K. Schumacher in einem Brief an Paul Löbe vom 10. November 1947. Zit. b. SCHWARZ: Vom Reich S. 815.

70 Friedensburg galt bis in die 60er Jahre als Vertreter eines um Ausgleich mit der UdSSR bemühten Kurses und war wegen seiner oppositionellen Haltung gegen Adenauer bekannt. Vgl. UiD vom 3. Mai 1956. Vgl. Union Pressedienst 16/17 1959. Vgl. die Aussagen Siegfried Dübels auf der Tagung des ACDP „Die Geschichte der CDU der SBZ/DDR 1948 bis 1952" am 5./6. Juli 1988 in Schloß Eichholz, Protokoll S. 197 (ACDP VI-015).

71 Vgl. CDU LV Berlin. Juni 1948. An die Mitglieder des LV Berlin der CDU (ACDP II-002-002/9 u. III-012-923).

72 „Arbeitskreis Groß-Berlin alleinige legale Vertretung". In: „Neue Zeit" vom 18. Juni 1948.

73 Vgl. KOPPE S. 29 Anm. 118.

74 Vgl. Bericht Fritz Klauck vom 3. August 1948 (ACDP I-254-002/3). Vgl. LILGE S. 49. Vgl. FRIEDENSBURG S. 265f. Vgl. „Die Methode der Bevorzugung". In: „Der Tag" vom 23. Juni 1948.

ausgesprochenen Ausschlüsse aus der CDU, die Ausschaltung des „amerikanischen Flügels" der Partei und den Anschluß Berlins an die SBZ.[75] In Flugblättern, die in ganz Berlin verschickt wurden, forderte Brandt alle CDU-Mitglieder auf, sich nun endlich dem „Arbeitskreis" anzuschließen.[76] Da Brandt sich als neuer „Landesvorsitzender" gerade auf 68 Mitglieder in Groß-Berlin stützen konnte, drängte er auf eine Ausweitung seines Arbeitskreises. Am 5. Juli 1948 beschloß der Vorstand des „Arbeitskreises" deswegen, in jedem Kreisverband des Ostsektors einen Vertrauensmann einzusetzen, der formal als Kreisvorsitzender des „Arbeitskreises" fungierte. Mit der SMA war abgesprochen, daß diese nur die Vertrauensleute Brandts als legale CDU-Vertreter anerkennen und den bisherigen Kreisgeschäftsstellen die Übergabe aller Materialien und der Mitgliedskarteien befehlen würde.[77] Trotz ihrer nur knapp 70 Mitglieder erhielt der „Arbeitskreis" am folgenden Tag eine sowjetische Lizenz für die Wochenzeitung „Der Fortschritt" in einer Auflagenhöhe von 50.000 Exemplaren. Als Lizenzträger zeichneten Brandt und Gohr. Chefredakteur des von der SMAD finanzierten neuen Blattes wurde Martin Preikschar.[78] Bereits die erste Nummer bezeichnete ausschließlich den „Arbeitskreis" als legitime Berliner CDU und rief zur engen Zusammenarbeit mit den Kommunisten auf. Im Juli 1948 beschloß der „Arbeitskreis" die Bildung „bezirklicher Arbeitskreise"[79] und die Intensivierung der Arbeit im Kreisverband Weißensee. Nun wurden – wie bereits in Weißensee – die Kreisvorsitzenden aller Kreise stark unter Druck gesetzt. Dem Kreisvorsitzenden der CDU vom Prenzlauer Berg, Walter Hahn, untersagte die Kommandantur jede weitere Versammlungstätigkeit.[80] Der Kreisvorsitzende der CDU von Berlin-Mitte, Julius Gladenbeck, erhielt ein Schreiben des „neuen Kreisverbandsvorsitzenden" Franz Nitt, in dem dieser ihn zur sofortigen Übergabe seines Amtes aufforderte.[81] Am 24. Juli 1948 verkündete „Der Fortschritt" die Konstituierung eines Kreisverbandes Friedrichshain des „Arbeitskreises".[82] Während die Kreisverbände des Ostsektors dem Vorgehen Brandts wenig entgegensetzen konnten, schlug ihm in den Westsektoren eine Welle der Ablehnung entgegen. Alexander Armbrüster aus Wilmersdorf forderte Brandt erfolglos auf, seine Tätigkeit zu beenden und sich wieder in die Reihe der

---

75 Vgl. Bericht Wilhelm Heymann vom 7. Juli 1948 (ACDP III-012-923). Vgl. Protokoll zur Vorstandssitzung des KV der CDU Berlin-Mitte am 28. Juni 1948 in der Geschäftsstelle Oranienburgerstraße 48/49 (ACDP II-101-005). Vgl. „Westorientierung verhängnisvoll". In: „Neues Deutschland" vom 27. Juni 1948.

76 Vgl. CDU-Arbeitskreis Groß-Berlin: An die Unionsfreunde Berlins (ACDP III-012-923).

77 Vgl. Vertraulicher Bericht über Vorstandssitzungen des Arbeitskreises Groß-Berlin der CDU (ACDP III-012-923).

78 „Der Fortschritt" Wochenzeitung der CDU Berlins. 1. Jg. 1948 Nr. 1 vom 6. Juli 1948.

79 KOPPE S. 29.

80 Vgl. Walter HAHN: Chronik des KV Berlin Prenzlauer Berg. Berlin 1958 (unveröffentlichtes Manuskript) S. 21 (ACDP I-282-001/3).

81 Vgl. Brief Franz Nitt an Julius Gladenbeck vom 17. Juli 1948 (ACDP II-101-009).

82 Vgl. Pressestelle der CDU Berlin: „Arbeitskreis – Fata Morgana" vom 26. Juli 1948 (ACDP III-012-923).

christlichen Demokraten einzureihen.[83] Davon war Brandt allerdings weit entfernt. Bei der Auschaltung des legalen Landesverbandes war er manchmal sogar den Sowjets zu schnell. So wies die SMA seinen Wunsch, dem Arbeitskreis die Mitgliederlisten der Kreisverbände zu übergeben, zunächst zurück.[84] In einer Versammlung am 17. Juli 1948 forderte er, „daß die SMA an die Bezirksräte, Bezirksverordneten und Stadtverordneten der Ostsektors herantritt, um sie zu bewegen, in unserem Arbeitskreis mitzuarbeiten oder um sie aus ihren Stellungen zu entfernen"[85].

Da die SMA kaum noch Veranstaltungen des legalen Landesverbandes im Ostsektor gestattete, verlagerte sich die Parteiarbeit der Berliner CDU immer mehr in die Westsektoren.[86] Angesichts des immer härte härteren Vorgehens der SMA und Brandts sah sich der Landesverband Berlin veranlaßt, nun seinerseits gegen den Leiter des „Arbeitskreises" vorzugehen, der die westliche Demokratie offen als „Monopoldemokratie" beschimpfte und der westlichen Haltung seinen „deutschen Standpunkt" gegenüberstellte.[87] Am 30. Juli 1948 beriet der Landesausschuß in Anwesenheit der Kreisvorsitzenden des Ostsektors im Rathaus Schöneberg die Situation und mußte feststellen, daß die legale Arbeit der CDU im Ostsektor nahezu unmöglich geworden sei.[88] Sämtliche Kreisvorsitzenden distanzierten sich ausdrücklich von Brandt, der mit heftigen Attacken reagierte. Er warf dem Landesverband vor, eine „Parteidiktatur"[89] nach dem Führerprinzip entwickelt und „politische Fahnenflucht" begangen zu haben.

5. Verbot der Parteiarbeit im Ostsektor

Als die Blockade der Westsektoren Berlins bereits zwei Monate andauerte und sich die politische Teilung der Stadt immer deutlicher abzeichnete, drang am frühen

83 Vgl. Brief Alexander Armbrüster an Brandt vom 18. Juli 1948 (ACDP III-012-923).

84 Vgl. Vertraulicher Bericht über Vorstandssitzungen des Arbeitskreises Groß-Berlin der CDU (ACDP III-012-923).

85 Vgl. Vermerk (Vertraulich) vom 9. Juli 1948 über Plakatbestellungen DIN A1 (Dreifarbendruck) – (ACDP I-254-002/3). Vgl. Vertraulicher Vermerk vom 17. Juli 1948 (ACDP III-012-923).

86 Vgl. Bericht über die Vorstandssitzung des KV Berlin-Mitte am 19. Juli 1948 (ACDP II-101-005).

87 Vgl. „Dr. Brandt gegen erfundene Behauptungen". In: „Neue Zeit" vom 23. Juli 1948. Vgl. „‚Arbeitskreis' mit Russenhilfe". In: „Der Tag" vom 22. Juli 1948. Vgl. KOPPE S. 24. Vgl. „Weltpolitik um Berlin". In: „Der Tag" vom 25. Juli 1948.

88 Vgl. Protokoll der 6. Landesausschußsitzung des LV Berlin der CDU am 30. Juli 1948 (ACDP III-012-790).

89 Helmut BRANDT: „‚Führer' und ‚Genossen'". In: „Neue Zeit" vom 1. August 1948.

Morgen des 21. August 1948 ein Polizeikommando in die Geschäftsräume des Landesverbandes Berlin der CDU in der Jägerstraße ein und hinderte die Angestellten der Geschäftsstelle am Betreten.[90] Dertinger hatte die Vertreter des Landesverbandes bereits vorher aufgefordert, die Geschäftsräume nicht mehr aufzusuchen.[91] Angesichts der gesamten Entwicklung in Berlin hatte der Landesverband ohnehin bereits etwa 90 Prozent seiner Geschäftsakten in die Westsektoren gebracht, wo er zunächst in der Reichsstraße 4, im britischen Sektor, Aufnahme fand.[92] Da der Landesverband nach seinem Auszug aus der Jägerstraße dort weiterhin über zahlreiche Vertrauensleute verfügte, kam er auch in der Folge noch in den Besitz wichtiger Unterlagen und konnte seine Materialien dort vertreiben.[93] Mit dem erzwungenen Auszug des Landesverbandes Berlin aus dem Unionshaus in der Jägerstraße war das Verbot jeglicher Parteiarbeit der legalen CDU im Ostsektor verbunden. Dem Vorsitzenden des CDU-Kreisverbandes Prenzlauer Berg, W. Hahn, wurde von der SMA mitgeteilt: „Die unter Leitung des Herrn Hahn stehende CDU im Bezirk Prenzlauer Berg ist illegal und darf irgendwelche politische Tätigkeit nicht ausüben. Als Kreisverband der CDU anerkennt die Kommandantur nur den im Zonenverband anerkannten Kreisverband unter Leitung von Frau Chwodzinska-Schrödter."[94]

Nach dem Verbot der Arbeit der Kreisverbände überlegten deren Vorstände, auf welche Weise sie die Parteiarbeit fortsetzen könnten, ohne die Mitglieder zu gefährden. So fanden die Vorstandssitzungen der Kreisvorstände ab Mitte des Jahres 1948 nur noch in den Westsektoren Berlins statt. Der Vorstand des Kreisverbandes Prenzlauer Berg fand einen Raum in einer Schule in der Grünthalerstraße, die nicht weit vom Prenzlauer Berg lag und als Versammlungsraum genutzt werden konnte.[95] Die Sitzungstermine wurden ausschließlich vertrauenswürdig erscheinenden Mitgliedern mitgeteilt und erfreuten sich bis zum Bau der Mauer 1961 zunehmender Beliebtheit. Die Mitglieder des Kreisverbandes Köpenick fanden sich an der Markthalle am Schlesischen Tor in Kreuzberg zusammen, wo sich ein großer Teil der CDU-Mitglieder aus Köpenick mit den bereits geflüchteten Köpenickern ebenfalls bis 1961 traf.[96] Der Kreisverband Mitte fand sich zu seiner ersten Versammlung im Westen Berlins

---

90 Vgl. DUD Ausgabe A vom 23. August 1948.

91 Brief Dertinger an den vorm. Landesverband der CDU Groß-Berlin z. Hd. v. Herrn Max Hampel vom 23. August 1948. In: SENAT DER STADT BERLIN: Quellen und Dokumente S. 948.

92 Vgl. DUD Ausgabe A vom 6. September 1948.

93 Vgl. Georg Henkel (ACDP III-013 DbCDU Ok).

94 CDU-Information 3 vom Oktober/November 1948 S. 7 (ACDP III-012-1066).

95 Vgl. Walter HAHN: Die Arbeit in der Illegalität. In: Chronik des KV Prenzlauer Berg. Berlin 1958 (unveröffentlichtes Manuskript) S. 22 (ACDP I282-001/3).

96 Vgl. Wilhelm DUMSTREY: Kreisverband Köpenick der CDU. 24. November 1973 (ACDP II-099-001 u. I-230-001/1).

in einem Restaurant am Lehrter Bahnhof zusammen. Auch hier waren sämtliche Mitglieder der Ortsgruppe Mitte erschienen.[97]

Angesichts der Repressalien durch die Sowjets war es nicht verwunderlich, daß dem „Arbeitskreis“ Brandts „der erste entscheidende Einbruch in die Positionen des Schreiber-Verbandes“[98] gelang. Der Kreisverband Weißensee wurde gezwungen, geschlossen zum „Arbeitskreis“ überzutreten. Der Landesverband Berlin wandte sich daraufhin in einem Schreiben an seine Mitglieder in Weißensee und erklärte, daß der Kreisverband Weißensee und seine Ortsgruppen als Teil des Landesverbandes Berlin nicht mehr existierten. Die Mitglieder wurden aufgefordert, sich zur Klärung der Situation in der Charlottenburger Reichsstraße zu melden. Zu einer faktischen Teilung des Kreisverbandes kam es dadurch, daß ein Teil der Mitglieder dem Aufruf des Landesverbandes Berlin folgte, „sich von allen Veranstaltungen oder Versammlungen fernzuhalten, die namens der CDU in Weißensee stattfinden“, und „keine Beiträge mehr an die jetzigen CDU-Organisationen in Weißensee (zu) leisten“[99] und ein anderer Teil sich dem „Arbeitskreis“ unter dem neuen Kreisvorsitzenden Hermann Solbach anschloß. Etwa die Hälfte der Mitglieder beteiligte sich weder am „Arbeitskreis“ noch an der aus sowjetischer Sicht illegalen Parteiarbeit im Rahmen des Landesverbandes Berlin in den Westsektoren der Stadt.[100] Diese Arbeit setzte ein Maß an Engagement voraus, zu dem viele Mitglieder trotz grundsätzlicher Zustimmung angesichts der drakonischen Strafen der Sowjets nicht bereit waren. Der „Arbeitskreis“ bemühte sich während des ganzen Sommers intensiv um eine Ausweitung seiner Arbeit. In allen Verbänden wurden die Mitglieder ultimativ aufgefordert, sich anzuschließen.[101] Durchgehend wurde der Landesverband Berlin als illegal bezeichnet. Aus der „nüchterne(n) Erkenntnis, daß ohne das Vertrauen der sowjetischen Besatzungsmacht eine politische Arbeit in unserem Bezirk überhaupt nicht möglich ist“[102], sollten die CDU-Mitglieder sich dem „Arbeitskreis“ anschließen. In Berlin-Mitte versuchte die sowjetische Kommandantur den Kreisvorsitzenden Julius Gladenbeck sogar vergeblich mit einem Stadtratposten und einer in dieser Zeit äußerst raren großen Wohnung zu bestechen, um ihn auf diese Weise zum Übertritt zu bewegen.[103] Nachdem die Zahl der Mitglieder jedoch kaum zunahm, verschärfte sich

97 Vgl. Rede von Julius Gladenbeck. Tonbandabschrift über die Gründung und Geschichte des Kreisverbandes Berlin-Mitte der CDU 1945 – 1948 S. 14 (ACDP II-101-001).

98 Koppe S. 31. Vgl. „Kreis Weißensee geschlossen im neuen Landesverband“. In: „Der Fortschritt“ vom 4. September 1948.

99 Senat der Stadt Berlin: Quellen und Dokumente S. 951.

100 So Koppe S. 31.

101 Vgl. Brief Heinz Fried an die Mitglieder der OG Pankow vom 26. August 1948. Vgl. Brief Heinz Fried an Viktor Stolzmann vom 2. September 1948 (ACDP III-012-923).

102 Brief F. Nitt CDU LV Berlin KV Berlin-Mitte an die CDU-Mitglieder vom 4. September 1948 (ACDP II-101-003).

103 Vgl. Rede von Julius Gladenbeck. Tonbandabschrift. Die Gründung und Geschichte des KV Berlin-Mitte der CDU 1945-1948 S. 15 (ACDP II-101-001).

im September der Ton.[104] In einem Rundschreiben der Ortsgruppe Köpenick-Süd des „Arbeitskreises" an die CDU-Mitglieder hieß es: „... wir betrachten Sie deshalb als zu unserer Ortsgruppe gehörend. Sollten Sie hiermit nicht einverstanden sein, so bitten wir um Ihre ausdrückliche Erklärung."[105] Im September kam es zu ersten Massenentlassungen von CDU-Mitgliedern, die sich nicht bereit erklärten, zum „Arbeitskreis" Brandts überzutreten. Die Entlassungen lösten eine Fluchtwelle in die Westsektoren aus, die den CDU-Landesverband Berlin veranlaßten, allen aus politischen Gründen entlassenen Mitgliedern organisiert zu helfen.[106] Während so die legale CDU im Ostsektor zerschlagen wurde, empfing General Kotikow, nachdem der „antifaschistisch-demokratische Blocks" auch für Berlin proklamiert worden war[107], am 4. September 1948 die Leitung des „Arbeitskreises" und bestätigte den Beschluß des Hauptvorstandes der CDU der SBZ, den „Arbeitskreis" als neuen Landesverband der CDU von Groß-Berlin anzuerkennen.[108] Während Schreiber auf die Unrechtmäßigkeit des Vorganges hinwies[109], erfolgte im ganzen Ostsektor die Beschlagnahme der Geschäftsstellen der Kreisverbände und Ortsgruppen der CDU und die Übernahme durch die Vertreter Brandts.[110] Am 6. September 1948 randalierten zum wiederholten Male kommunistische Störtrupps in der Berliner Stadtverordnetenversammlung und erreichten die Verlegung der Arbeit in die Westsektoren.[111] Damit waren die Kommunisten ihrem Ziel der Alleinherrschaft im Ostsektor schon sehr nahegekommen. Mitte September 1948 veranstaltete der Landesverband Berlin vier außerordentliche Funktionärsversammlungen[112], auf denen Schreiber zu den Ereignissen Stellung nahm und alle Berliner CDU-Kreisvorstände ihre politische Verbundenheit mit dem gewählten Landesvorstand zum Ausdruck brachten.

Kurz vor dem 3. Parteitag der CDU der SBZ im Erfurt nahm die Arbeitsgemeinschaft der CDU/CSU zu den Berliner Vorgängen Stellung. In einem Telegramm an

---

104 Vgl. Brief des 1. Kreisvorsitzenden Friedrichshain, Schmidt, an die Mitglieder der OG Petersburg vom 24. September 1948 (ACDP III-012-923).

105 Brief CDU OG Köpenick-Süd an die Mitglieder vom 14. September 1948 (ACDP III-012-923).

106 Vgl. CDU-Information des LV Berlin Nr. 2 vom September/Oktober 1948 S. 11 (ACDP I-257-001/2). Vgl. CDU-Information des LV Berlin Nr. 3 vom Oktober/November 1948 S. 2 (ACDP III-012-1066).

107 Vgl. KOPPE S. 6.

108 Vgl. „In Sorge um Berlin". In. „Der Fortschritt" vom 11. September 1948. Vgl. „Unterredung General Kotikows mit dem Vorstand der Berliner CDU". In: „Tägliche Rundschau" vom 4. September 1948.

109 Vgl. Walther SCHREIBER: „Wer ist hier illegal?". In: „Der Tag" vom 9. September 1948.

110 Vgl. Berlin-Mitte am 30. September 1948 (ACDP II-101-003). Vgl. „Berlin-Friedrichshain: ‚Geschlossen und versiegelt'". In: „Der Tag" vom 2. Oktober 1948. Vgl. Wilhelm DUMSTREY, Kreisverband Köpenick der CDU 24. November 1973 (ACDP II-099-001). Vgl. CDU-Information des LV Berlin Nr. 2 vom September/Oktober 1948 S. 6 (ACDP I-257-001/2). Vgl. DUD Ausgabe C vom 21. September 1948.

111 Vgl. FRIEDENSBURG S. 267f.

112 Vgl. LV Berlin CDU an alle Kreisverbände 3. September 1948 (ACDP II-113-003/1).

den Landesverband Berlin hieß es: „Arbeitsgemeinschaft CDU/CSU Deutschlands anerkennt als den ihr angeschlossenen Landesverband Berlin nach wie vor nur den auf demokratischer Grundlage zustande gekommenen Verband von Dr. Walther Schreiber. Arbeitsgemeinschaft lehnt die von Dr. Helmut Brandt geführte Gruppe als nicht legal ab. Der sogenannte Arbeitskreis um Dr. Brandt ist kein Bestandteil der Christlich-Demokratischen und Christlich-Sozialen Union Deutschlands.“[113] Ohne gewählt worden zu sein und ohne Anerkennung durch die Dachorganisation der CDU/CSU in allen Zonen Deutschlands nahmen am 3. Parteitag der CDU der SBZ am 18. und 19. September 1948 in Erfurt 18 Delegierte des „Arbeitskreises“ teil. Nach den CDU-Statuten hätte pro 1000 Mitglieder ein Delegierter gewählt werden dürfen. So nahm selbst Brandt als Vorsitzender seiner Gruppe statutenwidrig am Parteitag teil.[114] Ungeachtet dieser Tatsache wandte er sich als „1. Vorsitzender des Landesverbandes Berlin der CDU“[115] nach dem Erfurter Parteitag an die CDU-Mitglieder: „Wenn noch irgendwelche Zweifel in der Auffassung bestanden“, schrieb er, „welcher Landesverband der CDU in Berlin berechtigt ist, die CDU gesetzlich zu vertreten“, so seien diese „durch den Zonenparteitag in Erfurt restlos beseitigt“. Jedes Mitglied müsse nun entscheiden, ob es der CDU oder „dem Kreis um die Herren Landsberg-Schreiber“ angehören wolle. Brandt wies deutlich darauf hin, „daß Parteifreunde, die sich nicht dem rechtmäßigen Verband anschließen, im Parteiinteresse nicht mehr als CDU-Vertreter in den Parlamenten und Bezirksämtern anerkannt werden“ könnten. Sie wurden durch Brandt für abgesetzt erklärt.[116] Dabei beschränkte Brandt sich nicht auf Funktionäre aus dem Ostsektor. Während die Sowjets die Westsektoren Berlins blockierten, erklärte Brandt auch zahlreiche Funktionäre der CDU der Westsektoren für abgesetzt[117] und polemisierte gegen den legalen Landesvorstand unter Schreiber. Im Wochenblatt „Der Fortschritt“ wurde der Landesverband dem „Arbeitskreis“ gegenübergestellt: „Die Gruppe Dr. Schreiber ist kriegerisch und diktatorisch, während die CDU des Landesverbandes Berlin um Dr. Brandt friedliebend und demokratisch die Ziele des Programms der CDU vertritt.“[118] Die Vorwürfe stammten nicht vom „Arbeitskreis“ selbst, sondern waren direkt von General Kotikow übernommen, der Schreiber, der CDU und zahlreichen anderen Parteien und Organisationen militaristische und „faschistische“ Tendenzen vorgeworfen hatte. Die Vorwürfe wurden

113 DUD Ausgabe A vom 15. September 1948.

114 Vgl. „Ohne Mandat“. In: „Der Tag“ vom 17. September 1948.

115 Dr. Dr. Helmut Brandt, 1. Vorsitzender der CDU LV Berlin, an die Mitglieder 30. September 1948 (ACDP III-012-923).

116 Vgl. Brief CDU LV Berlin. Dr. Dr. Brandt. 1. Vorsitzender an Gerhard Stolzmann vom 19. November 1948 (ACDP III-012-923). Vgl. „Arbeitskreis versucht Erpressung“. In: „Der Tagesspiegel“ vom 30. September 1948.

117 Vgl. Brief Dr. Dr. Brandt, 1. Vorsitzender der CDU LV Berlin, an Julius Schellin in Berlin-Tempelhof vom 16. Oktober 1948 (ACDP VII-004-001/1).

118 „Zweierlei CDU“. In: „Der Fortschritt“ vom 2. Oktober 1948.

von Schreiber und Friedensburg entschieden zurückgewiesen.[119] Angesichts der im Dezember 1948 anstehenden Wahlen wandte sich Brandt an den Berliner Magistrat und forderte als die „einzig anerkannte Vertretung der CDU in Berlin"[120] von der Behörde eine Aufforderung zu erhalten, Wahlvorschläge einzureichen. Der Magistrat ließ daraufhin durch seine Rechtsabteilung ein Gutachten erstellen, das die Legalität des Landesverbandes unter Schreiber auf Grund alliierter Befehle begründete und die Forderungen Brandts zurückwies. Die „stillschweigende Duldung" des „Arbeitskreises" durch die sowjetische Zentralkommandantur könnte ihm „keineswegs die Rechte einer politischen Partei im Sinne der BK/O (46) 458"[121] verleihen. Da Brandt zugleich die Entlassungen von CDU-Mitgliedern im Ostsektor forcierte, sah sich der Landesausschuß der Berliner CDU auf einer Tagung am 2. Oktober 1948 veranlaßt, sich mit der Unterbringung der aus dem Ostsektor entlassenen Angestellten zu befassen.[122] Zugleich wandten sich Schreiber und die Vorsitzenden der CDU-Kreisverbände des Ostsektors mit einer Erklärung an die westlichen Alliierten, in der sie die Behinderung der Parteiarbeit beschrieben und ihrer Befürchtung Ausdruck verliehen, daß die Parteiarbeit im Ostsektor völlig zum Erliegen kommen werde.[123]

Brandt wandte sich nach der Zurückweisung seiner Ansprüche durch den Berliner Magistrat mit Schreiben vom 20. Oktober 1948 an die westlichen Alliierten und forderte sie auf, den „Arbeitskreis" als legalen Landesverband Berlin der CDU anzuerkennen. Gleichzeitig teilte er namentlich die Bezirksstadträte und -verordneten mit, die er angeblich aus der CDU ausgeschlossen hatte.[124] Der Leiter der Abteilung für Zivilverwaltung bei der US-Militärregierung für Berlin, Franklin, teilte Brandt daraufhin das Verbot seiner Organisation im amerikanischen Sektor mit und untersagte ihm, den Titel „1. Vorsitzender des Landesverbandes Berlin der CDU" zu führen. Die Amerikaner werteten den Brief Brandts als ein

---

119 Vgl. Brief des Oberbürgermeisters von Groß-Berlin Friedensburg an den Chef der Garnison der Stadt Berlin des sowjetischen Okkupationssektors, General K. Kotikow, vom 1. November 1948 und Brief Schreibers an den Stellvertreter des Militärkommandanten der Stadt Berlin, Oberst Jelisarow, vom 25. Oktober 1949 (IfZ-Archiv, Bestand MF 260 OMGBS 4/128-2/7 2 Of 2).

120 „Die einzig anerkannte Vertretung der CDU". In: „Neue Zeit" vom 26. September 1948.

121 SENAT DER STADT BERLIN: Quellen und Dokumente S. 955f. Vgl. LV Berlin: CDU-Information Nr. 3 vom Oktober/November 1948 S. 5 (ACDP III-012-1066).

122 Vgl. EBD. S. 2. Vgl. die Fälle: Sibilla. Dienststellenleiter der Abteilung Volksbildung Schulamt Berlin-Mitte; Julius Gladenbeck; Willi Gambke; Frieda Leschkowitsch (ACDP II-101-003).

123 Vgl. Erklärung vom 2. Oktober 1948, gez. Schreiber (als Landesvorsitzender) und die Vorsitzenden der Kreisverbände des Ostsektors: Julius Gladenbeck (Mitte), Walter Hahn (Prenzlauer Berg), Richard Schild (Friedrichshain), Moll (Treptow), Wilhelm Dumstrey (Köpenick), Anton Weber (Lichtenberg), Gregor Mohn (Pankow) – (IfZ-Archiv, Bestand MF 84 POLAD 798-14).

124 Vgl. „Brandt-Briefe". In: CDU-Info Nr. 4 vom November/Dezember 1948.

weiteres sowjetisches Manöver zu Verwirrung der Situation in Berlin.[125] Auch die britische Militärregierung bezeichnete den Brief Brandts in ihrer Antwort vom 8. November 1948 als „impertinenten Täuschungsversuch“[126], der keine weitere Beachtung verdiene. Parallele Vorstöße der Ost-LDP, bei der die Entwicklung ähnlich wie in der CDU verlief, wurden gleichfalls zurückgewiesen.[127] Während die westlichen Alliierten und die Vertreter aller demokratischen Parteien sich deutlich gegen Brandts Ansprüche wandten, nahm die SMAD ihn in Schutz. Mitte Oktober 1948 empfing General Lukyanchenko Brandt und erklärte, es liege im Interesse der SMAD, den Einfluß von Politikern wie Brandt auszudehnen, die – ohne Kommunisten zu sein – die Notwendigkeit freundschaftlicher Beziehungen zwischen Deutschland und der UdSSR erkannt hätten. Wenn in einer zukünftigen deutschen Regierung Politiker wie er bestimmenden Einfluß ausübten, entfiele für die UdSSR die strategische Bedeutung der Oder-Neiße-Grenze, und diese könnte modifiziert werden.[128]

Anfang November 1948 forderte der „Arbeitskreis“ in einem Aufruf den Boykott der bevorstehenden Wahl[129] und rief auf, gegen die Wahl zu wirken.[130] Die Gründe dafür lagen auf der Hand. Die von der SMAD installierten „Arbeitskreise“ der CDU und LDP wären – hätten die Westalliierten ihre Wahl überhaupt genehmigt – in der neuen Stadtverordnetenversammlung auf keinen Fall vertreten gewesen; die SED, die schon bei den Wahlen im Oktober 1946 unter 20 Prozent gelegen hatte, wäre noch weiter zurückgefallen. Auch den Sowjets war klar, daß die SED auf demokratischem Wege keine Chance hatte, die Macht an sich zu reißen. Während sie die Blockade der Westsektoren fortsetzen, benannten sie deswegen noch kurz vor den Wahlen am 30. November 1948 einen eigenen, nicht gewählten Magistrat. Der Landesverband Berlin der CDU charakterisierte diesen Vorgang als „Wiederholung des November-Putsches vor 25 Jahren im Münchener Bürgerbräu“[131]. Die Sowjets forderten Brandt auf, Oberbürgermeister im neuen Magistrat zu werden. Als er ablehnte, bestimmten die

125 Vgl. Office Of Military Government Berlin Sector: Monthly OMG Report For April 1948. To The Assistant Deputy Military Governor OMGUS. From Office of the Director Office of Military Government U.S. Berlin Sector. APO 742-A. Civil administration and political affairs (IfZ-Archiv, Bestand MF 260 OMGBS 4/128-2/5 5 Of 7). Vgl. „Dr. Brandt nicht anerkannt“. In: DUD Ausgabe C vom 13. November 1948.

126 „Brandt-Briefe“. In: CDU-Info Nr. 4 vom November/Dezember 1948 S. 16.

127 Vgl. „Abfuhr für Dr. Brandt“. In: Informationsdienst des Zonenausschusses für die britische Zone Nr. 16/17 vom 27. November 1948.

128 Vgl. Airgram from the Political Advisor for Germany, Berlin (R. Murphy) to American Embassy in Warsaw, November 16, 1948 (IfZ-Archiv, Berstand MF 84 POLAD 798-14).

129 Vgl. „CDU gegen Sektorenwahlen in Berlin“. In: „Neue Zeit“ vom 12. November 1948. Vgl. „Achtung Fälschung!“. In: „Der Tag“ vom 1. Dezember 1948.

130 Vgl. KOPPE S. 41.

131 „Tragikkomödie im Opernhaus“. In: DUD Ausgabe A vom 3. Dezember 1948.

Sowjets Friedrich Ebert (SED) zum Oberbürgermeister des Ost-Magistrats.[132] Brandt erhielt die Aufgabe, Friedrich Ebert mit der Begründung vorzuschlagen, die CDU habe zugunsten der „tragenden Kraft“[133] im Block, der SED, verzichtet. Den „Arbeitskreis“ vertraten neben Brandt Gohr, Magdalene Stark-Wintersig, Carl-Leo Butke und Josef Kofler.[134] Der Landesverband Berlin erklärte nach der Errichtung des Ost-Magistrats, die in der Liste des „sowjethörigen Putsch-Magistrat(s)“[135] erwähnten CDU-Mitglieder seien keine Mitglieder des Landesverbandes Berlin der CDU, sondern wegen ihres kriminellen, verfassungswidrigen Verhaltens und nachgewiesener politischer Hochstapelei aus der CDU ausgeschlossen worden. Die Arbeit der Kreisverbände des Ostsektors hatte sich inzwischen vollständig in die Westsektoren verlagert.[136] In Vorbereitung der Wahlen am 5. Dezember 1948 hatten alle demokratischen Parteien vereinbart, daß die im Ostsektor gewählten Stadtverordneten dem neugewählten Parlament solange mit allen Rechten angehören sollten, bis im Ostsektor wieder frei gewählt werden könnte.[137]

Der Landesverband rief daraufhin die Mitglieder der Kreisverbände des Ostsektors zu Versammlungen in die Westsektoren, um Kandidatenlisten für die Stadtverordnetenversammlung aufstellen zu lassen.[138] Auch für den Ostsektor war nur der Landesverband Berlin der CDU berechtigt, Wahlvorschläge einzureichen.[139] Brandt wandte sich sowohl gegen den Landesverband der CDU als auch gegen die „Scheinwahlen“. Nur der Block sei berechtigt, für ganz Berlin zu sprechen.[140] Währenddessen wurden im Westen Berlins zahlreiche CDU-Versammlungen durch kommunistische Gruppen gestört, die durch Randale und Schlägereien versuchten, die Abhaltung der Versammlungen zu verhindern.[141]

Trotz aller Störmanöver wurden die Wahlen ein großer Erfolg für die demokratischen Parteien. Bei einer Wahlbeteiligung von 86,6 Prozent ging die SPD mit 64,5 Prozent der abgegebenen Stimmen als klarer Sieger aus der Wahl hervor. Die CDU erhielt 19,4 Prozent und die LDP 16,1 Prozent aller Stimmen. Damit war das Ergebnis für die CDU enttäuschend. Schreiber führte den Wahlausgang unter anderem auf die verheerende Wirkung der Aktivitäten des „Arbeitskreises“ zurück.[142]

---

132 Vgl. „Die Tagung im Admiralspalast“. In: „Neues Deutschland“ vom 1. Dezember 1948.
133 EBD.
134 Vgl. „CDU-Vertreter im Berliner Magistrat“. In: Utm vom Januar 1949 S. 16.
135 „Handlanger des Kommunismus“. In: „Der Tag“ vom 3. Dezember 1948.
136 Vgl. Brief des KV Berlin-Mitte an die Mitglieder, Weihnachten 1948 (ACDP II-101-003). Vgl. Brief W. Dumstrey an Peter Lorenz vom 26. November 1948 (ACDP I-230-001/1).
137 Vgl. CDU-Info Nr. 4 vom November/Dezember 1948 S. 4.
138 Vgl. „Vergebliche Liebesmüh in Weißensee“. In: „Neue Zeit“ vom 26. Oktober 1948.
139 Vgl. CDU LV Berlin: Rundschreiben Nr. 9 vom 17. September 1948 an den KV Berlin-Mitte (ACDP II-101-003).
140 Vgl. Helmut BRANDT: „Vor kommenden Dingen in Berlin“. In: „Der Fortschritt“ vom 27. November 1948.
141 Vgl. „Terror – Waffe der Kommunisten“. In: „Der Tag“ vom 3. Dezember 1948.
142 Vgl. „Antwort auf eine Frage“. In: „Der Tag“ vom 14. Dezember 1948.

Für den „Arbeitskreis" erklärte dessen 2. Vorsitzender Gohr, der Landesverband Berlin befinde sich in einer „ideologischen, politischen und taktischen Krise". Es werde nicht mehr lange dauern, bis er auseinanderfalle und der Kern zum „Arbeitskreis" „zurückfinde"[143].

6. Absetzung Helmut Brandts Anfang 1949

Nachdem die SMAD Brandt bis zum Herbst 1948 als geeigneten Exponenten ihrer Politik in Berlin angesehen hatte, kam es im Januar 1949 in der Führung des „Arbeitskreises" zu Auseinandersetzungen zwischen dem Vorsitzenden Helmut Brandt einerseits und Arnold Gohr und Josef Kofler andererseits. Den Stellvertretern Brandts, die unmittelbar sowjetische Anweisungen ausführten[144], war die Haltung ihres Vorsitzenden plötzlich zu gemäßigt. Sie forderten eine Änderung der Parteistatuten, um die CDU stärker der Entwicklung in der SBZ anzupassen.[145] Gohr und Kofler forderten Brandt auf, seine Funktionen in der Partei niederzulegen. Da die Sowjets Brandt nicht völlig fallen lassen wollten, wurde er vom Präsidenten der Deutschen Justizverwaltung, Max Fechner, zum Vizepräsidenten der Deutschen Hauptverwaltung für Justiz berufen und nahm bereits ab Februar 1949 nicht mehr an den Vorstandssitzungen des neuen Landesverbandes Berlin der CDU (Ost) teil.[146] Endgültig besiegelt wurde seine Absetzung auf einer von 82 Vertretern besuchten Konferenz des Ostberliner CDU-Verbandes. Gohr übernahm auf dieser Versammlung am 18. Juni 1949 die Funktion des 1. Vorsitzenden des Landesverbandes Berlin der CDU (Ost). Stellvertreter Gohrs wurden Kofler, Magdalene Stark-Wintersig, Franz Henze und Heinz Fried, der sich wenig später in den Westen absetzte.[147] Damit war die gemäßigtere „Gruppe Brandt", die versucht hatte, eine loyale, aber möglichst eigenständige Politik gegenüber der SMAD durchzusetzen[148], von den radikaleren prokommunistischen Kräften um Gohr verdrängt worden. Mit Brandt schieden Otto Bethke, Walter Bredendieck und Franz Nitt aus dem Vorstand aus. Auch der bisherige Geschäftsführer des Landesverbandes

143 „Schreiber-CDU in der Krise". In: „Berliner Zeitung" vom 14. Dezember 1948.

144 So Brandt in einem Gespräch mit d. Autor am 22. Juni 1987 in Sankt Augustin (ACDP MAT Richter QB2).

145 Vgl. „Gohr gegen Brandt". In: „Der Tag" vom 9. Januar 1949.

146 Vgl. „Zum Präsidenten hinausbefördert". In: „Der Abend" vom 19. Februar 1949. Vgl. „Dr. Brandt wurde Vizepräsident der Justizverwaltung". In: „Der Fortschritt" vom 12. März 1949.

147 Vgl. „Programmatische Forderungen der Berliner CDU". In: „Neue Zeit" vom 19. Juni 1949.

148 Vgl. Airgram from the Political Advisor for Germany, Berlin (James W. Riddleberger) to the Secretary of State, Washington, A-419, June 25, 1949 (IfZ-Archiv, Bestand MF 84 POLAD 455/3).

Berlin der CDU (Ost), Fritz Briese, trat von seinem Posten zurück.[149] Die Übernahme der Ost-Berliner CDU-Führung durch Gohr bedeutete zugleich eine Niederlage für Nuschke, dem der gemäßigtere Brandt lieber war als Gohr und Kofler, die auch nach Nuschkes Meinung sowjetische Agenten waren.[150] Nach der Verdrängung Brandts ging der Machtkampf in der Parteiführung weiter. Sowohl Kofler als auch Fried versuchten, Gohr von seinem Posten zu verdrängen.[151] Gohrs Position war jedoch unantastbar. Im Dezember 1949 bekannte sich der Landesverband Berlin der CDU (Ost) unter seiner Führung in „Sechs Thesen zur gegenwärtigen politischen Lage" als erster Landesverband der CDU uneingeschränkt zur Politik der SED. Gohr kündigte an, gegen alle „Kaiser- und Adenauer-Filialen" in der Partei hart durchzugreifen.[152] Der Landesverband der CDU in Berlin (Ost) zählte zu diesem Zeitpunkt nach eigenen Angaben 1224 Mitglieder. Von den 131 Mitgliedern aus den Westsektoren kamen mit 29 die meisten aus Neukölln.[153] Ihnen standen die etwa 17 000 Mitglieder des legalen Landesverbandes Berlin der CDU unter Schreiber gegenüber.

Wie in der SBZ begann auch im Ostsektor Berlins im Januar 1950 eine Kampagne gegen alle „reaktionären" Funktionäre und Mitglieder der Partei. Sie richtete sich vor allem gegen die bekannten Funktionäre des legalen Landesverbandes Berlin der CDU (West).[154] Der Erklärung des Landesverbandes (Ost) vom Dezember 1949 folgte am 5. Februar 1950 die Zustimmung zur Entschließung des Hauptvorstandes der CDU der DDR vom 28. Januar 1950[155] und ein Aufruf an die Mitglieder des Landesverbandes Berlin (West), sich der prokommunistischen Politik des östlichen Verbandes anzuschließen.[156] Im Sommer 1950 wurde Brandt, der Gründer des „Arbeitskreises", wegen seiner Kritik an der Praxis der Waldheim-Prozesse verhaftet. Er blieb bis Mitte der 60er Jahre inhaftiert. Der von ihm im Auftrag der SMAD gegründete „Arbeitskreis" aber wurde zum Grundstein des neuen Landesverbandes Berlin (Ost) der CDU der DDR. Die von ihm unter sowjetischer Regie ins Leben gerufene und von den Sowjets finanzierte Wochenzeitung „Der Fortschritt" stellte am 26. Oktober 1950 ihr Erscheinen ein. Ihr politisches Profil hatte die Auflagenhöhe

149 Vgl. Lorenz zur Information. 5. November 1949 (ACDP I-294-906/AII).
150 Vgl. Information Brandt (ACDP III-012-1717).
151 Vgl. Bericht Landesverband Berlin: Ostzonen-CDU vom 3. November 1949 (BA NL Kaiser 8).
152 Vgl. „Berliner CDU bekennt sich zur Nationalen Front". In: „Neues Deutschland" vom 12. März 1950. Vgl. Thesen des Landesverbandes Berlin, angenommen auf einer Funktionärsversammlung am 3. Dezember 1949 (ACDP III-013-628). Vgl. SENAT DER STADT BERLIN: Ringen um Einheit S. 509.
153 Vgl. Mitgliederstand des Arbeitskreises Dr. Brandt, jetzt „Landesverband Berlin", Oktober 1949 (BA NL Kaiser 8).
154 Vgl. „Berliner CDU-Funktionäre als Feinde der Blockpolitik". In: „Neues Deutschland" vom 4. Februar 1950.
155 Vgl. „Für Frieden und Einheit". In: „Neue Zeit" vom 9. Februar 1950.
156 Vgl. „CDU-Aufruf an West-Berlin". In: „Neue Zeit" vom 11. März 1950.

binnen eines Jahres von 45 000 im Oktober 1948 auf etwa 9000 sinken lassen.[157] Die weitere Entwicklung des Landesverbandes Berlin der CDU (Ost), der auch noch in den 50er Jahren durch Versammlungen im westlichen Teil von Staaken[158] seinen Gesamtberliner Anspruch dokumentierte[159], verlief bis zu seiner Umwandlung in den Stadtverband Berlin der CDU in unmittelbarer Verbindung mit der Entwicklung der CDU der DDR. Auch in Berlin standen für die CDU (Ost) die Beeinflussung der Kirchen im Sinne der SED und die „Westarbeit“ im Zentrum der Aktivitäten.[160] Gohr konnte seine Position weiter festigen. Der letzte Landesparteitag der CDU (Ost) in Berlin bestätigte ihn am 24. Mai 1952 wiederum als Landesvorsitzenden.[161]

7. CDU-Kreisverbände des Ostsektors ab 1949

Anfang des Jahres 1949 begannen im Landesverband Berlin der CDU Auseinandersetzungen über die zukünftige Stellung der Vertreter des Ostsektors. Im sowjetischen Sektor wurden immer mehr CDU-Mitglieder gezwungen, Loyalitätserklärungen für den neuen Ost-Magistrat zu unterschreiben. Denjenigen, die sich weigerten, drohte die sofortige Kündigung. Die zahlreichen CDU-Mitglieder, denen trotz Unterschrift gekündigt worden war, erhielten auch in den Ausgleichsstellen der Westsektoren keine Unterstützung.[162] Peter Lorenz schlug sogar vor, jeden aus der CDU auszuschließen, der die geforderte Loyalitätserklärung unterschrieben hatte. Auf diese Weise sollte jeder „Schein der Anerkennung des Stadtsowjets seitens der CDU“[163] vermieden werden.

Am 19. März 1949 diskutierten Vertreter des Landesverbandes Berlin auf einer außerordentlichen Landesversammlung darüber, wie viele Mandate den Kreisverbänden des Ostsektors zugebilligt werden sollten. Problematisch dabei war, daß sich für den Ostsektor weder genaue Mitgliederzahlen noch geordnete Beiträge errechnen ließen.[164] Auf dem Landesparteitag der Berliner CDU am 2. und 3. April

157 Vgl. Lorenz zur Information vom 5. November 1949. S. 4 (ACDP I-294-906/AII).

158 West-Staaken, am Westrand Berlins gelegen, gehört zu Berlin, wurde aber aufgrund alliierter Vereinbarungen kein Teil der westlichen Sektoren der Stadt.

159 Vgl. CDU LV Berlin (Ost) vom 7. März 1951. Bericht für den Monat Februar 1951 (ACDP III-013-791).

160 Vgl. „Erfolgreiche Arbeit im Kreisverband Mitte. Jahreshauptversammlung schlägt Gedankenaustausch mit westberliner Geistlichen vor“. In: „Neue Zeit“ vom 24. April 1952.

161 Vgl. „Landesparteitag der Berliner CDU“. In: Utm vom Juli 1952 S. 28.

162 Vgl. Protokoll zur 2. Vorstandssitzung des LV Berlin am 22. Januar 1949 S. 7 (ACDP III-012-877).

163 Brief Peter Lorenz, Vorsitzender der AG JU im LV Berlin, an den Vorstand des LV Berlin, Walther Schreiber, vom 2. März 1949 (ACDP III-012-877).

164 Vgl. Vorschläge und Empfehlungen des Landesvorstandes für die Landesversammlung (ACDP III-012-319).

1949 erhielten die gewählten Vertreter der Kreisverbände des Ostsektors 57 der 195 Mandate.[165] In Anwesenheit der Vertreter aller Kreisverbände bestätigten die Delegierten Schreiber als Landesvorsitzenden der Berliner CDU. 2. und 3. Vorsitzende wurden Robert Tillmanns und Heinrich Krone.[166] Schon kurz nach dem Landesparteitag zeigte sich, wie schwierig die dauernde Aufrechterhaltung einer demokratisch legitimierten Vertretung des Ostsektors sein würde. Da es unmöglich war, die in den Kreisverbänden Treptow und Weißensee anstehenden Wahlen des Kreisvorstandes durchzuführen, sah sich der Landesvorstand gezwungen, den Vorsitzenden selbst einzusetzen.[167] Trotz aller Schwierigkeiten waren die Kreisverbände weiterhin an allen Versammlungen des Landesverbandes beteiligt. Am Landesparteitag der Berliner CDU am 28. und 29. April 1951 waren die Kreisverbände des Ostsektors wiederum mit 44 von insgesamt 164 Delegierten vertreten.[168] Wie im Vorjahr war man erneut von der Mitgliederzahl des Jahres 1948 ausgegangen. Auch an den CDU-Fraktionssitzungen waren die Vertreter des Ostsektors regelmäßig beteiligt. Eine Beteiligung an den Sitzungen des Abgeordnetenhauses wurde allerdings durch die SPD und die FDP verhindert.[169] Ein ständiges Thema der Diskussionen im Landesvorstand waren die Beziehungen der Berliner CDU zur CDU der SBZ unter Kaiser, die ihren Sitz ebenfalls in Berlin hatte. Bis 1948 waren der Landesverband Berlin und die CDU der SBZ und Berlins organisatorisch verbunden gewesen. Diese Beziehungen waren nach der Absetzung Kaisers abgebrochen worden. Seitdem hatte sich der Landesverband als selbständiger Teil der Arbeitsgemeinschaft der CDU/CSU definiert. Problematisch war dabei die Frage, ob der Landesverband 1948 auch seine besonderen Beziehungen zur weiter existierenden CDU der SBZ unter Kaiser abgebrochen hatte, mit der er noch immer personell eng verflochten war. Zahlreiche Funktionäre der Berliner Union entstammten den Landesverbänden der CDU der SBZ. Schon vor der Gründung der Exil-CDU der SBZ im September 1950 hatte Ottomar Batzel eine Verlegung des Sitzes des Büros von Kaiser in die Bundeshauptstadt gefordert, um auf diese Weise eine Identifizierung des Landesverbandes Berlin mit der CDU der SBZ zu vermeiden.[170] Trotz der engen Beziehungen kam es auch später nie zu organisatorischen Annäherungen zwischen dem

165 Vgl. Die Delegierten der Landeshauptversammlung am 2. und 3. April 1949 (ACDP III-012-690). Vgl. Bericht in: Office of the U. S., Political Advisor for Germany, Berlin (James W. Riddleberger) to the Secretary of State, Washington, D. C., A-298, May 3, 1949 (IfZ-Archiv, Bestand MF 84 POLAD 455/3).

166 Vgl. CDU-Informationen des LV Berlin der CDU 6 vom April 1949.

167 (Für Treptow Herrn Heuze, für Weißensee A. Maxsein.) Vgl. Protokoll der Sitzung des Landesvorstandes am 23. April 1949 (ACDP III-012-877).

168 Vgl. Landeshauptversammlung am 28./29. April 1951. Aufstellung der Delegierten (ACDP III-012-799).

169 Vgl. Brief Wilhelm Dumstrey an den Landesvorstand der CDU Berlin vom 3. August 1950 (ACDP III-012-388). Vgl. „Mit Ostsektor verbunden". In: „Der Tag" vom 11. April 1951. Vgl. „Uneinig über Ost-Vertretung". In: „Der Tag" vom 21. Februar 1951.

170 Vgl. Protokoll der 6. Sitzung des Landesvorstandes am 15. Juli 1950 in der Landesgeschäftsstelle S. 2 (ACDP III-012-388).

CDU-Exilvorstand und den Exil-Kreisvorständen des Berliner Ostsektors. Flüchtlinge aus dem Ostsektor meldeten sich auch nicht beim Ostbüro der CDU, sondern wurden direkt vom Landesverband Berlin weiterbetreut.

Ende des Jahres 1952 verstärkten die in den Westsektoren tagenden Kreisverbände des Ostsektors ihre Arbeit. Gastredner der CDU/CSU hielten auf den monatlichen Versammlungen Vorträge, die Mitglieder nahmen an Tagungen im Bundesgebiet teil, und auf den Versammlungen wurden die auch in der Exil-CDU üblichen Vorbereitungen für den „Tag X“ der Wiedervereinigung besprochen.[171]

Während der gesamten 50er Jahre hielt eine rege Parteitätigkeit an. Da sich viele der in die Westsektoren geflüchteten CDU-Mitglieder bei Kreisverbänden der Westsektoren angemeldet hatten, wurde in den 50er Jahren, um Doppelmandate zu vermeiden, eine Bestimmung erlassen, wonach sich Flüchtlinge aus dem Ostsektor für die Mitgliedschaft in einem der Berliner Kreisverbände entscheiden mußten. Aber weiterhin waren sowohl die geflüchteten als auch die Mitglieder, die im Ostsektor lebten und nur zu den Versammlungen in den Westen der Stadt kamen, im Landesverband voll stimmberechtigt.[172]

Erst mit dem Bau der Mauer quer durch die Stadt wurde im Jahr 1961 die Mitarbeit der im Ostsektor lebenden Mitglieder des Landesverbandes unterbunden und von der DDR-Justiz mit schweren Strafen geahndet.[173] Die Kreisverbände des Ostsektors beim Landesverband Berlin repräsentieren formal nach wie vor die CDU-Mitglieder ganz Berlins. Aktiv tätig waren seitdem ausschließlich die geflohenen CDU-Mitglieder des Ostsektors.

V. Das Jahr 1949 – Neutralismus und „Nationale Front“

1. Auf erzwungenem Ostkurs

Auf dem 3. Parteitag der CDU hatte Oberst Tjulpanow der Partei Weisungen für ihren künftigen Kurs gegeben. Nach dem Parteitag deutete sich nun ein Wandel in der Haltung der CDU-Leitung an. Sie begann sich auf sowjetische Anweisung uneingeschränkt der Deutschlandpolitik Stalins zur Verfügung zu stellen. Nach der

171 Vgl. den Abschnitt „Hoffnungen auf den ‚Tag X‘ – Die CDU im alliierten Notenwechsel 1952“ (2/IV/3).

172 Vgl. CDU LV Berlin. Der Landesgeschäftsführer: Entwicklung des Status der Ostsektor-Kreisverbände. Berlin, den 23. September 1961, gez. Fritz Klauck (ACDP III-012-1722).

173 Vgl. Aktenauszug in der Strafsache Braun, Mrugalski und Alfred Weise. Stadtbezirksgericht Lichtenberg: 512 S. 207. 61. Bd. III, betreffend Alfred Weise. Blatt 224ff. (ACDP III-012-1722). Vgl. Brief Ernst Lemmer an den Kommandanten des Amerikanischen Sektors von Berlin, Generalmajor Osborne, vom 19. Dezember 1960 (ACDP III-012-1722).

bei der Kominformgründung im September 1947 verkündeten sowjetischen „Zwei-Lager-Theorie“ durfte es für die CDU kein Schwanken zwischen Ost und West geben. Die Unterwerfung unter den Willen der Sowjets, die unkritische Verherrlichung der UdSSR und die Propagierung ihrer angeblichen Erfolge wurden mehr und mehr zur Existenzbedingung der CDU.

Eingeleitet wurde der neue Kurs der CDU, der sich im Rahmen einer forcierten Ostbindung und Sowjetisierung der SBZ vollzog, mit einer Reise von Vertretern des Volksrates in die UdSSR.[1] Zu der Delegation, die am 4. November 1948 Moskau besuchte, gehörten seitens der CDU Nuschke, Dertinger und Ganter-Gilmans.[2] Noch während seines Aufenthaltes in der russischen Hauptstadt veröffentlichte Nuschke einen Artikel in der „Neuen Zeit“, in dem er die Errungenschaften der UdSSR pries und zugleich heftige Angriffe gegen „das amerikanische Monopolkapital“[3] richtete. Dieser und zahlreiche ähnliche Artikel, die in der CDU-Presse veröffentlicht wurden, sorgten unter den Mitgliedern für erhebliche Beunruhigung und zogen zahlreiche Austritte nach sich.[4] Angesichts der noch immer internierten Kriegsgefangenen, der Erinnerung an die Vergewaltigungen beim Einmarsch der Roten Armee und angesichts des Fehlens einer angemessenen Rücksichtnahme der Sowjets gegenüber deutschen Interessen fanden derartige Berichte wenig Verständnis in der Bevölkerung.

Am 3. Dezember 1948 nahm der Erweiterte Hauptvorstand der CDU die Berichte aus Moskau entgegen. Dabei erklärte Nuschke, durch den Empfang einer „gesamtdeutschen Volksvertretung“ seien die Deutschen wieder „handelndes Subjekt“ in der „großen Politik“ und es gebe nun wieder „eine deutsche Außenpolitik“. Die Russen seien zutiefst friedlich, und man müsse die Hand ergreifen, die sie den Deutschen entgegenstreckten. Ganter-Gilmans zeichnete ein Idealbild der sowjetischen Wirtschafts- und Gesellschaftsordnung, und Dertinger zog die entsprechenden Schlußfolgerungen für die Situation in der SBZ. Er erklärte, von Marschall Sokolowski persönlich erfahren zu haben, daß in der SBZ der „revolutionäre Zustand ... durch eine organische, gesetzmäßig legale Weiterentwicklung“[5] abgelöst werden solle. An der in Moskau erfolgten gleichberechtigten Behandlung von CDU und LDP komme in Zukunft auch die SED nicht mehr vorbei. „Den Respekt“, so Dertinger, „den der russische Außenminister, den der russische Staat aus größter Weisheit allen demokratischen Kräften des Fortschritts in Deutschland“ entgegenbringe, „müssen wir von unseren

1 Vgl. OMGUS, POLAD 455/12: Reports concerning the recent visit of a German delegation to the Kremlin in Nov. 1948 (Nuschke, Grotewohl, Heilmann, Freiherr von Stoltzenberg).
2 Vgl. CDU DER DDR: Dokumente 6 S. 172.
3 „Bericht aus Moskau“. In: „Neue Zeit“ vom 10. November 1948.
4 Vgl. Auszug aus dem Protokoll der Kreisgeschäftsführertagung des LV Brandenburg der CDU vom 28. März 1949 (ACDP I-297-100/6).
5 EBD. S. 19.

SED-Landsleuten in gleicher und unverminderter Weise verlangen".[6] Deswegen werde andererseits in der Zukunft aber auch niemand mehr Platz in der CDU haben, der an der Friedfertigkeit Stalins und der UdSSR zweifle.

Mit der Tagung des Hauptvorstandes am 3. Dezember 1948 begann eine Phase der Entwicklung der Partei, in der die CDU-Führung einerseits überaus prosowjetisch auftrat, andererseits ihre Angriffe auf die SED unvermindert fortsetzte und sogar verstärkte. Dertinger betonte seit dem Dezember kontinuierlich die gesamtdeutsche Bedeutung der CDU, die der SED so nicht zukomme. Am 5. Dezember 1948 erklärte er, die SED verfüge zwar über besondere Beziehungen zur SMAD, sei aber in einem vereinigten Deutschland unbedeutend. Für die Zukunft der deutsch-russischen Beziehungen sei die Haltung der „nichtmarxistischen deutschen Kreise"[7] von großer Bedeutung. Für das deutsche Volk sei das Wort der CDU sehr wichtig. „Der massive Druck der SED", die vorgebe, „das besondere Vertrauen der SMV zu haben", sei „zweifellos dazu geeignet, Schatten auf das Bild einer sich fortschreitend ausbauenden Gestaltung des deutsch-russischen Verhältnisses zu werfen".[8] Außerdem sei die Verletzung des Prinzips der Gleichberechtigung geeignet, die Atmosphäre der Neugestaltung einer „Freundschaft mit der Sowjetunion zu beeinträchtigen"[9]. Noch im Dezember brachte die gesamte Presse der CDU immer neue Beispiele von Benachteiligungen der CDU durch die SED[10] und plante eine Artikelserie führender Persönlichkeiten der CDU gegen die Personalpolitik der SED. Nuschke rief alle CDU-Mitglieder zu „Mut in dem harten Selbstbehauptungskampfe"[11] auf.

Während die CDU die SED kritisierte, betonte sie andererseits auffällig oft die Friedensliebe und Verständigungsbereitschaft der UdSSR. Mit dem Abdruck der Ergebnisse der westdeutschen Kommunalwahlen[12], bei denen die Union sehr gute Ergebnisse verbuchen konnte, veranschaulichte die CDU der SBZ zugleich, welche Ergebnisse sie bei freien Wahlen in der SBZ erwartete.[13]

Die CDU versuchte offensichtlich, sich als gesamtdeutscher Faktor zu profilieren. Dabei erklärte sie ausdrücklich ihre Bereitschaft, in einem möglichen Gesamtdeutschland verstärkt mit der UdSSR zu kooperieren. Dertinger trat dezidiert für eine Neutralisierung Deutschlands ein und signalisierte der SED, daß der CDU in einem neutralen

6 EBD.
7 „Deutschland und die Sowjetunion". In: „Neue Zeit" vom 5. Dezember 1948.
8 EBD.
9 EBD.
10 Vgl. „Voraussetzungen der Blockpolitik". In: „Die Union" vom 15. Dezember 1948. Vgl. „Blockpolitik erfordert gegenseitige Achtung". In: „Der neue Weg" vom 28. Dezember 1948. Vgl. „Gegen Willkür beim Personalabbau". In: Utm vom Dezember 1948 S. 13.
11 „Neue Zeit" vom 25. Dezember 1948.
12 Vgl. „Kommunalwahlen in den Westzonen". In: Utm vom Dezember 1948 S. 11.
13 Vgl. Fritz EXNER: „Kommunalwahlen und Ostzone". In: „Niedersächsische Rundschau" 36 vom Oktober 1948.

Deutschland wohl mehr Bedeutung zukäme als der SED/KPD. Hatten die Sowjets bis 1948 eine militante Außenpolitik betrieben[14], deutete sich im Dezember 1948 ein Neuansatz in ihrer Deutschlandpolitik an. Durch die Aktivierung national gesinnter Kreise versuchten die Sowjets nun, Einfluß auf das Geschehen in Deutschland zu nehmen. Schon während des Zweiten Weltkrieges war es das Bestreben der UdSSR gewesen, sich in ihrer Deutschlandpolitik jederzeit unterschiedliche Alternativen offenzuhalten.[15]

Da sie wußten, daß in einem vereinigten Deutschland den Kommunisten wenig Bedeutung zukommen würde, stärkten sie der CDU wie der LDP moralisch den Rücken, banden sie aber zugleich fester an sich. Bereits am 12. Dezember 1948 hatte die Regierung der UdSSR die SED-Führung nach Moskau beordert. Nach seiner Rückkehr dementierte Wilhelm Pieck noch vor dem Jahreswechsel entschieden, daß sich die SBZ auf dem Weg zu einer Volksdemokratie befinde. Die SED sehe ihre Aufgabe nicht darin, „zur Volksdemokratie überzugehen, sondern vielmehr darin, die bestehende neue demokratische Ordnung zu festigen ..."[16]. Dertinger teilte den CDU-Mitgliedern offensichtlich erleichtert und in Verdrehung von Ursache und Wirkung mit, die von der CDU gezeigte Bereitschaft zur Zusammenarbeit mit den Sowjets habe „Sokolowski veranlaßt, der SED zuzurufen: ‚Das ganze halt! Stillgestanden! Weitere Befehle abwarten!'"[17]. Hatte die CDU nun möglicherweise mit einem Ende kommunistischer Repressalien gerechnet, so wurde sie enttäuscht. Den SED-Gremien aller Ebenen waren die Schachzüge der sowjetischen Regierung unbekannt. Sie wußten nur, daß es galt, alle „Reaktionäre" und „Faschisten" zu entmachten. Überall gingen die Verhaftungen gegen den politischen Gegner weiter. So wurde z. B. in der Silvesternacht der gesamte Vorstand der CDU in Woltersdorf im Kreis Niederbarnim verhaftet.[18] Am 28. Dezember 1948 war bereits der Bürgermeister von Falkensee, Hermann Neumann (CDU), verhaftet worden, der wenige Stunden nach seiner Verhaftung im Nauener Polizeigefängnis an den Folgen der Vernehmung starb.[19] Auch die vergeblichen Proteste der CDU gegen die Schikanen gingen weiter. Nuschke zählte in der CDU-Presse Fälle auf, in denen CDU-Mitglieder von der SED offen zum Übertritt in die SED aufgefordert wurden, wenn sie ihre Arbeitsplätze behalten wollten.[20] Solche Aufforderungen waren keinesfalls Einzelfälle. Im Januar

---

14 Vgl. MEYER S. 12f.

15 Vgl. SCHWARZ: Vom Reich S. 261. Vgl. A. FISCHER: Sowjetische Deutschlandpolitik S. 10. Vgl. PFEILER S. 27–36.

16 Zit. b. STARITZ: Auf dem Wege S. 36.

17 G. Dertinger am 9. Februar 1949 in Potsdam. Vgl. „Oppsosition in Brandenburg". In: „Der Tag" vom 11. Februar 1949.

18 Vgl. Johann Schmalenberg (ACDP III-013 DbCDU Ok). Vgl. „Bestrafte Zivilcourage". In: „Telegraf" vom 12. Januar 1949. Vgl. „Ostzone". In: DUD Ausgabe C vom 18. Januar 1949.

19 Vgl. „Ostzone". In: DUD Ausgabe C vom 12. Januar 1949. Vgl. „Bürgermeister von Falkensee †". In: „Der Tag" vom 4. Januar 1949.

20 Vgl. „Der neue Weg" vom 11. und 21. Januar 1949.

1949 forderte der brandenburgische Innenminister Bernhard Bechler, alle Personen aus der Verwaltung zu entlassen, die nicht auf der Linie der SED lagen. „Am Ende der Reduzierung“, so Bechler, müsse „eine Verstärkung der Arbeiterklasse im Verwaltungsapparat“[21] stehen. Auch Walter Ulbricht verlangte weiterhin die Zurückdrängung der „reaktionären Kräfte“ von CDU und LDP. Er forderte die SED-Funktionäre auf, die NDPD und die DBD zu stärken, da diese Parteien der CDU und LDP, nicht aber der SED Stimmen und Plätze wegnähmen.[22] Nuschke seinerseits verlangte, die „SED müsse sich befreien von den Terroristen, die unsere Freunde mit Entlassungen aus ihren Stellungen bedrohen, wenn sie nicht der SED beiträten“[23]. Die Minister der CDU erbaten sich noch für den Januar 1949 ein klärendes Gespräch mit der SED über deren revolutionäres Vorgehen[24]. Im Agrarpolitischen Ausschuß des Volksrates protestierte die CDU gegen den von der SED in der ganzen Zone inszenierten „Klassenkampf auf dem Dorf“[25].

So sollte die CDU zwar nach außen als Symbol der gesamtdeutschen Option der UdSSR fungieren, in der SBZ selbst aber standen Anfang des Jahres 1949 alle Weichen in Richtung Volksdemokratie. Die Bevorzugung der Arrondierung ihres Herrschaftsbereiches und die damit verbundene Umfunktionierung der CDU der SBZ aber stellte zugleich die der CDU von den Sowjets zugedachte Funktion im Rahmen ihrer gesamtdeutschen Option in Frage. Nicht die privilegierten Spitzenpolitiker der CDU der SBZ, die von nun an in den Westzonen für die sowjetische Wiedervereinigungspolitik warben, wurden als Botschafter aus der SBZ angehört, sondern die zahlreichen drangsalierten Mitglieder und Funktionäre, die aus der SBZ fliehen mußten und von der dortigen Entwicklung zur kommunistischen Diktatur Zeugnis ablegten. Die Etablierung der Alleinherrschaft der SED gegen den Willen der Bevölkerung schreckte im Westen ab und stellte einen Grund für das Scheitern gesamtdeutscher Lösungsvorschläge der UdSSR dar.

2. „Nationaler Befreiungskampf“

Auf ihrer 1. Parteikonferenz befaßte sich die SED Ende Januar 1949 mit der Vollendung ihrer Struktur als „Partei neuen Typus“.[26] Es wurde ein Politbüro geschaffen

21 Rede des Innenministers B. Bechler auf einer Tagung der Personalleiter des Landes Brandenburg S. 5 (ACDP III-013-630/3).
22 Vgl. ULBRICHT: Zur Geschichte 3 S. 678f.
23 „Tagung des Hauptvorstandes – Richtungweisende Parolen“. In: „Der neue Weg“ vom 4. Februar 1949.
24 Vgl. „Ostzone“. In: DUD Ausgabe C vom 7. Januar 1949.
25 Vgl. EfDuE vom 15. Januar 1949 S. 8.
26 Vgl. Dokumente der SED 2 S. 179f.

und die beim Zusammenschluß der SPD mit der KPD vereinbarte paritätische Besetzung der Führungsgremien beseitigt. Zugleich wurde sozialdemokratischen Tendenzen in der SED der Kampf angesagt. Bis zu Beginn der Konferenz hatten die Kommunisten bereits 400 sogenannte Agenten des Ostbüros der SPD aus der SED ausgeschlossen, verhaftet und in die Konzentrationslager der SBZ eingeliefert.[27] Nun überwachten „Kontrollkommissionen“ die „Reinheit“ der SED. Jede Gruppenbildung innerhalb der Partei wurde untersagt.

Der Prozeß der Differenzierung zwischen „fortschrittlichen“ und „reaktionären“ Mitgliedern lief – ähnlich wie in der CDU und der LDP – auch in der SED ab. Da fast das gesamte Mitgliederpotential der SPD 1946 in der SED aufgegangen war, gestaltete sich der Prozeß als Auseinandersetzung zwischen den „fortschrittlichen“ Kräften – den Kommunisten – und den Vertretern des „Sozialdemokratismus“. Die „Reinigung“ der SED von sozialdemokratischen Tendenzen lief parallel zum Prozeß der Umgestaltung von CDU und LDP in prokommunistische und zentralistische Kaderparteien.[28]

Auch von der CDU verlangte die SED, alle Mitglieder aus der Partei auszuschließen, die sich nicht der Politik der CDU-Führung unterordneten.[29] Mit der Disziplinierung im Sinne der Politik der CDU-Parteiführung wurde die Voraussetzung für die geplante Umwandlung der Partei „von oben“[30] geschaffen. Dabei richtete sich die Disziplinierung vor allem gegen die zahlreichen CDU-Mitglieder, die sich noch immer zu Kaiser bekannten. Die SED erklärte, sie strebe zwar keine Alleinherrschaft an, verlange aber die führende Rolle in Staat und Gesellschaft.

Am 31. Januar 1949 nahm der Hauptvorstand der CDU zur SED-Parteikonferenz Stellung.[31] Dertinger bezeichnete es als einen Verdienst der CDU, daß die SED ihre Revolution stoppen und sich stärker dem Ausbau des Erreichten widmen wolle.[32] Erstmals definierte er die unterschiedlichen Funktionen, die die Sowjets der SED und der CDU zugedacht hatten, indem er eine Arbeitsteilung zwischen SED und CDU postulierte. Während der SED die Aufgabe zufalle, die Kontakte zu den Volksdemokratien auszubauen, stelle sich die CDU an die Spitze einer Bewegung gegen die vom Westen beabsichtigte Spaltung Deutschlands. Das sei für die CDU der SBZ „die Aufgabe Nummer eins“[33]. Auch Nuschke betonte, die CDU habe bei der Neuordnung Deutschlands „eine ganz besondere Rolle zu spielen“[34]. Der Hauptvorstand bestimmte den „nationalen Befreiungskampf“, bei dem man eng mit

27 Vgl. WEBER: Kleine Geschichte S. 46.
28 Vgl. SPANGER S. 40–53.
29 Vgl. GROTEWOHL: Die Politik S. 15.
30 FRIEDRICH-EBERT-STIFTUNG: Zur Strategie und Taktik S. 10.
31 Vgl. Utm vom Februar 1949.
32 So Dertinger auf der Bezirksversammlung der regionalen CDU-Kreisverbände am 22. März 1949 in Greifswald. Vgl. SUCKUT: Blockpolitik S. 40.
33 EBD. S. 8.
34 EBD. S. 5.

den Ländern der Volksdemokratie zusammenarbeiten wolle, zur Hauptaufgabe der CDU. Wer sich an diesem Kampf nicht beteilige, müsse aus der CDU ausgeschlossen werden.

Zur Sicherung einer „konsequenten Personalpolitik" legte der Hauptvorstand fest, daß die Vorstände der untergeordneten Führungsebenen nach ihrer Wahl ab sofort der Bestätigung durch die übergeordnete Parteiinstanz bedurften.[35] Auf sowjetische Anweisung wurde außerdem festgelegt, daß künftig nur alle zwei Jahre Parteiwahlen stattfinden sollten.[36] Damit sollte erreicht werden, daß die den Sowjets genehme CDU-Führung – „the eastern-oriented Nuschke, the aged Hickmann, and the pliable Lobedanz"[37] – bis ins Jahr 1950 problemlos im Amt blieben. Bis dahin rechneten die Sowjets mit einer Klärung der Situation in Deutschland. Damit war zugleich ein wichtiger Schritt zur Zentralisierung der CDU getan, in der SMAD und SED eine wesentliche Voraussetzung für die weitere Umfunktionierung der CDU sahen.

Zur Aktivierung der gesamtdeutschen Arbeit wurde die Einrichtung eines CDU-Presse-Informationsdienstes für ganz Deutschland beschlossen, der der „Lügenpropaganda"[38] des Westens entgegenwirken sollte. Dertinger plante, noch im Januar Kontakte zu kirchlichen Kreisen der Westzonen aufzunehmen.[39]

Den Preis für den neuen deutschlandpolitischen Spielraum der CDU zahlte die Partei mit der Anerkennung der vom Zentralen Block am 22. Februar 1949 in Auftrag gegebenen neuen Blockrichtlinien, die die Oppositionsmöglichkeiten der CDU in der SBZ erheblich einschränkten und der SMAD und der SED die Gewähr boten, das Mehrparteiensystem in die entstehenden totalitären Strukturen der sich bildenden „demokratischen Republik" einbinden zu können.[40]

Schon Kaiser hatte geglaubt, mit der „Nationalen Repräsentation" einen gemeinsamen gesamtdeutschen Nenner mit den Sowjets gefunden zu haben. Ähnlich argumentierten nun Nuschke und Dertinger. Offensichtlich hatten die Sowjets der CDU-Führung suggeriert, gemeinsam könne man die Teilung des Landes verhindern. Um sich der SED gegenüber zu profilieren und weil sie in der Realisierung der gesamtdeutschen Option der UdSSR die einzige Chance sahen, den Bedeutungsverlust der CDU der SBZ zu bremsen und umzukehren, willigten die CDU-Führer ein. In der sowjetischen Politik, die auf die Einheit eines östlich orientierten Rumpf-Deutschlands zielte, sahen sie eine Chance, ihre neutralistischen Pläne zu verwirklichen. Sie beteiligten sich daher an dem von den Sowjets organisierten „nationalen

---

35 Vgl. SUCKUT: Zum Wandel S. 127.

36 Vgl. Airgram from the U. S. Political Advisor for Germany, Berlin (R. Murphy) to the Secretary of State, Washington, D. C., A–13, January 5, 1949 (IfZ-Archiv, Bestand 84 POLAD 455/3).

37 EBD.

38 Utm vom Februar 1949 S. 3.

39 Vgl. „Ostzone". In: DUD Ausgabe C vom 29. Januar 1949.

40 Vgl. SUCKUT S. 40f.

Befreiungskampf“.Der beginnenden Westarbeit der CDU der SBZ aber hatte die Arbeitsgemeinschaft der CDU/CSU mit der Aufkündigung der Zusammenarbeit mit der CDU der SBZ bereits im Herbst 1948 einen ersten Riegel vorgeschoben. Hier hatte man erkannt, daß die CDU der SBZ – ob willentlich oder nicht – ein Werkzeug in den Händen der Sowjets sein würde.

Auch Kaisers Brücken-Konzeption hatte sich angesichts der mit den Sowjets gemachten Erfahrungen gewandelt. An die Stelle einer möglichen Kooperation mit Kommunisten war bei ihm eine „irredentistische Wiedervereinigungskonzeption“[41] getreten, in der die SBZ als zu befreiendes Gebiet definiert wurde. Im Februar 1949 signalisierte er zugleich einen Wechsel vom „Christlichen Sozialismus“ zur „Sozialen Marktwirtschaft“ Ludwig Erhards.[42] Aber noch gab es innerhalb der CDU/CSU genügend Politiker, die aus nationaler Überzeugung und ihrer Einschätzung der Politik Stalins zur Kooperation mit den Sowjets und Politikern der SBZ bereit waren. Bei ihnen gedachten Nuschke und Dertinger mit ihrem Werben für den „nationalen Befreiungskampf“ gegen den Einfluß der westlich-liberalen Demokratien in Deutschland anzusetzen.

Indem die CDU-Leitung eine Beteiligung an kommunistischen Aktionen wie der „Griechenland-Hilfe“ oder der „Unterstützung französischer Bergarbeiter“[43] ablehnte, sich andererseits aber den deutschlandpolitischen Aktivitäten der Sowjets zur Verfügung stellte, dokumentierte sie, daß sie zur Kooperation nur bereit war, wenn sich dies mit ihren Auffassungen vereinbaren ließ.

Auf dem Feld der Deutschlandpolitik war das offenbar der Fall. Wie die Sowjets, so strebte auch die CDU ein vereintes Deutschland an. Die CDU versuchte, durch die Vereinigung Deutschlands die Ostbindung ihrer Zone, die SMAD auf demselben Wege eine Westbindung der Westzonen zu verhindern. So unterschiedlich die Ziele waren, ergaben sie doch eine Gemeinsamkeit, von der die SED ausgeschlossen war. Diese Gemeinsamkeit sollte die Rolle der CDU in den nächsten vier Jahren bestimmen.

Wie seit Beginn des Jahres geplant, gab die CDU ab 20. März 1949 mit dem „Union-Pressedienst“ (upd) ein Informationsblatt heraus, das ausschließlich für den Vertrieb in den Westzonen bestimmt war. Der Pressedienst wurde an die wichtigsten Nachrichtenbüros, Zeitungen und führende politische Stellen versandt und hatte zum Ziel, „die falschen Meinungen, die jenseits der Zonengrenzen über die Verhältnisse in der Ostzone und in der Ost-CDU vielfach verbreitet sind, zu korrigieren“[44]. Den

---

41 SCHWARZ: Vom Reich S. 325.

42 Vgl. SCHWARZ: Adenauer S. 604f.

43 Vgl. „Ostzone“. In: DUD Ausgabe C vom 4. März 1949. Vgl. „Ostzonale ‚Außenpolitik‘“. In: „Der Tag“ vom 1. März 1949. Vgl. „Die Ost-CDU hat verboten“. In: „Der Tag“ vom 16. März 1949. Vgl. „Griechenland-Aktion der Ostzone“. In: Sopade vom April 1949 S. 55.

44 Arbeitsbericht der HGS der CDU für die Zeit vom 1. Oktober 1948 bis 1. November 1949 S. 11 (ACDP I-297-001).

Aufbau des Pressedienstes finanzierte die SMAD.[45] Die Arbeitsgemeinschaft der CDU/CSU sah sich durch die Verschickung des neuen Pressedienstes veranlaßt, zu erklären, daß nur der „Deutschland Union Dienst" (DUD) das Publikations- und Informationsorgan der CDU/CSU sei.[46] Dennoch fand upd in den Westzonen seine Leser. Bis zum Herbst 1949 erklärten nur fünf der angeschriebenen Stellen ausdrücklich, den Informationsdienst nicht mehr beziehen zu wollen.[47]

Den politischen Rahmen der deutschlandpolitischen Vorstöße der CDU steckte die SMAD mit der 6. Tagung des Deutschen Volksrates im März 1949 ab, bei der offiziell der „Nationale Notstand" proklamiert und ein Verfassungsentwurf vorgelegt wurde.[48] Nuschke erklärte vor dem Volksrat, durch die Politik der USA würden die Deutschen zum „Kolonialvolk"[49] degradiert. Der „nationale Befreiungskampf" richte sich gegen eine Kolonialisierung Deutschlands durch die USA. Auf einer „Friedenskonferenz" der kommunistischen "Weltfriedensbewegung" in Paris griff Nuschke die westlichen Siegermächte an und warf den USA vor, sie wollten aus Westdeutschland „eine Kriegsbasis gegen die Sowjetunion und die demokratischen Völker Europas"[50] machen. Dagegen lobte er Stalin, der ein unabhängiges und neutrales Deutschland schaffen wolle. Parteiintern wurde darüber diskutiert, wie man den Sowjets am besten klarmachen könnte, daß ihr angestrebtes Ziel der Einheit Deutschlands nicht mit der SED zu verwirklichen sei. Die CDU-Führung ergriff offensiv die ihr von den Sowjets eingeräumte Rolle als mögliche führende Partei eines zukünftigen Gesamtdeutschlands. Sie feierte in ihrer Presse die UdSSR und forderte zugleich die Beseitigung der SED-Vorherrschaft.[51] Wo immer es möglich war, versuchte sie, ihre Positionen zu wahren und auszubauen. So konnte sie bei der Verabschiedung neuer Blockgrundsätze am 19. April 1949 noch einmal die gleichberechtigte Aufnahme der Massenorganisationen in den Zentralen Block verhindern[52], durch die die Vorherrschaft der SED in diesem Gremium unumstößlich etabliert gewesen wäre. Aber nicht nur auf höchster Ebene kämpfte die CDU verbissen gegen die SED. Auf CDU-Versammlungen geißelte Nuschke das Vorgehen der SED als „Terrorpolitik". Die SED, so Nuschke, bediene sich der Methoden der Nationalsozialisten. Sie sei in den Augen der Bevölkerung unglaubwürdig, da sie

---

45 Vgl. „Berlin". In: DUD Ausgabe C vom 17. Februar 1949.

46 Vgl. „In eigener Sache!". In: DUD Ausgabe A vom 29. März 1949.

47 Vgl. Protokoll der Sitzung des Presseausschusses (Chefredakteure und Verlagsleiter der CDU-Presse) in Leipzig am 11. November 1949 16.00 Uhr (BA NL Kaiser 8).

48 Vgl. Badstübner S. 109.

49 Otto Nuschke: „Deutsche schreiten zur nationalen Selbsthilfe". Rede vor dem Deutschen Volksrat am 18. März 1949. In: Nuschke: Reden und Aufsätze S. 144.

50 Nuschke: Ein Kämpfer S. 37f. Vgl. Utm vom Mai 1949 S. 3.

51 Vgl. „Die allgemeine Lage (April 1949)" (von Karl Buchheim?) – (ACDP I-188-001/1).

52 Vgl. Wernet-Tietz S. 83.

sich zwar zur Demokratie bekenne, „aber ängstlich darauf bedacht sei, daß es nur keine richtigen Wahlen gibt“[53].

Parallel zu den Angriffen auf die SED war die CDU im Frühjahr 1949 damit beschäftigt, ihr eigenes Profil als christlich-sozialistische Partei weiter auszuprägen. Sie befaßte sich mit der Erarbeitung von Genossenschaftsprogrammen für die Landwirtschaft, die gewerbliche Wirtschaft und den Handel[54], die auf den Erhalt der kleinen und mittleren Unternehmen zielten und von der SED systematisch bekämpft wurden. Vor allem verteidigte sie die kommunale Selbstverwaltung. Sie kritisierte die von der DWK am 5. Mai 1949 erlassene Durchführungsanordnung, nach der die gemeinde- und kreiseigenen gewerblichen, land- und forstwirtschaftlichen Einrichtungen zu einem „Kommunal-Wirtschaftsunternehmen“ (KWU) zusammengefaßt werden sollten und bezeichnete sie als „ungerechtfertigten Eingriff in die Selbstverwaltung der Gemeinden und Kreise“[55].

Auch in der Frage der Oder-Neiße-Grenze zeigte sich Nuschke weiterhin wenig kompromißbereit. Der Hauptvorstand wies am 5. Mai 1949 einen Vorstoß Luitpold Steidles zurück, die Oder-Neiße-Linie als deutsch-polnische Grenze anzuerkennen[56] und stellte ausdrücklich fest, daß für die CDU die Erklärung der Konferenz von Potsdam verbindlich sei, wonach erst auf einer Friedenskonferenz die endgültige Entscheidung über die Grenzen Deutschlands getroffen werden würde.[57] Das Beispiel zeigte, daß die CDU auch gegenüber der Besatzungsmacht gelegentlich Flagge zeigte. Von einer völlig gleichgeschalteten CDU, wie Kaiser behauptete, konnte im Frühsommer 1949 keine Rede sein. Die Bedingungen für die Wahrung der Eigenständigkeit der christlich-sozialistischen und neutralistischen CDU verschlechterten sich allerdings in dem Maße, in dem die Entwicklung auf die Entstehung zweier deutscher Staaten hinauslief.

Nachdem die Sowjets im Rahmen der neuen deutschlandpolitischen Funktion der CDU zunächst eine Reise Dertingers in die Westzonen geplant hatten, fuhr Ende Februar 1949 Nuschke in Begleitung des stellvertretenden Leipziger CDU-Vorsitzenden Bernhard Singer und des als MGB-Mitarbeiter geltenden Leipziger Bürgermeisters Joseph Rambo zu einer ersten Erkundungstour Richtung Westen.[58] Die

53 Vgl. „Nuschke rebelliert“. In: Sopade vom Juni 1949 S. 33. Vgl. „Nuschke im Begriff des Begreifens“. In: „Der Tag“ vom 17. April 1949.

54 Vgl. Krubke S. 78f.

55 „Kommunal-Wirtschaftsunternehmen“. In: Utm vom Juni 1949 S. 13.

56 Vgl. Luitpold Steidle: „Diesseits – jenseits der Oder-Neiße-Linie“. In: „Berliner Zeitung“ vom 4. Mai 1949.

57 Vgl. Monatsbericht der HGS der CDU für April 1949 S. 3 (ACDP III-013-696). Vgl. „Vollständige Übereinstimmung“. In: Utm vom August 1949.

58 Vgl. Bericht vom 26. Februar 1949 (ACDP III-013-628/1). Vgl. Bericht in: American Consulate General Hamburg (Eduard M. Groth) to the U. S. Political Advisor on German Affairs, Political Branch, OMGUS, Berlin, March 4, 1949 (IfZ-Archiv, Bestand MF 84 POLAD 455/3).

Reise Dertingers war abgesagt worden, nachdem man festgestellt hatte, daß Dertinger schon im Vorfeld der Reise heftigen Vorwürfen der westlichen Presse ausgesetzt war. Nuschkes Reise fand in der Zeit statt, in der der Parlamentarische Rat der schwersten Krise im Prozeß der Bildung einer westdeutschen Regierung entgegensteuerte.[59] Hier sahen die Sowjets offenbar einen Ansatzpunkt, diese Staatsbildung zu stören.[60] Die Politiker führten zunächst in Kiel ein Gespräch mit dem Vorsitzenden der CDU in Schleswig-Holstein, Carl Schröter.[61] Nachdem Nuschke trotz zweistündiger Wartezeit im Vorzimmer Karl Arnolds von diesem – wahrscheinlich auf Bitte Kaisers – nicht empfangen worden war[62], traf er sich am 1. März 1949 im Restaurant des Parlamentarischen Rates mit Adenauer „beim Bier“[63]. Das knapp dreistündige Gespräch wurde von beiden als „nicht unbefriedigend“[64] bezeichnet. Adenauer, der als Pragmatiker keine Berührungsängste mit Nuschke hatte, sah sich nach dem Gespräch Vorwürfen ausgesetzt[65], die vor allem aus dem politischen Umfeld Kaisers stammten. Adenauer erklärte dazu, er habe sich die Auffassungen Nuschkes angehört und wenig dazu gesagt. Schließlich setzten, so Adenauer, Hunderttausende von CDU-Mitgliedern in der Ostzone ihre ganze Hoffnung auf die westdeutschen Freunde, und man könne sie nicht vor den Kopf stoßen.[66] Nuschke berichtete euphorisch von der Unterhaltung mit „seinem alten Freund“[67] Adenauer: „... wir fanden uns in der Erkenntnis, daß es notwendig sei, die große Partei der CDU, die als einzige in allen vier Zonen vertreten ist, als gesamtdeutsches Band zu erhalten.“[68] Bei einer Pressekonferenz im Fraktionsbüro der KPD in Bonn[69] teilte er nach Anfragen mit, Adenauer in die SBZ eingeladen und ihn über die Bereitschaft der UdSSR zu neuen Verhandlungen über die deutsche Frage informiert zu haben. Tatsächlich hatte Nuschke Adenauer ersucht, die Alliierten zu bitten, eine gemeinsame Lösung der deutschen Frage zu finden und ihm bedeutet, daß der Einschluß der Westsektoren

59 Dabei handelte es sich um eine von den Alliierten geforderte föderative Lösung des Finanzsystems der Bundesrepublik, die auf eine weitgehende Föderalisierung des Weststaates hinauslief und zu Auseinandersetzungen zwischen CDU/CSU, SPD und den Alliierten führte. Vgl. MORSEY: Der politische Aufstieg S. 76f.

60 Vgl. FRUS 1949 3 S. 221: „Also significant is fact that trip coincides with difficult point in Western allied German development of governmental structure.“ Vgl. MORSEY: Der politische Aufstieg S. 76–82.

61 Vgl. „Nuschkes mehrdeutige Reise“. In: „Hamburger Neueste Nachrichten“ vom 1. März 1949.

62 Vgl. „Nur ‚Guten Tag‘ sagen“. In: „Der Tag“ vom 4. März 1949.

63 P. KOCH. S. 180.

64 NUSCHKE: „Reise nach dem Westen“. In: „Der neue Weg“ vom 11. März 1949.

65 Vgl. „Nicht unbefriedigend“. In: „Telegraf“ vom 4. März 1949.

66 Vgl. „Sie haben viel geredet“. In: „Der Tag“ vom 3. März 1949.

67 „Volksratspräsident Nuschke in Bonn“. In: „Der Tag“ vom 2. März 1949.

68 Otto NUSCHKE: „Reise nach dem Westen“. In: „Der neue Weg“ vom 11. März 1949.

69 Vgl. FERDINAND S. 34.

Berlins in einen westdeutschen Staat für die UdSSR einen Kriegsgrund darstelle.[70] Im Auftrag der UdSSR unterbreitete er einen Friedensplan, der den unverzüglichen Abzug der französischen und britischen Besatzungstruppen aus Deutschland, den Rückzug der amerikanischen und sowjetischen Streitkräfte an die Oder-Neiße-Linie und die Westgrenze Deutschlands, die Einrichtung einer zentralen Regierung für ganz Deutschland mit Sitz in Berlin und eine einheitliche Währung für ganz Deutschland vorsah.[71] Der Plan zielte – wie alle sowjetischen Vorstöße – auf die Verhinderung der Westbindung der Westzonen und hatte angesichts der Interessenlage der Westalliierten keine Aussicht auf Realisierung.

Vor seiner Rückreise nach Berlin suchte Nuschke noch den stellvertretenden niedersächsischen Ministerpräsidenten Günther Gereke auf, der – anders als die meisten Gesprächspartner – großes Verständnis für die Lage der CDU in der SBZ zeigte und einen baldigen Gegenbesuch in der SBZ ankündigte.[72]

Während des gesamten Besuches hatte Kaiser gegen Nuschke polemisiert. Ihm paßte die Aufwertung Nuschkes durch einen Empfang bei Adenauer nicht ins Konzept. Während er innerhalb der Arbeitsgemeinschaft der CDU/CSU durchgesetzt hatte, „einzig und allein ... Repräsentant der CDU der Ostzone“[73] zu sein, empfing Adenauer einen anderen 1. Vorsitzenden der CDU der SBZ und stellte damit seine Autorität als Vorsitzender in Frage. Aber anders als der ideologisch denkende Kaiser war Adenauer als Politiker pragmatisch genug, nicht zu übersehen, daß auch Nuschke ein „Vorsitzender der CDU der SBZ“ und ein interessanter Gesprächspartner war, von dem man Informationen über die Haltung der UdSSR in der Deutschlandfrage erhalten konnte.

Nuschke erstattete nach seiner Rückkehr dem sowjetischen Botschafter Semjonow Bericht über die Reise. Er informierte ihn über seinen Eindruck, daß der Aufbau des Volksrates den westdeutschen Vorstellungen über die Struktur einer gesamtdeutschen Körperschaft in keiner Weise entspreche und gesamtdeutschen Beratungen im Wege stünde. Semjonow gab die Anregung an die SED weiter, deren Politbüro am 20. oder 21. März 1949 auf der Grundlage des Berichtes von Nuschke den Aufbau des Volksrates und ihr weiteres deutschlandpolitisches Vorgehen diskutierte.[74]

---

70 FRUS 1949 III S. 221 Fn. 1. Vgl. Memorandum. Kenneth Dayton (Acting Director), OMGUS, Civil Administration Division to General Lucius D. Clay, 24 March 1949, Subject: Soviet Activities in Western Germany (IfZ-Archiv, Bestand MF 260 OMGUS 5/268-3/8 S/D).

71 EBD.

72 Vgl. „Otto Nuschke bei Dr. Gereke“. In: „Hannoversche Neueste Nachrichten“ vom 5. März 1949.

73 „Zu Nuschkes Westdeutschlandbesuch“. In: DUD Ausgabe C vom 5. März 1949.

74 Vgl. External Survey Detachment. Secret. Information Report Berlin NO. MGB-8247 vom 27. April 1949. Country: Germany (Russian Zone) Subject: Meeting of the Politbüro (IfZ-Archiv, Bestand MF 260 OMGBS 4/139–1/10 2 Of 3).

Der Besuch Nuschkes leitete weitere deutschlandpolitische Aktivitäten der Sowjets ein. Während sie in der SBZ die Errichtung der kommunistischen Diktatur forcierten, bemühten sie sich gleichzeitig um eine Intensivierung der Kontakte des Volksrates und der „Nationalen Front" zu kooperativen Politikern der Westzonen. Auf formelle Einladung einer „Aktionsgemeinschaft der Jugend für die Einheit Deutschlands" organisierten am 20. Mai 1949 Vertreter des Volksrates ein Treffen mit etwa 80 Vertretern der westdeutschen Öffentlichkeit. Teilnehmer aus der SBZ waren Hermann Matern (SED), Georg Dertinger (CDU), Wilhelmine Schirmer-Proescher (LDP) und der spätere Verteidigungsminister der DDR, Heinz Keßler (SED/FDJ). Wilhelm Pieck und Otto Nuschke hielten sich ebenfalls in Hannover auf, hatten jedoch an den Beratungen bis zu ihrem Abbruch nicht teilgenommen.[75] Die Veranstaltung, die der Belebung der gesamtdeutschen Arbeit dienen sollte[76], wurde für die Vertreter der SBZ ein Fiasko. Auf westdeutscher Seite waren ausschließlich die KPD und Splitterorganisationen vertreten. Für die sonst eher gesprächsbereite CSU-Führung hatte August Haußleiter, zu dem die Führung der CDU der SBZ in Kontakt stand, eine Teilnahme ebenfalls abgesagt. Der Nauheimer Kreis wurde durch Arthur von Machui vertreten, der wegen seiner Teilnahme noch während der Tagung aus der SPD ausgeschlossen wurde.[77] Nachdem Dertinger mit seinem Hauptreferat über die Frage einer gesamtdeutschen Verfassung begonnen hatte, wurde das Treffen durch die britische Militärregierung untersagt und abgebrochen.[78]

Dertinger führte nach dem Verbot der Versammlung noch ausführliche Gespräche mit Gereke, die in der niedersächsischen CDU auf herbe Kritik stießen. Auf einer Delegiertentagung des Landesverbandes Niedersachsen der CDU wurde beschlossen, daß Voraussetzung für Gespräche mit Vertretern der SBZ freie Wahlen und eine Ablehnung der Anerkennung der Oder-Neiße-Grenze seien.[79] Während sein eigener Landesverband sich gegen Gereke stellte, konstatierte Dertinger, daß „innerhalb der CDU/CSU in den Westzonen Freunde vorhanden sind, die sich ehrlich bemühen, mit der Ost-CDU in Kontakt zu kommen oder zu bleiben"[80].

---

75 FRUS 1949 3 17. S. 517. S. 517.

76 Vgl. „Konsequenzen der Ostzonenwahl. SMA ändert Taktik". In: „Die Welt" vom 19. Mai 1949.

77 Vgl. „Einheitsgespräch gescheitert". In: „Die Welt" vom 21. Mai 1949.

78 PRO FO 1030/91 160115.

79 Vgl. DUD Ausgabe C vom 24. Mai 1949.

80 „Für Neutralisation Deutschlands". In: UPD vom 27. Mai 1949. Im OMGUS wertete man die Aktivitäten der CDU der SBZ als direkt von der SMAD gesteuerte Manöver: „SMA wanted the Eastern CDU to cultivate close contacts with the Western CDU and CSU." Memorandum, Kenneth Dayton (Acting Director), OMGUS, Civil Administration Division to General Lucius D. Clay, 24 March 1949 (IfZ-Archiv, Bestand MF 260 OMGUS 5/268-3/8/SD).

3. Wiedervereinigung durch die „Nationale Front“

Parallel zu den gesamtdeutschen Bemühungen aller Parteien der SBZ verabschiedete der Volkskongreß am 30. Mai 1949 den Verfassungsentwurf des Deutschen Volksrates und wählte den 2. Deutschen Volksrat. Die CDU erhielt 45 Mandate, die vom Hauptvorstand vergeben wurden.[81] Der Volkskongreß verabschiedete ein „Manifest an das deutsche Volk“, in dem zur Bildung einer „Nationalen Front für Einheit und gerechten Frieden“ aufgerufen wurde. Verlesen wurde das Manifest, dessen Konzept deutlich „aus dem bündnispolitischen Arsenal der Kommunistischen Weltbewegung“[82] stammte, von Nuschke. Die Rede Nuschkes, in der er der UdSSR überschwenglich für deren deutschlandpolitisches Engagement dankte und seine Forderungen nach deutscher Einheit mit den Zielen der sowjetischen Deutschlandpolitik verknüpfte[83], führte auf der folgenden Sitzung des Hauptvorstandes zu einem Eklat, als Hickmann Nuschke wegen dessen überzogen prosowjetischer Haltung kritisierte.[84]

Die „Nationale Front“, für die in der gesamten CDU-Presse massiv geworben wurde, steckte in der Folgezeit den Rahmen für die deutschlandpolitischen Aktivitäten der CDU der SBZ ab. Bei ihrem Werben für die sowjetische Deutschlandpolitik setzte die CDU jedoch stärker als die anderen Parteien der SBZ den Akzent auf die Forderung nach Neutralisierung Deutschlands.[85] Am Anfang jeder politischen Entscheidung sollte nach Meinung der CDU „das Bekenntnis zu einer ungeteilten Neutralisation Deutschlands“[86] stehen. Zur Erreichung der Neutralität schien der CDU-Führung die „Nationale Front“ das geeignete Instrument.

Im Rahmen der „Nationalen Front“ bemühten sich nun führende Funktionäre der Partei immer stärker um Kontakte zu Politikern aus den Westzonen. Nicht alle Politiker der Westzonen lehnten, wie Kaiser, Kontakte zur CDU der SBZ ab. Als gesprächsbereite Politiker sah man in der CDU der SBZ unter anderen August Haußleiter, Friedrich Wilhelm Freiherr von Prittwitz und Gaffron, Josef Müller, Otto Lenz und Ulrich Noack an.[87] Durch eine rege Reisetätigkeit versuchte die Führung der CDU der SBZ den Kreis der Kontaktpersonen auszuweiten. Nach Otto Nuschke, Erich Fascher und Georg Dertinger reiste Ende Mai 1949 auch Gerald Götting in die Westzonen. Er führte Gespräche mit Gerd Lemmer, dem Neffen Ernst Lemmers, mit Josef Müller, August Haußleiter, Gerhard Mau und hielt sich beim CSU-Parteitag in

81 Vgl. Bloch S. 143.
82 Staritz: Auf dem Wege S. 38.
83 Vgl. Deutschlands Stimme vom 3. Juni 1949 S. 10.
84 Vgl. Situationsbericht über die Lage in der Ostzone. 2. Politik der Ostzonen-CDU vom 20. Juni 1949 S. 1 (BA NL Kaiser 8).
85 Vgl. „CDU und Nationale Front“. In: Utm vom Juli 1949 S. 9.
86 „Das Wesen der Nationalen Front“. In: Utm vom August 1949 S. 3.
87 Vgl. Die Situation der CDU in der Ostzone. 14. September 1949 (ACDP I-238-002/1).

Straubing auf. In Hannover traf er sich mit dem stellvertretenden SPD-Vorsitzenden Erich Ollenhauer.[88]

Die CDU-Führung richtete ihre politischen Hoffnungen auf die Pariser Außenministerkonferenz, deren Ergebnisse, so Generalsekretär Dertinger, zur Folge haben würden, daß von den westlichen Politikern bald „einer nach dem anderen ankommen" werde, „um den Kontakt, den man anderthalb Jahre geflissentlich vermieden" habe, „aus Erkenntnis der neuen Lage heraus wiederaufzunehmen"[89].

Im Sommer 1949 verdrängte das Konzept der Wiedervereinigung Deutschlands mit Hilfe der „Nationalen Front" das neutralistische Programm der Partei. Am 2. Juli 1949 beschloß der Hauptvorstand der CDU, die Partei „der Nationalen Front als der großen Bewegung zur Wiedergewinnung der deutschen Einheit"[90] zur Verfügung zu stellen. Hickmann, der nach wie vor eine Neutralität auf innenpolitisch demokratischer Grundlage anstrebte, stieß mit seiner Meinung im Parteivorstand zunehmend auf den Widerstand Dertingers, der am 4. Juli 1949 erklärte, „mit der Nationalen Front den großen Einbruch nach Westdeutschland"[91] vollziehen zu wollen. Während Dertinger im Zentralen Block erklärte, die Politiker des Westens für die Nationale Front gewinnen zu wollen, dämpfte Grotewohl seine Erwartungen und erklärte, man müsse bedenken, daß man im Westen als „Landesverräter"[92] angesehen werde. Deswegen sei es vernünftiger, die Arbeit in der SBZ in den Vordergrund zu stellen. Der SED ging es zu diesem Zeitpunkt tatsächlich eher um die Machtstabilisierung und um die Gründung des deutschen „Kernstaates" DDR. An die DDR sollte Westdeutschland später mit Hilfe der „Nationalen Front" angeschlossen werden. Hier zeigten sich deutlich die unterschiedlichen Konzepte beider Parteien. Die Bevorzugung der Sowjetisierung der SBZ behinderte zugleich die gesamtdeutschen Aktivitäten der CDU der SBZ im Westen.[93]

In der SBZ griffen SMAD und SED zu immer härteren Methoden. Mit Hilfe eines expandierenden Spitzelssystems in den Parteien[94] und mit Hilfe der Justiz[95] gingen SMAD und SED gegen jede Opposition in den Parteien und Kirchen vor.[96] Neben

88 Vgl. Aktenvermerk A. Sagner für Kaiser. Betr.: Westreise des Zonenvorstandsmitgliedes Gerald Götting, Halle. Königswinter, 8. Juni 1949 (BA NL Kaiser 8).

89 Dertinger auf der Sitzung des Zentralen Blocks am 8. Juni 1949. In: SUCKUT: Blockpolitik S. 416.

90 NUSCHKE: Mensch S. 44.

91 SUCKUT: Blockpolitik S. 488.

92 EBD. 497.

93 Vgl. „Wir rufen Westdeutschland!". In: UPD vom 23. Juli 1949. Vgl. „Wir Deutschen müssen selbst etwas tun". In: UPD vom 30. Juli 1949.

94 Vgl. „Weitere Beweise der NKWD-Spitzeltätigkeit". In: Sopade vom September 1949 S. 9. Vgl. „Die Lüge vom Judaslohn". In: Utm vom August 1949 S. 9.

95 Vgl. Veränderte Formen der Blockpolitik (III). 1. Vernichtung der Opposition mit Hilfe der Justiz. 1. Februar 1950 (ACDP I-238-002/3).

96 Vgl. „Kirchenkampf in der Ostzone". In: DUD Ausgabe C vom 28. Juli 1949.

Kaiser war es vor allem die SPD, die sich angesichts der Verhältnisse in der SBZ immer wieder energisch gegen Kontakte zu Politikern aus der SBZ aussprach und deswegen von der CDU in der SBZ als „die eigentliche Spitzentruppe der sowjetfeindlichen Politik“[97] bezeichnet wurde.

Vor allem im Bundestagswahlkampf Sommer 1949 überboten sich Kaiser und die SPD mit gegenseitigen Vorwürfen wegen ihrer angeblich negativen Rollen in der SBZ und in der Betonung der Ablehnung jeglicher Kontakte zu Politikern der SBZ.[98] Hintergrund des Streites war die unterschiedliche Situation, in der sich SPD und CDU in der SBZ befunden hatten. Während die SPD den Zwangscharakter der Vereinigung von SPD und KPD zur SED betonte und sich deutlich von der „SEP“[99] distanzierte, verwies Kaiser auf die große Gruppe der Sozialdemokraten, die sich – wie Otto Grotewohl – seit dem April 1946 an der politischen Umgestaltung der SBZ intensiv beteiligten. Die SPD wiederum warf Kaiser vor, durch seine Haltung als Vorsitzender der CDU der SBZ die Politik der SED bis Ende 1947 unterstützt und als demokratisches Feigenblatt der Sowjetisierung gedient zu haben. Der eigentliche Grund für den oft mit viel Polemik geführten Streit lag in den politischen Auseinandersetzungen in den Westzonen selbst. Hier eignete sich der Vorwurf, mit Kommunisten kooperiert zu haben, im Wahlkampf trefflich zur Diskreditierung des politischen Gegners.

Der Sieg der CDU/CSU bei den Bundestagswahlen wurde von den CDU-Mitgliedern in der SBZ begeistert aufgenommen.[100] Auch in der „Neuen Zeit“ wurde das Wahlergebnis begrüßt.[101] Nuschke sandte Adenauer ein Glückwunschtelegramm.[102] Die Sowjets konnten sich nach dem Sieg der CDU in Westdeutschland ausrechnen, wie die im Oktober 1949 anstehenden Wahlen in der SBZ ausgehen würden. Sie favorisierten daher zunächst die Konsolidierung ihres Herrschaftsbereiches durch die Gründung eines eigenen deutschen „Kernstaates“, der als Ausgangsbasis weiterer deutschlandpolitischer Aktivitäten dienen sollte. Sie verschoben ein weiteres Mal die fest zugesagten freien Wahlen. Die begeisterte Aufnahme des Wahlsieges von Adenauer durch die Mitglieder und die führenden Politiker der CDU der SBZ zeigte den Sowjets die latente Gefahr, die für ihre deutschlandpolitischen Pläne von einer wegen ihrer Eigenständigkeit nach wie vor unberechenbaren CDU

97 „CDU – Die Klammer für Deutschland“. In: UPD vom 23. Juli 1949.

98 Vgl. Jakob KAISER: „Nationale und soziale Verpflichtung der christlich-demokratischen Arbeiterschaft im deutschen Kernstaat“. In: „Union im Wahlkampf“. Sonderausgabe Nr. 21 vom 1. August 1949.

99 Sozialdemokratischer Sprachgebrauch.

100 Vgl. „Nach den westdeutschen Wahlen“. In: Utm vom September 1949 S. 8f. Vgl. WIRTH: Zur Politik der CDU S. 40.

101 Vgl. „Neue Zeit“ vom 16. August 1949. Vgl. „Eine Rüge für Otto Nuschke“. In: DUD Ausgabe C vom 24. August 1949.

102 Vgl. Protokoll der CDU-Ministertagung am Mittwoch, den 17. August 1949, 10.00 Uhr, Unionshaus Berlin (BA NL Kaiser 8).

der SBZ ausging. Sie beschleunigten daher auf allen Ebenen die Umfunktionierung der CDU zu einem berechenbaren, weil direkt sowjetischer Leitung unterstehenden Instrument. Mit der Verpflichtung der CDU-Führung auf den zweiten deutschen Staat und der mit der DDR-Gründung verbundenen Übernahme der CDU-Führung durch prokommunistische Funktionäre ab Januar 1950 ergänzten die Sowjets die während des ganzen Jahres andauernde Gleichschaltung der CDU-Landesverbände.

4. Die Landesverbände zwischen westlicher Anleitung und kommunistischer Unterwanderung

Während die SMAD die Parteiführung der CDU für ihre deutschlandpolitischen Aktivitäten zu gewinnen suchte, gingen die SMA und die SED auf Landesebene während des ganzen Jahres 1949 gegen die CDU vor. Zu den kommunistischen Repressalien kam ein verstärkter Druck der CDU-Parteileitung, die von allen CDU-Gliederungen verlangte, eine kompromißlos prosowjetische Linie einzuschlagen.

Sachsen. Am 18. Januar 1949 mußte der Landesvorstand der sächsischen CDU sechs Leitsätze annehmen, die auch für die weitere Arbeit der anderen Landesverbände verbindlich wurden.[103] Sie formulierten den von Tjulpanow auf dem 3. Parteitag angeordneten Kurs der CDU. Den Mitgliedern wurde jede antisowjetische Äußerung untersagt. Die Thesen leiteten in allen Landesverbänden eine „grundlegende Änderung der Personalpolitik“[104] ein. Ab Januar 1949 mußten alle Gruppierungen der Partei ihre Kandidaten für die im März anstehenden Vorstandswahlen namentlich bei den übergeordneten Parteistellen einreichen. Ohne deren Zustimmung durfte kein Kandidat mehr aufgestellt werden.[105] Als entscheidendes Kriterium für eine Aufstellung ordnete die SMA eine positive Haltung zur UdSSR an.[106] Die Folge der von der SMA geforderten prosowjetischen Haltung aller CDU-Mitglieder war, verbunden mit der Zentralisierung der personalpolitischen Entscheidungen und dem damit verbundenen Abbau der innerparteilichen Demokratie, eine Ausschlußwelle, die das ganze Frühjahr 1949 andauerte.

Die Entwicklung des Landesverbandes Sachsen der CDU war während des ganzen Jahres 1949 von dem Bemühen der SMA und der SED geprägt, den Einfluß des

103 Vgl. „Die Leitsätze des LV Sachsen zur zielklaren Aktivierung der Parteiarbeit“. In: Utm vom Februar 1949 S. 3.

104 CDUD LV Sachsen: Rundbrief Nr. 2 vom 24. Januar 1949 S. 2 (ACDP III-013-1088).

105 Vgl. CDUD KV Dresden-Stadt. 21. Februar 1949: An die Bezirks- und Stadtteilgruppen-Vorstände (ACDP III-013-628/1).

106 Vgl. „‚Mißliebige‘ werden ausgeschlossen“. In: DUD Ausgabe C vom 22. März 1949. Vgl. „SMA rügt sächsische CDU“. In: „Der Tag“ vom 15. März 1949.

Landesvorsitzenden Hickmann zurückzudrängen. Am 7. Mai 1949 erschien auf Anweisung der SMA im sächsischen CDU-Blatt „Die Union“ ein Artikel des CDU-Bürgermeisters von Aue, Magnus Dedek, in dem dieser die Neutralitätspolitik Hickmanns heftig attackierte.[107] Es war der Redaktion zu diesem Zeitpunkt noch möglich, neben dem Artikel anzumerken, daß er auf höhere Anweisung gedruckt werde und nicht die Meinung der CDU widerspiegele. Der Artikel Dedeks wurde von zahlreichen Beiträgen in der kommunistischen Presse flankiert, in denen erklärt wurde, Dedek bringe die wahre Meinung der „fortschrittlichen“ Kräfte in der CDU zum Ausdruck und stehe „absolut im Einklang mit den Erklärungen des erweiterten Hauptvorstandes der CDU und maßgebender Politiker“[108] der CDU.

Um dieser Behauptung entgegenzutreten, wies der geschäftsführende Landesvorstand der sächsischen CDU am 24. Mai 1949 die von Dedek erhobenen Vorwürfe zurück und sprach dem Landesvorsitzenden Hickmann sein volles Vertrauen aus.[109] Die Angriffe des in der sächsischen CDU völlig isolierten Dedek führten zu einer breiten Solidarisierung mit Hickmann. Aus allen Gegenden Sachsens erhielt der Landesvorsitzende Vertrauenserklärungen.[110] Das veranlaßte die SMA, selbst in Erscheinung zu treten. In der „Täglichen Rundschau“ vom 29. Mai 1949 kritisierte sie die neutralistischen Auffassungen Hickmanns. Den Sowjets paßten Hickmanns Vorstellungen von einer auf demokratischen Verhältnissen basierenden Neutralität Deutschlands nicht ins Konzept. Sie strebten nach einer Lösung, durch die der sowjetische Einfluß auf ganz Deutschland ausgedehnt werden würde. Eine auf demokratischen Verhältnissen basierende Neutralität aber, das wußten auch die Sowjets, hätte Deutschland unweigerlich den westlichen Demokratien nähergebracht. Sie widersprach diametral der von ihnen vertretenen „Zwei-Lager-Theorie“.

Ab Sommer 1949 verschärften sich die Auseinandersetzungen zwischen den Anhängern Hickmanns und den von der SMA und der SED protegierten Kräften in der CDU Sachsens. Dabei machten die Kommunisten aus ihrem Ziel der Unterwanderung der CDU kaum einen Hehl. Die SED erklärte, daß es darauf ankäme, die prokommunistischen Kräfte in der CDU zu unterstützen.[111] Die SED-Zeitungen griffen laufend Funktionäre der CDU an und forderten deren Entlassung zugunsten prokommunistischer CDU-Kandidaten.[112] Die Zahl der Ausschlüsse aus der CDU

---

107 Vgl. „Neutralität!“. In: „Die Union“ vom 7. Mai 1949.

108 „Klares Bekenntnis zum Frieden“. In: „Leipziger Volkszeitung“ (Bezirk Westsachsen) vom 7. Mai 1949. Vgl. „Volksstimme“ vom 9. Mai 1949.

109 Vgl. Aktennotiz CDUD KV Chemnitz-Land vom 14. Juni 1949. Az.: Politkreis (ACDP 297-003/1).

110 Über 50 entsprechende Resolutionen finden sich in: (ACDP 3/1). I-297-003/1).

111 Vgl. „Sächsische Zeitung“ vom 16. Juli 1949. Vgl. Protokoll der Sitzung des Landesvorstandes der SED in Sachsen II/25 vom 6./7. September 1949. In: SACHER 242f.

112 Vgl. „Heinz Friedrich. Ein Wolf im Schafspelz“. In: „Volksstimme“ vom 6. Mai 1949. Vgl. Kreistagsfraktionssitzung der CDU Freiberg/Sa. Wagner. CDUD KV Freiberg/Sa. Anlage zum Monatsbericht vom 22. Juli 1949. Vgl. Brief Hickmanns an den CDU-KV Freiberg/Sa. vom 15. Juli 1949 (ACDP I-297-001).

nahm weiter zu. Im Sommer 1949 schloß die Parteileitung auf Anweisung der SMA unter anderem die Landtagsabgeordnete Johanna Gumpert und den Kreisvorsitzenden der CDU von Glauchau, Otto Haberstroh, aus der Partei aus.[113] Schritt für Schritt plazierte die SMA gleichzeitig ihre Kandidaten in der CDU. In Leipzig setzte sie ihren Kandidaten Joseph Rambo gegen den von der CDU als Nachfolger Ernst Eichelbaums nominierten Walter Hlawaczek für das Amt des Bürgermeisters durch.[114] Die Folge solcher Aktionen war, daß ein großer Teil der Mitglieder die sofortige Auflösung der CDU forderte, um sie einem weiteren kommunistischen Zugriff zu entziehen. Die Beendigung der CDU-Arbeit aber lag ebensowenig in den Händen der Mitglieder, wie diese sich wirksam gegen die kommunistische Unterwanderung der Partei zur Wehr setzen konnten.

Thüringen. Am 4. März 1949 verabschiedete der Vorstand des Landesverbandes Thüringen der CDU eine Entschließung, die in Anlehnung an die Erklärung des sächsischen CDU-Landesvorstandes vom 18. Januar 1949 den neuen prosowjetischen Kurs in der thüringischen CDU für verbindlich erklärte. Wie in den anderen Landesverbänden war die Durchsetzung des neuen Kurses mit einschneidenden Veränderungen in der Personalpolitik verbunden. Wahlfunktionen bedurften ab März 1949 der Zustimmung der übergeordneten Parteiinstanz. Allen Funktionären, die den neuen Kurs nicht akzeptierten, wurde der Parteiausschluß angekündigt.[115] Bereits unmittelbar nach der Erklärung vom 4. März 1949 wurde der Ortsgruppenvorsitzende von Erfurt, John, der mit dem gesamten Vorstand der Erfurter CDU der neuen Landesleitung den Kampf angesagt hatte, aus der CDU ausgeschlossen. Seinem Ausschluß folgte die Absetzung der CDU-Vorstände der Ortsgruppen von Saalfeld und Eisenach.[116] Das rigide Vorgehen gegen die Eisenacher CDU veranlaßte die Kreisvorsitzenden Johann Panther und Peter Mölken zur Flucht in die amerikanische Zone.[117] Bereits am 17. Februar 1949 hatten die Sowjets den Chefredakteur der CDU-Zeitung „Thüringer Tageblatt", Heinrich Baumann, der dem Blatt seit dem 1. Oktober 1946 vorgestanden hatte, verhaftet. Ihm wurden Kontakte zur Berliner Zeitung „Der Tagesspiegel" als Spionage für den britischen Geheimdienst ausgelegt. Außerdem beschuldigte ihn ein sowjetisches Militärtribunal (SMT) der Bildung einer „Jakob-Kaiser-Untergrundbewegung"[118]. Im Juli 1949 verurteilten ihn die Sowjets zu

113 Vgl. „Wegen parteischädigenden Verhaltens ... Kein Platz in der Union". In: „Die Union" vom 3. August 1949. Vgl. „Weitere Ausschlüsse" In: „Der Tag" vom 15. Juni 1949.

114 Vgl. „Die CDU der Ostzone. Kursänderung gefordert". In: Sopade vom August 1949 S. 19.

115 Vgl. THIEL S. 40.

116 Vgl. EBD. S. 38.

117 Vgl. „Opposition wird ausgeschaltet". In: „Der Tag" vom 9. März 1949. Vgl. „Aus dem Sowjet-Paradies". In: DUD Ausgabe C vom 12. März 1949. Vgl. „Dem Häscher entronnen". In: DUD Ausgabe C vom 5. Juli 1949.

118 Heinrich Baumann (ACDP III-013 DbCDU Ok). Vor Baumann war Maximilian Müller-Jabusch Chefredakteur des „Thüringer Tageblattes".

25 Jahren Arbeitslager. Seine Verhaftung machte den Platz frei für August Bach, der eng mit den Sowjets zusammenarbeitete und der Gruppe von Funktionären angehörte, die prokommunistische Positionen und die Interessen der SMA in der CDU vertrat. Der Verhaftung Baumanns folgte die Inhaftierung der Redakteurin des „Thüringer Tageblattes“, Brigitte Ehlen aus Nordhausen, die in der Stadt am Südharz einer CDU-Widerstandsgruppe angehörte, die Flugblätter verteilte und Plakate gegen die SED klebte. Brigitte Ehlen wurde im April 1949 in das Konzentrationslager Sachsenhausen eingeliefert und 1956 aus der Strafvollzugsanstalt Hoheneck entlassen.[119]

Zum neuen Kurs der Parteileitung gehörte nach Nuschkes Auffassung neben der unbedingt prosowjetischen Haltung noch immer eine deutliche Kritik an der SED. Auch in Thüringen gab es Politiker, die Nuschke beim Wort nahmen und die SED kritisierten. Zu ihnen gehörte der ehemalige thüringische Minister für Handel und Versorgung, Georg Grosse, der sich in der Sitzung des Thüringer Landtages am 13. Juli 1949 gegen die Wirtschafts- und Personalpolitik der SED wandte und die nichtkommunistischen Abgeordneten aller Parteien aufforderte, aus Protest gegen die Haltung der SED ihre Mandate niederzulegen.[120] Anders als bei Nuschke aber waren hier Verhöre bei der SMA und die Einschränkung seiner persönlichen Bewegungsfreiheit die Folge seines Auftretens.[121] Um der drohenden Verhaftung zu entgehen, floh Grosse Ende August 1949 in den Westen, wo er einen „Mitteldeutschen Freiheitsbund“ gründete, dessen erklärtes Ziel der Kampf gegen den Kommunismus war.[122]

Mecklenburg. Auch in Mecklenburg ging die SED Anfang des Jahres 1949 mit Restriktionen und Repressalien gegen die CDU vor. Überall wurde der allgemeine Stellenabbau in der Verwaltung genutzt, um reihenweise CDU- und LDP-Mitglieder zu entlassen.[123] In zahlreichen Orten ließ die SED Großbauern verhaften, die Funktionen in der CDU innehatten. Die kommunistische Presse nutzte die Verhaftungen zu Angriffen gegen die CDU.[124] In den Kreisblocks drängte die SED Mitglieder der CDU, Erklärungen gegen Kaiser und Adenauer abzugeben.[125] Funktionäre, die sich weigerten, mußten aus der CDU ausgeschlossen werden.[126] Die Folge war eine kontinuierliche Fluchtbewegung von CDU-Funktionären Richtung Westen. Anfang

---

119 Vgl. Brigitte Ehlen (ACDP III-013 DbCDU Ok).

120 Vgl. Thüringer Landtag. 1. Wahlperiode. 60. Sitzung. 13. Juli 1949 in SCHWARZ S. 1652f. (ACDP V-001-010). Vgl. BLOCH S. 145.

121 So Cilly Grosse in einem Gespräch mit dem Autor am 19. Mai 1987, Protokoll S. 29–33 (ACDP MAT Richter).

122 Später in „Deutscher Bund“ umbenannt. Vgl. Willfried Parge (ACDP III-013 DbCDU Ok).

123 Vgl. „Der Demokrat bemerkt: Personalabbau etwas sonderbar“. In: „Der Demokrat“ vom 24. Februar 1949.

124 Vgl. „Klassenkampf ist keine Erfindung. CDU-Bürgermeister, Großbauer, Mühlenbesitzer und Wirtschaftsverbrecher“. In: „Landes-Zeitung“ (Rostock) vom 5. Januar 1949.

125 Vgl. Notiz (Wismar) vom 26. Februar 1949 (ACDP III-013-628/1).

126 Vgl. „Ostzone“. In: DUD Ausgabe C vom 24. März 1949.

April 1949 floh auch das Mitglied des Landesvorstandes, der Oberregierungsrat im mecklenburgischen Landwirtschaftsministerium Alfred Borchert, nach Berlin.[127]

Nach den Volksratswahlen verschärften SMA und SED ihr Vorgehen gegen die CDU weiter. Verbindungen zu Jöhren, der während der Volksratswahl Material hatte verteilen lassen[128], reichten als Grund für eine Verhaftung. Am 25. Mai 1949 wurde der Kreisvorsitzende der Schweriner CDU, Walter Olters, als Führer einer CDU-Widerstandsgruppe, die mit Werner Jöhren in Verbindung stand, verhaftet. Olters, den man zunächst ins Konzentrationslager Sachsenhausen einlieferte, wurde in der Haft schwer mißhandelt, bevor er zur Zwangsarbeit nach Sibirien deportiert wurde.[129] Ähnlich ging es dem Jugendsekretär der Schweriner CDU, Wilhelm Thiemann, der am 2. Juni 1949 wegen Mitgliedschaft in einer illegalen „Jakob-Kaiser-Gruppe", die unter anderem das von Jöhren herausgegebene Blatt „Entscheidung für Deutschland und Europa" verteilt hatte, zu 25 Jahren Zuchthaus verurteilt wurde.[130] Da noch zahlreiche Parteistellen Kontakte zu CDU-Stellen in den Westzonen unterhielten und diese Kontakte immer wieder zu Verhaftungen führten, forderte der Landesvorsitzende Lobedanz Anfang Juni 1949 alle Parteistellen auf, die Kontakte einzustellen.[131] Immer mehr Landräte und Kreisvorsitzende sahen sich Angiffen der SMA und der SED ausgesetzt. Vor allem die in Zusammenarbeit mit Jöhren organisierte Widerstandsarbeit, die im Kleben von Zetteln, im Verteilen westlicher Presseerzeugnisse und in der Informationsvermittlung bestand[132], führte zu einer Zunahme der Verhaftungen. Ende Juli 1949 setzte sich auch der Geschäftsführer der Landtagsfraktion des Schweriner Landtags, Günther Gerken, nach Berlin (West) ab.[133] Im August 1949 verhafteten die Sowjets in Wolgast eine CDU-Schülergruppe mit ihrer Lehrerin. Die Jugendlichen wurden für ihre politischen Aktivitäten fast alle zu 25 Jahren Zuchthaus verurteilt.[134] Im Seebad Bansin flog ein als „FDJ-Gruppe" getarnter Kreis von Schülern auf, der mit den verhafteten Schülern der Oberschule Wolgast in Verbindung gestanden hatte. Den Initiator der CDU-Jugendgruppe verurteilte ein SMT am 23. Mai 1949 zum Tode.[135]

---

127 Vgl. „Ostzone". In: DUD Ausgabe C vom 7. April 1949.

128 Vgl. Brief Erich Pleschinger an Jöhren. Neustrelitz, den 3. August 1949 (ACDP III-013 DbCDU ChO 267 Erich Pleschinger 1948/1949).

129 Vgl. Walter Olters (ACDP III-013 DbCDU Ok).

130 Vgl. Wilhelm Thiemann (ACDP III-013 DbCDU Ok).

131 Vgl. CDU LV Mecklenburg gez. Lobedanz an CDU KV Parchim vom 4. Juni 1949 (ACDP I-308-001/1).

132 Vgl. Brief E. Pleschinger an Jöhren. Neustrelitz den 3. August 1949 (ACDP III-013 DbCDU ChO 267 Erich Pleschinger 1948/1949).

133 Vgl. Günther Gerken (ACDP III-013 DbCDU Ok).

134 Vgl. Ulrich Bartsch (ACDP III-013 DbCDU Ok).

135 Vgl. Dieter Pietsch (ACDP III-013 DbCDU Ok). D. Pietsch wurde später zu 25 Jahren Zuchthaus begnadigt und 1954 entlassen.

Sachsen-Anhalt. Anfang 1949 übernahm auch die Landesleitung der CDU von Sachsen-Anhalt den prosowjetischen Kurs der Parteileitung. Am 4. Februar 1949 beschloß der Landesausschuß, in Zukunft jede antisowjetische Haltung zu unterbinden[136] und mit Parteiausschluß zu ahnden. Wie Nuschke verband der Landesvorstand die neue Haltung gegenüber den Sowjets mit Angriffen auf den „Klassenkampf“ und die Personalpolitik der SED.[137] Am 8. Februar 1949 gab die Landesleitung vier Leitsätze für die Parteiarbeit heraus, in denen erklärt wurde, daß antisowjetische Haltungen in der CDU keinen Platz mehr hätten. Der Landesvorstand erklärte gleichzeitig, daß die deutsche Einheit Ziel der Partei bleibe, die CDU sich am Wirtschaftsplan beteilige und verstärkt versuchen werde, die Arbeiter für sich zu gewinnen.[138] Mit der einseitig positiven Darstellung der sowjetischen Besatzungsmacht in der CDU-Presse nahmen auch die Angriffe gegen die westlichen Staaten zu, die immer wieder mit antisemitischen Äußerungen verbunden waren. Im April 1949 tauchten, wie bis dahin nur in kommunistischen Zeitungen, nun auch in der CDU-Presse Karrikaturen auf, in denen „Uncle Sam“ als Karrikatur eines Juden dargestellt wurde.[139] Auch die offizielle Redeweise der CDU änderte sich. Ab dem Sommer 1949 wurden die meisten Texte der CDU durch die Besatzungsmacht angeordnet. Abweichungen von vorgeschriebenen Redetexten und freie politische Rede wurden zum Politikum. Karl Gierke mußte sich vor dem Geschäftsführenden Vorstand verantworten, weil er bei einer Rede am 7. April 1949 in Ammendorf vom Manuskript abgewichen war. Das hatte zum sofortigen Protest der SMA geführt.[140] In Fällen, in denen sich CDU-Verbände dem neuen prosowjetischen Kurs nicht fügten, ordnete die SMA einfach – wie in Angermünde, Jerichow oder Eisleben – die Auflösung des gesamten Kreisvorstandes an.[141] Die Anfang 1949 zunehmenden Sabotageakte waren für die Besatzungsmacht ein zusätzlicher Anlaß, weitere mißliebige Mitglieder der CDU und LDP zu verhaften.[142]

Nach den Volkskongreßwahlen konzentrierte sich der Widerstand gegen den Kurs des Landesvorstandes immer stärker auf die CDU-Landtagsfraktion und die Kreisvorstände. Verschiedene Kreisverbände betrachteten weiterhin Kaiser als ihren Parteivorsitzenden. Der Kreisvorstand der CDU von Wittenberg wandte sich mit

136 Vgl. SCHAPER: Jahre der Entscheidung S. 57.

137 Vgl. Otto NUSCHKE: „Auf einer Großveranstaltung in Wittenberg“. In: „Der neue Weg“ vom 11. Januar 1949. Vgl. Gerald GÖTTING: „Arbeit im Geiste der Union“. In: „Der neue Weg“ vom 18. Januar 1949.

138 Vgl. „Wachsendes Selbstvertrauen“. In: „Der neue Weg“ vom 8. Februar 1949.

139 Vgl. Karikatur S. 1. In: „Der neue Weg“ vom 5. April 1949.

140 Vgl. Protokoll der Sitzung des Geschäftsführenden Vorstandes des LV Sachsen-Anhalt der CDU vom 22. April 1949 (ACDP III-013 DbCDU ChO 275 D-E 1950).

141 Vgl. CDU LV Sachsen-Anhalt: Organisationsstatistik für August 1949 S. 7 (ACDP III-013-790). Vgl. „Ostzone“. In: DUD Ausgabe C vom 16. April 1949.

142 So im Mai 1949 in Wolmirstedt, wo ein Munitionszug der Sowjets in die Luft flog. Vgl. Sopade vom Juni 1949 S. 46.

einer „Treue-Botschaft" an den "einzig legitimierten Führer der Zonen-CDU"[143]. Nachdem die SMA den Widerstand der CDU-Landtagsfraktion durch die Absetzung des CDU-Fraktionsvorsitzenden und Vizepräsidenten des Landtages von Sachsen-Anhalt, Anton Miller[144], zu brechen versucht hatte, folgte die Disziplinierung der rebellischen CDU-Kreisvorstände. Am 1. August 1949 beschloß der Landesvorstand, die Kreisgeschäftsführer zukünftig direkt beim Landesverband anzustellen.[145] Über den so erlangten Einfluß wollte die Landesleitung unmittelbaren Einfluß auf die personelle Besetzung der Kreisvorstände nehmen. Wie alle derartigen Entscheidungen gingen auch diese auf Anweisungen der SMA zurück. Nach außen aber stellten sie sich als Entscheidungen des Landesvorstandes dar. So hatte zu diesem Zeitpunkt der Landesvorsitzende Erich Fascher kaum noch mit Verständnis unter den Mitgliedern oder gar in den westlichen Unionsverbänden zu rechnen. Eine Reise durch die Westzonen wurde dann für Fascher auch zum völligen Mißerfolg. Während Adenauer und Kaiser den Politiker mit der Begründung, er sei von den Sowjets geschickt[146], gar nicht erst empfingen, erklärte ihm in Hannover Günther Gereke, daß auch die „verständigen Kreise der westdeutschen CDU"[147] sich unter den in der SBZ gegebenen Umständen kaum noch erfolgreich für eine Verständigung einsetzen könnten.

Brandenburg. Anfang des Jahres 1949 verschärften sich auch die Repressalien gegen die brandenburgische CDU. Im Januar mußte die Landesleitung auf Anweisung der SMA allen Angestellten kündigen, die in den Berliner Westsektoren wohnten. Wie immer durfte dabei nicht verlautbaren, daß es sich um eine direkte sowjetische Weisung handelte.[148] Ebenfalls im Januar kam es in verschiedenen Orten des Landes zu Aktionen gegen neugegründete CDU-Betriebsgruppen, deren Mitglieder abgeworben, entlassen[149] oder wie der Gründer der CDU-Betriebsgruppe der Agfa-Seidenwerke in Premnitz vom MGB verhaftet wurden.[150] In anderen Wirtschaftseinrichtungen, wie in den ab März 1949 eingerichteten „Maschinen-Ausleih-Stationen" (MAS), wurden

143 CDU KV Wittenberg. Lutherstadt Wittenberg, den 12. Juni 1949: Treue-Botschaft (BA NL Kaiser 8).

144 Vgl. Landtag Sachsen-Anhalt. Halle (Saale). 46. Sitzung am 29. Juni 1949. Sp. 2058 (ACDP V-001-009).

145 Vgl. Rechenschaftsbericht des LV Sachsen-Anhalt der CDU für die Geschäftsjahre 1948/49/50 S. 2 (ACDP III-013-781).

146 Vgl. „Die CDU bleibt konsequent". In: DUD Ausgabe C vom 19. August 1949. Vgl. „SMA schickt neue Sendboten aus". In: DUD Ausgabe C vom 30. August 1949.

147 CDU LV Sachsen-Anhalt: Organisationsstatistik für August 1949 S. 9 (ACDP III-013-790).

148 Vgl. „Ostzone". In: DUD Ausgabe C vom 8. Januar 1949. Vgl. Brief der Betriebsgruppe der CDU der Kreisverwaltung des Kreises Westhavelland (Vorsitzender Reinhold Maeße) an den LV Brandenburg der CDU z. Hd. von Herrn Grobbel. Rathenow, den 27. Januar 1949 (ACDP I-297-002).

149 Vgl. „Die östliche Methode". In: „Der Tag" vom 16. Januar 1949.

150 Vgl. Auszug aus dem Protokoll der Kreisgeschäftsführertagung am 28. März 1949 (ACDP I-297-100/7).

CDU-Betriebsgruppen dadurch unmöglich gemacht, daß eine Anstellung in der Regel mit der SED-Mitgliedschaft verbunden war.[151]

Zum Ausbruch der Spannungen zwischen dem Landesvorstand und den Funktionären aus den Kreisen kam es auf einer Tagung des Erweiterten Landesvorstandes am 9. Februar 1949 in der Landeshauptstadt Potsdam. Nuschke, der die Personalpolitik der SED angriff, von einer „Terrorwelle der SED“ und den Übergriffen der „kleinen Piecks“ sprach, erhielt von den aufgebrachten Teilnehmern noch geringen Beifall. Als jedoch Generalsekretär Dertinger das Wort nahm, zwangen die etwa 330 Teilnehmer ihn zum Abbruch seiner Rede und forderten ihn lautstark zum Rücktritt auf.[152] Von der Landesleitung vorgelegte „12 Leitsätze“[153] wurden von den Kreisfunktionären erst angenommen, nachdem wesentliche Veränderungen vorgenommen worden waren. Scharfe Kritik wurde am amtierenden Landesvorsitzenden Karl Grobbel geübt, dem eine undemokratische Parteiführung vorgeworfen wurde. Vergeblich wandten sich die Kreisfunktionäre gegen die neue Bestimmung, wonach künftig jeder gewählte Funktionär durch die Parteileitung bestätigt werden mußte. Die Funktionäre wußten recht genau, daß die übergeordneten Dienststellen damit ein Weisungsrecht in Personalfragen erhielten und an die Stelle der innerparteilichen Demokratie zentralistische Strukturen traten.[154] Offen griffen die Funktionäre auch die SED-Politik und die Oder-Neiße-Grenze an.[155] Der anwesende sowjetische Offizier Zerebrennek griff in den Ablauf nicht ein. Unmittelbar nach der Versammlung kam es allerdings zu den ersten Verhaftungen. Ihr erstes Opfer wurde der Kreisvorsitzende der CDU von Eberswalde, Landgerichtsrat Reinhard Becker, der den brandenburgischen Innenminister Bechler (SED) angegriffen hatte.[156] Es folgte eine Welle von Parteiausschlüssen und Verhaftungen, wie sie die Partei bisher nicht erlebt hatte.

Neben den Kreisfunktionären waren auch in Brandenburg Landtagsabgeordnete das besondere Ziel der SED und der „fortschrittlichen“ Kräfte in der CDU. Im März 1949 wurden gegen den 1. Vizepräsidenten des brandenburgischen Landtages, das Landesvorstandsmitglied Gerhard Schütze, und gegen das Mitglied des

---

151 Vgl. „Gesamtverantwortung der Union“. In: „Märkische Union“ vom 11. Februar 1949. Vgl. „Opposition in Brandenburg“. In: „Der Tag“ vom 10. und 11. Februar 1949. Eine ausführliche Beschreibung der Tagung findet sich in: Airgram from the Political Advisor for Germany, Berlin (James W. Riddleberger) to the Secretary of State, Washington, D. C., A–13, February 12, 1949 (IfZ-Archiv, Bestand MF 84 POLAD 455/3).

152 12 Leitsätze zur Förderung der Unionsarbeit im LV Brandenburg (ACDP I-297-002). Vgl. Utm vom März 1949 S. 6.

153 Vgl. „Befreiende Tat“. In: EfDuE 4 vom 18. Februar 1949 S. 10. Vgl. „Die Neue Zeitung“ vom 9. Februar 1949.

154 Vgl. „Opposition der Brandenburger CDU“. In: DUD Ausgabe C vom 28. Januar 1949.

155 Vgl. Reinhard Becker (ACDP III-013 DbCDU Ok). Vgl. „Ostzone“. In: DUD Ausgabe C vom 4. März 1949.

156 Vgl. „Aus dem Sowjetparadies“. In: DUD Ausgabe C vom 12. März 1949.

Landesvorstandes, Klaus Plümecke, Ausschlußverfahren eröffnet.[157] Am 19. März 1949 wurde Gerhard Schütze, der unter den Nazis im KZ gesessen hatte, aus der CDU ausgeschlossen.[158] Da Schütze mit einer erneuten Inhaftierung rechnen mußte, brachte er sich mit seiner Familie nach Berlin (West) in Sicherheit. Ebenfalls aus der CDU ausgeschlossen wurden die CDU-Stadtverordnete in Potsdam, Fräulein Conrad, das Kreisvorstandsmitglied der Kyritzer CDU, Georg Schmidt und das Mitglied des Landesjugendausschusses der CDU, Wolfram Kesseler.[159] Am 22. April folgte die Verhaftung der Ortsgruppenvorsitzenden der CDU von Zechlinerhütte, Charlotte Schubotz.[160] Im Februar 1949 mußte der Minister für Arbeit und Soziales des Landes Brandenburg, Fritz Schwob, seine Ämter und sein Landtagsmandat niederlegen, nachdem er in einer Rede in Cottbus die Entwicklung in der SBZ deutlich kritisiert hatte.[161] Nachdem er ebenfalls Angriffen durch die SED ausgesetzt war, trat im März auch der Justizminister des Landes Brandenburg, Ernst Stargardt, von seinen Ämtern zurück.[162] Wie er floh auch der Landesgeschäftsführer der CDU, Willi Henke, aus der SBZ. Wie viele andere war auch er von der SMA zu Spitzeldiensten gezwungen worden.[163] Am 22. Mai 1949 folgte die Verhaftung des Kreisvorsitzenden der CDU von Jüterbog-Luckenwalde, des Kreisrates Paul Dieke[164], im Juni die Flucht des Potsdamer Bezirksbürgermeisters Gerd von Reinersdorff[165] und im Juli die von den Sowjets angeordnete Mandatsniederlegung des Vorsitzenden der CDU-Fraktion des brandenburgischen Landtages, Frank Schleusener.[166] Immer kontroverser wurden die Auseinandersetzungen im Landesvorstand der CDU. Nachdem es am 1. Juli 1949 zu einem Eklat zwischen den prokommunistischen Vertretern und dem zweiten Bürgermeister von Potsdam, Erwin Köhler, gekommen war, forderte Nuschke den Landesvorsitzenden Grobbel in einem Schreiben vom 2. Juli 1949 auf, den neuen Kurs der Partei im gesamten Landesverband noch energischer durchzusetzen.[167] Grobbel befand sich wie alle Landesvorsitzenden in einer schwierigen Situation. Einerseits stand er unter dem Druck der Kreisverbände, die unverändert freie Wahlen und eine

157 Vgl. Landtag des Landes Brandenburg. 1. Wahlperiode. Drucksache Nr. 394. Stenographischer Bericht. 50. Sitzung am 23. März 1949, Abgeordneter Willy Heller (ACDP V-001-001).

158 Vgl. „Die CDU der Ostzone". In: Sopade vom Juni 1949 S. 32.

159 Vgl. Charlotte Schubotz (ACDP III-013 DbCDU Ok).

160 Vgl. Fritz Schwob: „Was ein Minister in der Ostzone nicht sagen darf". In: „Der Tag" vom 10. März 1950.

161 Vgl. „Mißliebige werden ausgeschlossen". In: DUD Ausgabe C vom 22. März 1949.

162 Vgl. Sopade vom Mai 1949 S. 45 und vom Juni 1949 S. 33. Vgl. „Der Tagesspiegel" vom 20. Mai 1949. Vgl. die Aussage von Hanna Hermann in der Unterlage Karl Grobbel (ACDP III-013 DbCDU Ok).

163 Vgl. Fricke: Politik S. 61.

164 Vgl. Gerd von Reinersdorff (ACDP III-013 DbCDU Ok).

165 Vgl. „Zum Rücktritt gezwungen". In: DUD Ausgabe C vom 27. Juli 1949.

166 Vgl. Kind S. 43.

167 Vgl. Ebd. S. 44.

eigenständige CDU-Politik forderten, andererseits übte die Zonenleitung erheblichen Druck auf ihn aus. Der Konflikt schlug sich in anhaltenden Auseinandersetzungen innerhalb des Landesvorstandes nieder, die bis in den Herbst 1949 reichten.[168] Dabei besetzte die SMA immer mehr Posten mit Personen, die in der CDU die Politik der Besatzungsmacht vertraten. So erzwang die SMA die Übernahme des Vorsitzes des rebellischen CDU-Kreisverbandes Potsdam durch den MGB-Agenten Hermann Gerigk. Der bisherige Kreisvorsitzende und zweite Potsdamer Bürgermeister, Erwin Köhler, den die Sowjets wegen angeblicher Zusammenarbeit mit dem französischen Geheimdienst später hinrichteten, wurde zum Rücktritt gezwungen. Um Hermann Gerigk zu favorisieren, untersagten die Sowjets auch eine Kandidatur von Ludwig Baues, der wie Köhler wenig später in sowjetischer Haft umkam.[169]

5. III. Deutscher Volkskongreß und „demokratischer Zentralismus"

Die Landtagswahlen vom Herbst 1946 hatten den Kommunisten deutlich gemacht, daß sie in freien und geheimen Wahlen keine Chance hatten, parlamentarische Mehrheiten zu erreichen. Im Rahmen der von SMAD und SED deswegen inszenierten Volkskongreßbewegung fanden am 15. und 16. Mai 1949 in der SBZ Wahlen zum 3. Volkskongreß statt.[170] Die hierbei verwendeten Stimmzettel trugen die Aufschrift: „Ich bin für die Einheit Deutschlands und einen gerechten Frieden. Ich stimme daher für die nachstehende Kandidatenliste zum 3. Deutschen Volkskongreß."[171] Zum ersten Mal mußten sich die fünf Blockparteien und Massenorganisationen gemeinsam dem Votum des Wählers stellen. Die einheitliche Kandidatenliste erlaubte keine Auswahl unter den verschiedenen Parteien, und die Teilnahme an der Wahl war „de facto obligatorisch"[172]. Da sich bereits am ersten Wahltag eine Mehrzahl von Nein-Stimmen herauskristallisierte, wurde in der Nacht zum 16. Mai 1949 durch Fernschreiben der Deutschen Zentralverwaltung des Inneren und der Landesinnenminister eine neue Zählung und die Fälschung der Wahl angeordnet.[173] Dadurch ergab sich eine Änderung des Ergebnisses um bis zu 10 Prozent zugunsten der Ja-Stimmen.[174] Trotz der Wahlfälschung war das Ergebnis für die SMAD und die SED unbefriedigend. Bei einer Wahlbeteiligung von 92,5 Prozent konnten nur 66,1 Prozent als Ja-Stimmen gewertet werden. Im Ostsektor Berlins waren es sogar nur 51,6 Prozent.

---

168 Vgl. Aktenvermerk RGr. vom 20. März 1950 (ACDP III-013-749).

169 Vgl. GOROSCHKOWA S. 159.

170 Zit. b. HELLER S. 15.

171 GRADL: Sowjetstern S. 160.

172 Texte der Anweisungen in: BUNDESMINISTERIUM FÜR GESAMTDEUTSCHE FRAGEN: Die Wahlen S. 20–23.

173 Vgl. Protokoll der Sitzung des Zentralen Blocks am 8. Juni 1949. In: SUCKUT: Blockpolitik S. 423 und S. 600 Anm. 461.

174 Vgl. BUNDESMINISTERIUM FÜR GESAMTDEUTSCHE FRAGEN: Die Wahlen S. 23.

Wegen der Fälschungen kam es in zahlreichen Wahlvorständen zu Protesten. Auch der Landesverband der brandenburgischen CDU legte am 18. Mai 1949 gegen die Anweisung des SED-Innenministers Bechler, die Nein-Stimmen auf nicht ganz korrekt ausgefüllten Wahlscheinen als Ja-Stimmen zu zählen, beim Volksrat schriftlich Protest ein.[175] Auch die anderen Landesvorstände der CDU protestierten gegen die Wahlmanipulation.[176] Am Ergebnis der Wahl änderte sich dadurch nichts, vielmehr häuften sich seitens der SMAD und SED Vorwürfe und Anschuldigungen gegen CDU und LDP. Die „Tägliche Rundschau" griff am 28. und 29. Mai 1949 führende Funktionäre beider Parteien an, die angeblich die Autorität der SED untergraben, die Idee des Volkskongresses kompromittiert und offene Gegenpropaganda und Sabotage betrieben hatten.[177] In der CDU richteten sich die Vorwürfe der Besatzungsmacht vor allem gegen Hickmann und Lobedanz.[178] Das schlechte Abstimmungsergebnis hinderte die SED nicht, die Wahlen als einen großen Sieg herauszustellen und das gefälschte Ergebnis als „Bestätigung, daß die große Mehrheit der Bevölkerung die Politik unterstütze"[179], zu bezeichnen.

Am 18. Mai 1949 nahmen die CDU-Landesvorsitzenden Stellung zur Wahl. Sie bekräftigten ihren Widerspruch gegen die Anordnungen der SED-Innenminister, unklare Stimmabgaben als Ja-Stimmen zu zählen und betonten, daß gerade in den Kreisen und Gemeinden, in denen die CDU „ihre besonderen Stützen hat ... ein überdurchschnittliches Ergebnis erzielt worden"[180] sei. Nuschke erklärte, daß kein Zweifel daran bestehe, daß die Abstimmung „in einwandfreier Weise geheim"[181] durchgeführt worden sei. Auch die große Mehrheit derer, die mit „Nein" gestimmt hatten, seien, so Nuschke, eigentlich ebenfalls „Anhänger(n) der Ziele des Volkskongresses", die nur die Gelegenheit genutzt hätten, „einmal kräftig zu protestieren"[182]. Der sich in dieser Haltung ausdrückende mangelnde Reifezustand werde von Leuten wie Kaiser mißbraucht, die in ihren Angriffen auf den Volkskongreß „jenen Mangel an politischem Augenmaß" zeigten, „das Max Weber einst von jedem Politiker forderte, der ernstgenommen werden"[183] wollte.

Kaiser hatte wie zahlreiche andere Politiker in den Westzonen vor der Abstimmung über den Rundfunk, die Presse und durch Flugblätter die Bevölkerung der SBZ und des Ostsektors Berlins aufgefordert, mit „Nein" zu stimmen[184] und damit nicht nur bei den

175 Vgl. Aktennotiz des CDUD-KV Chemnitz-Land. 14. Juni 1949. Az.: Politkreis (ACDP I-297-003).
176 Vgl. GRADL: Sowjetstern S. 161. Vgl. BADSTÜBNER/HEITZER S. 162.
177 Vgl. „Die Nein-Sager sind Saboteure!". In: „Der Tag" vom 31. Mai 1949.
178 GOROSCHKOWA S. 159.
179 W. HEINRICH S. 103.
180 Aktennotiz des CDU-KV Chemnitz-Land. 14. Juni 1949. Az.: Politkreis (ACDP I-297-003).
181 „Neue Zeit" vom 18. Mai 1949.
182 EBD.
183 EBD.
184 Vgl. „Stimmt mit NEIN!". In: „Der Tag" vom 8. Mai 1949.

Mitgliedern der CDU Gehör gefunden. Trotz der gegenteiligen Erklärungen der CDU-Landesvorsitzenden gab es, wie das Beispiel Sachsen zeigt, einen offensichtlichen Zusammenhang zwischen den CDU- und LDP-Stimmen des Jahres 1946 und den Nein-Stimmen der Volkskongreßwahl 1949.

Sachsen. Die sächsischen Orte mit CDU- und LDP-Mehrheiten hatten, wie Plauen, mit 60,2 Prozent die höchste Anzahl von Nein-Stimmen zu verzeichnen.[185] In neun von 34 Stadt- und Landkreisen des Landes Sachsen, in denen 1946 die für die CDU und LDP abgegebenen Stimmen über dem Landesdurchschnitt lagen, war 1949 eine überdurchschnittliche Anzahl von Nein-Stimmen zu verzeichnen. In 15 Kreisen, in denen CDU und LDP 1946 unter dem Durchschnitt lagen, wurden entsprechend mehr Ja-Stimmen abgegeben.[186] Ähnlich sah das Ergebnis in Dresden aus[187]:

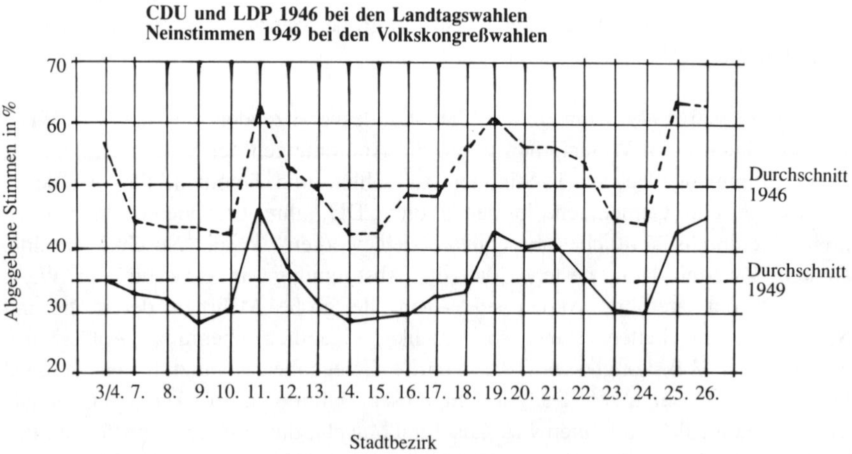

Thüringen. Wie in Sachsen, so hatte auch der CDU-Landesvorstand in Thüringen die Mitglieder aufgefordert, bei der Volkskongreßwahl mit „Ja“ zu stimmen. Aber auch in Thüringen wies das Ergebnis in den Orten die meisten Nein-Stimmen auf, in denen CDU und LDP die Mehrheit der Mandate in den Kommunalparlamenten besaßen. Im Stadtkreis Apolda hatten 52,95 Prozent, in Greiz 52,72 Prozent, in Gera 50,25 Prozent

185 Vgl. Die Organisationsarbeit der SED. Reden von W. Ulbricht und P. Verner auf der Organisationskonferenz der SED. Beglaubigte Abschrift der LDPD Kreis Osterburg vom 23. Juni 1950 (ACDP III-013-628).

186 Gegenüberstellung der Landtagswahl 1946 zur Volksratswahl 1949. Archiv der Bezirksleitung der SED Dresden. Mappe: Wahlen zum III. Deutschen Volkskongreß 15./16. Mai 1949. Zit. b. SACHER S. 158.

187 SACHER S. 159.

und im Landkreis Worbis (Eichsfeld) 52,77 Prozent der Bevölkerung mit „Nein" gestimmt.[188] In einzelnen Gemeinden des katholischen Eichsfeldes lag die Zahl der Ja-Stimmen unter 30 Prozent. Zonenweit hatte das Eichsfeld die meisten Nein-Stimmen zu verzeichnen.[189] Aber auch in der Landeshauptstadt Weimar gab es mit 22 682 mehr ungültige und Nein-Stimmen als Ja-Stimmen (21 736). Der Landesvorstand der thüringischen CDU beschäftigte sich in einer Sondersitzung am 17. Mai 1949 mit dem Ergebnis und kündigte vor allem für das Eichsfeld Schlußfolgerungen an.[190]

Brandenburg. Auch in Brandenburg waren in den Stadtkreisen mehr Nein-Stimmen zu verzeichnen als auf dem Land. Orte mit CDU- und LDP-Mehrheiten wiesen besonders hohe Anteile an Nein-Stimmen auf. Im Landkreis Teltow hatten 45,3 Prozent der Wähler mit „Nein" gestimmt[191]. In Potsdam standen 41 479 ungültigen und Nein-Stimmen 40 233 Ja-Stimmen gegenüber.[192] Dabei hatten selbst Stimmzettel mit Aufschriften wie „Heil Hitler"[193] oder „Scheiß-Staat"[194] als Ja-Stimmen gezählt werden müssen. Proteste der CDU-Landtagsfraktion und des Landesvorstandes gegen die Wahlpraxis blieben ohne Wirkung.[195]

Mecklenburg. Die unbefriedigenden Wahlergebnisse führten auch in Mecklenburg zu verschiedenen Repressionen der SMA gegenüber CDU und LDP. Der Landesvorstand der CDU mußte auf sowjetische Weisung den Kreisvorsitzenden der CDU in Schönberg, Joseph Wessels, aus der CDU ausschließem, weil dieser sich gegen die Wahl ausgesprochen hatte und sein Kreis das schlechteste Ergebnis in ganz Mecklenburg und Vorpommern aufwies.[196] Um nicht verhaftet zu werden, floh Wessels aus der SBZ.

Auch in Rostock und Ludwigslust hatten sich die CDU-Kreisvorstände gegen die Wahl ausgesprochen[197] und mußten deswegen zahlreiche Verhöre auf der Kommandantur über sich ergehen lassen. Der Kreisvorsitzende der CDU in Ludwigslust und Landtagsabgeordnete, Stadtrat Walter Müller, wurde durch die SMA sämtlicher Ämter enthoben. Wie in Ludwigslust forderte die SMA überall die öffentliche Bestrafung der

188 Vgl. „Thüringens Nein". In: DUD Ausgabe A vom 9. Juni 1949.
189 Vgl. Braedel S. 6. Vgl. Braedel: Das katholische Eichsfeld im kommunistischen Schmelztiegel S. 4 (ACDP I-328-001/3).
190 Vgl. Thiel S. 41.
191 Vgl. Die Organisationsarbeit der SED. Reden von W. Ulbricht und P. Verner auf der Organisationskonferenz der SED. Beglaubigte Abschrift der LDPD Kreis Osterburg vom 23. Juni 1950 (ACDP III-013-628).
192 Vgl. „Potsdam stimmte mit Nein!". In: „Der Tag" vom 25. Mai 1949.
193 „Hitler-Volkskongreß". In: „Der Tag" vom 19. Mai 1949.
194 Bloch S. 141.
195 Vgl. Kind S. 42. Vgl. „Offener Brief an Otto Nuschke". In: „Der Tag" vom 20. Mai 1949.
196 Vgl. Hans Koch: Dem Fortschritt S. 74. Vgl. Bericht Wessels. Schönberg vom 9. Juni (1949) – (BA NL Kaiser 8).
197 Vgl. „Tägliche Rundschau" vom 28. Mai 1949.

Funktionäre, die sich gegen die Wahl ausgesprochen hatten.[198] Zahlreiche Funktionäre mußten tagelange Verhöre über sich ergehen lassen. Dem Nachfolger Werner Jöhrens als Kreisvorsitzender der CDU von Usedom, Barth, befahl Major Nasarow von der SMA, einen „Offenen Brief“ gegen Jöhren zu verfassen, dem man nicht zu Unrecht das schlechte Wahlergebnis in Mecklenburg mit anlastete.[199]

Sachsen-Anhalt. Die Situation in Sachsen-Anhalt unterschied sich nicht von der in den anderen Landesverbänden. Kreisvorsitzende, die wie in Osterburg dazu aufriefen, bei der Wahl mit „Nein“ zu stimmen[200], wurden nach der Wahl von den Sowjets abgesetzt und mußten aus der SBZ fliehen.

Berlin (Ost). Bemerkenswert ist, auf welche Weise der neue Landesverband Berlin der CDU (Ost) die Berliner CDU-Mitglieder zur Stimmabgabe zugunsten des Volkskongresses zu motivieren versuchte. Die CDU, so der „Arbeitskreis“, gehe in ihrer politisch-ideologischen Grundhaltung „von der Basis des unvergänglich Ewigen aus“. Sie sage „allen finsteren Mächten der Unterwelt ... den härtesten Kampf an“. Die CDU stehe auf der Seite der Kräfte „des Friedens und des Lichtes“. Deswegen gebe es bei der Wahl nur ein „Ja“[201]. Trotz dieser „tiefschürfenden“ Argumente folgten die meisten CDU-Mitglieder des Ostsektors den Aufrufen des legalen Landesverbandes Berlin der CDU unter Walther Schreiber und stimmten am Wahltag mit „Nein“.[202]

Drei Tage nach der Wahl rief Walter Ulbricht in einer Rede vor SED-Funktionären zum verstärkten Kampf gegen CDU und LDP auf. Die Wahl habe gezeigt, daß die Hauptgefahr für die SED nicht von den Nationalsozialisten ausgehe, „die jetzt anständig arbeiten“[203], sondern von „Kreisen der CDU und LDPD“, die versuchten, „sich zu organisieren“[204]. Diesen Kreisen, die von „Helfershelfern der Yankee-Faschisten geleitet“[205] würden, sagte er nun den revolutionären Kampf an.

Die Repressalien der SMAD und SED gegenüber Funktionären der CDU und LDP, die sich gegen die Volkskongreßwahlen ausgesprochen hatten, nahmen im Sommer

---

198 Vgl. Situationsbericht über die Lage in der Ostzone. Anlage zu 1 und 3 (BA NL Kaiser 8).

199 Vgl. Bericht Mecklenburg. Rübenberg vom 13. Juni (1949) – (ACDP III-013-923).

200 Vgl. Die Organisationsarbeit der SED. Reden von W. Ulbricht und P. Verner auf der Organisationskonferenz der SED. Beglaubigte Abschrift der LDPD Kreis Osterburg vom 23. Juni 1950 (ACDP III-013-628).

201 „Die CDU sagt Ja!“. In: „Neue Zeit“ vom 12. Mai 1949.

202 Vgl. Flugblatt: „Stimmt mit Nein!“ (ACDP III-012-787).

203 Ulbricht: Zur Geschichte 3 S. 724.

204 Ebd.

205 Die Organisationsarbeit der SED. Reden von W. Ulbricht und P. Verner auf der Organisationskonferenz der SED. Beglaubigte Abschrift der LDPD Kreis Osterburg vom 23. Juni 1950 (ACDP III-013-628).

1949 Formen an, die den Vorsitzenden der EKD Bischof Otto Dibelius zum Vergleich der Verhältnisse in der SBZ mit der Zeit des Nationalsozialismus veranlaßten. Mit der Abteilung K 5 der Volkspolizei sei, so der Bischof, „die Gestapo unseligen Gedenkens wiedererstanden“[206]. Ähnliche Kritik übte auch Propst Heinrich Grüber.[207]

In dieser Situation tagte am 8. Juni 1949 der Zentrale Block, der seit dem Boykott der Blockarbeit durch die Vertreter von CDU und LDP im März des Jahres nicht mehr zusammengetreten war.[208] Grotewohl analysierte die Wahl zum 3. Volkskongreß. Er bezeichnete die 31 Prozent Nein-Stimmen als „Ergebnis einer planmäßig eingeleiteten Gegenpropaganda“ und eines „gegnerischen Wahlapparates“, den er im Ostbüro der SPD, bei den Zeugen Jehovas, den „Faschisten“ und in der „Kaiser-CDU“ ausmachte. Die „Kaiser-CDU“ habe an die sogenannten „Kaisertreuen“ appelliert und „umfangreiche Wahlarbeit aller Art“[209] geleistet. Die CDU Nuschkes müsse „mit den Einwirkungen dieser Kaiserschen Richtung in ihrer Partei ernsthaft rechnen“[210]. Allen Blockparteien, so Grotewohl, stünden „sehr reale, politisch organisierte Kräfte ... als Feinde“[211] gegenüber, die man gemeinsam bekämpfen müsse. Auf einer weiteren Sitzung des Zentralen Blocks am 17. Juni 1949 wurde die SED noch direkter. Mit Anschuldigungen gegen Pfarrer Ludwig Kirsch griff sie indirekt den anwesenden Hickmann an. Offensichtlich war es das Ziel der SED, die Kriminalisierung der Anhänger Kaisers auf alle jene CDU-Mitglieder auszudehnen, die sich nicht zum prosowjetischen Kurs bekannten.[212] Die SED setzte im Block eine Entschließung durch, mit der sich alle Parteien verpflichteten, „gegen unverbesserliche und unbelehrbare Elemente und Störenfriede in den eigenen Reihen mit Entschlossenheit aufzutreten und auch vor der Anwendung organisatorischer Säuberungsmaßnahmen nicht zurückzuschrecken“[213]. Angesichts der Tatsache, daß eine Woche zuvor in Prag fünf Todesurteile wegen „Organisierung einer Gegenrevolution“[214] gefällt worden waren, konnte weder an der Bereitschaft der Sowjets noch der SED gezweifelt werden, auch in der SBZ gegen jede Opposition hart durchzugreifen. Das wußte auch die CDU-Führung, die ihre Hoffnungen immer mehr auf die von der SMAD zugesicherten freien Wahlen[215] und eine mögliche Wende in der politischen Großwetterlage setzte. Es charakterisiert die Einschätzung der politischen Situation durch die Führung der

---

206 Der Evangelische Bischof von Berlin. K.I Nr. 1814. Berlin-Dahlem 1. Juni 1949 (BA NL Kaiser 159).
207 Vgl. GRÜBER S. 293.
208 Vgl. Protokoll der Sitzung vom 8. Juni 1949. In: SUCKUT: Blockpolitik S. 400-427.
209 EBD. S. 409.
210 EBD.
211 EBD.
212 Vgl. EBD. S. 452.
213 EBD. S. 471.
214 „Schreckensurteile in Prag“. In: „Der Tag“ vom 10. Juni 1949.
215 Vgl. SUCKUT: Blockpolitik S. 436 und 459.

CDU, daß sie in der Situation zunehmender Sowjetisierung der SBZ an das kommunistische Versprechen freier Wahlen im Oktober 1949 glaubte[216], deren intensive Vorbereitung empfahl[217] und verkündete, man rechne mit bis zu 70 Prozent aller Stimmen für die CDU.[218] Wenngleich die Einschätzung des eigenen Rückhaltes in der Bevölkerung durchaus realistisch war[219], so schätzte die CDU-Führung doch das Machtbedürfnis der Kommunisten noch immer völlig falsch ein. Die Sowjets waren gewillt, einer drohenden politischen Aufweichung des eigenen Machtbereichs durch Errichtung totalitärer kommunistischer Regimes zu begegnen. So versprachen sie der CDU freie Wahlen und ließen zugleich alle Aktivitäten der CDU zur Vorbereitung der Wahlen durch die lokalen Kommandanturen unterbinden.[220]

Am 25. Mai 1949 verabschiedete der Erweiterte Hauptvorstand der CDU der SBZ eine neue CDU-Satzung.[221] Darin waren die bereits im Februar 1949 gefaßten Beschlüsse des Hauptvorstandes festgeschrieben, wonach die Vorstände der unteren Führungsebenen der Partei nach ihrer Wahl künftig der Bestätigung durch die übergeordneten Parteiinstanzen bedurften. Auf Anweisung der SMAD wurde auch die Amtsperiode der Vorstände auf zwei Jahre verlängert.[222] Die neue Satzung verpflichtete jedes Mitglied, die Beschlüsse der Parteileitung uneingeschränkt zu akzeptieren.[223] Indem die Entscheidungsfähigkeit der Mitglieder zugunsten der Parteiführung beschnitten wurde, näherte sich die CDU mit der neuen Satzung dem zentralistischen Parteiaufbau der SED an. Damit gab die neue Satzung der Besatzungsmacht die Möglichkeit, die CDU „von oben“ in ihrem Sinn umzugestalten.

Bei der Sitzung des Zentralen Blocks am 19. August 1949 setzte die SED neue Blockgrundsätze durch, wonach Landes-, Kreis- und Ortsblockausschüsse sich zukünftig nach den Entscheidungen des Zentralen Blocks zu richten hatten. Auf diese Weise pflanzte sich die von der SMAD angeordnete Dominanz der SED im Zentralen Block bis in die letzten Ortsblockausschüsse fort, in denen oft CDU und LDP noch dominierten. Innerhalb des Zentralen Blocks sicherte sich die SED

---

216 Vgl. Brief H. Hickmann an CDUD KV Freiberg/Sa. Dresden, 15. Juli 1949 (ACDP I-297-001).

217 Vgl. CDU HGS: L-Rundschreiben Nr. 21 vom 10. Juni 1949. Betr.: Wahlordnungen für Gemeindevertreter-, Kreistags- und Landtagswahlen (ACDP I-297-003/1).

218 Vgl. Protokoll der Sitzung des Zentralen Blocks am 17. Juni 1949. In: Suckut: Blockpolitik S. 435.

219 So auch Suckut: Blockpolitik S. 601 Anm. 486.

220 Vgl. Briefwechsel CDUD LV Sachsen und CDUD KV Chemnitz-Land vom Juni 1949 (ACDP I-297-003/1).

221 Vgl. Cdu der Sbz: Satzung.

222 Vgl. DUD Ausgabe C vom 8. Januar 1949.

223 Vgl. „Neufassung der Satzung“. In: Utm vom Juni 1949 S. 10f. Vgl. Neufassung der „Satzung“. In: Arbeitsbericht der Hauptgeschäftsstelle für die Zeit vom 1. Oktober 1948 bis 1. November 1949 S. 3 (ACDP I-297-003).

durch die Bestätigung des Prinzips der Einstimmigkeit ihre bestimmende Rolle. Mit der Einführung des „demokratischen Zentralismus“ im Blocksystem schufen sich die Kommunisten ein effizientes Instrument zur Durchsetzung ihrer Interessen. Beschlüsse des Zentralen Blocks gewannen automatisch bis in den letzten Ortsblock Verbindlichkeit und gaben der SED auf Ortsebene die Möglichkeit, sich gegen eine eventuelle CDU-LDP-Dominanz erfolgreich zu wehren. Da die Kommunisten nicht, wie sie noch im Moskauer Exil während des Krieges gehofft hatten, auf eine Zustimmung der Bevölkerung zu ihrer Politik setzen konnten, bereiteten sie so die endgültige Machtübernahme „von oben“ vor.[224]

6. Eisenacher Tagung: Kulturprogramm der CDU

Nach ihrem Wirtschafts- und Sozialprogramm vom Juni 1948 und den darauf folgenden Agrar- und Genossenschaftsprogrammen folgte im Juni 1949 eine weitere programmatische Arrondierung des Parteiprofils durch die Formulierung eines Kulturprogramms der CDU.[225]BZ: Unser Geschichts- und Naturbild. Entschiedener als bisher betonte die CDU ihr christliches Bekenntnis und distanzierte sich deutlich vom kulturpolitischen Kurs der SED. Die Hauptreferate von Pfarrer Eberhard Stammler und Prof. Karl Buchheim – „Das Weltbild der modernen Naturwissenschaft“ und „Das Geschichtsbild der Union“[226] – waren ein Bekenntnis zur christlichen Lehre als Richtschnur des politischen Wirkens der Partei. Die Redner forderten eine selbstbewußte, aktive christliche Kulturpolitik ohne Kompromisse in grundsätzlichen Fragen.

Das von der Eisenacher Tagung verabschiedete Programm, das die CDU als in der Kontinuität einer mehr als tausend Jahre gewachsenen deutschen Kultur stehen sah, betonte die Bedeutung der Familie und der Mutter, forderte eine unabhängige Erziehung – auch in Privatschulen – im Geiste von Demokratie und Humanität und die Freiheit der Wissenschaft, der Kunst und des Religionsunterrichtes. Prof. Buchheim betonte die Rolle der christlichen Innerlichkeit und die Bedeutung des Individuums in der Gesellschaft.[227] Es war unverkennbar, daß die Theoretiker der CDU versuchten, der Partei in der Phase der erzwungenen politischen Umorientierung durch ein eigenes Kulturprogramm wenigstens in weltanschaulichen Fragen Profil zu geben. Unter Berufung auf dieses Programm, so hofften sie, würden sich sowohl Funktionäre als auch der CDU angehörende Intellektuelle besser dem Ansinnen der SED entziehen können, deren stalinistische Weltsicht zu übernehmen. Lediglich die einführenden Bemerkungen Nuschkes, der der SMAD für ihre angebliche Rolle bei

224 FRIEDRICH-EBERT-STIFTUNG: Zur Strategie und Taktik S. 8–13. Vgl. LENIN: Werke 31 S. 44.
225 Vgl. CDU DER S
226 Das Geschichtsbild der CDU. Eisenach, 25. Juni 1949 (ACDP I-188-001/1).
227 Vgl. Bericht über die Nachmittags-Sitzung der Kulturtagung der CDU in Eisenach am Sonnabend, den 25. Juni 1949 (ACDP I-188-001/1).

der Entwicklung der Kultur in der SBZ dankte, fielen aus dem in sich geschlossenen Rahmen der Eisenacher Tagung. Entsprechend lobten die SED und CDU in der DDR bis in die Gegenwart zwar die Rolle Nuschkes auf der Tagung, bewerteten sie aber ansonsten als einen „Höhepunkt der Aktivität der kulturpolitischen Reaktion“, die ein Geschichtsbild entwickelt hätte, das der „Abendland-Ideologie der klerikalen Reaktion“[228] entspräche. Auch in der westlichen Union sah man, daß die Eisenacher Tagung und das dort verabschiedete Programm auf Eigenständigkeit zielten und die kulturelle Dominanz der SED in Frage stellten.[229] Angesichts der massiven Agitation Kaisers gegen die CDU in der SBZ und in Anbetracht der politischen Realitäten ging man hier über solche Fanale der Eigenständigkeit der CDU in der SBZ hinweg. So betonte die CDU der SBZ im Zusammenhang mit dem Programm wieder einmal ihren „gesamtdeutschen Charakter“[230] und versuchte ihr angeschlagenes Image in den Westzonen durch Propagierung des Programmes aufzubessern[231]; hier aber blieb man zurückhaltend. Man vermutete zu Recht, daß das Programm eher die Ansichten einer in ihrem Einfluß geringer werdenden Gruppe repräsentierte.

7. DDR-Staatsgründung

Ungeachtet der immer deutlicher werdenden Teilung Deutschlands, die mit der Gründung zweier deutscher Staaten einen Höhepunkt erreichte, setzte Hickmann seine Bemühungen um Neutralisierung Deutschlands im Herbst 1949 fort. Anfang September 1949 lud er Ulrich Noack, den Begründer und Leiter des Nauheimer Kreises, in die SBZ ein. Nach Gesprächen mit Hickmann[232] traf auch der Parteivorsitzende Nuschke im Leipziger Ratskeller mit dem Gast aus der Bundesrepublik zusammen.[233] Noch während des Besuches Noacks und unter dem Eindruck einer Reise Faschers in die Westzonen, bei der dieser vergeblich versuchte hatte, Kontakt zu Kaiser aufzunehmen, forderten Nuschke und Wilhelm Bachem eine stärkere Kontrolle der auf die Westzonen zielenden Aktivitäten.[234] Dabei ging es wahrscheinlich um die Zurückdrängung des Einflusses von Hickmann, dessen angestrebte westlich orientierte Neutralität, die durch

228 WIRTH: Zur Politik der CDU S. 35. Vgl. GUDENSCHWAGER S. 30f. Vgl. KISTNER S. 15. Positiver bewertet THIEL S. 87f.
229 Vgl. „Kulturpolitik der Ost-CDU“. In: DUD Ausgabe C vom 13. Juli 1949.
230 Max SCHMIDT: „Die Bedeutung der CDU“. In: „Neue Zeit“ vom 21. Juli 1949.
231 Vgl. Brief CDU HGS. H. Hickmann an die CDU für Westfalen und Lippe vom 20. Juli 1949 (ACDP III-002-024/2).
232 Vgl. „Professor Noack besuchte die Ostzone“. In: Utm vom September 1949 S. 6f.
233 „Im Leipziger Ratskeller“. In: „Der Neue Weg“ vom 2. September 1949.
234 Vgl. Protokoll über die Ministerkonferenz am 31. August 1949 15.00 Uhr in Leipzig (BA NL Kaiser 8).

eine Annäherung der SBZ an den westdeutschen Staat erreicht werden sollte, der sowjetischen Interessenlage widersprach.

Innerhalb der CDU der SBZ richteten sich im Sommer und Frühherbst 1949 noch immer die Hoffnungen auf die für den Oktober 1949 angekündigten und von den Sowjets mehrfach zugesagten freien Wahlen. Die Diskussionen unter den CDU-Mitgliedern waren im Sommer und Herbst 1949 weniger von der Staatsgründung als von der Frage nach dem Zeitpunkt und den Modalitäten der fälligen Landtags-, Kreis- und Gemeindewahlen bestimmt. In den meisten Kreisverbänden machte man die Zukunft der CDU der SBZ vom Kommen freier Wahlen abhängig.[235] Der Ausgang der Bundestagswahlen im August 1949 hatte die Hoffnungen auf einen Sieg der CDU in der SBZ verstärkt.[236] Die Sicherheit, mit der eine Wahlniederlage der SED erwartet wurde, ließ andererseits Zweifel aufkommen, ob die SMAD die mit den Wahlen einhergehende tiefgreifende Veränderung der politischen Landschaft akzeptieren würde. Die Zweifel wurden durch die Tatsache genährt, daß auch die Wahlen zum 3. Volkskongreß im Mai 1949 bereits nach dem Einheitslistenprinzip durchgeführt worden waren.

Die Sowjets dachten in der Tat nicht daran, freie Wahlen zu gestatten. Bereits im Frühjahr hatte Lemmer Vertretern der US-Militärregierung von sowjetischen Plänen berichtet, nach Abschluß der westdeutschen Regierungsbildung in Berlin eine Regierung zu installieren, die nationalen Charakter haben und auch – ähnlich wie im Volkskongreß und in der Nationalen Front – westdeutsche Repräsentanten umfassen sollte. Nach Informationen Lemmers sollten dann zwei Monate nach der Regierungsbildung ein Friedensvertrag mit Deutschland abgeschlossen, diplomatische Beziehungen aufgenommen und bis auf kleinere Garnisionen und das MVD die sowjetischen Truppen abgezogen werden. Als Zeichen des guten Willens wollten die Sowjets – so Lemmer – auch einen Teil Schlesiens zurückgeben. Die von den Sowjets geschaffene deutsche Regierung sollte eine starke Propaganda gegen die Bundesregierung entwickeln und alle Personen wegen Verrates zur Verantwortung ziehen, die sich an der Bundesregierung beteiligten.[237] Für das Amt des Ministerpräsidenten zogen die Sowjets Ferdinand Friedensburg in Erwägung; Rudolf Nadolny sollte Außen- und Friedrich Paulus Kriegsminister werden.[238] Obwohl diese Pläne vom Frühjahr 1949 – vor allem in der Frage eventueller Zugeständnissen – revidiert wurden, stand für

235 Vgl. SUCKUT: Blockpolitik S. 41f.

236 Auch in der LDP rechnete man mit ähnlichen Ergebnissen wie bei der Bundestagswahl. Vgl. SCHOLLWER S. 137.

237 Vgl. Airgram from the U. S. Political Advisor for Germany, Berlin (James W. Riddleberger) to the Secretary of State, Washington, D. C., A–176, March 9, 1949 (IfZ-Archiv, Bestand MF 84 POLAD 455/9).

238 Subject: Names and persons referred to in report: „SMA Plans ans Intentions regarding Berlin and Germany." 19.7.1948 (IfZ-Archiv, Bestand OMGUS 7/20-2/31).

die Sowjets fest, daß sie in ihrer Zone eine deutsche Vasallenregierung einsetzen und keine freien Wahlen gestatten würden.

Auch in der Parteileitung unter Nuschke hatte man sich zunächst große Hoffnungen auf die Wahl gemacht, in deren Folge man sich eine Wiedervereinigung Deutschlands und eine organisatorische Verbindung mit den westlichen Unionsverbänden erhoffte. Daran aber hatten die Sowjets keinerlei Interesse. Sie wußten um die Attraktivität der CDU in der Bevölkerung. Interne sowjetische Schätzungen gingen davon aus, daß die CDU bis zu 75 Prozent aller Stimmen auf sich vereinigen würde.[239] Wladimir S. Semjonow empfing den CDU-Vorsitzenden Nuschke zu einem Gespräch, bei dem er ihm die sowjetische Einschätzung der Mehrheitsverhältnisse darlegte und ihm klarmachte, daß angesichts der zu erwartenden Niederlage der SED in der gegenwärtigen Situation in Deutschland freie Wahlen für die SMAD nicht in Frage kämen. Wenn CDU und LDP der geplanten Staatsgründung nicht zustimmten, würde diese ohne sie geschehen.[240] Nuschke hatte wenig Alternativen. Die Verurteilung des ungarischen Außenministers – Laszlo Rajks wurde am 22. September 1949 zum Tode verurteilt[241] – machte ihm klar, was ihn erwarten konnte, wenn er den Wünschen der UdSSR nicht entsprach.

Die CDU der SBZ hatte der DDR-Staatsgründung, die zum Zeitpunkt der eigentlich anstehenden freien Wahlen stattfand, wenig entgegenzusetzen. Bereits seit Ende des Jahres 1948 war sie zunehmend in den Prozeß der Staatsbildung eingebunden worden. Obwohl die CDU-Leitung sich immer bemüht hatte, an den Entscheidungen des Sekretariats der DWK, das im Sommer 1948 aus 40 von der SMAD berufenen Personen bestand, beteiligt zu werden[242], hatte bis Ende 1948 nur der von der SMAD eingesetzte Luitpold Steidle als einer der Vizepräsidenten der DWK fungiert.[243] Im Zuge der geplanten Weiterentwicklung der DWK zu einer deutschen Regierung und des Volkskongresses zu einem Parlament war das Ansinnen der CDU Ende des Jahres 1948 jedoch plötzlich auf offene Ohren gestoßen. Auf einer Sitzung des Zentralen Blocks machte Wilhelm Pieck am 8. Oktober

239 Vgl. Ehlert S. 209. Mit dem Begriff „Minderheitspartei" für die CDU der SBZ, wie ihn Furtak S. 194 benutzt, wird man den damaligen Mehrheitsverhältnissen nicht gerecht. Der Begriff suggeriert vielmehr eine Mehrheit der SED und legitimiert deren Machtergreifung.

240 Vgl. Vermerk A. Sagner für Bundesminister Kaiser und Oberregierungsrat Thedieck. Bericht über die Tagung der Kreisvorsitzenden und Kreissekretäre der Ost-CDU in Berlin am 9. Oktober 1949 vom 10. November 1949 (BA NL Kaiser 8).

241 Vgl. Fejtö 1 S. 277.

242 Vgl. Subject Weekly Intelligence Report No. 42 1948, HQ Intelligence Division (IfZ-Archiv, Bestand MF 84 POLAD 455/3).

243 Vgl. Protokoll der Sitzung des Zentralen Blocks vom 7. September 1948. In: Suckut: Blockpolitik S. 292f.

1948[244] den Vorschlag, die Parteien und den FDGB an der Leitung der DWK zu beteiligen. Pieck hatte vorgeschlagen, neben 24 Vertretern der SED je zwölf von der CDU und LDP, je sechs von der NDPD und DBD, vier vom FDGB und je zwei vom DFD, der FDJ und der VdgB am Plenum der DWK zu beteiligen. Neben den 40 von der SMAD nominierten Personen war das Plenum damit auf 110 Personen angewachsen. Die CDU, die immer auf eine Mitbestimmung gedrängt hatte, stimmte Ende 1948, obwohl die Zeichen auf eine Regierungsbildung hindeuteten, einer Mitarbeit sofort zu. Damit hatten SMAD und SED erreicht, daß einerseits die Forderungen der CDU und der LDP auf Mitsprache in der DWK formal erfüllt waren und daß andererseits eine kommunistische Mehrheit in der DWK als Vorstufe zu einer Zonenregierung gesichert war. Die Einbindung maßgeblicher CDU- und LDP-Vertreter in die entscheidenden Verwaltungsorgane bot der SMAD zudem die Gewähr, daß sich die Parteien rechtzeitig in den kommunistischen Kurs einfügten.[245] Mit dem Plenum der DWK war somit bereits ein „politisch – repräsentatives Organ der sowjetischen Besatzungszone" entstanden, das über „zentralstaatliche gesetzgeberische und rechtssetzende Befugnisse" verfügte, „die für die Länderregierungen verbindlich und den Ländergesetzen übergeordnet waren"[246]. Der Einfluß der CDU-Vertreter im Plenum der DWK war immer gering geblieben. Auf wichtige Entscheidungen, wie Eingriffe in die kommunale Selbstverwaltung[247] oder Entscheidungen wirtschaftspolitischer Art[248], hatte die CDU zu keinem Zeitpunkt Einfluß. Sie diente nur als demokratische Staffage für die kommunistische Politik.

Am 5. Oktober 1949 informierte Nuschke den Hauptvorstand über die Erklärung Semjonows, daß ein Beschluß der CDU gegen die DDR-Gründung und die Forderung nach sofortigen freien Wahlen „einen Verzicht auf die Fortsetzung der Arbeit der CDU"[249] bedeuten würden.[250] Der Hauptvorstand beschloß daraufhin, der Staatsgründung unter dem Vorbehalt der Zusicherung baldiger freier Wahlen zuzustimmen und sich an der Regierungsbildung zu beteiligen. In einem Brief an Grotewohl forderte Generalsekretär Dertinger für die CDU in der neuen Regierung drei Minister-

---

244 Vgl. Protokoll der Sitzung des Zentralen Blocks vom 8. Oktober 1948. In: SUCKUT: Blockpolitik S. 304–317.

245 Vgl. Denkschrift zur Entwicklung der politischen Situation in der Ostzone seit dem Kriegsende – Unter besonderer Berücksichtigung der CDU. Ostbüro der CDU Berlin vom 30. August 1950 S. 10 (ACDP III-013-693).

246 BADSTÜBNER S. 101.

247 Vgl. „Zur Kommunal-Wirtschaftsverordnung". In: Utm vom November 1948.

248 Vgl. Bericht des Landesschatzmeisters der CDU Sachsens, Walter Bergmann, an den LV Sachsen der CDU vom 19. August 1949 (BA NL Kaiser 8).

249 Protokoll über die Hauptvorstandssitzung der CDU am 5. Oktober 1949 9.00 Uhr Unions-Haus Berlin (ACDP III-013-869).

250 FRUS 1949 3 S. 527–529.

und ebenso viele Staatssekretärsposten sowie die Stellung eines Präsidenten der beiden vorgesehenen Kammern.[251]

Offensichtlich stimmten die meisten führenden CDU-Politiker der Staatsgründung zu, weil sie sich der Politik der Besatzungsmacht nicht verschließen konnten, ohne ihren Posten zu verlieren. Dennoch war der Grad der Zustimmung sehr unterschiedlich. So provozierte Hickmann sowohl in Sitzungen des Präsidiums des Volksrates als auch in denen des Zentralen Blocks heftige Debatten, als er forderte, die UdSSR als Verursacher der Wahlverschiebung und der DDR-Gründung klar zu benennen.[252] Die Forderung Hickmanns stieß auf strikten Widerspruch bei der SED, die sich als Hauptakteur der Gründung herauszustellen versuchte. Um ein Veto Hickmanns gegen die DDR-Gründung zu verhindern, wurde die Entscheidung zur Staatsgründung nicht auf einer Sitzung des Zentralen Blocks, sondern auf einer gemeinsamen Sitzung des Präsidiums des Volksrates und des Zentralen Blocks herbeigeführt, da anders als im Zentralen Block mit seinem Einstimmigkeitsprinzip im Präsidium des Volksrates formal auch Mehrheitsbeschlüsse möglich waren.[253] In der letzten Sitzung des Deutschen Volksrates am 7. Oktober 1949 forderte Dertinger, daß in der Regierung die „Anerkennung aller demokratischen Kräfte ohne Unterschied ihrer ideologischen Basis“ und eine loyale Blockpolitik Wirklichkeit würden. Er schlug vor, die verschobenen Wahlen zu den Landes-, Kreis- und Kommunalparlamenten mit Wahlen zu einer „verfassungsmäßig konstituierten endgültigen Volkskammer“[254] zu verbinden. Noch am selben Tag konstituierte sich die Provisorische Volkskammer der DDR, in der die CDU über 46 der insgesamt 330 Sitze verfügte[255], und erklärte: „Das durch die Bildung der provisorischen Volkskammer, der Provisorischen Länderkammer und der Provisorischen Regierung der Deutschen Demokratischen Republik geschaffene Provisorium endet mit der Wahl der Volkskammer“[256] am 15. Oktober 1950.

Bereits in der letzten Sitzung der Arbeitsgemeinschaft der CDU im Deutschen Volksrat am 7. Oktober 1949 kam es wegen der Antrittsrede des neuen Präsidenten Pieck zu ersten Protesten der CDU-Vertreter in der Provisorischen Volkskammer. Pieck hatte die weitere Vorherrschaft der SED und eine Anerkennug der Oder-Neiße-Grenze angekündigt.[257] Auch Nuschke sprach sich zu diesem Zeitpunkt noch gegen

---

251 Vgl. Notiz vom 5. Oktober 1949. Dertinger (BA NL Kaiser 8).
252 Vgl. NEEF: Entscheidende Tage S. 46f. Vgl. STÖCKIGT: Zur Politik der SED S. 134f.
253 Vgl. SUCKUT: Blockpolitik S. 42f.
254 „CDU-Erklärung vor dem Volksrat“. In: Utm vom Oktober 1949.
255 Vgl. WIETSTRUK S. 48.
256 CDU HGS: L-Rundschreiben Nr. 37 vom 31. Oktober 1949 (Abschrift) gez. i. V. Desczyk (ACDP I-294- 911-AI).
257 Vgl. Protokoll über die letzte Sitzung der CDU-Arbeitsgemeinschaft im Deutschen Volksrat am 7. Oktober 1949 16.00 Uhr im Haus der DWK (Abschrift) – (ACDP III-013-869).

die Abtretung Ostdeutschlands aus.[258] Einfluß auf die Ereignisse hatte der Protest der CDU nicht.

Am 8. Oktober 1949 ersuchte der Deutsche Volksrat die fünf Landtage der SBZ, ihre abgelaufene Wahlperiode um ein Jahr zu verlängern und sie gemeinsam mit der Wahl zur Volkskammer am 15. Oktober 1950 durchzuführen. Am 9. Oktober 1949 wurden in der Berliner Hauptgeschäftsstelle der CDU die Kreisvorsitzenden und -sekretäre zusammengerufen, um über die Entwicklung informiert zu werden.[259] Die Tagung machte deutlich, wie weit sich Parteiführung und Basis bereits voneinander entfernt hatten. Nuschke und Dertinger mußten sich schwere Vorwürfe der Kreisfunktionäre anhören und konnten sich nur durch die Betonung des provisorischen Charakters der DDR-Gründung und der unbedingten Aufrechterhaltung der Forderung nach freien und geheimen Wahlen einigermaßen gegen die Vorhaltungen wehren. Zahlreiche Kreisfunktionäre erklärten wütend, daß die CDU nicht mehr die Partei sei, der sie 1945 beigetreten waren. Die Führung der Partei unterstütze offen die SED-Diktatur, während die CDU-Arbeit an der Basis in die Illegalität gedrängt und kriminalisiert werde. Es sei in der SBZ leichter, ein ehemaliger Nazi als Mitglied der CDU zu sein. Einmütig beschlossen die Kreisfunktionäre eine Protesterklärung gegen die DDR-Gründung. Die Erklärung wurde aber durch den Einspruch Nuschkes vereitelt.[260]

Nach diesem letzten Aufbegehren in Berlin wurden zahlreiche Kreisfunktionäre der CDU aus der Partei ausgeschlossen oder verhaftet. Viele sahen sich zur Flucht aus der DDR gezwungen. Die Flut an Beschwerdebriefen gegen die Verschiebung der Wahlen, die bei Nuschke einging, beantwortete dieser wegen ihrer Vielzahl mit standardisierten Antwortschreiben.[261] Wie bei den Kreisfunktionären stieß die DDR-Gründung auch in den CDU-Fraktionen der Landtage auf strikte Ablehnung. Als am 10. Oktober 1949 die Landtage das Gesetz über die Verlängerung der Wahlperiode der Land- und Kreistage sowie der Kommunalparlamente verabschiedeten[262], blieben zahlreiche Abgeordnete der CDU der Abstimmung demonstrativ fern.[263]

---

258 Vgl. „Massenaustritt aus Ost-CDU und -LDP. Nuschke lehnt Anerkennung der Oder-Neiße-Linie ab“. In: „Die Neue Zeitung“ vom 21. Oktober 1949.

259 Vgl. Konferenz der CDU-Kreisfunktionäre am 9. Oktober 1949 in Berlin. Protokollartige Aufzeichnungen eines Teilnehmers für Bundesminister Jakob Kaiser (leicht gekürzte Abschrift) – (BA NL Kaiser 8). Vgl. Niederschrift über die Zusammenkunft der Kreisvorsitzenden und Kreissekretäre der Zone am 9. Oktober 1949 in Berlin (ACDP III-013-869).

260 Vgl. „Ohne Legitimation des Volkes“. In: „Union“ (Wochenblatt der CDU Württemberg) vom 16. Oktober 1949.

261 Vgl. Standardisiertes Antwortschreiben Nuschkes auf Beschwerdebriefe wegen der Zustimmung zur Verschiebung der Wahlen 1949. Fassung vom 22. Oktober 1949. Auszug. In: SUCKUT: Zum Wandel S. 167.

262 Vgl. INSTITUT FÜR THEORIE DES STAATES UND DES RECHTS DER ADW DER DDR 1 S. 89f.

263 Vgl. Wilhelm ROST: Erklärung ehemaliger oppositioneller Mitglieder der CDU-Fraktion des Landtages Sachsen-Anhalt. Berlin, 3. März 1952 (ACDP I-296 NL Wilhelm Rost). Vgl. Vermerk zum Punkt „Personalangelegenheiten“ der Volkskammer-Fraktionssitzung am

Am 11. Oktober 1949 konstituierte sich die Länderkammer, deren Vorsitzender der mecklenburgische CDU-Vorsitzende Reinhold Lobedanz wurde.[264] Neben der SED stellten CDU und LDP in Anknüpfung an die proportionale Besetzung des Präsidiumsvorsitzes des Deutschen Volksrates je einen Stellvertreter des Ministerpräsidenten der DDR.[265] Einen Tag später stellte sich die Provisorische Regierung der DDR vor. Nuschke war stellvertretender Ministerpräsident. Seinem Ressort wurde eine „Hauptabteilung Verbindung zu den Kirchen“ angegliedert, die unter der Leitung des ehemaligen Ministerialrates im Reichskirchenministerium, Kurt Grünbaum, stand.[266] Dertinger war Außenminister, Luitpold Steidle Minister für Arbeit und Gesundheitswesen und Friedrich Burmeister Minister für Post- und Fernmeldewesen geworden. Mit Hans-Paul Ganter-Gilmans, Wilhelm Bachem und Helmut Brandt stellte die CDU zudem wunschgemäß drei Staatssekretäre.[267] Durch die Besetzung des Außenministerpostens mit Dertinger hofften die Sowjets, die CDU besser auf ihre Politik festlegen[268] und Wirkung in der Bundesrepublik und Westeuropa erzielen zu können.[269] Dazu schien ihnen der ehemalige Deutschnationale und Stahlhelmer Dertinger besser geeignet als ein Kommunist. Ein Risiko gingen die Sowjets nicht ein, denn von Anfang an bestimmten sie allein, was der DDR-Außenminister zu tun oder zu lassen hatte.

Um auf die künftige Ämtervergabe in der DDR Einfluß nehmen zu können, beschloß die CDU-Fraktion der Provisorischen Volkskammer am 12. Oktober 1949 die Einrichtung eines eigenen Personalausschusses. Hinter dieser Entscheidung stand die Hoffnung der CDU-Führung auf einen grundsätzlichen Wandel in der Personalpolitik des neuen Staates.[270] Als Regierungspartei hoffte man, in der neuen Regierung einflußreiche Ämter übernehmen zu können. Diese Hoffnung der CDU-Führung sollte sich allerdings nicht erfüllen. Noch glaubten die CDU-Politiker, Einfluß auf das Geschehen zu haben. So griff Hickmann Pieck wegen seiner Äußerungen zur Oder-Neiße-Linie an, kritisierte seine Bezeichnung „gesamtdeutsche Republik“ für die DDR und die damit verbundenen Angriffe auf Bundespräsident Theodor Heuss.[271] Der Wirtschaftsexperte der CDU, Gerhard Rohner, forderte im Namen der „größten Partei Deutschlands“ für die Zukunft „eine tolerante Anerkennung der

---

9. November 1949 (Abschrift) – (BA NL Kaiser 8). Vgl. Protokoll über die Sitzung des Politischen Ausschusses der CDU (Landesvorsitzende) am Dienstag, den 1. November 1949 (ACDP III-013-790).

264 Vgl. LOBEDANZ: S. 26.

265 Vgl. WIETSTRUK S. 41.

266 Vgl. GRÜBER S. 291.

267 Vgl. „Die Provisorische Regierung“. In: Utm vom Oktober 1949.

268 Vgl. „Mit dem Blick auf die Einheit“. In: „Neue Zeit“ vom 6. Dezember 1949.

269 Vgl. RICHERT: Die Blockpartner S. 134.

270 Vgl. Fritz SCHWOB: „Gebrochene Versprechen“. In: „Der Tag“ vom 24. März 1950.

271 Vgl. Protokoll der Fraktionssitzung der CDU in der Volkskammer am 12. Oktober 1949 8.00 Uhr im Unionshaus, Jägerstraße (Abschrift) – (ACDP III-013-869).

Parteien untereinander“[272]. Die sowohl von Hickmann als auch von Rohner aus Anlaß der DDR-Gründung herausgestellte angebliche Zusammengehörigkeit mit den westlichen Unionsverbänden mißfiel der SED und veranlaßte sie sogar, die CDU zur Namensänderung aufzufordern.[273] Am 18. Oktober 1949 gab die CDU eine Erklärung zur DDR-Gründung ab, in der sie ihre Zustimmung zur Verschiebung der Wahlen und zur Staatsgründung zu rechtfertigen versuchte:

> „Wird die Entwicklung zur parlamentarischen Demokratie oder zur östlichen Form der Volksdemokratie führen? Wenn die Ereignisse des 7. Oktober nur eine Vorstufe der Volksdemokratie wären, dann wäre vom Standpunkt der CDU aus die Entscheidung der Zonenleitung der CDU verfehlt gewesen, denn die CDU steht unabdingbar auf der Grundlage der parlamentarisch-demokratischen Staatsform.“[274]

Trotz dieser Aussage sah sich Nuschke heftiger Kritik seitens der westlichen CDU ausgesetzt. So deutlich er seinen Rücktritt für den Fall angekündigt habe, daß die bereits im Herbst 1948 verschobenen Wahlen 1949 wiederum verschoben würden[275], so werde er auch 1950, wenn sich herausstellen werde, daß die Sowjets keine Wahlen gestatten, nicht zurücktreten. Seine Erklärungen zur Wahlverschiebung auf den 15. Oktober 1950 würden dann „nicht mehr bedeuten als eine nicht sehr wesentliche Erinnerung“[276]. Die Kritik war hart, unterstellte sie doch, daß die Äußerungen Nuschkes nur den Zweck hatten, die in der CDU vorhandenen Widerstände gegen die Errichtung einer kommunistischen Diktatur zu lähmen. Möglicherweise gab sich Nuschke der Illusion hin, die Sowjets würden der CDU durch freie Wahlen den Weg an die Macht ebnen. Tatsächlich machte er sich durch seine Haltung zum Wegbereiter der SED-Diktatur, die im Staatsgebilde der DDR ihre äußere Form fand.

Sehr schnell mußte die CDU-Führung feststellen, daß im neuen Verwaltungsapparat der DDR fast alle Stellen mit SED-Mitgliedern besetzt wurden[277] und es sich bei den beruflich geeigneten Bewerbern der CDU fast ausschließlich um von der SED bereits aus politischen Gründen „abgeschossene“[278] Mitglieder handelte, die nicht wieder eingesetzt werden durften.

---

272 Vorlage zur Aussprache über die Regierungserklärung am 12. Oktober 1949 12.30 Uhr. Anlage zum Protokoll zur Sitzung der CDU-Fraktion in der Provisorischen Volkskammer am 12. Oktober 1949 12.30 Uhr in der DWK (Abschrift) – (ACDP III-013-869).

273 Vgl. Informationsdienst des Zonenausschusses für die britische Zone 43 vom 29. Oktober 1949.

274 „Neue Zeit“ vom 19. Oktober 1949.

275 Vgl. „Gebt uns ein Jahr Zeit!“. In: DUD Ausgabe A vom 11. Oktober 1949.

276 „Der Blankowechsel“. In: DUD Ausgabe A vom 13. Oktober 1949.

277 Vgl. Protokoll zur Sitzung der CDU-Fraktion der Volkskammer am 19. Oktober 1949 9.00 Uhr Unionshaus Berlin, Jägerstraße (ACDP III-013-869).

278 Vgl. Vermerk. Berlin 19. Oktober 1949 (BA NL Kaiser 8).

Am 19. Oktober 1949 befaßte sich der Politische Ausschuß mit der DDR-Gründung. Als Nachfolger Dertingers, der das Amt wegen seiner Tätigkeit als Außenminister der DDR niederlegte, wurden Gerald Götting und Gerhard Desczyk gleichberechtigt zu Generalsekretären der Partei bestimmt. Unter dem Einfluß Göttings, der von nun an die sowjetischen Interessen in der CDU-Führung vertrat und durchsetzte, beschloß der Politische Ausschuß gegen den Widerstand der gemäßigteren Vertreter, die Haltung der CDU zur Oder-Neiße-Linie den Richtlinien des Blocks und der Regierungserklärung Piecks anzugleichen.[279] Damit hatten die prokommunistischen Funktionäre sich wieder einmal gegen Nuschke, Hickmann, Rohner und die anderen gemäßigteren, auf Wahrung der Eigenständigkeit der Partei bedachten Politiker durchgesetzt. Auf Drängen Dertingers beschloß der Politische Ausschuß außerdem, die für den kommenden 4. Parteitag geplante Annahme eines Parteiprogrammes zu streichen und den Parteitag statt dessen „unter den Gesichtspunkt der neuen politischen Lage durch Gründung der Deutschen Demokratischen Republik zu stellen und die Partei zu veranlassen, die Entscheidung des Parteivorstandes zu bestätigen und sich hinter die Regierung zu stellen“[280].

Trotz der Gründung der DDR versuchte Nuschke den Kontakt zur westlichen Union nicht abbrechen zu lassen. Unmittelbar nach der Staatsgründung fuhr der Vertreter der CDU im Volkskammerausschuß für auswärtige Angelegenheiten, Staatssekretär Helmut Brandt[281], nach Bonn[282], wo er sich mit Josef Müller und gleichgesinnten Unions-Vertretern im Restaurant des Bundestages traf. Kaiser hatte ausdrücklich gebeten, Brandt nicht zu empfangen.[283] Müller, der auch nach der Staatsgründung zu Gesprächen in den Ostsektor Berlins fuhr[284], hatte keine Bedenken, den Kontakt zur CDU in der DDR aufrechtzuerhalten. Als Voraussetzung bezeichnete er es allerdings, daß die CDU-Führung auf ihrer Forderung nach freien Wahlen bestand, bei denen Müller mit einem CDU-Stimmenanteil von etwa 40 Prozent rechnete.

Mit Brandt und Müller trafen sich Unions-Vertreter aus Ost und West, die entweder wie Müller Außenseiterpositionen in der Partei einnahmen oder wie Brandt als Vertreter Nuschkes im Begriff waren, ihren Einfluß zu verlieren. Man muß Nuschke schon ein gewisses Maß an Naivität unterstellen, wenn er kurz nach der Gründung der beiden deutschen Staaten eine Wiederannäherung der Teile Deutschlands durch einen Wahlsieg der CDU in der DDR für realistisch hielt. Nach der Auswertung der Reise von Brandt setzte Nuschke gegen den Widerstand Dertingers durch, daß die führenden Politiker der CDU in die Orts- und Kreisverbände fuhren, um Beschlüsse

279 Vgl. Protokoll der Sitzung des Politischen Ausschusses (Landesvorsitzende) am Mittwoch, 19. Oktober 1949 16.00 Uhr Unionshaus Berlin (ACDP III-013-869).

280 EBD.

281 Vgl. „Die CDU in den Volkskammerausschüssen“. In: Utm vom Dezember 1949 S. 15.

282 Vgl. „Ost-CDU sucht Kontakte mit Bonn“. In: „Die Neue Zeitung“ vom 29. Oktober 1949.

283 Aktennotiz für Herrn Dörpinghaus. Frankfurt a.M. 21. Dezember 1949 (ACDP I-009-005/3).

284 Vgl. Bericht vom 23. Dezember (1949) – (BA NL Kaiser 8).

gegen die drohende Einheitslistenwahl verabschieden zu lassen.[285] Nuschke kannte die Stimmung an der Basis und versuchte sie zu nutzen. Er konnte dies, da ein offizielles Dementi freier Wahlen noch nicht existierte. Die Beschlüsse waren zwar mit einer Zustimmung zum sonstigen Kurs der Parteileitung verbunden, aber gerade durch die zahlreichen Kompromisse hoffte Nuschke doch noch das rettende Ufer freier Wahlen zu erreichen. Das aber war eine Illusion. Die Sowjets dachten nicht daran, ihre Macht durch den Durchsetzungswillen der CDU in Frage stellen zu lassen. Ihr nächstes Ziel gegenüber der CDU bestand darin, sowohl die Beziehungen der Kreise, die weiterhin mit Kaiser sympathisierten, als auch die des gemäßigten Flügels der Partei zur CDU/CSU zu unterbinden. Diese Beziehungen, die sie als Einfallstor westlicher Einflüsse ansahen, sollten durch Beziehungen der prokommunistischen Kräfte in der CDU der DDR zu Politikern der CDU/CSU ersetzt werden. So hofften die Sowjets, umgekehrt die Parteikontakte nutzen zu können, um sowjetische Interessen transportieren zu lassen. Deswegen ließen sie die kommunistische Presse fordern, daß die „Kröten aus dem Sumpf der amerikanischen Agenturen", die aus der CDU eine „Agentur Adenauers"[286] machen wollten, von den „fortschrittlichen" Kräften in der CDU verdrängt würden.

Die Haltung der Landesverbände

Mecklenburg. Eine Zustimmung zur DDR-Staatsgründung war von den Kreisvorständen der mecklenburgischen CDU, wenn überhaupt, nur in Verbindung mit der Zusicherung freier Wahlen zu erhalten.[287] Auch der Landesvorstand stand der Staatsgründung ablehnend gegenüber. Der CDU-Landesvorsitzende Reinhold Lobedanz bezeichnete die neue Regierung am 7. Oktober 1949 als ein „Provisorium auf längstens ein Jahr". Die Staatsgründung, so Lobedanz, sei unter anderem deswegen nötig gewesen, weil sich der Weststaat, besonders durch das „Ministerium Jakob Kaiser", in eine Kampfstellung gegen die SBZ begeben habe.[288] Wie der Landesvorsitzende bezeichneten alle CDU-Gremien die kommenden freien Wahlen als das entscheidende Kriterium ihrer Zustimmung zur Staatsgründung. Einzelne Kreistagsfraktionen der mecklenburgischen CDU hatten, als sie von der Staatsgründung anstelle der erwarteten freien Wahlen erfuhren, aus Protest – und um ihrer Forderung

285 Gespräch d. Autors mit Helmut Brandt am 22. Juni 1987 in Sankt Augustin. Protokoll S. 6 (ACDP MAT Richter QB).

286 Horst SINDERMANN: „Verwirrung bei der Reaktion". In: „Leipziger Volkszeitung" vom 26. Oktober 1949.

287 Vgl. Brief CDU KV Niederbarnim an den HV der CDU vom 5. Oktober 1949 (ACDP III-013 DbCDU ChO 280 K-L 1950).

288 Vgl. Kurzer Bericht über die außerordentliche Fraktionssitzung der CDU am Donnerstag, dem 7. Oktober 1949, vorm. 11.00 Uhr im Schloß (Schwerin) – (ACDP III-013-869).

nach Wahlen Ausdruck zu verleihen – die vor Wahlen übliche Selbstauflösung der Gemeindevertretungen beantragt.[289] Auch der mecklenburgische Wirtschaftsminister Siegfried Witte betonte am 15. Oktober 1949 in Rostock, daß seine Zustimmung zur provisorischen Regierungsbildung unter dem strikten Vorbehalt der Festsetzung eines Termins für freie und geheime Wahlen, der Verbesserung der Personalpolitik und des Schutzes der freien Wirtschaft stehe.[290]

Personell brachte die Bildung der provisorischen Regierung wenig Veränderungen. Allerdings wurde der mecklenburgische Minister für Arbeit und Soziales, Friedrich Burmeister, als Minister für das Post- und Fernmeldewesen der DDR berufen.[291] Sein Nachfolger im Amt wurde Werner Pöhls, der sich im April 1953 in die Bundesrepublik absetzte.[292]

Sachsen-Anhalt. Die Enttäuschung und Verbitterung über die anstelle freier Wahlen erfolgte Gründung der DDR war auch in der CDU Sachsen-Anhalts sehr groß. Nachdem die Vertreter Sachsen-Anhalts bereits auf einer Tagung der Kreisvorsitzenden und Geschäftsführer der CDU am 9. Oktober 1949 deutlich ihrem Unmut Ausdruck verliehen hatten[293], blieben am 10. Oktober 1949 neun der 24 Landtagsabgeordneten der CDU der Abstimmung über die durch die nochmalige Wahlverschiebung nötig gewordene Verlängerung der Legislaturperiode fern[294] und unterzeichneten statt dessen eine Protest-Resolution, die sie protokollarisch dem Landtagspräsidenten überreichten.[295] Eigentlich wollten die Parlamentarier offen gegen die Verlängerung der Legislaturperiode stimmen. Nachdem sie von Nuschke, Leopold Becker und Erich Fascher dringend gebeten worden waren, davon Abstand zu nehmen, entschlossen sie sich zu einem Boykott der Abstimmung.[296] Die SED reagierte mit scharfen Angriffen in der Presse und der Mobilisierung der Straße. Um dem gegen sie einsetzenden kommunistischen Terror zu entgehen,

289 Vgl. Protokoll über die Fraktions- und Landtagssitzung am 10. Oktober 1949 (BA NL Kaiser 8).

290 Vgl. Verhältnis der bürgerlichen Parteien zur Ostzonen-Regierung vom 2. November 1949 (ACDP I-238-002/1).

291 Vgl. Protokoll über die außerordentliche Fraktionssitzung am 17. Oktober 1949 (BA NL Kaiser 8).

292 Vgl. Werner Pöhls (ACDP III-013 DbCDU Ok).

293 Vgl. Konferenz der CDU-Kreisvorsitzenden und Kreisgeschäftsführer der SBZ am 9. Oktober 1949 (BA NL Kaiser 8).

294 Die Abg.: Günter Haase, Friedrich Hampel, Hans-Heinrich Kellermann, Wolrad Kreusler, Adolf Negatsch, Johannes Reuter, Wilhelm Rost, Eduard Schilke und Dorothea Lyding. Vgl. Protokoll über die Sitzung des Politischen Ausschusses am 29. November 1949 (BA NL Kaiser 8). WIETSTRUK S. 51 spricht sogar von 11 CDU- und 8 LDP-Abgeordneten.

295 Vgl. Karl Oskar Wilhelm ROST: O Du mein Vaterland (ACDP III-013 DbCDU ChO 326 W. Martin Rost 1952).

296 Vgl. Bericht über die Landtagssitzung in Halle vom 10. Oktober 1949 (BA NL Kaiser 8).

flohen alle neun Abgeordneten in der Folgezeit aus der DDR. Angesichts der allgemeinen Verärgerung und der Vorgänge im Landtag versuchte der Landesvorstand in hektischer Aktivität zu einer einheitlichen, positiven Stellungnahme zu der mit der Wahlverschiebung erfolgten Staatsgründung zu kommen. Alle Veranstaltungen, auf denen Redner des Landesvorstandes auftreten sollten, wurden abgesagt[297] und der Landesausschuß zum 18. Oktober 1949 zu einer Sitzung nach Halle zusammengerufen. Hier nun wurde der gesamte Landesverband mit einer Entschließung auf die Beschlüsse des Hauptvorstandes der CDU festgelegt, nach denen die DDR-Gründung unter dem Vorbehalt begrüßt wurde, daß damit wesentliche Änderungen in der Wirtschafts-, Personal- und Blockpolitik einhergehen und daß am 15. Oktober 1950 freie und geheime Wahlen stattfinden würden.[298] Der Landesvorstand erklärte, daß die vorbehaltliche Zustimmung zur Staatsgründung weder ein Abgehen vom Ziel der Wiedervereinigung noch eine Unterordnung unter die Ziele der SED bedeuten. In dieser Situation setzten die Kommunisten mit der Verhaftung des zweiten Landesvorsitzenden und Ministers für Arbeit und Soziales, Leo Herwegen, wegen angeblicher Wirtschaftsvergehen ein deutliches Zeichen. Die Verhaftung führte zu einer enormen Verunsicherung im Landesvorstand, der sich binnen kürzester Zeit von seinem ehemaligen Vorsitzenden distanzierte.[299] Der Hauptvorstand suspendierte Herwegen kurz nach seiner Verhaftung von allen Ämtern und beauftragte seinen Nachfolger im Amt des Ministers, Leopold Becker aus Köthen, die Funktion des 2. Landesvorsitzenden kommissarisch zu übernehmen.[300] Am 24. November 1949 wurde Herwegen, wie bei Verhaftungen üblich, aus der CDU ausgeschlossen.[301] Die fast zeitgleich zur Verhaftung Herwegens erfolgte Übertragung der Funktion des Finanzministers auf Georg Kunisch (CDU) machte deutlich, daß es der SMAD und SED nicht um die Beseitigung, wohl aber um eine massive Disziplinierung der CDU ging.[302]

Brandenburg. Auch in Brandenburg wurde die Gründung der DDR mit Zurückhaltung aufgenommen. Vor dem Landtag in Potsdam formulierte der CDU-Fraktionsvor-

---

297 Vgl. CDU LV Sachsen-Anhalt: Organisationsstatistik und Tätigkeitsbericht für den Monat Oktober 1949. Halle/Saale, den 31. Oktober 1949 (BA NL Kaiser 8).

298 Text der Entschließung in: Die CDU-Kreiskonferenz am 30. Oktober 1949 (Wanzleben) S. 2 (ACDP I-297-100/7). Ebenfalls in: „Wiedervereinigung in einem Staat". In: „Der neue Weg" vom 21. Oktober 1949.

299 Vgl. „Doppelspiel wird nicht geduldet". In: Utm vom Dezember 1949 S. 16.

300 Vgl. Protokoll über die Sitzung des Politischen Ausschusses (Landesvorsitzende) am Dienstag, dem 1. November 1949, S. 2 (ACDP III-013-790).

301 Vgl. Rechenschaftsbericht des LV Sachsen-Anhalt der CDU für die Geschäftsjahre 1948/49/50 S. 2 (ACDP III-013-781).

302 Vgl. CDU LV Sachsen-Anhalt: Organisationsstatistik und Tätigkeitsbericht für den Monat Oktober 1949 S. 6 (BA NL Kaiser 8).

sitzende Willy Heller die Bedenken seiner Partei. Eine positive Haltung der Partei, so Heller, sei vom Kommen freier Wahlen abhängig.[303] Deutlich formulierte auch der stellvertretende Landesvorsitzende Peter Bloch seine Ablehnung. Am 10. Oktober 1949 legte er der CDU-Landtagsfraktion ein „21-Punkte-Programm"[304] vor, das sich uneingeschränkt gegen die Staatsgründung aussprach und von Heller in wesentlichen Teilen zurückgewiesen wurde. Die Unterschiede in der Bewertung der Staatsgründung zeigten sich auch, als die CDU-Fraktion am 10. Oktober 1949 nur unvollständig zur Abstimmung über die Verlängerung der Wahlperiode der Landtage erschien.[305] In der Fraktion war es zuvor zu heftigen Debatten über die Anweisung der Zonenleitung gekommen, der Staatsgründung unter Vorbehalten zuzustimmen.[306] In der „Märkischen Union", der Landeszeitung der CDU, forderte Frank Schleusener, von dem zuvor der sowjetische Major Larin mit der Zusage eines Ministerpostens vergeblich ein öffentliches Votum für die Wahlverschiebung und die damit verbundene DDR-Gründung zu erreichen versuchte[307], die Einhaltung der Grundrechte, wie sie die neue Verfassung vorsehe.[308] Wie Schleusener machten auch die Kreisvorstände der CDU die Zusage zum neuen Staat strikt von der Einhaltung des Termins freier und geheimer Wahlen abhängig.[309] Damit befanden sie sich in Übereinstimmung mit der Politik Nuschkes.

Da der Hauptvorstand die Landesvorsitzenden ohne vorherige Konsultationen über den Beschluß des Politischen Ausschusses unterrichtete, der DDR-Gründung unter Vorbehalten zuzustimmen, protestierte der CDU-Landesvorsitzende Karl Grobbel bei Nuschke über die Ausschaltung der Landesvorstände bei der Entscheidung über die DDR-Gründung.[310] Aber auch er schloß sich der Auffassung der Parteileitung an, die Gründung unter dem Vorbehalt freier Wahlen zu akzeptieren, da ihm klar war, daß freie Wahlen die Herrschaft der SED beenden würden. Er bezeichnete die Zeit bis zum 15. Oktober 1950 auf einer Kreisdelegiertentagung in Calau am 24. Oktober 1949 dann auch als „Gnadenfrist" für die SED. Auch Schleusener polemisierte immer wieder gegen die DDR-Gründung, die er als einen „Gewaltakt"

303 Vgl. Landtag des Landes Brandenburg. 1. Wahlperiode. Drucksache Nr. 418. Stenographischer Bericht. 57. Sitzung am Montag, dem 10. Oktober 1949 (ACDP V-001-001).
304 Vgl. Wirth: Zur Politik der CDU S. 45.
305 Vgl. Protokoll über die Sitzung des Politischen Ausschusses am 29. November 1949 S. 2 (BA NL Kaiser 8).
306 Vgl. „Sowjet-Staat Ostzone". In: Sopade vom Oktober 1949 S. 2.
307 Vgl. „Du bist der Richtige". In: „Der Kurier" vom 3. Oktober 1950 (wahrscheinlich handelt es sich um Artur Wassiljewitsch Larin).
308 Vgl. „Selbstbestimmung". In: „Märkische Union" vom 14. Oktober 1949.
309 Vgl. z. B. Stellungnahme des Kreisverbandes Potsdam vom 17. Oktober 1949 (ACDP III-013-790). KV Teltow und KV Zauch-Belzig. In: Verhältnis der Bürgerlichen Parteien zur Ostzonen-Regierung (Abschrift) vom 15. November 1949 (ACDP I-238-002/1).
310 Vgl. Brief des Geschäftsführenden Vorstandes des LV Brandenburg der CDU an den Zonenvorstand der CDU vom 20. Oktober 1949 (ACDP III-013-786).

und "Staatsstreich"[311] bezeichnete. Für die Kreisfunktionäre war das ein schwacher Trost, hatten sich viele von ihnen doch schon auf einen Sieg der CDU bei den Wahlen im Oktober 1949 eingestellt. Statt dessen mußten sie erleben, wie die SED Gegner der DDR-Gründung absetzen, verhaften oder wie im Fall Schleuseners umbringen ließ.[312]

Sachsen. Nach den für die westlichen Unionsverbände erfolgreichen Wahlen im August 1949, die auch von den CDU-Mitgliedern in der SBZ mit Zufriedenheit aufgenommen wurden, nahm der sächsische Landesvorsitzende zu den Ereignissen im Westen Deutschlands Stellung. Wenn die Bundesrepublik nun einmal Wirklichkeit geworden sei, so Hickmann, bleibe zu wünschen, daß „unsere Freunde den Gedanken der Einheit niemals aus den Augen verlieren und der separate Weststaat nur ein Provisorium"[313] bleibe. Die Gründung der Bundesrepublik müsse nicht notwendigerweise die Errichtung eines Oststaates nach sich ziehen. Nötig seien vielmehr Neuwahlen in der SBZ und Schritte zur Neutralisierung Deutschlands.

Nach der Gründung der DDR im Oktober 1949 machte Hickmann die Regierung der UdSSR für die Situation verantwortlich, betonte jedoch zugleich, daß sich die CDU aus Loyalität gegenüber der Besatzungsmacht an dem neuen Staatsgebilde beteiligen müsse.[314] Auch der Landesgeschäftsführer der sächsischen CDU, Hans Teubert, bezeichnete es als Pflicht gegenüber der UdSSR, sich an dem von der Besatzungsmacht ins Leben gerufenen Staat auch dann zu beteiligen, wenn es auf Anweisung der Sowjets in der neugründeten DDR keine politische Opposition geben werde. Die Partei müsse sich im Falle der Verweigerung der Mitarbeit auf sowjetische Anweisung auflösen. Das käme nicht in Frage, da sie ihre Organisation für die kommenden freien Wahlen brauche.[315] Wie Hickmann betonte er, daß das A und O der Zustimmung der CDU die Zusicherung baldiger freier Wahlen sei.

Vor dem Landtag erklärte Hickmann am 10. Oktober 1949, daß die Entscheidung, der DDR-Gründung zuzustimmen, falsch sei, wenn sich herausstellen sollte, daß sie nur eine Vorstufe zur Volksdemokratie sei. Die CDU gehe von baldigen freien Wahlen aus[316], die – so Hickmann – der CDU von den Sowjets schließlich immer wieder zugesichert worden seien. Während sich der Landesvorstand der sächsischen CDU die Haltung der Zonenleitung zu eigen machte, stieß die Proklamierung der DDR

311 Vgl. Funktionärskonferenz des KV Potsdam der CDU am 24. Oktober 1949 (ACDP III-013-790).

312 Vgl. das Kapitel 2/I/2 Brandenburg.

313 Hugo HICKMANN: „Die CDU im Ringen um Deutschland". In: „Die Union" vom 17. September 1949.

314 Vgl. Brief Hickmann an Hellmut Meier vom 18. November 1949 (ACDP I-297-100/2/2).

315 Vgl. Protokoll der gemeinsamen Funktionärsversammlung des Landesvorstandes Sachsen und des KV Dresden am 8. Oktober 1949 (BA NL Kaiser 8).

316 Vgl. Sächsischer Landtag. 1. Wahlperiode. 63. Sitzung (Sondersitzung). Montag, 10. Oktober 1949, S. 1460 (ACDP V-001-006). Vgl. CDUD LV Sachsen: Rundbrief Nr. 12 vom 17. Oktober 1949: Neue Lage und CDU (ACDP I-297-002).

in den Kreisverbänden und deren Gliederungen durchweg auf Ablehnung.[317] Sie schlug sich in Briefen an Kaiser[318] und verschiedenen Mißtrauenskundgebungen gegenüber der Zonenleitung nieder.[319] Einige CDU-Fraktionen in den Gemeinde- und Kreisvertretungen kündigten für das Ende der Wahlperiode am 20. Oktober 1949 die Einstellung ihrer Mitarbeit an.[320]

Am 17. Oktober 1949 rief Hickmann die Vertreter der Kreisverbände zu einer erweiterten Landesvorstandssitzung zusammen und forderte sie auf, den Kurs der Zonenleitung zu akzeptieren.[321] Die Funktionäre fügten sich, beschlossen aber, mit der bedingten Zustimmung zur DDR-Gründung jedem CDU-Mitglied zu untersagen, sich an Erklärungen gegen die Bundesrepublik oder für die Oder-Neiße-Grenze zu beteiligen. In den Gremien des Blocks wurde daraufhin die Beteiligung an entsprechenden Erklärungen verweigert.[322] Nachdem der Landesvorsitzende Hickmann am 26. Oktober 1949 noch einmal seine neutralistische Position erläutert[323] und damit das sowjetische Konzept einer Neutralisierung durch die „Nationale Front“ indirekt kritisiert hatte, starteten SMAD und SED neue Angriffe gegen ihn. Die SED erklärte, mit den „fortschrittlichen“ Kräften in der CDU verhindern zu wollen, daß die CDU in der DDR „eine Agentur Adenauers“[324] werde. In ihrer Presse startete die SED Kampagnen gegen einzelne Funktionäre, die in allen Fällen die Absetzung oder Verhaftung nach sich zogen. Im Dezember 1949 standen in Sachsen der Agrarexperte der CDU, der sächsische Landtagsabgeordnete Arno Häntzschel und der Landwirtschaftsreferent der CDU-Landesleitung im Kreuzfeuer der kommunistischen Kritik.[325] Aber auch CDU-Finanzminister Gerhard Rohner und Hugo Hickmann sahen sich bereits direkten Angriffen ausgesetzt.

Thüringen. Nachdem der Landesvorstand der thüringischen CDU am 16. September 1949 bereits die ablehnende Haltung gegenüber der Gründung der Bundesrepublik durch den Hauptvorstand übernommen hatte [326], schloß er sich bei der DDR-Gründung

---

317 Vgl. Mitschrift der Kreistagung des KV Zwickau der CDU am 9. Oktober 1949. Vertraulich! (ACDP III-013-792). Vgl. OG Radeberg (BA NL Kaiser 51). Vgl. KV Glauchau und Dresden-Land (BA NL Kaiser 8). Vgl. KV Leipzig (ACDP I-188-001/2). Vgl. Freiberg/Sa. (ACDP I-297-003). Vgl. KV Chemnitz-Land; SUCKUT: Zum Wandel S. 166f.

318 Vgl. „Ostzonen-CDU meldet sich zu Wort“. In: UiD 183 vom 26. Oktober 1949.

319 So in Zwickau, wo die Politik der Zonenleitung bei einer Abstimmung mit 121 gegen eine Stimme abgelehnt wurde (ACDP III-013 DbCDU Ok Johannes Fasel).

320 Vgl. Bericht über die Sondersitzung der Kreisvorsitzenden und Kreissekretäre der CDU-LV und KV der Ostzone (BA NL Kaiser 8).

321 Vgl. Liebe Unionsfreunde! (ACDP I-297-001). Vgl. CDUD KV Dresden-Land, 19. Oktober 1949 (BA NL Kaiser 8).

322 Vgl. „Ost-CDU gegen Oder-Neiße“. In. „Der Tag“ vom 18. November 1949.

323 Vgl. Hugo HICKMANN: „Das ganze Deutschland“. In: „Neue Zeit“ vom 26. Oktober 1949.

324 Horst SINDERMANN: „Verwirrung bei der Reaktion“. In: „Leipziger Volkszeitung“ vom 26. Oktober 1949.

325 Vgl. DOWIDAT S. 63.

326 Vgl. THIEL S. 43.

ebenfalls dessen Haltung an. Durch die Landtagsfraktion ließ er am 10. Oktober 1949 sein bedingtes Einverständnis mit der Verschiebung der Wahlen und der statt dessen erfolgten Staatsgründung erklären. Wie alle Landesverbände verknüpfte die thüringische CDU ihr Einverständnis mit der Forderung nach freien Wahlen im Jahr 1950, mehr Toleranz seitens der SED im Block und der Schaffung klarer Rechtsverhältnisse im neuen Staat.[327] Wie im Hauptvorstand war die Haltung des Landesvorstandes zu diesem Zeitpunkt bereits nicht mehr einheitlich. Während die beiden stellvertretenden Landesvorsitzenden Franz Bialek und Erich Quehl sich am 17. Oktober 1949 besorgt über die Entwicklung äußerten[328], begrüßten die prokommunistischen Funktionäre öffentlich die Teilstaatsgründung.[329]

Die DDR wurde ohne demokratische Legitimation gegründet und hat diese bis heute nicht erhalten. Die Etablierung des SED-Staates entsprach dem sowjetischen Wunsch, ihren Machtbereich in Deutschland abzusichern, ohne ein Ausgreifen auf den Westen des Landes aufzugegeben. Die Gründung der DDR erfolgte zu dem Zeitpunkt, zu dem die SED durch die anstehenden Wahlen aller Wahrscheinlichkeit nach eine politische Niederlage erlitten und die CDU wohl zur stärksten Partei der SBZ aufgestiegen wäre. Das wurde durch die DDR-Gründung, der ein Jahr des Terrors gegen die CDU und die LDP folgte, verhindert. Die Verschiebung der Wahlen deutete auf eine sichere Niederlage der SED. Im Falle eines zu erwartenden Sieges der Kommunisten hätte es keinerlei Veranlassung zur Verschiebung der Wahlen gegeben.

Erst nach einem weiteren Jahr, das durch die weitgehende Zerschlagung der CDU durch die Sowjets und die SED geprägt war, stellte sich die SED einer Einheitslistenwahl, deren Funktion nur noch darin bestand, die Minoritätssituation der SED zu kaschieren. Die Gründung der DDR war somit nicht zuletzt eine Maßnahme gegen den Wahlsieg einer sich selbst als gesamtdeutsch bezeichnenden CDU. Als „Grundstein für ein einheitliches, demokratisches und friedliebendes Deutschland", wie Stalin die DDR bei ihrer Gründung bezeichnete, als Kern eines deutschen Einheitsstaates[330] war die DDR immer eine Konstruktion zur Verhinderung demokratischer Verhältnisse in ganz Deutschland. Mit der DDR-Gründung und dem Verzicht auf die zugesagten freien Wahlen, ohne die sich Nuschke nach eigenem Bekunden nicht an der Gründung beteiligt hätte, sind die CDU und die LDP durch SMAD und SED „nachweislich bewußt getäuscht worden"[331]. Tatsächlich nutzten die Kommunisten die CDU gezielt zur „Verschleierung der kommunistischen Einparteienherrschaft" und zur „Vortäuschung einer pluralistischen Demokratie"[332].

327 Vgl. Thüringer Landtag. 1. Wahlperiode. 63. Sitzung. 10. Oktober 1949 in Weimar S. 1713 (Abg. Rücker) – (ACDP V-001).
328 Vgl. Thiel S. 43.
329 Vgl. Bach S. 20.
330 Vgl. A. Fischer: Beitrag S. 19.
331 Fricke: Opposition S. 66.
332 Weber: Kleine Geschichte S. 58.

Im Laufe ihrer immer weitergehenden Kompromisse wurden Personen wie Nuschke Schritt für Schritt „Gefangene ihrer eigenen Notstands-Rhetorik"[333]. Die stufenweise Zustimmung der Parteiführung zur Errichtung der kommunistischen Diktatur lähmte die Partei und förderte ihre Umwandlung in ein Instrument der SED.

Schon einen Monat nach der Gründung der DDR konnte man in der bis dahin recht kritischen CDU-Zeitung „Märkische Union" lesen, daß die Herrschaft der SED sinnvoller sei als ein Sieg der CDU. Die Union wäre, so das Blatt, im Oktober 1949 zwar von zahlreichen „Augenblicksmenschen"[334] gewählt worden, aber mit denen könne man ohnehin keine vernünftige Politik machen.

333 STARITZ: Auf dem Wege S. 42.
334 „Vielleicht-Politiker". In: „Märkische Union" vom 1. November 1949.

Teil 2

Zwei deutsche Staaten

I. Im ersten Jahr der DDR

1. IV. Parteitag 1949: Verpflichtung auf den östlichen „Kernstaat“

Während die Parteivorstände von CDU und LDP immer stärker auf die Linie der SED verpflichtet wurden, wuchs der Widerstand unter den Mitgliedern und in der gesamten Bevölkerung. Überall in den Betrieben und Orten der SBZ/DDR tauchte im Monat der DDR-Gründung an Wänden und auf Flugblättern das Zeichen „F“ auf, das über die Parteigrenzen hinweg die Forderung der Bevölkerung nach politischer Freiheit symbolisierte.[1] Unter CDU-Mitgliedern kursierten Flugblätter, die Nuschke jegliches Mandat absprachen, im Auftrag der Mitglieder zu sprechen, und auf denen vor der Illusion gewarnt wurde, auf freie Wahlen zu hoffen. Die Mitglieder wurden aufgefordert, die Beitragszahlung zu boykottieren, solange der Partei das Recht verweigert werde, sich demokratisch „von unten nach oben aufzubauen“, und sich nicht von den „Nuschkoten“[2] vor den Wagen der SED spannen zu lassen. Die Anhänger Kaisers, die hinter diesen Aktionen steckten, waren in einer schwierigen Situation. Die von ihnen anerkannte CDU-Führung befand sich in der Bundesrepublik und in Berlin (West) und wurde durch die sowjetische Besatzungsmacht kriminalisiert. Gleichzeitig entwickelte sich unter dem Namen der Partei eine andere CDU, der eine demokratische Legitimation fehlte und die mit der ursprünglichen CDU nur noch den Namen gemeinsam hatte. Die Parteiführung dieser “anderen CDU“ beteiligte sich, wie mit der SED im Zentralen Block offiziell vereinbart[3], an der Verfolgung der Anhänger Kaisers und Adenauers, die den ständigen Verhaftungen[4] oft nur noch durch Flucht entgehen konnten. Die ansteigende Zahl politischer Flüchtlinge aus der SBZ/DDR wiederum veranlaßte Kaiser, die CDU-Mitglieder aufzufordern, in der SBZ/DDR zu bleiben, da ansonsten „die geistige Widerstands-Substanz bis zur nächsten Wahl in der Sowjetzone empfindlich geschwächt“[5] würde.

So fand der 4. Parteitag der CDU in einer Situation höchster politischer Spannung unter den Mitgliedern statt. Es war bekannt, daß zahlreiche Orts- und Kreisvorstände den Parteitag nutzen wollten, einen Mißtrauensantrag gegen die aufgezwungene Parteiführung einzubringen, um auf diese Weise die innerparteiliche Demokratie

---

1 Vgl. Bericht W. Jöhren: Das Freiheitszeichen „F“ in Volkseigenen Betrieben (ACDP III-013-792).

2 Flugblattentwurf: Unionsfreunde in der Sowjetzone! Oktober 1949 (ACDP I-297-100/2/2).

3 Vgl. Protokoll der Sitzung des Zentralen Blocks vom 8. Juni 1949. In: Suckut: Blockpolitik S. 400-427.

4 Vgl. „Wachsende Opposition in der Ostzone. Neue Verhaftungsaktion gegen CDU- und LDP-Funktionäre“. In: „Weser-Kurier“ vom 27. Oktober 1949.

5 Brief des Bundesministers für Gesamtdeutsche Fragen – Persönlicher Referent A. Sagner – an W. Jöhren vom 31. Oktober 1949 (BA NL Kaiser 105).

wieder herzustellen.[6] Angesichts der totalen Kontrolle der Partei waren derartige Versuche ohne Aussicht auf Erfolg. Längst war die Parteiführung gegen Versuche der Basis, sie auf demokratischem Wege abzusetzen, abgesichert. So sah die neue, zentralistische Satzung vom Mai des Jahres vor, daß sämtliche Anträge 14 Tage vor dem Parteitag beim Hauptvorstand der CDU eingereicht werden mußten. Dertinger und Götting gestalteten den Ablauf der Veranstaltung so, daß einer möglichen Opposition keine Zeit blieb, ihre Proteste zu artikulieren. Die Landesvorsitzenden wurden verpflichtet, sofort nach dem Referat Nuschkes das Wort zu ergreifen, um die Artikulierung eventueller Proteste zu verhindern und „die Einmütigkeit der Parteiführung zum Ausdruck zu bringen“[7]. Ebenso wurde vereinbart, daß das Referat Dertingers „debattenlos entgegengenommen werden“[8] würde. Da hier mit den stärksten Protesten der Delegierten zu rechnen war, sollte eine Aussprache um jeden Preis vermieden werden. Bereits vor dem Parteitag wurde beschlossen, Dertinger mit Sitz und Stimme in den Politischen Ausschuß aufzunehmen und ihm die Leitung der CDU-Ministerkonferenzen zu übertragen. Zu seinem Nachfolger als Generalsekretär wurde Götting bestimmt.[9] Durch ihre Vertreter, die an den Sitzungen des Politischen Ausschusses[10], an sämtlichen Vorstandssitzungen und Fraktionsbesprechungen sowie an den Delegiertenversammlungen der Landesverbände zur Vorbereitung des 4. Parteitages teilnahmen[11], dokumentierten die Sowjets deutlich, in wessen Händen die Umwandlung der Partei lag. Noch vor Eröffnung des Parteitages wurden sämtliche Landesvorstände auf die Beschlüsse des Politischen Ausschusses vom 1. November 1949 festgelegt. Kurz zuvor war durch Informanten bekannt geworden, daß auch die Landesvorstände den Hauptvorstand beim Parteitag auf eine Erklärung gegen die Demontage der Partei festlegen wollten.[12] Sämtliche Landesvorstände mußten sich daraufhin verpflichten, Themen wie die Oder-Neiße-Grenze nicht zu diskutieren und den Hauptvorstand in allen Punkten zu unterstützen.[13]

Kurz vor Eröffnung des Parteitages, nach ihrer Ankunft in Leipzig, erfuhren die Vertreter der Landesverbände, daß die geplante Verabschiedung eines Parteiprogrammes abgesetzt worden sei. Seit dem 3. Parteitag hatte sich ein Programmausschuß mit der Erstellung eines Parteiprogramms befaßt[14] und Generalsekretär

6 Vgl. Bericht über die Ostzonen-CDU vor dem Zonenparteitag Leipzig (ACDP III-013-869). Vgl. Bericht (BA NL Kaiser 13).

7 Protokoll über die Sitzung des Politischen Ausschusses der CDU (Landesvorsitzende) am Dienstag, dem 1. November 1949 (ACDP III-013-790). Vgl. Bericht über die Tagung des Politischen Ausschusses am 1. November 1949 vom 3. November 1949 (BA NL Kaiser 8).

8 EBD.

9 Vgl. EBD.

10 Vgl. Bericht vom 3. November 1949 (BA NL Kaiser 8).

11 Vgl. Parteitag des Schweigens (ACDP III-013-790).

12 Vgl. Bloch S. 150.

13 Vgl. Protokoll der Hauptvorstandssitzung vom 12. November 1949, 10.00 Uhr in Leipzig. Zoo-Gaststätte Bachsaal (ACDP III-013-630).

14 Vgl. Entwurf B für das Programm der CDU. 7. Juli 1949 (ACDP I-297-100/7).

Dertinger Entwürfe vorgelegt. Die Entwürfe, die sich auf die Programme stützten, die die CDU seit 1948 vorgelegt hatte (Wirtschafts- und Sozialprogramm, Agrarprogramm, Genossenschaftsprogramm, Kulturprogramm) und die bis in die Ortsgruppen diskutiert worden waren[15], wurden von Dertinger scharf attackiert. Er forderte eine stärkere Berücksichtigung der Blockpolitik, eines guten Verhältnisses zur UdSSR, die Anerkennung der kommunistischen Planwirtschaft und des Verfassungsentwurfes des Volksrates. Der Entwurf, der am 17. September 1949 dem Hauptvorstand zugeleitet worden war[16], verschwand in der Schublade Dertingers.

Mit der Entscheidung des Politischen Ausschusses, auf die Verabschiedung eines Parteiprogrammes zu verzichten, wurde dem Umstand Rechnung getragen, daß sich die CDU in einer Umbruchphase befand, in der der Einfluß gemäßigter Politiker wie Nuschke und Hickmann zugunsten prokommunistischer Politiker zurückgedrängt wurde. Ziel der von den Sowjets und der SED in die CDU delegierten oder dort aufgebauten Funktionäre war es, die CDU zu einem Instrument kommunistischer Machtpolitik umzugestalten. Ein Parteiprogramm, das hatten die bereits verabschiedeten Teilprogramme deutlich gezeigt, hätte die Positionen der Mitgliederkreise wiedergegeben, die sich zwar der Besatzungsmacht gegenüber loyal zeigten, aber dennoch die Eigenständigkeit der CDU forderten. Indem Dertinger und Götting die Annahme eines Parteiprogrammes verhinderten, schufen sie die Voraussetzung für die programmatische Unterordung der CDU unter die Ziele der SED, die im Herbst 1951 mit der Verabschiedung der Meißener Thesen weitgehend erreicht wurde.

Von heftigen Angriffen der SED gegen potentielle Gegner der Blockpolitik begleitet, versammelten sich am 12. November 1949 zur Eröffnung des 4. Parteitages der CDU 275 Delegierte und 300 Gäste im Kongreßbau am Leipziger Zoo. Nuschke, der mit einem Abzeichen der Gesellschaft für Deutsch-Sowjetische Freundschaft (DSF) am Anzug erschien, referierte zur Eröffnung über die Motive der Zustimmung zur DDR-Gründung und rief die Bevölkerung der Bundesrepublik auf, im Rahmen der Nationalen Front für eine Neutralisierung Deutschlands zu kämpfen und sich gegen die Einbindung der Bundesrepublik in westliche Bündnisse zur Wehr zu setzen. Nuschke beschwor die CDU/CSU, sich auf ihren Charakter als gesamtdeutsche Partei zu besinnen.

Die Besatzungsmacht forderte er auf, die Konzentrationslager auf dem Boden der DDR aufzulösen, für deren Existenz er „verbrecherische Irredentapolitiker“[17] wie Kaiser verantwortlich machte, die die Bevölkerung zum Widerstand gegen die Besatzungsmacht aufriefen.

---

15 Vgl. Bericht über die 2. Besprechung des Arbeitskreises „Parteiprogramm“ am 19. April 1949 in der Geschäftsstelle Schillerstraße Leipzig (ACDP I-188-002/2). Vgl. Bloch S. 148f.

16 Vgl. Arbeitsbericht der HGS für die Zeit vom 1. Oktober 1948 bis 1. November 1949 S. 11 (ACDP I-297-003).

17 Cdu der Ddr: Bewährung und Verantwortung S. 17f.

Dertinger, dessen Referat wie vorgesehen ohne Diskussion blieb, forderte die Anerkennung der Oder-Neiße-Grenze und erklärte, der Sozialismus der Volksdemokratien habe das Christentum als einigendes Band Europas abgelöst. Die Aussagen sorgten in der CDU für erhebliche Diskussionen. Verärgerung löste vor allem aus, daß durch ihn erstmalig in der Geschichte der CDU dem totalitären System der UdSSR das Attribut „sozialistisch" zugestanden wurde.

Trotz der strengen Regie des Parteitages, deren Einhaltung von zahlreich anwesenden sowjetischen Offizieren kontrolliert wurde, kamen vereinzelt kritische Stimmen zu Wort. Hickmann nutzte die Öffentlichkeit des Parteitages, um die Personalpolitik der SED und die Tatsache, daß durch die Verschiebung der Wahl im Oktober 1949 „die Herrschaft der SED um ein Jahr verlängert"[18] werde, zu kritisieren. Auch Peter Bloch, der stellvertretend für den brandenburgischen Landesvorsitzenden Karl Grobbel sprach, dem die Sowjets eine Teilnahme am Parteitag verboten hatten, forderte, daß die Zeit der Rechts- und Verfassungsbrüche und des Strebens der SED nach Errichtung einer Parteidiktatur ein für allemal vorbei sein müsse. Jede Politik, die gegen die Gleichberechtigung der Parteien in Polizei, Justiz und anderen Bereichen des gesellschaftlichen Lebens gerichtet sei, müsse in Zukunft als Verbrechen geahndet werden. Bloch forderte die Wiederherstellung der Gemeindeselbstverwaltung und erhielt als einziger Redner des gesamten Parteitages starken Beifall.[19] Kritische Worte kamen auch vom sächsischen Finanzminister Gerhard Rohner, dem mecklenburgischen Wirtschaftsminister Siegfried Witte, von Pfarrer Ludwig Kirsch und einigen anderen Teilnehmern. Erich Fascher wies die Äußerungen Dertingers als dessen Privatmeinung zurück und forderte die SED auf, ihren Umgangston zu ändern und sich nicht länger gegen eine Gleichberechtigung aller Parteien im Block zu sperren.[20] Neben den kritischen Rednern, die nach dem Parteitag alle abgesetzt wurden, trat erstmalig die prokommunistische Gruppe von Funktionären um Götting, Wilhelm Bachem, Heinrich Fried, Arnold Gohr, Magnus Dedek und Luitpold Steidle geschlossen in Erscheinung.[21] Wie in vergleichbaren Parteien anderer okkupierter Staaten[22] war diese Gruppe von den Sowjets systematisch gefördert und aufgebaut worden. Ihre Aufgabe bestand in der Umwandlung der Partei „von oben". Ihre Vertreter ernteten durchgehend Gelächter und Buhrufe.

In den vom Parteitag angenommenen Beschlüssen bekannte sich die CDU ohne Rücksicht auf die wirkliche Meinung in der Partei zum Regierungsprogramm

18 EBD. S. 25.

19 Vgl. BLOCH S. 151. Vgl. 4. Jahrestagung der CDU. 12./13. November 1949, Leipziger Zoo S. 8 (BA NL Kaiser 8). Vgl. „Otto Nuschke ohne Beifall". In: „Der Tag" vom 13. November 1949.

20 Vgl. „Der Unionsfreund". Nachrichtenblatt des Landesverbandes Sachsen-Anhalt der CDU für die aktiven Parteiarbeiter Nr. 4 vom 1. Dezember 1949 S. 4f.

21 Vgl. „Die Bewährungsprobe". In: „Berliner Zeitung" vom 15. November 1949.

22 Vgl. KAPLAN: Die politischen Prozesse S. 126.

der DDR, zur „Befreiung" der Bundesrepublik durch die Nationale Front und zu einer sozialistischen Gestaltung der Gesellschaft. Die Tagung bestätigte das Kulturprogramm der CDU vom 25. Juni 1949, die neue Satzung vom 25. Mai 1949 und beschloß die Bildung einer Revisionskommission sowie eines Schieds- und Ehrengerichtes.[23]

Kaiser, der von Nuschke auf dem Parteitag heftig attackiert worden war, betonte nach der Tagung, daß der tiefe Zwiespalt in der Partei unverkennbar sei. Die Mitglieder stünden in „unverbrüchlicher Treue"[24] zur wahren CDU. Deswegen habe man im Westen den Trennungsstrich nur zu denen gezogen, die den Ideen der CDU untreu geworden seien. Die zur Flucht gezwungenen CDU-Vertreter müßten sich zum Sprachrohr der CDU der Sowjetzone machen und die Interessen der Mitglieder in der „Zone des Schweigens"[25] mitvertreten.

Nach dem 4. Parteitag der CDU zeigte sich, wie illusorisch alle Hoffnungen auf eine Liberalisierung der politischen Situation durch die DDR-Gründung gewesen waren. Die SED begann unmittelbar nach dem Parteitag mit einer Kampagne gegen alle führenden Funktionäre der CDU, die sich auf dem 4. Parteitag kritisch über die SED geäußert hatten.[26] Während das Kominform auf seiner Tagung im November und Dezember 1949 in Ungarn zur Wachsamkeit gegen die „Tito-Clique" aufrief[27] und sich gegen eine Neutralisierung Deutschlands aussprach[28], zielte die SED bei der CDU auf eine endgültige „Säuberung" von Politikern und Gruppierungen, die „unter direkten politischen Einwirkungen der Adenauer-Partei handelten und dabei die Schützenhilfe maßgeblicher kirchlicher Kreise erhielten"[29].

Trotz der sich abzeichnenden Verschärfung des politischen Kurses drehten sich in der CDU die Diskussionen Ende des Jahres 1949 noch immer um die Erwartungen, die seitens der Partei mit der Staatsgründung verbunden waren. Der Hauptvorstand mußte sich mit Anfragen wegen einer angeblich angekündigten Aufhebung der Pressezensur, Nachwahlen und der Neubesetzung staatlicher Stellen mit CDU-Mitgliedern befassen.[30] Diskutiert wurde die Rolle der neugeschaffenen CDU-Fraktion in der Provisorischen Volkskammer und die Funktion des Parlaments als

23 Vgl. „Die Beschlüsse der Jahrestagung". In: Utm vom Dezember 1949 S. 5f. Vgl. CDU DER DDR: Bewährung und Verantwortung S. 133f.
24 KAISER: Der Kampf S. 203f.
25 „Verraten und verkauft". In: „Der Tag" vom 24. November 1949.
26 Vgl. GRADL: Sowjetstern S. 162f. Vgl. „Säuberung auf SED-Befehl". In: „Der Tag" vom 26. November 1949.
27 Vgl. KAPLAN: Prozesse S. 57.
28 Vgl. MEISSNER: Rußland S. 210f.
29 BADSTÜBNER/HEITZER S. 165.
30 Vgl. Vermerk über die außerordentliche Referentenbesprechung am 22. November 1949 um 18.00 Uhr. Vgl. Brief W. Jöhren an Kaiser vom 26. November 1949 (BA NL Kaiser 105).

Akklamationsorgan des Ministerrates für Regierungsbeschlüsse und Gesetzesvorlagen der Regierung.[31] In der CDU-Fraktion der Provisorischen Volkskammer wurde darüber nachgedacht, ob es sinnvoller sei, Block- oder Koalitionspolitik zu betreiben. Die sächsischen Vertreter der CDU-Fraktion unter Führung Hickmanns zogen in Erwägung, als Fraktion der Provisorischen Volkskammer in die Opposition zu gehen.[32] Auch die Frage der anstehenden, von der Besatzungsmacht aber unterbundenen Nachwahlen war mit einigen beruhigenden Bemerkungen Dertingers nicht vom Tisch. Der am 24. November 1949 tagende, für die Frage der Nachwahlen zuständige Kommunalpolitische Ausschuß bestand auf der Durchführung der in bis zu 25 Prozent aller Gemeindeparlamenten anstehenden Nachwahlen.[33] Den Ausschußmitgliedern war klar, daß Nachwahlen „den Zweck der Wahlverschiebung hinfällig machen“[34] würden. Dennoch opponierten sie auf diese Weise gegen Generalsekretär Götting, der mit der SED längst vereinbart hatte, daß die CDU bei Nachwahlen zugunsten der DBD und der NDPD auf Nachbenennungen zu verzichten hatte.[35] Inzwischen wurde den Funktionären immer deutlicher, welche Auswirkungen die Satzungsänderung vom Mai 1949 für die CDU hatte. Den untergeordneten Parteigliederungen war jede Möglichkeit genommen, gegen die Umstrukturierung der Partei durch die von Götting repräsentierten Interessenvertreter der Besatzungsmacht in der CDU vorzugehen. Der Fraktionsvorsitzende der CDU im brandenburgischen Landtag, Willy Heller, prophezeite, angesichts des Vorgehens der Parteiführung, die als Vertreter eines fremden politischen Willens in der CDU wirke, werde die CDU bald ein „Generalstab ohne Mannschaften“[36] sein. Neben der Übernahme des Parteiapparates durch prokommunistische Kräfte beunruhigte die Mitglieder auch die kontinuierlich zunehmende Bespitzelung.[37]

Ungeachtet solcher Bedenken setzte Götting die Umwandlung der CDU fort. Schritt für Schritt ersetzte er demokratische Strukturen durch den von den Sowjets angeordneten „demokratischen Zentralismus“ in der Partei. Im November 1949 begann er mit der Aufstellung monatlicher Arbeitsprogramme, die für alle Parteigliederungen verbindlich wurden. Er ordnete die Erstellung einer Zentralkartei an und forderte von den Landesverbänden regelmäßige Monatsberichte über die in den Versammlungen diskutierten Themen, die Organisation und über sämtliche personellen Veränderungen.

---

31 Vgl. Protokoll über die 4. Ministerbesprechung am 23. November 1949 16.00 Uhr Unionshaus Berlin, Jägerstraße. 25. November 1949 (BA NL Kaiser 8).

32 Vgl. Bericht vom 24. November 1949 (BA NL Kaiser 8).

33 Vgl. Verhandlungsniederschrift über die Sitzung des Kommunalpolitischen Zonenausschusses bei der HGS am 24. November 1949 10.30 Uhr im Unionshaus (BA NL Kaiser 105).

34 Vorlage für die Sitzung des Kommunalpolitischen Ausschusses am 24. November 1949. Betr.: Nachwahlen bei erschöpften Kandidatenlisten (BA NL Kaiser 105).

35 Vgl. Bericht vom 24. November 1949 (BA NL Kaiser 8).

36 Bericht vom 24. November 1949 (BA NL Kaiser 105).

37 Vgl. Verhandlungsniederschrift über die Sitzung des Kommunalpolitischen Zonenausschusses bei der HGS am 24. November 1949 10.30 Uhr im Unionshaus S. 2 (BA NL Kaiser 105). Vgl. Bericht vom 24. November 1949 (BA NL Kaiser 105).

Diese Berichte kamen zu den Berichten hinzu, die die Landesverbände schon immer an die regionalen Einrichtungen der SKK liefern mußten. Ebenfalls im November forderte Götting die Aufstellung von Kandidatenlisten für die im Frühjahr 1950 anstehenden Neuwahlen der Orts-, Kreis- und Landesvorstände, damit sie nach Prüfung durch den Hauptvorstand „gemäß § 4,2 der Satzung auf die aktive Durchführung der Leipziger Beschlüsse verpflichtet werden“[38] konnten.

Gleichzeitig begann er mit der Herausgabe von Redeskizzen, deren Verwendung in den Versammlungen der Ortsgruppen zur Vereinheitlichung und Disziplinierung führen sollten.[39] Unter seiner Führung wurde schließlich ein Presse-Ausschuß gebildet, der unter Leitung Karl Grobbels die Aufgabe erhielt, die Arbeit der Redaktionen der CDU-Blätter in der ganzen DDR „entsprechend den Beschlüssen von Leipzig“[40] zu koordinieren. Auch in die Arbeit des Programm-Ausschusses griff Götting so massiv ein, daß Gerhard Desczyk aus Protest den Vorsitz niederlegte.[41]

Es war klar, daß Götting nicht der Urheber dieser zahlreichen Aktivitäten war. Was sich für die DDR bisher nicht nachweisen ließ, da die Archive nicht zugänglich waren, ist für die ČSSR, wo während des „Prager Frühlings“ einige Wissenschaftler in den Archiven arbeiten konnten, bekannt. Demnach existierte eine „Evidenz-Abteilung“ beim ZK der tschechischen kommunistischen Partei, deren Funktion darin bestand, in den anderen Parteien gezielt Agentennetze aufzubauen.[42] Angesichts der Parallelität des Vorgehens in allen okkupierten Staaten kann angenommen werden, daß Götting seine Instruktionen neben der SMAD auch von entsprechenden Stellen der SED erhielt. Auch in den Landesleitungen standen die Landessekretäre in einem ständigen Kontakt mit den Beauftragten für bürgerliche Parteien in den SED-Landesleitungen und wurden durch diese über die weitere Arbeit der CDU instruiert.[43] Erst im Februar 1952 wurde offiziell eine „Abteilung für leitende Organe der Parteien und Massenorganisationen“[44] geschaffen, mit der die SED die Leitung der Blockparteien von der SKK übernahm. Götting setzte die Anweisungen der Besatzungsmacht und der SED um und koordinierte die parallele Tätigkeit der Vertreter der SKK in den Landesverbänden, die dort zunehmend zu Landesvorsitzenden oder Landessekretären avancierten. Noch aber hatten in der CDU auch Politiker Einfluß, die eigene CDU-Interessen vertraten. So kam es auf der Sitzung des Zentralen Blocks am

38 Protokoll über die Sitzung der Landesgeschäftsführer am 28. November 1949 S. 3 (ACDP III-013-790). Vgl. CDU HGS: L-Rundschreiben 40 vom 3. Dezember 1949 (Abschrift) – (BA NL Kaiser 8).

39 Vgl. Vorlage für die Sitzung der Landesgeschäftsführer am 28. November 1949 S. 2 (ACDP III-013-628).

40 Anlage 1 zum Protokoll des Politischen Ausschusses vom 29. November 1949: Arbeitsprogramm der Union für den Monat Dezember 1949 (Abschrift) – (BA NL Kaiser 8).

41 Vgl. Bericht über die Sitzung des Politischen Ausschusses am 11. Dezember 1949 in Halle (BA NL Kaiser 8).

42 Vgl. KAPLAN: Die politischen Prozesse S. 126.

43 Vgl. Bericht W. Jöhren vom 24. Juli 1950 Sachsen-Anhalt (ACDP III-013-786).

44 „Internes aus der Nuschke-Partei“. In: „Der Tag“ vom 27. März 1953.

30. November 1949 dadurch zu Auseinandersetzungen über die Arbeitsweise der Provisorischen Volkskammer, weil sowohl die CDU- als auch die LDP-Fraktion einige Gesetzesvorlagen und Initiativanträge eingebracht hatten, in denen sie verschiedene Maßnahmen der Regierung kritisierten. Grotewohl machte daraufhin klar, „daß es nicht Aufgabe der Volkskammer sei, daß die bürgerlichen Parteien sich durch Formulierung von Anträgen Seitensprünge in der Blockpolitik“[45] leisteten. Die CDU-Fraktion hatte unter anderem beantragt, einen Personalpolitischen Ausschuß mit paritätischer Besetzung zu bilden, der die Personalentscheidungen der Regierung überwachen, Personaleinstellungen nach Parteiproporz vornehmen und den Landtagen die Übernahme der Vorgehensweise empfehlen sollte.[46] Um weitere unkontrollierte Aktionen der CDU-Fraktion zu verhindern, setzte Dertinger durch, daß Anträge und Beschlüsse der Fraktion zunächst dem Politischen Ausschuß vorgelegt werden mußten, ehe sie dem Präsidium der Provisorischen Volkskammer zugeleitet werden konnten.[47] Von einer eigenständigen Arbeit der Fraktionen konnte keine Rede sein. Um jede oppositionelle Arbeit in der Provisorischen Volkskammer für die Zukunft unmöglich zu machen, beschloß der Zentrale Block auf Anregung der SED, daß alle „Beschlüsse in Zukunft im Ministerrat gefaßt werden sollen und daß die Kammer sie nur zu bestätigen habe“[48]. Damit erhielt die Provisorische Volkskammer endgültig reinen Akklamationscharakter. Der Zentrale Block beschloß ebenfalls, keine Nachwahlen in den Kommunen und Kreisen durchzuführen und statt dessen überall die Vertreter der DBD und NDPD an den Beratungen zu beteiligen.[49]

Die Politiker der CDU/CSU reagierten sehr unterschiedlich auf die Entwicklung der CDU in der DDR. Während Kaiser zu Aktionen „gegen die Verräter vom Schlage Dertinger und gegen die Renegaten in den Landesleitungen“ und zur Bildung „verschworener Gemeinschaften“[50] aufrief, zeigten Anfang Dezember 1948 nur noch wenige Politiker, wie der abgesetzte CSU-Vorsitzende Josef Müller, Günther Gereke und Karl Spiecker[51], Verständnis für die Führung der CDU in der DDR.[52] Müller erklärte noch Anfang Dezember 1949 auf einer Tagung der Katholischen Jungen

45 Bericht über die Zonen-Blockausschußsitzung am 30. November 1949 (BA NL Kaiser 105).

46 Vgl. MAND S. 742.

47 Vgl. Protokoll über die Sitzung des Politischen Ausschusses am 29. November 1949 (BA NL Kaiser 8).

48 Bericht über die Zonen-Blockausschußsitzung am 30. November 1949 (BA NL Kaiser 105).

49 Vgl. Beschluß-Protokoll der Sitzung des Zentralen Blocks vom 30. November 1949. In: SUCKUT: Blockpolitik S. 559.

50 (Rundfunk-)Kommentar vom 1. Dezember 1949. Werner Jöhren. Berlin-Tempelhof (BA NL Kaiser 105).

51 K. Spiecker gründete im Herbst 1948 die „Union der Mitte“. Im Januar 1949 trat er der CDU bei. Vgl. SALZMANN S. 81. Vgl. „Verläßt Spiecker das Zentrum?“. In: „Allgemeine Kölnische Rundschau“ vom 15. Oktober 1948.

52 Vgl. Bericht über die Referentenbesprechung am 1. Dezember 1949 (BA NL Kaiser 105).

Mannschaft auf Burg Feuerstein (Oberpfalz), daß der Mut der Politiker der CDU in der Ostzone volle Anerkennung verdiene.[53]

Angesichts der ständigen Verhaftungen war die Verunsicherung unter den Funktionären groß. Die Inhaftierung des ehemaligen Landesvorsitzenden der CDU von Sachsen-Anhalt, des Landesministers Leo Herwegen, und die Prozesse in Sofia, bei denen am 14. Dezember 1949 Trajco Kostow zum Tode verurteilt wurde[54], zeigten, daß auch führende Funktionen und loyales Verhalten nicht vor einer Verhaftung schützten. Um so bemerkenswerter war jede oppositionelle Aktion wie zum Beispiel der Initiativantrag des CDU-Staatssekretärs im DDR-Justizministerium Helmut Brandt, der auf Initiative Max Fechners[55] am 7. Dezember 1949, dem Tag der Verabschiedung des Gesetzes über die Errichtung des Obersten Gerichts und der Obersten Staatsanwaltschaft der DDR[56], vor der Provisorischen Volkskammer die Abschaffung der Todesstrafe forderte.[57]

Ebenfalls im Dezember 1949 setzte eine Kampagne gegen Hickmann und andere „entlarvte Reaktionäre" ein, die innerhalb der CDU vor allem von Luitpold Steidle und Wilhelm Bachem getragen wurde.[58] Hintergrund der Kampagne, die schließlich zur Absetzung Hickmanns führte, waren die neuen Direktiven für die kommunistischen Parteien und „Friedensbewegungen", die im November/Dezember 1949 vom Kominform erlassen wurden. Diese Anweisungen wurden bestimmend für die weitere Entwicklung in der DDR.[59] Nachdem noch im November die Tätigkeit des neutralistisch orientierten „Nauheimer Kreises" von der SED gelobt worden war[60], erklärte Ulbricht bereits im Dezember: „Wer ernsthaft den Frieden erhalten will, muß entschieden den Kampf gegen die Neutralitätspolitik aufnehmen."[61] In der CDU forderte vor allem Steidle ein klares Bekenntnis zur neugegründeten DDR und erklärte, daß jeder CDU-Politiker „Bonn und Adenauer entschieden ablehnen"[62] müßte. Nach

53 Vgl. „Ostzonengespräch Dr. Müller – Prälat Meixner". In: UiD 198 vom 17. Dezember 1949.
54 Vgl. FEJTÖ S. 281f.
55 So Helmut Brandt in einem Gespräch mit dem Autor am 22. Juni 1987 in Sankt Augustin (ACDP MAT Richter QB).
56 Vgl. INSTITUT FÜR GESELLSCHAFTSWISSENSCHAFTEN BEIM ZK DER SED: Gemeinsam zum Sozialismus S. 123.
57 Vgl. „Sowjetzonaler Volksgerichtshof". In: „Mitteldeutscher Pressedienst" vom 29. November 1949.
58 Vgl. Bericht über die Ministerkonferenz am 10./11. Dezember 1949 in Halle (BA NL Kaiser 8). Vgl. Akte Ruth Bachem (ACDP III-013 DbCDU ChO 307 Ruth Bachem 1952).
59 Vgl. die „Stellungnahme des SED-Politbüros zu den Kominform-Beschlüssen". In: „Tägliche Rundschau" vom 28. Dezember 1949
60 Vgl. CORNIDES S. 3104.
61 EBD.
62 Bericht über die Ministerkonferenz am 10./11. Dezember 1949 in Halle (BA NL Kaiser 8).

den neuen sowjetischen Richtlinien, wie sie auf der Kominform-Tagung formuliert wurden, stellte die DDR den Kernstaat eines vereinigten Deutschlands dar. Von den Parteien der DDR wurde gefordert, sich einerseits ohne Abstriche zur DDR zu bekennen und andererseits in der Bundesrepublik für die Einheit Deutschlands zu wirken. Proteste gegen diese Politik waren gefährlich. So landeten fast alle Teilnehmer einer Tagung der CDU-Landräte und Bürgermeister, die am 13. Dezember 1949 die Blockbeschlüsse vom 30. November 1949 kritisiert hatten[63], wegen ihrer Haltung früher oder später im Gefängnis[64], wenn sie nicht aus der DDR flohen.

Um die in der CDU noch vorhandenen erheblichen Widerstände gegen ihre Politik zu brechen, verschärften die Sowjets im Dezember 1949 die Pressezensur und ordneten eine Reduzierung der Seitenzahl der CDU-Blätter an.[65] Durch die Zensur paßten sich die Blätter weiter den sowjetischen Wünschen an. Nuschke schrieb über die „Erlöserrolle“[66] Stalins und rief in Ablehnung einer Neutralisierung Deutschlands die Politiker der Bundesrepublik auf, sich der Nationalen Front anzuschließen, um auf diesem Wege Deutschland „vom Osten aus“[67] zu erneuern. In dem „Friedenslager“, in dem die DDR bereits stehe, könne auf diese Weise „ganz Deutschland Aufnahme finden“[68]. Götting untersagte den Landes- und Kreisverbänden, eigene Broschüren herauszugeben.[69] Der neugeschaffene Presse-Ausschuß[70] unter Leitung Karl Grobbels sollte außerdem für eine Vereinheitlichung der CDU-Presse sorgen. Um neben der Verringerung der Kontingente und der verschärften Zensur ein Ende jeder selbständigen Arbeit der Zeitungen zu gewährleisten, wurden Anfang des Jahres 1950 neben dem Chefredakteur der „Neuen Zeit“, Walter Klein, die Chefredakteure sämtlicher CDU-Zeitungen der DDR ihrer Ämter enthoben und einige von ihnen inhaftiert.[71] Um jede Erinnerung an die Zeit eigenständiger politischer Arbeit der CDU zu tilgen, ordnete Götting Ende Februar 1950 eine Überprüfung und Bereinigung des gesamten parteiamtlichen Schrifttums an und verbot alle Publikationen der CDU, die

---

63 Vgl. CDU HGS Kommunalreferat: Vermerk zum Protokoll der CDU-Landräte- und Bürgermeister-Konferenz vom 13. Dezember 1949. Vgl. Bericht über die Landräte-Konferenz am 13. Dezember 1949 in Berlin, Jägerstraße (BA NL Kaiser 8).

64 Einer der Wortführer der Tagung, Erwin Köhler, wurde wegen Spionage hingerichtet.

65 Vgl. Karl Brammer: „Der Rotstift des Zensors“. In: „Der Tag“ vom 18. Dezember 1949. Vgl. Die Situation der CDU in der Zone (II). Berlin, den 31. August 1950, S. 8 (ACDP I-238-002/3).

66 Otto Nuschke: „J. W. Stalin, der Friedenskämpfer“. In: „Tägliche Rundschau“ vom 19. Dezember 1949.

67 Otto Nuschke: „Ruf an Westdeutschland“. In: „Neue Zeit“ vom 30. Dezember 1949.

68 Ebd.

69 Vgl. CDU HGS: L-Rundschreiben 1 vom 16. Januar 1950 (ACDP III-013-791).

70 Zur Zusammensetzung vgl. Vorlage für die Sitzung des Hauptvorstandes am 4. Januar 1950 (ACDP III-013-628).

71 Vgl. „Verratene Verräter“. In: „Der Tag“ vom 14. Februar 1950. Zur Entlassung oder Verhaftung der anderen Chefredakteure siehe die Abschnitte über die Entwicklung der LV 1950.

bis 1949 erschienen waren. Einige der Schriften der Jahre 1948 und 1949 wurden für nur bedingt verwendbar erklärt.[72]

Am 4. Januar 1950 tagte der Hauptvorstand der CDU. Nuschke informierte die Teilnehmer darüber, daß die SED sich nicht an die bei der Regierungsbildung beschlossene Vereinbarung halte, 15 Prozent aller Stellen in den Ministerien mit CDU-Mitgliedern zu besetzen.[73] Dertinger erläuterte die Ergebnisse der Gespräche, von denen er gerade aus Moskau zurückgekehrt war. Die Regierung der UdSSR lehne eine Neutralisierung Deutschlands ab und strebe, so der Außenminister, ein Gesamtdeutschland „auf der Basis unserer Blockdemokratie“[74] an. Der CDU komme dabei die Aufgabe zu, die Nationale Front auf das Bundesgebiet auszudehnen. Steidle erklärte, in Zukunft sei die Westgrenze der Bundesrepublik als Grenze des Einflußgebietes der DDR anzusehen.[75] Auf Vorschlag Göttings beschloß der Hauptvorstand, eine neue Wahlordnung zu verabschieden[76], mit der nach SED-Vorbild jede innerparteiliche Opposition ausgeschaltet wurde. Jeder Funktionär sollte vor seiner Aufstellung als Kandidat bei den Parteiwahlen eine Erklärung unterzeichnen, die ihn vollständig an den neuen prokommunistischen Kurs der Parteiführung band.[77]

Am 7. Januar 1950 beschloß das Sekretariat der Volkskongreßbewegung seine Konstituierung als Sekretariat der Nationalen Front und die Umbildung der Volksausschüsse in Ausschüsse der Nationalen Front.[78] Die neuen Ausschüsse dienten der Durchsetzung der deutschlandpolitischen Ziele der UdSSR und der Ausschaltung der noch verbliebenen demokratischen Opposition in der DDR. Dazu gab Ulbricht auf der 24. Tagung des Parteivorstandes der SED am 10. und 11. Januar 1950 genaue Anweisungen. Er legte eine Liste der politisch zu neutralisierenden Personen und einen genauen Ablaufplan vor.[79] Der Westen, so Ulbricht, versuche, die Nationale Front „von unten her“ über den „mittleren Funktionärskörper“[80] zu unterminieren. Um sich davor zu schützen, müßten CDU und LDP vollständig von ihren westlichen Schwesterparteien getrennt werden.

---

72 Vgl. CDU HGS: L-Rundschreiben 5 vom 22. Februar 1950 (BA NL Kaiser 105).
73 Vgl. „SED brach Abkommen“. In: „Der Tag“ vom 7. Januar 1950.
74 Georg DERTINGER: „Unsere politische Verantwortung“. In: Utm vom Januar 1950 S. 8.
75 Vgl. Luitpold STEIDLE: „Klare politische Linie!“. In: Utm vom Januar 1950 S. 11.
76 Vgl. „Wahlordnung der CDU“. In: Utm vom Januar 1950 S. 13f.
77 Vgl. Entwurf einer Erklärung. Vorlage für die Sitzung des Hauptvorstandes am 4. Januar 1950 (ACDP III-013-628). Vgl. CDU HGS: Arbeitsprogramm Januar/Februar vom 10. Januar 1950. Anlage 3 (ACDP I-297-002).
78 Vgl. INSTITUT FÜR THEORIE DES STAATES UND DES RECHTS DER ADW DER DDR: Geschichte des Staates und des Rechts 1 S. 145.
79 Vgl. Veränderte Formen der Blockpolitik (III). 2. Vernichtung der Opposition mit Hilfe politischer Maßregelung S. 5. 1. Februar 1950 (ACDP I-238-002/2 u. 3).
80 INFORMATIONSBÜRO WEST S. 163.

In allen Orten der DDR, in denen Parteimitglieder aufgetreten waren, die keine Bereitschaft zur Anpassung zeigten, veranstaltete die Nationale Front im Januar 1950 Versammlungen, die alle demselben Ziel dienten: "Entlarvung und Isolierung der reaktionären Elemente und Unterstützung und Stärkung der antifaschistisch-demokratischen Kräfte in der CDU und LDP."[81] In einer Propagandaschrift erklärte die SED, es gebe CDU-Mitglieder, die nach wie vor „Adenauer als Parteifreund anerkennen und die davon schwätzen, daß die CDU die stärkste Partei in Deutschland sei“[82]. Die CDU wäre aber nur dann als stärkste Partei anzusehen, „wenn die CDU der Deutschen Demokratischen Republik sich der CDU Westdeutschlands zugehörig“[83] fühlte. Da die meisten CDU-Mitglieder aber hinter Dertinger und Nuschke stünden, sei dies nicht der Fall. Derartige Argumentationshilfen zeigten deutlich die Furcht der SED vor möglichen freien Wahlen in ganz Deutschland unter Beteiligung einer gesamtdeutschen CDU. Natürlich war auch der SED klar, daß die Mitglieder nicht hinter Dertinger und Nuschke standen, sondern sich fast durchgängig an der westlichen Union orientierten. Deswegen ging es den Sowjets und der SED um eine Desorientierung der CDU-Mitglieder, die durch die Diffamierung von Politikern wie Adenauer und Kaiser erreicht werden sollte. Um der Gefahr einer einheitlichen Haltung in der Union entgegenzuwirken, ließen sie „fortschrittliche“ Mitglieder der CDU sogar erklären, schon zu Zeiten Kaisers habe es einen „tiefen innerlichen Gegensatz“[84] zur CDU Adenauers gegeben.

Am 27. Januar 1950 wandte sich die Arbeitsgemeinschaft der CDU/CSU mit der Erklärung an die Unionsmitglieder in der DDR, daß man in der CDU/CSU sehr gut wisse, „daß die Mitgliedschaft der Ost-CDU im Gegensatz zu manchem ihr aufgezwungenen ‚Führer‘ treu, mutig und beharrlich zu dem gemeinsamen Ziel einer deutschen, christlichen und demokratischen Politik stand und stehen“[85] werde. Dieses Ziel werde von der Union dann erreicht werden, „wenn ihre treuen Mitglieder in der sowjetischen Zone in stiller Arbeit fortfahren“[86]. Die CDU/CSU werde daran arbeiten, daß die „Gewaltherrschaft der SED ... so bald wie möglich durch die Einigung Deutschlands in einem demokratischen, alle deutschen Länder umfassenden Bundestag abgelöst wird“[87].

---

81 SACHER S. 189.
82 Frage und Antwort. Argumente für die tägliche Diskussion 9 vom 20. Januar 1950 S. 14.
83 EBD.
84 Redeskizze „CDU und Nationale Front“ (Entwurf). Vorlage für die Sitzung der Landesgeschäftsführer am 25. Januar 1950. Anlage S. 3 (ACDP III-013-628).
85 „Die CDU/CSU zu den Vorgängen in der Sowjetzone“. In: UiD 8 vom 1. Februar 1950. Vgl. „In stiller Arbeit fortfahren“. In: „Der Tag“ vom 3. Februar 1950.
86 EBD.
87 EBD.

Der Politische Ausschuß der CDU der DDR reagierte auf die im Rundfunk verlesene Erklärung der CDU/CSU am 28. Januar 1950 mit einer Gegenerklärung[88], in der die CDU/CSU als Feind der CDU der DDR angegriffen wurde. Dem Kampf Kaisers gegen die DDR, so die CDU der DDR, werde mit der Schaffung eines Ministeriums für Staatssicherheit die gebührende Antwort gegeben werden. Die Erklärung vom 28. Januar 1950 verpflichtete alle Mitglieder der CDU, sich zur DDR zu bekennen, die Oder-Neiße-Grenze zu akzeptieren und aktiv in der Nationalen Front tätig zu sein. Um der vollständigen Trennung von der CDU/CSU Ausdruck zu verleihen, verbot der Hauptvorstand die bisher bei einem Umzug noch üblichen Mitgliederüberweisungen durch Parteistellen der CDU der DDR an Landesverbände der CDU/CSU.[89]

Der Terror der SED nahm im Januar 1950 solche Formen an, daß Nuschke sich veranlaßt sah, im Zentralen Block dagegen zu protestieren. Nuschke mußte mit ansehen, wie seine politischen Freunde in der CDU, mit denen er zum Teil seit der Gründung der CDU zusammengearbeitet hatte, nacheinander abgesetzt oder verhaftet wurden. Nachdem auch Hickmann von den Sowjets zum Rücktritt gezwungen worden war, versuchte Nuschke, Erich Fascher in Schutz zu nehmen, dem die nächsten Angriffe der SED galten. Zugleich bemühte er sich immer wieder um die Freilassung von inhaftierten CDU-Mitgliedern.[90] Anfang Februar 1950 vermehrten sich die Gerüchte in der CDU, wonach die SED versuche, Nuschke zu stürzen. Die Gerüchte besagten aber auch, daß er von den Sowjets gehalten werde, da sie ihn für den Fall einer Wiedervereinigung zur Durchsetzung ihrer Interessen in einem von der Union geführten Gesamtdeutschland bräuchten.[91]

Am 3. Februar 1950 konstituierte sich „gegen die nationale Selbstpreisgabe von Bonn“[92] ein „Nationalrat der Nationalen Front des demokratischen Deutschland“, in dessen Auftrag ab Februar 1950 auch zahlreiche CDU-Funktionäre im Bundesgebiet

88 Vgl. Protokoll über die Sitzung des Politischen Ausschusses am Sonnabend, den 28. Januar 1950, 15.00 Uhr (BA NL Kaiser 105). Vgl. Erklärung der Christlich-Demokratischen Union Deutschlands vom 28. Januar 1950 (ACDP I-297-002). Vgl. CDU HGS: Sondermaterial. Unsere politische Linie (ACDP III-013-628). Auch die LDP mußte am 28. Januar 1950 eine ähnliche Erklärung abgeben. Text der Erklärung in: KRIPPENDORFF S. 165.

89 Vgl. CDU HGS: L-Rundschreiben 4 vom 21. Februar 1950 (BA NL Kaiser 105).

90 Nach einer Information von Ewald Ernst vom 28. September 1988 bemühte sich Nuschke bei der SMA auch um seine Freilassung (ACDP MAT Richter QL).

91 Vgl. Brief W. Jöhren an A. Sagner vom 8. Februar 1950 (BA NL Kaiser 105). Vgl. Politisches Archiv Berlin (West). OKP 015. Otto Nuschke (ACDP Pressedokumentation Otto Nuschke). Vgl. „SED-Terror geht weiter“. In: „Der Tag“ vom 9. Februar 1950.

92 Sekretariat der Nationalen Front des demokratischen Deutschland (Hg.): Redner-Material über das Programm der Nationalen Front des demokratischen Deutschland vom 15. Februar 1950 (ACDP III-013-628/1).

für die sowjetischen Interessen warben.[93] Von den 65 Mitgliedern des Nationalrates gehörten 25 der SED und 8 der CDU an. Die eigentliche Leitung – das Sekretariat – lag völlig in SED-Händen.[94] Mit Hilfe der Nationalen Front sollte nun die politische Eroberung der Bundesrepublik beginnen.

Zwei Tage nach Proklamierung des Nationalrates bestätigte der Hauptvorstand der CDU die Beschlüsse des Politischen Ausschusses vom 28. Januar 1950 und die durch die zahlreichen Absetzungen und Verhaftungen bewirkten personellen Veränderungen in den Landesverbänden.[95] Zugleich wurden dem Hauptvorstand als der Vertretung der Landesverbände Kompetenzen entzogen, die auf den Politischen Ausschuß übergingen.[96] Damit war ein weiterer Schritt zur Zentralisierung der Partei getan.

Zur Absicherung der SED-Diktatur folgte am 8. Februar 1950 die Gründung eines eigenen Ministeriums für Staatssicherheit. In der für Untergrundbewegungen zuständigen Hauptabteilung V wurde ein Referat geschaffen, das sich speziell mit dem Ostbüro der CDU, den Kirchen, Sekten und den Zeugen Jehovas zu befassen hatte. Allein dieses Referat beschäftigte über 900 Mitarbeiter.[97] Da auch die Kirchen sich immer deutlicher gegen die Politik der Nationalen Front und die Einschränkung der Religionsfreiheit in der DDR zur Wehr setzten, nahmen die Angriffe der SED gegen Vertreter der Kirchen und die Bespitzelung kirchlicher Würdenträger zu.[98] Kaum war die CDU als oppositioneller Faktor ausgeschaltet, wurde sie schon in den Kampf der Kommunisten gegen den Einfluß der Kirchen eingebunden. Mit der Beeinflussung der Pfarrer im Sinne kommunistischer Politik eröffnete sich für die CDU der DDR neben ihren Aktivitäten in der Bundesrepublik und im Ausland ein zweites großes Arbeitsgebiet.

Am 20. Februar 1950 nahm die CDU erstmalig zu den zahlreichen Erklärungen der Kirchenleitungen gegen die kommunistische Diktatur Stellung. Nuschke wandte sich gegen Erklärungen Kardinal von Preysings und warf ihm Parteinahme für den

---

93 Vgl. Benno GÖTZKE: Die Bemühungen der Parteien des Demokratischen Blocks für die friedliche Vereinigung beider deutscher Staaten auf demokratischer Grundlage und ihre Ausstrahlung nach Westdeutschland, dargestellt am Beispiel der Christlich-Demokratischen Union Deutschlands (Anfang 1950 bis Mitte 1951). Diplomarbeit, Berlin 1968 (Maschinenschrift). Zit. b.: INSTITUT FÜR GESELLSCHAFTSWISSENSCHAFTEN BEIM ZK DER SED: Gemeinsam zum Sozialismus S. 157.

94 Vgl. HELLER S. 17.

95 Vgl. Beschluß des Erweiterten Hauptvorstandes der CDU vom 5. Februar 1950 (ACDP III-013-628).

96 Vgl. „Neue Zeit" vom 7. Februar 1950.

97 Vgl. KAMPFGRUPPE GEGEN UNMENSCHLICHKEIT: Anhang.

98 Vgl. KNAUFT S. 22. Vgl. DAHLGREN S. 49. Vgl. HUTTEN S. 38.

Westen vor.[99] Auch der Politische Ausschuß der CDU griff die Kirchenleitungen an und kritisierte ihre Propaganda gegen die Nationale Front.[100]

2. Zwischen erzwungener Unterordnung und illegaler Parteiarbeit – Die Landesverbände 1950

a) Sachsen: Absetzung Hickmanns im Januar 1950

Die Angriffe der SED gegen den sächsischen Landesvorsitzenden der CDU, die Ende des Jahres 1949 immer mehr zugenommen hatten, verschärften sich nach einer Rede, in der Hickmann am 6. Januar 1950 vor dem Landesvorstand und der Landtagsfraktion den Anspruch der SED auf die führende Rolle in Staat und Gesellschaft in Frage stellte und die private Wirtschaft verteidigte.[101] Hickmann erklärte, er sei froh, daß wenigstens „der westliche Staat ein christlicher Staat" sei, der von „unsere(r) Schwesterpartei, mit Adenauer an der Spitze"[102], geführt werde. Es komme nun alles darauf an, zu verhindern, daß die sowjetische Zone vom Westen abgetrennt werde. Am 13. Januar 1950 wiederholte Hickmann in der CDU-Presse seine Forderung nach Eigenständigkeit der Parteien in der neugegründeten DDR.[103] Auch in zahlreichen Versammlungen wandte er sich immer wieder deutlich gegen den Alleinherrschaftsanspruch der SED und den von der SED gegen ihre politischen Gegner angewandten Terror. Die Folge war eine Verschärfung der SED-Kampagne gegen ihn.[104] Am 14. Januar 1950 rief Ulbricht offen zum Kampf gegen die „Feinde der deutschen Nation"[105] auf, die durch Forderungen nach Neutralisierung Deutschlands und nach Eigenständigkeit der Parteien den Kampf der Nationalen Front für die Befreiung Westdeutschlands sabotierten. Die zunehmenden Angriffe der SED nahm Hickmann am 18. Januar 1950 zum Anlaß, die Zusammenarbeit der sächsischen CDU mit der SED im Landesblockausschuß einzustellen und die Initiative zur Bildung eines „Bürgerblocks" aus CDU und LDP zu ergreifen.[106] Offenbar war nun auch bei Hickmann die Grenze seiner Kompromißbereitschaft erreicht. Die Selbständigkeit der CDU war für ihn die Conditio sine qua non seiner politischen Position. Eine Unterordnung unter die SED war nur gegen ihn zu erreichen.

---

99 Vgl. „Otto Nuschke über den Kardinalfehler". In: „Pressedienst" (SED) vom 20. Februar 1950 (ACDP Pressedokumentation Otto Nuschke).

100 Vgl. „Alles tun, die Nationale Front zu stärken!". In: Utm vom März 1950 S. 14.

101 Vgl. BADSTÜBNER/HEITZER S. 173.

102 Zit. b. SACHER S. 77.

103 Vgl. Hugo HICKMANN: „Ehrliche Blockpolitik". In: „Neue Zeit" vom 18. Januar 1950.

104 Vgl. „Einige Fragen an Herrn Professor D. Hickmann". In: „Sächsische Zeitung" vom 16. Januar 1950.

105 ULBRICHT: Professor Hickmanns Eigenständigkeit. 14. Januar 1950. In: ULBRICHT: Zur Geschichte 3 S. 751 u. 753.

106 Vgl. STÖBEL 1 S. 414.

Um die Position Hickmanns zu schwächen, lancierten SKK und SED verstärkt prokommunistische Mitglieder der CDU in führende Positionen. In Aue wurde am 18. Januar 1950 Magnus Dedek gegen die Stimmen seiner eigenen Partei, aber mit allen Stimmen der SED, zum neuen Landrat gewählt.[107] Auf diese Weise bauten SKK und SED den späteren Landesvorsitzenden der sächsischen CDU schrittweise als ihren Interessenvertreter in der Partei auf. Dedek hatte in britischer Kriegsgefangenschaft der durch deutsche Kommunisten gebildeten „Freien Deutschen Bewegung" angehört und sich ab 1947 als Bürgermeister und Ortsgruppenvorsitzender der CDU in Schwarzenberg in der Volkskongreßbewegung engagiert.[108] Nun wurde er Wortführer der prokommunistischen Kräfte innerhalb der CDU Sachsens und stand bei der Vertretung kommunistischer Interessen in der CDU in Kontakt mit Götting, der ihm Hinweise für seine Tätigkeit gab.[109]

In der zweiten Januarhälfte leiteten die Sowjets die endgültige Absetzung Hickmanns ein. Am 18. Januar 1950 griff Dedek den Landesvorsitzenden in der CDU-Zeitung „Die Union" und in der SED-Presse erneut scharf an.[110] Auch diesmal wurden die Vorwürfe Dedeks von einer Pressekampagne der SED gegen alle „Reaktionäre" in der CDU begleitet. Allerdings blieb es diesmal nicht bei verbalen Angriffen. In allen Teilen Sachsens organisierte die SED Protestaktionen, auf denen Betriebsdelegationen und andere kommunistische Gruppen die Absetzung Hickmanns und des sächsischen CDU-Finanzministers Gerhard Rohner forderten.[111] In die Aktionen wurden auch die prokommunistischen Mitglieder der CDU einbezogen.[112]

Am 23. Januar 1950 stürmten auf Lastkraftwagen herangefahrene SED-Gruppen „spontan" die CDU-Landesgeschäftsstelle in Dresden und forderten randalierend und mit Sprüchen wie: „Hängt ihn auf, die Sau"[113], die Absetzung des sächsischen Landesvorsitzenden. Als die CDU-Fraktion des Dresdner Kreistages von dem kommunistischen Überfall auf die Landesgeschäftsstelle erfuhr, ließ sie durch ihren Fraktionsvorsitzenden Martin Knabe erklären, die Vorgänge erinnerten an die Kristallnacht vom 9. zum 10. November 1938 mit dem damals angeblich „ebenso spontanen Abbrennen von Synagogen"[114].

107 Vgl. „Sächsische Zeitung" vom 20. Januar 1950.

108 Vgl. DOWIDAT S. 64.

109 Vgl. WIRTH: Die Entwicklung S. 1599.

110 Vgl. Magnus DEDEK: „Für Feinde der Demokratie darf in der CDU kein Platz sein". In: „Sächsische Zeitung" vom 20. Januar 1950.

111 Vgl. „Sachsens Werktätige fordern den Rücktritt Hickmanns". „Finanzminister Rohner (CDU) fördert Agenten und Saboteure". In: „Tägliche Rundschau" vom 24. Januar 1950. Vgl. „Werktätige fordern die Entfernung Hickmanns aus der CDU-Leitung". In: „Sächsische Zeitung" vom 24. Januar 1950.

112 Vgl. „Offener Brief an alle fortschrittlichen Parteifreunde der CDU". In: „Sächsische Zeitung" vom 24. Januar 1950.

113 Ausführlicher Bericht über den Sturm der CDU-Landesgeschäftsstelle durch SED-Gruppen am 23. Januar 1950 (ACDP I-297-100/4).

114 EBD. S. 3.

Ulbricht, der sich wie Dertinger in Dresden aufhielt, leitete die Aktion gegen Hickmann persönlich. Parallel zum Sturm der CDU-Landesgeschäftsstelle kam es in zahlreichen anderen sächsischen Orten zur gleichen Zeit zu „spontanen Volksaktionen" der SED, bei denen Delegationen die Absetzung mißliebiger CDU-Politiker forderten.[115] In allen Orten, in denen CDU-Politiker sich zu Hickmann bekannten, organisierte die SED in der zweiten Januarhälfte 1950 Versammlungen der Nationalen Front, die der SED und den prokommunistischen Mitgliedern der CDU Gelegenheit gaben, die „Hickmänner"[116] auf allen Ebenen anzugreifen. Das „Neue Deutschland" brachte in einer Art Frontberichterstattung in jeder Ausgabe Spitzenmeldungen über den neuesten Stand des Kampfes der SED gegen die Landesleitung der CDU Sachsens und den neutralistischen Kurs Hickmanns. Die „Sächsische Zeitung" der SED richtete am 24. Januar 1950 noch einmal heftige Angriffe gegen Hickmanns Politik einer Neutralisierung Deutschlands. In dem auch von der „Täglichen Rundschau" abgedruckten Artikel hieß es:

„Es ist eine Tatsache, die mit aller Deutlichkeit ausgesprochen werden muß: Die von Herrn Hickmann ... erhobene Forderung ‚nach Neutralität Deutschlands gegenüber den Westmächten' bedeutet eine offene Absage an die Politik des antifaschistisch-demokratischen Blocks und an das Programm der Regierung der Deutschen Demokratischen Republik ... eine ‚Neutralität' in dem Kampfe zwischen Krieg und Frieden, zwischen Einheit und Spaltung, (wäre) eine für das deutsche Volk feindliche Politik ..."[117]

Der sächsische Landesvorstand sah sich angesichts der Angriffe gegen Hickmann und des kommunistischen Terrors veranlaßt, die Geschäftsführung der sächsischen CDU bis zur Klärung der Situation kommissarisch auf DDR-Außenminister Dertinger zu übertragen.[118] Am 25. Januar 1950 bestätigte der Politische Ausschuß des Hauptvorstandes in Anwesenheit Hickmanns die Einsetzung Dertingers zum kommissarischen Landesvorsitzenden der sächsischen CDU. Es wurde beschlossen, die Entscheidung über die politische Zukunft Hickmanns bis zur Rückkehr Nuschkes zu verschieben, der sich aus Anlaß der Trauerfeierlichkeiten für den verstorbenen bulgarischen Ministerpräsidenten Vassil Kolaroff in Sofia aufhielt.[119] Während der Vorgänge in Sachsen starb Pfarrer Ludwig Kirsch.[120] Seine Beisetzung, die am 27. Januar 1950 in Chemnitz erfolgte, nutzte der inzwischen aus Sofia zurückgekehrte

---

115 Vgl. Bericht über die politische Situation der CDU-KV Chemnitz-Land und Chemnitz-Stadt (ACDP III-013-790). Vgl. Bericht Dresden-Land (ACDP I-297-100/4). Zu Vorgängen in Riesa, Bischofswerda, Zittau u. a. vgl. SACHER S. 191f.

116 SACHER S. 192f.

117 „Tägliche Rundschau" vom 26. Januar 1950.

118 Vgl. „Erklärung des engeren CDU-Landesvorstandes". In: „Sächsische Zeitung" vom 24. Januar 1950.

119 Vgl. „Säuberungshetze geht weiter". In: „Der Tag" vom 26. Januar 1950.

120 Vgl. DESCZYK S. 26.

Nuschke, um öffentlich seine Sympathien für Hickmann zu demonstrieren.[121] In der CDU vermutete man deswegen, daß der Sturz Hickmanns nur das Vorspiel zur Absetzung Nuschkes gewesen sei.[122]

Einen Tag nach der Beerdigung von Pfarrer Ludwig Kirsch tagte der Politische Ausschuß und veröffentlichte eine neue Erklärung, mit der alle Funktionäre und Mitglieder auf eine prokommunistische Politik verpflichtet wurden. Auf dieser Tagung am 28. Januar 1950, die bis heute von der CDU der DDR als wesentliche Zäsur ihrer Parteientwicklung bezeichnet wird, sprachen sich angesichts der solidarischen Haltung Nuschkes zunächst alle Landesvorsitzenden für Hickmann aus. Daraufhin wurde Nuschke zu General Tschuikow zitiert, der ihm erklärte, daß die Sowjets auf Absetzung Hickmanns beständen. Erst nach dieser Anweisung, die einer Absetzung Hickmanns durch die SKK gleichkam, beschlossen Nuschke und die Landesvorsitzenden, den 2. Vorsitzenden der CDU der DDR und sächsischen Landesvorsitzenden nicht mehr im Amt zu halten.[123] Die Vorwürfe der SED gegen Hickmann wurden als „diffamierend"[124] zurückgewiesen. Angesichts der direkten sowjetischen Intervention, die an die Absetzungen von Andreas Hermes, Walther Schreiber, Jakob Kaiser und Ernst Lemmer erinnerte, verzichtete Hickmann am 30. Januar 1950 auf seine Ämter als 2. Vorsitzender der CDU der DDR und als Landesvorsitzender des mitgliederstärksten Landesverbandes, den er seit seiner Gründung im Jahr 1945 geleitet hatte. Nuschke dankte ihm nach seiner Absetzung durch die SKK für seine „hingebende Leistung"[125] in der Union und drückte sein Bedauern über den Rücktritt aus. Nachfolger Hickmanns wurde an Stelle Dertingers nun satzungsgemäß Otto Freitag.[126] An die Stelle des ebenfalls zum Rücktritt gezwungenen sächsischen CDU-Finanzministers Gerhard Rohner trat Georg Knabe[127], der wenig später in die Bundesrepublik floh und seinerseits durch Carl Ulbricht ersetzt wurde.[128] Es bleibt offen, ob der Sturz Hickmanns, den die Arbeitsgemeinschaft der CDU/CSU als eine „getreue Kopie der nationalsozialistischen ‚Machtergreifung' des Jahres 1933"[129] apostrophierte, auf einen Sturz Nuschkes zielte. Schließlich sprach sich Nuschke zu diesem Zeitpunkt noch offen gegen die Abschaffung freier Wahlen und die Errichtung einer kommunistischen Diktatur aus. Mit der Absetzung seines ersten Stellvertreters führten ihm die Sowjets

121 Vgl. Bericht (ACDP I-297-100/4).
122 Vgl. Bericht (BA NL Kaiser 105).
123 Vgl. „Block-Kameradschaft in Dresden. ‚Hebt das Schwein mal hoch' – Intrige und Straße regieren". In: „Der Tag" vom 3. Februar 1950.
124 Vgl. „In der Jägerstraße". In: „Der Tag" vom 31. August 1950.
125 „Professor D. Hickmann zurückgetreten". In: „Die Union" vom 1. Februar 1950.
126 Vgl. „Hickmann trat zurück". In: „Tägliche Rundschau" vom 31. Januar 1950.
127 Vgl. „Minister Dr. Knabe übernimmt Vertretung von Rohner". In: „Tägliche Rundschau" vom 31. Januar 1950.
128 Vgl. „Carl Ulbricht sächsischer Finanzminister". In: Utm vom März 1950 S. 23.
129 „Muster 33". In: DUD Ausgabe A vom 25. Januar 1950.

jedenfalls klar vor Augen, daß sie in der CDU keinen Politiker dulden würden, dessen Ziel ein Sieg der CDU durch freie Wahlen war.

Anfang Februar 1950 erläuterte Ulbricht öffentlich die Gründe, die die Sowjets und die SED veranlaßt hatten, Hickmann zu stürzen. Der Landesvorsitzende hätte versucht, die Gründung der DDR „zum Abbau der Demokratie" und „zur Organisierung der reaktionären Kräfte"[130] zu nutzen. Sein Konzept der Neutralisierung hätte die Kolonialisierung Deutschlands durch die USA bedeutet. Eine Einheit Deutschlands, so Ulbricht, könne „nicht auf dem Wege einer Verständigung mit den Adenauers zustandekommen", sondern nur „auf dem Wege der Demokratisierung Westdeutschlands"[131], d. h. durch den Kampf gegen die Bundesregierung. Die Sowjets hofften offensichtlich, die Bundesrepublik politisch erobern zu können, ohne wesentliche Konzessionen machen zu müssen. Jeden Ausgleich, den eine Neutralisierung mit sich gebracht hätte, lehnten sie ab. So wurde Ende März 1950 auch jede weitere Diskussion der Neutralitätsthesen des „Nauheimer Kreises" in der SED strikt untersagt.[132]

Der Sturz Hickmanns bedeutete das Ende jeglicher Eigenständigkeit der sächsischen CDU. Bereits Anfang Februar 1950 mußte der Landesvorstand seine Mitglieder im Sinne des Aufrufes des Politischen Ausschusses vom 28. Januar 1950 auf eine prokommunistische Haltung verpflichten[133], die auch den „Kampf gegen die Politik der Adenauer-Regierung"[134] einschloß. Die Weigerung zur Mitarbeit in der Nationalen Front führte zum Ausschluß aus der CDU. Am 13. Februar 1950 begrüßte der Landesblock die „fortschrittliche Entwicklung in der CDU"[135]. Bereits am 3. Februar 1950 hatten „fortschrittliche" Funktionäre der CDU auf einer Kreisblockkonferenz die Entwicklung begrüßt und eine weitere Unterordnung der CDU unter die Politik der SED gefordert.[136] Am 14. Februar 1950 kamen in Zwickau wiederum 188 prokommunistische CDU-Funktionäre aus verschiedenen Kreisen Sachsens zusammen. Sie forderten den Ausschluß aller „Reaktionäre" und die Übernahme der CDU-Presse durch „fortschrittliche" Redakteure.[137] In ganz Sachsen wurden nun Kreisvorsitzende, Kreisräte und andere Funktionäre der mittleren Ebene abgesetzt[138] und ganze Kreisvorstände

130 „Klärung bedeutet Festigung. Ulbricht über die Zusammenarbeit der Parteien". In: „Die Union" vom 4. Februar 1950.

131 EBD.

132 Vgl. CORNIDES S. 3103.

133 Vgl. CDUD LV Sachsen: Rundbrief Nr. 2 vom 26. Februar 1950. Vgl. „Aufruf an die CDU-Mitglieder in Sachsen". In: „Die Union" vom 8. Februar 1950 (ACDP III-013-790).

134 Zit. n. ZILLIG S. 75.

135 SACHER S. 84.

136 Vgl. HEPKE S. 340.

137 Vgl. SACHER S. 194.

138 Chemnitz, Dresden-Land, Zittau, Dippoldiswalde, Aue vgl. SACHER S. 196. Leipzig vgl. Utm vom März 1950 S. 24. Zwickau vgl. HEPKE S. 339. Görlitz vgl. (ACDP III-013 DbCDU Ok Fritz Seichler).

aufgelöst.[139] Die Presse brachte ständig Angriffe gegen „CDU-Reaktionäre".[140] Da jeder Funktionär mit seiner Verhaftung rechnen mußte, flüchteten viele aus Sachsen. Wie andere führende Funktionäre konnten sich Minister Gerhard Rohner und zahlreiche seiner Mitarbeiter[141] sowie der Kreisvorsitzende der Leipziger CDU und Präsident des Oberlandesgerichtes, Carl Günther Ruland, einer drohenden Verhaftung nur durch ihre Flucht aus der DDR entziehen.[142] In die zahlreichen Stellen, die durch die Absetzungen und die Fluchtwelle frei wurden, rückten prokommunistische CDU- und SED-Mitglieder nach. Dabei nahm die SED über die Nationale Front und die Blockausschüsse massiv auf die Besetzung Einfluß. Kein CDU-Kandidat hatte ohne die Zustimmung der SED eine Chance, ein Amt als Bürgermeister, Kreis- oder Landrat zu erhalten.[143] Auch in die Provisorische Volkskammer und den Landtag zogen nun fast ausnahmslos prokommunistische CDU-Abgeordnete ein.[144] Zahlreiche Funktionäre wurden vom MGB vor die Alternative gestellt, in Zukunft entweder als sowjetische Spitzel zu arbeiten oder abgesetzt und verhaftet zu werden. Obwohl sich zahlreiche Funktionäre einer Spitzeltätigkeit für den sowjetischen Geheimdienst durch ihre Flucht in den Westen entzogen, gelang es den Sowjets, die CDU in Sachsen völlig mit Informanten zu durchsetzen. Kaum einer der mittleren Funktionäre war „frei", wie es im Jargon hieß.[145] Ab Februar 1950 erschienen in der sächsischen CDU-Zeitung „Die Union" regelmäßig Ausschlußlisten von Funktionären aller Parteiebenen, die als „Hickmänner" und „Handlanger der westdeutschen CDU" bezeichnet wurden.[146] Im Sinne der verstärkten Westarbeit der CDU betonten die prokommunistischen CDU-Funktionäre jetzt jedoch zugleich ihre ausdrückliche „Unterstützung der aktiven Kräfte

---

139 Vgl. „Personelle Maßnahmen des Landesvorstandes". In: „Die Union" vom 8. Februar 1950. Vgl. SACHER S. 196.

140 Vgl. „Fortschrittliche Politik setzt sich durch. Reaktionäre Elemente ausgeschieden. Die Rolle des Hugo Clausnitzer". In: „Sächsische Zeitung" vom 6. Februar 1950. Vgl. „Doppelzüngler verraten die Einheit Deutschlands. Treten Sie ab, Herr Zimmermann!". In: „Lausitzer Rundschau" vom 1. Februar 1950. Vgl. „Nicht Worte – Taten zur Sicherung der Demokratie. Reinen Tisch mit Dr. Leißner". In: „Lausitzer Rundschau" vom 8. Februar 1950. Vgl. „Gegen Reaktionäre darf es kein Zaudern mehr geben". In: „Volksstimme" (Chemnitz/Erzgebirge) vom 9. Februar 1950.

141 Vgl. Ministerialdirektor Hans-Karl Müller. MdPV/MdL Boneslaus Warnke (ACDP III-013 DbCDU Ok). Landesschatzmeister der CDU Walter Bergmann vgl. Niederschrift über die 94. Fraktionssitzung (der CDU) am 11. Februar 1950 im Landtagsgebäude (BA NL Kaiser 105). Vgl. „Rohner aus der CDU ausgeschlossen". In: „Die Union" vom 8. Februar 1950.

142 Vgl. C. G. Ruland. Bericht (ACDP I-188-001/4).

143 Vgl. Brief des Kreisvorstandes der SED Rochlitz an den KV der CDU Rochlitz vom 11. Februar 1950. Zit. b. WEBER: Parteiensystem S. 334.

144 Vgl. „Die CDU in der Volkskammer" und „Die CDU im Sächsischen Landtag". In: Utm vom März 1950 S. 23.

145 Wie umfangreich die Anwerbungen waren, geht aus der Vielzahl der entsprechenden Angaben beim Ostbüro der CDU hervor (ACDP III-013 DbCDU Ok).

146 Vgl. „Die Festigung des Parteikurses". In: „Die Union" vom 22. Februar 1950. Vgl. „Die Vertrauensbasis in der CDU wiederhergestellt". In: „Die Union" vom 15. Februar 1950.

der westdeutschen CDU-Freunde, die die Politik eines Adenauer“[147] ablehnten und bekämpften.

SKK und SED waren damit ihrem Ziel, in der DDR freie Wahlen endgültig zu verhindern, einen wesentlichen Schritt nähergekommen. Am 15. März 1950 erklärten sich im sächsischen Landesblock auch die Vertreter der CDU mit der Abschaffung freier Wahlen zugunsten einer Einheitslistenwahl einverstanden.[148] Am 21. März 1950 folgte eine entsprechende Erklärung des Landesvorstandes[149], und am 27. April 1950 schlossen sich alle Fraktionen des Sächsischen Landtags dem Wunsch der SED auf Abschaffung freier Wahlen an.[150] Jeder Widerstand in der CDU gegen die Entscheidung war ohne Aussicht auf Erfolg.[151]

In zahlreichen Ortsgruppen der sächsischen CDU wurde nach der Zustimmung der Landesleitung die Beendigung der Parteiarbeit beschlossen. In den Orten, in denen die Gruppen ihre Arbeit einstellen wollten, mußten die Mitglieder allerdings erfahren, daß dies oft nicht mehr in ihrem Ermessen lag. In vielen Fällen standen bereits genügend „fortschrittliche“ Mitglieder zur Verfügung, die bereit waren, die Parteiarbeit nach den neuen Direktiven fortzusetzen. Die Umfunktionierung der Partei in ein Instrument kommunistischer Politik war für SKK und SED längst beschlossene Sache. Dazu aber brauchten sie einen intakten CDU-Parteikörper, den sie weiterhin konsequent von demokratischen Funktionären „säuberten“. Im Sommer 1950 wurden auch in Leipzig zahlreiche CDU-Mitglieder verhaftet[152]; anderen gelang, wie dem Gewerkschaftsfunktionär und Landtagsabgeordneten Paul Nowak, kurz vor ihrer Verhaftung die Flucht.[153] Überall im Land traten Tausende von Mitgliedern aus der CDU aus. In Briefen an Nuschke beschwerten sich Kreisvorsitzende über die Entwicklung der Partei. Die Mitglieder, so war in einem Brief zu lesen, hätten den Eindruck, als ob „die führenden Persönlichkeiten unserer Partei im Interesse ihres persönlichen Wohlergehens die eigene Partei verraten“ hätten und die CDU „nur noch dazu da“ sei, „die Ziele des Kommunismus durchzusetzen“. Man könne sich des Eindrucks nicht erwehren, daß „die Führer unserer Partei als Handlanger dieses Kommunismus gegen ein freies demokratisches Deutschland arbeiten“.[154]

Die SED konnte zufrieden sein. Einerseits verlor die CDU durch die ihr aufgezwungene Politik an Ansehen, und andererseits entwickelte sie sich immer mehr zu

---

147 „Bekenntnis zu einer fortschrittlichen CDU-Politik“. In: „Die Union“ vom 11. Februar 1950.

148 Vgl. „Gemeinsame Basis bei den Wahlen. Entschließung des Landesblocks Sachsen vom 13. März 1950“. In: „Volkstimme“ (Chemnitz) vom 16. März 1950.

149 Vgl. ZILLIG S. 87.

150 Vgl. Sächsischer Landtag. 1. Wahlperiode. 71. Sitzung am 27. April 1950.

151 Vgl. „Sachsens CDU griff durch“. In: „Neue Zeit“ vom 15. Februar 1950.

152 Vgl. Dr. Harald Voigt. Rudolf Koch (ACDP III-013 DbCDU Ok).

153 Vgl. Paul Nowak. Rudolf Koch (ACDP III-013 DbCDU Ok).

154 Brief Müller (KV Vorsitzender) an den stellvertretenden Ministerpräsidenten Otto Nuschke vom 20. Mai 1950 (ACDP III-013-630/3). Vgl. Brief CDUD KV Greiz an den 1. Vorsitzenden der CDUD Herrn Otto Nuschke. Greiz, 6. Mai 1950 (ACDP I-350-004).

einem brauchbaren Instrument kommunistischer Politik. Sie setzte deswegen ihren Kurs gegenüber der CDU konsequent fort. Im Sommer dienten Parteiausschlußkampagnen gegen Hickmann und die ehemaligen Landtagsabgeordneten Carl Günther Ruland und Arno Häntzschel[155] als Auftakt für weitere Kampagnen gegen immer neue „Reaktionäre" in der CDU.[156] Die Kampagnen gegen Hickmann, der inzwischen ohne Kenntnis der SKK und der SED mit der Exil-CDU zusammenarbeitete und als deren wichtigster sächsischer Verbindungsmann in ständigem Kontakt mit Lemmer und Kaiser stand[157], hörten bis zu seinem Parteiausschluß nicht auf.

Während immer mehr Funktionäre flohen oder sich aus der Politik zurückzogen, nahm die Zahl der CDU-Gruppen zu, die zu illegalen Formen der Parteiarbeit übergingen. Oft wurde die Bildung illegaler Gruppen durch die bereits seit Jahren existierende Untergrundarbeit der SPD inspiriert. Der größte Teil der Gruppen hatte Verbindungen zum Ostbüro der CDU im Westen Berlins. Über Kuriere der Gruppen gelangten westliche Publikationen, Flugblätter, Klebezettel und ähnliche Materialien ins Land.[158] Die sowjetischen und die DDR-Behörden bekämpften die illegale Parteiarbeit von Anfang an mit allen ihnen zur Verfügung stehenden Mitteln.

b) Thüringen: „Eichsfelder Fenstersturz"

Am 13. Januar 1950 ging auch in Thüringen die Volkskongreßbewegung in die „Nationale Front des demokratischen Deutschland" über. Am 31. Januar 1950 wurde die vollständige Umwandlung der „Ausschüsse für Einheit und gerechten Frieden" in „Ausschüsse der Nationalen Front" beschlossen. Damit sollte die „nationale Widerstandsbewegung gegen die amerikanische Kolonisierungspolitik in Westdeutschland"[159] auf eine breitere Basis gestellt werden. Neben dem Kampf gegen die „amerikanische Kulturbarbarei"[160] stellte sich die Nationale Front auch die Aufgabe

155 Vgl. „Der Fall Hickmann". In: „Der Kurier" vom 3. Juni 1950. Vgl. „CDU-Mitglieder fordern eine klare Entscheidung. Die Hickmänner haben das Recht verwirkt, Mitglieder der Partei zu sein". In: „Sächsische Zeitung" vom 29. Mai 1950. Vgl. „Fritz Hengst, Scheu vor den letzten Konsequenzen?". In: „Die Union" vom 20. Mai 1950. Vgl. „Hickmanns Ausschluß". In: „Der Tag" vom 4. Juni 1950.

156 Vgl. „Zerschlagt die reaktionären Nester in Marienberg!". In: „Volksstimme" (Ausgabe Chemnitz) vom 21. Juni 1950. Vgl. „Wie vollzieht sich der Kampf gegen die feindlichen Agenten im Kreis Chemnitz?". In: „Volksstimme" (Ausgabe Chemnitz) vom 10. Juni 1950.

157 Vgl. FRUS IV 1950 S. 957. Vgl. Brief E. Lemmer an Bundeskanzler Dr. Adenauer vom 10. Juni 1950 (ACDP I-280-006/3).

158 Vgl. Waldemar Kölling. Gottfried Hozak (ACDP III-013 DbCDU Ok). Hans Jaroni (ACDP III-013 DbCDU ChO 265 Hans Jaroni 1948/49).

159 Nationale Front des Demokratischen Deutschland. Landessekretariat Thüringen: Arbeitsprogramm. 31. Januar 1950 (ACDP III-013-779).

160 EBD. S. 6.

der „Entlarvung und Unschädlichmachung aller Reaktionäre und Doppelzüngler"[161] in den Parteien und Massenorganisationen. So nahmen die Ausschüsse der Nationalen Front vom Beginn ihres Bestehens an massiven Einfluß auf die Besetzung politischer Ämter und griffen unmittelbar in personalpolitische Entscheidungen der CDU und LDP ein. Durch SED und Nationale Front forciert, begann im Januar 1950 die größte Ausschlußkampagne in der Geschichte des Landesverbandes. Zahlreiche Funktionäre aller Parteiebenen mußten ihre Ämter niederlegen.[162] In Folge dieser Kampagne stiegen die Fluchtzahlen auch in Thüringen schnell an. Überall setzten sich Mitglieder und Funktionäre aus der DDR ab. Mitglieder, die mit dem Ostbüro der CDU zusammengearbeitet hatten, flohen nicht selten mit Empfehlungsschreiben ihrer Kreisverbandsvorsitzenden an das Ostbüro.[163] Einige konnten – wie das Mitglied des Landesvorstandes Gerhard Vogt durch Warnungen von Nuschke – gerade noch rechtzeitig die DDR verlassen.[164] Im März 1950 verschärfte die SED ihr Vorgehen gegen CDU und LDP. Der Landessekretär der SED in Thüringen, Erich Mückenberger, wies alle SED-Gliederungen an, Parteiveranstaltungen der CDU zu überwachen und laufend Berichte über Personen und Beiträge zu liefern.[165]

Als Haupthort der „Reaktion" und als „Einfallstor des Imperialismus" in Thüringen sah die SKK seit der Gründung der CDU das katholische Eichsfeld an, das sich als geschlossener Kulturraum auf beiden Seiten der Demarkationslinie erstreckt. Hier hatten die Sowjets bereits Ende des Jahres 1949 den Kreisvorstand von Worbis für abgesetzt erklärt.[166] Im Frühjahr 1950 gingen Sowjets und SED nun gegen die im Eichsfeld durchgehend vorhandenen Mehrheiten der CDU in allen Parlamenten und Gremien vor. Nach einer Polizeiaktion gegen etwa 50 CDU-Bürgermeister des Eichsfeldes (Kreis Worbis)[167] und einer tagelangen Kontrolle aller in der Hand der CDU liegenden Ämter durch die Landeskontrollkommission der thüringischen Landesregierung besetzten kommunistische Gruppen im April 1950 das Kreistagsgebäude in Heiligenstadt, stürzten den stellvertretenden Landrat Georg Opfermann aus dem

161 EBD.

162 Vgl. THIEL S. 47. Vgl. „Handlanger der Kriegstreiber in der Kreisverwaltung". In: „Thüringer Volk" (Ausgabe Heiligenstadt) vom 28. Januar 1950. Vgl. „Duldet keine Politik mit doppeltem Boden" und „Es gibt nicht nur einen Herrn Rechenberger!". In: „Thüringer Volk" vom 9. Februar 1950.

163 Vgl. Brief CDU KV Sondershausen an das Ostbüro der CDU vom 25. März 1951 (ACDP III-013 DbCDU ChO 301 H. R. 1951).

164 Vgl. Gerhard Vogt (ACDP III-013 DbCDU Ok).

165 Vgl. „SED ordnet Kontrolle der CDU Thüringens an". In: UiD 17 vom 4. März 1950.

166 Vgl. „Erfolgreiche Arbeit der Thüringer CDU". In: „Thüringer Tageblatt" vom 1. Dezember 1949.

167 Vgl. BRAEDEL S. 6f. Vgl. REDDEMANN S. 346.

Fenster[168] und verhafteten zahlreiche leitende Angestellte. Dem Landrat des Eichsfeldes, Georg Braedel, seinem Stellvertreter Georg Opfermann und einigen anderen Funktionären gelang in letzter Minute die Flucht.[169] Den „Säuberungen" im Eichsfeld folgten Aktionen gegen die Kreisvorstände von Mühlhausen und Sondershausen.[170] In Mühlhausen wurde der gesamte Kreisvorstand seiner Ämter enthoben und aus der CDU ausgeschlossen.[171]

c) Mecklenburg: Absetzung von Minister Witte

Die DDR-Gründung brachte auch für die mecklenburgische CDU nicht die erwartete Liberalisierung. Vielmehr verschärften SKK und SED ihren Kurs gegenüber der CDU und der LDP. Ein Signal der Kommunisten, das auch in der CDU verstanden wurde, war das unmittelbar nach der Staatsgründung ausgesprochene Todesurteil gegen den Landesjugendreferenten der LDP, Arno Esch.[172] Ihm folgte eine Ende Oktober beginnende Verhaftungswelle in ganz Mecklenburg, bei der zahlreiche CDU- und LDP-Funktionäre zum Teil auf offener Straße verhaftet wurden.[173] Im November ordnete die SMA die Einbeziehung der Massenorganisationen in die Parlamente an. Dadurch wurden die oft starken Stellungen von CDU und LDP überall in den mecklenburgischen Kreis- und Kommunalparlamenten endgültig beseitigt.[174] Wie in den anderen Ländern der SBZ/DDR spielten auch in Mecklenburg die Einrichtungen des Landesblocks bei der Ausschaltung von CDU und LDP eine entscheidende Rolle. Durch Zustimmungsverweigerungen lenkte die SED über die Gremien des Blocks auf allen Ebenen die Besetzung sämtlicher staatlichen und sonstigen politischen Stellen.[175] Selbst auf die Besetzung von Funktionen innerhalb der Parteien nahm die SED auf diese Weise Einfluß.

---

168 Vgl. „Ursache: Nuschkes Haltung". In: „Der Tag" vom 26. April 1950. Der Vorgang wird in Kreisen der Exil-CDU als „Eichsfelder Fenstersturz" bezeichnet. Opfermann wurde nicht verletzt.

169 Vgl. Georg Opfermann (ACDP III-013 DbCDU Ok). Vgl. Brief Alfons Dunkelberg an Bundesminister J. Kaiser vom 15. Juni 1950 (BA NL Kaiser 59).

170 Vgl. Thiel S. 49.

171 Vgl. „Neue Säuberung in der Ost-CDU". In: UiD 44 vom 10. Juni 1950.

172 Vgl. Krieg S. 66 Anm. 14.

173 Vgl. Protokoll über die Fraktions- und Landtagssitzungen am 26. und 27. Oktober 1949 (BA NL Kaiser 105). Vgl. Finn S. 212. Vgl. Bericht Hans-Joachim Zuch (ACDP I-296 NL H.-J. Zuch). Vgl. „Menschenraub auf Usedom". In: „Der Tag" vom 13. Januar 1950.

174 Vgl. Veränderte Formen der Blockpolitik. 7. Dezember 1949 (ACDP I-238-002/1). Vgl. „Der Einspruch hatte Erfolg". In: Utm vom August 1949 S. 15. Vgl. Brief des Landtages des Landes Mecklenburg an den CDU-KV Schwerin vom 15. September 1949 (ACDP III-013-790).

175 Vgl. Beschluß des Demokratischen Kreisblocks vom 30. Januar 1950 Parchim – (ACDP I-308-001/1). Vgl. „Die Werktätigen fordern!". In: „Landes-Zeitung" vom 16. Februar 1950. Vgl. „Entschließung!" Flugblatt des Blocks Ostprignitz vom 3. Februar 1950 (ACDP III-013-749). Vgl. „Entschließung". Plau, den 31. Mai 1950 (ACDP I-308-001/1).

Im Januar 1950 verschärfte sich – wie in der gesamten DDR – der kommunistische Terror. Ende Januar verhafteten die Sowjets den mecklenburgischen Wirtschaftsminister Siegfried Witte, der auch auf Zonenebene den wirtschaftspolitischen Kurs der CDU entscheidend mitbeeinflußt hatte.[176] Der Absetzung waren breit angelegte Pressekampagnen gegen Minister Witte vorangegangen. Sein Nachfolger im Amt des Ministers wurde Erich Wächter (CDU).[177]

Nach seiner Verhaftung nahm die SED die angebliche Zugehörigkeit zur „Witte-Clique" zum Anlaß, radikal gegen alle antikommunistisch-demokratischen Kräfte in der CDU Mecklenburgs vorzugehen. Hauptziele der SED waren dabei Kreisleitungen und Orts- und Betriebsgruppenvorstände.[178] In zahlreichen Betrieben war die Zugehörigkeit zur CDU-Betriebsgruppe ausreichend für eine sofortige Kündigung.[179] Ganze Belegschaften von Betrieben und Verwaltungen erklärten auf Initiative der SED, nicht mit Menschen zusammenarbeiten zu können, „die innerlich auf der Linie der Politik Adenauers und Jakob Kaisers stehen"[180]. Während der SED-Kampagnen gegen „reaktionäre" Personen in der CDU wurden gleichzeitig „fortschrittliche" Mitglieder in der SED-Presse positiv hervorgehoben.[181] Auf allen Ebenen der CDU begannen Anfang des Jahres Massenentlassungen und Massenausschlüsse.[182] Die Stimmung unter den Mitgliedern war gereizt.

Eine Studie des mecklenburgischen Landesvorstandes vom Mai 1950 zeigte auch dem Landesvorsitzenden Reinhold Lobedanz deutlich, daß überall im Land „stark ablehnende Ansichten betreffs der Politik des Landesvorstandes und Berlins"[183] vorhanden waren. Dies ging auch aus zahlreichen Briefen der Ortsgruppen und Kreisvorstände an den Landesvorstand hervor.[184] Da diese Informationen an die Organe

176 Vgl. „Landes-Zeitung" vom 31. Januar 1950.

177 Vgl. „Neuer Wirtschaftsminister in Mecklenburg". In: Utm vom April 1950 S. 22.

178 Vgl. „‚Reaktionäre' in Wismar". In: „Der Tag" vom 1. Februar 1950. Vgl. „Die feindlichen Umtriebe der Witte-Clique in Rostock". In: „Werftecho". Betriebszeitung der Schiffswerft Neptun Rostock. 1. Jg. 1. Februar 1950 (ACDP III-013-628). Vgl. „Werktätige stehen einmütig gegen Reaktionäre". In: „Landes-Zeitung" vom 2. Februar 1950.

179 Vgl. Bericht über die Tätigkeit der CDU-Betriebsgruppe Neptun-Werft und CDU-KV Rostock: Protokoll über die Vorgänge auf der Neptun-Werft Rostock vom 30. Dezember 1949 (ACDP III-013-693).

180 Vgl. Gerhard Wiedemann (ACDP III-013 DbCDU Ok).

181 Vgl. „Nun begreife ich es ... Erklärung eines fortschrittlichen CDU-Funktionärs". In: „Landes-Zeitung" vom 31. Januar 1950.

182 Vgl. u. a. Carl Vollmann, Stellv. Landrat und Kreisrat in Bergen (Rügen). Vgl. Hans-Wilhelm Wohlers, Landrat Usedom (ACDP III-013 DbCDU Ok). Vgl. „Angelegenheit Greve wird bereinigt". In: „Landes-Zeitung" vom 18. Februar 1950. Vgl. „SED mobilisiert Straße" (gegen MdL Paul Reichert, d. A.). In: „Der Tag" vom 5. Februar 1950.

183 CDU LV Mecklenburg 21. Mai 1950: Denkschrift über die von mir gemachten Beobachtungen und gesammelten Erfahrungen anläßlich der Überprüfungen der Kreisvorstände (ACDP III-013-628).

184 Vgl. z. B. Brief CDU KV Malchin an den Landesvorstand der CDU z. Hd. d. Herrn Lobedanz (Abschrift) vom 7. Mai 1950 (BA NL Kaiser 105).

der SKK und der Nationalen Front weitergeleitet werden mußten, kam es in Folge der neuen Erkenntnisse über die Stimmung in den Kreisverbänden und Ortsgruppen zu neuen „Säuberungen“[185] und einer Zunahme der kommunistischen Schulung der Funktionäre. Auch die Mitglieder wurden über die „westlichen Kriegstreiber“ informiert, die nach marxistischer Erkenntnis im Sommer 1950 durch den Abwurf amerikanischer Kartoffelkäfer den friedlichen Aufbau der DDR stören wollten.[186]

d) Sachsen-Anhalt: Absetzung Faschers und Schauprozeß gegen Herwegen

In seiner Neujahrsbotschaft bezeichnete Erich Fascher das Jahr 1950 als „Jahr der Bewährung“ für die CDU. Die Union werde, so Fascher, „ihre Stimme gegen jeden Versuch erheben, mit Mitteln des Zwanges unechte Entscheidungen herbeizuführen, welche nicht dem Willen unseres Volkes entsprechen“[187]. Man müsse denen das Handwerk legen, die die „Methoden des verflossenen ‚totalen‘ Staates ... unter anderem Vorzeichen anwenden zu sollen glauben“[188]. Trotz aller Proteste gegen den sich immer deutlicher abzeichnenden Totalitarismus der SED – ein Rezept, wie dem Machtstreben der Kommunisten Einhalt geboten werden könnte, hatte auch er nicht.

Anfang des Jahres 1950 erlebte die CDU von Sachsen-Anhalt die tiefste Krise ihrer bisherigen Geschichte. Unter dem Druck der SKK und der SED wurden zahllose Mitglieder aus der CDU ausgeschlossen. „Der neue Weg“ berichtete – wie alle CDU-Blätter – regelmäßig über die neuesten Ausschlüsse aus der Partei.[189] Viele der Landtagsabgeordneten mußten auf Drängen der SKK ihre Mandate niederlegen.[190] Vor allem gegen die Abgeordneten, die ihrem Mißfallen über die Gründung der DDR Ausdruck verliehen hatten, gingen SKK und SED vor. Die SED inszenierte Krawalle gegen die Abgeordneten, und die SKK kündigte ihre Verhaftung für den Fall an, daß sie ihre Mandate nicht freiwillig niederlegen würden.[191] Bedroht wurden auch die „unabhängigen Abgeordneten“, die die CDU-Fraktion bereits im Oktober 1949 wegen deren Zustimmung zur Wahlverschiebung verlassen hatten.[192]

Vor allem aber zielten die Aktivitäten von SKK und SED auf den Landesvorstand der CDU. Nach der Verhaftung des ehemaligen Landesvorsitzenden Leo Herwegen im November 1949, dem Wirtschaftsverbrechen zur Last gelegt wurden, war der amtierende Landesvorsitzende, der Professor der Theologie Erich Fascher, ihr nächstes

185 Vgl. „Ost-CDU säubert weiter“. In: „United Press“ 111 vom 5. Juli 1950.
186 Vgl. Schreiben der CDU LV Mecklenburg gez. Lobedanz an den CDU-KV Parchim vom 29. Juni 1950 (ACDP I-308-001/1).
187 „Der neue Weg“ vom 30. Dezember 1950.
188 EBD.
189 Vgl. „Auschlüsse aus der CDU“. In: „Der neue Weg“ z. B. vom 3. und 7. Februar 1950.
190 Vgl. CDU LV Sachsen-Anhalt gez. Fascher: Ausschließungsbeschluß Adolf Negatsch. Halle, den 2. Februar 1950 (ACDP I-296 NL Adolf Negatsch).
191 Vgl. Aussage Adolf Negatsch aus Berlin vom 10. Februar 1950 (ACDP III-013-793).
192 „‚Unabhängige Abgeordnete‘“. In: „Der Tag“ vom 14. Januar 1950.

Ziel. Mit scharfen Angriffen des als sowjetischen Agenten bekannten Wilhelm Bachem wurde auf einer Sitzung des Politischen Ausschusses des Hauptvorstandes die Absetzung Faschers eingeleitet.[193] Am 6. und 7. Februar 1950 erschienen die ersten SED-Delegationen im Gebäude des Landesvorstandes der CDU und forderten die Absetzung des CDU-Landesvorsitzenden.[194] Für eine darauf folgende Sitzung des Landesblocks hatte die SED etwa 30 Delegationen organisiert. So zeigten sich Vertreter der Angestellten des Güterbahnhofs Halle, des Stickstoffwerkes Piesteritz, der Straßenbahn Halle und andere empört über die politischen Ansichten Faschers.[195] Nachdem sich der Politische Ausschuß in Berlin am 9. Februar 1950 mit der Situation in Halle befaßt hatte, legte Fascher noch am selben Tag seine Ämter in der CDU nieder.[196] Angesichts der Vorgänge floh Anfang Februar der gerade ernannte Finanzminister von Sachsen-Anhalt, Georg Kunisch, nach Berlin (West).[197]

Nach dem erzwungenen Rücktritt Faschers wurde den Kreisgeschäftsführern am 9. Februar 1950 der neue Kurs der CDU, den der Politische Ausschuß am 28. Januar verkündet hatte, erläutert. Politiker wie Fascher, die sich als „Freunde Adenauers" bezeichneten, müßten, so der Landesvorstand, augenblicklich aus der CDU ausgeschlossen werden. In der DDR dürfe es zukünftig keinerlei Opposition gegen die Politik der UdSSR geben.[198] Seit Januar 1950 machte sich Götting zum Wortführer der prokommunistischen Kräfte im Landesverband. Auf der Sitzung des Landesvorstandes am 13. Februar 1950 betonte er, daß jeder aus der Partei ausgeschlossen werden müsse, der nicht in der Nationalen Front mitarbeiten, die Oder-Neiße-Grenze anerkennen und die Politik der UdSSR unterstützen wolle.[199] Die gleiche Versammlung bestimmte Leopold Becker in Nachfolge Faschers zum kommissarischen Landesvorsitzenden. Wie von Götting angekündigt, setzte sich die Ausschlußwelle im Februar verstärkt fort. Allein aus dem Landesvorstand wurden binnen eines Monates neun Mitglieder ausgeschlossen und durch „fortschrittliche" Funktionäre ersetzt. Auch an die Stelle der acht im Februar 1950 abgesetzten Kreisvorsitzenden und der zahlreichen abgesetzten

193 Vgl. Wilhelm Bachem (ACDP III-013 DbCDU ChO Ruth Bachem 1952).

194 Vgl. Protokoll der Sitzung des Landesvorstandes der CDU am 13. Februar 1950 15.00 Uhr S. 8 (ACDP III-013-790).

195 Vgl. Protokoll über die Sitzung des Demokratischen Blocks Sachsen-Anhalt am 7. Februar 1950 S. 10 (Abschrift) – (ACDP III-013-790).

196 Vgl. CDU LV Sachsen-Anhalt: Organisationsstatistik und Tätigkeitsbericht für den Monat Februar 1950 S. 10 (ACDP III-013-790).

197 Vgl. „Flucht ostdeutscher Landesminister nach Westberlin". In: „Neue Zürcher Zeitung" vom 9. Februar 1950. Vgl. „Offener SED-Terror". In: „Der Tag" vom 8. Februar 1950.

198 Vgl. Auszug aus dem Protokoll der Tagung der Kreisgeschäftsführer des LV Sachsen-Anhalt der CDU am 9. Februar 1950 in Halle (ACDP III-013-790).

199 Vgl. Protokoll der Sitzung des Landesvorstandes der CDU vom 13. Februar 1950 (ACDP III-013-790).

Kreisräte traten „fortschrittliche“ Mitglieder.[200] Ebenfalls im Februar schlossen sich sechs aus der CDU und der LDP ausgetretene Abgeordnete des Landtages unter Leitung des Abgeordneten Arno Roßberg zu einer „Fraktion der Mitte“ zusammen[201] und unterstützen offen die SED. Götting verkündete einen völligen „Neubeginn“ der CDU und wies die neuen Kreisfunktionäre an, nach kommunistischem Vorbild in den Ortsgruppen „spontane Kundgebungen“ zu organisieren, auf denen der nun beginnende prokommunistische Kurs zu begrüßen sei.[202] Angesichts der rasanten Umgestaltung der CDU überraschte es Beobachter dieser Entwicklung kaum mehr, als der Landesvorstand am 17. März 1950 die Vertreter der CDU aufforderte, von sich aus einen Antrag auf Ausarbeitung eines gemeinsamen Wahlprogramms und einer Einheitsliste für die Oktoberwahlen zu stellen.[203] Der Landesauschuß billigte am 20. März 1950 trotz zahlreicher Proteste und Resolutionen aus den Kreisverbänden den Antrag auf eine Einheitslistenwahl[204] und gab so die letzten Grundsätze ehemaliger Unionspolitik preis. Jede Stellungnahme gegen den Beschluß führte zu „spontanen Massendemonstrationen“ motorisierter SED-Gruppen, an denen sich auch einige „fortschrittliche“ CDU-Mitglieder beteiligten. Unter den zahlreichen CDU-Funktionären, die angesichts des ständig zunehmenden Terrors im Frühjahr 1950 aus der DDR flohen, befand sich auch der stellvertretende Landesvorsitzende und Nachfolger Anton Millers im Amt des Fraktionsvorsitzenden der CDU im Landtag, Wilhelm Koch, sowie der Abgeordnete der Provisorischen Volkskammer und des Landtags in Halle, Boneslaus Warnke, der nach seiner Flucht erklärte, in der DDR zuletzt einem Terror ausgesetzt gewesen zu sein, wie er ihn bereits unter den Nazis erleben mußte.[205]

Einen weiteren Höhepunkt kommunistischer Kampagnen gegen die CDU bildete der am 24. April 1950 im Dessauer Theater beginnende Schauprozeß gegen Leo Herwegen und acht weitere Angeklagte. Unter Leitung von Hilde Benjamin, deren „großartigen Leistungen bei der Gestaltung der sozialistischen Gesetzgebung und Rechtsordnung“[206] die SED bis in die Gegenwart Anerkennung zollte, lief der Prozeß, in dem den Angeklagten Wirtschaftssabotage vorgeworfen wurde, vor 1200 ständig wechselnden Zuschauern. Täglich ließ die SED auf LKWs neue Betriebsdelegationen

200 Abgesetzt wurden die KV-Vorsitzenden von Bitterfeld, Blankenburg, Salzwedel, Wanzleben, Wolmirstedt, Wernigerode, Quedlinburg und Zerbst. Vgl. CDU LV Sachsen-Anhalt: Organisationsstatistik und Tätigkeitsbericht für den Monat Februar 1950 (ACDP III-013-790).

201 Vgl. Landtag Sachsen-Anhalt. Halle. 51. Sitzung am 24. Februar 1950 Sp. 2260 (ACDP V-001-009).

202 Vgl. SCHAPER: Jahre der Entscheidung S. 69f. Vgl. Bericht (BA NL Kaiser 108).

203 Vgl. Erklärung des Geschäftsführenden Vorstandes des LV Sachsen-Anhalt der CDU (gez. Becker u. Jordan) vom 15. März 1950 (BA NL Kaiser 105).

204 Vgl. CDU LV Sachsen-Anhalt: Rechenschaftsbericht für die Geschäftsjahre 1948/49/50 S. 3 (ACDP III-013-781).

205 Vgl. Boneslaus Warnke (ACDP III-013 DbCDU Ok). Vgl. Bericht (BA NL Kaiser 105).

206 AKADEMIE FÜR STAATS- UND RECHTSWISSENSCHAFT DER DDR: Ein Vorbild S. 13.

zum Dessauer Theater heranfahren, wo sie als „Nebenkläger“[207] fungierten. Prominentester Angeklagter neben Herwegen war der ehemalige Präsident der Industrie- und Handelskammer, der spätere Oberbürgermeister von Frankfurt am Main, Willi Brundert (SED). Laut Anklageschrift hatten Herwegen und Brundert 100 Millionen DM des Gesamtvermögens der verstaatlichten „Deutschen Continental-Gas-Gesellschaft“ (DCGG) in die Bundesrepublik verschoben. Tatsächlich waren Aktien der auf bundesdeutschem Boden liegenden Teile der Gesellschaft, die die SED ebenfalls gern „volkseigen“ gesehen hätte, den rechtmäßigen Besitzern übergeben worden. Herwegen hatte zwar über seinen Vetter, der als Abt im Kloster Maria Laach gewirkt und den er gelegentlich besucht hatte[208], zahlreiche Kontakte in die Bundesrepublik; mit dem Transfer der Aktien hatte Herwegen jedoch nichts zu tun.[209] Die beiden Hauptangeklagten erhielten je 15 Jahre Zuchthaus, von denen Herwegen allein drei Jahre in strengster Einzelhaft in der StVA Brandenburg verbrachte.[210]

Die SED nutzte den Prozeß, um in nahezu allen VEB der DDR Mitglieder der CDU und der LDP aus den Betriebsleitungen zu entfernen.

Mit dem Schauprozeß in Dessau begann die SED, sich auch der Justiz im Kampf gegen die politische Opposition in der DDR zu bedienen. Da auch die kommunistischen Parteien in den benachbarten Volksdemokratien mit Schauprozessen gegen ihre politischen Kontrahenten vorgingen, berichtete die SED-Presse ausführlich darüber.[211] Dadurch erhöhte sich der angestrebte Einschüchterungseffekt auf die nichtkommunistischen Politiker der DDR.

Fraglos muß der Prozeß in Dessau im Zusammenhang mit der unbedingten Entschlossenheit von SKK und SED gesehen werden, die kommunistische Diktatur um jeden Preis durchzusetzen und zu sichern.[212] Mit dem Dessauer Prozeß erstickten sie alle noch vorhandenen Forderungen der CDU und LDP nach freien Wahlen in einer Flut von Verleumdungen und Drohungen.[213] Erstmals traten die Sowjets bei dem Prozeß nicht unmittelbar in Erscheinung, sondern überließen der SED die Liquidierung ihrer politischen Gegner selbst.

---

207 Vgl. „Der Dessauer Schauprozeß“. In: Sopade 899 vom Juli 1950. Vgl. „Prozeß im Theater“. In: DUD Ausgabe A vom 25. April 1950.

208 So Ewald Ernst in einem Gespräch mit d. Autor am 28. Juni 1988 in Sankt Augustin.

209 Vgl. Leo Herwegen (ACDP III-013 DbCDU Ok). Vgl. ROST: O Du mein Vaterland S. 3 (ACDP I-296 NL Wilhelm Rost). Vgl. „Dessau – klarer Rechtsbruch“. In: „Der Tag“ vom 28. April 1950.

210 Vgl. Bericht eines Mithäftlings. In: Leo Herwegen (ACDP III-013 DbCDU Ok).

211 Vgl. Veränderte Formen der Blockpolitik (III). 1. Vernichtung der Opposition mit Hilfe der Justiz. 1. Februar 1950 (ACDP I-238-002/2 u. 3).

212 Vgl. FRICKE: Warten S. 73.

213 Vgl. FRICKE: Volkswahlen S. 22.

e) Brandenburg: Der Tod Schleuseners

Auch in Brandenburg richtete die SED unmittelbar nach der DDR-Staatsgründung wie in Sachsen und Sachsen-Anhalt scharfe Angriffe gegen den CDU-Landesvorsitzenden. Die „Berliner Zeitung“ verglich Karl Grobbel mit dem von den Kommunisten hingerichteten ungarischen Außenminister Laszlo Rajk und empfahl der CDU sarkastisch, die „Hinrichtung“[214] ihres Landesvorsitzenden selbst vorzunehmen. Mit dem von den Sowjets über Grobbel verhängten Verbot einer Teilnahme am 4. Parteitag der CDU im November 1949 waren die Weichen für sein Schicksal klar gestellt.

Am 18. November 1949 setzte die SED im brandenburgischen Landesblock eine Entschließung durch, mit der sich sämtliche Mitglieder des Blocks auf eine „Bekämpfung aller Bestrebungen reaktionärer Elemente“[215] verpflichten mußten. Mit dem Papier war es der SED gelungen, die CDU und LDP über den Block zur „Selbstreinigung“ zu veranlassen. Sie begann nun mit allen ihr zur Verfügung stehenden Mitteln die Konkurrenten zu bekämpfen. Unmittelbar nach der Gründung der DDR nahmen in Brandenburg die Verhaftungen unter CDU-Mitgliedern so stark zu, daß sich der Landesvorstand veranlaßt sah, einen Untersuchungsausschuß zu bilden, der sich speziell mit den zahlreichen Verhaftungen zu befassen hatte.[216] Ereignisse wie der Tod des stellvertretenden Bürgermeisters von Falkensee, Hermann Neumann (CDU), der zwei Tage nach seiner Verhaftung im Nauener Polizeigefängnis ums Leben kam[217], führten dazu, daß Widerspruch gegen die Politik der SED und der Sowjets immer zurückhaltender formuliert wurde.[218] Wie überall in der DDR aber nahm die Arbeit illegaler Gruppen zu, die sich an Kaiser orientierten und in Kontakt mit dem Ostbüro der CDU standen.[219]

Wie in der ganzen DDR gingen SKK und SED im Januar 1950 mit zum Teil terroristischen Methoden gegen demokratische Kräfte vor. In Brandenburg organisierte die SED Protestresolutionen von Betriebsbelegschaften, veranstaltete Pressekampagnen und bediente sich motorisierter Gruppen zur Einschüchterung von CDU-Politikern. Erste Opfer der SED-Angriffe waren der Landesgeschäftsführer der CDU Pelz, den die SED-Presse als „politisches Ungeziefer“ klassifizierte, und der

214 Vgl. „Grobbeliade – Tendenzen des rechten CDU-Flügels“. In: „Berliner Zeitung“ vom 27. Oktober 1949. Vgl. „Die Einheit des Demokratischen Blocks“. In: „Märkische Union“ vom 4. November 1949.

215 Zit. b. KIND S. 49.

216 Gespräch d. Autors mit Else Dau am 29. Januar 1987 in Berlin (ACDP MAT Richter PH1). Vgl. „Verhaftungen in Kottbus“. In: „Der Tag“ vom 29. Dezember 1949.

217 Vgl. Niederschrift über die Sitzung des Vorstandes der CDU-OG Falkensee am 31. Dezember 1949 (ACDP III-013-790).

218 Vgl. Entschließung des KV Osthavelland der CDU vom 29. November 1949 (BA NL Kaiser 13).

219 Vgl. Brief CDU KV Luckau an Minister Jakob Kaiser. Luckau, den 25. Oktober 1949 (BA NL Kaiser 105).

CDU-Landtagsabgeordnete und Bürgermeister von Oranienburg, Paul Dechert[220], der kurze Zeit später verhaftet wurde. Auch die Angriffe auf den Landesvorsitzenden Grobbel nahmen zu. Nachdem Götting den erweiterten Landesvorstand über den am 28. Januar 1950 offiziell verkündeten neuen Kurs der Partei instruiert hatte, kündigte Grobbel Ende Januar 1950 einschneidende personelle Veränderungen im Landesverband an.[221]

Das zwang viele Land- und Stadträte, Bürgermeister, Kreisgeschäftsführer, Kreisvorsitzende sowie Orts- und Betriebsgruppenvorsitzende, ihre Posten niederzulegen und die DDR oft fluchtartig verlassen. Zu den abgesetzten Funktionären gehörten der Landtagsabgeordnete Willi Deichgräber, der Potsdamer Stadtbaurat Richards, der Kreisrat von Rathenow, Schulze, der Kreisvorsitzende von Rathenow, Maeße, der Kreisgeschäftsführer von Rathenow, Schumann, der Kreisgeschäftsführer in Calau, Heinz Grosch, der Landtagsabgeordnete und Kreisvorsitzende von Niederbarnim, Josef Koschinski, der Bürgermeister von Erkner, Peter Ackers, der Kreisrat von Luckau, Eugen Wentscher, der Kreisvorsitzende von Spremberg, Reinhold Heinze, der Fraktionsvorsitzende im brandenburgischen Landtag, Willy Heller, die Landtagsabgeordneten Josef Halbey und Max Kalbe sowie der Minister für Arbeit und Sozialwesen und Landtagsabgeordnete Fritz Schwob.[222] Bei der Kampagne gegen Stadtbaurat Richards drangen SED-Gruppen in das Potsdamer Stadtparlament ein und verlangten randalierend dessen Absetzung.[223] Der Aktion war eine Pressekampagne in der „Märkischen Volksstimme", dem Blatt der brandenburgischen SED, vorangegangen, bei der Richards als „Verbrecher"[224] beschimpft und führende Funktionäre der Potsdamer CDU, wie Erika Wolf, Else Dau und Erwin Köhler, als Komplizen angegriffen wurden. Das Ziel der Absetzung Richards, die Mehrheit von CDU und LDP im Stadtparlament zu brechen, war mit dieser Aktion erreicht.[225] Auch im Landtag setzte die SED Ende Januar 1950 durch die erzwungene Aufnahme von NDPD und DBD

---

220 Vgl. „CDU-Politiker Pelz wünscht Massenelend". In: „Sächsische Volksstimme" vom 4. Januar 1950. Vgl. „Das dulden wir nicht, Herr Dechert!". In: „Märkische Volksstimme" vom 12. Januar 1950. Vgl. Peter Ackers (ACDP III-013 DbCDU Ok).

221 Vgl. KIND S. 49f.

222 Vgl. Willi Deichgräber, Peter Ackers, Eugen Wentscher, Reinhold Heinze, Fritz Schwob (ACDP III-013 DbCDU Ok). Vgl. Resolution (ACDP I-297-002). Vgl. „Keine Lippenbekenntnisse, Herr Kreisrat!". In: „Märkische Volksstimme" vom 11. Februar 1950. Vgl. „Offene Doppelzüngigkeit". In: „Märkische Volksstimme" vom 1. März 1950. Vgl. „Aus dem Landesverband". In: „Märkische Union" vom 28. Februar 1950. Vgl. Protestresolutionen (ACDP I-297-100/6). Vgl. „Ausgeschlossen". In: „Märkische Union" vom 3. Februar 1950. Vgl. Erklärung Josef Koschinski. Berlin, den 7. September 1950 (ACDP III-013 DbCDU ChO 280 Josef Koschinski 1950). Vgl. „Abschußerfolge der SED". In: „Der Kurier" vom 22. Februar 1950.

223 Vgl. „Schwere Verletzung der Verfassung". In: „Märkische Union" vom 24. Januar 1950. Vgl. SCHOLLWER S. 166 und 169.

224 „Ein bedenkliches Zeichen". In: „Märkische Volksstimme" Ausgabe Potsdam vom 10. Februar 1950.

225 Vgl. Werner Jöhren. 24. Januar 1950 (ACDP III-013-792).

eine kommunistische Mehrheit durch.[226] Die CDU konnte dem massiven Vorgehen der SED nicht viel entgegensetzen. Versuchte sie, die tendenziösen Presseartikel der SED zurückzuweisen, so stilisierte die SED diese „Angriffe" der CDU wiederum zu politischen Verbrechen hoch.[227] Mit derartigen Vorwürfen war nicht zu spaßen. Reihenweise ließ die SED CDU-Mitglieder verhaften. Allein am 13. Februar 1950 verurteilte ein Sowjetisches Militärtribunal in Potsdam 34 Personen, die fast alle der CDU angehörten, zu Zwangsarbeit bis zu 25 Jahren.[228] Im März 1950 nahmen die Ausschlüsse und Verhaftungen weiter zu. Anfang März wurden die Kreisgeschäftsführer von Guben, Luckau und Westhavelland aus der CDU ausgeschlossen.[229] Nach einer langen Pressekampagne folgte am 12. März 1950 der Parteiausschluß des Landtagsabgeordneten Peter Bloch.[230] Anfang März forderte der Minister für Staatssicherheit, Wilhelm Zaisser, die Parteileitung der CDU auf, die „Säuberung" der Partei weiter zu intensivieren.[231] Die unmittelbare Folge für die brandenburgische Union war eine Verhaftungswelle unter den Mitgliedern der Potsdamer CDU. Sie begann mit der Verhaftung des Stadtbaurates Stützel.[232] Ihr folgte am 28. März 1950 die Verhaftung des CDU-Bürgermeisters Erwin Köhler und seiner Ehegattin Charlotte, die beide am 2. Dezember 1950 wegen Kontakten zum französischen Geheimdienst zum Tode durch Erschießen verurteilt und hingerichtet wurden.[233] Ebenfalls am 28. März 1950 wurde der CDU-Stadtverordnete, Musikdirektor Ludwig Baues, verhaftet. Auch er starb wenig später im Zuchthaus Cottbus.

Am 29. März 1950 verhafteten Mitarbeiter des Ministeriums für Staatssicherheit das Mitglied der CDU-Fraktion im brandenburgischen Landtag und Oberbürgermeister der Stadt Brandenburg, den Verfassungsexperten Frank Schleusener. Der ehemalige Staatssekretär im Preußischen Ministerium für Finanzen war bereits von den Nationalsozialisten wegen seiner demokratischen Gesinnung von allen Ämtern suspendiert worden.[234]

Dem 72jährigen wurde vorgeworfen, eine CDU-Oppositionsgruppe gebildet zu haben. Zur Erpressung eines Geständnisses soll Schleusener nackt und mit Handschellen gefesselt in eine ungeheizte Einzelzelle gesperrt worden sein.[235] Nach

226 Vgl. „Verfassungsbruch in Brandenburg". In: „Der Tag" vom 27. Januar 1950.
227 Vgl. Brief des SED-Kreisvorstandes Rathenow-Westhavelland an den Kreisvorstand der CDU vom 22. Februar 1950 (ACDP I-297-002).
228 Vgl. FRICKE: Politik S. 578.
229 Vgl. „Das genügte". In: „Telegraf" vom 7. März 1950.
230 Vgl. BLOCH S. 171. Vgl. Protokoll der Sitzung des Politischen Ausschusses am 21. März 1950 (BA NL Kaiser 105).
231 Vgl. „NKWD-Zaisser läßt liquidieren. CDU-Säuberung bisher ungenügend". In: „Der Sozialdemokrat" vom 9. März 1950.
232 Vgl. „Potsdam: Rücktritt und Verhaftung". In: „Der Tag" vom 12. März 1950.
233 Vgl. Erwin Köhler (ACDP III-013 DbCDU Ok).
234 Vgl. Frank Schleusener (ACDP III-013 DbCDU Ok).
235 Vgl. „Schleuseners Tod". In: „Der Tag" vom 28. April 1950.

Aussagen des ehemaligen Justizministers von Brandenburg, Ernst Stargardt, ist Schleusener geschlagen und schwer mißhandelt worden.[236] Am 3. April 1950 erlag Frank Schleusener der Folter. Das Ministerium für Staatssicherheit gab an, Schleusener hätte Selbstmord begangen. Gleichzeitig verweigerte das Gefängnis die Herausgabe der Leiche des Politikers. Erst die Urne Schleuseners wurde der Familie zur Bestattung übergeben.[237] Dadurch erhärteten sich die ohnehin vorhandenen Zweifel an der Behauptung, Schleusener hätte seinem Leben selbst ein Ende bereitet.[238]

Die zahlreichen Verhaftungen führender Politiker und der Tod des allgemein beliebten und geachteten Schleusener führten in Unionskreisen zu „absoluter Unruhe“[239]. In Potsdam stellte die CDU-Stadtverordnetenfraktion, deren Vorsitzender Schleusener gewesen war, aus Protest ihre Arbeit ein, und auch die CDU-Fraktion des Landtages kündigte die Einstellung der parlamentarischen Mitarbeit an. Die CDU/CSU erklärte, für die Funktionäre der CDU in der DDR gebe es in Zukunft „keine Ausrede mehr, etwa nicht gewußt zu haben, wohin die Fahrt geht“[240]. Kaiser kündigte an, man werde eines Tages von der SED für den Tod Schleuseners ebenso Rechenschaft verlangen „wie für das Leben der ungezählten Tausende, die in gleicher Weise oder in noch qualvollerer Weise ihr Leben lassen mußten“[241]. Die westliche Presse zog Vergleiche mit den Methoden der Nationalsozialisten.[242] Nuschke und der Hauptvorstand der CDU in der DDR, von denen allgemein eine Erklärung erwartet wurde, übergingen das Ereignis kommentarlos[243], was ihrem Ansehen in der Bundesrepublik weiter schadete. Götting besetzte die freigewordenen Stellen mit prokommunistischen Nachfolgern. Den Platz des zum Tode verurteilten Potsdamer Bürgermeisters Erwin Köhler hatte bereits der spätere Landesvorsitzende und MGB-Agent Hermann Gerigk[244] einge-

236 Gespräch d. Autors mit Jürgen Stargardt am 21. Januar 1987 in Berlin-Tempelhof (ACDP MAT Richter PE,A).

237 Vgl. „Der Tod Schleuseners“. In: „Neue Zürcher Zeitung“ vom 9. April 1950.

238 Erich Ebert stützt diese These. Vgl. Bericht E. Ebert S. 3 (ACDP I-297-100/3). Zweifel hegen Willy HELLER: In der sowjetischen Besatzungszone von 1945 bis 1949 (Abschrift einer Tonbandaufzeichnung 27. April bis 2. Mai 1980) S. 58 (ACDP I-255-001/2) und E. Zborowski. Vgl. Gespräch d. Autors mit Hans-Ulrich Koch am 19. Januar 1987 in Berlin (ACDP MAT Richter PF,3).

239 Bericht über die Referentenbesprechung am 5. April d. Js. (BA NL Kaiser 105).

240 „Frank Schleusener“. In: DUD Ausgabe A vom 11. April 1950.

241 „Jakob Kaisers Anklage. Nachruf für Staatssekretär Schleusener“. In: „Der Tag“ vom 6. April 1950.

242 Vgl. „Auf Gestapo-Spuren“. In: „Telegraf“ vom 15. April 1950.

243 Vgl. „Nuschke schweigt“. In: „Der Tag“ vom 16. April 1950.

244 Vgl. Hermann Gerigk (ACDP III-013 DbCDU Ok). Vgl. „Mit 26 Jahren stellvertretender Oberbürgermeister“. In: Utm vom April 1950 S. 23. Gerigk galt nach Aussagen der meisten Zeitzeugen unter den Mitgliedern als Agent des sowjetischen Geheimdienstes.

nommen. An die Stelle Schleuseners trat Fritz Brauer, der 1950 stellvertretender Landesvorsitzender wurde.[245]

3. Nuschkes Widerstand gegen Einheitslistenwahl und Waldheim-Prozesse

Im Frühjahr 1950 verschärfte sich der Streit Nuschkes mit Generalsekretär Götting über eine Zustimmung zur Einheitslistenwahl. Dieser Streit war kein bloßer Streit um die Form der Wahl, sondern betraf das Selbstverständnis der CDU. Freie Wahlen, wie sie Nuschke immer wieder gefordert und angekündigt und mit denen er alle Kompromisse entschuldigt hatte, würden der CDU voraussichtlich eine Stimmenmehrheit gebracht haben. Das wußte auch Götting. Das Eintreten Göttings für die Einheitslistenwahl war eine Entscheidung für die von den Sowjets geforderte kommunistische Diktatur. Nuschke ging es bei allen Kompromissen noch immer um den Erhalt und die Eigenständigkeit der CDU. Seine politische Glaubwürdigkeit war unmittelbar mit seinem Eintreten für freie Wahlen verbunden. Alle Erklärungen, die Nuschke bereits abgegeben hatte, würden, wenn er auf eine Mehrheit der CDU durch freie Wahlen verzichtete, im nachhinein in einem anderen, verräterischen Licht erscheinen. Bei seinem Einsatz gegen die Einheitslistenwahl ging es deswegen um die Wahrung seines persönlichen wie politischen Images.

Anders war es bei Götting, der vom weltweiten Sieg des Sozialismus überzeugt war. Angesichts der Vorgänge etwa in Ungarn, wo trotz eines Wahlsieges der „Partei der kleinen Landwirte" die Kommunisten an die Macht gelangt waren, glaubte er nicht an eine Veränderung der Situation durch freie Wahlen. Götting sah klarer als Nuschke, daß das Machtkalkül der UdSSR die eigentlichen Regulative der politischen Prozesse in der DDR waren und daß die CDU keine Chance hatte, eigene Interessen gegen die der UdSSR durchzusetzen. Nach persönlicher Bekundung ging es ihm darum, „dabei zu sein und die Dinge solange zu beeinflussen, wie es geht"[246]. Wenn sich – so Götting – die CDU nicht am politischen Geschäft beteilige, würde „das Programm der Regierung ... von Atheisten allein durchgeführt werden"[247]. Nach Göttings Meinung war es unerheblich, ob Wahlen stattfänden, da ohnehin jeder wüßte, daß die SED über keine Mehrheit im Volk verfüge. Die Einheitslistenwahlen kämen „einer moralischen Niederlage für die SED vor dem Volke"[248] gleich. Mit Hilfe der

245 Vgl. Landtag des Landes Brandenburg. 1. Wahlperiode. Drucksache Nr. 458. Stenographischer Bericht. 67. Sitzung am Freitag, dem 28. April 1950 um 11.00 Uhr im Gebäude des Landtages in Potsdam S. 21 (ACDP V-001-001).

246 Unterredung zwischen dem Generalsekretär der CDU Herrn Götting und dem Landesvorstandsmitglied und Kreisvorsitzenden Herrn Gruner sowie als Zeugen dem Geschäftsführer Herrn Werner. Freitag, den 17. März 1950 Uhrzeit 16.15 in der Wohnung von Herrn Gruner (ACDP III-013-630/3).

247 EBD.

248 EBD.

SKK könne die SED jedes Problem, notfalls durch die Organisierung protestierender Gruppen, in ihrem Sinne lösen. Für die CDU sah er nur einen Platz an der Seite der SED. Vor diesem Hintergrund kritisierte Götting die Haltung Nuschkes, weil durch dessen Illusionismus, den die Mitglieder übernähmen, zahlreiche Mitglieder der Partei Schwierigkeiten bekämen und etliche wegen ihres Eintretens für die nicht erreichbaren freien Wahlen im Gefängnis säßen.[249]

Noch konnte Nuschke eine öffentliche Propagierung der Auffassungen Göttings in der CDU-Presse verhindern.[250] Auch im Zentralen Block widersetzte er sich am 15. März 1950 dem Vorschlag der SED, eine „Liste der demokratischen Einheit" aufzustellen.[251] Um den Widerstand des Vorsitzenden zu brechen, mobilisierte Götting seinen heimatlichen Landesverband. Die CDU Sachsen-Anhalt forderte am 17. März 1950 öffentlich neben einem gemeinsamen Wahlprogramm auch einen „gemeinsamen Wahlvorschlag aller patriotischen Kräfte"[252]. Dieser Vorstoß Göttings lief parallel zu Entschließungen der Ausschüsse der Nationalen Front, die in der ganzen DDR von der SED organisiert und in denen gemeinsame Wahllisten gefordert wurden.[253] Die von ihm bewirkte Erklärung des Landesverbandes Sachsen-Anhalt nahm Götting sodann zum Anlaß, zu erklären, der Politische Ausschuß prüfe die von den Landesverbänden erhobene Forderung nach Einheitslistenwahlen.[254]

Angesichts des zunehmenden Drucks, den sein Generalsekretär durch die Mobilisierung einer imaginären Parteibasis ausübte, wiederholte Nuschke seine Bereitschaft, einem gemeinsamen Wahlprogramm mit der SED zuzustimmen. Eine gemeinsame Liste lehnte er weiterhin ab.[255] Seine Weigerung, wie auch die Weigerung der Vertreter der LDP, führte auf den Sitzungen des Zentralen Blocks zu heftigen Auseinandersetzungen mit den Vertretern der SED.[256] Ein persönliches Gespräch Wilhelm Piecks mit Nuschke, bei dem Pieck eine Mandatsverteilung nach der Zahl der Mitglieder anbot[257], führte ebensowenig zu einer Sinnesänderung wie eine Unterredung mit Vertretern der SKK, bei der die Sowjets versuchten, die Notwendigkeit der Abschaffung freier Wahlen mit ihrem Sicherheitsbedürfnis zu erklären.

---

249 Vgl. Berichte über die Referenten-Besprechungen am 14., 16. und 21. März 1950 (BA NL Kaiser 105 und ACDP III-013-792).

250 Vgl. Bericht über die Referentenbesprechung am 16. März 1950 (BA NL Kaiser 105).

251 Vgl. GRADL: Sowjetstern S. 164.

252 Beschluß des geschäftsführenden Vorstandes des LV Sachsen-Anhalt der CDU. Halle, den 17. März 1950 (Abschrift) – (BA NL Kaiser 105). Vgl. SCHAPER S. 70.

253 Vgl. „SED plant neuen Wahlbetrug". In: „Der Tag" vom 16. März 1950.

254 Vgl. Protokoll über die Sitzung des Politischen Ausschusses vom 2. Mai 1950 S. 2 (BA NL Kaiser 105).

255 Vgl. Protokoll über die Sitzung des Politischen Ausschusses am 21. März 1950. Vgl. Briefwechsel W. Jöhren und A. Sagner vom 23. und 25. März 1950 (BA NL Kaiser 105).

256 Vgl. WEBER: Geschichte der DDR S. 191.

257 Vgl. KRAUSE S. 115. Vgl. Bericht über die Referentenbesprechung am 28. März 1950 (BA NL Kaiser 105).

Im März 1950 ging Nuschke noch einmal in die Offensive. Vor dem Hintergrund von Häftlingsunruhen, die am 13. März 1950 im Zuchthaus Bautzen ausgebrochen und durch die schlechte Verpflegung hervorgerufen worden waren, warf er der SED vor, die Häftlinge schlechter zu behandeln, als dies früher in den sowjetischen Lagern der Fall gewesen sei.

Um die Mitglieder der CDU vor den ständigen kommunistischen Übergriffen zu schützen, stellte er zahlreichen Mitgliedern „Schutzbriefe“[258] aus. Die Haltung Nuschkes, der immerhin stellvertretender Ministerpräsident der DDR war, veranlaßte in der Tat zahlreiche Mitglieder, an ihrem Widerstand gegen die Einheitslistenwahl festzuhalten. Götting mußte Ende März 1950 feststellen, daß „überall in der Union schärfste Opposition“[259] gegen die Einheitsliste bestehe. Überall in der DDR kursierten Flugblätter gegen die Abschaffung freier Wahlen. Immer mehr Ortsgruppen der CDU und LDP stellten aus Protest ihre Tätigkeit ein[260] und bildeten „Untergrundbewegungen“[261].

Auf dem Flugblatt einer Untergrundgruppe, die sich „Christlich-Demokratischer Kampfbund“ nannte, wurde sogar behauptet, selbst Außenminister Dertinger hätte angesichts der Entwicklung in der SBZ/DDR die Möglichkeiten zur Flucht ins Bundesgebiet sondiert.[262]

Ständig erhielt die Hauptgeschäftsstelle Resolutionen, in denen sich die Mitglieder gegen Einheitslistenwahlen aussprachen. Allen Politikern der CDU, die versuchten, auf Versammlungen für die Abschaffung freier Wahlen zu werben, schlug offene Ablehnung entgegen.[263] Angesichts der Haltung der Mitglieder erklärte Götting offensichtlich verärgert, die Parteileitung müsse sich klar darüber sein, „was für einen elenden Haufen von Leuten wir hinter uns haben“[264].

Auch im April ging das Tauziehen zwischen Nuschke und Götting weiter. Vor den Landesgeschäftsführern forderte Götting am 5. April 1950 erneut die Zustimmung zu einer gemeinsamen Wahlliste mit der SED.[265] Hatte sich Nuschke 1948 gegenüber Kaiser zum Fürsprecher sowjetischer Interessen gemacht, so forderte nun Götting,

258 Vgl. Bericht über die Referentenbesprechung am 29. März 1950 (ACDP III-013-693).
259 Bericht über die Referentenbesprechung am 31. März 1950 (BA NL Kaiser 105).
260 Vgl. Bericht über die Referentenbesprechung am 5. April 1950 (BA NL Kaiser 105).
261 Referentenbesprechung am 3. April 1950 (BA NL Kaiser 105).
262 Vgl. Christlich-Demokratischer Kampfbund. CDU-Widerstandsbewegung gegen die Sowjetdiktatur in Mitteldeutschland (Flugblatt): „Georg Dertinger – Ihr Maß ist übervoll!“ (ACDP Pressedokumentation Georg Dertinger). Vgl. „Wir wollen gesamtdeutsche Wahlen!“. In: „Der Tag“ vom 3. März 1950. Vgl. „Boykott, aber keine Sabotage“. In: „Der Tag“ vom 29. März 1950. Vgl. „Abserviert! Will sich Georg Dertinger nach dem Westen absetzen?“. In: DUD 67 vom 31. März 1950. Vgl. „Was ist mit Dertinger?“. In: „Frankfurter Allgemeine Zeitung“ vom 13. Februar 1950.
263 Vgl. Referentenbesprechung am 4. April 1950 (BA NL Kaiser 105).
264 Bericht über die Referentenbesprechung am 31. März 1950 (BA NL Kaiser 105).
265 Vgl. Protokoll über die Sitzung der Landesgeschäftsführer der CDU im Unionshaus Berlin W 8 am 5. April 1950 11.30 Uhr (BA NL Kaiser 105).

dessen Beziehungen zur SKK bekannt waren[266], das Interesse der UdSSR an einer Konsolidierung ihres Herrschaftsbereiches zu respektieren und die Zustimmung zur Abschaffung freier Wahlen zu geben.[267] Im Laufe der Auseinandersetzung, die sich in der Führung nicht auf Nuschke und Götting beschränkte, wurde im April 1950 auch ein Vorschlag diskutiert, einer Einheitsliste zwar zuzustimmen, bei der Sitzverteilung der Volkskammer jedoch das letzte Wahlergebnis zugrunde zu legen. Dieser Vorschlag wurde von der SED abgelehnt[268] und statt dessen sogar vorgeschlagen, die Stimmabgabe öffentlich vorzunehmen. In der SED-Führung machte man sich offensichtlich keine Illusionen über die zu erwartende Befürwortung ihrer Politik.

Hatte Götting im März bereits den Landesverband Sachsen-Anhalt gegen Nuschke mobilisiert, so erweiterte er nun seine Bemühungen, einen Teil der Mitgliedschaft zu organisieren, um seinen Forderungen, die bei den Mitgliedern auf völlige Ablehnung stießen, zum Durchbruch zu verhelfen. Zahlreiche Beobachter der Entwicklung in der CDU der DDR wunderten sich, daß die Sowjets den CDU-Vorsitzenden Nuschke nicht – wie in anderen vergleichbaren Fällen – absetzten oder verhafteten. Es war den Sowjets wahrscheinlich unangenehm, mit Nuschke einen Politiker zu liquidieren, der sich bereits in der Weimarer Republik für gute Beziehungen zur Sowjetunion ausgesprochen hatte.[269] Vor allem aber fungierte er als Reservepolitiker für den Fall, daß die Bemühungen, ihren unmittelbaren Einfluß auf ganz Deutschland auszudehnen, Erfolg haben sollten. Offenbar befürchteten sie, daß eine Absetzung oder Verhaftung Nuschkes den ohnehin kaum vorhandenen Einfluß der CDU der DDR in der Bundesrepublik endgültig zunichte gemacht hätte.

So ließen sie von Götting eine zweite Öffentlichkeit in der CDU herstellen, die sich aus Frauen- und Jugendgruppen willkürlich zusammensetzte und die zu keinem Zeitpunkt für sich beanspruchen konnte, die CDU-Basis zu repräsentieren. Zunächst mobilisierte der selbst noch junge Götting die „fortschrittliche" CDU-Jugend. Bereits am 18. April 1950 hatte er zudem durch ein neues Referat „Nationale Front" in der Hauptgeschäftsstelle und eine neue Publikation[270] eine noch engere Verflechtung von Nationaler Front und CDU erreicht.[271] Zum 22. und 23. April 1950 bestellte er 400 prokommunistische CDU-Funktionäre zu einer Tagung ins Leipziger Rathaus. Nach Referaten Göttings und Erich Honeckers bekannten sich die Jugendfunktionäre

266 Vgl. Brief W. Jöhren an A. Sagner vom 4. April 1950 (BA NL Kaiser 105).

267 Vgl. „Rückkehr Ulbrichts aus Moskau". In: „Neue Zürcher Zeitung" vom 11. April 1950. Vgl. „Wachsender Terror in der deutschen Sowjetzone". In: „Neue Zürcher Zeitung" vom 5. April 1950.

268 Vgl. Bericht über die Referentenbesprechung am 13. April 1950 (BA NL Kaiser 105).

269 CDU DER DDR: Otto Nuschke. Mensch – Politiker – Journalist S. 53.

270 „Die Union in der Nationalen Front". Informationsbrief der CDU HGS. Berlin, 1. Jg. 1950 (ACDP I-307-001/1).

271 Vgl. Protokoll über die Sitzung des Politischen Ausschusses am 18. April 1950 (BA NL Kaiser 105).

zum neuen Staat, zum Sozialismus und zum Kampf der Nationalen Front um ganz Deutschland.[272] Götting kündigte weitere Großveranstaltungen mit CDU-Frauen[273], Mitarbeitern in der Nationalen Front[274] und CDU-Mitgliedern in der VVN[275] an. Die von Götting nach kommunistischem Vorbild organisierte zweite Öffentlichkeit war keinen Wahlen ausgesetzt und entsprach in ihrem undemokratischen Charakter dem neuen zentralistischen Parteigefüge der CDU.

Die ablehnende Haltung Nuschkes reduzierte sich unterdessen mehr und mehr auf die gemeinsame Liste mit der SED. Ansonsten begrüßte er alle Schritte seines Generalsekretärs. Zur Propagierung des gemeinsamen Wahlprogramms, das er im Unterschied zur gemeinsamen Liste akzeptierte, empfahl er, „fliegende Rednerkommandos" einzusetzen, und sagte wie Götting den „Reaktionären" in der CDU den Kampf an.[276]

Nicht nur Politiker wie Nuschke beobachteten voller Skepsis die politische Entwicklung in der DDR. Vor allem die Geistlichen machten sich immer mehr zu Fürsprechern demokratischer Verhältnisse. Am 23. April 1950 ließ die EKD-Leitung eine Kanzelabkündigung verlesen, die sich klar gegen die Politik der Nationalen Front aussprach.

Götting forderte daraufhin parteiintern, die Geistlichen durch Sperrung staatlicher Kirchenzuschüsse ihrer Existenzgrundlage zu berauben und seitens der CDU „in Zukunft nur noch mit den bewußt fortschrittlichen und linientreuen Pastoren zusammenzuarbeiten"[277]. Das Ziel, an dem auch die CDU mitzuwirken habe, müsse es sein, eine „Staatskirche zu schaffen, wie sie in den Ost-Staaten bereits bestehe"[278]. Unter Leitung Göttings wandte sich der Politische Ausschuß gegen die Kanzelabkündigungen und eine Politisierung der Kirche.[279] Die CDU begann in der von den Kommunisten gewünschten Weise zu wirken. An einer Unterredung zwischen Vertretern der DDR-Regierung und der Kirchenleitung, die nach der Kanzelabkündigung stattfand und in der die Kirchen auf die Verfassung der DDR eingeschworen werden sollten, nahm für die CDU auch Nuschke teil.[280]

---

272 Vgl. „CDU-Jugend arbeitet aktiv mit". In: „Neue Zeit" vom 23. April 1950. Vgl. „CDU-Jugend bekennt sich zu Frieden und Fortschritt". In: Utm vom April 1950 S. 15.
273 Vgl. „Die Frau in der neuen Gesellschaftsordnung". In: „Neue Zeit" vom 12. Mai 1950.
274 Vgl. „So muß man arbeiten!". In: Utm vom Juni 1950 S. 20.
275 Vgl. CDU HGS vom 13. Juli 1950: Einladung zur Tagung am 29. Juli 1950 (ACDP III-013-628). Vgl. CDU DER DDR: Dokumente 6 S. 91.
276 Vgl. „Die DDR – Die Verkörperung der neuen demokratischen Ordnung. Antwort auf vier Fragen der Täglichen Rundschau". In: „Neue Zeit" vom 23. April 1950.
277 Bericht über die Referentenbesprechung am 25. April 1950 (BA NL Kaiser 105).
278 EBD.
279 Vgl. „Der Christ in die Nationale Front!". In: „Neue Zeit" vom 27. April 1950. Als Flugblatt in (ACDP III-013-693).
280 Vgl. „Aussprache mit den Kirchen". In: „Neue Zeit" vom 29. April 1950. Vgl. KOCH S. 71.

Anders als in den anderen sowjetisch okkupierten Staaten konnte sich die Kirche in Deutschland wegen ihrer gesamtdeutschen Organisation jedoch dem Ansinnen der SED widersetzen und ihre Eigenständigkeit wahren.

Während Nuschke sich noch immer gegen eine gemeinsame Wahlliste mit der SED aussprach, hatten Wahlen in Österreich im Frühjahr 1950 noch einmal deutlich gemacht, welche Folgen freie Wahlen und getrennte Listen für die Kommunisten haben würden. In der sowjetisch besetzten Zone Österreichs hatte die mit der CDU vergleichbare ÖVP fast 52 und die SPÖ 40 Prozent aller Stimmen erhalten. Dagegen kam die KPÖ nur auf 5 Prozent der Stimmen und büßte 37 Bürgermeisterposten ein. Auch bei Wahlen in anderen europäischen Staaten, wie z. B. im Schweizer Kanton Bern, verlor die kommunistische „Partei der Arbeit" ihre 3 Sitze.[281]

In der SKK war man sich darüber wahrscheinlich im klaren, daß selbst bei einem eindeutig kommunistisch formulierten gemeinsamen Wahlprogramm aller Parteien der DDR die SED ein Fiasko erleben und CDU und LDP als Sieger aus den Wahlen hervorgehen würden. Die Wähler hätten ein Votum für eine sich gezwungenermaßen prokommunistisch gebärdende CDU oder LDP schon deswegen genutzt, um auf diese Weise ihren Widerwillen gegen die aus der UdSSR exportierte stalinistische Diktatur und die immer unbeliebtere SED auszudrücken. Daran konnte den Sowjets, die im Begriff waren, den von ihnen besetzten Teil Deutschlands dauerhaft in Besitz zu nehmen, nicht gelegen sein, folglich mußten sie den Vorsitzenden auf jeden Fall umstimmen. Eine von der CDU regierte und dennoch loyale DDR, wie sie Nuschke als Vorstufe zu einem vereinigten Deutschland vorschwebte, kam für sie zu diesem Zeitpunkt nicht in Frage. Ihre Deutschlandpolitik entsprach nach wie vor der „Zwei-Lager-Theorie" Stalins, die einen dritten Weg zwischen Sozialismus und Kapitalismus nicht zuließ.

Aus den bisher zugänglichen Unterlagen geht nicht hervor, auf welche Weise die Sowjets Nuschke überredeten, seine Position aufzugeben. Tatsächlich erklärte er am 16. Mai 1950 seine Zustimmung zur Abschaffung freier Wahlen durch Einführung einer die SED-Diktatur kaschierenden Einheitslistenwahl.[282] Wahrscheinlich haben die zahlreichen Schauprozesse, mit denen sich die Kommunisten überall in den von ihnen besetzten Ländern Europas ihrer politischen Gegner entledigten, auch auf Nuschke ihre Wirkung nicht verfehlt. Gerade im Mai 1950 begannen in Prag die Vorbereitungen zu einem gigantischen Schauprozeß gegen führende Politiker der „Volkssozialistischen

---

281 Vgl. „Österreich antikommunistisch". In: „Der Tag" vom 9. Mai 1950. Vgl. „Wie wäre das in der Sowjetzone?". In: DUD Ausgabe A vom 9. Mai 1950. Ähnlich sahen die Ergebnisse auch bei allen anderen derzeitigen Wahlen in Europa aus.

282 Vgl. „Festigung unserer Demokratie. Entschließung des Erweiterten Hauptvorstandes der CDU vom 16. Mai 1950". In: Utm vom Mai 1950 S. 1.

Partei", der „Volkspartei" und der tschechischen Sozialdemokratie, der mit zahlreichen hohen Haftstrafen und Hinrichtungen endete.[283] Angesichts der Schauprozesse ließ sich Nuschke durch die von Götting mobilisierte Mitgliederschaft der Partei überreden, der Abschaffung freier Wahlen zuzustimmen. Dabei wußte er ebenso wie Generalsekretär Götting, daß ihnen in Wirklichkeit an der Parteibasis „nur reaktionäre Mitglieder"[284] gegenüberstanden, die eine Wahl unbedingt wünschten.

Sieben Monate waren vergangen, seit Nuschke öffentlich erklärt hatte, daß die Zustimmung der CDU zur Gründung der DDR vom Kommen freier Wahlen abhinge. Im Oktober 1949 hatte er ausdrücklich betont, daß die Zustimmung der CDU zur DDR-Gründung ein Fehler wäre, wenn der Staatsgründung keine freien Wahlen folgen sollten.[285] Jetzt begründete derselbe Politiker seine Zustimmung zur Abschaffung freier Wahlen mit dem Argument, Adolf Hitler sei durch freie Wahlen an die Macht gekommen.[286]

Bei seiner Entscheidung hatte Nuschke wenig Alternativen. Da die Besatzungsmacht keinen Zweifel daran ließ, daß demokratische Verhältnisse in der DDR nicht in Frage kämen, blieb ihm nur die Wahl zwischen einem Arrangement mit den Sowjets, der Flucht in den Westen oder dem Selbstmord.[287]

Mit Nuschkes Zustimmung zur Einheitsliste setzte in der ganzen DDR schlagartig eine Kampagne gegen alle Funktionäre ein, die sich noch immer weigerten, die Einheitsliste zu akzeptieren. Mit Verweis auf Nuschke wurden nun in der ganzen DDR Erklärungen für die Einheitsliste erzwungen.[288] Die Zustimmung der CDU, der noch am selben Tag eine Erklärung des Zentralen Blocks folgte[289], hatte überall in der DDR Massenaustritte aus der CDU zur Folge[290], die, weil sie der SKK mit Begründung gemeldet werden mußten, wiederum zu zahlreichen Repressionen führten.

Im Juli 1950 wurde der Schlüssel für die Verteilung der Mandate bekanntgegeben. Nach dem vom Politbüro der SED aufgestellten Plan[291] erhielten die Kommunisten

283 Vgl. KAPLAN: Die politischen Prozesse S. 129-135.
284 Bericht vom 17. Mai 1950 (ACDP I-294-906/AII).
285 Vgl. „Neue Zeit" vom 19. Oktober 1949.
286 Vgl. NUSCHKE: Reden und Aufsätze S. 216.
287 So Nuschke selbst auf dem 3. Parteitag der CDU im September 1948. Vgl. GRADL: Sowjetstern S. 156.
288 Vgl. Aussagen Germanus Theiss. In: Unrecht als System S. 172. Vgl. Brief CDU KV Malchin an den CDU-Landesvorstand Mecklenburg vom 7. Mai 1950 (BA NL Kaiser 105). Vgl. „Gegen Einheitsliste". In: „Der Tag" vom 5. Mai 1950.
289 Vgl. „Beschluß über eine gemeinsame Kandidatenliste der Nationalen Front zu den Wahlen am 15. Oktober 1950. Pressemitteilung über die Sitzung des Demokratischen Blocks". In: „Neues Deutschland" vom 18. Mai 1950.
290 Vgl. „Massenaustritte aus der Ost-CDU". In: „Der Tag" vom 17. Mai 1950. Vgl. „Dertinger-CDU verliert Mitglieder". In: „Der Tag" vom 26. Mai 1950.
291 Vgl. KRAUSE S. 116.

und die von ihnen unmittelbar gesteuerten Blockparteien und Massenorganisationen 70 Prozent aller Mandate. Die CDU mußte sich wie die LDP mit symbolischen 15 Prozent zufriedengeben.[292] Vorausgegangen war die völlige Entmachtung der CDU- und LDP-Fraktionen in der Provisorischen Volkskammer. Gesetzesentwürfe wurden seit dem Mai 1950 ausschließlich in den Ausschüssen des Nationalrates beraten, wodurch den Volkskammerfraktionen auch der letzte Einfluß auf die Gesetzgebung verlorenging.[293]

Das Image Nuschkes war nach seiner Zustimmung zur Einheitslistenwahl stark lädiert. Selbst sein politischer Freund Ernst Lemmer, der immer wieder Verständnis für seine Situation gezeigt hatte, bescheinigte nun das politische wie moralische Ende der CDU in der DDR.[294] Nuschke fand sich zwar mit den politischen Sachzwängen ab, es mißfiel ihm aber wahrscheinlich außerordentlich, mit dem Terror der SED in Verbindung gebracht zu werden.[295]

Im Sommer 1950 informierte ihn der CDU-Staatssekretär im Justizministerium der DDR, Helmut Brandt, über die Art der Prozeßführung in den „Waldheim-Prozessen", bei denen die SED-Richter die von den Sowjets übernommenen Häftlinge in Schnellprozessen von 20 Minuten zum Tode oder zu langjährigen Haftstrafen verurteilten.[296] Neben zahlreichen Kriegsverbrechern befanden sich unter den Verurteilten auch etliche demokratische Politiker, die nach Kriegsende inhaftiert worden waren. Nur von wenigen sind die Namen bekannt. Verurteilt wurden in Waldheim unter anderem der seit 1946 im Konzentrationslager Buchenwald inhaftierte Gründer der CDU in Lauchhammer, Heinrich Metz[297], und das CDU-Mitglied Erich-Achim Hindermann aus Gera, der bereits von den Nazis 1944 zum Tode verurteilt worden war. Hindermann wurde nach seiner Befreiung aus dem Gefängnis Plötzensee von den Sowjets wieder verhaftet und war vor den Waldheim-Prozessen in der Haft schwer gefoltert worden.[298]

Nuschke und Brandt bereiteten eine Regierungsvorlage über die Prozesse vor und verpflichteten sämtliche CDU-Minister der Regierung der DDR, die Vorlage zu unterstützen. „Mit bei Otto Nuschke selten erlebter Empörung"[299] forderte der Vorsitzende Anfang Juli 1950 in einer Sitzung des Ministerrates, die Waldheim-Urteile für rechtsungültig zu erklären. Die SED-Politiker ließen sich allerdings

---

292 Vgl. Beschluß des Demokratischen Blocks vom 6. Juli 1950. In: WEBER: Parteiensystem S. 336.

293 Vgl. LAPP: Volkskammer S. 30. Vgl. Bericht vom 14. Mai (1950) – (BA NL Kaiser 105).

294 Vgl. „Informationsdienst der CDU" 30 vom 10. Juni 1950 S. 3.

295 So äußerten sich einhellig alle über die Persönlichkeit Nuschkes befragten ehemaligen Funktionäre der CDU der SBZ/DDR.

296 Gespräch d. Autors mit Helmut Brandt am 22. Juni 1987 in Sankt Augustin (ACDP MAT Richter QB).

297 Vgl. Dr. Heinrich Metz (ACDP III-013 DbCDU Ok).

298 Vgl. Erich-Achim Hindermann (ACDP III-013 DbCDU Ok).

299 BRANDT S. 9.

von den moralischen Bedenken Nuschkes nicht beeindrucken. Gegen die Stimmen der CDU-Minister ließ Ministerpräsident Otto Grotewohl am 31. August 1950 die Forderung der CDU nach Revision der Waldheim-Urteile durch die Mehrheit der SED-Minister zurückweisen. Damit war der Regierungsblock der DDR erstmals durch eine Initiative der CDU gesprengt worden. Da Nuschke auch nach der Abstimmung weiter gegen den Justizterror in der DDR protestierte, ließ Walter Ulbricht den CDU-Staatssekretär Helmut Brandt, der die ganze Affäre ausgelöst hatte, am 6. September 1950 demonstrativ verhaften[300], um die CDU so in die Schranken zu weisen. Brandt, der selbst gegen die Haftbedingungen protestiert hatte, wurde bei der Vernehmung schwer mißhandelt[301] und verschwand für 14 Jahre in Zuchthäusern der DDR. Nachdem Dertinger und Nuschke vergeblich bei der SKK in Berlin-Karlshorst interveniert hatten[302], schlossen sie Brandt aus der CDU aus.[303]

4. „Gewalt geht vor Recht" – III. Parteitag der SED

Auf ihrem 3. Parteitag wiederholte die SED ihre politischen Ziele und Ansprüche. Otto Grotewohl rief die Deutschen zum „nationalen Widerstand" gegen den „rechtlosen Zustand" in der Bundesrepublik auf und gab dafür die Parole „Gewalt geht vor Recht"[304] aus. Walter Ulbricht kündigte – vor dem Hintergrund der Waldheim-Prozesse und der zahlreichen Proteste demokratischer Politiker des Westens gegen die Prozesse – die Einsetzung eines Volksgerichtes zur Aburteilung von Bundeskanzler Konrad Adenauer und anderer führender Repräsentanten der Bundesrepublik an.[305] Diese Politik, die auch von der CDU mitgetragen werden mußte, wurde für die CDU der DDR erstmalig von Außenminister Dertinger auf dem Landesparteitag der mecklenburgischen CDU Anfang Juli 1950 öffentlich propagiert.[306]

Der 3. Parteitag der SED machte deutlich, welche Bedeutung die SED der Zerschlagung der demokratischen Kräfte im eigenen Herrschaftsbereich zumaß. Wilhelm Pieck erklärte, die „Zerschlagung der Reaktion" sei „die wichtigste Bedingung"[307] für den Erfolg des Kampfes der SED um die Durchsetzung ihrer politischen Ziele in

300 Vgl. „Staatssekretär Brandt nach Volkskammersitzung verhaftet". In: „Die Neue Zeitung" vom 2. September 1950.

301 Gespräch d. Autors mit Helmut Brandt am 22. Juni 1987 in Sankt Augustin (ACDP MAT Richter QB).

302 So Ilse-Ruth Bubner in einem Gespräch mit d. A. am 12. Juli 1988. Protokoll S. 54f. (ACDP MAT Richter QS).

303 Vgl. „Brandt aus der Ost-CDU ausgeschlossen". In: „Die Neue Zeitung" vom 13. September 1950.

304 Otto GROTEWOHL auf dem 3. Parteitag. In: „Der neue Weg" vom 25. Juli 1950.

305 Vgl. SCHWARZ: Die Ära Adenauer S. 113.

306 Vgl. „Dertinger will befreien". In: „Der Tag" vom 9. Juli 1950.

307 PIECK: Die gegenwärtige Lage S. 44.

ganz Deutschland. So deutlich hatte vor ihm noch kein Politiker der SED den Zusammenhang zwischen der Bekämpfung und Beseitigung anderer politischer Richtungen im eigenen Machtbereich und den Zielen der auf die Bundesrepublik gerichteten Aktivitäten beim Namen genannt. Wiedervereinigung durch die Beseitigung demokratischer Strukturen in ganz Deutschland hieß die Devise.

Die CDU, die LDP und die Kirchen waren von dieser Politik direkt betroffen. Neben massiven Angriffen auf die Kirchen[308] setzte eine neue umfassende Verhaftungswelle gegen Funktionäre aller Parteien und Ebenen ein. Während Nuschke noch gegen die Waldheim-Prozesse polemisierte, ließ die SED den LDP-Vorsitzenden Hermann Kastner absetzen[309], der sich wie der CDU-Vorsitzende der letzten „Gleichschaltung" seiner Partei widersetzt hatte.

Keinen Zweifel ließ die SED an ihrem Selbstverständnis und daran, wem sie ihre Gründung im Jahr 1946 verdankte. Als „von Stalin geschweißte" Partei postulierte sie erstmalig ihren bis in die Gegenwart reichenden Anspruch, „immer recht"[310] zu haben. Vor dem Hintergrund des Überfalls kommunistischer Truppen auf Südkorea im Juni 1950 lösten die militanten Töne der SED, die sich in den Verlautbarungen der KPD der Bundesrepublik wiederholten, bei den demokratischen Politikern aller Parteien der Bundesrepublik Überlegungen aus, wie die kommunistischen Aktivitäten gebremst werden könnten. In einem Kommentar zum 3. Parteitag der SED sagte Bundesminister Kaiser den Kommunisten in der DDR und in der Bundesrepublik den Kampf an. Solange in der DDR keine politische Freiheit herrsche und die Kommunisten die Bundesrepublik bedrohten, dürften die KPD und ihre Unterorganisationen in der Bundesrepublik nicht dieselben politischen Rechte wie die demokratischen Kräfte genießen.[311] Kaiser machte sich in der Folgezeit zum Vorreiter eines Verbotes kommunistischer Parteien und Organisationen in der Bundesrepublik. Auf diese Weise zahlten die Kommunisten in der Bundesrepublik mit einem Verlust an Rechten für den Terror der SED in der DDR und in Ost-Berlin.

Der CDU der DDR blieb nur die Zustimmung zu den Beschlüssen der SED. In einem Wettbewerb der Landesverbände forderte sie ihre Mitglieder auf, sich intensiv am Kampf der Nationalen Front zu beteiligen.[312]

5. Machtübernahme durch prokommunistische Funktionäre

Eine Folge der Zentralisierung der Partei und der Beseitigung der innerparteilichen Demokratie war, daß die Organisierung der Landesparteitage der CDU in der Hand

308 Vgl. HUTTEN S. 56.
309 Vgl. KRIEG S. 67 Anm. 16.
310 So in einer von Louis Fürnberg für den 3. Parteitag der SED verfaßten SED-Hymne, die bis in die Gegenwart von der SED gesungen wurde. Vgl. WEBER: Von der SBZ S. 57.
311 Vgl. „Kein Mißbrauch der Rechte!". In: „Der Tag" vom 23. Juli 1950.
312 Vgl. „Aufgebot der CDU". In: „Neue Zeit" vom 27. Juli 1950.

des Politischen Ausschusses lag. In der politischen Ordnung der DDR durften die Landesparteitage der CDU kein Sprachrohr der Mitglieder mehr sein. Sie dienten vielmehr, wie die ganze Partei selbst, der Niederhaltung jeglicher Opposition und der Disziplinierung der Mitglieder.

So wurden alle Landesparteitage mit Großkundgebungen der Nationalen Front eingeleitet und die Delegierten schon lange vor den Parteitagen auf speziellen Bezirkstagungen instruiert und diszipliniert. Die Landesparteitage wurden mit Vertretern der von Generalsekretär Götting geschaffenen zweiten Öffentlichkeit der CDU beschickt. Die Frauen und die Jugend waren mit mindestens je 10 Prozent der Gesamtdelegiertenzahl[313] ebenso berechtigt, Kandidaten zu entsenden, wie Betriebsgruppen, Aktivisten, die VVN und die Kreisverbände.[314] Für die Wahlen der Landesvorstände ordnete der Politische Ausschuß offene Abstimmungen an.[315]

Sachsen. Der Landesparteitag der sächsichen CDU vom 23. bis 26. Juni 1950 in der Landeshauptstadt Dresden brachte den prokommunistischen Funktionären den endgültigen Durchbruch in der Partei. In offener Abstimmung[316] wurde Joseph Rambo zum neuen Landesvorsitzenden bestimmt. Seine Stellvertreter wurden Otto Freitag, Magnus Dedek und Pfarrer Helmut Mehnert. Mit Rambo übernahm ein als sowjetischer Agent geltender Funktionär die Leitung des Landesverbandes.[317] Weder er noch seine Stellvertreter repräsentierten in irgendeiner Weise die Mitglieder.

Wenige Monate nach seiner „Wahl“ setzte sich Rambo nach Berlin (West) ab. Wegen seiner bisherigen Zusammenarbeit mit sowjetischen Stellen wurde im Ostbüro der CDU vermutet, daß dies ebenfalls in deren Auftrag geschah.[318] Der Protest gegen die neue prokommunistische Führungsmannschaft konnte auf dem Parteitag nicht mehr gefahrlos geäußert werden. Statt dessen kursierten Flugblätter, die die Legitimität

---

313 Vgl. Protokoll über die Sitzung des Politischen Ausschusses am 23. Mai 1950. Anlage (ACDP III-013-628).

314 Vgl. Protokoll über die Sitzung des Politischen Ausschusses am 2. Mai 1950 (BA NL Kaiser 105).

315 Vgl. Protokoll über die Sitzung des Politischen Ausschusses am 27. Juni 1950 (ACDP III-013-628).

316 Vgl. Rücksprache mit Zerke – Rochlitz. Betr.: Landesparteitag Dresden. 28. Juni 1950 (ACDP III-013-630/2).

317 So einheitlich alle Auskünfte über J. Rambo durch ehemalige Funktionäre des Landesverbandes. Vgl. Bericht über den Landesparteitag der CDU vom 23. bis 26. Juni 1950 in Dresden (ACDP III-013-630). Vgl. „Wer ist Josef Rambo?“. In: DUD Ausgabe A vom 26. Juni 1950.

318 Vgl. „Zum Fall Rambo“. In: PZ-Archiv 3 vom 1. Oktober 1950. Vgl. „Josef Rambo nach Westberlin geflüchtet“. In: UiD 72 vom 16. September 1950. Vgl. „Das Vertrauen schnöde mißbraucht“. In: „Die Union“ vom 16. September 1950.

der neuen Führung deutlich in Frage stellten.[319] Im Anschluß an den Landesparteitag fand am 27. Juni 1950 eine Konferenz prokommunistischer Pfarrer und Theologen statt.[320] Die offiziell von der Nationalen Front einberufene Tagung stand unter der Leitung von Pfarrer Mehnert und richtete sich gegen die „reaktionäre" Politik der Landeskirchenleitung. Ziel der Aktion war die Sammlung von Pfarrern, mit deren Hilfe Einfluß auf die Kirchenleitung genommen werden sollte.

Pfarrer Mehnert wurde wenige Monate später aus der CDU ausgeschlossen, als das kommunistische Konzept einer „Gegenkirche", deren Bischof Mehnert werden wollte[321], den deutschlandpolitischen Plänen der Sowjets im Wege stand.

Die Entwicklung der sächsischen CDU bis zur Einheitslistenwahl im Oktober 1950 war im wesentlichen von Ausschlüssen, Verhaftungen und einer ständig zunehmenden Massenflucht von Mitgliedern und Funktionären aus der DDR gekennzeichnet. Die CDU war inzwischen soweit, ihre weitere Umwandlung selbst zu betreiben. Der von der SED gelenkte Landesvorstand der CDU erteilte den Kreisvorständen den Auftrag, alle Ortsgruppen ausfindig zu machen, die sich nicht an den neuen prokommunistischen Parteikurs hielten.[322] Nach der entsprechenden Informierung durch die Kreisvorstände wurden durch den Landesvorstand sodann Massenausschlüsse vorgenommen. Die Listen der Ausgeschlossenen wurden regelmäßig in der Presse bekanntgegeben.[323] Zu ihnen gehörten u. a. die Kreisvorsitzenden von Rochlitz, Siegfried Müller, von Chemnitz-Land, Pfarrer Ernst-Günter Haß, der Landtagsabgeordnete Paul Rademacher und der ehemalige Leipziger Bürgermeister Arno Wolfrum.[324] Im Oktober folgte die Absetzung des Chefredakteurs der sächsischen CDU-Zeitung „Die Union", Josef Ragsch, des Landessekretärs Hans Teubert und dessen Stellvertreters Carl Beuthe[325] sowie die Verhaftung des Hauptabteilungsleiters im Sächsischen Ministerium für Handel und Versorgung und stellvertretenden Ministers Willi Gierke.[326]

---

319 Vgl. Referentenmaterial des KV Dresden der CDUD für den Monat Juli 1950: Parteitag 1950 – ein Parteitag der Klärung und inneren Festigung (ACDP III-013-630/2). Vgl. Bericht Werner Jöhren vom 6. Juli (1950) – (ACDP III-013-792). Vgl. „Opposition der Ostzonen-CDU". In: UiD 46 vom 17. Juni 1950.

320 Vgl. CDU DER DDR: Friede sei mit Euch. Vgl. FUCHS S. 202.

321 Vgl. „In die Wüste geschickt". In: „Der Tag" vom 20. Februar 1951.

322 Vgl. CDU KV Leipzig: Sonderrundbrief Nr. 1. Leipzig, 21. Juli 1950 (ACDP III-013-790).

323 Vgl. Brief CDUD LV Sachsen an Herrn Kurt Paul (Curtpaul, d. A.) Neubert. Dresden, 7. Juli 1950 (ACDP I-297-100/2/3). Vgl. „Weitere Parteiausschlüsse". In: „Die Union" vom 8. Juli 1950.

324 Vgl. „Ost-CDU säubert weiter". In: „Die Neue Zeitung" vom 7. Oktober 1950.

325 Vgl. ZILLIG S. 78. Vgl. „Der Tag" vom 11. Oktober 1950.

326 Vgl. „Parteiverfahren gegen Gierke". In: „Neue Zeit" vom 25. Oktober 1950. Vgl. IWE vom 11. Mai 1951.

Thüringen. Auf dem Landesparteitag der thüringischen CDU am 17. und 18. Juni 1950 im Hotel „Erfurter Hof" in Erfurt[327] erfolgte auch in Thüringen die endgültige Übernahme der Landesleitung durch prokommunistische Funktionäre. Nachdem Generalsekretär Götting bereits einen Tag vor Beginn der Versammlung genaue Anweisungen für die Zusammensetzung des Landesvorstandes gegeben hatte[328], wurde der bisherige Landesvorsitzende Siegfried Trommsdorff abgewählt. An seine Stelle trat August Bach; 1. und 2. Stellvertreter Bachs wurden Walther Rücker und Viktor Sandmann.[329]

Die auch in Mitgliederkreisen bekannte Rivalität zwischen Bach und Rücker schlug sich nach dem Parteitag in der schrittweisen Entlassung aller „Rückertreuen Referenten der Landesgeschäftsstelle"[330] nieder und endete mit dem Parteiausschluß des Kontrahenten Bachs. Rücker, der gleichzeitig thüringischer Minister für Handel und Versorgung war, versuchte sein Amt durch einen Wechsel zur SED zu halten. Als dies scheiterte und Willi Rutsch sein Ministeramt übernahm, setzte er sich ins Bundesgebiet ab.[331]

Unterdessen ging die „Säuberung" der thüringischen CDU weiter. Auf einer Landesblocksitzung forderte die SED am 5. Juni 1950, wesentlich massiver als bisher gegen demokratische Kräfte vorzugehen.[332] Mit der Zunahme der kommunistischen Repressionen wuchs – wie überall in der DDR – auch in Thüringen die Widerstandsarbeit an.[333] Es gab zahlreiche Gruppen, die in Kontakt mit dem Ostbüro der CDU standen und sich von dort Informationen und Hinweise holten. Umgekehrt informierten Funktionäre aller Ebenen das Ostbüro über neue Entwicklungen im Lande. Die 1950 erfolgte Neukonstituierung der CDU der SBZ als „Exil-CDU der SBZ" wurde von zahlreichen Mitgliedern in Thüringen begrüßt. Kaiser erhielt auch aus Thüringen Briefe, die seinen Anspruch auf die Führung der Partei bestätigten und in denen Vorschläge zur Organisierung der „legitimen Kräfte"[334] in der CDU

327 Vgl. Frieden – Freiheit – Freundschaft. Vierter Landesparteitag der CDU LV Thüringen 17./18. Juni 1950 in Erfurt (Programm) – (ACDP III-013-706).

328 Vgl. THIEL S. 49.

329 Vgl. „Landesparteitage der CDU 1950". In: Utm vom Juli 1950.

330 Brief Volker L. Sigismund an Rupprecht Dittmar vom 11. September 1950 (PA Volker Sigismund QG25).

331 Vgl. „Walter Rücker aus CDU ausgeschlossen". In: „Der neue Weg" vom 28. Oktober 1950. Vgl. „Rückers Fehlspekulation". In: „Der Tag" vom 24. November 1950. Vgl. „Wieder ein Parteischädling". In: „Der Tag" vom 26. Oktober 1950. Vgl. „Verfolgte Nuschke-CDU". In: UiD vom 8. November 1950. Vgl. Entwurf. Beschluß des Exil-LV Thüringen. AG Berlin vom 29. November 1950 (ACDP III-013-630/3).

332 Vgl. Landesblock Thüringen der Antifaschistischen Parteien und Demokratischen Organisationen. Protokoll der Landesblocksitzung am 3. Juni 1950 in Erfurt (ACDP III-013-790).

333 Vgl. Carl-Heinz Drechsler (ACDP III-013 DbCDU Ok).

334 Brief Gerhard Hessel an den Minister für Gesamtdeutsche Angelegenheiten J. Kaiser. Bad Kösen. 25. Juni 1950 (ACDP III-013 DbCDU ChO 278 Gerhart Hessel 1950 und BA NL Kaiser 29). Vgl. Herbert Teuscher (ACDP III-013 DbCDU Ok).

gemacht wurden. Auch der bayerische Ministerpräsident Hans Ehard bekam Post aus dem benachbarten Thüringen. Eine Ortsgruppe, die sich offiziell aufgelöst hatte, um sich der politischen Umwandlung der Partei zu entziehen, forderte „Patenschaften der Bundes-CDU“[335] für die in die Illegalität abgedrängten CDU-Gruppen in der DDR. Solche Briefe wurden an das Ostbüro der CDU weitergeleitet, das die Betreuung dieser Gruppen übernahm.

Am 6. August 1950 verpflichtete der Landesvorstand sämtliche Kreisverbände auf die Richtlinien der Nationalen Front zur Einheitslistenwahl im Oktober 1950 und schloß weitere Mitglieder aus der CDU aus.[336] Bereits im Juli hatte der Nachfolger Rückers im Amt des thüringischen Ministers für Handel und Versorgung, Heinrich Gillesen (CDU), seinen Rücktritt erklärt. Im August flüchtete auch er aus der DDR.[337]

Vor der Einheitslistenwahl nutzte die SED immer stärker die Nationale Front, um Einfluß auf die Kandidatenaufstellung der CDU zu nehmen.[338] Da der CDU nur die Aufstellung von Kandidaten erlaubt war, denen die SED zustimmte, gab es erhebliche Schwierigkeiten, genügend geeignete Kandidaten zu finden.[339] Proteste der Mitglieder gegen diese Entwicklung hatten im Herbst 1950 nur noch den Ausschluß aus der Partei zur Folge.[340] Auch Versuche innerhalb des Landesvorstandes, die prokommunistische Führungsgruppe um Bach durch gemäßigtere Funktionäre zu ersetzen, waren, wie in der sogenannten „Fortschritt-GmbH-Affäre“, von vornherein zum Scheitern verurteilt.[341]

Sachsen-Anhalt. Auch in Sachsen-Anhalt gingen SKK und SED verstärkt dazu über, von ihnen angeleitete Funktionäre in die führenden Funktionen der CDU zu lancieren. Dadurch vereinfachte sich die Lenkung und Kontrolle der Partei wesentlich. Wie die Sowjets ihre Kandidaten an die Spitze der Landesverbände beförderte, zeigt der 4. Landesparteitag der CDU in Sachsen-Anhalt am 3. und 4. Juni 1950

---

335 Vgl. „Die Welt hinter dem Eisernen Vorhang“. In: UiD vom 2. September 1950.

336 Vgl. „CDU muß in vorderster Linie stehen“. In: „Thüringer Tageblatt“ vom 8. August 1950.

337 Vgl. „Aus der Ostzonen-CDU“. In: UiD vom 12. Juli 1950. Vgl. „Dr. Gillesen floh nach Berlin“. In: UiD vom 30. August 1950.

338 Vgl. „Tägliche Rundschau“ vom 12. September 1950 (Helga Rieckhoff). Vgl. Brief des Antifaschistischen Blocks Neustadt (Orla) an Otto Schmidt (CDU) vom 29. August 1950 (ACDP III-013-628/2). Vgl. Brief CDU LV Thüringen an den 1. Vorsitzenden der CDU-OG Weimar, E. Quehl vom 11. August 1950 (PA Volker Sigismund QG8).

339 Vgl. CDU HGS, Abt. Organisation: Organisationsstatistik und Tätigkeitsbericht für den Monat Juli 1950, 12. August 1950 S. 7 (ACDP III-013-790). Vgl. Rücksprache mit Herrn Steiniger aus Weimar, 9. August 1950 (ACDP III-013-792).

340 Vgl. Niederschrift über die am 8. August 1950 10.00 Uhr in der „Lindenhöhe“ stattgefundene Kreisdelegiertentagung (Sondershausen) – (ACDP III-013-790).

341 Vgl. August BACH: „Politik und Geschäft. Die Affäre der ‚Fortschritt‘ G.m.b.H. Eine Lehre und Warnung“. In: „Thüringer Tageblatt“ vom 26. September 1950. Vgl. THIEL S. 56f.

in Halle.[342] Hier kam es zu tumultartigen Szenen, als bei der Wahl des neuen Landesvorstandes neben Josef Wujciak auch der als Mitarbeiter des MGB bekannte Karl Broßmann mit 42 Stimmen gegen 61 Neinstimmen und 70 Enthaltungen zum 2. Vorsitzenden bestimmt wurde. Mit einer Wahl hatte dieses Verfahren wenig zu tun. Als die SKK Broßmann bereits vor dem Landesparteitag als Landesvorsitzenden nominieren wollte, gelang es Götting, der die Stimmung im Landesverband kannte, die Sowjets in Verhandlungen zu überzeugen, daß es besser sei, den CDU-Aktivisten und Bergarbeiter Josef Wujciak, der ebenfalls zum „fortschrittlichen" Flügel seiner Partei gehörte, zum Vorsitzenden zu küren. Daraufhin forderten die Sowjets, Broßmann auf jeden Fall zum Stellvertreter Wujciaks wählen zu lassen.[343] Die der „Wahl" Broßmanns folgenden Krawalle gaben Götting Recht und veranlaßten ihn, eine Volkspolizeieinheit für einen eventuellen Einsatz gegen die Delegierten in Bereitschaft stellen zu lassen.

Der neue Landesvorsitzende Josef Wujciak löste den amtierenden Landesvorsitzenden Leopold Becker ab, der die CDU seit der Absetzung Erich Faschers geleitet hatte. Mit ihrem 4. Landesparteitag war die CDU in Sachsen-Anhalt völlig auf den vorgeschriebenen prokommunistischen Kurs gebracht. Der mit Chören und Fanfaren der FDJ eröffnete Parteitag ließ den „aufrichtigen Freund" Stalin hochleben, anerkannte die Notwendigkeit, zugunsten der SED auf freie Wahlen zu verzichten, und versprach, auch noch die letzten „Reaktionäre" in den eigenen Reihen ausfindig zu machen und aus der CDU auszuschließen.[344] So war die Zeit nach dem Parteitag neben dem Kampf gegen die „amerikanischen Kartoffelkäfer"[345] von einem massiven Vorgehen gegen alle Mitglieder bestimmt, die sich der Umwandlung der CDU noch immer widersetzten. Von Anfang an arbeitete der neue prokommunistische CDU-Landesvorstand dabei eng mit der SKK, der SED und dem MfS zusammen.[346] Der neue Landessekretär Hans-Günter Stibbe mußte nach dem Landesparteitag fast täglich in der SED-Landesleitung erscheinen, wo der SED-Beauftragte für „bürgerliche Parteien" das weitere Vorgehen mit ihm besprach.[347]

Im Sommer 1950 setzte eine Austrittswelle ein, die erst Ende der 50er Jahre einen vorläufigen Höhepunkt erreichte. Überall wurde in den Ortsgruppen über eine

---

342 Vgl. „Landesparteitag Sachsen-Anhalt der CDU". In: Utm vom Juni 1950 S. 18f.

343 Vgl. Bericht (handschriftlich) an Herrn Jöhren vom 24. Juli 1950 Sachsen-Anhalt (ACDP III-013-786). Vgl. Wilhelm Rost, Mitglied des Landtags Sachsen-Anhalt (Exil): Erklärung zu Punkt 3 d (ACDP III-013-793). Vgl. CDU KV Querfurt vom 8. Juni 1950. Augenzeugen-Bericht und Erklärung! (ACDP III-013 DbCDU ChO 293 Ehrenfried Glups 1951).

344 Vgl. „Landesparteitag". In: „Der neue Weg" vom 2. und 6. Juni 1950.

345 „USA-Sabotage". In: „Der neue Weg" vom 17. Juni 1950.

346 Vgl. „Kritische Nachlese". In: „Der neue Weg" vom 9. Juni 1950. Vgl. Auszugsweise Abschrift aus dem gedruckten Entschließungsentwurf für die Kreisdelegiertenkonferenz der SED Kreis Blankenburg am 24. und 25. Juni 1950 (ACDP III-013-628). Vgl. CDU KV Querfurt vom 8. Juni 1950. Augenzeugen-Bericht und Erklärung! (ACDP III-013 DbCDU ChO 293 Ehrenfried Glups 1951).

347 Vgl. Bericht Herrn Jöhren vom 24. Juli 1950 Sachsen-Anhalt (ACDP III-013-786).

freiwillige Selbstauflösung der CDU diskutiert. Da SKK und SED an der Übernahme des CDU-Parteiapparates interessiert waren, liefen Anträge auf Selbstauflösung allenfalls auf eine unmittelbare Gefährdung der verantwortlichen Ortsgruppenvorsitzenden hinaus.[348] Ziel der Kommunisten war es vielmehr, die CDU noch stärker in die Arbeit der Nationalen Front und deren „Friedenskomitees" einzubinden, sie zur Beeinflussung der Geistlichen zu nutzen und sie vor allem zur „Westarbeit" heranzuziehen.[349] Angesichts des hohen Verschleißes menschlicher Arbeitskraft in den sowjetischen Uranbergwerken auf dem Gebiet der DDR[350] wurde die CDU außerdem verpflichtet, für die Arbeit im Erzbergbau und speziell in den Uranschächten der sowjetischen „Wismut AG" zu werben.[351] Selbst in den offiziellen Berichten der Kreisverbände an die Landesleitung in Halle ließ sich die Stimmung an der Parteibasis nicht mehr verschweigen. Es hieß dort, die Mitglieder seien „passiv", die Stimmung sei schlecht, man träfe bei Versammlungen auf „eisiges Schweigen", die Einheitsliste werde strikt abgelehnt.[352] Immer mehr Funktionäre verließen die DDR. Im August 1950 flohen die ehemaligen Landtagsabgeordneten Karl Gierke, Hans-Heinrich Kellermann und Gerhard Jordan sowie die Kreisvorsitzenden von Osterburg und Haldensleben und der Kreisgeschäftsführer von Schönebeck aus der DDR.[353] Ihnen folgten wenig später der Landtagsabgeordnete und Vorsitzende des Kreisverbandes Halle, Johannes Kränzlein, sowie der Kreisvorsitzende von Schönebeck.[354]

Brandenburg. Nach dem Tod Frank Schleuseners setzten sich auch in Brandenburg die Parteiausschlüsse und Entlassungen fort. Nach Drohungen durch die SED

---

348 Vgl. Brief Gerhard Kessel an den Minister für gesamtdeutsche Angelegenheiten, Jakob Kaiser. Bad Kösen/Saale vom 25. Juni 1950 (ACDP III-013 DbCDU Cho 278 G. K. 1950 und BA NL Kaiser 29).

349 Vgl. CDU LV Sachsen-Anhalt: Rundschreiben Nr. 23/51. Betr.: Ost-West-Gespräch. Halle, den 21. März 1951 (ACDP III-013-791). Vgl. Rundschreiben Nr. 54 vom 12. Juli 1950: An alle Kreisverbände (ACDP III-013-790).

350 Vgl. Die Zahl der Uran-Sklaven wächst. 14. September 1950 (ACDP VII-004-016/3). Vgl. „Die Todesschächte im Erzgebirge". In: „Weser-Kurier" vom 18. Oktober 1949.

351 Vgl. CDU KV Sangerhausen: An alle Ortsgruppen und Stützpunkte. Sangerhausen, den 18. Juli 1950. Betr. Erzbergbau (ACDP III-013-790). Vgl. Brief des Amtes für Arbeit und Sozialfürsorge Sangerhausen Ia1-1302, 2 B: An die Kreisvorstände der Parteien und Massenorganisationen im Kreis. Sangerhausen, den 17. Juli 1950 (ACDP III-013-788). Vgl. CDU LV Sachsen-Anhalt: Rundschreiben Nr. 56/50: An alle Kreisverbände. Betr.: Arbeitskräftebedarf für den Erzbergbau in Sachsen. Halle, den 15. Juli 1950 (ACDP III-013-790). Vgl. Protokoll über die Landesvorstandssitzung am 3. August 1950 (Abschrift) – (ACDP III-013-628/1).

352 Vgl. Einzelberichte der Kreisverbände (ACDP III-013-790).

353 Vgl. Landtag Sachsen-Anhalt Halle/Saale. 56. Sitzung am 4. September 1950. Sp. 2550 C (ACDP V-001-009). Vgl. Brief Karl Gierke an J. Kaiser. Berlin, den 27. September 1950 (ACDP III-013 DbCDU ChO 277 Karl Gierke 1950). Vgl. CDU LV Sachsen-Anhalt. Abt. Organisation: Organisationsstatistik und Tätigkeitsbericht für den Monat August 1950 S. 8. Halle, 31. August 1950 (ACDP III-013-630).

354 Vgl. „Säuberung in Sachsen-Anhalt". In: UiD vom 7. Oktober 1950.

flohen im April 1950 der Landtagsabgeordnete und Vorsitzende der CDU-Fraktion im Stadtparlament von Frankfurt/Oder, Walter Kuhn, und der Kreisvorsitzende von Angermünde, Otto Soyke[355], nach Berlin (West). Seit der Zustimmung der Parteileitung zu Einheitslistenwahlen im Oktober 1950 sprachen sich immer neue Kreisvorstände gegen die Einheitsliste aus.[356] Auf einer Tagung in Potsdam forderte die Mehrzahl der Ortsgruppenvorsitzenden und Kreisgeschäftsführer noch im April 1950 eine Urabstimmung der Mitgliedschaft über die Frage der Abschaffung freier Wahlen und die Zustimmung zur Einheitslistenwahl.[357]

Um den Widerstand im Landesverband schneller brechen zu können, bewirkten die Sowjets Ende Mai 1950 einen Wechsel an der Spitze des Landesverbandes. An die Stelle des bisherigen Landesvorsitzenden Karl Grobbel trat der erst 26jährige Hermann Gerigk.[358] Damit war es den Sowjets auch hier gelungen, einen MGB-Agenten direkt zum Landesvorsitzenden zu machen. Karl Grobbel blieb auch nach seiner Abwahl Mitglied des Hauptvorstandes und Minister für Sozial- und Gesundheitswesen des Landes Brandenburg.

Der für den 1. und 2. Juli 1950 nach Eberswalde einberufene 4. Landesparteitag bestätigte den Führungswechsel und bestimmte Heinrich Lechtenberg, Nelli Haalck und Aribert Konieczny zu Stellvertretern Gerigks. Auch Karl Grobbel gehörte weiterhin dem engeren Vorstand an.[359]

Der Landesparteitag bestätigte die Erklärung des Politischen Ausschusses vom 28. Januar 1950 und den damit eingeschlagenen prokommunistischen Kurs der CDU. Zur weiteren Absicherung dieses Kurses gingen nach dem Parteitag die Absetzungen und Verhaftungen weiter. Eine Woche nach der konstituierenden Sitzung des neuen Landesvorstandes[360] wurden der stellvertretende Potsdamer Kreisvorsitzende, Erich Ebert, die Potsdamer Stadtverordnete und Sozialreferentin des Landesverbandes, Else Dau, Kirchenbaurat Friedrich Bolle, der Sohn des in der Haft umgekommenen Frank Schleusener und andere Funktionäre der Potsdamer CDU verhaftet.[361] Die

355 Vgl. Walter Kuhn. Otto Soyke (ACDP III-013 DbCDU Ok).

356 Vgl. „Ost-CDU muß Selbstmord begehen“. Hg.: Deutscher Informationsdienst GmbH. 12. Mai 1950 (ACDP VII-004-013/2). Vgl. Brief Josef Koschinski an den Leiter des Bundesnotaufnahmeverfahrens, Herrn Dr. Karl Zimmer, vom 18. Dezember 1953 (ACDP III-013 DbCDU ChO 280 Josef Koschinski 1950). Vgl. „Gegen Einheitsliste“. In: „Der Tag“ vom 5. Mai 1950.

357 Vgl. „CDU-Funktionäre wollen opponieren“. In: „Die Neue Zeitung“ vom 28. April 1950.

358 Vgl. Protokoll über die Sitzung des Politischen Ausschusses am 23. Mai 1950 (ACDP III-013-790). Vgl. Bericht vom 23. Mai (1950) (BA NL Kaiser 105).

359 Vgl. „Brandenburg“. In: Utm vom Juli 1950 S. 20.

360 Vgl. Protokoll der Geschäftsführenden Vorstandssitzung am 12. Juli 1950 (ACDP III-013-803).

361 Vgl. Erich Ebert, Else Dau, Johannes Müller, Gustav Radek (ACDP III-013 DbCDU Ok). Gespräch d. Autors mit Else Dau am 29. Januar 1987 in Berlin (ACDP MAT Richter PH1). Zu E. Ebert vgl. (ACDP I-297-100/3). Vgl. „Potsdamer CDU wird liquidiert“. In: „Die Neue Zeitung“ vom 2. August 1950.

neuerliche Verhaftungswelle veranlaßte auch die gerade vom Landesvorstand für die Provisorische Volkskammer nominierte Erika Wolf, die Gattin des ehemaligen Landesvorsitzenden und Mitgründers der brandenburgischen CDU Wilhelm Wolf, aus der DDR zu fliehen.[362] Ihr folgte wenig später der brandenburgische Justizminister Ernst Stargardt (CDU).[363] Im August 1950 wurde Pfarrer Reinhard Gnettner aus Frankfurt/Oder verhaftet. Auch er starb in der Haft.[364]Während die Vertreter der „alten" CDU entweder flohen, verhaftet wurden oder sich aus dem politischen Leben zurückzogen, brachte der neue Vorstand unter Gerigk die Partei auf den geforderten prokommunistischen Kurs.

Auch für die CDU in Brandenburg galt ab Sommer 1950 als Schwerpunktaufgabe die Gewinnung der Pfarrer für die kommunistische Politik und die Beeinflussung westlicher Kreise.[365] Andererseits bildeten sich auch in Brandenburg immer mehr illegale Gruppen, die in Kontakt zum Ostbüro der CDU standen. Gegen diese Gruppen und gegen Sympathisanten der im September 1950 gegründeten Exil-CDU der SBZ, der sich auch die meisten der zur Flucht gezwungenen Funktionäre der brandenburgischen CDU anschlossen, kündigte der neue Landesvorstand an, „unbarmherzig"[366] vorgehen zu wollen. Um angesichts der Zunahme illegaler Arbeit eine bessere Kontrolle über die Arbeit der Ortsgruppen zu gewinnen, nahmen ab September 1950 entweder SED-Funktionäre oder Volkspolizisten an Vorstandssitzungen und Mitgliederversammlungen der CDU teil.[367] Verbunden mit dem Ausbau des Spitzelsystems, behielt die SED eine umfassende Kontrolle über die Mitglieder und konnte opponierende Mitglieder identifizieren und verhaften lassen. Vor der Einheitslistenwahl wurden auch das ehemalige Mitglied des Volksrates, Heinz Wiegel, der Kreisverbandsvorsitzende der CDU von Prenzlau, Eugen Todtenhaupt, der Ortsgruppenvorsitzende von Prenzlau Harald König und der Prenzlauer Stadtverordnete Ernst Klöhn zu jahrzehntelangen Zuchthausstrafen verurteilt und in Arbeitslager der UdSSR deportiert.[368]

---

362 Vgl. Protokoll der Geschäftsführenden Vorstandssitzung am 27. Juli 1950 (ACDP III-013-803).

363 Vgl. Protokoll der Geschäftsführenden Vorstandssitzung am 7. September 1950 (ACDP III-013-803). Vgl. „Parteiausschlüsse am laufenden Band". In: UiD 61 vom 9. August 1950.

364 Vgl. Gradl: Sowjetstern S. 164.

365 Vgl. Protokoll der Geschäftsführenden Vorstandssitzung am 23. August und 29. September 1950 (ACDP III-013-803). Vgl. „‚Christliche' Kommunisten". In: „Der Tag" vom 25. August 1950.

366 Protokoll der Geschäftsführenden Vorstandssitzung vom 7. September 1950 (ACDP III-013-803). Vgl. Brief des Ministeriums für Staatssicherheit. Verwaltung Brandenburg an die kleine Strafkammer des Landgerichtes Potsdam. Potsdam, den 30. August 1950 (ACDP III-013 DbCDU ChO G. Sch. 1950).

367 Vgl. Protokoll der Sitzung des Geschäftsführenden Landesvorstandes am 17. Februar und 15. März 1951 (ACDP III-013-803). Vgl. Bericht Straußberg vom 12. September 1950 (ACDP III-013-630).

368 Vgl. Heinz Wiegel, Eugen Todtenhaupt, Harald König, Ernst Klöhn (ACDP III-013 DbCDU Ok).

Mecklenburg. Der Landesparteitag der mecklenburgischen CDU, der am 8. Juli 1950 in Schwerin eröffnet wurde, ähnelte weitgehend den vorausgegangenen Landesparteitagen. Die Opposition war ausgeschaltet. Die Delegierten billigten die Einheitslistenwahl, bekannten sich zur Blockpolitik und zur Freundschaft mit der UdSSR. Georg Dertinger, der auf seinem Weg nach Schwerin von Polizei eskortiert wurde, richtete schwere Angriffe gegen die westlichen Staaten und unterstellte ihnen die Vorbereitung des 3. Weltkrieges. Die Delegierten wählten erwartungsgemäß Reinhold Lobedanz wieder zum Landesvorsitzenden.[369] Lobedanz war der einzige Landesvorsitzende, der im Sommer 1950 nicht durch einen prokommunistischen Nachfolger abgelöst wurde. Das lag wahrscheinlich an seiner konsequenten Bereitschaft, die Anweisungen der Besatzungsmacht ohne große Diskussionen auszuführen. Seine Stellvertreter wurden Otto Sadler und Joseph Küchler.[370]

Auch in Mecklenburg gingen die Verhaftungen nach dem Landesparteitag weiter. Im Rahmen der „Reinigungen" der Universitäten und Hochschulen organisierte die SED an der Rostocker Universität eine Verhaftungswelle, der am 12. Juli 1950 u.a. der Vorsitzende der CDU-Hochschulgruppe, Gerhard Popp, zum Opfer fiel. Sein Stellvertreter Gerd Müller der bereits abgesetzt worden war, konnte seiner drohenden Verhaftung nur durch die Flucht aus der DDR entgehen.[371] Mit der Zusammenkunft der mecklenburgischen CDU endete die Serie der Landesparteitage, auf denen in der ganzen DDR prokommunistische Funktionäre die Landesleitungen der CDU übernahmen. Mit Hilfe der so gewonnenen Landesleitungen konnten die SKK und die SED wesentlich effektiver an die Umfunktionierung der Kreisverbände und Ortsgruppen gehen.

II. Westliches Exil und antikommunistischer Widerstand

1. Gründung einer gesamtdeutschen CDU 1950

Während in der DDR die Landesparteitage zeigten, daß die CDU im Begriff war, die letzten Reste ihrer Eigenständigkeit zu verlieren, setzte die CDU in der Bundesrepublik mit der Gründung einer nicht auf das Bundesgebiet und die Westsektoren Berlins beschränkten gesamtdeutschen CDU auch für die Mitglieder in der DDR ein deutliches Zeichen. Unter dem Vorsitz Adenauers dokumentierte

369 Vgl. „CDU: Partei politischer Disziplin". In: „Neue Zeit" vom 11. Juli 1950.

370 Vgl. „Mecklenburg". In: Utm vom Juli 1950. Vgl. „Die Gleichschaltung der Parteien in der Ostzone". In: „Neue Zürcher Zeitung" vom 12. Juli 1950.

371 Vgl. VERBAND DEUTSCHER STUDENTENSCHAFTEN S. 5, 17 u. 24. Vgl. Gerhard Müller (ACDP III-013 DbCDU Ok).

die CDU durch die Einbeziehung von Vertretern aus den sowjetisch besetzten Teilen Deutschlands in die Führungsgremien der Partei ihren „Anspruch auf die Gesamtvertretung des politischen Willens aller sich zum christlich-demokratischen Gedanken bekennenden Kräfte ganz Deutschlands“[1]. In der Absicht, ihre Ziele im Gesamtverband der CDU gesichert vertreten zu können[2], beschlossen die in den Westen geflohenen Mitglieder des Hauptvorstandes, sich in der Bundesrepublik neu zu formieren, um in Anlehnung an die im Grundgesetz verankerte Verantwortung der Deutschen in der Bundesrepublik für die Deutschen in der DDR die Interessen der CDU-Mitglieder in der DDR „treuhänderisch“[3] zu vertreten. Nachdem auch Ernst Lemmer, der länger als andere Politiker versucht hatte, zu einem Kompromiß mit den Sowjets zu kommen, erklärte, daß die CDU in der DDR moralisch und politisch aufgehört hätte zu existieren[4], rief Kaiser die 1947 legal gewählten Mitglieder des geschäftsführenden Vorstandes der CDU der SBZ, die fast ausnahmslos geflohen waren, am 24. Juni und 10. Juli 1950 nach Königswinter und Berlin zusammen.[5] In den beiden Versammlungen wurde beschlossen, den auf dem 2. Parteitag im September 1947 gewählten Hauptvorstand der CDU der SBZ auf einem „Exil-Zonenparteitag“ bestätigen oder ergänzen und ihn als politischen Faktor wieder aktiv werden zu lassen. Von den 14 gewählten Mitgliedern des Hauptvorstandes waren 10 den Weg ins politische Exil gegangen.[6] Diese Gruppe beschloß nun offiziell, als der legale, den Einwirkungen der Sowjets entzogene Hauptvorstand der CDU der SBZ aufzutreten und als der von der Arbeitsgemeinschaft der CDU/CSU als Teil der Gesamtunion am 21. September 1948 offiziell anerkannte Zonenvorstand die Interessen der Mitglieder in der DDR wahrzunehmen.[7]

Im Prozeß der Reaktivierung der Parteiarbeit der CDU der SBZ und der daraus resultierenden Gründung der „Exil-CDU der SBZ“ kam es zu zahlreichen Diskussionen über die Art der zukünftigen Tätigkeit, die sich auch in den Überlegungen über den Namen der Exilpartei widerspiegelten.[8] Diskutiert wurde auch, ob man

---

1 „Gründung der gesamtdeutschen CDU“. In: DUD 94 vom 11. Mai 1950.

2 Vgl. Siegfried Dübel auf der Projekttagung „Geschichte der CDU in der SBZ/DDR 1946–1952“ am 5./6. Juli 1988 in Schloß Eichholz, Protokoll S. 146 (ACDP VI-015).

3 EBD. Wolfram Kesseler S. 242.

4 Vgl. „Informationsdienst der CDU“ 30 vom 10. Juni 1950 S. 3.

5 Vgl. CDU – Sowjetische Besatzungszone: Protokoll über die Sitzung des legalen geschäftsführenden Vorstandes am 24. Juni 1950 in Königswinter (ACDP III-013-790). Vgl. Johann B. GRADL: „Der legale Hauptvorstand der CDU in der SBZ“ (ACDP III-012-388).

6 J. Kaiser, E. Lemmer, J. Bock, F. Friedensburg, J. B. Gradl, H. Krone, E. Nebgen, A. Sagner, G. Schneider u. R. Tillmanns.

7 Vgl. „Exil-Vorstand der Ost-CDU“. In: „Der Tag“ vom 25. Juni 1950.

8 Vgl. die Ausführungen von Siegfried Dübel (S. 132), Friedrich Wegehaupt (S. 132), Willi Oesterlein (S. 136) u. Wolfram Kesseler (S. 143f.) im Protokoll der Projektagung „Geschichte der CDU in der SBZ/DDR 1946–1952“ am 5./6. Juli 1988 in Schloß Eichholz (ACDP VI-015).

sich in der Bundesrepublik und in Berlin (West) als im Exil befindlich bezeichnen sollte, ob es sinnvoll sei, die Landesverbände einzeln oder mit einer gemeinsamen Interessenvertretung in die Bundes-CDU einzubinden und welche Politiker man als die legalen Repräsentanten der CDU der SBZ ansehen könnte.

Während die fünf Landesverbände der Jungen Union der SBZ eigenständige Gliederungen der gesamtdeutschen Jungen Union wurden, lag es vor dem Hintergrund der Rivalität mit Adenauer im Interesse Kaisers, eine Exilparteiorganisation mit „monolithische(r) Struktur“[9] als eine „Hausmacht“[10] der mitteldeutschen Christdemokraten zu schaffen, die seine Stellung innerhalb der Gesamtunion festigen sollte.

Der Politische Ausschuß der DDR-CDU beschloß nach Bekanntwerden der Bildung des Exilvorstandes, seinerseits in der Bundesrepublik „operativ“ vorzugehen und die Kontakte mit den Mitgliedern von CDU/CSU, „die sich gegen die dortige Parteiführung stellen“[11], zu verstärken.

Dem Beschluß zur Gründung einer Exil-CDU der SBZ waren interne Beratungen zwischen CDU, SPD und FDP vorausgegangen, in denen der Plan Kaisers und Lemmers besprochen wurde, Exilorganisationen der CDU, SPD und LDP der SBZ zu bilden und in einem „Soviet Zone regime in exile“[12] zusammenzuschließen. Der Plan fand die Unterstützung der westlichen Alliierten. Er entsprach dem von US-Außenminister Dean Acheson vertretenen Konzept eines „roll back“ des Kommunismus, in dem das „roll back“ bei einer „Kombination von äußerem Druck und innerem Wandel“[13] das Ergebnis der Unterstützung des Freiheitswillens der sowjetisch beherrschten Völker sein sollte. In einem Telegramm hatte US-Außenminister Acheson den Hohen Kommissar der USA für Deutschland, John McCloy, über die Haltung der US-Regierung informiert: „Dept reaction plan reconstitute East CDU, LDP and SPD in West Berlin favorable. Development such project wld serve to undermine effectiveness of collaborationist bourgeois parties as instruments for execution SED policies and Nat‘l Front propaganda and expose fictitious nature of broad coalition in GDR. New setup wld moreover offer a really appealing and effective rallying point for anti-Sov and anti-SED sentiment on Sovzone population.In event plan materializes it wld seem important for West Ger and Allied assistance to be furnished promptly and effectively but in a discreet manner which wld avoid possible charge organization ‚sponsored‘ by Western Allies. Although organization shld be encouraged to develop on its own, early assurances of our

9 Wolfram Kesseler EBD. S. 134.

10 Wolfgang Seibert EBD. S. 148.

11 Protokoll über die Sitzung des Politischen Ausschusses vom 27. Juni 1950 (ACDP III-013-628).

12 FRUS 1950 IV S. 956.

13 Bruno Banduleit: Adenauer zwischen Ost und West, zit b. Gotto: Adenauers Deutschland- und Ostpolitik S. 163.

sympathetic interest and support wld probably be important factor in guaranteeing its success."[14] Nach Beratungen der Alliierten mit den Parteien hatte sich allerdings herausgestellt, daß nur Kaiser die Bildung einer Exilpartei favorisierte. Die SPD und die FDP bevorzugten hingegen „East Zone sections within own instead wholly separate parties in exile"[15]. Die US-Regierung begrüßte auch diese Variante und bezeichnete ein „maximum unity of action on part three East Zone sections"[16] als wünschenswert. Tatsächlich kam es ungeachtet der unterschiedlichen Auffassungen über die Art des Vorgehens und die Organisation der Parteien zu einer Koordinierung des Vorgehens gegen kommunistische Aktivitäten.

Nachdem im Laufe des Sommers 1950 die Repressalien der SED in der DDR und die Versuche der Nationalen Front, in der Bundesrepublik Einfluß zu gewinnen, immer mehr zugenommen hatten, kündigte die Bundesregierung offiziell – verbunden mit der Ablehnung der Anerkennung der Einheitslistenwahlen vom Oktober 1950 – eine Verstärkung der Unterstützung des Befreiungswillens der Deutschen in der DDR „mit allen ihr zur Verfügung stehenden Mitteln"[17] an. Ebenso beschloß der Bundestag, „gegen alle Personen vorzugehen, die im Auftrag und im Sinne der auf Gewalthandlungen abzielenden Beschlüsse des III. Parteitages der kommunistischen SED und des ‚Nationalkongresses' wirkten"[18]. Im August 1950 wurde der „Volksbund für Frieden und Freiheit"[19] als parteiübergreifende antikommunistisch-demokratische Organisation ins Leben gerufen. Im September 1950 rief Bundesminister Kaiser Vertreter der demokratischen Parteien und Spitzenverbände zu einer erneuten Sitzung zusammen, um das gemeinsame Vorgehen gegen kommunistische Aktivitäten zu besprechen.[20]

In der durch den Korea-Krieg und die militärische und politische Mobilisierung der DDR geprägten Situation wurden Politiker wie Kaiser, die aus der SBZ/DDR hatten fliehen müssen, zum Motor einer antikommunistisch-demokratischen Bewegung, deren Aktivitäten wesentlich zur Lähmung der Arbeit der SED/KPD und anderer kommunistischer Organisationen in der Bundesrepublik beitrugen.

---

14 FRUS 1950 IV S. 958.

15 EBD. Anm. 2. Auch in der SPD gab es Ansätze zur Gründung von Exil-Landesverbänden. So plante der ehemalige thüringische Ministerpräsident und SPD-Landesvorsitzende, Hermann Brill, die Gründung eines Exil-Landesverbandes Thüringen der SPD. Vgl. dazu BUSCHFORT S. 63f.

16 EBD.

17 Die Bemühungen S. 15f.

18 EBD. S. 16.

19 Vgl. JAHN: Vertrauen S. 273. Vgl. NOLTE S. 408f.

20 Vgl. „Gemeinsam gegen KP-Terror". In: „Der Tag" vom 19. September 1950.

2. Exil-CDU der SBZ

Ende Juli 1950 gründeten in New York führende Vertreter der „Ungarisch-Christlich-Demokratischen Volkspartei", der „Polnischen Christlichen Arbeiterpartei", der „Christlich-Demokratischen Volkspartei in Slowenien", der „Tschechoslowakischen Christlich-Demokratischen Volkspartei" und der „Litauisch Christlich-Demokratischen Partei" die „Christlich-Demokratische Union von Mitteleuropa" (UCDEC)[21], die sich wenig später der „Nouvelles Equipes Internationales" anschloß.[22] Unter Leitung ihres ersten Präsidenten, des Tschechen Adolf Prochazka, beschäftigte sich die Union mit den Möglichkeiten einer Demokratisierung ihrer Heimatländer.[23]

Ähnlich wie die CDU in der SBZ/DDR waren diese Parteien in ihren Ländern verboten oder in kommunistische Satellitenparteien umgewandelt worden. Nur in einem Punkt unterschied sich ihre Situation wesentlich von der der CDU der SBZ. Sie befanden sich außerhalb ihrer Länder im Exil, während die CDU-Mitglieder, die sich im September 1950 zur Exil-CDU der SBZ zusammenfanden, dies im eigenen Land und als Teil einer Gesamtpartei taten, an deren Zugehörigkeit sie nie einen Zweifel gelassen hatten. Der Exil-CDU der SBZ ging es in erster Linie um Einfluß in der Gesamtunion, um die Durchsetzung der Interessen der Deutschen im sowjetisch besetzten Teil des Landes, aber auch um die Rechte der von dort geflohenen Personen in der Bundesrepublik. Ihre Forderung nach Einfluß in der Gesamtunion gründete sich auf ihren Anspruch, etwa 180 000 Mitglieder in der DDR zu repräsentieren. Verstärkt wurde dieser Anspruch durch die vielen mitteldeutschen Unionsmitglieder im Bundesgebiet, deren Zahl bis 1976 auf immerhin ca. 90 000 ansteigen sollte.[24]

Der konstituierende 1. Parteitag der CDU der SBZ im politischen „Exil" fand am 24. und 25. September 1950 in Berlin statt. An ihm nahmen etwa 200 ehemalige Delegierte des 2. Parteitages von 1947 teil. Unter ihnen waren elf Mitglieder des Zonenvorstandes, zwei Minister, 21 Mitglieder der Landesvorstände, 37 Kreisvorsitzende, sechs Fraktionsführer, 19 Landtagsabgeordnete, 26 Landräte und Bürgermeister und 36 Kreistagsabgeordnete. Die Versammlung wählte einen

---

21 Vgl. ALLEMEYER S. 189. Vgl. „Christlich-Demokratische Union von Mitteleuropa". In: „Union" 33 vom 13. August 1950 S. 4.

22 Vgl. Die Christliche Demokratie in der Welt. Struktur und internationale Organisationen. In: Centre International Démocrate-Chrétien d'Etudes et de Documentation. Doc. Nr. 23. September 1968 Roma.

23 Vgl. STAMMEN S. 287. Vgl. HAHN S. 19.

24 Vgl. „90 000 CDU-Mitglieder der Union im Westen beigetreten". In: „Saarbrücker Zeitung" vom 18. September 1976.

Hauptvorstand und Landessprecher für die fünf Landesverbände.[25] Im Hauptvorstand der Exil-CDU saßen 60 Prozent der auf dem 2. Parteitag der CDU der SBZ und Berlins im Jahre 1947 gewählten Hauptvorstandes.

Politische Entwicklung der Mitglieder des auf dem 2. Parteitag der CDU der SBZ und Berlins 1947 gewählten Hauptvorstandes (HV)

1947	**1948**		**1953**	
2. PT.	Hickmann/ Nuschke (Ost-CDU)	Kaiser/ LV Berlin (West-CDU)	DDR-CDU	Exil-CDU/LV Berlin
J. Kaiser		+		+ (HV)
E. Lemmer	+			+ (HV)
R. Lobedanz	+		+ (HV)	
H. Hickmann	+			+ (DDR)
O. Nuschke	+		+ (HV)	
F. Friedensburg		+		+ (HV)
E. Nebgen		+		+
R. Tillmanns		+		+ (HV)
J. Bock	+		+	
H. Krone		+		+ (HV)
A. Sagner		+		+
I. R. Bubner	+ 1953 DDR-Haft			
E. Fascher	+ 2/1950 abgesetzt		+	
J. B. Gradl		+		+ (HV)
G. Schneider		+		+
A. Hillebrand	+		+ (HV)	
L. Herwegen	+ 11/1949 DDR-Haft			
W. Schreiber		+		+
S. Trommsdorff	+ Flucht			
W. Wolf	5/1948 verstorben			
20 (100 %)	9 (45 %)	9 (45 %)	3 (15 %)	12 (60 %)

Die Vertreter des Ostsektors Berlins zählten nicht zur Exil-CDU der SBZ. Sie organisierten sich bereits seit 1948 als „Arbeitsgemeinschaft der Kreisverbände des

25 Vgl. Brief AG CDU/CSU Generalsekretariat an die LV der CDU/CSU vom 18. Oktober 1950 (ACDP I-009-005/1).

Ostsektors“ innerhalb des Landesverbandes Berlin. Drei Plätze des zwanzigköpfigen Vorstandes wurden symbolisch freigelassen „für diejenigen unserer Freunde, die auf diese Plätze gehören ..., die wir aber nicht nennen dürfen, weil sie noch in der Zone leben und deshalb gefährdet würden“[26]. Zu ihnen gehörte der im Januar 1950 von den Sowjets abgesetzte 2. Vorsitzende der CDU der DDR und sächsische Landesvorsitzende Hugo Hickmann, den Lemmer in Gesprächen vor dem Exilparteitag von der Sinnhaftigkeit seiner Mitarbeit im Exilverband überzeugt hatte. Wie andere Politiker war Hickmann jedoch nicht bereit, seine sächsische Heimat zu verlassen. Er wünschte, für die Mitglieder, die auch nach seiner Absetzung Kontakt zu ihm hielten, ein präsentes Symbol des Widerstandes sein zu können.[27]

Bundeskanzler Adenauer übermittelte den Delegierten telegraphische Grüße, drückte seine Verbundenheit mit den mitteldeutschen Christdemokraten aus und betonte, daß die Teilnehmer des Exil-Parteitages dazu berufen seien, für die CDU-Mitglieder und eine Mehrheit der Bevölkerung in der DDR zu sprechen.[28] Auch aus der DDR gingen verschiedene Erklärungen von Mitgliedern ein, in denen der Parteitag begrüßt und Otto Nuschke das Recht abgesprochen wurde, für die CDU zu sprechen.[29] Überall in der DDR kursierten während des Parteitages Flugblätter[30], auf denen Kaiser gegrüßt wurde. In zahlreichen Städten klebten Plakate mit der Aufschrift: „Unser Parteitag findet am 24. September in Berlin statt. Hört Jakob Kaiser, den einzig rechtmäßigen Vorsitzenden der CDU!“[31]

Die wichtigsten Ergebnisse des Parteitages waren die Betonung des Anspruches des 1947 gewählten Hauptvorstandes, die allein rechtmäßige Vertretung der christlichen Demokraten in der DDR zu sein, die Ankündigung Kaisers, verstärkt gegen kommunistische Organisationen in der Bundesrepublik vorzugehen[32], die Forderung nach Rückgewinnung der ostdeutschen Gebiete und die Ankündigung der Koordinierung und Zusammenfassung aller Widerstandskräfte der CDU in der DDR.[33] Kaiser

26 Kosthorst: Jakob Kaiser S. 163.
27 Vgl. FRUS 1950 IV S. 957.
28 Vgl. „Exil-Parteitag der Sowjetzonen-CDU in Berlin“. In: UiD 76 vom 30. September 1950.
29 Vgl. Brief CDU OG S. an Bundesminister Kaiser vom 20. September 1950 (ACDP III-013 DbCDU ChO 283 O-Q 1950). Vgl. Brief CDU OG Bad Kösen/Saale an den Minister für gesamtdeutsche Angelegenheiten Kaiser vom 25. Juni 1950 (ACDP III-013 DbCDU ChO 278 H 1950). Vgl. Herbert Teuscher (ACDP III-013 DbCDU Ok). Vgl. Erklärung von Freunden aus der sowjetischen Besatzungszone. In: „Der Wellenbrecher“ 1 vom Januar 1951.
30 Vgl. Flugblatt: Männer und Frauen der Christlich-Demokratischen Union in der Sowjetzone! (ACDP III-013-630/2).
31 „SSD sucht Plakatkleber“. In: „Der Tag“ vom 23. September 1950.
32 Vgl. „Generalangriff gegen die KPD“. In: „Der Tag“ vom 26. September 1950.
33 Jakob Kaiser: Eröffnungsansprache zum Exil-Parteitag der CDU der SBZ am 24. September 1950 im Studentenhaus am Steinplatz in Berlin. Hacke S. 485-492. Vgl. Johann B. Gradl: Zu den Grundsätzen der alten Union (ACDP III-013-630/3).

forderte, daß die Flüchtlinge aus der SBZ/DDR im Westen „die Elite" im antikommunistischen Kampf darstellen sollten.[34] Heinrich Krone und Robert Tillmanns kündigten einen Antrag für den Bundestag an, in dem sie forderten, politische Flüchtlinge aus der SBZ bei der Neubesetzung der Stellen vorrangig zu berücksichtigen, die durch die Entlassung von Kommunisten frei würden.[35] Verbunden mit dieser Forderung war die vor allem von Johann Baptist Gradl formulierte Kritik an der angeblich mangelnden Aufgeschlossenheit und Anteilnahme der Deutschen in der Bundesrepublik am Geschehen in der DDR.[36] Keinen Hehl machte der neugewählte Hauptvorstand aus seiner Absicht, durch die Aktivierung der Arbeit der CDU der SBZ „in den neuen Gremien des Staates und der eigenen Partei politische Positionen zu gewinnen, die eine wirksame Vertretung der eigenen Grundvorstellungen erhoffen ließen"[37]. Mit der Exil-CDU der SBZ betonten und vertieften Kaiser und die mit ihm zusammenarbeitenden Politiker ihren Anspruch auf Sitz und Stimme beim bevorstehenden konstituierenden Parteitag der gesamtdeutschen CDU.

In der Führung der CDU der DDR beobachtete man argwöhnisch den Parteitag derer, die zwar den Vorteil hatten, demokratisch legitimiert zu sein, aber mit dem Nachteil leben mußten, von der Besatzungsmacht vertrieben und des Apparates der Partei beraubt worden zu sein. Wie von der sowjetischen Besatzungsmacht gefordert, deklarierte der Politische Ausschuß den konkurrierenden Exil-Vorstand, der sich auf dieselben Mitglieder berief wie Nuschke oder Götting, als „Agentenzentrale, die von den Amerikanern alimentiert wird und den Auftrag hat, die Arbeit in der Republik zu sabotieren"[38]. Die ehemaligen Parteifreunde wurden als Kriminelle bezeichnet und ihre in die Illegalität abgedrängte Parteiarbeit als bewußt „verbrecherische Handlungen"[39] klassifiziert.

Für die Exil-CDU der SBZ war es ein beachtlicher Erfolg, auf dem Gründungsparteitag der „Christlich-Demokratischen Union Gesamtdeutschlands"[40] mit 100 stimmberechtigten Delegierten vertreten zu sein. Damit stellte die Exil-CDU der SBZ fast ein

34 Vgl. „Wir müssen jetzt zu Taten schreiten!". In: „Der Tag" vom 26. September 1950.

35 Vgl. „Flüchtlinge einstellen!". In: UiD 78 vom 7. Oktober 1950.

36 Vgl. Johann B. Gradl: Verantwortung und Verpflichtung für die Sowjetzone. Referat auf dem Exil-Parteitag der CDU der Sowjetzone am 25. September 1950 im Studentenhaus am Steinplatz in Berlin S. 3 (ACDP I-294-Manuskripte 49-50).

37 Gradl: Sowjetstern S. 151.

38 Protokoll über die Sitzung des Politischen Ausschusses vom 26. September 1950 (ACDP III-013-749).

39 „Parteitag der Ausgeschlossenen". In: „Der neue Weg" vom 1. Oktober 1950. Vgl. „Deserteure und Defraudanten". In: „Neue Zeit" vom 23. September 1950.

40 So Adenauer am 21. Oktober 1950. In: CDU/CSU: Erster Parteitag S. 22. Mintzel: Besatzungspolitik S. 83 spricht fälschlich von der „Gründung des westdeutschen Bundesverbandes der CDU". Auch Hartung S. 4 behauptet, es wäre „nie zu einem zonenübergreifenden organisatorischen Zusammenschluß in einer gesamtdeutschen CDU" gekommen.

Drittel der Delegierten und war als Vertretung der mitteldeutschen Christdemokraten ein auch von Adenauer nicht zu übersehender Faktor in der politischen Landschaft der Bundesrepublik.[41] Wichtige Vorarbeit für die starke Stellung der Exil-CDU der SBZ hatte Robert Tillmanns geleistet, der an der Vorbereitung des Parteitages unmittelbar beteiligt gewesen war.[42]

Der Parteitag, der Adenauer zum Vorsitzenden der „gesamtdeutschen CDU"[43] wählte, bestimmte den Vorsitzenden der Exil-CDU der SBZ, Kaiser, neben Holzapfel zum 2. stellvertretenden Vorsitzenden der CDU. Die Exil-CDU der SBZ wurde nach Paragraph 2 des neuen Statuts der Partei einem Landesverband gleichgestellt. Die Vertreter der SBZ sollten „bis zur Wiederherstellung der demokratischen Freiheiten durch einen vom legitimen Hauptvorstand der CDU der sowjetisch besetzten Zone einberufenen Zonenparteitag gewählt"[44] werden. Kaiser wurde als Vorsitzender der Exil-CDU der SBZ Mitglied des Parteiausschusses der Bundes-CDU. Die Mitglieder der Exil-CDU blieben auch nach der Gründung der gesamtdeutschen CDU Mitglieder einer Ortsgruppe der CDU/CSU im Bundesgebiet oder in den Westsektoren Berlins. Parallelorganisationen der Exil-CDU innerhalb der CDU wurden von Anfang an nicht zugelassen.[45] Damit bestätigte der neue Parteivorstand, daß es sich bei der Exil-CDU der SBZ keinesfalls um eine Flüchtlingspartei handelte, sondern daß die Bundes-CDU vom Fortbestehen der Organisationsstrukturen der CDU in der DDR ausging. Die Mitglieder aus der SBZ/DDR wurden so behandelt, als hätte sich ihre Zugehörigkeit zu einer Ortsgruppe durch einen Wechsel des Wohnortes verändert. Als Vorstand der Zonenpartei wurde, wie seit dem Herbst 1948, der 1947 gewählte Hauptvorstand anerkannt. Durch diese Regelung, die bis in die Gegenwart keine wesentlichen Modifizierungen erfahren hat, werden dem Vorstand der Exil-CDU der SBZ bis heute die CDU-Mitglieder in der DDR als eigentliches Mitgliederpotential zugewiesen. Die in die Bundesrepublik übergesiedelten Mitglieder waren und sind zunächst und vor allem Mitglieder ihrer neuen bundesdeutschen Heimatverbände der CDU/CSU. Dabei ist es möglich, als CSU-Mitglied die Exil-CDU der SBZ auf dem Bundesparteitag der CDU zu vertreten.[46] Umgekehrt ist die Exil-CDU der SBZ auf den Parteitagen der CSU überhaupt nicht präsent. Damit hat die CSU die Vertretung der mitteldeutschen Mitglieder de facto an die CDU abgetreten. Diese Mitglieder bildeten nach Meinung der SED eine wichtige „Kaderreserve für die nach dem Anschluß der DDR an die BRD neu zu schaffenden Landes- und Kreisverbände"[47] der gesamtdeutschen Union.

---

41 Vgl. die Aussagen von Siegfried Dübel auf der Projekttagung des ACDP „Geschichte der CDU in der SBZ/DDR 1946–1952" am 5./6. Juli 1988 in Schloß Eichholz, Protokoll S. 163 (ACDP VI-015).

42 Vgl. BRÜGELMANN/SIMON S. 75. Vgl. KOSTHORST: Jakob Kaiser S. 165.

43 CDU/CSU: Erster Parteitag S. 3.

44 EBD. S. 174.

45 CDU/CSU: Die Protokolle des CDU-Bundesvorstandes 1 S. 466.

46 So z. B. Gotthold Sternitzke auf der Projekttagung „Geschichte der CDU in der SBZ/DDR 1946–1952" am 5./6. Juli 1988 in Schloß Eicholz, Protokoll S. 213f. (ACDP VI-015).

47 So TELLER S. 114.

Für Kaiser bedeutete die Aufnahme der Exil-CDU der SBZ in die gesamtdeutsche Organisation einen bedeutenden Erfolg. Durch diese „Hausmacht“[48] wurde seine Position als Bundesminister für gesamtdeutsche Fragen innerhalb des Kabinetts der Bundesregierung und als einer der beiden stellvertretenden Parteivorsitzenden gestärkt.[49] Auch Adenauer kam diese Lösung entgegen, band sie doch seinen Kontrahenten Kaiser und die Exil-CDU der SBZ in die Kabinettsdisziplin seiner Regierung ein.

Da Kaiser von seinem Kurs einer unbedingten Priorisierung der Wiedervereinigung auch auf dem Wege einer Neutralisierung nicht abgerückt war, sahen allerdings wie Adenauer auch einflußreiche Gruppen der west- und süddeutschen Union in dem starken Einfluß der Exil-CDU eine Gefahr für den von ihnen angesteuerten föderalistischen, auf Westbindung zielenden Kurs der Partei. Hinzu kam, daß die Vertreter der Exil-CDU eher zum linken Flügel der Union gezählt wurden.[50] So polemisierte bereits unmittelbar nach dem Gründungsparteitag der gesamtdeutschen CDU der „Rheinische Merkur“ heftig gegen die Exil-CDU.[51] Das vorrangige Interesse der Exil-CDU an der Wiedervereinigung Deutschlands[52] führte in der CDU zu Ressentiments gegenüber jenen Politikern aus der SBZ, bei denen man eine Gesprächsbereitschaft gegenüber der UdSSR vermutete. Die unklare Haltung der Exil-CDU, die sich während des alliierten Notenwechsels 1952 bestätigte, veranlaßte einige ihrer führenden Politiker, wie Heinrich Krone, sich stärker von Kaiser abzuwenden und die Politik Adenauers zu unterstützen. In der west- und süddeutschen Union vermutete man, daß sich in der Exil-CDU „getarnte Spitzel befinden könnten, die von Karlshorst, von Dertinger und anderen sowjetzonalen CDU-Apostaten ferngesteuert“[53] werden. Die CDU-Exulanten waren über derartige Unterstellungen empört. Ihre Bemühungen, Mitteldeutschland durch gesamtdeutsche Modelle dem sowjetischen Machtbereich zu entwinden, wurden als willentlich prosowjetisch interpretiert. Ihr Dilemma bestand darin, daß sie versuchten, politische Ziele zu erreichen, die verständlich und scheinbar naheliegend, aber dennoch angesichts der sowjetischen Dominanz in Mitteleuropa nicht zu erreichen waren. Ob die Haltung und die oft harte Kritik west- und süddeutscher CDU-Kreise, wie sie sich im „Rheinischen Merkur“ ausdrückte, angesichts der Machtverhältnisse

---

48 Wolfgang Seibert auf der Projekttagung des ACDP „Geschichte der CDU in der SBZ/DDR 1946–1952“ am 5./6. Juli 1988 in Schloß Eichholz, Protokoll S. 148 (ACDP VI-015).

49 Vgl. Kosthorst: Jakob Kaiser S. 165.

50 Vgl. die Aussagen von Willi Oesterlein (S. 158), Esther-Maria von Coelln (160f.) und Klaus Heller (S. 168) im Protokoll der Projekttagung des ACDP „Geschichte der CDU in der SBZ/DDR 1946–1952“ am 5./6. Juli 1988 in Schloß Eichholz (ACDP VI-015).

51 Vgl. Paul Wilhelm Wenger: „Das Fazit von Goslar“. In: „Rheinischer Merkur“ vom 28. Oktober 1950.

52 Vgl. dazu Schwarz: Adenauer S. 835.

53 A. J.: „Gleiche Brüder, gleiche Kappen“. In: „Rheinischer Merkur“ vom 11. November 1950.

als „tiefe Lähmung des national-gesamtdeutschen Lebenswillens“[54] bezeichnet werden kann, ist fraglich.

Neben den Auseinandersetzungen über politische Fragen hatten die aus der SBZ kommenden Mitglieder und Funktionäre der CDU auch mit anderen Eingliederungsproblemen zu kämpfen. Während die meisten Flüchtlinge in den westdeutschen Unionsverbänden als eine willkommene Bereicherung der politischen Arbeit angesehen wurden[55], blieben vereinzelte Rivalitäten nicht aus. Der ehemalige Fraktionsvorsitzende der CDU im brandenburgischen Landtag, Willy Heller, traf z. B. in Essen[56] auf gewachsene Strukturen und wurde vom dortigen CDU-Verband als Eindringling abgelehnt. Auch in den Westsektoren Berlins, wo, bedingt durch die Massenflucht, plötzlich eine Vielzahl von politisch aktiven Unionsmitgliedern[57] vorhanden war, kam es zu Konkurrenzproblemen, die durch die allgemeine materielle Notlage noch verstärkt wurden.

Unmittelbar vor dem 2. Bundesparteitag der CDU in Karlsruhe kamen in Königswinter bei Bonn die Vertreter der Exil-CDU zu ihrem 2. Parteitag zusammen. Als Ziel ihrer künftigen politischen Arbeit nannten die Versammelten eine bessere Information der bundesdeutschen Öffentlichkeit über die Probleme der Deutschen in der DDR und die Verbesserung der Situation der Flüchtlinge.[58] Zur Durchsetzung dieser politischen Ziele forderte Gradl die Einbeziehung von 30 mitteldeutschen Vertretern ohne Stimmrecht in den Deutschen Bundestag.[59] Mit dieser Forderung setzte sich die Exil-CDU jedoch nicht durch. Der Parteitag sprach der Führung der CDU der DDR unter Nuschke und Götting wiederum das Recht ab, für die christlichen Demokraten in der DDR zu sprechen, und bekannte sich zur Politik der Bundesregierung. Bundeskanzler Adenauer, der zeitweilig am Parteitag teilnahm, versicherte den Teilnehmern, die Einheit Deutschlands in Frieden und Freiheit sei auch dann das vornehmste Ziel seiner Politik, wenn er es nicht jede Stunde

---

54 KOSTHORST: Jakob Kaiser S. 168.

55 Vgl. Wolfgang Seibert auf der Projekttagung des ACDP „Geschichte der CDU in der SBZ/DDR 1946–1952“ am 5./6. Juli 1988 in Schloß Eichholz, Protokoll S. 157 (ACDP VI-015).

56 EBD. Engelbert Heller S. 149.

57 Vgl. EBD. Wolfram Kesseler S. 155.

58 Vgl. Werner Jöhren: „Flüchtlingslos – Flüchtlingsrecht“. In: EXIL-CDU: Wiedervereinigung S. 45f. Vgl. Hans LIEBRICH: „Flüchtlingsrecht“. In: EBD. S. 47.

59 Vgl. Johann B. GRADL: Aktive Ostpolitik. Schlußreferat auf dem Parteitag 1951 der Exil-CDU am 15. Oktober 1951 in Bonn (ACDP I-294-Manuskripte 49-50). Vgl. „Exil-CDU will Vertretung der Ostzone im Bundestag“. In: „Die Welt“ vom 16. Oktober 1951. Vgl. KOSTHORST: Jakob Kaiser S. 164.

hinausschreie.[60] Anders als Lemmer betonte der Kanzler allerdings, daß er nicht daran glaube, daß die UdSSR in absehbarer Zeit eine Einheit des Landes in Freiheit zulassen würde.[61] Kaiser entwickelte in seinen Ausführungen sein altes Denkmodell, nach dem ein wiedervereinigtes Deutschland in bewaffneter Neutralität an den Westen angelehnt, ohne jedoch in ihn integriert zu sein, als eine Brücke zwischen Ost und West fungieren könnte.[62] Das zeigte, daß seine Grundüberzeugungen sich wenig geändert hatten. Bei den Mitgliedern stieß er mit seinen Überlegungen nicht nur auf Zustimmung.

Bei der Wahl des neuen Vorstandes erhielt Kaiser überraschend nur 139 der 164 abgegebenen Stimmen.[63] 25 Delegierte hatten gegen ihn gestimmt oder sich der Stimme enthalten. Lemmer wurde als 2. Vorsitzender bestätigt. Zu Sprechern der Landesverbände wurden Pfarrer Ernst-Günter Haß (Sachsen), Georg Schneider (Thüringen), Willy Heller (Brandenburg) und Werner Jöhren (Mecklenburg) gewählt. Sie gehörten damit neben Ferdinand Friedensburg, Johann Baptist Gradl, Heinrich Krone, Friede Laupitz, Elfriede Nebgen, Willfried Parge und Robert Tillmanns dem neugewählten Hauptvorstand an.[64]

Der Wahl waren heftige Diskussionen zwischen dem Parteivorstand und dem Plenum vorausgegangen, die deutlich gezeigt hatten, daß einige Beschlüsse Kaisers, Lemmers und Gradls von den Mitgliedern nicht mitgetragen wurden. Dazu gehörte vor allem die Ablehnung der EVG durch Kaiser. Vor allem die Vertreter der Jungen Union standen der Ablehnung der EVG skeptisch gegenüber und kritisierten Kaiser auch in anderen Fragen. Unter den Delegierten überwog die Meinung,

---

60 Nach Meinung FOSCHEPOTHS, der zwischen der „angeblichen" und „tatsächlichen" Deutschlandpolitik Adenauers unterscheidet (S. 15), strebte Adenauer auch dann keine Wiedervereinigung an, wenn sie mit einer Demokratisierung Deutschlands verbunden gewesen wäre. Für ihn liegt der „Zynismus der Adenauerschen Deutschlandpolitik" darin, „immer wieder Hoffnungen auf eine Wiedervereinigung erzeugt zu haben, obwohl er selbst alles tat, um sie zu verhindern" (S. 42). Damit interpretiert Foschepoth Adenauers Einsicht in die Unrealisierbarkeit als Ablehnung jeder Form der Wiedervereinigung. Dafür muß er den Beweis freilich schuldig bleiben. Treffender beschreiben GOTTO: Adenauers Deutschland- und Ostpolitik S. 158–167, SCHWARZ: Das außenpolitische Konzept S. 105–155 und BANDULET S. 47–50 u. 87–91 die deutschlandpolitischen Ziele Adenauers. Selbst Lemmer, der immer zu den Kritikern der Politik Adenauers gehört hatte, verstand nach eigenem Bekunden den Etappenplan Adenauers nach 1955 endlich und war davon überzeugt, daß Adenauer „niemals" aufhörte, „an Gesamtdeutschland zu denken" (LEMMER: Manches S. 297). Adenauer habe ihm immer versichert, daß eine „Wiederaufrichtung Deutschlands innerhalb der Grenzen des Karolingerreiches" „nur ein Anfang" (EBD.) sein könne.

61 Vgl. Kundgebung anläßlich des Parteitages der Exil-CDU am Sonntag, dem 14. Oktober 1951 im Bonner Bürger-Verein. Text der Ansprachen von Bundeskanzler Dr. Adenauer und Ernst Lemmer (ACDP Pressedok. 2/209 vom 14. Oktober 1951).

62 Vgl. KOSTHORST S. 207. Vgl. VOLKMANN S. 193. Vgl. HACKE S. 22.

63 Vgl. „Exil-CDU steht zum deutschen Osten". In: „Archivdienst der UiD" 78 vom 17. Oktober 1951.

64 Vgl. „Der Wellenbrecher" 10/11 vom Oktober/November 1951.

daß man den Sowjets gegenüber hart bleiben müsse, „während Jakob Kaiser und sogar Krone damals schon der Meinung waren, man sollte ... mit den Russen ins Gespräch kommen“[65]. Kaiser konnte sich in den Fragen, in denen er konträre Positionen zu Adenauer einnahm, nicht auf eine Mehrzahl der Mitglieder stützen. Die Mitglieder folgten eher den Auffassungen Adenauers. Daher nahmen die Debatten in Königswinter zeitweilig so scharfe Formen an, daß Kaiser im Podium seine Tränen nicht zurückhalten konnte.[66] Zu den Unterschieden in politischen Fragen kam der in der Exil-CDU verbreitete Unmut über Kaiser, der sich nach Meinung vieler Mitglieder zu wenig um die Belange der CDU-Flüchtlinge kümmerte.[67]

Wie schon ein Jahr zuvor wandten sich die Teilnehmer mit einem Aufruf an die Mitglieder in der DDR. Sie warfen der Parteiführung unter Nuschke und Götting Verrat vor und forderten die Mitglieder auf, ihre Mitarbeit in der CDU der DDR nach Möglichkeit einzuschränken: „Meidet die offiziellen Kundgebungen! Laßt die Opportunisten unter sich! Entzieht ihnen die Arbeitsgrundlage! Isoliert sie! Macht sie zu Funktionären ohne Gefolgschaft! In ihrer Atmosphäre des gegenseitigen Mißtrauens sollen sie ersticken! Der Tag der Freiheit wird nicht die Verräter, sondern die Getreuen in die Verantwortung rufen!“[68]

Der Parteitag fand auch unter den Mitgliedern der CDU in der DDR nicht nur Zustimmung. Von einzelnen Funktionären wurde Kaiser vorgeworfen, lediglich „Demagogie für den inneren Hausgebrauch, aber keine Politik, die dem Ziele näher führt“[69], zu betreiben. Den Exulanten wurde das Recht bestritten, das Verhalten derer zu verurteilen, die nicht geflohen seien. Die Befürchtung, nach einer eventuellen Wiedervereinigung von den Funktionären der Exil-CDU beurteilt zu werden, basierte bereits 1951 auf der Erfahrung relativ spät geflohener Mitglieder, die sich nach ihrer Flucht dem Vorwurf ausgesetzt sahen, dem System gedient zu haben.

Mit der Neuorganisation der CDU der SBZ im politischen Exil traten für die Partei bald auch andere Probleme auf, die zu Beginn ihres Wirkens einen großen Teil ihrer Energien verbrauchten. So wurde unter den Mitgliedern ausführlich die Statusfrage der Exil-CDU diskutiert. War sie eine Partei, eine Parteigliederung oder

---

65 Aussage von Klaus HELLER auf der Projekttagung des ACDP „Geschichte der CDU in der SBZ/DDR 1946–1952“ am 5./6. Juli 1988 in Schloß Eichholz, Protokoll S. 120 (ACDP VI-015).

66 Vgl. Protokoll der Projekttagung des ACDP „Geschichte der CDU in der SBZ/DDR 1946–1952“ am 5./6. Juli 1988 in Schloß Eichholz, S. 104–115 (ACDP VI-015).

67 Vgl. die Aussagen von Willi Oesterlein auf der Projekttagung des ACDP „Geschichte der CDU in der SBZ/DDR 1946–1952“ am 5./6. Juli 1988 in Schloß Eichholz, Protokoll S. 206 (ACDP VI-015).

68 EXIL-CDU: Wiedervereinigung S. 66.

69 Brief Volker Sigismund an Rupprecht Dittmar vom 17. Januar 1952 (Privatarchiv Volker Sigismund).

eine Organisation? War sie identisch mit der CDU der SBZ? Wer durfte sich als legaler Repräsentant bezeichnen? Gradl erklärte immer wieder, daß für die Exil-CDU der SBZ nach wie vor die Satzung der CDU der SBZ gelte und es sich damit nicht um eine Partei geflüchteter CDU-Mitglieder handele, sondern vor allem um „die echte CDU der Zone“[70]. Die Exil-CDU wiederum sei Teil der gesamtdeutschen Bundes-CDU.[71]

Wer sich zur „echten“ CDU der SBZ zählen durfte, war eine andere Frage, die zu heftigen Diskussionen führte. Für besonders strittige Fälle wurde eine „Ehrengerichtsordnung“[72] geschaffen. Aber Definitionen wie „echte CDU“ oder “anständige Mitglieder der CDU der SBZ“[73] waren zu unpräzise, als daß in jedem Fall ein gerechtes Urteil über die Flüchtlinge abgelegt werden konnte. Prinzipiell wurden Flüchtlinge, die die prokommunistische Politik Göttings unterstützt hatten und auch Vertreter des gemäßigteren, auf Eigenständigkeit der CDU bedachten Flügels, wie ihn Nuschke vertrat, als „politisch untragbar“[74] erklärt, wenn sie – wie der sächsische Minister Georg Knabe – führende Funktionen innehatten. Damit bestätigte das Ehrengericht die prinzipielle Ablehnung des Kurses von Nuschke. Dieser deutlichen Abgrenzung entsprach auch der Antrag, die gesamte Führung der CDU der DDR aus der Exil-CDU der SBZ auszuschließen.[75]

Da die Vertreter der Exil-CDU in allen Aufnahmelagern der Bundesrepublik und der Berliner Westsektoren bei der Notaufnahme der Flüchtlinge mitarbeiteten, hatten sie direkten Einfluß auf die Entscheidung, welche Personen als „politische Flüchtlinge“ anerkannt wurden. Angesicht der Konkurrenzsituation in den von Flüchtlingen überschwemmten Berliner Westsektoren[76] sank die Neigung der in den Notaufnahmelagern tätigen Funktionäre der Exil-CDU, Personen, die sich gegenüber dem Regime in der SBZ/DDR kompromißbereit gezeigt hatten, durch ihre Anerkennung als „politischen Flüchtling“ ähnliche Chancen für ein berufliches und politisches Comeback einzuräumen wie Flüchtlingen, die dem System offen oder in Form illegaler Parteiarbeit Widerstand geleistet hatten.[77]

70 Aktennotiz über die Zusammenkunft der Vertreter der Berliner Arbeitsgemeinschaft der Exil-CDU am Montag, dem 30. April 1951 im Union-Gästehaus Tempelhof (ACDP III-013-735).

71 Vgl. Beschluß-Protokoll über die Sitzung des legalen Hauptvorstandes der CDU in der sowjetischen Besatzungszone (Exil-CDU) am 7. Dezember 1950 in Königswinter/Rh. (ACDP III-013-852).

72 Ehrengerichtsordnung der Exil-CDU (ACDP III-013-852).

73 Beschluß-Protokoll über die Sitzung des legalen Hauptvorstandes der CDU der SBZ (Exil-CDU) am 10. Juni 1951 in Königswinter/Rh. S. 2 (ACDP III-013-852).

74 Exil-CDU. Westdeutsche Ehrenkammer (BA NL Kaiser 189).

75 Vgl. Arbeitsgemeinschaft Berlin der Landsmannschaft Mecklenburg-Pommern der Exil-CDU (Rundbrief) vom 9. August 1952 S. 3 (ACDP III-013-1048).

76 Vgl. Wolfram Kesseler auf der Projekttagung des ACDP „Die CDU in der SBZ/DDR 1946–1952“ am 5./6. Juli 1988 in Schloß Eichholz, Protokoll S. 155 (ACDP VI-015).

77 Vgl. EBD. die Aussagen von Willi Oesterlein (S. 191 f. u. 205), Esther-Maria von Coelln (S. 192), Hieronymus Spehr (S. 192f.) im Protokoll der Tagung.

Die Vorgehensweise der Exil-CDU weckte unter den CDU-Mitgliedern in der DDR Kritik. Ins westdeutsche Exil geflohene Mitglieder, so verlautete beispielsweise, mögen sich nicht anmaßen, über die „Dagebliebenen" vorschnelle Urteile zu fällen. Viele von ihnen hätten sich ohne große Not ihrer Verantwortung in der SBZ/DDR entzogen und würden nun von sicherem Boden aus Urteile über die fällen, die sich unter ständigen Gewissensbissen der Situation in der DDR stellten.[78] Im Westen würde man von den Mitgliedern in der DDR ein unnützes Martyrium erwarten, das niemandem Vorteile, wohl aber jahrzehntelange Haftstrafen brächte.[79]

Tatsächlich waren die Kriterien hart, nach denen die Flüchtlinge beurteilt wurden, und erweckten oft den Anschein der Selbstgerechtigkeit. So stellte der SPD-Parteivorstand in einem Schreiben fest, „daß sich zwei feindliche Kreise der CDU gegenüberstehen, von denen der eine den Vorteil hat, daß er schon länger in West-Berlin ist und deshalb als zuverlässiger angesehen wird"[80].

Bevorzugt wurden vom Ehrengericht der Exil-CDU Haltungen gegen das kommunistische Regime, die in der Regel entweder eine lange Haft oder aber die Flucht nach sich zogen.[81] Akzeptiert wurden z. B. Personen, die bereits in der DDR mit dem Ostbüro der CDU in Kontakt gestanden hatten. Jede Funktion im Rahmen der sich zunehmend prokommunistisch gebärdenden CDU der DDR stieß auf wenig Verständnis.[82] Der Streit über die Frage, wie lange man in der CDU der DDR mitarbeiten durfte oder überhaupt in der DDR bleiben sollte[83], schlug sich in der Frage der Besetzung der Exilparteitage nieder.[84] So wurde der für 1952 angekündigte Parteitag aus finanziellen Gründen und wegen der zahlreichen Spannungen, Unklarheiten und Diskussionen in der Partei kurzfristig abgesagt. Umstritten blieb unter anderem auch die Frage, ob sich die Exil-CDU dem Kurs der Westeinbindung der Bundesrepublik anschließen sollte. Lemmer erwog nach dem Scheitern der alliierten Wiedervereinigungsverhandlungen des Jahres 1952, seine Mitarbeit in der Exil-CDU einzustellen, da sie nach seiner Meinung in der Frage der Wiedervereinigung „politisch versagt" habe und in der Partei die üblichen Erscheinungen aller Emigrantenorganisationen wie „Mißtrauen, Bosheit

78 Vgl. Brief Volker L. Sigismund an Rupprecht Dittmar vom 17. Januar 1952 (Privatarchiv Volker Sigismund).

79 Vgl. „‚Wir gehen jetzt ins Dunkle' Ein Brief aus der Ostzone". In: „Union" vom 14. Mai 1950.

80 Brief des SPD-Parteivorstandes, Flüchtlingsbetreuungsstelle Ost an den Leiter des Bundesnotaufnahmeverfahrens in Berlin vom 11. Juni 1954 (ACDP III-013 DbCDU Ok Hans Teubert).

81 Vgl. 10 Jahre CDU. Feierstunde am Sonnabend, dem 25. Juni 1955, 18.00 Uhr in dem Auditorium Maximum der Freien Universität Berlin-Dahlem (ACDP I-254-002/3).

82 Vgl. Willi Oesterlein auf der Projekttagung „Die CDU der SBZ/DDR" am 11./12. November 1987 in Schloß Eichholz, Protokoll S. 119f. (ACDP VI-015-034).

83 Gespräch des Autors mit Alfred Sagner am 27. April 1987 in Bonn (ACDP MAT Richter PY22).

84 Vgl. Exil-CDU: An alle Mitglieder des Hauptvorstandes. Berlin-Charlottenburg, 16. August 1952 (ACDP III-013-628).

und Mangel an Kameradschaft“[85] aufträten. Auch die Kritik an Kaiser nahm zu. Angesichts der äußerst schwierigen materiellen Situation der geflüchteten Mitglieder, die bereits in der SBZ/DDR wegen ihrer Gesinnung und ihres Eintretens für die CDU zahlreiche Schikanen über sich ergehen lassen mußten, hofften zu viele auf Hilfe durch „ihren“ Minister. Kaiser wurde vorgeworfen, sich zu wenig um „seine Leute“ zu kümmern.[86] Heftige Diskussionen gab es auch über das von der Exil-CDU unterstützte „Vertriebenengesetz“, nach dem Flüchtlinge aus der SBZ nicht dieselben Entschädigungen erhielten wie die Flüchtlinge, Aussiedler und Vertriebenen aus Ostdeutschland. Damit, so die Begründung, wäre ein Verzicht auf die Wiedervereinigung ausgesprochen worden.[87] Ein anderes unter den Mitgliedern diskutiertes Problem war die demokratische Legitimität des Hauptvorstandes und Kaisers, die von einzelnen Mitgliedern in Frage gestellt wurde.[88]

Der ehemalige brandenburgische Landtagsabgeordnete, Peter Bloch[89] sah die Gefahr, „daß die durch den Terror in der Zone zahlenmäßig immer stärker werdende Gruppe der eigentlichen Flüchtlinge die konstant bleibende Gruppe der eigentlichen politischen Vertreter der Zone legal überstimmen und an die Wand drücken werde“[90]. Die Führung der Exil-CDU müsse „frei gemacht werden von einer Zufallsmehrheit einer ständig wachsenden Flüchtlingszahl“[91]. Die Partei könne nicht „nach den üblichen demokratischen Spielregeln“[92] arbeiten, denn ihre eigentlichen Wähler seien nicht die Flüchtlinge, sondern die Mitglieder, die noch in der DDR lebten. Unabhängig von Blochs Überlegungen war im Hauptvorstand der Exil-CDU bereits länger über diese Problematik nachgedacht worden. Hier wollte man auf jeden Fall vermeiden, daß die Exil-CDU zu einer reinen Flüchtlingspartei degenerieren würde. Auf dem 2. Parteitag der Exil-CDU hatte Kaiser zudem feststellen müssen, daß zahlreiche Delegierte eher die Positionen Adenauers vertraten. Ebenso wurde kritisiert, daß Personen, die 1947 dem Hauptvorstand der CDU der SBZ und Berlins angehört hatten, ohne neuerliche Wahl automatisch dem Hauptvorstand der Exil-CDU angehörten. In den Landesverbänden kam es zu zahlreichen Protesten gegen das

85 Brief Lemmer an die Exil-CDU, z. Hd. d. Vorsitzenden, Herrn Bundesminister Jakob Kaiser vom 6. Dezember 1952 (ACDP I-280-006/3).
86 Vgl. Aussage von Siegfried Dübel auf der Projekttagung des ACDP „Geschichte der CDU in der SBZ/DDR 1946–1952“ am 5./6. Juli 1988 in Schloß Eichholz, Protokoll S. 195 (ACDP VI-015).
87 EBD. S. 195.
88 Aussage einer Zeitzeugin in einem Gespräch mit d. Autor im Herbst 1987, Protokoll S. 77 (ACDP MAT Richter QQ).
89 EBD. S. 205.
90 Brief P. Bloch an Kaiser vom 24. Oktober 1952 Anlage: Gedanken über die augenblickliche Form und die Aufgaben der Exil-CDU (BA NL Kaiser 59).
91 EBD.
92 EBD.

Fortführen des Legalitätsprinzips.[93] Deswegen wurden bis zum 3. Exil-Parteitag Statuten erarbeitet, nach denen sich die Partei zu einer symbolischen Vertretung der Mitglieder in der DDR entwickeln sollte. Der Hauptvorstand war nicht gewillt, sich dem Votum der Flüchtlinge zu stellen. Es wurde beschlossen, das Delegiertenquorum des 2. Parteitages im Jahre 1947 beizubehalten und die Delegierten zu den Exil-Parteitagen nur im Bedarfsfall durch Nachfolger der damaligen Delegierten zu ergänzen. Auf die Auswahl der Nachfolger hatten auch Mitglieder Einfluß, die noch in der DDR lebten und Kontakt zur Exil-CDU hatten. Durch das gesamte Verfahren wurde eine Abwahl Kaisers unmöglich gemacht.[94] Auf dem 3. Exil-Parteitag der CDU der SBZ am 22. und 23. März 1953 wurde der Status der Exil-CDU schließlich wie folgt definiert: „Die Exil-CDU ist keine Parteiorganisation im üblichen Sinne. Die christlichen Demokraten, die früher Mitglieder der Parteiorganisation in der sowjetischen Besatzungszone waren und dann fliehen mußten, sind heute Mitglieder der CDU-Organisationen ihres neuen Wohnsitzes. Als ehemalige politische Mitkämpfer in der Sowjetzone sind sie aber berufen, gemeinsam mit dem legalen Hauptvorstand das politische Denken ihrer mitteldeutschen Heimat kundzutun. In diesem Sinne ist die Exil-CDU ... die politische Repräsentation der echten CDU der Sowjetzone. Ihre Aufgabe ist nicht, Parteiorganisation neben der Parteiorganisation zu sein. Ihre Aufgabe ist auch nicht die eines Flüchtlingsverbandes. Ihre Aufgabe ist ungleich höher, nämlich die echte, zum Schweigen gezwungene CDU der sowjetischen Besatzungszone politisch zu repräsentieren und ihren politischen Willen wiederzugeben und zu vertreten.“[95] Die „alte Garde“ derer, die mit Kaiser die SBZ verlassen mußten, richteten die Exil-CDU so Schritt für Schritt zu einer stabilen Hausmacht ein, um auf diese Weise in der politischen Landschaft der Bundesrepublik ungehindert die Interessen der Mitglieder in der DDR vertreten zu können.

3. Illegale Parteiarbeit in der DDR

1947 hatte Kaiser noch in öffentlichen Reden zur Opposition gegen die politischen Ziele der SED aufrufen können. Die von der SMAD in ihrer Zone geschaffenen autoritären Strukturen ließen dies noch zu. Anders sah es wenige Jahre später aus. In der unterdessen gegründeten DDR hatten sich totalitäre Herrschaftsformen entwickelt,

93 So die Aussagen zahlreicher Zeitzeugen auf der Projekttagung des ACDP „Geschichte der CDU in der SBZ/DDR 1946–1952“ am 5./6. Juli 1988 in Schloß Eichholz.

94 Vgl. die Aussage von Wolfram Kesseler auf der Projekttagung des ACDP „Geschichte der CDU in der SBZ/DDR 1946–1952“ am 8./9. November 1988 in Schloß Eichholz, Protokoll S. 117 (ACDP VI-015).

95 Exil-Cdu der Sbz: Das ganze Deutschland S. 71.

in denen SKK und SED auf jede Form politischer Opposition mit Entlassungen, Absetzungen und Verhaftungen reagierten.

Mit der Entstehung totalitärer Strukturen änderten sich auch die Methoden des demokratischen Widerstandes gegen das Regime. Dem „hinhaltenden Widerstand"[96], wie man ihn in der CDU vereinzelt noch bis 1950 durchhalten konnte, wurden mit den entstehenden totalitären Strukturen immer engere Grenzen gesetzt. Aktionen offenen verbalen Widerspruches zogen jahrzehntelange Haftstrafen, Folterungen und sogar die Todesstrafe nach sich. Anfang der 50er Jahre konstatierte Johann Baptist Gradl, „daß Widerstand in der Sowjetzone heute etwas ganz anderes ist als noch vor einem Jahr"[97]. Das Verständnis von Widerstand, wie es bis 1950 gegolten hätte, beziehe sich, so Gradl Anfang 1953, auf eine „fast möchte man sagen – idyllische(n) Welt, in der bei aller Härte des politischen Kampfes doch noch die Regeln der Menschlichkeit und wenigstens die primitivsten Grundrechte galten"[98]. Die Massenverhaftungen der Jahre 1950 bis 1952, die großen Schauprozesse gegen die CDU und die Mißhandlungen in den kommunistischen Zuchthäusern führten zu einem Umdenken in der Frage nach der Art des Widerstandes gegen den Umgestaltungsprozeß in der DDR.

Seit ihrer Gründung hatte man sich in der CDU darüber Gedanken gemacht, wie der sich in der SBZ abzeichnenden Entwicklung am effektivsten Einhalt geboten werden könnte. Nach der Absetzung Kaisers war es zu einer Polarisierung der Auffassungen gekommen. Während Kaiser sich Adenauers Konzeption annäherte, ein starkes Westdeutschland als Bollwerk gegen den Kommunismus zu errichten, um von dort aus Politik gegen die Diktatur in der SBZ zu betreiben, sahen Hickmann oder Nuschke durchaus noch Möglichkeiten, den Drang der Kommunisten nach Alleinherrschaft durch hinhaltenden Widerstand zu bremsen.[99] Grundlage ihrer Überzeugung war die Hoffnung auf eine Wiedervereinigung Deutschlands durch eine Änderung der politischen Rahmenbedingungen in Europa.

Neben diese Auffassungen trat seit 1948, angeregt durch den antikommunistischen Widerstand der deutschen Sozialdemokraten, deren Ostbüro bereits seit Ende 1946

96 Johann B. GRADL: „Politiker im Blickfeld". In: BRÜGELMANN S. 64.
97 GRADL: Der Widerstand S. 8.
98 EBD.
99 KRIPPENDORFF verkennt die Situation, wenn er behauptet, die CDU sei noch weniger als die LDP den Weg des Widerstandes gegen die kommunistische Diktatur gegangen, was er als „geistig-programmatische Schwäche des Bürgertums" (S. 155) interpretiert. Um seinen offenbar vorhandenen, ideologisch begründeten antibürgerlichen Vorbehalt bestätigt zu sehen, bezeichnet er die CDU der SBZ als eine bürgerliche Partei und setzt die Kräfte in der CDU der SBZ, die bereit waren, sich der SED unterzuordnen, mit der gesamten CDU gleich. Die angebliche Unfähigkeit des so postulierten Bürgertums, eine „konstruktive, progressive Politik" zu realisieren, dient Krippendorff schließlich dazu, die Errichtung einer totalitären kommunistischen Diktatur durch die sowjetische Besatzungsmacht als „revolutionäre Umgestaltung durch den Kommunismus indirekt zu rechtfertigen" (S. 156).

beachtliche Aktivitäten entwickelte[100], auch in der CDU der Gedanke illegaler Arbeit.[101] Zum ersten Volkskongreß hatte die SPD 1947 Tausende von Plakaten geklebt. Sie verbreitete eine illegale Zeitung mit dem Kopf eines SED-Blattes[102], verschickte Rundbriefe mit offiziellem SPD-Parteikopf[103] und verfügte über ein Netz illegaler SPD-Gruppen, deren Einfluß bis in höchste SED-Kreise reichte.

Bis zum Sommer 1948 begann auch in der CDU eine intensive illegale Widerstandsarbeit. Dabei mußten sich keine „Geheimorganisationen"[104] konstituieren. Die Ortsgruppen, die sich weiterhin zu Kaiser bekannten, fanden sich immer mehr in der Situation, daß ihre Parteiarbeit durch die SMAD auf dieselbe Weise kriminalisiert wurde wie Kaiser. So entwickelten sich aus der bisher normalen Parteiarbeit durch die sich verändernden politischen Bedingungen illegale Formen der Widerstandsarbeit. Dementsprechend richteten sich die zahlreichen Prozesse, mit denen die SMAD gegen „illegale CDU-Gruppen" vorging, gegen normale Ortsgruppen, die nicht bereit waren, sich dem politischen Kurs der SMAD zu fügen.[105] Anfang 1949 standen der Führung der CDU der SBZ in der Mehrzahl Orts- und Betriebsgruppen gegenüber, die weiterhin Kaiser als Parteivorsitzenden ansahen. Nur ein Teil der Parteibasis bekannte sich zur Führungsmannschaft um Nuschke. Ulbricht konstatierte am 7. Juni 1949, daß „gegnerische, feindliche Gruppierungen" tätig seien, die eine „offene gegnerische Tätigkeit entfalteten"[106]. Neben die über die Nationale Front betriebene Umgestaltung der CDU „von oben" trat deswegen der direkte Kampf gegen CDU-Gruppen, die sich weigerten, der Errichtung der SED-Diktatur zuzustimmen. Das 1950 geschaffene Ministerium für Staatssicherheit (MfS) erhielt mit der Hauptabteilung V eine schlagkräftige Institution gegen Widerstandsgruppen. Das Referat 2 der Abteilung befaßte sich ausschließlich mit kirchlichen oder CDU-Gruppen. Um den Kampf gegen diese Gruppen erfolgreich durchführen zu können, überzogen der sowjetische Geheimdienst (MGB) und das MfS die DDR mit einem engmaschigen Spitzelnetz.[107] Die Kreisabteilungen V des MfS bauten ein Informationssystem auf, das es ihnen ermöglichte, Informationen über jede Orts- und Betriebgruppe der CDU einzuholen. Die dafür durchgeführte Anwerbung von Funktionären aller Ebenen führte zu einem raschen Anstieg der Fluchtzahlen von Funktionären.[108] Bei der Anwerbung wurden die Funktionäre und Mitglieder

---

100 Vgl. SPANGER S. 51. Bereits vor der Zwangsvereinigung von KPD und SPD zur SED war die „Betreuungsstelle Ost" des Parteivorstandes der SPD tätig. Vgl. BUSCHFORT S. 44.

101 Vgl. Bericht Sachsen. 30. Januar 1948. KV Borna (BA NL Kaiser 51).

102 Vgl. Bericht Dresden. 5. Februar 1948 (BA NL Kaiser 51).

103 Vgl. SPANGER S. 51.

104 „Was geschieht in der Ostzone?". In: „Der Tag" vom 18. Juli 1948.

105 Vgl. Prozeß am 24. Juni 1948 vor dem SMT Berlin-Lichtenberg gegen 24 aktive CDU-Mitglieder (ACDP III-013 DbCDU Ok Georg Meyer, Hans Gensa, Kurt Kretschmar, Fritz Ottlinger, Willi Grosskopf, Willi Betzner). Vgl. das Vorgehen gegen die Ortsgruppe Plau in Mecklenburg (ACDP III-013 DbCDU Ok Otto Gericke, Kurt Tappenbeck).

106 Zit. b.: LUKAS S. 134. Vgl. IML: Geschichte der SED S. 228.

107 Vgl. TORMOLEN S. 18f.

108 Der Umfang der Anwerbungen geht aus den Unterlagen des Ostbüros der CDU hervor.

in der Regel vor die Alternative gestellt, wegen ihrer CDU-Tätigkeit verhaftet zu werden oder Spitzeldienste zu leisten. Für die SED zeitigten diese Methoden schnell erste Erfolge. In allen Parteien und Massenorganisationen kam es zu Verhaftungen in einem bis dahin unbekannten Ausmaß.[109] Die Zahl der politischen Gefangenen lag bei etwa 22 000 Personen. Die Verhältnisse in der DDR erinnerten Anfang der 50er Jahre „an die schlimmsten Jahre des Dritten Reiches“[110]. Schauprozesse fanden nicht nur auf höchster Ebene statt. In Ahrensfelde wurden beispielsweise der Bürgermeister (CDU) und weitere Mitglieder der Ortsgruppe verhaftet und zur Abschreckung mit Handschellen aneinandergekettet auf einem offenen LKW mehrfach durchs Dorf gefahren.[111] Trotz der allgemeinen Verunsicherung hielten die meisten Gruppen der CDU ihren Kontakt zum Ostbüro der CDU aufrecht. Während des Parteitages der Exil-CDU am 24. September 1950 klebten in verschiedenen Städten illegale CDU-Plakate.[112] Das Ostbüro der CDU war die wichtigste Anlaufstelle für die Vertreter der CDU-Gruppen in der DDR. Der Zugang zu den Westsektoren Berlins war zu diesem Zeitpunkt für den Personenverkehr noch nicht behindert. Neben dem Ostbüro dienten auch Wohnungen und kirchliche Räume als Treffpunkte. So trafen sich zum Beispiel sächsische Mitglieder bis 1958 mehrmals jährlich u. a. im Hause von Otto-Heinrich von der Gablentz in Berlin-Wilmersdorf, um mit Vertretern der westlichen Union Erfahrungen und Informationen auszutauschen.[113] Mit den Mitarbeitern des Ostbüros berieten die Mitglieder die Arbeit der Partei in der DDR unter den Bedingungen der Illegalität.[114] Angesichts des zunehmenden Spitzelsystems sahen die CDU-Gruppen sich mehr und mehr veranlaßt, zu konspirativen Formen der Parteiarbeit überzugehen. Neben den offiziellen Orts- und Betriebsgruppen, die oft zur Tarnung den Kurs der CDU der DDR mitmachten, existierte eine Vielzahl illegaler Widerstandsgruppen der CDU. Diese Gruppen gaben sich Namen wie „Arbeitsgemeinschaft Alte Union“[115], „Jakob-Kaiser-Gruppe“[116], „Christlich-Demokratischer Kampfbund in Mitteldeutschland“[117], „Deutsche Freiheitsliga“[118], „Immer bereit sein (IBS)“[119], „Deutsche Wider-

109 CDU-Inhaftierungen (ACDP III-013-705).

110 SCHWARZ: Die Ära Adenauer S. 74. Gegenteiliger Ansicht ist D. STARITZ: „Die SED und die Opposition. In: SPITTMANN S. 78.

111 Vgl. „Verhaftete zur Schau gestellt“. In: „Der Tag“ vom 8. April 1951.

112 „SSD sucht Plakatkleber“. In: „Der Tag“ vom 23. September 1950.

113 Ruth Matthaes in einem Gespräch mit d. A. am 11. Januar 1988, Protokoll S. 82f. (ACDP MAT Richter QN).

114 Lieselotte Pieser in einem Gespräch mit d. A. im Herbst 1987, Protokoll S. 37 (ACDP MAT Richter QQ) und Ruth Matthaes in einem Gespräch mit d. A. am 11. Januar 1988, Protokoll S. 79f. (ACDP MAT Richter QN).

115 CDU KV Sondershausen, Arbeitsgemeinschaft „ALTE UNION“: Bestätigung. 10. Juli 1951 (ACDP III-013 DbCDU Cho 289 A – Be 51).

116 (ACDP III-013 DbCDU Ok Wilhelm Thiemann).

117 Christlich-Demokratischer Kampfbund in Mitteldeutschland: Sowjetzonen-CDU verübt Selbstmord (Flugblatt) – (ACDP I-294-911/AI).

118 „Deutscher Widerstand in der Sowjetzone“. In: „Informationsdienst der CDU“ 58 vom 16. September 1950.

119 (ACDP III-013 DbCDU Ok Werner Georg Hubert Schuh, Annaberg – gelbe Karte).

standsbewegung gegen den Kommunismus"[120] oder „Camenberth"[121]. Die Gruppen, die sich über das ganze Territorium der DDR verstreut bildeten, stellten Flugblätter her[122], verteilten Materialien, die sie über das Ostbüro der CDU bezogen, schrieben Warn- und Drohbriefe, beschrifteten Mauern, rissen SED-Plakate herunter, klebten Zettel, betrieben Geheimsender, hörten gemeinsam westliche Radiosendungen, führten Versammlungen durch und belieferten das Ostbüro der CDU mit Berichten. Meist arbeiteten die Gruppen gleichzeitig mit dem „Untersuchungsausschuß Freiheitlicher Juristen"[123], der „Kampfgruppe gegen Unmenschlichkeit"[124] sowie mit westlichen Zeitungen und Rundfunkanstalten zusammen. Durch Delegierte beteiligten sich die Gruppen an „Widerstandkongressen", die im Westen organisiert wurden.[125]

Die westlichen Geheimdienste nutzten die Informationsfreudigkeit der meist jüngeren Akteure, was die SKK und die SED wiederum veranlaßte, die Widerstandsgruppen als westliche Agenten- und Spionageagenturen zu bezeichnen. Es gab unterschiedliche Versuche, die Arbeit der illegalen Gruppen zu koordinieren. Kreisfunktionäre der CDU organisierten Treffen verschiedener Widerstandsgruppen.[126] In Thüringen organisierten sich einige Ortsgruppen zu einem illegalen Kreisverband, der sich als der CDU/CSU zugehörig betrachtete.[127]

Neben diesen CDU-Gruppen wirkten in der DDR zahlreiche überparteiliche Widerstandsgruppen, Gruppen in der SED und in den anderen Parteien, in den Massenorganisationen, der Volkspolizei, den Sportklubs und in den Kirchen. Sie alle gaben die Errichtung demokratischer Verhältnisse in der DDR und die Wiedervereinigung Deutschlands als ihre Ziele an. Viele dieser Gruppen arbeiteten mit westlicher

---

120 Deutsche Widerstandsbewegung gegen den Kommunismus: An die unterdrückte Bevölkerung in Thüringen! Aufruf gegen den Kommunismus! (ACDP III-013 DbCDU ChO 304 Schr. 1951).

121 (ACDP III-013 DbCDU Ok Herbert Teuscher).

122 Vgl. Christlich-Demokratischer Kampfbund, CDU-Widerstandsbewegung gegen die Sowjetdiktatur in Mitteldeutschland: Georg Dertinger – Ihr Maß ist übervoll! (ACDP Pressedokumentation Georg Dertinger). Vgl. Widerstand überall! (ACDP III-013-1069). Vgl. Die wahre CDU an die Bevölkerung der Ostzone (ACDP III-013-630/2). Vgl. Männer und Frauen der Christlich-Demokratischen Union in der Sowjetzone! (ACDP III-013-630/2). Vgl. Entwurf Gerhard Lüdtke (ACDP III-013-779). Vgl. Deutsche Widerstandsbewegung gegen den Kommunismus: An die unterdrückte Bevölkerung in Thüringen! Aufruf gegen den Kommunismus! (ACDP III-013 DbCDU ChO 304 Schr. 1951).

123 Vgl. Karl-Heinz HAGEN/Edwin MÜLLER: „Der Untersuchungsausschuß Freiheitlicher Juristen der Sowjetzone". In: „Frankfurter Hefte" 1951 S. 423–430.

124 MERZ.

125 Vgl. „Kulturkongreß wird Widerstandszentrum". In: „Der Tag" vom 28. Juni 1950. Zur Arbeit der illegalen SPD-Gruppen vgl. BUSCHFORT S. 72–82.

126 Vgl. Liebe Unionsfreunde im Westen, Werte Parteifreunde Jörgen und Hasse (Jöhren und Haß d. A.), Bisdorf, den 2. Juli 1951 (ACDP III-013-792). Vgl. Erklärung, gez. Josef Koschinski. Berlin, den 7. September 1950 (ACDP III-013 DbCDU ChO 280 K-L 1950).

127 Vgl. nächstes Kapitel. Vgl. Prozeßmitschrift Hermann Schwark (ACDP III-013-693).

Unterstützung. Einige hielten Kontakt zu antikommunistisch-demokratischen Bewegungen in den anderen Volksdemokratien.[128] Zahlreiche Widerstandsgruppierungen sowjetisch besetzter Staaten koordinierten ihre Arbeit vom Westen aus. Sie veranstalteten Tribunale und gründeten Anfang 1951 in Paris ein „Internationales Komitee für die europäische Widerstandsbewegung“[129].

Massiver als die Widerstandsarbeit der CDU war die Tätigkeit sozialdemokratischer Gruppen, die – vom Ostbüro der SPD gesteuert – vor allem in der SED wirkten.[130] Bis zum Jahr 1951 hatte die Widerstandsarbeit in der DDR solche Ausmaße angenommen, daß sich SKK und SED gezwungen sahen, massiv dagegen vorzugehen. Im Oktober 1951 leitete das MfS eine umfassende Aktion ein, nachdem am 10. Oktober 1951 das amerikanische Auslandshilfegesetz (Mutual Security Act) in Kraft getreten war. Dieses Gesetz sah eine direkte Finanzierung und Unterstützung antikommunistischer Widerstandsgruppen und deren Einbindung in die NATO-Gesamtstrategie vor.[131]

Mitarbeiter des MfS versuchten mit gefälschten Ausweisen und Bescheinigungen bundesdeutscher Organisationen in die Widerstandsgruppen einzudringen. Das MfS ließ selbst angebliche Widerstandsgruppen gründen, um oppositionelle Kreise anzulocken und zu identifizieren. In der gleichen Weise wurden vom MfS auch illegale Heimatvertriebenenverbände ins Leben gerufen.[132] Das Spitzelsystem innerhalb der Parteien wurde immer weiter perfektioniert.[133] Aber auch die Arbeit der Widerstandsgruppen entwickelte sich weiter. Mit ihren Ostbüros enstanden Organisationszentren der parteiorientierten Gruppen, von denen aus sie ihre Tätigkeit in der DDR und im Ostsektor Berlins koordinierten und lenkten.

---

128 Vgl. Für Westdeutschland. Situationsbericht Nr. 17 der deutschen Freiheitsbewegung im sowjetisch besetzten Deutschland (Abschrift) S. 4 (BA NL Kaiser 13). Vgl. „Stempel, Klebezettel, Flugblätter. Unbekannte Widerstandskämpfer in der Sowjetzone“. In: „Der Tag“ vom 16. Mai 1952. Vgl. „Widerstand im Ostsektor“. In: „Der Tag“ vom 4. Januar 1949. Vgl. „Aus dem Zuchthaus befreit“. In: „Der Tag“ vom 12. Juli 1952. Vgl. „Neue Massenverhaftungen“. In: „Der Tag“ vom 10. Juli 1952. Vgl. „Unterirdische Stimmen aus der Sowjetzone. Kampfgruppe Dahrendorf der SPD in der SBZ“. In: Sopade 891 vom November 1949 S. 7. Vgl. „Freiheitskampf hinter dem Eisernen Vorhang. WRN, UPA, ROMAN und ‚Schwarze Katze‘ – Die Bevölkerung hilft ihnen“. In: „Der Tag“ vom 28. Dezember 1950.

129 „Widerstandsbewegung“. In: „Der Tag“ vom 27. Januar 1951. Vgl. „Der Bolschewismus steht vor Gericht“. In: „Der Tag“ vom 1. Juni 1951.

130 Über die Arbeit des Ostbüros der SPD liegt seit kurzem eine Untersuchungen von Wolfgang Buschfort: Das Ostbüro der SPD vor.

131 Vgl. Meissner: Rußland S. 286f.

132 Vgl. Sagolla S. 33.

133 Vgl. Die Aussagen von Willi Oesterlein auf der Projekttagung „Die CDU in der SBZ/DDR 1948–1952“ am 11./12. November 1987 in Schloß Eichholz, Protokoll S. 190 (ACDP VI-015-034).

Als Kaiser den Sitz der Parteileitung 1948 in den britischen Sektor Berlins verlegen mußte, wußte er zwar, daß er weiter in die SBZ hineinarbeiten würde; unklar war jedoch zunächst, wie diese Arbeit aussehen sollte. Die bald einsetzende Kriminalisierung Kaisers und der Teile der CDU, die sich trotz seiner Absetzung zu ihm bekannten, zwangen die Parteiführung jedoch bald zu ungewöhnlichen Arbeitsformen. Kaiser verfügte zwar über einen Stamm von Funktionären und Mitgliedern, die gesamte Parteiorganisation, die Landes- und Kreisverbände unterstanden jedoch der rivalisierenden Parteiführung im sowjetischen Sektor Berlins. So war der Vorsitzende der CDU der SBZ nicht nur ein „Kaiser ohne Land", sondern auch ohne funktionierende Organisation. Da Kaiser jedoch auf jeden Fall gewillt war, die Parteiarbeit in irgendeiner Weise fortzuführen, mußten er und seine Mitarbeiter sich auf die ungewohnte Situation einstellen. Wenn die SED-Historiker behaupten, daß die zahlreichen illegalen CDU-Gruppen in der DDR vom Ostbüro der CDU ins Leben gerufen wurden[134], verwechseln sie Ursache und Wirkung. Kaiser und sein Büro wurden auch dann noch von zahlreichen Gruppen als d e r Parteivorstand angesehen, als diese, durch die Herausbildung totalitärer Strukturen in die Illegalität abgedrängt, zu veränderten Formen der Parteiarbeit greifen mußten. Diese nun illegal arbeitenden Gruppen repräsentierten die Parteibasis der CDU der SBZ Jakob Kaisers. Dem Büro Kaisers bzw. dem daraus hervorgegangenen Ostbüro der CDU fiel damit die Aufgabe zu, diese Gruppen anzuleiten, zu beraten und im Westen zu vertreten. Die Arbeit des Ostbüros war keine von außen angebotene Hilfeleistung, sondern bestand in der Selbstorganisation der CDU-Gruppen. Das zeigte sich an den Mitarbeitern des Ostbüros, die alle aus der Parteiarbeit kamen und zu ihren politischen Freunden von Berlin (West) aus Kontakt hielten.

Die Parteileitung unter Kaiser wurde, durch die Umstände bedingt, zum „Außenposten der inneren Widerstandsbewegung"[135]. Bereits unmittelbar nach seiner Absetzung hatten sich zahlreiche CDU-Gruppen an Kaiser gewandt und Anleitungen und Hilfestellungen für ihre Parteiarbeit verlangt. Das Ostbüro erhielt Anfragen, ob es nicht besser wäre, die Ortsgruppen der CDU aufzulösen. Es wurde darüber nachgedacht, ob es zweckmäßig und möglich sei, zu neuen Formen des Zusammenschlusses der CDU-Gruppen in der SBZ/DDR zu kommen, die sich der gesamtdeutschen Union zugehörig fühlten. Andere Fragen betrafen die Art der Kontakte und die Informationsarbeit zwischen den CDU-Gruppen und ihrem Parteivorstand in West-Berlin.[136] Ständig wurden Informationen, westliche Zeitungen, Rundfunkberichte und Flugblätter, Geld

134 Aus kommunistischer Sicht vgl. TELLER S. 108 und 112–114.

135 BURNHAM S. 278.

136 Vgl. Brief Gerhard Hessel an Jakob Kaiser. Bad Kösen, 25. Juni 1950 (BA NL Kaiser 29). Vgl. Liebe Unionsfreunde im Westen, Werte Parteifreunde Jörgen und Hasse (Jöhren und Haß d. A.). Bisdorf, den 11. Juli 1951 (ACDP III-013-792). Vgl. Bericht (Thüringen) – (ACDP III-013-628).

oder technisches Gerät angefordert.[137] Andererseits bekam das Ostbüro Hinweise über uneffektive Formen der Arbeit. So wurde der Vertrieb des „Wellenbrechers", eines Blattes des Ostbüros der CDU für die DDR, eingestellt, nachdem von dort dessen Effektivität angezweifelt wurde.[138] Da der Kontakt zwischen Parteileitung und Mitgliedern nicht über die von der CDU der DDR kontrollierten Landes- und Kreisverbände laufen konnte, entwickelte sich ein Kuriersystem. Die wichtigsten Informationen der CDU Kaisers wurden den Mitgliedern in der SBZ/DDR durch Zeitungen und Zeitungsbeilagen übermittelt.[139]

Verteilung der DDR-Beilage der Zeitung „Der Tag" im Februar 1950

	Nr.29 3.2.1950	Nr.35 10.2.1950	Nr.41 17.2.1950	Nr. 47 24.2.1950
Durch Kuriere in die Länder:				
Mecklenburg	270	280	250	270
Brandenburg	330	350	370	360
Sachsen	470	360	380	330
Sachsen-Anhalt	220	240	210	190
Thüringen	170	120	140	180
Ostsektor Berlins	220	170	200	200
Durch Postversand in Einzelbriefen	320	280	250	270
Bahnverteilung durch Einsatzgruppe an den Bahnhöfen in West-Berlin	3000	3200	3200	3200
Insgesamt:	5000	5000	5000	5000

Als „Stabsstelle der Exil-CDU"[140] hatte das Ostbüro verschiedene Aufgaben zu erfüllen. Gemeinsam mit dem Büro Kaisers in Königswinter bei Bonn arbeitete es wie ein Generalsekretariat der Exil-CDU. Hier wurden Redevorlagen für Kaiser

137 Vgl. Brief Otto Rudolf an Hans (Sagner) vom 3. November 1950 (ACDP III-013 DbCDU ChO 304 Schr. 1951). Vgl. Alfred Krause auf der Projekttagung „Die CDU der SBZ/DDR 1948–1952" am 12. November 1987 in Schloß Eichholz, Protokoll S. 232 (ACDP VI-015-034).

138 Vgl. Brief Georg Schneider an Jakob Kaiser vom 9. März 1951 (ACDP III-013-693). Vgl. Rudolf Pelikan (ACDP III-013 DbCDU Ok).

139 Vgl. Betrifft: Verteilung der Ostzonen-Beilage „Der Tag" im Monat Februar 1950. Berlin, 19. April (1950) – (ACDP III-013-792).

140 Gespräch d. Autors mit Alfred Sagner am 27. April 1987 in Bonn (ACDP MAT Richter PY18).

ausgearbeitet, Reisen und Zusammenkünfte der Exil-CDU organisiert und Pressemitteilungen herausgegeben. In den Räumen des Ostbüros der CDU in Berlin befand sich die Redaktion der Zeitung „Der Tag". Von zunehmender Bedeutung war die Flüchtlingsbetreuung. In den Auffanglagern in Gießen, Uelzen und Berlin richtete das Ostbüro Außenstellen ein. Mit ihrer Hilfe wurden geflohene Mitglieder auf ihre Vergangenheit hin überprüft und ihnen gegebenenfalls Hilfen für einen politischen und beruflichen Neuanfang gegeben. Da das Ostbüro in nahezu alle Kreise der DDR Kontakte unterhielt[141], ließ sich bei fast allen Flüchtlingen ermitteln, welche politische Haltung sie in der DDR eingenommen hatten.[142] Oft meldeten sich Flüchtlinge direkt mit Empfehlungsschreiben der mit dem Ostbüro zusammenarbeitenden Verbindungspersonen.[143] Auf diese Weise konnten straffällig gewordene Flüchtlinge und Agenten östlicher Geheimdienste in zahlreichen Fällen enttarnt werden. Bei der Personenkontrolle, für die umfangreiche Karteien angelegt wurden, arbeitete das Ostbüro der CDU mit staatlichen Dienststellen wie dem Verfassungsschutz[144] und mit zahlreichen anderen Institutionen und Organisationen[145] zusammen. Oft erhielt das Ostbüro Informationen über Mitarbeiter des MfS oder des MGB[146] oder über Personen, die im Auftrag der kommunistischen Geheimdienste Entführungen aus den Westsektoren Berlins in den Sowjetsektor organisierten. Über den Rundfunk und mit Hilfe von Flugblättern wurde die Öffentlichkeit über diese Personen informiert. Damit konnte ihre Tätigkeit in vielen Fällen zunichte gemacht werden.[147] Die ständig im Ostbüro der CDU eingehenden Berichte der zahlreichen Mitarbeiter in der DDR und im Ostsektor Berlins wurden durch das Ostbüro ausgewertet und je nach Inhalt an Kaiser als den Bundesminister für gesamtdeutsche Fragen oder an die Presse weitergegeben.[148] Oft erschienen sie als Meldungen in der Zeitung „Der Tag", in anderen

---

141 Alfred Krause auf der Projekttagung „Die CDU der SBZ/DDR 1948–1952" am 12. November 1987 in Schloß Eichholz, Protokoll S. 126 (ACDP VI-015-034).

142 Vgl. Brief Werner Jöhren an Hans Panzer, Bundesgeschäftsstelle der CDU, Referat für die SBZ, vom 14. Oktober 1952 (ACDP III-013-988).

143 Vgl. Brief des CDU-KV Sondershausen an das Ostbüro der CDU vom 25. März 1951, gez. 2. Kreisverbandsvorsitzender (ACDP III-013 DbCDU ChO 301 Pe – Re 1951). Vgl. Bescheinigung von Prof. Hickmann vom 14. August 1952 (ACDP III-013 DbCDU Ok Paul Eckhardt).

144 Vgl. Brief des Bundesamtes für Verfassungsschutz an das Ostbüro der CDU vom 20. August 1951 (ACDP III-013-830).

145 Vgl. Brief des Volksbundes für Frieden und Freiheit E. V. an das Ostbüro der CDU, z. Hd. Herrn Baldauf, vom 15. August 1951 (ACDP III-013-750). Vgl. Brief der KGU an das Ostbüro der CDU vom 5. Oktober 1953 (Geheim) (ACDP III-013 DbCDU ChO 339 El – Fl 1953). Vgl. Brief des RIAS an die CDU, z. Hd. von Herrn Rosenow, vom 4. Juli 1950 (ACDP III-013 DbCDU ChO 313 Gei – Gn 1952).

146 Vgl. Bericht (OG Borna) – (ACDP III-013-706).

147 Vgl. Ostbüro der CDU: Achtung Menschenräuber (Steckbrief) – (ACDP III-013-1040).

148 Vgl. Brief des Büros Jakob Kaiser an das CDU-Ostbüro, z. Hd. v. Herrn Werner Jöhren, vom 19. April 1951 (ACDP III-013-830).

CDU-Blättern oder in den Pressemitteilungen des Informationsbüros West (IWE)[149], das Bundesminister Kaiser zur Informierung der bundesdeutschen Öffentlichkeit über die Vorgänge in der DDR eingerichtet hatte.

Das MfS entwickelte schnell ein reges Interesse an der Arbeit des Ostbüros. Mit geheimdienstlichen Methoden versuchte es Informationen über die Struktur des Büros und vor allem über die Mitarbeiter in der DDR zu erlangen. Immer wieder gelang es dem MfS mit Hilfe seines umfangreichen Informationssystems Personen zu enttarnen, die mit dem Ostbüro zusammenarbeiteten. Die Folge war eine Zunahme der Zahl von Prozessen gegen CDU-Mitglieder.[150] Die Strafen waren drastisch. Direkten Angestellten des Ostbüros drohte die Hinrichtung. Sie wurden in Abwesenheit zum Tode verurteilt[151] und liefen Gefahr, in den Ostsektor Berlins entführt zu werden.[152] Da immer mehr Personen, die Kontakt zum Ostbüro unterhielten, verhaftet wurden, nahm unter den Mitgliedern in der DDR die Skepsis über die Zuverlässigkeit des Ostbüros zu.[153] Man befürchtete, daß von dort vertrauliche Informationen in das MfS und MGB gelangten.

4. Erfurter und Geraer CDU-Schauprozesse

Die Verhaftungen waren allerdings weniger eine Folge der von MfS-Agenten durchgeführten Aufklärungsarbeit im Ostbüro der CDU als der durch die systematische Durchsetzung der CDU der DDR mit Spitzeln gewonnenen Erkenntnisse. Hinzu kamen Verhörmethoden bei bereits inhaftierten Mitgliedern, die durch die Anwendung

149 Dies läßt sich dem Vergleich der Akten des Ostbüros der CDU mit den genannten Publikationen entnehmen.

150 Vgl. Brief des Ministeriums für Staatssicherheit, Verwaltung Brandenburg, an die Strafkammer des Landgerichtes Potsdam. Anklageschrift. Haft. Potsdam, den 30. August 1950 (ACDP III-013 DbCDU ChO PB 60).

151 Vgl. „Märkischer Adler“ vom November 1951 S. 1 (ACDP VII-004-016/3).

152 Wegen ihrer Mitarbeit für das Ostbüro der SPD wurden etwa 800 Personen verhaftet und verurteilt. Vgl. Heinz Richter: „Vergessene Schadensersatzansprüche“ (Leserbrief). In: „Frankfurter Allgemeine Zeitung“ vom 10. August 1988. Für die Jahre 1948 bis 1953 sind im Deutschlandbüro der CDU 572 Verhaftungen aus politischen Gründen registriert (vgl. Tabelle im Anhang: Anzahl der in der Ortskartei des Deutschlandbüros der CDU registrierten politisch motivierten Verhaftungen von Mitgliedern der CDU in der SBZ/DDR 1948 bis 1953). Von den hier registrierten Verhaftungen erfolgte jedoch nur ein Teil wegen einer Zusammenarbeit mit dem Ostbüro der CDU.

153 Vgl. Brief Herbert Schrön an Heidepriem vom 11. Juni 1962 (ACDP III-013 DbCDU ChO 1960). Vgl. Carl-Wilhelm Stroop (ACDP III-013 DbCDU Ok). Vgl. Volker Sigismund auf der Projekttagung „Die CDU der SBZ/DDR 1948–1952“ in Schloß Eichholz am 12. November 1987, Protokoll S. 197 (ACDP VI-015-034). Vgl. Besuch Knaul, Walter am 31. März 1951 (ACDP III-013-792).

verschiedener Foltermethoden[154] schnell zur Preisgabe von Namen und anderen Informationen führten. Einen Höhepunkt erreichte das Vorgehen von SKK und SED gegen die illegal arbeitenden CDU-Gruppen im Dezember 1952. In einem Schauprozeß verurteilte der 1. Strafsenat des Bezirksgerichtes Erfurt 7 CDU-Mitglieder zu hohen Zuchthausstrafen.[155] Die Verurteilten wurden angeklagt, Kontakt zum Hauptvorstand der Exil-CDU und zum Ostbüro der CDU gehalten zu haben.[156] Herbert Teuscher wurde vorgeworfen, gemeinsam mit anderen Mitgliedern am 7. August 1950 im Rathaus von Camburg einen illegalen Kreisverband der „West-CDU“[157] gegründet zu haben. Tatsächlich hatte Teuscher einen Kreisverband „Alter Unionsfreunde“ unter dem Decknamen „Camenberth“ ins Leben gerufen[158], der sich am 16. September 1950 in einer Grußadresse an den Parteitag der Exil-CDU der SBZ gewandt hatte. Erklärtes Ziel des Kreisverbandes war es, Mitglieder um sich zu sammeln, „um bei der Wiederherstellung der Einheit auf eine zuverlässige Gruppe zurückgreifen zu können“[159]. Diese Gruppe hatte während der gesamten Zeit ihrer Tätigkeit engen Kontakt zum Ostbüro der CDU. Einige der Verhafteten gaben ihrer Vermutung Ausdruck, daß ihre Arbeit durch Agenten des MfS im Ostbüro der CDU oder in der „Arbeitsgemeinschaft Berlin der Landsmannschaft Thüringen der Exil-CDU“ aufgedeckt worden sein könnte.[160] In den kommunistischen Presseberichten über den Prozeß wurde das Ostbüro der CDU als Agentur des amerikanischen Geheimdienstes und die Anhänger Kaisers als kriminelle Straftäter bezeichnet.[161] Wie bereits im Dezember 1947 behaupteten die Sowjets, Kaiser betreibe seine Parteiarbeit im Auftrag der CIA. Bereits am 2. Oktober 1952 hatte Armeegeneral Wasilij I. Tschuikow die „Schließung der Spionage- und Terrorzentralen in Westberlin“[162] gefordert. Im Zusammenhang mit dem Prozeß wiederholte er nun in Schreiben an die Hohen Kommissare der westlichen Alliierten diese Forderungen.[163] Neben der Bedeutung im Rahmen der Berlin-Initiativen der UdSSR, die auf eine Änderung des Status der Westsektoren

154 Ilse-Ruth Bubner in einem Gespräch mit d. Autor am 12. Juli 1988 in Bad Homburg (ACDP MAT Richter QO).

155 Johanna Töpler, Robert Kneib, Martin Hein, Herbert Teuscher, Wolfgang Martinius, Wolfgang Schreiner, Hermann Schwark (ACDP III-013 DbCDU Ok).

156 Vgl. Brief W. Jöhren an Hans Strate vom 7. Februar 1953 (BA NL Kaiser 67).

157 Prozeßmitschrift Hermann Schwark (ACDP III-013-693).

158 Vgl. Organisatorische Arbeiten im Kreis Jena. Gez.: Camenberth (ACDP III-013-792). Vgl. Herbert Teuscher (ACDP III-013 DbCDU Ok).

159 Herbert Teuscher. EBD.

160 So Horst Lehmann in einem Gespräch mit dem Autor am 11. April 1987 in Hof (ACDP MAT Richter PQ). Vgl. „Wartburg-Brief“ 1 vom Oktober 1952 S. 7f.

161 Vgl. „‚Ostbüro der CDU‘ – eine Westberliner Spionagezentrale“. In: „Tägliche Rundschau“ vom 21. Dezember 1952. Vgl. „Aus der Anklageschrift gegen sieben Agenten des amerikanischen Geheimdienstes, Mitglieder des sogenannten ‚Ostbüros der CDU‘“. In: „Neues Deutschland“ vom 21. Dezember 1952. Vgl. „Das verbrecherische Treiben des ‚Ostbüros‘ Jakob Kaisers“. In: „Neue Zeit“ vom 21. Dezember 1952.

162 „Tägliche Rundschau“ vom 2. Oktober 1952.

163 Vgl. „Wieder Tschuikow-Protest“. In: „Der Tag“ vom 31. Dezember 1952.

Berlins zielte, diente der Prozeß auch der weiteren Einschüchterung oppositioneller Kräfte in der DDR. Um dieser Aufgabe gerecht zu werden, beschloß das Sekretariat der Parteileitung am 22. Dezember 1952 das genaue Studium der Anklageschrift des Schauprozesses durch alle Ortsgruppen.[164] Für die Lektüre wurden spezielle Mitgliederversammlungen einberufen, deren Teilnahme sämtlichen Mitgliedern zur Pflicht gemacht wurde. Die Parteileitung verlangte von allen Parteigliederungen, alle Erscheinungen und Prozesse zu verhindern, die geeignet seien, „unsere Partei oder Mitglieder unserer Partei in die Pläne des Gegners hineinziehen zu lassen“[165].

Dem Erfurter Schauprozeß folgten in kurzer Reihenfolge weitere Prozesse gegen CDU-Angehörige. Im Januar 1953 fand vor dem 1. Strafsenat des Bezirksgerichtes Gera ein Schauprozeß gegen CDU-Mitglieder statt[166], der dem 1. Erfurter Prozeß weitgehend ähnelte. Neben der Bildung eines Kreisverbandes der West-CDU und der Mitarbeit beim Ostbüro der CDU wurde den Angeklagten vorgeworfen, „die verbrecherischen Pläne Adenauers zur Versklavung des deutschen Volkes“[167] unterstützt zu haben. Ihr Ziel sei es gewesen, die „CDU in der Deutschen Demokratischen Republik aus dem Block der demokratischen Parteien herauszulösen“[168]. Dem Geraer Prozeß folgte ein Prozeß vor dem Bezirksgericht Erfurt, bei dem weitere 15 Mitglieder der CDU zu hohen Haftstrafen verurteilt wurden.[169] Betroffenheit löste vor allem die Verurteilung Hugo Dornhofers zu 12 Jahren Zuchthaus aus. Dornhofer war als einer der Gründer der thüringischen CDU und ehemaliger stellvertretender Landesvorsitzender weit über die Grenzen Thüringens hinaus bekannt und geschätzt. Er galt seit ihrer Gründung im Jahr 1945 als eine der Leitfiguren der Partei. Bereits seit dem 1. Weltkrieg hatte er in den christlichen Gewerkschaften eng mit Kaiser zusammengearbeitet.[170] Dornhofer, der wie kein anderer die demokratischen katholischen Traditionen des Eichsfeldes verkörperte, wurde verurteilt, obwohl man ihm keinerlei direkte Zusammenarbeit mit dem Ostbüro der CDU nachweisen konnte. In der Exil-CDU löste der Prozeß Diskussionen über die Formen der eigenen Arbeit

---

164 Vgl. CDU. Beschlüsse des Sekretariats des Parteileitung Bl. 1 Betr.: Auswertung des Erfurter Prozesses (ACDP III-013-630/2).

165 EBD. S. 2.

166 Karl Friedrich A. Weckener, Horst Lehmann, Christoph Bruszas, Ernst Berner (ACDP III-013 DbCDU Ok).

167 Brief des Staatsanwaltes des Bezirkes Gera I-23/53 an das Bezirksgericht – 1. Strafsenat – in Gera. Anklage. Gera, den 28. Januar 1953 S. 2 (ACDP III-013 DbCDU ChO Horst Lehmann 1956).

168 EBD. S. 10.

169 Dietrich Weber, Hugo Schröter, Eleonore Toepler, Horst Urban, Erich Quehl, Herbert Schrön, Volker Sigismund, Mechthild Rolle, Ignaz Dornhofer, Hugo Dornhofer, Helmuth Baddak, Käthe Moser, Eva Vödisch, Else Bellinghausen, Renate Neumayer (ACDP III-013 DbCDU Ok). Vgl. Bericht: Prozeß gegen CDU-Angehörige in Erfurt (26. Februar bis 4. März 1953). 30. April 1953 (BA NL Kaiser 189).

170 Vgl. Hugo Dornhofer (ACDP III-013 DbCDU Ok).

aus. Die Parteileitung erklärte öffentlich, zu keinem Zeitpunkt für fremde Mächte tätig gewesen zu sein. Das Ostbüro der CDU habe niemandem empfohlen, illegale Gruppen in der DDR zu bilden. Für die Exil-CDU sei es vielmehr „ein Gebot der Klugheit und der Menschlichkeit, die innerlich aufrechten Menschen nicht in Abenteuer zu stürzen“[171]. Nur auf deren ausdrücklichen Wunsch habe das Ostbüro die Mitglieder in der DDR unterstützt. So traurig sich der Vorgang darstelle, so sei er dennoch „ein ermutigendes Zeichen des inneren Widerstandes und auch der Wirkungskraft christlich-demokratischer Überzeugung in der Sowjetzone“[172].

Um die Gefahren für die Mitglieder so gering wie möglich zu halten, hatte man im Ostbüro schon länger über neue Formen der politischen Arbeit und der Informationsvermittlung nachgedacht.[173] So ging man immer mehr dazu über, die Publikationen des Ostbüros der CDU mit der Post zu versenden oder als Flugblätter mit Hilfe von Gasballons über der DDR abzuwerfen.[174] In Zusammenarbeit mit der Bundesgeschäftsstelle der CDU wurden Paketaktionen an Mitglieder in der DDR organisiert. Im November 1952 forderte Bundeskanzler Adenauer die Mitglieder im Bundesgebiet in einem Rundschreiben auf, die Paketaktionen in die DDR zu unterstützen.[175]

Als ihre Hauptaufgabe aber sahen die Funktionäre des Ostbüros der CDU und der Exil-CDU ungeachtet der Prozesse auch weiterhin die Organisierung eines effektiven Widerstandes gegen das kommunistische Regime in der DDR an. Angesichts der gesammelten Erfahrungen lehnten sie jedoch ab 1953 die Schaffung einer „Schattenorganisation“ der Bundes-CDU in der DDR ab.[176] Den Mitgliedern in der DDR wurde empfohlen, sich Formen des passiven Widerstandes anzueignen. Gradl bezeichnete es auf dem 3. Exil-Parteitag der CDU der SBZ im März 1953 als einen groben Fehler, die Menschen in der DDR zu gewalttätigem Widerstand aufzurufen.

---

171 In: EfDuED 1 vom Januar 1953 S. 13. Vgl. Hans-Joachim SCHWARZE: „Liebe Thüringer Unionsfreunde“. In: „Wartburg-Brief“ 1 vom Oktober 1952 S. 2. Vgl. „Die Lügen der Hilde Benjamin“. In: „Der Tag“ vom 23. Dezember 1952.

172 Brief der CDU in der SBZ – Exil-CDU – Gradl an Wilhelm Heller vom 1. Dezember 1952 (ACDP I-255-002).

173 Vgl. Sitzungsbericht des vom Arbeitskreis mit der Untersuchung unserer Propagandaarbeit in der Zone beauftragten Ausschusses vom 13. Juni 1951 (Ostbüro) – (ACDP III-013-735). Vgl. Vertraulicher Brief des Büros Jakob Kaiser an das Ostbüro der CDU, z. Hd. v. Herrn Werner Jöhren vom 4. Juli 1951 (ACDP III-013-830). Vgl. Brief der Bundesgeschäftsstelle der CDU an die CDU. Ostbüro vom 6. November 1952 (ACDP III-013-988). Vgl. Brief Werner Jöhren an das Bundesministerium für gesamtdeutsche Fragen vom 15. Dezember 1952 (ACDP III-013-988).

174 Vgl. Zusammenstellung: Schriften-Versand Ostbüro der CDU im IV. Quartal 1955 und 1956 (ACDP III-013-987).

175 Vgl. BUCHSTAB: Die Protokolle des CDU-Bundesvorstandes S. 318 Anm. 48.

176 Vgl. Brief Johann B. Gradl an Friedrich-Wilhelm Nachtigall vom 2. Juli 1953 (ACDP III-013-630/2). Vgl. Willi Oesterlein auf der Projekttagung „Die CDU der SBZ/DDR 1948–1952“ in Schloß Eicholz am 12. November 1987. Protokoll S. 228 (VI-015-034).

In einem totalitären Polizeistaat, so Gradl, sei „isolierter gewalttätiger Widerstand aus dem Lande selbst nicht fähig, den Terror zu brechen“[177]. Die Widerstandsmethoden sollten sich vielmehr der Gefährlichkeit des Systems anpassen. Erst wenn die Situation reif sei, müsse im Gleichklang mit der nationalen Entschlossenheit im deutschen Westen offen Widerstand geleistet werden. Die „harte Aktion“[178] werde erst sinnvoll, wenn sie „von der leidenschaftlichen Anteilnahme des ganzen deutschen Volkes, von einer Welle, nein, buchstäblich von einer Springflut gesamtdeutscher Entschlossenheit“[179] getragen werde. Bis dahin sei es die sinnvollste Art, Widerstand zu leisten, wenn jemand, nachdem er sich einem Amt nicht entziehen konnte, sich in seiner Funktion auf den Anschein beschränke und passiv verhalte, „wenn ein Arbeiter, ein Kalkulator, ein Funktionär der Betriebsgewerkschaft dazu hilft, gegenüber der Akkordtreiberei das Arbeitstempo zu normalisieren ..., wenn Eltern ihren Kindern ein wahres Bild der Welt vermittelten ..., wenn Lehrer sich bemühten, nicht als Aktivisten und Überzeugte vor ihren Schülern zu erscheinen ..., wenn jemand den verbotenen Rundfunk hört, eine spitze Bemerkung macht, eine Zeitung weitergibt, einen politischen Witz verbreitet“.[180]

So blieb es trotz des Übergangs zu passiven Formen des Widerstandes das Ziel der Exil-CDU, einen Personenkreis in der DDR zu erhalten und auch weiterhin zu rekrutieren, der am „Tag X“ der Wiedervereinigung die Ideen der CDU verkörpern sollte.[181] Das Beispiel Hugo Hickmanns zeigt, daß es der Exil-CDU gelang, dafür auch führende Politiker zu gewinnen. Über den Personenkreis der Verbindungsleute wurde eine Kartei angelegt[182], und man versuchte trotz zunehmender Schwierigkeiten in Kontakt mit ihnen zu bleiben. Die Hoffnung auf eine baldige Wiedervereinigung, auf der die ganze Arbeit basierte, gründete sich allerdings immer weniger auf alliierte Verhandlungen als vielmehr auf eine Politik der Stärke des Westens. Durch eine modifizierte Politik des „roll back“ hoffte man auch in der Exil-CDU den kommunistischen Einfluß in Deutschland zurückdrängen zu können.[183]

---

177 GRADL: Widerstand S. 10.

178 EBD.

179 EBD. S. 11.

180 EBD. S. 8f. Vgl. zu der Problematik des Widerstandes den Abschnitt „Stufen des Widerstandes“. In: GOTTO/HOCKERTS/REPGEN S. 656f. Die hier genannten Kriterien sind durchaus auch auf die DDR Anfang der 50er Jahre anwendbar.

181 Johann B. Gradl auf der Projekttagung „Die CDU der SBZ/DDR 1948–1952“ in Schloß Eichholz am 12. November 1987, Protokoll S. 75. Vgl. Siegfried Dübel EBD. S. 76 (ACDP VI-015-034).

182 Alfred Krause EBD. S. 234.

183 Siegfried Dübel EBD. S. 234f. Vgl. BURNHAM S. 181–279.

III. Auf prokommunistischem Kurs

1. EX ORIENTE PAX – Der V. Parteitag September 1950

Während nach der Gründung der DDR die vom Ostbüro der CDU betreute illegale CDU-Parteiarbeit immer mehr zunahm, entwickelte sich die CDU der DDR unter der Leitung Nuschkes und Göttings nach kommunistischen Vorstellungen weiter. Zwischen der Arbeit, der Orientierung und der äußeren Form der beiden mitteldeutschen CDU-Organisationen lagen bereits 1950 Welten. Das veranschaulichte der 5. Parteitag der CDU der DDR im Ostsektor Berlins, der einen Monat vor dem 1. Parteitag der Exil-CDU stattfand. Auf ihm fanden, folgt man den Aussagen der CDU der DDR, „die Klärung der politischen Grundposition" und die „Überwindung der innerparteilichen Widersprüche zwischen Fortschritt und Reaktion"[1] ihren Abschluß. Wenngleich das allenfalls für die Parteiführung zutraf, präsentierte sich im September 1950 in der Berliner Staatsoper doch eine andere CDU als noch vor einem Jahr auf dem 4. Parteitag in Leipzig. Das war äußerlich schon daran zu erkennen, daß das Parteisymbol der einst eigenständigen Partei mit der kommunistischen „Friedenstaube" und dem Satz „Ex oriente pax" versehen worden war.[2] Die Veränderungen der Partei beschränkten sich aber keinesfalls auf Äußerlichkeiten. Die CDU der DDR war als Teil der Nationalen Front vollständig zu einem Instrument kommunistischer Machtpolitik geworden. So hatte der 5. Parteitag äußerlich das Gepränge kommunistischer Parteitage. Die jüngeren Abgeordneten waren durchweg im Blauhemd der FDJ erschienen. Die Delegierten klatschten rhythmisch und brachten dem Vorstand Ovationen.[3] Etwa 150 Mitarbeiter des MfS und zahlreiche Ordner der CDU kontrollierten jede Einzelheit des Ablaufs. Alle 1000 Delegierte waren vom Hauptvorstand der CDU nach eingehenden Kontrollen und diversen Vorberatungen[4] bestimmt worden. Die Kandidaten für die Neuwahl des Hauptvorstandes hatte der Politische Ausschuß unter Leitung Göttings festgelegt.[5] In enger Absprache mit dem Innenministerium der DDR waren auch ausländische[6] und

1 G. Fischer: Die prinzipiellen Auseinandersetzungen S. 16.

2 Mit dem Satz, den die CDU der DDR bis 1990 in ihrem Symbol trug, war nicht die christliche Botschaft, sondern die kommunistische Lehre und Politik gemeint.

3 Vgl. Gradl: Sowjetstern S. 165.

4 Vgl. Brief CDU KV Magdeburg an Jürgen Karzel vom 31. August 1950 (ACDP III-013-693). Vgl. Protokoll der Tagung der Landessekretäre am 18. August 1950 (ACDP III-013-628).

5 Vgl. Protokoll über die Sitzung des Politischen Ausschusses am 12. September 1950. Anlage 1 (ACDP III-013-749).

6 Vgl. Brief Götting an Minister Dr. Steinhoff, Innenministerium der DDR, vom 6. September 1950 (Abschrift) – (ACDP III-013-628).

bundesdeutsche Gäste[7] zum „Gesamtparteitag“[8] des „Reichsverbandes“[9] der CDU eingeladen worden. Der Parteitag wurde mit einem Empfang der CDU-Führung durch den Vorsitzenden der SKK, Armeegeneral Tschuikow[10], und einer Rede Otto Grotewohls eingeleitet. Grotewohl informierte über die Entscheidung der SED, die CDU nach der Einheitslistenwahl nicht aufzulösen, sondern ihre Arbeit im Rahmen der Nationalen Front weiterhin zu gestatten.[11] Nuschke, der das Hauptreferat hielt, begrüßte gleich zu Beginn der Veranstaltung einige Mitglieder der CDU aus der Bundesrepublik, „die sich nicht gefürchtet haben, entgegen dem offiziellen Bannstrahl der Adenauer-CDU, hier sich zur Gemeinschaft mit uns zu bekennen“[12]. Der Tenor aller Reden und Aussprachen war politisch gleich. Die durchgängigen Themen waren die Freundschaft zur UdSSR, der kommunistische „Friedenskampf“, die Mitarbeit in der Nationalen Front, das Verhältnis von Christentum und Sozialismus, der Fünfjahresplan der SED und immer wieder der Kampf gegen die innerparteiliche „Reaktion“. Themenschwerpunkte bildeten die „nationale Aufgabe“ der „Befreiung“ der Bundesrepublik durch die Nationale Front und die Rolle der Kirchen in der DDR. Außenminister Dertinger griff die Bundesrepublik in äußerst scharfem Ton an und wiederholte seine Absicht, den „nationalen Widerstand“ bis an den Rhein zu organisieren. Durch die Hilfe der UdSSR habe man, so der DDR-Außenminister, die Hoffnung, „daß die Fahne unserer Idee auch einmal auf dem Petersberg wehen“[13] werde.

Aufsehen in den Kirchenleitungen erregte eine Pfarrerkonferenz der CDU, die anläßlich des Parteitages am 14. September 1950 im Haus der Provisorischen Volkskammer tagte. 15 „fortschrittliche“ CDU-Pfarrer und 27 Theologiestudenten forderten zur Mitarbeit in der Nationalen Front, der kommunistischen „Weltfriedensbewegung“, der DSF, dem FDGB und den anderen kommunistischen Massenorganisationen auf.[14] Die Hauptforderung der Theologen war die „Umbildung der Kirchenleitung und Synoden“, die Errichtung einer „Volkskirche“, die Einrichtung staatlicher Kirchenreferate und die Vergabe der Rundfunkpredigten ausschließlich an „fortschrittliche“ Pfarrer.[15] Parallel zur Verschärfung des Kampfes der Kommunisten gegen die

7 Vgl. V. Jahrestagung der CDU 14. – 17. September 1950 Berlin Staatsoper. 9. August 1950. V/Organisation SP/Kn, 2. Liste der einzuladenden Gäste aus Westdeutschland zum Zonenparteitag 1950 (ACDP III-013-790).

8 Brief CDU HGS. Generalsekretär Götting an Oberinspektor Adam Schmidt in Worms vom 25. Juli 1950 (BA NL Kaiser 15).

9 Brief CDU Reichsverband an Jürgen Karzel vom 26. August 1950 (ACDP III-013-693).

10 Vgl. CDU DER DDR: Christen kämpft für den Frieden! S. 9.

11 EBD. S. 33.

12 EBD. S. 25.

13 EBD. S. 227. Vgl. „Dertinger allzu komisch“. In: „Informationsdienst der CDU“ 59 vom 20. September 1950.

14 Vgl. Entschließung der Pfarrerkonferenz (ACDP III-013-797).

15 Vgl. HACKEL S. 68f. Zur Haltung und Zusammensetzung der „fortschrittlichen“ Pfarrer vgl. KÖHLER: Christentum Kommunismus Neutralismus S. 4f.

Kirche in Ungarn und der Tschechoslowakei hatten die Sowjets in Deutschland die CDU der DDR auserkoren, sich an den Auseinandersetzungen mit den Kirchen zu beteiligen, um diese der Staatsgewalt möglichst bald gefügig zu machen.[16] Vereinzelte Proteste der Kreisverbände gegen die antikirchliche Haltung der CDU führten zum Parteiausschluß oder zur Verhaftung der entsprechenden Personen.[17]

2. Einheitslistenwahlen vom 15. Oktober 1950

Zweimal, im Herbst 1948 und 1949, hatten die Sowjets freie Wahlen untersagt, weil sie mit einem Sieg von CDU und LDP rechnen mußten. Seit 1948 hatten sie nichts unversucht gelassen, die Stellung der beiden Parteien zu unterminieren. Vor allem nach der Gründung der DDR waren sie, gemeinsam mit der SED, mit oft terrorähnlichen Methoden gegen CDU und LDP vorgegangen. Nun nutzten sie auch die direkten Wahlvorbereitungen noch einmal, um alle noch verbliebenen demokratischen Kräfte aus wichtigen Funktionen zu verdrängen.

Am 9. August 1950 wurde in der Provisorischen Volkskammer das Wahlgesetz, durch das die Einheitslistenwahl unanfechtbar gemacht werden sollte[18], mit 192 von 400 Stimmen angenommen.[19] Wie andere Politiker verließ auch Nuschke während der Abstimmung die Provisorische Volkskammer, um in den Wandelgängen ostentativ eine Zigarre zu rauchen.[20] Dieses Verhalten erforderte Courage, wurde doch einen Tag zuvor der Generalsekretär der LDP, Günter Stempel, wegen seiner Weigerung der Zustimmung zum Wahlgesetz und ungeachtet seiner Immunität als Abgeordneter der Provisorischen Volkskammer verhaftet.[21]

Nach der Verabschiedung des Wahlgesetzes war es das Ziel Göttings, ausschließlich prokommunistische Abgeordnete der CDU für die Parlamente zu finden. Der Politische Ausschuß entwarf eine Erklärung, die von jedem Kandidaten unterschrieben werden mußte. Sie verpflichtete die Kandidaten, die politische Arbeit ausschließlich nach den Beschlüssen des Hauptvorstandes zu führen und jedes „Mandat niederzulegen, wenn ein Beschluß des Hauptvorstandes ... dazu auffordert“[22]. Damit wurden die Mandatsträger nicht mehr von den Parteimitgliedern

---

16 Vgl. „Ost-CDU soll Kulturkampf anführen“. In: UiD 73 vom 20. September 1950.
17 Vgl. CDU KV Rochlitz: An alle Kreisverbände zur Kenntnis! 3. Oktober 1950 (ACDP III-013-573).
18 Vgl. „Das Wahlgesetz zur Volkskammer“. In: Utm vom August 1950 S. 16.
19 Vgl. Bundesministerium für Gesamtdeutsche Fragen: Wahlfälschungen S. 40.
20 Vgl. Bericht (ACDP III-013-790).
21 Vgl. Fricke: Volkswahlen S. 4. Vgl. Krieg S. 67 Anm. 18.
22 Protokoll über die Sitzung des Politischen Ausschusses am 18. August 1950 S. 2 (ACDP III-013-628).

gewählt, und sie waren ihnen nicht mehr rechenschaftspflichtig. Am 22. August 1950 überprüfte der Politische Ausschuß die Nomenklaturlisten der Volkskammer- und Landtagsabgeordneten.[23] Hatte Götting durch die Aktivierung einer zweiten Öffentlichkeit (Jugend, Frauen, VVN-Mitglieder, Mitarbeiter der Nationalen Front) bereits die formalen Strukturen innerparteilicher Demokratie endgültig beseitigt, so stellte er nun auch die Besetzung der CDU-Fraktionen in diesem Sinne um. An die Stelle gewählter Kandidaten traten symbolische Vertreter einzelner Gruppen (Frauen, Aktivisten, Kleinbauern, Vertreter der Jugend), die vom Politischen Ausschuß benannt wurden[24], was eine völlige Aushöhlung der Landtagsarbeit ankündigte. Parallel zur Kandidatenaufstellung fanden die Kreisdelegierten-Konferenzen der Nationalen Front statt[25], deren Höhepunkt der am 25. und 26. August 1950 im Ostsektor Berlins tagende „1. Gesamtdeutsche Nationalkongreß" war. Hier setzte sich Nuschke öffentlich für die Einheitslistenwahl ein und verband dies mit heftigen Angriffen auf die Bundesregierung.[26] Seine hier formulierte Erkenntnis, daß der „Antibolschewismus ... nur eine andere Form des Faschismus" sei, wurde zum geistigen Allgemeingut der CDU der DDR. Noch Jahre später sahen die führenden CDU-Politiker um Götting die CDU in der Bundesrepublik „von den gleichen Grundsätzen beherrscht"[27], denen einst die Nationalsozialisten folgten. Ein derart überzogenes Feindbild diente den Politikern der CDU der DDR wohl nicht zuletzt zur Selbstrechtfertigung ihrer eigenen Rolle im Gespann der SED.

Am 6. Juli 1950 beschloß der Zentrale Block, daß die endgültige Entscheidung über die Zuverlässigkeit der Kandidaten bei den Ausschüssen des Blocks liege.[28] Während Götting bereits dafür gesorgt hatte, daß ohnehin nur „fortschrittliche" Kandidaten der CDU aufgestellt werden konnten, nahm sich die SED durch den Beschluß vom 6. Juli 1950 das Recht, über die Kandidaten aller Parteien das letzte Urteil zu fällen. Auf diese Weise konnte die CDU keinen Kandidaten für die Kreistage, Stadtverordnetenversammlungen und Gemeindeparlamente[29] ohne die Zustimmung der SED aufstellen. Die Vertreter für die Landesparlamente und die Volkskammer

---

23 Vgl. Protokoll über die Sitzung des Politischen Ausschusses vom 18. Juli 1950. Anlage 2: Kandidaten-Vorschläge (ACDP III-013-628).

24 Vgl. Protokoll über die Sitzung des Politischen Ausschusses vom 22. August 1950 (ACDP III-013-628).

25 Vgl. CDU HGS: L-Rundschreiben Nr. 22/50. Betr. Nationalkongreß (ACDP III-013-790).

26 Vgl. Otto NUSCHKE: „Warum Einheitslisten für die Volkswahlen?". In: NATIONALE FRONT DES DEMOKRATISCHEN DEUTSCHLAND: „Informationsdienst Nr. 14/15 1950 S. 36. Vgl. CDU HGS: „Die Union in der Nationalen Front" 5 vom 15. September 1950 (ACDP III-013-749).

27 SCHAPER: Antikommunismus S. 23.

28 Vgl. Richtlinien des Demokratischen Blocks für die Aufstellung der Kandidaten zu den Volkswahlen im Oktober 1950 (ACDP III-013-628). Vgl. CDU LV Sachsen-Anhalt: Rundschreiben Nr. 31 vom 27. Februar 1951. An alle Kreisverbände (ACDP III-013-791).

29 Vgl. CDU HGS: An alle Kreisverbände, alle Ortsgruppen. Betr.: Aufstellung der Kandidaten für Landkreise, Städte und Gemeinden. Berlin, 17. Juli 1950 (ACDP III-013-790).

wurden ohnehin direkt vom Politischen Ausschuß bestimmt. Aber auch auf die Kandidatenaufstellung der Kreis- und Ortsverbände der CDU nahm Götting durch „Instrukteure“ der Hauptgeschäftsstelle direkten Einfluß.[30]

Wie erwartet nutzte die SED mit Hilfe der Nationalen Front die Kandidatenaufstellungen, um selbst auf Gemeindeebene alle mißliebigen Vertreter von CDU und LDP an einer Kandidatur zu hindern. Die unbesetzten Mandate wurden sodann wegen des Mangels an „fortschrittlichen“ Kandidaten von der SED selbst übernommen.[31] In öffentlichen Veranstaltungen mußten sich die Kandidaten über ihre Haltung zur UdSSR, zur Oder-Neiße-Grenze, zur Nationalen Front, zur DSF, zu den kommunistischen Massenorganisationen sowie über ihre politische Entwicklung bis 1945 äußern. Die Aussagen wurden dann öffentlich ausgehängt.[32] Nach der ersten Siebung durch die Instrukteure Göttings verhinderte die SED die Aufstellung von über 70 Prozent aller CDU-Kandidaten und ersetzte sie durch eigene Vertreter.[33] In einigen Fällen benannte die SED die CDU-Kandidaten gleich selbst, ohne erst die CDU zu konsultieren.[34]

Bis unmittelbar vor der Wahl wurden zahlreiche Mitglieder der CDU und LDP zum MGB und MfS bestellt, wo ihnen im Falle eines Wahlboykotts mit Konsequenzen gedroht wurde.[35] Der ehemalige Vizepräsident des brandenburgischen Landtages, Germanus Theiß, wurde von einem politischen Offizier des MGB vor die Alternative gestellt, die Einheitslistenwahl zu begrüßen und einen Ministerposten zu erhalten oder aber inhaftiert zu werden.[36] Tatsächlich folgte der Einheitslistenwahl eine Verhaftungswelle unter den CDU-Mitgliedern, die eine Beteiligung an der Abstimmung verweigert hatten.[37]

Der Hauptvorstand der CDU pries die Wahl schon von vornherein als die freieste Wahl, die es in Deutschland je gegeben hätte, und forderte die Mitglieder zur offenen

---

30 Vgl. Protokoll über die Sitzung des Politischen Ausschusses am 18. Juli 1950. Anlage 1 (ACDP III-013-628). Vgl. Richtlinien für die Instrukteure (ACDP III-013-794).

31 Vgl. Erklärung Hermann Hieke. Berlin, 5. März 1952 (ACDP III-013-793). Vgl. BUNDESMINISTERIUM FÜR GESAMTDEUTSCHE FRAGEN: Wahlfälschungen S. 52f. Vgl. WERNET-TIETZ S. 150.

32 Vgl. Brief der SED-Betriebsgruppe an die Gemeindeverwaltung Auerbach, Herrn Werner Estel, vom 16. August 1950 (ACDP I-307-001/1).

33 Vgl. Vorbereitungen zur Wahl am 15. Oktober 1950 (II). Berlin, den 11. Oktober 1950 (ACDP I-238-002/3). Vgl. Kandidatenvorschläge für den 15. Oktober (ACDP III-013-790). Vgl. BUNDESMINISTERIUM FÜR GESAMTDEUTSCHE FRAGEN: Der große Wahlbetrug S. 10f.

34 So in Parmen/Brandenburg. Vgl. STÖBEL S. 417.

35 Vgl. „SSD-Einladung zur ‚Wahl‘“. In: „Der Tag“ vom 20. Oktober 1950.

36 Vgl. Herr Germanus Theiß aus Berlin-Tempelhof ... erklärt: 10. März 1952 (ACDP III-013-793).

37 Vgl. Erklärung Leo Grajeks vom 4. März 1952 (ACDP III-013-793). Vgl. Werner JÖHREN: Bericht vom 5. November 1950 (ACDP III-013-630). Vgl. BUNDESMINISTERIUM FÜR GESAMTDEUTSCHE FRAGEN: Der Große Wahlbetrug S. 76f.

Stimmabgabe auf.[38] Selbst in der Frage der gegen die DDR-Verfassung verstoßenden offenen Stimmabgabe hatte Nuschke im Zentralen Block nach anfänglichem Widerstand nachgegeben.[39] Die CDU wurde vor der Wahl beauftragt, die Geistlichen beider Konfessionen zur Stimmabgabe zu bewegen. Etliche Pfarrer wurden genötigt, öffentliche Erklärungen abzugeben, die sinnentstellt gemeinsam mit Erklärungen kommunistischer Pfarrer der SED veröffentlicht wurden.[40] Über den Rundfunk der DDR wandten sich Pfarrer, die Mitglieder der SED waren, an die christliche Bevölkerung.[41] Überall in der DDR wurden die Geistlichen genötigt, Wahlplakate auf dem Kirchengelände anzubringen. Vor der Wahl wurden sämtliche Predigten kontrolliert.[42] Die Ortsgruppenvorsitzenden der CDU erhielten den Parteiauftrag, bis zum 15. Oktober sämtliche CDU-Mitglieder aufzusuchen und sie zur offenen Stimmabgabe zu überreden. Funktionäre, die sich während der Wahlvorbereitungen passiv verhielten, wurden aus der CDU ausgeschlossen.[43] Um die Kontrolle des Wahlvorganges nicht unnötig teilen zu müssen, zogen die Landeswahlleiter, die alle der SED angehörten, kurzfristig ein Drittel aller Wahlleiter und Wahlvorsteher, die Mitglieder der CDU waren, zurück und ersetzten sie durch Kommunisten.[44]

Die CDU mußte täglich Meldungen über „Feindtätigkeit" in der Partei an die Nationale Front liefern.[45] Die Landesleitungen der CDU wiesen die Kreisverbände an, ohne „bürgerliche Milde"[46] gegen Mitglieder vorzugehen, die sich der Wahl gegenüber passiv verhielten oder sich politisch „zweideutig" ausdrückten. Trotz der

---

38 Vgl. Fernspruch vom LV (Mecklenburg) am 13. Oktober 1950, gez. Lobedanz (ACDP III-013-791). Vgl. „Offener Brief Otto Nuschkes an die christlichen Wähler der DDR". In: „Neue Zeit" vom 5. Oktober 1950. Vgl. „CDU zum 15. Oktober". In: UPD 41/97 (ACDP VII-004-003/2). Vgl. CDU: Warum gemeinsame Listen? (Flugblatt) – (ACDP I-307-001/1). Vgl. „Aufruf der CDU Sachsen-Anhalt". In: „Der neue Weg" vom 15. Oktober 1950.

39 Vgl. „Wahlgeheimnis aufgehoben". In: „Der Tag" vom 11. Oktober 1950.

40 Vgl. „„Der 15. Oktober – ein Appell an das Weltgewissen' Geistliche rufen zur Volkswahl auf". In: „Neue Zeit" vom 15. Oktober 1950.

41 So Pfarrer Kehnscherper (SED): Rundfunkpredigt am 15. Oktober 1950 im Berliner Rundfunk. Vgl. dazu: WINTER S. 86.

42 Vgl. Block der antifaschistisch-demokratischen Parteien. Kreis Rochlitz. 12. November 1950 gez. Pollmann (ACDP III-013-797). Vgl. Bericht (für das MfS) vom 14. Oktober 1950 über das Veranlaßte auf Grund der Besprechung vom 12. Oktober 1950, gez. Ritter, 2. Kreisvorsitzender (ACDP III-013-791).

43 So der Vorsitzende des KV Rostock-Land, Gaudeck. Vgl. „Wo bleibt die Mitarbeit der CDU?". In: „Landeszeitung" vom 27. September 1950. Vgl. BUNDESMINISTERIUM FÜR GESAMTDEUTSCHE FRAGEN: Der große Wahlbetrug S. 34f.

44 Vgl. CDU LV Thüringen: Unser Einsatz für den 15. Oktober – unser Erfolg! S. 6 (ACDP III-013-791).

45 Vgl. Nationale Front des demokratischen Deutschland. Kreisausschuß Waren-Müritz. Abteilung Aufklärung, gez. M. Griebe: An alle Parteien und Massenorganisationen. Waren, 6. Oktober 1950 (ACDP III-013-791).

46 Brief CDU LV Mecklenburg an CDU KV Waren vom 2. Oktober 1950 (Abschrift) – (ACDP III-013-791).

Vorsicht kam es zu erheblichen Widerständen gegen die Wahlfarce. Illegale CDU-Gruppen, wie die „Deutsche Widerstandsbewegung gegen den Kommunismus“[47], die „Deutsche Freiheitsliga“[48] oder der „Christlich-Demokratischer Kampfbund in Mitteldeutschland“[49], traten mit Flugblättern und Plakaten an die Öffentlichkeit. Neben Angriffen auf die SED richteten sich ihre Verlautbarungen gegen den neuen Kurs der CDU.[50] Die verteilten Flugblätter stammten zum großen Teil aus dem Ostbüro der CDU. Ab September 1950 wurde auf Vorschlag Kaisers im Rundfunk täglich 15 Minuten Wahlaufklärung betrieben. Kaiser rief die Bevölkerung der Bundesrepublik zu Protestaktionen gegen die Einheitslistenwahl auf. Nachdem die Bundesregierung die Wahlen bereits am 14. September 1950 für ungültig erklärt hatte, wandte sich Bundeskanzler Adenauer am 1. Oktober 1950 an die Hohen Kommissare der Westmächte und forderte sie auf, sich für freie Wahlen in ganz Deutschland einzusetzen.[51] Unmittelbar nach der Wahl bekundete Kaiser über den Rundfunk, die Presse und durch Flugblätter in einem „Appell der Bundesregierung!“[52] der Bevölkerung in der DDR die Solidarität der Bundesregierung. An der Situation in der DDR änderte das freilich nichts.

In Berlin, wo die Einheitslistenwahl wegen des alliierten Status der Stadt nicht durchgeführt wurde, organisierten die demokratischen Parteien eine Volksbefragung der Bevölkerung des Ostsektors.[53] Die Ostberliner wurden aufgefordert, die Stammabschnitte ihrer Lebensmittelkarten an eine Sammelstelle im Westen der Stadt einzuschicken.[54] Trotz der von der SED daraufhin organisierten Möglichkeit, die Stammabschnitte gegen ein Paar sehr rare Strümpfe einzutauschen, bekundeten 375 712 Ostberliner ihre Ablehnung des SED-Regimes.[55] Noch deutlicher kennzeichneten die am 3. Dezember 1950 in den drei Westsektoren stattfindenden Wahlen zum

47 Deutsche Widerstandsbewegung gegen den Kommunismus: An die unterdrückte Bevölkerung in Thüringen! Aufruf gegen den Kommunismus (Flugblatt) – (ACDP III-013 DbCDU ChO 304 Schr. 1951).

48 Aufruf der Deutschen Freiheitsliga: An das deutsche Volk! (Flugblatt) – (ACDP I-307-009).

49 Christlich-Demokratischer Kampfbund in Mitteldeutschland: Sowjetzonen-CDU verübt Selbstmord. Warum uns Nuschke & Co. durch ‚Wahllisten‘-Schwindel an Stalin verkaufen!“ (Flugblatt) – (ACDP I-294-911/AI).

50 Vgl. Die wahre CDU an die Bevölkerung der Ostzone (Flugblatt) – (ACDP III-013-630/2). Vgl. Unionsfreunde in der Sowjetzone! (ACDP III-013-630/3). Vgl. Erna Nieper (ACDP III-013 DbCDU Ok).

51 Vgl. Note des Bundeskanzlers an die Alliierte Hohe Kommission vom 1. Oktober 1950. In: BUNDESMINISTERIUM FÜR GESAMTDEUTSCHE FRAGEN: Die Bemühungen S. 17.

52 Appell der Bundesregierung! (Flugblatt) – (ACDP I-307-009). Vgl. BUNDESMINISTERIUM FÜR GESAMTDEUTSCHE FRAGEN: Männer und Frauen der Sowjetzone!

53 Vgl. An alle Wähler im Ostsektor Berlins! Die drei demokratischen Parteien Berlins SPD, CDU, FDP (Flugblatt) – (ACDP I-307-009).

54 Die Idee stammte vom Leipziger Juristen Manfred Möbius, der am 26. Oktober 1951 verhaftet wurde (ACDP III-013 DbCDU Ok Manfred Möbius).

55 Vgl. „Demokratische Volksbefragung in Ostberlin“. In: UiD 81 vom 18. Oktober 1950.

Abgeordnetenhaus die politische Stimmung der Bevölkerung. Mit einem eindeutigen Votum für die demokratischen Parteien zeigten die Berliner, was es mit den Wahlen in der umliegenden DDR auf sich hatte.[56]

Trotz aller Vorsichtsmaßnahmen existierten auch in der DDR noch immer einige Gemeinden, in denen die Wahl nicht nach den Plänen der SED ablief. In Thüringen gab es in Orten mit CDU-Mehrheiten im Gemeindeparlament vereinzelt Anteile von Nein-Stimmen bis über 50 Prozent.[57] An dem Gesamtergebnis von 99,89 Prozent der Stimmen für die Einheitsliste änderte das freilich nichts. Durch die Bestimmungen des Wahlgesetzes hatte sich zwar der Anteil der Gemeinden erhöht, in denen sich die CDU im Rahmen der Nationalen Front an den Gemeindeparlamenten beteiligen konnte – so in Thüringen von 454 auf 903 Gemeinden[58] –, andererseits sank die absolute Menge an Abgeordneten der CDU deutlich[59]:

Übersicht über die CDU-Abgeordneten des Landes Thüringen

Anzahl der Abgeordneten	vor dem 15.10.1950	nach dem 15.10.1950
Volkskammer	5	12
Länderkammer	1	2
Landtag	18	15
Kreistage	256	146
Stadtverordnetenversammlungen der kreisfreien Städte	66	36
Gemeindeparlamente	2776	2222
Insgesamt	3122	2433

Vor allem in den Kreistagen, Stadtverordnetenversammlungen und Gemeindeparlamenten war es der SED gelungen, die CDU-Mehrheiten, die dort einer kommunistischen Kommunalpolitik im Wege standen, zu zerstreuen. In zahlreichen Gemeinden verlor die CDU damit auch den Vorsitz der Gemeindevertretung.[60] Andererseits war es der CDU kaum gelungen, Kandidaten über die Massenorganisationen in die Parlamente zu entsenden. Auch hier dominierte die SED. In keinem Kreistag des Landes

56 Vgl. SENAT DER STADT BERLIN: Berliner Schicksal S.304.

57 Vgl. CDU LV Thüringen: „Unser Einsatz für den 15. Oktober – unser Erfolg!“ (ACDP III-013-791): Geismar 52,9 %, Ketten 34,6 %, Brunnhardtshausen 34 %, Ecklingerode 31,9 %, Borbels 30,8 %, Zella 29,3 %.

58 Vgl. EBD. S. 16.

59 Vgl. EBD. S. 17.

60 In Thüringen sank die Zahl von 216 auf 137. Vgl. EBD. S. 18.

Thüringen fungierten CDU-Mitglieder als Abgeordnete der Massenorganisationen; im thüringischen Landtag stellte die CDU einen FDGB-Abgeordneten.[61] Wie die LDP konnte sie ihre erheblichen Mandatsverluste nicht ausgleichen:[62]

Mandate der CDU in den Landtagen der SBZ/DDR (in Prozent)

	1946	1950
Sachsen-Anhalt	22,0	13,6
Brandenburg	31,0	14,0
Mecklenburg	34,4	13,3
Sachsen	23,3	15,0
Thüringen	19,0	15,0
Durchschnitt insgesamt	25,6	14,2

In die Volkskammer zogen CDU und LDP mit je 60 der 400 Sitze ein.[63] Dazu kamen sieben CDU-Mitglieder als Abgeordnete der Massenorganisationen. Mit weniger als 20 Prozent aller Sitze hatte die CDU nicht einmal formal mehr irgendwelche Einflußmöglichkeiten.

Vergleich der Zusammensetzung der Provisorischen Volkskammer (1949) und der Volkskammer (1950)[64]

	7.10.1949	15.10.1950
SED	96	110
CDU	46	67
LDP	46	66
NDPD	17	35
DBD	15	33
SPD	5	6
FDGB	30	49
FDJ	10	25
DFO/Kulturbund	45	44
VdgB/VVN/Genossensch.	20	31
Insgesamt	330	466

61 Vgl. EBD. S. 19.
62 Vgl. DOWIDAT S. 65. Die vollständige Zusammensetzung findet sich in WIETSTRUK S. 54.
63 Vgl. BADSTÜBNER S. 127.
64 Vgl. WIETSTRUK S. 48 u. 54.

Zu der prozentualen Verminderung des Anteils der CDU von 14,93 Prozent 1949 auf 14,37 Prozent 1950, der eine Aufstockung vor allem des Anteils von NDPD, DBD und FDJ gegenüberstand, kam die veränderte Zusammensetzung der CDU-Fraktionen. Im thüringischen Landtag saßen nach dem 15. Oktober 1950 gerade noch vier der 20 Abgeordneten, die dort ehemals die CDU vertreten hatten.[65] Die neuen CDU-Abgeordneten in allen Landtagen und in der Volkskammer waren meist von der Besatzungsmacht bestimmt und vertraten fast alle den neuen prokommunistischen Kurs der Partei. Dennoch ergaben sich auch hier noch Änderungen. Im Laufe der mit dem 15. Oktober 1950 beginnenden Legislaturperiode wurden aus der CDU-Fraktion der Volkskammer zwei Abgeordnete verhaftet[66], sieben flohen in die Bundesrepublik[67], und fünf wurden von der CDU zurückgezogen[68]. Der stellvertretende Ministerpräsident Nuschke, der bisher einer von drei Stellvertretern gewesen war, mußte das Amt jetzt mit insgesamt fünf Kollegen teilen, von denen zwei der SED und je einer der CDU, LDP und NDPD angehörten.[69]

Bei der den Wahlen folgenden Umbildung der Provisorischen Regierung in die Regierung der DDR kam es noch einmal zu starken Spannungen zwischen SED und CDU. Sie waren vor allem auf wiederholte Versuche Ulbrichts zurückzuführen, Nuschke aus dem Amt zu verdrängen. Ulbricht hätte es wahrscheinlich vorgezogen, einen direkten Befehlsempfänger der SED, wie bei der NDPD oder DBD, an Nuschkes Stelle zu sehen. In der neuen Regierung[70] war die CDU mit Nuschke als stellvertretenden Ministerpräsidenten, Georg Dertinger, Luitpold Steidle, Friedrich Burmeister als Minister sowie Hans-Paul Ganter-Gilmans, Erich Wächter und Heinrich Toeplitz als Staatssekretäre vertreten. Toeplitz konnte nur gegen den massiven Widerstand der SED und auf Drängen Nuschkes die Nachfolge seines verhafteten Vorgängers, Helmut Brandt, antreten.[71] In allen Landesregierungen der DDR wurde der CDU das Ministerium für Handel und Versorgung übertragen. Angesichts der durch die Reparationen und die kommunistische Mißwirtschaft vorhandenen Versorgungsmisere brauchte die SED nicht zu befürchten, daß der CDU durch das Amt neue Sympathien zuwachsen würden. Einfluß verlor die SED dadurch ebenfalls nicht, da auch weiterhin alle auch noch so nebensächlichen Entscheidungen von der SED getroffen wurden. Nicht einmal den Vorschlag der CDU- und LDP-Abgeordneten der Volkskammer, eine Weihnachtsamnestie für Steuersünder

---

65 Vgl. WEBER: Kleine Geschichte S. 55.
66 Georg Dertinger und Karl Garz.
67 Wilhelm Bachem, Georg Knabe, Walter Rübel, Viktor Sandmann, Siegfried Trommsdorff, Alfons Fruhner und Werner Niendorf.
68 Heinz Fried, Hermann Gerigk, Adolf Maurer, Barbara Rotter, Hildegard Sarter.
69 Vgl. WIETSTRUK S. 54.
70 Vgl. „Die neue Regierung der DDR“. In: Utm vom Januar 1951 S. 13.
71 Vgl. Vertrauliche Mitteilungen vom 8. Dezember 1950 (BA NL Kaiser 25).

zu erlassen, akzeptierte die SED.[72] CDU und LDP waren ohne jeden Einfluß. Die Politik der DDR wurde Ende 1950 mehr denn je von den sowjetischen und deutschen Kommunisten bestimmt.

In allen europäischen Staaten hatten die Kommunisten bei freien Wahlen erhebliche Einbußen hinnehmen müssen.[73] Die Politik Stalins, mit der sie identifiziert wurden, brachte ihnen wenig Sympathien ein. In der DDR brauchte die UdSSR dank ihrer militärischen Präsenz zwar bei einer Niederlage der SED keinen direkten Machtverlust zu befürchten, aber der Prestigeverlust, der mit dem sicheren Sieg der CDU verbunden gewesen wäre, hätte sich destabilisierend auf das politische System der DDR ausgewirkt und die auf Einfluß in der Bundesrepublik zielende sowjetische Deutschlandpolitik gestört. Die Sowjets wußten sehr gut, daß die Bevölkerung der DDR bei einer freien Wahl die CDU und LDP der SED vorziehen würde. Daran änderte auch die Tatsache nichts, daß es den Sowjets im Verein mit der SED gelungen war, das Antlitz der Parteien gründlich zu entstellen. Auf eine Protestwahl gegen die SED zugunsten der durch Adenauer populären CDU hatte auch Nuschke gesetzt, als er bis zum Mai 1950 hartnäckig freie Wahlen verlangt hatte.

Bis in die Gegenwart hielt die SED an der Legende fest, eine „starke Mehrheit", ja sogar „die breitesten Massen der Bevölkerung"[74] hätten das Regime der SED von Anfang an gestützt, und eine freie Wahl hätte nur der CDU und der LDP Nachteile gebracht. Diese Behauptung wird durch die Frage ad absurdum geführt, warum die SED sich unter den von ihr behaupteten Umständen nicht einer freien Wahl gestellt hat. Nach Liquidierung der SPD wäre die CDU vor der LDP als eindeutiger Sieger freier Wahlen in der DDR hervorgegangen. Anders hätte die Situation mit der SPD als weiterem Konkurrenten ausgesehen. In diesem Fall wäre die CDU möglicherweise hinter der SPD zurückgeblieben. War somit schon die DDR-Gründung eine Staatsgründung gegen eine potentielle Mehrheit der CDU und LDP bei freien Wahlen im Oktober 1949, so war auch die Einheitslistenwahl gegen die potentielle

---

72 Vgl. Protokoll über die Sitzung des Ausschusses für Land- und Forstwirtschaft in der HGS der CDU am 21. Februar 1951 (ACDP III-013-830). Vgl. „Keine Steueramnestie". In: „Der Tag" vom 17. Februar 1951.

73 Parlamentswahlen in Belgien am 26. Juni 1949: 7,5 %, 1946 noch 12,5 %. Stadt- und Kreistagswahlen in Dänemark am 7. und 14. März 1950 25 Sitze, 1946: 77 Sitze. Kantonswahlen in Frankreich am 27. März 1949 von 167 auf 37 Sitze. Unterhauswahlen in Großbritannien am 23. Februar 1950 von 2 auf 0 Sitze. Wahlen in den 11 Provinziallandtagen der Niederlande am 26. April 1950 von 58 auf 31 Sitze. Parlamentswahlen in Norwegen am 10. Oktober 1949 von 11 auf 0 Sitze; ebenso in Österreich und der Schweiz. Vgl. „Kommunisten verloren alle Sitze. Niederlage bei Österreich-Wahlen – Erfolge der Volkspartei". In: „Der Tag" vom 31. Oktober 1950.

74 Parteivorstand der SED. Abteilung Agitation: „Warum gemeinsame Kandidatenliste der Nationalen Front des demokratischen Deutschland?" In: „Frage und Antwort" 12 1950. Vgl. Badstübner: Geschichte der DDR S. 126f.

Mehrheit von CDU und LDP gerichtet. Die Einheitslistenwahl war, wie auch von Götting richtig festgestellt, markanter Ausdruck der Minoritätsposition der SED.[75]

3. Landesverbände 1950 bis 1952

Sachsen. Nach der Einheitslistenwahl im Oktober 1950 verstärkten sich die Angriffe der SED und die Zahl der Ausschlüsse weiter. Sie betrafen inzwischen fast alle CDU-Stadt- und Landräte.[76] Allein am 11. November 1950 beschloß der Landesvorstand den Ausschluß von 38 teils führenden CDU-Mitgliedern.[77] Die meisten Ausschlüsse, die in der Regel mit der Entlassung vom Arbeitsplatz verbunden waren, gingen auf direkte Forderungen der SED bzw. der Nationalen Front zurück.[78] Die damit verbundene Dezimierung führte zu einer katastrophalen personellen Situation in der Partei, da nicht genügend prokommunistische Funktionäre zur Verfügung standen. Zu diesen Problemen kam eine schwere Finanzkrise, die sich durch die am 1. Februar 1951 in Kraft getretene zentrale Finanzregelung der CDU noch erheblich verschärfte. Die CDU konnte ihre Arbeit nur durch staatliche Zuschüsse aufrechterhalten, die allein für den Landesverband Sachsen monatlich 600 000 DM (Ost) betrugen.[79]

Zu Beginn des Jahres 1951 erhielt der Landesverband Sachsen der CDU wie alle Landesverbände die Beeinflussung kirchlicher Kreise und die „Westarbeit" als zentrale Aufgaben zugewiesen. Die Mitglieder mußten an vorgegebene Adressen im Bundesgebiet einheitliche handgeschriebene Brieftexte verschicken.[80] In Sachsen wurden „Ost-West-Gespräche" mit „fortschrittlichen Christen" aus der Bundesrepublik organisiert.[81] Diese Aktivitäten der sächsischen CDU veranlaßten die zahlreichen

---

75 Vgl. Unterredung zwischen dem Generalsekretär der CDU Herrn Götting und dem Landesvorstandsmitglied und Kreisvorsitzenden Herrn Gruner sowie als Zeugen dem Geschäftsführer Herrn Werner. Freitag, den 17. März 1950, Uhrzeit 16.15 in der Wohnung von Herrn Gruner (ACDP III-013-630/3).

76 Vgl. „Reichskrug" am 24. November 1950. Markgraf (Gay) – (ACDP III-013-735).

77 Vgl. Zillig S. 82.

78 Vgl. Protokoll über die außerordentliche öffentliche Gemeindevertretersitzung am 27. November 1950 in Löcknitz, „Haus der Schaffenden" (ACDP III-013-790). Vgl. Brief der SED-OG Baruth an die CDU-OG Baruth vom 13. März 1950 (ACDP III-013 DbCDU Ok Willi Kant).

79 Vgl. CDU KV Leipzig: Rundschreiben Nr. 1 vom 5. Februar 1951 (ACDP III-013-630). Vgl. „Zuschüsse". In: „Der Tag" vom 23. Februar 1951.

80 Vgl. CDUD KV Aue/Sa.: Rundschreiben Nr. 3 vom 24. Mai 1951 (ACDP III-013-628). Vgl. CDUD LV Sachsen: Rundschreiben Nr. 3 vom 15. Januar 1951 (ACDP III-013-791). Vgl. CDUD LV Sachsen: Rundschreiben Nr. 7 vom 1. Februar 1951 und Nr. 9 vom 27. Februar 1951 (ACDP III-013-630).

81 Vgl. „Im Dienste der Verwirrung". In: „Informations-Dienst" der CDU 57 vom 13. September 1950. Köln.

sächsischen CDU-Mitglieder, die die DDR hatten verlassen müssen, in der Bundesrepublik einen „Heimatselbstschutz gegen den Kommunismus" zu bilden, als dessen Hauptaufgaben die Aktivierung der bundesdeutschen Bevölkerung gegen die „Fünften Kolonnen" der Kommunisten und die Verhinderung des immer häufiger werdenden Menschenraubes durch Mitarbeiter des MGB und MfS bezeichnet wurden.[82]

Während die sächsische CDU immer stärker in die politische Arbeit der SED eingebunden wurde, nahm die Zahl der Ausschlüsse zu. Im Mai 1951 entließ der Landesvorstand etwa 50 Funktionäre aus Ost-Sachsen.[83] Nach dem für die SED enttäuschenden Ergebnis der „Volksbefragung gegen Remilitarisierung und für einen Friedensvertrag" im Sommer 1951[84] kam es zu weiteren zahlreichen Absetzungen und Parteiausschlüssen.[85] Einige der ausgeschlossenen Funktionäre, die nicht aus der DDR flohen, wurden wie der Kreisverbandsvorsitzende der CDU von Niesky, Alfons Fruhner, vom MfS verhaftet.[86]

Der dezidiert prokommunistische Kurs der CDU-Landesleitung führte nur intern hin und wieder zu Protesten der CDU-Politiker, deren Ziel einmal der Erhalt der Eigenständigkeit der Partei gewesen war. So kam es auf einer gemeinsamen Sitzung des Landesvorstandes der sächsischen CDU und des Parteivorstandes zu heftigen Debatten, bei denen sich schließlich die Gruppe um Götting, zu der u. a. Magnus Dedek und Hermann Gerigk gehörten, gegen einen „sorgenvollen"[87] Nuschke durchsetzte.

Nuschke mußte mit ansehen, wie die CDU, deren Gründungsaufruf seinen Namenszug trug, vor seinen Augen paralysiert wurde.[88] Die Vorgänge gaben offensichtlich all seinen Kritikern recht, die ihn immer vor einer Zusammenarbeit mit den Kommunisten gewarnt hatten. Jeden Tag mußte er selbst damit rechnen, von den jungen prokommunistischen Funktionären, die von den Sowjets und der SED in die leitenden Funktionen der CDU lanciert wurden, verdrängt zu werden. Anfang des Jahres 1952 kam es im sächsischen Landesvorstand erneut zu Auseinandersetzungen, als Nuschke und sein Vertrauter und Verbindungsmann im sächsischen CDU-Vorstand, Otto Freitag, vergeblich versuchten, den amtierenden

82 Vgl. Arbeitskreis ehemaliger sächsischer CDU-Flüchtlinge. Betr.: Heimatselbstschutz gegen den Kommunismus. Berlin-Charlottenburg im April 1951 (ACDP III-012-388). Zur Praxis des Menschenraubes vgl. FRICKE: Die DDR-Staatssicherheit, Abschnitt „Politische Menschenraubaktionen" S. 124–127 und FRICKE: Politik und Justiz S. 62–64.

83 Vgl. „50 mußten gehen". In: „Telegraf" vom 21. Mai 1951.

84 Vgl. Protokoll von der Sitzung des Großen Blocks am Mittwoch, dem 20. Juni 1951, 18.00 Uhr im Kasino des Sächsischen Landtages (ACDP III-013-791).

85 Vgl. „Neue Säuberung in der Ost-CDU". In: „Der Tag" vom 1. Juni 1951.

86 Vgl. „Ehemaliger CDU-Kreisvorsitzender vom SSD verhaftet". In: IWE vom 19. Oktober 1951.

87 Bericht vom 2. Juli 1951 (ACDP III-013-792).

88 Vgl. Bericht über den CDU-KV Aue. Stand vom 30. Juni 1951 (ACDP III-013-628/1).

Landesvorsitzenden Dedek aus dem Amt zu drängen.[89] Die Machtkämpfe in der CDU waren durch die neuen sowjetischen Vorschläge zur Deutschlandpolitik ausgelöst worden, durch die Nuschke seinen Einfluß in der CDU wachsen sah. Neben den Aktivitäten Nuschkes versuchten in Sachsen auch Carl Ulbricht, Franz Jentsch und Friedrich Koring, die im Landesverband als Gegner Dedeks galten, in Konkurrenz zur inzwischen völlig diskreditierten CDU das „Zentrum" wieder zu gründen. Möglicher Hintergrund des Vorstoßes der kirchlich engagierten Politiker war, daß die beiden Kirchenleitungen in Sachsen vereinbart hatten, solange jede Zusammenarbeit mit der CDU zu boykottieren, solange Dedek als Landesvorsitzender fungierte.[90] Die schillernde Situation gab jedoch auch zu der Vermutung Anlaß, daß die eigentlichen Drahtzieher der Wiederbelebung des „Zentrums" wiederum die Sowjets waren, die rechtzeitig dafür Sorge tragen wollten, daß die christliche Wählerschaft bei eventuellen Wahlen zersplittert sein würde. Ungeachtet aller innerparteilichen Rivalitäten ging die „Reinigung" der CDU kontinuierlich weiter. Am 29. April 1952 kam in der StVA Waldheim der CDU-Rechtsanwalt Scheuffler aus Pirna ums Leben[91]; in Leipzig lief ein Prozeß gegen eine Gruppe von CDU-Mitgliedern, die in Kontakt mit dem Ostbüro der CDU gestanden hatten[92], und überall in Sachsen wurden Lehrer, die der CDU oder LDP angehörten, vom Schuldienst suspendiert.[93] In den Sitzungen des Blocks mußten die CDU-Vertreter sich verpflichten, Mitglieder als „Reaktionäre" zu enttarnen und aus der Partei auszuschließen.[94] Der letzte Landesparteitag der sächsischen CDU am 28. und 29. Juni 1952 bestätigte Dedek als Landesvorsitzenden, Otto Freitag blieb sein Stellvertreter.[95] Nach der Auflösung des Landesverbandes wurde der prokommunistische Kurs in den neugeschaffenen Bezirksverbänden fortgesetzt. Der ehemalige Landesvorsitzende und Mitbegründer der sächsischen CDU, Prof. Hugo Hickmann, der die Entwicklung der Partei maßgeblich mitbestimmt hatte, gehörte inzwischen, wenngleich er weiterhin in Dresden lebte, dem Vorstand der Exil-CDU an. Als Vertrauensperson der Exil-CDU beschränkte sich sein Handlungsspielraum darauf, flüchtenden Funktionären Empfehlungsschreiben mitzugeben und sie beim „Übergang nach dem Westen jeder Förderung zu empfehlen"[96].

89 Vgl. Bericht „Georgi" vom 15. Mai 1952 (ACDP III-013-793).

90 Vgl. Sitzung des Engen Kreisvorstandes (Dresden) am 13. oder 14. März (1952). Bericht Riedel (ACDP III-013-789). Vgl. Dunkle Manöver zur Vorbereitung gesamtdeutscher Wahlen (BA NL Kaiser 15).

91 Vgl. Amely Scheuffler (ACDP III-013 DbCDU Ok Pirna gelbe Karte).

92 Vgl. Der Oberstaatsanwalt des Bezirkes Leipzig – Abteilung I -1-67/52. Haftsache! An das Landgericht Leipzig. 1. Gr. Strafkammer. 1. April 1952 (ACDP III-013 DbCDU ChO Kurt Polster 1957).

93 Vgl. „93 LDP- und CDU-Lehrer entlassen". In: IWE vom 18. Juni 1952.

94 Vgl. Protokoll der Kreisblocksitzung am 24. Juni 1952 früh 8.00 Uhr im Gästehaus der Stadt Leipzig (ACDP III-013-630).

95 Vgl. „Alle Kräfte für das Parteiaufgebot". In: „Neue Zeit" vom 1. Juli 1952.

96 Bescheinigung von Prof. Hickmann vom 14. August 1952 (ACDP III-013 DbCDU Ok Paul Eckhardt).

Thüringen. Im Thüringer Landtag, in dem die Einheitslistenwahlen als die „ersten demokratischen Wahlen“[97] in der deutschen Geschichte bezeichnet wurden, wies der Sprecher der CDU, Werner Gast, auf das angeblich „überwältigende Bekenntnis“[98] der CDU-Mitglieder zum Wahlprogramm der Nationalen Front hin. Mit der Realität hatte das nichts zu tun. Das äußere Erscheinungsbild der CDU war von Passivität und Auflösung gekennzeichnet. In der Partei verstärkte sich vielmehr, angeregt durch das Ostbüro der CDU, überall in Thüringen die illegale Arbeit. Im Vorfeld der Einheitslistenwahl und vor dem 5. Parteitag der CDU tauchten in Weimar, Gotha, Gera und anderen Orten illegale CDU-Plakate[99] auf. Die Folge war eine Großaktion des MfS. In anderen thüringischen Orten kursierten Flugblätter mit einem „Aufruf gegen den Kommunismus“, die von der CDU-Widerstandsgruppe „Deutsche Widerstandsbewegung gegen den Kommunismus“[100] in Umlauf gebracht wurden. Die Gruppe stand, wie fast alle illegal arbeitenden CDU-Gruppen, in Kontakt mit dem Ostbüro der CDU. Wesentlich verbreiteter als aktive Formen illegaler Arbeit war hingegen der Rückzug der CDU-Mitglieder in die politische Passivität. Vergeblich versuchte der Landesvorstand, die Parteiarbeit nach den neuen Richtlinien der Partei durch Bildung von Kreis-, Orts- und Betriebsinitiativ-Komitees[101] zu beleben. Vom Landesvorstand verteilte Parteiaufträge wurden kaum erfüllt.[102] Zwar traten viele Mitglieder aus Furcht vor Repressalien nicht aus der CDU aus, zu einer freiwilligen Mitarbeit aber waren sie kaum mehr bereit.[103]

Zu einem Zentrum antikommunistischer Aktivitäten hatte sich die Universität Jena entwickelt. Die CDU-Betriebsgruppe der Universität, deren Mitglieder Kontakt zum Ostbüro der CDU hielten, hatte durch Aktivitäten gegen die SED immer wieder von sich reden gemacht.[104] Die Folgen blieben nicht aus. Gemeinsam mit

---

97 Thüringer Landtag. 2. Wahlperiode. 1. Sitzung am 3. November 1950 S. 5 (ACDP V-001-012).

98 Thüringer Landtag. 2. Wahlperiode. 2. Sitzung am 21. November 1950 S. 23 (ACDP V-001-012).

99 „SSD sucht Plakatkleber“. In: „Der Tag“ vom 23. September 1950.

100 Flugblatt: „An die unterdrückte Bevölkerung in Thüringen! Aufruf gegen den Kommunismus! Gezeichnet: Deutsche Widerstandsbewegung gegen den Kommunismus“. Vgl. Brief Büro Kaiser (A. Sagner) an das Ostbüro der CDU (W. Jöhren) vom 17. Januar 1951 (ACDP III-013 DbCDU ChO 304 Schr. 1951).

101 Vgl. CDU LV Thüringen: Rundschreiben Nr. Pol. 2 vom 7. März 1951 S. 3 (ACDP III-013-791).

102 Vgl. CDU LV Thüringen: Rundschreiben Nr. Pol. 23 vom 20. Dezember 1950 S. 1 (ACDP III-013-830).

103 Vgl. Lagebericht für September 1951. 12. September 1951. Hirsch (ACDP III-013-792).

104 Vgl. Verhältnis der bürgerlichen Parteien zur Ostzonen-Regierung. 15. November 1949 (BA NL Kaiser 8). Z. B. protestierte die CDU-BG gegen die Immatrikulation des späteren Ständigen Vertreters der DDR in Bonn, Michael Kohl, wegen dessen NS-Vergangenheit (Gespräch d. Autors mit Hans Beitz am 27. Januar 1987 in Berlin (ACDP MAT Richter PI1).

ihrem Vorsitzenden Hans Beitz[105], der sich bis 1945 gegen den Nationalsozialismus eingesetzt hatte, verhafteten die Sowjets im Herbst 1950 zehn Mitglieder der CDU-Hochschulgruppe.[106] Ein SMT verurteilte fast alle beteiligten Studenten und Dozenten zu 25 Jahren Zuchthaus.

Im Jahr 1951 setzte sich der rasche Niedergang der thüringischen CDU fort. Allein in den ersten drei Monaten des Jahres flüchteten mehr als 30 Funktionäre des Landesverbandes aus der DDR; die meisten von ihnen waren Lehrer oder Angestellte der Kommunalverwaltungen.[107] Zu einer weiteren Ausschlußwelle kam es nach der „Volksbefragung gegen Remilitarisierung und für einen Friedensvertrag" im Juni 1951. Sie traf vor allem die Eichsfelder CDU. Hier hatten „nur" etwa 80 Prozent der Bevölkerung mit „Ja" gestimmt.[108] Der Hauptvorstand der CDU erklärte das Eichsfeld daraufhin zum „Parteinotstandsgebiet"[109] und schloß einige Funktionäre aus der CDU aus.

Zum Anlaß für eine weitere Verschärfung des Vorgehens gegen die CDU nahm die SED einen Zwischenfall, der sich am 1. Mai 1952 in Groß-Bebra im Kreis Nordhausen ereignete. Auf einer Betriebsversammlung, auf der reichlich Schnaps und Bier verteilt worden war, entwickelte sich eine Schlägerei, in die auch die CDU-Mitglieder Johann Muras und Ernst Wilhelm verwickelt waren. Bei den Raufereien wurde das Mitglied des Vorstandes der SED-Ortsgruppe, Alfred Sobiec, tödlich verletzt.[110] Muras und Wilhelm wurden verhaftet und bereits am 17. Mai 1952 unter zahlreichen Protesten[111] von der 1. Großen Strafkammer des Landgerichts Mühlhausen wegen angeblichen Mordes zum Tode verurteilt. Die SED nahm den Prozeß zum Anlaß, dem CDU-Hauptvorstand eine weitere Intensivierung des Kampfes gegen „Saboteure, Diversanten, Gerüchtemacher und Agenten"[112] nahezulegen. Am 14. und 15. Juni 1952 tagte in Erfurt unter der Losung „Mit der Deutschen Demokratischen Republik verteidigen wir Deutschland"[113] der 5. und letzte Landesparteitag der thüringischen CDU. Einen Monat später wurde der Landesverband Thüringen der CDU aufgelöst

---

105 Vgl. Abschnitt Hans Beitz. In: Hornstein S. 175–208.

106 Klaus Matzel, Waldemar Boecken, Johannes Schumann, Börner, Helga Kaempfe, Kuzerra, Horst Ludwig, Neumann, Peter, Rolf Stapel (ACDP III-013 DbCDU Ok und ACDP III-013-813).

107 Vgl. Bl. 11 (3/209). In: IWE 59/1951.

108 Vgl. Thiel S. 74.

109 Vgl. IWE 8/94 vom 10. August 1951 Bl. 4 (A).

110 Vgl. Bericht Groß-Bebra (ACDP III-013-793).

111 Vgl. Kein Mord in Obergebra, aber Justizmord in Erfurt! (ACDP III-013-786). Vgl. „Wartburg-Brief" 3 vom 30. Mai 1952.

112 Vgl. Entschließung zum Fall Obergebra. 6. Mai 1952. In: Cdu der Ddr: Dokumente 1 S. 112. Vgl. Fischer: Die prinzipiellen Auseinandersetzungen S. 85.

113 Thiel S. 81.

und in drei Bezirksverbände der CDU umgewandelt. Neue Bezirksvorsitzende wurden Günter Neumann (Gera), Hermann Kalb (Erfurt) und Richard Götz (Suhl).[114]

Auch nach der Neuorganisierung der thüringischen CDU setzte sich das Vorgehen der SED gegen die CDU fort. Im Sommer 1952 organisierte die SED in dem fünf Kilometer breiten „Sperrgebiet" entlang der Demarkationslinie eine großangelegte Evakuierungsaktion, von der zahlreiche CDU-Funktionäre betroffen waren. Anfang Juni 1952 informierte der Minister für Staatssicherheit Wilhelm Zaisser den Hauptvorstand der CDU darüber, daß neben Vorbestraften, Prostituierten, Staatenlosen, Ausländern, notorischen Grenzgängern auch politisch unzuverlässige Personen aus dem Grenzbereich ausgesiedelt würden.[115] Tatsächlich mußten überall in den Grenzorten CDU-Funktionäre sowie der CDU angehörende Bürgermeister und Lehrer ihre Heimat verlassen.[116] In einigen Orten des katholischen Eichsfeldes konnte die Evakuierung angesichts des Widerstandes der Bevölkerung nur unter Anwendung massiver Gewalt erfolgen.[117] Im August 1952 erlebte die CDU in Thüringen eine neue Verhaftungswelle.[118] Sie hatte einen weiteren Anstieg des ohnehin starken Flüchtlingsstromes aus Thüringen zur Folge. Allein im August 1952 meldeten sich 70 Mitglieder der thüringischen CDU als politische Flüchtlinge im Ostbüro der CDU. In Jena wurde im August 1952 die gesamte Kreisgeschäftsstelle der CDU aufgelöst und die Mehrzahl der Funktionäre verhaftet.[119] Zu den Flüchtlingen des August gehörte auch der ehemalige langjährige Landesvorsitzende der thüringischen CDU, Siegfried Trommsdorff.[120] Im Dezember 1952 erreichte die Kampagne von SKK und SED mit den großen Erfurter und Geraer Schauprozessen gegen die CDU einen vorläufigen Höhepunkt.[121]

Sachsen-Anhalt. Allein vom Tag der Einheitslistenwahl am 15. Oktober 1950 bis Mitte November 1950 flohen 91 CDU-Funktionäre aus Sachsen-Anhalt in die Bundesrepublik oder nach Berlin (West).[122] Dennoch kündigte der Landesvorstand

114 Vgl. Bericht. 15. September 1952 S. 4 (BA NL Kaiser 13). Vgl. „Wartburg-Brief" 1 vom Oktober 1952 S. 7.

115 Vgl. Bericht (ACDP III-013-630/3).

116 Vgl. u. a. Fritz Pfeifer, Erika Nicola, Karl Hofmann, Margarete Mattauch, Aloys Will (ACDP III-013 DbCDU Ok).

117 Vgl. Fritz Pfeifer (ACDP III-013 DbCDU Ok). Vgl. „Aufruhr an der Zonengrenze". In: „Der Tag" vom 14. Juni 1952. Vgl. „Das Drama im Herzen Deutschlands". In: „Der Tag" vom 20. Juni 1952. Vgl. „Revolte in einem thüringischen Dorf". In: IWE 8/21 vom 14. August 1952.

118 Vgl. Christoph Prussas, Otto Becker, Emil Raufer (ACDP III-013 DbCDU Ok).

119 Vgl. Johannes Krusch, Norbert Sommer (ACDP III-013 DbCDU Ok). Gespräche d. Autors mit Hans Beitz am 27. Januar 1987 in Berlin und mit Norbert Sommer am 11. April 1987 in Hof (ACDP MAT Richter PI2).

120 Siegfried Trommsdorff (ACDP III-013 DbCDU Ok).

121 Siehe Kapitel: Die CDU-Schauprozesse in Erfurt und Gera Ende 1952/Anfang 1953.

122 Vgl. „115 000 flüchteten". In: „Der Tag" vom 8. November 1950.

immer neue „Säuberungsaktionen" an. Um die Kontrolle der noch immer oppositionellen CDU-Ortsgruppen zu verbessern, durften ab 1951 in Sachsen-Anhalt wie in allen Landesverbänden die meisten CDU-Versammlungen nur noch in Gegenwart der Volkspolizei durchgeführt werden. Versammlungen, die oppositionelle Haltungen erkennen ließen, konnten auf diese Weise sofort aufgelöst werden.[123] Damit ergänzte die Volkspolizei die Bewachung durch die Sowjets. Das gesamte Vorgehen richtete sich in erster Linie gegen die Anhänger Kaisers, die sich – vom Ostbüro der CDU betreut – auch in zahlreichen Orten von Sachsen-Anhalt in Gruppen wie der „Arbeitsgemeinschaft ‚Alte Union'" in Sondershausen zusammenfanden.[124]

Bis zum letzten Landesparteitag am 8. Juni 1952[125] hatte sich die Partei völlig verändert. Die Mehrzahl der Mitglieder und zahlreiche Funktionäre lehnten jedoch auch weiterhin den prokommunistischen Kurs der Partei ab[126] und orientierten sich an Jakob Kaiser.

Brandenburg. Auch die brandenburgische CDU wurde nach den Einheitslistenwahlen verstärkt in Aktivitäten der SED und der Nationalen Front eingebunden. Während angesehene CDU-Funktionäre zu jahrzehntelangen Haftstrafen verurteilt wurden[127], mußte der Landesvorstand die „Erweiterung der Friedensbewegung" als „die wichtigste Aufgabe"[128] der Partei verkünden. Vor dem Hintergrund der Repressalien gegen die CDU waren Versuche der brandenburgischen CDU-Führung, die niedersächsische CDU für den „Friedenskampf" zu gewinnen, unrealistisch.[129] Auch an der Beeinflussung der Kirchen mußte die CDU sich beteiligen. Die SED empfand die gesamtdeutsch organisierten Kirchen als „Störungsquelle"[130]. Vor allem ärgerte es die SED-Verantwortlichen, daß die Kirchenleitungen sich durch ihre gesamtdeutschen Strukturen den kommunistischen Pressionen weitgehend entziehen konnten. Das betraf neben der EKD-Leitung vor allem die Kirchenleitung der Berlin-Brandenburgischen Kirche, die ihren Sitz im Westen Berlins unterhielt und sich von dort – wie die gesamte

---

123 Vgl. Bericht vom 25. April 1951 (ACDP III-013-830). Vgl. „Mitgliederversammlungen der Sowjet-CDU werden überwacht". In: IWE 7/51 vom 15. Januar 1951.

124 CDU KV Sondershausen Arbeitsgemeinschaft „ALTE UNION": Bestätigung. Sondershausen, den 10. Juli 1951 (ACDP III-013 DbCDU ChO 290 Bi-Bu 1951).

125 Vgl. „Landesparteitag Sachsen-Anhalt". In: Utm vom Juli 1952.

126 Vgl. „Funktionäre nicht linientreu". In: „Der Tag" vom 7. Februar 1953.

127 Vgl. Heinz Wiegel, Eugen Todtenhaupt, Harald König, Ernst Klöhn (ACDP III-013 DbCDU Ok).

128 Protokoll der Geschäftsführenden Vorstandssitzung am 18. Oktober 1950 (ACDP III-013-803).

129 Vgl. Protokoll der Sitzung des Geschäftsführenden Landesvorstandes am 11. Januar 1951. Vgl. Brief des Geschäftsführenden Landesvorstandes der CDU LV Brandenburg an den Landesvorstand der CDU Niedersachsens vom 11. Januar 1951. Vgl. Protokoll der Sitzung des Geschäftsführenden Landesvorstandes am 17. Februar 1951 (ACDP III-013-803).

130 O. Grotewohl vor der Volkskammer. 2. Sitzung am 15. November 1950. Zit. in: N.N.: Auf dem Wege S. 227.

EKD – für eine demokratische Entwicklung Deutschlands einsetzte. Ein Vorgehen wie in der Tschechoslowakei oder auf dem Balkan, wo Teile des Klerus einfach vor Gericht gestellt und zahlreiche Geistliche hingerichtet wurden, war angesichts der deutschlandpolitischen Ambitionen der UdSSR nicht opportun.[131] Vielmehr versuchte man über die CDU Einfluß auf die Kirchenleitung zu gewinnen.

Der Politische Ausschuß der CDU forderte die Kirchenleitungen am 5. Dezember 1950 zum wiederholten Male auf, die DDR-Verfassung und die Gesetze der DDR zu akzeptieren und sich der sowjetischen Deutschlandpolitik zur Verfügung zu stellen.[132] In Brandenburg wies der CDU-Landesvorsitzende Hermann Gerigk alle Kreisvorsitzenden der CDU an, Listen der Geistlichen zu erstellen, die dem SED-Regime loyal gegenüberstanden. Mit Hilfe dieser Pfarrer sollte in Brandenburg – wie in Sachsen unter Pfarrer Helmut Mehnert – versucht werden, eine von der CDU und der SED gelenkte „Gegenkirchenleitung"[133] zu etablieren. Das Unternehmen hatte jedoch keinen Erfolg. Da die Vertreter der CDU bei Gesprächen mit Pfarrern regelmäßig schnell „schachmatt gesetzt"[134] wurden, hatten Versuche, sie zur Gründung einer „Volkskirche" zu bewegen, keinerlei Aussicht auf Erfolg. Trotz der oft wöchentlichen „Bearbeitung" durch CDU-Vertreter ließen sich die Pfarrer nicht bewegen, einer Verlegung der Kirchenleitung nach Brandenburg zuzustimmen[135], waren sie doch froh darüber, daß ihre Kirchenleitung den Schikanen der Sowjets und der SED durch den Sitz in West-Berlin entzogen war. Die Provinzialsynode der Berlin-Brandenburgischen Kirche stimmte am 8. Februar 1951 einstimmig gegen eine Verlegung des Sitzes der Kirchenleitung in die Stadt Brandenburg.[136] Der Plan der SED war damit vorübergehend gescheitert.

Die Verhaftungen, der Ausbau des Spitzelsystems in der CDU, die Einführung der kommunistischen Methode von „Kritik und Selbstkritik", die öffentliche Zurschaustellung verhafteter CDU-Funktionäre[137], die Bekämpfung der Selbständigkeit der Kirchen – das ganze öffentliche Erscheinungsbild der CDU – ließen das Ansehen der CDU stark sinken. Die Mitgliederzahl der CDU in Brandenburg nahm rapide ab. Die andauernden Verhaftungen[138] zermürbten die Partei. Immer wieder flohen auch

---

131 Vgl. „Schauprozeß als Mittel zum Zweck". In: DUD Ausgabe A vom 1. Dezember 1950.

132 Vgl. Wort der CDU zum Verhältnis von Staat und Kirche. Anlage zum Protokoll über die Sitzung des Politischen Ausschusses vom 5. Dezember 1950 (ACDP III-013-628).

133 „Kirche soll nach Brandenburg". In: „Der Tag" vom 10. Dezember 1950.

134 Protokoll über die Sitzung des Politischen Ausschusses vom 12. Dezember 1950 S. 2 (ACDP III-013-628).

135 Vgl. „Ost-CDU als SED-Werber". In: „Der Tag" vom 2. Februar 1951.

136 Vgl. „Klare Antwort der Kirche". In: „Der Tag" vom 9. Februar 1951.

137 Vgl. „Verhaftete zur Schau gestellt". In: „Der Tag" vom 8. April 1951. Vgl. „Massenschauprozesse der SED". In: „Der Tag" vom 15. September 1951.

138 Vgl. Heinz Wedding, Hildegard Sarter (ACDP III-013 DbCDU Ok). Vgl. „Kein Platz für Reaktionäre". In: „Märkische Union" vom 24. April 1951. Vgl. „Neue Säuberungsaktion in der CDU Brandenburg". In: IWE vom 27. April 1951. Zur Verhaftung von Kreisrat Willasch aus Lübben vgl. Aktennotiz. Berlin, 27. April 1951 (ACDP III-013-792).

höchste Funktionäre, wie der Chefredakteur der Landeszeitung der CDU „Märkische Union", Walther Schur, oder die Abgeordnete der Provisorischen Volkskammer, Landesvorstandsmitglied Hildegard Sarter.[139] Während des ganzen Jahres 1951 hielten die Verhaftungen, Ausschlüsse und Entlassungen an. Verantwortlich dafür war Hermann Gerigk, der im April 1952 wegen homosexueller Veranlagung selbst als Landesvorsitzender abgesetzt wurde.[140] Gerigk arbeitete auch nach seiner Absetzung weiter als Agent des MGB. Als er später nach einem konspirativen Agententreffen in Berlin (West) verhaftet wurde, beging er in der Polizeihaft Selbstmord.[141] Nach seiner Absetzung übernahm Hans-Paul Ganter-Gilmans kommissarisch die Funktion des Landesvorsitzenden.[142] Grobbel, der die Absetzung Gerigks in die Wege geleitet hatte, um auf diese Weise selbst wieder Landesvorsitzender zu werden, erhielt wegen der von ihm inszenierten innerparteilichen Auseinandersetzung vom Politischen Ausschuß eine scharfe Rüge.[143] Der kurz vor der Auflösung des Landesverbandes tagende 6. Landesparteitag der brandenburgischen CDU wählte nicht ihn, sondern den wenig bekannten Heinz Sauer zum neuen Landesvorsitzenden. Sauer wurde nach der Neueinteilung der DDR in Bezirke stellvertretender Vorsitzender des Rates des Bezirkes Potsdam. Grobbel arbeitete zunächst als Journalist, bevor er nach deren Erscheinen die Leitung der „katholischen" Zeitschrift „Begegnung" übernahm.

Mecklenburg. Mit der Einheitslistenwahl am 15. Oktober 1950 hatten SKK und SED auch in Mecklenburg ihr Ziel erreicht. Die Gefahr, daß die CDU Mehrheiten für sich gewinnen konnte, war gebannt. Die SED konnte der CDU über den mecklenburgischen Landesblock 12 Prozent der in den Kreisen zu vergebenden politischen Funktionen zuweisen. Für sich, die NDPD, die DBD und die kommunistischen Massenorganisationen beanspruchte die SED, die zu keiner Zeit über wirkliche Mehrheiten verfügt hatte, 82 Prozent aller Funktionen.[144] Damit waren nach der SPD auch die CDU und die LDP in Mecklenburg als politisch eigenständige Faktoren eliminiert. Letzte Proteste vereinzelter Kreisvorsitzender bewirkten deren sofortige Absetzung.[145] Die Entlassungen, Absetzungen und Verhaftungen, die den ganzen Sommer 1950 nicht abgebrochen waren[146] und die die CDU personell völlig

139 Vgl. Walther Schur (ACDP III-013 DbCDU Ok). Vgl. Brief (Eugen) Wentscher an den KV der CDU Wiesbaden vom 24. Juli 1952 (BA NL Kaiser 67).

140 Vgl. „Politischer Ausschuß gibt bekannt". In: „Märkische Union" vom 11. April 1952.

141 Vgl. Hermann Gerigk (ACDP III-013 DbCDU Ok).

142 Vgl. „Chronik der CDU". In: Utm vom Juni 1952 S. 28.

143 Vgl. Karl Grobbel (ACDP III-013 DbCDU Ok).

144 Vgl. Brief CDU LV Mecklenburg an die CDU KV vom 7. Dezember 1950 (ACDP III-013-790).

145 So der Vorsitzende des CDU-KV Rostock-Land, Gaudeck. Vgl. „Wo bleibt die Mitarbeit der CDU?". In: „Landes-Zeitung" vom 29. September 1950.

146 Horst Bonke, Ewald Haefke, Hieronymus Spehr, MdL Margarete Gundlach und Ehemann (ACDP III-013 DbCDU Ok). Vgl. „Ausschlüsse aus der CDU". In: „Der Kurier" vom 2. August 1950. Vgl. „Terror gegen CDU-Funktionäre". In: „Der Kurier" vom 22. September 1950.

veränderten, brachten erhebliche personelle Probleme mit sich. Es war kaum möglich, genügend geeignete „fortschrittliche“ CDU-Vertreter zu finden. Allen Mitgliedern, die eventuell zu einer Mitarbeit bereit gewesen wären, stand ihr eventuelles Schicksal im Falle einer Verhaftung, die bei politischer Profilierung in der CDU immer wahrscheinlicher wurde, vor Augen. Einzelne der verhafteten CDU-Funktionäre verurteilten die Sowjetischen Militärtribunale (SMT) zum Tode[147], einige andere kamen ohne Urteil infolge der Haftbedingungen und der Mißhandlungen um. Eines der bekanntesten Opfer war in Mecklenburg der CDU-Landtagsabgeordnete Walter Kolberg, von dem die Sowjets unter Anwendung schwerster Formen der Folter[148], die der Parlamentarier nicht überlebte, Geständnisse erpreßten. Häufigste Ursache der Verhaftungen waren Denunziationen sowjetischer Spitzel im Landesverband. So war eine Verhaftungswelle in Wolgast, der auch Kolberg zum Opfer gefallen war, auf eine Denunziation zurückzuführen.[149] Wegen freiberuflicher Mitarbeit bei der Zeitung „Der Tag“ wurde am 17. Dezember 1950 die Journalistin Ursula Wöllert aus Rostock verhaftet. Sie wurde zu 25 Jahren Zuchthaus verurteilt und in ein Lager in Workuta bei Murmansk deportiert.[150] Die mecklenburgische CDU hatte im Herbst 1950 monatlich etwa 400 Austritte zu verzeichnen. Die Fluchtzahlen erreichten im Herbst 1950 einen ersten Höhepunkt.[151] Auch dem ehemaligen CDU-Wirtschaftsminister Siegfried Witte gelang aus der Untersuchungshaft die Flucht in die Bundesrepublik.[152] Während sich zahlreiche Mitglieder und Funktionäre in die Bundesrepublik und nach Berlin (West) absetzten, bildeten sich überall im Lande illegale CDU-Gruppen, die in engem Kontakt zum Ostbüro der CDU und dem dort wirkenden ehemaligen Landrat von Usedom, Werner Jöhren, standen.[153]

Die Geschichte der mecklenburgischen CDU ist auch in den Jahren 1951 und 1952 im wesentlichen die Geschichte von Absetzungen, Verhaftungen und Fluchten. Das Jahr 1951 begann mit der Verhaftung des 3. Landesvorsitzenden der CDU, Josef Kügler, und des CDU-Kreisrates Wilhelm Nath aus Güstrow.[154] Aus der CDU ausgeschlossen wurden unter anderen der Vizepräsident des mecklenburgischen

---

147 So z. B. Hans Rogge (ACDP III-013 DbCDU Ok), der später zu 25 Jahren Zuchthaus begnadigt wurde.

148 Aussage des Mithäftlings Wilhelm Pfeng in: Walter Kolberg (ACDP III-013 DbCDU Ok).

149 Vgl. Wilhelm Bachem (ACDP III-013 DbCDU Ok u. ACDP III-013 DbCDU ChO 307 Wilhelm Bachem 1952).

150 Vgl. Ursula Wöllert (ACDP III-013 DbCDU Ok). Vgl. Gespräch d. Autors mit Ursula Wöllert am 11. April 1987 in Hof (ACDP MAT Richter PW,4).

151 Vgl. „Schwerin“. In: „Der Tag“ vom 22. November 1950. Flüchtlinge u. a.: MdLV Franz Riedel, Kreisrat Alfred Strepp aus Neustrelitz, Kreisrätin Margarete Gustke, MdHV, MdV und MdLV Heinrich Albert (ACDP III-013 DbCDU Ok).

152 Vgl. „Die Kandidatenliste der CDU“. In: UiD 66 vom 26. August 1950.

153 Vgl. Franz Riedel (ACDP III-013 DbCDU Ok).

154 Vgl. Wilhelm Nath (ACDP III-013 DbCDU Ok). Vgl. „Zwei neue Todesurteile“. In: „Der Tag“ vom 31. Januar 1951.

Verwaltungsgerichtshofes, Herbert Scheel, und der Vorsitzende des Kreisverbandes Grabow, Walter Müller.[155] In Ludwigslust wurde im Februar 1951 der gesamte Kreisvorstand der CDU wegen „reaktionärer Einstellung" für aufgelöst erklärt.[156] In Plau, wo die CDU im Stadtparlament über eine erhebliche Stimmenmehrheit verfügte, verhafteten Mitarbeiter des MfS Anfang Juni 1951 zirka 30 Personen, die alle der Plauer Ortsgruppe der CDU angehörten. Die Verhafteten, zu denen u. a. die CDU-Stadträte Otto Gericke und Kurt Tappenbeck gehörten[157], wurden im April nach Folterungen in einem Schauprozeß in Greifswald zu langjährigen Haftstrafen verurteilt.[158] Um der drohenden Verhaftung zu entgehen, flohen im Herbst 1951 weitere Funktionäre, unter ihnen der Vorsitzende des Kreisverbandes Schwerin, Werner Niendorf, und der Kreissekretär des Kreisverbandes Schwerin-Land, Hans Höfer.[159] Zu diesem Zeitpunkt saßen im Greifswalder Gefängnis bereits etliche CDU-Funktionäre ein – unter ihnen die CDU-Ortsgruppenvorsitzenden von Trassenheide-Carlshagen, Heringsdorf, Jarmen, Gützkow und Rossow.[160]

Anläßlich der zu Beginn des Jahres 1952 fälligen Jahreshauptversammlungen stellten angesichts der Verhältnisse in Mecklenburg etwa 80 Prozent aller bisherigen Ortsgruppenvorsitzenden ihre Funktion zur Verfügung.[161] Im Januar 1952 begann die SED eine Kampagne gegen den CDU-Minister für Wirtschaft und Arbeit, Heinrich Lechtenberg.[162] Auch der Landesvorsitzende der CDU, Reinhold Lobedanz, beteiligte sich aktiv am Vorgehen gegen antikommunistisch-demokratische Kräfte in der CDU. In immer neuen Rundschreiben forderte er die Mitglieder auf, „Zentren der negativen Diskussion und des passiven Widerstandes"[163] aufzuspüren und zu beseitigen. Die „Reinigung" der mecklenburgischen CDU ging auch nach ihrem letzten Landesparteitag am 5. und 6. Juli 1952[164] und nach der Auflösung des Landesverbandes weiter. Im August wurde auf Drängen der SED der Chefredakteur

155 Vgl. „Ost-CDU säubert". In: „Der Kurier" vom 17. März 1951.
156 Vgl. „CDU-Kreisvorstand wegen ‚reaktionärer Einstellung' aufgelöst". In: IWE vom 1. März 1951.
157 Vgl. Otto Gericke und Kurt Tappenbeck (ACDP III-013 DbCDU Ok).
158 Vgl. Kurt Tappenbeck (ACDP III-013 DbCDU Ok). Vgl. „Schauprozeß in Greifswald". In: „Der Tag" vom 11. April 1952.
159 Vgl. „Nach Berlin geflüchtet". In: „Der Tag" vom 12. Oktober 1951. Vgl. „CDU-Kreissekretär geflohen". In: „Der Tag" vom 2. November 1951.
160 Vgl. „CDU- und LDP-Funktionäre im Gefängnis Greifswald". In: IWE vom 16. Februar 1952.
161 Vgl. „Sowjet-CDU auf der Suche nach Funktionären". In: IWE vom 4. April 1952.
162 Vgl. Brief Siegfried Witte (Königsteiner Kreis) an Willy Heller vom 25. Januar 1952 (ACDP I-255-002).
163 CDU LV Mecklenburg: K-Rundschreiben Nr. 60/52. Schwerin, den 14. Mai 1952: Verstärkt die Wachsamkeit! (Anlage: Richtlinien zur Verstärkung der innerparteilichen Wachsamkeit) – (ACDP III-013-789).
164 Vgl. „Kämpfende Vorhut aller Christen". In: „Neue Zeit" vom 8. Juli 1952.

der CDU-Landeszeitung „Der Demokrat", Hugo Reinhardt, abgesetzt. Im Herbst 1952 folgte die Entlassung zahlreicher CDU-Mitglieder aus den öffentlichen Ämtern der drei nördlichsten Bezirke der DDR. Allein in der Bezirksverwaltung Schwerin wurde 30 Angestellten, die Mitglieder der CDU oder LDP waren, gekündigt.[165] Schon vor der Umwandlung des Landesverbandes Mecklenburg in Bezirksverbände hatte die SED in allen staatlichen Verwaltungen deutlich dominiert:

Politische Struktur der Mitarbeiter der staatlichen Verwaltung in Mecklenburg (30. Juli 1952)[166] (in Prozent):

Bereich	SED	CDU	LDP	NDPD	DBD	parteilos
Landesregierung	56,2	5,2	1,6	6,2	1,3	29,5
Stadtkreise	51,8	4,8	2,9	2,5	0,1	37,9
Landkreise	54,3	4,5	1,8	5,7	2,2	31,5
kreisangehörige Städte	56,5	7,3	2,9	5,5	1,3	26,5
kreisangehörige Gemeinden	46,4	5,0	1,8	3,2	4,8	38,8
Insgesamt	52,4	5,1	2,0	4,7	2,5	33,3

Daß Ende des Jahres 1952 auch eine „fortschrittliche" Haltung nicht mehr vor Verhaftung schützte, mußte neben dem DDR-Außenminister Dertinger auch der Volkskammerabgeordnete und ehemalige Stellvertreter von Lobedanz, Karl Garz, erfahren, der unter den Mitgliedern des Landesverbandes wegen seiner besonders „fortschrittlichen" Haltung und seiner Zusammenarbeit mit dem MGB gefürchtet war.[167] Garz wurde im Dezember 1952 verhaftet.[168]

4. Alle Macht den Sekretären! – Organisatorische und programmatische Umgestaltung

Um einen effektiven Einsatz der CDU im Bereich der Deutschland- und Kirchenpolitik zu gewährleisten, erfolgte nach dem 5. Parteitag der CDU eine weitere

165 Vgl. „Bürgerliche Verwaltungsangestellte werden entfernt". In: IWE vom 17. Dezember 1952. Vgl. „Regierungs-Instrukteurbrigaden entfernen bürgerliche Kreisräte". In: IWE vom 18. Dezember 1952.

166 Wietstruk S. 60.

167 So Hieronymus Spehr auf der Tagung des ACDP „CDU in der SBZ 1946–1948" am 22./23. November 1982 in Walberberg, Protokoll S. 219 (ACDP VI-015-021).

168 Vgl. Gerda Garz und Werner Pöhls (ACDP III-013 DbCDU Ok).

Angleichung der Organisation der CDU an die von den Sowjets und der SED geschaffenen politischen Strukturen. Die entsprechenden Richtlinien waren bereits auf dem 5. Parteitag formuliert worden: – Umgestaltung in eine operative Partei – Parteidisziplin – Schulung – Aktivierung der CDU im Rahmen der Nationalen Front.[169] Im Zusammenhang mit der weiteren schrittweisen Zentralisierung der Partei erfolgte zum Jahresende 1950 die Schaffung einer „Zentralen Vermögensverwaltung" (ZVW), deren Aufgabe die Verwaltung des gesamten Parteivermögens und der Rechtsträgerschaften war.[170] Damit wurden zugleich die Vermögensverwaltungen der Landesverbände aufgelöst[171] und sämtliche Vermögenswerte der Partei, „wem sie jetzt auch rechtlich gehören"[172], zur ZVW gehörig und deren Weisungen unterliegend bezeichnet. Auf diese Weise übernahm die CDU der DDR Betriebe wie die Union-Verlag-GmbH, deren Stammkapital sich nicht in ihrem Besitz befand und deren Sitz nach West-Berlin verlegt worden war.[173] Mit dem neuen Leiter der ZVW, Wilhelm Bachem, der wegen seines ungezügelten Lebenswandels und seiner prokommunistischen Haltung auch über die CDU hinaus bekannt war, hatte die Parteileitung wenig Glück. Bachem setzte sich kurz nach seiner Ernennung mit einem großen Teil der Parteigelder in die Bundesrepublik ab.[174] Der Bildung der ZVW folgte die Gründung einer „Unions-Verwaltungs-Gesellschaft", in deren Hände die Leitung der VOB der CDU gelegt wurde.[175]

Parallel zur Zentralisierung des Parteivermögens wurden neue Mitgliedsbücher und Kassierungsmodalitäten eingeführt.[176] Zur Belebung der daniederliegenden Parteiarbeit ordnete der Politische Ausschuß „Initiativkomitees" an, deren Arbeitsweise wie schon das System der „Instrukteure" von der SED übernommen worden war. Außerdem wurde jeder Volks- und Länderkammerabgeordnete sowie jeder Landtagsabgeordnete der CDU verpflichtet, je einen Kreisverband politisch zu betreuen. Angesichts der geringen Mitarbeit der CDU-Mitglieder in den Massenorganisationen mußten sich die Kreisverbände und Ortsgruppen verpflichten, intensiv für eine stärkere Mitarbeit – vor allem in der DSF – zu werben. Die weiblichen Mitglieder wurden

169 Vgl. „Organisatorische Hinweise zur Verwirklichung der Beschlüsse des 5. Parteitages". In: „Der neue Weg" vom 29. November 1950.

170 Vgl. Niederschrift über die zweite Sitzung der Zentralen Revisionskommission am 3. Juli 1951 im Unionshaus Berlin S. 5 (ACDP III-013-791).

171 Vgl. Anlage 1 zum Protokoll über die Sitzung des Politischen Ausschusses vom 7. November 1950 (ACDP III-013-628).

172 Protokoll über die Sitzung des Politischen Ausschusses vom 31. Oktober 1950 S. 3 (ACDP III-013-830).

173 Vgl. Brief Otto Wirmer an die Cultural Affairs Branch Cultural Relations Group in Berlin vom 14. April 1951 (BA NL Kaiser 313).

174 Vgl. Wilhelm Bachem (ACDP III-013 DbCDU Ok).

175 Vgl. CDU DER DDR: Dokumente 9 S. 93.

176 Vgl. Protokoll über die Sitzung des Politischen Ausschusses vom 12. November 1950. Vgl. Protokoll der Sitzung des Hauptvorstandes am Donnerstag, 25. Januar 1951, 10.00 Uhr in der Volkskammer, Luisenstr. 58/60 (ACDP III-013-628).

aufgefordert, Mitglieder des DFD zu werden. Der Dezember 1950 wurde zum „Monat der Deutsch-Sowjetischen Freundschaft" erklärt. Alle Einheiten der Partei mußten sich im Rahmen eines Wettbewerbes unter dem Motto „Freundschaft für immer" in den Versammlungen mit dem Thema „Die Sowjetunion als Friedensmacht"[177] beschäftigen und Werbung für die DSF betreiben. Schon am 29. November 1950 hatte der Hauptvorstand alle Mitglieder aufgefordert, in die DSF einzutreten.[178] Höhepunkt des „Monats der DSF" waren Gedenkveranstaltungen zum 71. Geburtstag des „Führers der Weltfriedensfront"[179], Josef W. Stalin. Allein im Dezember 1950 traten ca. 10 000 CDU-Mitglieder in die DSF ein.[180] Da kaum eine Möglichkeit bestand, sich dem von den Sowjets angeordneten pseudoreligiösen Personenkult um Stalin zu entziehen, antworteten die Mitglieder, wo immer es ohne Gefahr möglich war, mit völliger Passivität.[181]

Im Januar 1951 beschloß der Politische Ausschuß eine Neuorganisation der Hauptgeschäftsstelle, die nun in ein Generalsekretariat und drei Hauptabteilungen (Politik, Organisation und Verwaltung) eingeteilt wurde.[182] Parallel zur Umstrukturierung der Hauptgeschäftsstelle fand eine Neuorganisation der Landes- und Kreisverbände statt. Alle politischen Aufgaben wurden auf Sekretäre übertragen, die nicht gewählt, sondern von der übergeordneten Parteiinstanz bestimmt und vom Hauptvorstand bestätigt werden mußten.[183] Damit ging die eigentliche Macht in der CDU – von Generalsekretär Götting bis zu den Kreissekretären – endgültig auf die Sekretäre über. Das so geschaffene „demokratisch-zentralistische" System gewährleistete den politischen Instrukteuren des Generalsekretärs einen reibungsarmen Weisungsfluß bis an die Parteibasis. An der Parteispitze bedeutete es eine weitgehende Entmachtung Nuschkes, dessen Funktion sich mehr und mehr darauf reduzierte, eine väterlich-bürgerliche Symbolfigur der prokommunistischen CDU abzugeben. Am 9. Januar 1951 legte Götting einen Rahmenplan für die zukünftige systematische Schulung aller Funktionäre und Mitglieder vor.[184] Danach sollten alle Mitglieder in einer zentralisierten Schulungsarbeit unter anderem mit „den Erfahrungen und Kenntnissen der sozialistischen Sowjetunion"[185] bekannt gemacht werden.

177 Die Sowjetunion als Friedensmacht. Rede-Disposition (ACDP III-013-630/2).

178 Vgl. „Ewige Freundschaft mit der SU": In: „Neue Zeit" vom 30. November 1950.

179 Stalins Geburtstag. Rede-Disposition (ACDP III-013-630/2).

180 Vgl. CDU DER DDR: Grundzüge der Parteigeschichte.

181 Vgl. Protokoll über die Sitzung des Politischen Ausschusses am 19. Dezember 1950 S. 1 (ACDP III-013-830). Vgl. Tabellenanhang: Graphischer Vergleich: CDU-Mitglieder insgesamt und CDU-Mitglieder in der DSF (Sachsen-Anhalt).

182 Vgl. Protokoll über die Sitzung des Politischen Ausschusses am 9. Januar 1951 (ACDP III.013-830).

183 Vgl. „Politische Neuorganisation in der Sowjet-CDU". In: IWE 6/357 vom 27. Juni 1951.

184 Vgl. CDU Geschäftsstelle. Abteilung Organisation: Organisationsstatistik und Tätigkeitsbericht für den Monat Januar 1951 vom 9. Februar 1951 (ACDP III-013-789).

185 „Parteimitglieder ‚neuen Typus'". In: „Der Tag" vom 12. Januar 1951.

Die Sowjets griffen über den Generalsekretär massiv in die CDU-Presse ein, die Anfang des Jahres 1951 ebenfalls völlig umgewandelt wurde. Götting kritisierte das weitgehend noch vorhandene „bürgerlich journalistische" Selbstverständnis der Redakteure, deren Ziel es noch immer sei, Material gegen die SED zu sammeln und in Form von Glossen auszuwerten. In dem nach sowjetischem Muster zu schaffenden System von „Volkskorrespondenten"[186] sollten die Redakteure und Journalisten in Zukunft ein stärkeres Augenmerk auf den Aufbau des Sozialismus in der DDR legen. Versteckte Angriffe auf die SED wurden verboten. Allen neu eingesetzten Chefredakteuren wurden „Politberater" zugeordnet, die die Einhaltung der prokommunistischen Linie zu kontrollieren und Verstöße zu melden hatten.[187] Die Zensur der Blätter wurde unabhängig von diesen Maßnahmen ebenfalls fortgesetzt. Da das Niveau der Zeitungen sich dadurch noch weiter verschlechterte und diese oft seitenlang nur mit Huldigungen Stalins und der UdSSR angefüllt waren, ging die Zahl der Abonnenten drastisch zurück. Die „Neue Zeit" verlor allein im Jahr 1950 etwa 35 000 Leser.[188] Um den auch 1951 anhaltenden starken Leserrückgang aufzuhalten, bezeichnete Götting das Abbestellen der Blätter als „parteischädigendes Verhalten" und „Sabotage". Um keine Schwierigkeiten zu bekommen, mußten die Mitglieder die mit Sowjetpropaganda angefüllten Zeitungen weiter beziehen. Ähnlich gefährlich wie die Abbestellung einer Zeitung war inzwischen auch der Austritt aus der CDU, über den die Landesverbände ebenfalls sofort „die Hauptgeschäftsstelle, die SKK und den Staatssicherheitsdienst"[189] zu unterrichten hatten.

Im März 1952, dem „Monat der vorbildlichen Parteiarbeit"[190], stand die Aktivierung der weiblichen Mitglieder im DFD und der jugendlichen Mitglieder in der FDJ ebenso auf dem Programm Göttings[191] wie die Intensivierung der Arbeit der CDU-Betriebsgruppen.[192]

Durch eine engere Verflechtung der CDU-Arbeit mit der Arbeit der Massenorganisationen sollte eine umfassendere Kontrolle sämtlicher politischer Aktivitäten erreicht werden. Dem selben Ziel dienten auch die am 29. März 1951 eingeführte Anmeldepflicht für „Veranstaltungen aller Art"[193] und der weitere Ausbau des Spitzelsystems

---

186 Vgl. SCHAPER: Als die Welt S. 51.

187 Vgl. „Politberater für Chefredakteure". In: „Der Tag" vom 12. Oktober 1951.

188 Vgl. „Ost-Presse ohne Leser". In: „Der Tag" vom 22. November 1950.

189 Protokoll über die Sitzung des Politischen Ausschusses am 12. November 1950 (ACDP III-013-628).

190 Vgl. Brief CDU LV Mecklenburg an die CDU-Kreisverbände. Schwerin, 8. März 1951: Betr.: Monat der Partei (ACDP III-013-830).

191 Vgl. „Wunsch muß zur Tat werden". In: „Neue Zeit" vom 8. März 1951. Vgl. CDU HGS: L-Rundschreiben Nr. 11/1951. Betr.: Verstärkung der Arbeit der CDU-Frauen (ACDP III-013-830).

192 Vgl. CDU HGS: L-Rundschreiben Nr. 9/1951 (ACDP III-013-791). Vgl. CDUD LV Sachsen: Sonderrundschreiben. Dresden, 6. April 1951 (ACDP III-013-830).

193 CDU HGS: L-Rundschreiben Nr. 31/1951 (ACDP III-013-791).

auf allen Ebenen der CDU und in den Kirchen.[194] Der trotzdem anhaltend starke Mitgliederrückgang[195], die rückläufige Anzahl von Abonnements der CDU-Zeitungen und vor allem die Zentralisierung des Parteivermögens mit der damit verbundenen Umorganisierung des Beitragswesens führten zu einer katastrophalen Finanzsituation der CDU.[196] Daran konnte auch die neugeschaffene Revisionskommission der Partei, die das Finanzgebaren der Landesverbände zu untersuchen hatte, nichts ändern.[197] Da die CDU mit einem monatlichen Fehlbetrag von ca. 80 000 DM zahlungsunfähig war, warf die SED, die wesentlich dazu beigetragen hatte, die CDU in diese Situation zu bringen, ihr nun „Sabotage an der Arbeit der Nationalen Front"[198] vor. In dieser Situation stellte der DDR-Außenminister Dertinger der Partei ein „Konto ‚X'"[199] zur Verfügung, mit dessen Hilfe Dertinger die Finanzschwäche der CDU auszugleichen versuchte. Trotz der nun erfolgenden monatlichen Zuwendungen[200], die vor allem für die Aktivitäten in der Bundesrepublik bestimmt waren, sah sich die CDU gezwungen, ihre Landesparteischulen in Friedersdorf (Sachsen) und Weimar (Thüringen) zu schließen. Gegen eine Beitragserhöhung gab es zahlreiche Proteste, die zu Ausschlüssen der Mitglieder aus der Partei führten, die nicht bereit waren, mehr Beitrag zu zahlen.[201]

Anfang des Jahres 1951 war noch keine endgültige Klarheit über das Verhältnis der CDU zur FDJ geschaffen. Immer wieder kam es innerhalb der Partei zu Protesten gegen die in der FDJ als verbindlich geltende marxistisch-leninistische Weltanschauung. Andererseits beschränkten sich die Möglichkeiten einer politischen Betätigung Jugendlicher auf die FDJ, seit Ende des Jahres 1950 auch noch die letzten Jugendgruppen der CDU aufgelöst worden waren.[202] Nachdem eine Funktionärskonferenz der FDJ noch einmal unmißverständlich die marxistisch-leninistische Ausrichtung der Organisation betont hatte[203], befaßte sich die CDU-Parteileitung mit

194 Vgl. Aussage Heinz Mattuschka (ACDP III-013 DbCDU Ok Hermann Gerigk). Vgl. Knauft S. 32.

195 Vgl. CDU HGS: L-Rundschreiben Nr. 18/1951. Betr.: Bekämpfung des Mitgliederrückgangs (ACDP III-013-791).

196 Vgl. Bericht vom 15. April 1951 (ACDP III-013-830).

197 Vgl. Arbeitsrichtlinien für die Zentrale Revisionskommission (beschlossen in der 1. Sitzung der Zentralen Revisionskommission am 23. Mai 1951) – (ACDP III-013-791). Vgl. Niederschrift über die erste Sitzung der Zentralen Revisionskommission am 23. Mai 1951 im Unionshaus Berlin (ACDP III-013-792). Vgl. Berichte über die Revisionen bei den LV Sachsen-Anhalt, Sachsen, Brandenburg und Mecklenburg (ACDP III-013-830).

198 Bericht vom 14. März 1951 (ACDP III-013-830).

199 Bericht vom 15. April 1951 (ACDP III-013-830).

200 Vgl. Bericht vom 1. Mai 1951 (ACDP III-013-830). Vgl. Bericht o. D. (ACDP III-013-792).

201 So wurde A. F. ausgeschlossen, weil er nur 50 Pfennig Beitrag zahlen wollte. Vgl. „Der neue Weg" vom 5. Mai 1951.

202 Vgl. „Nuschke-JU aufgelöst". UiD 85 vom 2. November 1950 S. 2.

203 Vgl. Protokoll der Sitzung des Hauptvorstandes der CDU am Mittwoch, dem 29. November 1950 (ACDP III-013-628).

dem Problem. Wollte Generalsekretär Götting die CDU-Jugend in die FDJ einbinden, mußten die weltanschaulichen Fragen geklärt werden. Götting und Hermann Gerigk wandten sich deswegen im Januar 1951 mit „vier Fragen der CDU“[204] an den FDJ-Vorsitzenden Erich Honecker und forderten ihn auf, in der FDJ die Anweisung zu erlassen, die Mitglieder der CDU künftig in ihrer weltanschaulichen Haltung zu respektieren. Es kam daraufhin zu einem Gespräch Göttings mit Honecker, bei dem dieser offiziell erklärte, daß von keinem Mitglied der FDJ ein Bekenntnis zum Marxismus/Leninismus verlangt werde. Da die FDJ keine Parteijugend sei, werde die Religion und Weltanschauung eines jeden Mitgliedes geachtet. Einzig entscheidend sei der politische Einsatz eines jeden Mitgliedes.[205] Mit Hinweis auf diese Erklärung verpflichtete der Generalsekretär die jugendlichen CDU-Mitglieder in der folgenden Zeit zur Mitarbeit in der FDJ, die ungeachtet der Erklärung Honeckers ihre marxistisch-leninistische Schulung fortsetzte. Nach der Umstrukturierung der Hauptgeschäftsstelle im Januar 1951 wurde diese am 1. Januar 1952 in „Parteileitung“ umbenannt und wiederum neu strukturiert.[206] An die Stelle der bisherigen Referate traten nun vier Hauptabteilungen mit verschiedenen Unterabteilungen. Wenig später folgte die Umbenennung des „Generalsekretariats“ in „Sekretariat der Parteileitung“ und des „Büros der Parteileitung“ in „Hauptgeschäftsstelle“[207]. Damit reagierte die CDU auf Forderungen der SED, die Anfang des Jahres 1952 eine Veränderung der Blockpolitik vornahm[208], um auf diese Weise ihren Führungsanspruch noch deutlicher repräsentieren zu können. Anfang Februar 1952 schuf die SED im Zentralkomitee eine „Abteilung für leitende Organe der Partei- und Massenorganisationen“. Mit dieser Abteilung übernahm die SED von der SKK die Entscheidungsgewalt in allen die Blockparteien und Massenorganisationen betreffenden Personalfragen. Von nun an mußte sich die CDU bei jeder Personalentscheidung nicht mehr an die SKK, sondern direkt an die SED wenden.[209] Am 14. Februar 1952 erließ die SED neue Richtlinien für die Arbeit des Blocks, die ihre Ansprüche auf die führende Rolle festschrieben.[210] Sie nahm nun direkt Einfluß auf die Arbeit der Blockparteien. Von einer Blockarbeit im bisherigen Sinne – mit relativ eigenständigen Parteien – konnte keine Rede mehr sein. Zudem trat in der Folgezeit an die Stelle des formal weiterbestehenden, aber funktionslosen Zentralen Blocks ab dem Frühjahr 1952 de facto das Präsidium des Ministerrates, dem für die CDU Nuschke angehörte und dessen Richtlinien auch für die CDU verbindlich waren.[211]

---

204 Protokoll über die Sitzung des Politischen Ausschusses am Dienstag, 9. Januar 1951 S. 3 (ACDP III-013-830).

205 Vgl. „Das Gespräch Honecker – Götting“. In: Utm vom März 1951 S. 18f.

206 Vgl. Bericht vom 13. Januar 1952 (ACDP III-013-797).

207 Protokoll der 10. Sitzung des Sekretariats am 4. April 1952 11.00 Uhr S. 5 (ACDP III-013-1088).

208 Vgl. KRAUSE S. 139.

209 So in „Internes aus der Nuschke-Partei“. In: „Der Tag“ vom 27. März 1953.

210 Vgl. KRAUSE S. 139. Vgl. THIEL S. 79.

211 Vgl. STERN: Die Blockpolitik S. 229.

In der CDU standen für das Frühjahr 1952 Parteineuwahlen an. Sie dienten einer weiteren „Reinigung" der Partei. Die Parteileitung erklärte, mit den Parteiwahlen das „Werk der politisch-ideologischen Klärung, das wir vor zwei Jahren auf organisatorischem Gebiet begonnen hatten, zu Ende führen"[212] zu wollen. Die schriftliche Anerkennung der zahlreiche christliche Glaubensaussagen pervertierenden „Meißener Thesen"[213] wurde zur Voraussetzung für eine Kandidatur. Daraufhin verzichteten allein in Mecklenburg etwa 80 Prozent aller bisherigen Ortsgruppenvorsitzenden auf ihre Wiederwahl.[214] Neben den Kandidaten mußten auch die Ortsgruppen der CDU ähnliche Erklärungen abgeben. Wenn sie sich weigerten, wurden sie durch die Parteileitung aufgelöst. Die Maßnahme richtete sich gegen die zahlreichen Ortsgruppen, die sich dem prokommunistischen Kurs der CDU durch Passivität zu entziehen suchten. Diese Gruppen, die oft heimlich in Kontakt mit dem Ostbüro der CDU standen, mußten nun offiziell Farbe bekennen.

Mit Hilfe der kommunistischen Diskussionsmethode von „Kritik und Selbstkritik", die in allen CDU-Presseorganen propagiert wurde[215], sollten auch die letzten kritischen Mitglieder enttarnt werden. So forderte Götting zum Beispiel die Hochschulgruppen der CDU auf, „Stimmen der Kritik an der Arbeit der Partei ... laut werden zu lassen"[216]. Die Folge der geäußerten Kritik waren dann Ausschlüsse und Verhaftungen unter den kritischen Studenten. Im Frühjahr 1952 begann eine weitere Entlassungswelle von CDU-Mitgliedern aus Verwaltungen, Schulen, der Justiz und der Polizei.[217] Schritt für Schritt wurde die CDU aus allen Bereichen, die für das politische und wirtschaftliche Leben der DDR von Bedeutung waren, verdrängt. Die einzige Funktion, die ihr blieb, war die Beeinflussung der Kirchen sowie der christlichen Öffentlichkeit der Bundesrepublik und des Auslandes.[218]

Neben den Parteineuwahlen wurde auch die Ausgabe neuer Mitgliedsbücher genutzt, die Mitglieder nach ihrer politischen Gesinnung zu befragen.[219] Neuaufgenommene Mitglieder mußten in „feierlicher Form" ein Gelöbnis ablegen, in dem sie sich verpflichteten, sich für die Sicherung und Festigung des SED-Regimes einzusetzen und die Gesetze der DDR zu achten.[220] Folge eines Beitrittes waren dennoch oft die Entlassung von der Arbeitsstelle und die Observierung durch Mitarbeiter des

---

212 Bericht des Generalsekretariats der CDU auf der Sitzung des Hauptvorstandes am 28. Januar 1952. Zit. b.: G. FISCHER: Die prinzipiellen Auseinandersetzungen S. 84.

213 Siehe nächstes Kapitel.

214 „Sowjet-CDU auf der Suche nach Funktionären". In: IWE vom 4. April 1952.

215 Vgl. „Karl Grobbel zum Thema ‚Kritik und Selbstkritik'". In: „Märkische Union" vom 24. Februar 1952.

216 An alle Landessekretariate (einschl. Berlin). 10. März 1952 (ACDP III-013-789).

217 Vgl. Bericht „Fritz" vom 31. Mai 1952 (ACDP III-013-793).

218 Vgl. Protokoll über die Sitzung des Erweiterten Sekretariats der Parteileitung am Mittwoch, dem 18. Juni 1952, 17.30 Uhr im Unionshaus (ACDP III-013-789).

219 Vgl. Richtlinien für die Ausgabe neuer Mitgliedsbücher der CDU (ACDP III-013-789).

220 Vgl. Richtlinien für die Aufnahme von Mitgliedern in die CDU. 15. Mai 1952 (ACDP III-013-789).

MfS. Entsprechend gering war die Neigung, der CDU beizutreten. Die immer kleiner werdene Gruppe von Funktionären mußte seit dem Frühjahr ständig an Schulungen der CDU und der staatlichen Verwaltung teilnehmen[221], die vom Block für alle im Staatsapparat tätigen Personen gefordert wurden.[222] Eine umfassende Kenntnis des Marxismus-Leninismus war Voraussetzung für ihr weiteres Wirken in der CDU.

5. „Meißener Thesen" des „Christlichen Realismus"

Auf dem 4. Parteitag der CDU im November 1949 war es durch die Intervention Dertingers nicht wie vorgesehen zur Verabschiedung eines Parteiprogramms der CDU gekommen. Auch Mitte des Jahres 1950 war die Partei organisatorisch und programmatisch noch zu stark im Umbruch begriffen, als daß ein Programm hätte verabschiedet werden können. Da die Parteileitung jedoch nicht auf eine weltanschauliche Begründung ihrer Entwicklung zu einer prokommunistischen Partei verzichten konnte, beauftragte der Politische Ausschuß Gerhard Desczyk mit der Bildung eines Ausschusses „Sozialismus aus christlicher Verantwortung", der den Auftrag erhielt, Thesen zur Vorbereitung eines Programmentwurfes zu erstellen.[223] Desczyk mußte jedoch bald feststellen, daß es schwierig war, zu „wirklich brauchbaren und richtigen Formulierung(en)"[224] zu kommen, da man nicht wisse, wie sich die weitere Entwicklung gestalte. Dennoch verkündete der Hauptvorstand Mitte Mai 1950 „Grundsätze"[225] der CDU, die einen ersten Versuch darstellten, die Mitarbeit an der kommunistischen Gestaltung der Gesellschaft christlich zu begründen. Mit diesen „Grundsätzen", für die Desczyk im Sommer 1950 erstmalig den Begriff des „Christlichen Realismus"[226] benutzte, unternahm die CDU den seltenen Versuch, eine Weltanschauung aus einer konkreten politisch-gesellschaftlichen Situation heraus zu entwickeln. Hatte die CDU bisher aus christlicher Überzeugung versucht, Einfluß auf die Gestaltung der Gesellschaft zu nehmen, so deutete sich mit der Entwicklung

---

221 Vgl. Vorlage für die Sitzung des Sekretariats am 4. April 1952 (ACDP III-013-799). Vgl. CDU Parteileitung: L-Rundschreiben Nr. 16/1952. Betr.: 1. Teilnahme an Lehrgängen der Parteischulen, 2. System der innerparteilichen Schulungsarbeit (ACDP III-013-749).

222 Vgl. CDU Parteileitung: L-Rundschreiben Nr. 15/1952. Betr.: 3. Nachwuchsförderung in staatlicher Verwaltung und Wirtschaft (ACDP III-013-789). Vgl. KRAUSE S. 140.

223 Vgl. Protokoll über die Sitzung des Politischen Ausschusses vom 2. Mai 1950 S. 3 (BA NL Kaiser 105).

224 CDU HGS. Abteilung Organisation: Organisationsstatistik und Tätigkeitsbericht. Juni 1950. 15. Juni 1950 S. 5 (ACDP III-013-790).

225 Protokoll der Sitzung des Erweiterten Hauptvorstandes am 16. Mai 1950 (ACDP III-013-628). Vgl. CDU: Grundsätze der CDU zur sozialistischen Gestaltung der Gesellschaftsordnung (ACDP III-013-630/3).

226 „Christlicher Realismus". In: Utm vom August 1950 S. 12.

des „Christlichen Realismus" und der damit verbundenen Unterordnung christlicher Überzeugungen unter die politischen Realitäten der DDR des Jahres 1950 eine Pervertierung christlichen Gestaltungswillens an, die in ihrer Methode der „Arisierung" des Christentums durch den Nationalsozialismus nicht unähnlich war.

Am 12. Juni 1951 eröffnete Nuschke in Halle/Saale die nach ihm benannte „Zentrale Parteischule der CDU"[227], zu deren Leiter der stellvertretende Landesvorsitzende der CDU von Sachsen-Anhalt, Karl Broßmann, bestimmt wurde. Die neue Parteischule bekam den Auftrag, Funktionäre aller Parteiebenen heranzubilden, die mit dem Marxismus/Leninismus vertraut waren und ihn mit christlichen Glaubensüberzeugungen zu verbinden verstanden. Bereits in seiner Eröffnungsrede wies Nuschke die Behauptung, Christentum und Kommunismus seien wie Feuer und Wasser, als falsch zurück.[228] Alle Christen müßten sich mit den Lehren des Marxismus-Leninismus intensiv auseinandersetzen. Das Funktionärsblatt der CDU „Union teilt mit" informierte im Juni-Heft ausführlich über den Marxismus/Leninismus.[229] Im Bildungsplan der Parteischule nahm der Marxismus/Leninismus neben dem „Christlichen Realismus" breitesten Raum ein.[230] Auch in den Jahren zuvor hatte sich die CDU mit der kommunistischen Lehre befaßt. Während sich die Autoren früherer Jahre jedoch in der Regel vom Marxismus distanzierten, war jetzt das Bemühen der Ideologen der CDU unverkennbar, zu einer Synthese christlicher Glaubensaussagen mit dem Marxismus/Leninismus zu gelangen. In der „Neuen Zeit" wurde eine „Bildungsseite" eingerichtet (S. 3), die neben Berichten über christliche Reformer wie Friedrich Naumann, Wilhelm Weitling oder Johann Hinrich Wichern[231] auch Ausführungen über den Marxismus-Leninismus brachte.

Als Ergebnis der Arbeit des Ausschusses „Sozialismus aus christlicher Verantwortung", der auf dem 5. Parteitag in einen „Wissenschaftlichen Arbeitskreis" umgewandelt worden war[232], fand vom 19. bis 21. Oktober 1951 in Meißen eine Konferenz statt, auf der die CDU mit „22 Thesen des Christlichen Realismus"[233] an die Öffentlichkeit trat. Die in den „Meißener Thesen" neu formulierte Parteiideologie löste den bisher propagierten „Christlichen Sozialismus" und den „Sozialismus aus christlicher Verantwortung" ab. Damit trat an die Stelle der bisher relativ eigenständigen Programmatik,

---

227 Vgl. „Arbeitsbeginn in der Zentralen Parteischule". In: „Neue Zeit" vom 12. Juni 1951.

228 Vgl. „Bildungsstätte ‚Otto Nuschke'". In: Utm vom Juli 1951 S. 8f.

229 Vgl. „Karl Marx in christlicher Sicht" und „Naturwissenschaften und dialektischer Materialismus". In: Utm vom Juni 1951.

230 Vgl. „Erfahrungen der Zentralen Parteischule". In Utm vom August 1952 S. 21.

231 Vgl. „Christliche Wegbereiter des Sozialismus". In: „Neue Zeit" vom 20. Juni 1951.

232 Vgl. G. Fischer: Die prinzipiellen Auseinandersetzungen S. 61.

233 CDU der DDR: Christlicher Realismus S. 81–92. Auch die LDP mußte sich mit einem „Manifest an die liberalen Menschen unseres deutschen Vaterlandes" (Textauszug in: Krieg S. 43f.) eine „geläuterte und verständlichere Begriffsbestimmung des Liberalismus" aneignen. Vgl. Rundbrief Dr. Hans Loch vom Juli 1951 Nr. 4. Zit. b.: Krieg S. 42.

die keinen unmittelbaren Bezug zum Marxismus-Leninismus hatte, eine Lehre, in der das Verhältnis der CDU und der Christen zum Sozialismus stalinistischer Provenienz den zentralen Platz einnahm.

Der organisatorischen und personellen Unterordnung der CDU unter die Ziele und Vorgaben der Sowjets und der SED folgte mit den „Meißener Thesen" die programmatische und ideologische Begründung der untergeordneten Rolle der CDU. An die Stelle der Propagierung christlicher Glaubensüberzeugungen trat die Propagierung des Marxismus-Leninismus mit christlichem Vokabular. Damit war die CDU weltanschaulich endgültig und vollständig umgewandelt und konnte von den Sowjets und der SED ungehindert zur Agitation unter der christlichen Bevölkerung eingesetzt werden.

Die 22 Thesen sind äußerst diffus und schillernd formuliert. Eklektisch vermischen sie philosophische Erkenntnisse, kirchen- und profangeschichtliche Fakten und politische Aussagen in völlig willkürlicher Weise. Sie propagieren eine dualistische Weltsicht, in der zwei wesensunabhängige Wirklichkeiten in einer göttlichen Schöpfung vereint sind (2). Der neue Realismus, so die Thesen, erlaube es, die Natur zu erkennen und die Menschen realistisch zu beurteilen. Von Jesus Christus seien die Menschen zur Sinnesänderung aufgerufen (7). Jesus habe als Zimmermann immer hart gearbeitet. Deswegen müßten sich auch die Christen der DDR bei der Arbeit Mühe geben (8). Außerdem habe er die gesellschaftlichen Verhältnisse seiner Zeit kritisiert und die Händler aus dem Tempel geworfen (10). Dieser gesellschaftskritischen Einstellung müßten sich die Christen verpflichtet fühlen.

Der „Christliche Realismus" bilde „die Summe der Erfahrungen fortschrittlicher Christen aller Zeiten und Völker" (13). Deswegen müsse der christliche Realist heute die Grundzüge der ökonomischen Analyse der Kommunisten als richtig anerkennen (18). Die kommunistische Bewegung sei auch für die Christen von beispielgebender Wirkung (19). Die CDU stehe in dem von der UdSSR angeführten „Friedenslager"(21). Der Friedenskampf gegen die westlichen Kriegstreiber sei die zentrale Aufgabe der Gegenwart (22).[234]

Auf Anregung Göttings beschloß der Hauptvorstand der CDU, die 22 Thesen zur Grundlage der ideologischen Arbeit und der gesamten Schulungsarbeit zu machen.[235] Während eines 12-Monate-Studiums mußten sich sämtliche Parteigliederungen mit den Thesen beschäftigen.[236] Das Ergebnis waren skurrile Diskussionen

---

234 Vgl. „Thesen des Christlichen Realismus. Vorgelegt auf der Arbeitstagung der CDU in Meißen vom 19.–21. Oktober 1951". In: Utm vom Oktober 1951.

235 Vgl. „Beschlüsse des Hauptvorstandes". In: Utm vom Dezember 1951 S. 10.

236 Vgl. „Anleitung zur Behandlung der 22 Thesen in den Mitgliederversammlungen". In: Utm vom Juli 1952.

um philosophische oder kirchengeschichtliche Detailfragen, die von den Mitgliedern kaum beurteilt werden konnten und die in theologischen Kreisen heftige Proteste auslösten.[237] Auch in der Bundesrepublik stießen die „Meißener Thesen“ auf heftige Kritik. Das Wochenblatt „Die Zeit“ kommentierte sie wie folgt:

„Da sich die ewigen christlichen Gebote der Ausrottung durch MWD und SSD entziehen, muß der Stalinismus sie auf andere Weise zu neutralisieren versuchen. Das geschieht, indem er dem Christentum eine Scheinexistenz zubilligt, die die Vertretung echter christlicher Prinzipien ausschließt. Unter dem Mantel der Wissenschaftlichkeit wird die christliche Lehre ihres wesentlichen Gehaltes beraubt und dient nur noch als blutleere Staffage zur Tarnung der nackten Gewalt. ‚Christlicher Realismus‘ ist Stalinismus in christlichem Make-up.“[238]

Auch das „Internationale Komitee zur Verteidigung der christlichen Kultur“, dessen deutsche Sektion von Friedrich Holzapfel und Hermann Pünder geleitet wurde[239], polemisierte mit einer eigenen Broschüre gegen die „Meißener Thesen“[240]. Aber auch ohne die Arbeit des „Deutschen National-Komitees“ hatte der „Christliche Realismus“ weder in West noch in Ost eine Chance, akzeptiert zu werden. Die Mitglieder der CDU der DDR zeigten keine Neigung, ihren christlichen Glauben mit kommunistischen Überzeugungen durchsetzen und somit pervertieren zu lassen. Die in den Diskussionen gemachten Änderungsvorschläge ließen daher durchweg eine strikte Ablehnung der kommunistischen Lehre erkennen.[241] Das Ergebnis der Diskussion ihrer Thesen war für Götting und die Parteileitung denkbar schlecht. Es zeigte sich, daß die Mitglieder sogar die „Meißener Thesen“ nutzten, um ihrem Protest gegen das kommunistische Regime Ausdruck zu verleihen.

Zwar wurden die Thesen von der CDU der DDR bis in die Gegenwart in Ehren gehalten, weil sie halfen, die programmatische Eigenständigkeit der CDU in der „Kaiser-Ära“[242] zu überwinden und die uneingeschränkte Anerkennung des Marxismus-Leninismus vorzubereiten, als ideologische Grundlage der CDU wurden sie jedoch bereits auf dem 6. Parteitag der CDU wieder ad acta gelegt. Statt dessen wurde auf einer Festsitzung des „Wissenschaftlichen Arbeitskreises“ zu Ehren des 135. Geburtstages von Karl Marx der Marxismus-Leninismus offiziell zur Ideologie der CDU der DDR bestimmt.[243]

---

237 Vgl. ZILLIG S. 94.

238 Karl WÖRMANN: „Christliches make-up. Halbwahrheiten, Vollügen der Parteischule ‚Otto Nuschke‘“. In: „Die Zeit“ vom 12. Juni 1952. Vgl. Karl WÖRMANN: „Jesus, der erste Aktivist. Stalin ist der neue Gott der ‚Nuschke-Christen‘“. In: „Aktion“ 2, 1952 Nr. 20. Franfurt a.M. S. 44–47.

239 1948 unter Leitung des belgischen Außenministers Paul van Zeeland gegründet.

240 KÜLLMANN.

241 Vgl. G. FISCHER: Wir haben S. 14. Vgl. GUDENSCHWAGER/KOSTKA S. 174.

242 GUDENSCHWAGER/KOSTKA S. 166.

243 Vgl. G. FISCHER: Wir haben S. 95. Vgl. WÜNSCHMANN S. 47. Vgl. TOEPLITZ: Marxismus-Leninismus.

6. Anerkennung der „führenden Rolle" der SED

Die 2. Parteikonferenz der SED, auf der Walter Ulbricht die Errichtung des Sozialismus in der DDR proklamierte, war auch für die CDU von erheblicher Bedeutung. Nachdem die CDU der SED organisatorisch und programmatisch untergeordnet worden war und inzwischen auch die Personalentscheidungen in der CDU vom ZK der SED gefällt wurden, mußte der Hauptvorstand der CDU nach der Parteikonferenz der SED die führende Rolle der Kommunisten in allen Bereichen der Gesellschaft und des Staates offiziell anerkennen.[244] Hatte die CDU 1948 den Zweijahresplan der SED noch mit einem eigenen Wirtschaftsprogramm in Frage gestellt, so mußte sie jetzt ausdrücklich auf eine eigene wirtschaftspolitische Konzeption verzichten. Götting forderte die Beendigung jeder eigenen Reflexion über wirtschaftliche Probleme und ordnete auf sämtlichen Parteiebenen die Einstellung der Arbeit der Arbeitsgemeinschaften für Wirtschaftspolitik an.[245] Auch in allen anderen Bereichen, in denen die CDU eigene Programme entwickelt hatte, mußte sie jetzt auf diese verzichten und sich an den Vorgaben der SED orientieren. Damit war für die CDU-Mitglieder eine eigenartige Situation entstanden. Der eigentliche Grund für die Mitgliedschaft in der CDU war die Anerkennung der führenden Rolle der SED. Man trat in die CDU ein, um damit zu bekunden, daß eigentlich die SED die bessere Partei sei, der man aber nicht angehören könne, da man noch christlich gebunden sei. Eine angebliche Rückständigkeit, die sich in Begriffen wie „kleinbürgerlich" oder „religiös gebunden" ausdrückte, wurde zum eigentlichen Grund für die Mitgliedschaft in der CDU. Bis in die Gegenwart feierte die CDU-Führung es als einen Erfolg, daß die angeblich reaktionäre „Theorie von der ‚Eigenständigkeit' der CDU"[246] nach der Parteikonferenz der SED endgültig aufgegeben und statt dessen die Gewinnung der christlichen Bevölkerung für die Politik der SED zum wesentlichen Ziel der CDU wurde.[247]

Während die CDU auf Anordnung der SED bereits die für den Charakter der Partei wesentliche Betriebsgruppenarbeit einstellte, wurde nach der Parteikonferenz auch der Begriff „bürgerlich", der von der SED bisher für die CDU und LDP verwendet worden war, aufgegeben und durch den negativ besetzten Begriff „kleinbürgerlich" ersetzt. Hatte schon der Begriff „bürgerlich" weder die Orientierung der Partei noch ihre soziale Zusammensetzung adäquat widergespiegelt, so war dies bei der neuen Etikettierung noch weniger der Fall. Zählt man zu „kleinbürgerlichen" Kreisen die

---

244 Vgl. „Christliche Demokraten! Vorwärts zum 6. Parteitag und zum Aufbau des Sozialismus! Die Entschließung des Hauptvorstandes vom 22. Juli 1952". In: „Neue Zeit" vom 26. Juli 1952. Vgl. GÖTTING: 40 Jahre CDU S. 16.

245 Vgl. Bericht Victor SANDMANN: Ost-CDU S. 23 (ACDP III-013-694).

246 G. FISCHER: Die prinzipiellen Auseinandersetzungen S. 90.

247 Vgl. CDU Parteileitung: Redeskizze. Die CDU und der Aufbau des Sozialismus in der DDR. Berlin, im August 1952 (ACDP III-013-749). Vgl. „Ost-CDU begeht Harakiri". In: „Der Kurier" vom 26. Juli 1952.

selbständigen Handwerker, Kaufleute und freien Berufe, dann konnten 1951 kaum 15 Prozent aller Mitglieder der CDU als „kleinbürgerlich" bezeichnet werden. Dagegen setzte sich die Partei durchschnittlich etwa zu 30 Prozent aus Arbeitern und Bauern und zu 25 Prozent aus Angestellten zusammen.[248]

Indem die SED der CDU die für die Partei untypischen „kleinbürgerlichen" Kreise als Zielgruppe zuwies, zielte sie auf einen weiteren Bedeutungsverfall der CDU. Verbunden mit der Umorientierung der CDU von den großen sozialen Gruppen wie den Arbeitern, Bauern oder Angestellten zur unbedeutenden Gruppe der sogenannten „Kleinbürgerlichen", mußte die CDU auf Anweisung der SED die Betriebsgruppenarbeit der Partei einstellen.

7. Ende der Betriebsgruppenarbeit und Neudefinierung der CDU als „kleinbürgerliche" Partei

Bereits seit ihrer Zulassung durch die SMAD im Sommer 1948 waren die CDU-Betriebsgruppen der „Arbeiterpartei" SED ein Dorn im Auge gewesen. Von Anfang an hatte die CDU versucht, über die Betriebsgruppen ihr Mitspracherecht bei der Beschlußfassung der Gewerkschaftsleitungen zu vergrößern. Gemäß ihrem Selbstverständnis als „sozialer Volkspartei"[249] hatte sie sich stets intensiv und nicht ohne Erfolg auch um die Arbeiterschaft bemüht. Aber vor allem in Verwaltungen, Versicherungen, Banken und Schulen hatten sich die meisten CDU-Betriebsgruppen gebildet und waren dort in den Augen der SED „zur Pflegestätte konservativer bis reaktionärer Traditionen christlicher Gewerkschaftspolitik"[250] geworden (siehe Tabelle auf Seite 324).

Angesichts der Umwandlung des FDGB in eine kommunistische Massenorganisation hatte der Zonengewerkschaftsreferent der CDU, Carl-Leo Butke, die CDU-Betriebsgruppen wiederholt aufgefordert, sich gegen „den marxistischen Ansturm zu wehren"[251]. So hatten es die CDU-Gewerkschafter im FDGB immer als ihre

248 Die Angaben wurden entnommen aus: CDU LV Sachsen-Anhalt. Abteilung Organisation: Organisationsstatistik und Tätigkeitsbericht für den Monat August 1950 (ACDP III-013-630) und April 1951 (ACDP III-013-791). Vgl. Tabelle 5 im Anhang der Arbeit: „Mitgliederbestände und Berufsstruktur der Mitglieder der CDU der SBZ/DDR 1948 bis 1951 (in Prozent der Mitglieder).

249 Otto NUSCKE. In: CDU DER SBZ: Erfurt 1948 S. 27.

250 KRUBKE S. 88.

251 Carl-Leo BUTKE. In: „Die Union-Betriebsgruppe" vom 1. Oktober 1948. Zit. b. KRUBKE S. 89.

Betriebsgruppen der CDU im CDU-Kreisverband Aue im Juni 1951[252]

Ort	Mitglieder der CDU-Betriebsgr.	Stärke der Belegschaft
Kreisratsamt Aue	10	330
Stadtverwaltung Aue	10	65
Stadtverwaltung Eibenstock	10	40
Stadtverwaltung Schwarzenberg	11	40
Steueramt Aue	40	160
SVK Aue	5	120
Mewa Lauter	15	350
Postamt Schönhaide	6	15
Firma A. Bünger, Schönhaide	4	60
Amtsgericht Schwarzenberg	9	35
Gemeinde Zschorlau	7	13
Gemeinderat Bockau	6	10
HO Schwarzenberg	6	200
Grundschule Zschorlau	5	18
Grundschule Johanngeorgenstadt	8	40

Aufgabe verstanden, den Alleinherrschaftsanspruch der SED im FDGB zu bekämpfen.[253] Auch Ernst Lemmer hatte bis zu seinem Ausscheiden im Sommer 1949 als 3. Vorsitzender des FDGB aktiv in diesem Sinne gewirkt.Durch eine massive Bekämpfung der CDU-Betriebsgruppen und umfangreiche Entlassungen von CDU-Mitgliedern hatte die SED seit Beginn der CDU-Betriebsgruppenarbeit versucht, diese im Keime zu ersticken. Was selbst die CDU der DDR als „sektiererisches Verhalten von Angehörigen der SED“[254] bezeichnet, war eine durchgängige Erscheinung. In zahlreichen verstaatlichten Betrieben kam es zu einem „gestörten ‚Arbeitsfrieden‘“, der auf den von der CDU nicht anerkannten Führungsanspruch „der Partei der Arbeiterklasse im Betrieb“[255] zurückzuführen war. Zur Stärkung ihrer Position hatten die CDU-Betriebsgruppen nach ihrer Zulassung damit begonnen, sich auf Betriebs-, Orts- oder Kreisebene zusammenzuschließen. Das war ihnen bereits im Februar 1949 untersagt worden. Die einzelnen Betriebsgruppen waren den jeweiligen Kreis-Gewerkschaftsreferenten der CDU unterstellt worden.[256] Nach der Gründung der DDR hatte sich der Konflikt um die CDU-Betriebsgruppen in

252 Bericht über den CDU-Kreisverband Aue (ACDP III-013-628/1).
253 Vgl. Paul NOWAK. In: „Die Union-Betriebsgruppe“ vom 15. Januar 1949.
254 KRUBKE S. 93.
255 EBD.
256 Vgl. CDUD LV Sachsen. Dresden im Februar 1949: Richtlinien der CDU-Betriebsgruppen (ACDP I-297-003).

den VEB und im FDGB so zugespitzt, daß in den CDU-Betriebsgruppen seit Anfang 1950 intensiv über die Gründung unabhängiger christlicher Gewerkschaften nachgedacht worden war. Der „Zentrale Ausschuß für Arbeitnehmerfragen" beim Hauptvorstand der CDU, der bereits den neuen „fortschrittlichen" Parteikurs vertrat, hatte dieses Ansinnen zurückgewiesen[257] und im Juli 1950 den Parteiausschluß aller CDU-Gewerkschaftsfunktionäre verfügt, die den Plan der Gründung christlicher Gewerkschaften unterstützt hatten. Noch auf dem 3. Kongreß des FDGB, der vom 30. August 1950 in der „Werner-Seelenbinder-Halle" im Ostsektor von Berlin getagt hatte, war es zu erregten Debatten über die Frage der Gründung christlicher Gewerkschaften gekommen.Aber bereits seit dem Sommer 1950 hielten die prokommunistischen CDU-Gewerkschafter das Heft fest in der Hand. Auf dem 3. Kongreß des FDGB bestritt der Abteilungsleiter des FDGB-Kreisvorstandes Bautzen, Ulrich Schulz (CDU), jede Benachteiligung der CDU-Betriebsgruppen und kritisierte die Versuche, in der DDR christliche Gewerkschaften gründen zu wollen.[258] Ungeachtet aller Benachteiligungen und Bedrängnisse blieben die CDU-Betriebsgruppen ein Hort des Widerstandes gegen die Politik der SED. Länger als in allen anderen Gliederungen der CDU wurde hier der Alleinvertretungsanspruch der SED in den staatlichen Betrieben offen kritisiert. Die Folge war eine Zunahme der Attraktivität der Betriebsgruppen und eine Tendenzverlagerung der CDU-Arbeit hin zu den Betriebsgruppen, die bei insgesamt abnehmender Mitgliederzahl der CDU dennoch eine Zunahme zu verzeichnen hatten:[259]Dies und die politische Orientierung der CDU-Betriebsgruppen waren für die SED Grund genug, seit dem Frühjahr 1952 massiv auf die Einstellung der CDU-Betriebsgruppenarbeit zu drängen.

Nach dem Willen der SED sollte die CDU, die noch bis zum Herbst 1952 die Gründung von Betriebsgruppen der CDU als „Schwerpunktarbeit" der Vorstände bezeichnete[260], zu einer „kleinbürgerlichen" Blockpartei umgestaltet werden. „Als Ausdruck der Anerkennung der führenden Rolle der Arbeiterklasse und ihrer Partei"[261] mußten die Betriebsgruppen der CDU auf Anweisung der SED ihre Arbeit

---

257 Vgl. Informationsbrief des Zentralen Ausschusses für Arbeitnehmerfragen der CDU vom 15. Februar 1950 (Archiv beim Sekretariat des HV der CDU, Archivnummer 1028). Zit. b.: KRUBKE S. 93.

258 Vgl. KRUBKE S. 94.

259 Vgl. Tabelle: Betriebsgruppen der CDU 1949 bis 1952 im Anhang.

260 Vgl. CDU LV Sachsen-Anhalt: Rundschreiben Nr. 34/1951, Halle, 25. April 1951, und Rundschreiben Nr. 27/1951 vom 5. April 1951 (ACDP III-013-791). Vgl. „Gründung neuer Orts- und Betriebsgruppen!". In: „Die Parteiorganisation" vom April 1952 S. 2. Vgl. „Dörfer und Städte ohne Ortsgruppe oder Stützpunkte der CDU". In: „Die Parteiorganisation" vom Juni 1952 S. 1 (ACDP III-013-749).

261 G. GROSSER: Das Mehrparteiensystem S. 222.

deswegen schrittweise einstellen.[262] Neben der Zunahme der Zahl der Betriebsgruppen der CDU stieg auch der Anteil der Arbeiter in der CDU von im Januar 1948 15,4 Prozent auf 18 Prozent im Dezember 1950 und lag damit nach den Hausfrauen (April 1951 17,8 Prozent) noch vor dem der Bauern:

Berufsstruktur der Mitglieder der CDU der SBZ/DDR (in % der Mitglieder – ohne Berlin)

	Arbeiter	Bauern	Angestellte	selbst. Handw. Kaufleute	freie Berufe	Hausfrauen	and./ohne Beruf /o.A.
1947							
Dez.	15,4	13,6	26,2	11,7	6,1	22,5	4,4
1948							
März	15,9	13,5	26,2	12,1	5,4	21,8	5,1
Juni	16,6	13,7	25,2	12,0	5,5	21,9	5,1
Sept.	16,9	13,6	25,1	12,0	5,4	21,7	5,2
Dez.	16,8	13,8	25,3	12,0	5,3	21,7	5,1
1949							
März	17,3	14,2	25,3	11,8	5,1	21,2	5,1
Juni	17,3	14,3	26,1	11,8	4,6	21,0	5,0
Sept.	17,4	14,3	25,8	11,8	4,7*	20,5	5,5
Dez.	17,6	14,4	25,8	11,8	5,0	20,2	5,2
1950							
März	17,7	14,6	26,1	11,7	4,8	20,1	5,0
Juni	17,7	14,7	26,0	11,7	4,4	19,7	5,7
Sept.	17,8	14,9	26,4	11,8	4,4	19,2	5,4
Dez.	18,0	14,9	26,8	11,7	4,3	18,8	5,4
1951							
März	17,9	14,5	27,5	11,5	4,4	18,4	5,7

* Errechneter Näherungswert
Quelle: WEBER: Parteiensystem S. 517.

262 Die Angaben sind entnommen aus: CDU LV Sachsen-Anhalt. Abteilung Organisation: Organisationsstatistik und Tätigkeitsbericht für die Monate August 1950 (ACDP III-013-630) und April 1951 (ACDP III-013-791). Auch in der LDPD wurde die Betriebsgruppenarbeit auf Anweisung des Politischen Ausschusses schrittweise eingestellt. Vgl. dazu: Vertrauliche Verschlußsache! Beschluß 1150/53 des Politischen Auschusses des Zentralvorstandes der LDPD. Sitzung am 24. Februar 1953: Betr. Betriebsgruppenarbeit (BfgA Pol 301).

In zahlreichen Betrieben der DDR traten seit dem Frühjahr Funktionäre der SED an Arbeiter heran, die Mitglied der CDU waren, und erklärten ihnen, als Arbeiter nicht in der richtigen Partei zu sein.[263] In einigen Betrieben, in denen die Betriebsgruppe der CDU stärker als die der SED war, wurde die Betriebsgruppe der CDU auf Anweisung der SED aufgelöst.[264] Gegen Neugründungen von Betriebsgruppen der CDU ging die SED hart vor. In einzelnen Fällen verhinderte sie die Neugründung einfach durch die Veranlassung der Verhaftung des Gründers.[265]

Grafischer Vergleich: Entwicklung der Ortsgruppen, Stützpunkte* und Betriebsgruppen 1948 bis 1952 (——— OG, - - - Stützpunkte, – – – BG)

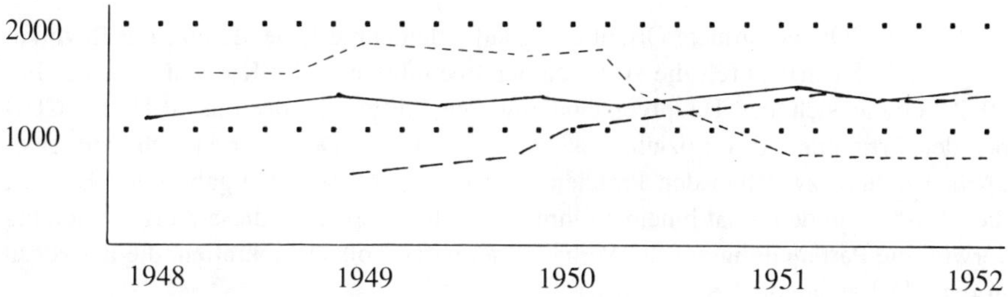

* unter 10 Mitglieder

Nachdem die Parteileitung der CDU auch noch dem Drängen der SED zur Beseitigung eines wesentlichen Teiles ihrer gesamten Parteiorganisation zugestimmt hatte, vollzog sich die Auflösung des Systems der Betriebsgruppen der CDU sehr rasch und unauffällig. Schon 1953 war von ihnen kaum noch die Rede.[266] Das Verbot der Betriebsgruppenarbeit der CDU durch die SED stellt neben der Einführung des „demokratischen Zentralismus" einen der gravierendsten Eingriffe ins Parteigefüge der CDU dar. 1955 bekannte sich die CDU der DDR erstmals selbst zu ihrem neuen Selbstverständnis als einer „kleinbürgerlichen" Partei. Der Sekretär der Parteileitung, Günter Wirth, der bis in die Gegenwart für die ideologische Ausrichtung der Partei zuständig war, erklärte offiziell, daß „die Christlich-Demokratische Union ... keine

263 Vgl. Lieber Parteifreund Grope! Herzberg, den 10. April 1952, gez. Wähler (ACDP III-013-793).

264 So im VEB Pharmazeutisches Werk Blankenfeld bei Berlin. Vgl. Bericht „Blank" (ACDP III-013-793).

265 Vgl. CDU Betriebsgruppe der VVB Kautas-Gummiwerk Ballenstedt. Ballenstedt, den 31. März 1951 (ACDP III-013-792). Vgl. Kurt Runneburger (ACDP III-013 DbCDU Ok).

266 Vgl. Bericht „Blank" (ACDP III-013-793). Vgl. „Neue Kapitulation der CDU". In: „Der Kurier" vom 24. Juni 1952.

Volkspartei“ mehr sei. Sie müsse vielmehr als eine „kleinbürgerlich-demokratische Partei“ angesehen werden. Bei den Arbeitern in der CDU handele es sich lediglich „um zahlenmäßig und weltanschaulich begrenzte Teile der Arbeiterschaft“[267]. Zu ihrer Absicherung als angebliche Partei der „Arbeiterklasse“ behielt sich die SED bis in die Gegenwart – um die Zahl der Arbeiter in der CDU zahlenmäßig zu begrenzen – die letzte Entscheidung über alle Aufnahmeanträge in die CDU vor.[268]

8. CDU und Kirchen

Die der CDU verordnete Orientierung auf „kleinbürgerliche“ Kreise der Bevölkerung wurde ergänzt durch die Aufgabe der Beeinflussung der Kirchen. Am 22. Juli 1952 befaßte sich der Hauptvorstand mit den Aufgaben, die die SED der CDU bei der Errichtung des Sozialismus zugedacht hatte. Dertinger sprach von einer „Arbeitsteilung zwischen den Parteien“, bei der es die Hauptaufgabe der CDU sei, die Christen „in den Staat hineinzuführen“[269]. Als Beispiel für diese Aufgabenteilung verwies die Parteileitung auf die Verhältnisse in den Volksdemokratien, die deswegen in der CDU genau analysiert wurden.[270]

Die Kirchenarbeit der CDU wurde ab Sommer 1952 wesentlich erweitert. Neben dem „Hauptreferat für Kirchenfragen“ wurde eine „kirchliche Arbeitsgemeinschaft bei der Parteileitung“ und parallele Arbeitsgemeinschaften auf Bezirksebene ins Leben gerufen. Die neugeschaffene christliche Wochenzeitung „Verantwortung“[271] sollte die Ansichten der CDU unter den kirchlichen Mitarbeitern propagieren. Das Blatt stieß jedoch auf so breite Ablehnung, daß es nur bis zum Jahresende 1952 erschien.[272]

In Briefaktionen wandte sich die für die Kirchen zuständige Abteilung der CDU-Parteileitung an die Pfarrer und kirchlichen Mitarbeiter und forderte sie auf, ihre Haltung „zur Frage des sozialistischen Aufbaus in der DDR“[273] darzulegen.

---

267 Günter WIRTH: Über den Charakter der Christlich-Demokratischen Union. In: CDU DER DDR: 10 Jahre CDU S. 36f.

268 Nach Auskunft verschiedener CDU-Funktionäre aus der DDR.

269 Protokoll über die Sitzung des Hauptvorstandes am Dienstag, dem 22. Juli 1952 (ACDP III-013-794).

270 Vgl. Polen, ČSR, Rumänien, Bulgarien, Ungarn (ACDP III-013-789).

271 Vgl. Betr.: Christliche Wochenzeitung (ACDP III-013-797).

272 Vgl. Protokoll der Sitzung des Sekretariats am Donnerstag, den 24. Juli 1952 (ACDP III-013-799). Vgl. „Kirchen-Politisierung abgelehnt“. In: „Der Tag“ vom 23. Januar 1953.

273 CDU Parteileitung. Abteilung für Kirchenfragen: Sehr geehrter Herr Pfarrer! 18. Juli 1952 (ACDP III-013-797).

Die Antworten wurden analysiert und dienten der CDU, der SED und dem MfS als Grundlage ihrer Arbeit mit Vertretern der Kirchen. Das gleiche geschah mit Analysen, die von der CDU über kirchliche Würdenträger[274], Synoden[275] und über die Stimmung in der Kirche[276] angefertigt wurden. Mit ihrer Arbeit unterstützte die CDU die SED in ihrem Bemühen, die Eigenständigkeit und den Einfluß der Kirchen einzuschränken. Die CDU war somit in bezug auf die Kirchen zu einem Infomationsbeschaffungs- und Beeinflussungsinstrument der SED und des MfS degeneriert. Ende Juli 1952 kürzte die Regierung der DDR die Kirchenzuschüsse.[277] Gleichzeitig leitete sie eine neue Großaktion gegen die Jungen Gemeinden ein, die als westliche Spionageorganisationen diffamiert wurden.[278] Ministerpräsident Grotewohl startete einen Versuch, die theologischen Fakultäten aus den Universitäten auszuschließen[279] und ordnete die Störung des 75. Deutschen Katholikentages an.[280] Katholischen Geistlichen wurde die Einreise ins Grenzgebiet an der Demarkationslinie verweigert[281], der Fuldaer Weihbischof Adolf Bolte wurde aus der DDR ausgewiesen[282], und Fronleichnamsprozessionen wurden behindert.[283] An allen Maßnahmen war die CDU durch ihr Wirken unmittelbar beteiligt. Die CDU-Führung begrüßte sogar die Ablehnung der Ausstellung von Interzonenpässen für die DDR-Teilnehmer am Evangelischen Kirchentag, der Ende August 1952 in Stuttgart stattfand, mit der Begründung, der Kirchentag sei ein Treffen aller „restaurativen und reaktionären Kräfte des deutschen Protestantismus“[284].

---

274 Vgl. Bischof D. Dr. Dibelius, Bischof D. Lilje, Kirchenrat Pfarrer Rose, Bischof D. Traugott Hahn und Kirchenrat Dibelius (ACDP III-013-797).

275 Vgl. Bericht: Verlauf (allgemein) – (ACDP III-013-797).

276 Vgl. Stimmungslage in den Kreisen (Pfarrergespräche). Kreissekretärsbesprechung am 11. Oktober 1952 (ACDP III-013-797).

277 Vgl. „Pankow kürzt Kirchenzuschüsse“. In: „Der Tag“ vom 23. Juli 1952.

278 Vgl. „Junge Welt“ vom 3. August 1952. Vgl. „Eltern, seid wachsam!“. In: „Märkische Volksstimme“ vom 29. April 1953. Vgl. „Staatssekretariat des Inneren über die ‚Junge Gemeinde‘“. In: „Märkische Volksstimme“ vom 29. April 1953. Vgl. „Ich bin aus der ‚Jungen Gemeinde‘ ausgetreten“. In: „Märkische Volksstimme“ vom 30. April 1953. Vgl. „Die ‚Junge Gemeinde‘ eine Terrororganisation“. In: „Märkische Volksstimme“ vom 3. Mai 1953.

279 Vgl. Grüber S. 320. Vgl. Hutten S. 77.

280 Vgl. „Die neue Kirchenverfolgung“. In: DUD Ausgabe A vom 1. August 1952. Vgl. „Pankow stört Katholikentag“. In: „Der Tag“ vom 22. Juli 1952.

281 Vgl. Bericht: Der Kreisverband Wernigerode teilt unterm 6. August 1952 mit: (ACDP III-013-628).

282 Vgl. „Isolierung der Kirchen“. In: DUD Ausgabe A vom 5. August 1952.

283 Vgl. Brief Friedrich Radek an die CDU Berlin, 6. Oktober 1952 (ACDP III-013-789).

284 Betr.: Information des Bezirksverbandes Schwerin der CDU an die Kreisverbände der CDU, Quelle: 470 001 Stand: 10. – 15. August 1952, zum deutschen evangelischen Kirchentag 1952. Berlin, den 21. August 1952 (Abschrift) – (ACDP III-013-693).

Offen unterstützte die CDU die Versuche der SED, die deutschen Kirchen zu spalten. Durch regelmäßige Pfarrertagungen[285], die Einbeziehung von Geistlichen in den Bezieherkreis des UPD, die Etablierung von „Christlichen Arbeitskreisen für den Frieden“[286], durch Verschickung von Agitationsmaterial[287] und verstärkte Mitarbeit der CDU-Funktionäre in den Kirchengemeinden[288] versuchte die CDU, Einfluß in den Kirchen zu gewinnen. Zwar konnte sie zahlreiche Informationen über die Kirchen beschaffen, ihr Einfluß in den Kirchen blieb jedoch denkbar gering. Die Pfarrer hatten angesichts des Kirchenkampfes der SED andere Probleme, als sich mit Götting auf CDU-Pfarrertagungen über die Frage zu streiten, ob Stalin gottähnlich zu verehren sei oder ob „Christen Stalin an die Stelle von Gott setzen“[289] sollten.

9. Auflösung der Landesverbände 1952 und Neugliederung

Nach dem Beschluß der 2. Parteikonferenz der SED, die relativ eigenständigen Länder in der DDR durch eine zentralgeleitete Bezirksstruktur zu ersetzen, mußte auch die CDU ihre Parteiorganisation umstellen. Am 1. August 1952 traten an die Stelle der 5 Landesverbände 14 Bezirksverbände der CDU. Aus dem Landesverband Berlin der CDU der DDR wurde der Stadtverband Berlin.[290] Die Leitung der Bezirks- und Kreisverbände übernahmen, wie bei der SED, Sekretariate.[291] Die Umorganisierung, die zu einem zeitweiligen Organisationschaos in der Partei führte[292], wurde von der

285 Vgl. Protokoll über die Pfarrertagung am 14. August 1952 – 11.00 Uhr im Unionshaus (ACDP III-013-797).

286 Vgl. Vorlage für die Sitzung des Sekretariats am 9. Oktober 1952. Betr.: Leitsätze für das Verhältnis der CDU zu den „Christlichen Arbeitskreisen für den Frieden“ (ACDP III-013-789).

287 Vgl. „Die Christen und die Sowjetunion“ und „Wie steht der Christ zur Sowjetunion?“ (ACDP III-013-797).

288 Vgl. Protokoll über die 3. Tagung der Arbeitsgemeinschaft für Kirchenfragen am 13. Oktober 1952 in Berlin W 8, Jägerstr. 59/60 (ACDP III-013-797).

289 Protokoll über die 2. Pfarrertagung am 15. September 1952 – 11.00 Uhr – im Unionshaus Berlin W 8 Jägerstr. 59/60 (ACDP III-013-797).

290 Vgl. „Der neue Strukturplan der CDU ab 1. August 1952“. In: Utm vom August 1952.

291 Vgl. Strukturpläne der Bezirkssekretariate (ACDP III-013-630/2).

292 Vgl. Auszug aus dem Protokoll über die Sitzung der Organisationsleiter der Bezirksverbände am Montag, dem 8. September 1952, 11.00 Uhr im Unionshaus, Jägerstr. 59/60 (ACDP III-013-789).

SED genutzt, zahlreiche CDU-Mitglieder aus den Verwaltungen und Behörden zu entfernen.[293] Sämtliche Vorsitzende der neugeschaffenen „Bezirksräte" wurden von der SED gestellt.[294] Gleichzeitig setzte die SED die Umorganisierung der CDU fort. Ab September 1952 übernahm der Staat die Bezahlung der Parteiangestellten. Alle Parteistellen der CDU wurden entschuldet. Die CDU konnte zahlreiche neue Stellen schaffen und erhielt für ihre Bezirks- und Kreissekretariate Dienstwagen gestellt.[295] Während sich die Mitgliederzahl vom Januar 1948 bis zum Jahr 1954 nahezu halbierte, entwickelte Götting die CDU so zu einer kleinen, von Sekretären instruierten aktiven Kaderpartei.

Um jede Erinnerung an die Zeiten in der SBZ zu tilgen, in denen die „Entartungen der formalen Demokratie"[296] noch nicht völlig überwunden waren und die CDU noch den Anspruch auf Selbständigkeit erhob, ordnete die Parteileitung die Vernichtung des gesamten vor dem 15. November 1949 erschienenen Schrifttums der CDU an.[297] Verbunden mit der seit dem Sommer 1952 von der SED eingeleiteten Kollektivierung der Landwirtschaft, die von der CDU ebenso unterstützt werden mußte[298] wie der neugeschaffene Arbeitsdienst „Dienst für Deutschland"[299] oder die am 7. August 1952 erfolgte Gründung der paramilitärischen „Gesellschaft für Sport und Technik"[300] und der allgemeinen Zunahme der Repressionen, stiegen die Flüchtlingszahlen rasant an. Allein im August 1952 flohen 16 000 Personen aus der DDR in die Bundesrepublik oder nach Berlin (West). Da die steigende Zahl der Flüchtlinge auch im Westen erhebliche Probleme schuf, wandte sich Kaiser über den Rundfunk an die Bevölkerung in der DDR und im Ostsektor Berlins und forderte sie auf, die DDR und den Ostsektor Berlins „nicht ohne letzte Not"[301] zu verlassen. Solche Empfehlungen aus dem prosperierenden Westen zeigten in der DDR jedoch kaum eine Wirkung. Unter CDU-Mitgliedern war zudem bekannt, daß in der Exil-CDU oft der Vorwurf, zu lange im System mitgearbeitet zu haben[302], erhoben wurde. Warum also

---

293 Vgl. „‚Säuberung' in der Verwaltung". In: „Der Tag" vom 15. August 1952. Vgl. „Bürgerliche Wahlangestellte in Sorge um ihr Schicksal". In: IWE vom 9. Juli 1952.

294 Vgl. FRIEDRICH: Die permanente „Säuberung" S. 100.

295 Vgl. CDU: L-Rundschreiben Nr. 23/1952. Betr.: 1. Entschuldungsaktion (ACDP III-013-789). Vgl. Bericht Ostbüro der CDU Berlin. Betr.: Stadt- und Landkreis Chemnitz. 9. August 1952, gez. Hoffbauer (ACDP III-013-735). Vgl. Bericht Archiv/Ostbüro S. 4f. (ACDP III-013-797).

296 CDU Parteileitung: Redeskizze. Die CDU und der Aufbau des Sozialismus in der DDR (ACDP III-013-749).

297 Vgl. „Schrifttum der Partei". In: Utm vom August 1952 S. 24.

298 Vgl. „Bauernbrief der CDU" vom August (ACDP III-013-749) und September 1952 (ACDP III-013-788).

299 „CDU begrüßt ‚Dienst für Deutschland'". In: „Märkische Union" vom 15. August 1952.

300 Vorlage für die Sitzung des Sekretariats am 9. Oktober 1952 (ACDP III-013-789).

301 „Kaiser: Verlaßt die Ostzone nicht ohne letzte Not!". In: „Die Neue Zeitung" vom 31. August 1952.

302 Vgl. KÜLZ S. 26.

sollte man länger bleiben und sich deswegen später Vorwürfen ausgesetzt sehen? Die Haltung der Führung der Exil-CDU schien für viele Mitglieder der CDU der beste Beweis dafür zu sein, daß sich wahre demokratische Gesinnung im Verlassen der DDR ausdrückte. Die entscheidenden Gründe für eine Flucht aus der DDR lagen bei den CDU-Mitgliedern freilich nicht in derartigen Erwägungen begründet. Meist war es die materielle Not und die allgemeine Unfreiheit, die die Mitglieder zum Verlassen ihrer Heimat veranlaßte. Da die CDU gerade im Sommer einer neuen Verhaftungswelle ausgesetzt war[303], stieg die Zahl der flüchtenden CDU-Mitglieder stark an.

10. VI. Parteitag Oktober 1952

Nach dem 2. Parteikongreß der SED stand der 6. Parteitag der CDU der DDR, zu dem die Partei 3000 Gäste in die Berliner Staatsoper geladen hatte, völlig im Zeichen der Unterordnung der CDU unter die SED. Bereits Ende September 1952 hatte der „Wissenschaftliche Arbeitskreis" eine Endfassung der 22 Thesen des „Christlichen Realismus" erstellt[304], die vom Parteitag als offizielles Programm der CDU verabschiedet wurden. Im Gegensatz zur ersten Fassung enthielten die Thesen eine ausdrückliche Anerkennung des Alleinherrschaftsanspruches der SED.[305] Der Parteitag war von Generalsekretär Götting gut vorbereitet worden. Im Juni 1952 hatte er alle Kreissekretäre der CDU angewiesen, Delegierte zu bestimmen. Aufgestellt wurden Abgeordnete aller Parlamente, Staatsfunktionäre, leitende Angestellte, hauptamtliche Mitarbeiter und Funktionäre der Massenorgansisationen, „Verdiente Lehrer", „Aktivisten" und Parteivorstandsmitglieder.[306] Die aufgestellten Delegierten mußten durch die Parteileitung und die SKK genehmigt werden. Das gleiche traf auf sämtliche Diskussionsbeiträge des Parteitages zu.[307]

Entsprechend war der Ablauf „nach der Stoppuhr"[308] geregelt, der den Zeitpunkt jedes Beitrages genau festlegte. An die Stelle echter politischer Auseinandersetzungen trat ein von Mitarbeitern des MfS und des MGB genau überwachtes Spektakel, das mit einer „Aufbauschicht", einem Kirchenkonzert unter Teilnahme Martin

---

303 Vgl. u. a. Liste von Verhafteten (ACDP I-294-856), Günter Quade, Dietrich Weber (ACDP III-013 DbCDU Ok). Vgl. Kapitel Landesverbände 1952.

304 Vgl. CDU der DDR: Grundzüge der Parteigeschichte S. 40.

305 Vgl. die Gegenüberstellung beider Fassungen in: FLECHTHEIM: Dokumente 7 III 2 S. 399-411.

306 Vgl. CDU Landesleitung Thüringen: Anweisung an alle Kreissekretäre! Streng vertraulich! Eilbedürftig! Weimar, den 20. Juni 1952, gez.: Kalb, Landessekretär (ACDP III-013-789).

307 Vgl. Werner JÖHREN: „Freiheit vor allem!". In: EfDuE 6 vom Oktober 1952 S. 4. Vgl. Viktor SANDMANN: Ost-CDU S. 34 (ACDP III-013-694).

308 EBD. S. 34 (ACDP III-013-694).

Niemöllers[309] und der zeremoniellen Weihe einer Glocke begann und in dessen Verlauf die vorher zensierten Beiträge vom Auftritt verschiedener Delegationen der Bergleute, Stahlwerker, Jungen Pioniere, Sorben, der Lokbrigade „Otto Nuschke" und ähnlicher Gruppen abgelöst wurden.[310]

Kurz vor dem Parteitag waren in der kommunistischen Presse umfangreiche Schauprozesse gegen Mitglieder der CDU angekündigt worden.[311] Diese Mitteilungen sorgten ebenso für die gewünschte Einschüchterung wie die von Götting veranlaßte, Aufsehen erregende Verhaftung von einigen Parteitagsdelegierten, die in den Pausen das kommunistische Regime kritisiert hatten.[312] Neben der aus Pausengesprächen durchweg erkennbaren und von den Spitzeln des MfS und MGB genau registrierten antikommunistisch-demokratischen Gesinnung des größeren Teils der Delegierten, die den jungen Generalsekretär veranlaßten, die CDU als eine „Partei von Trotteln"[313] zu bezeichnen, ärgerte es Götting vor allem, daß trotz seiner ausgefeilten Regie verschiedene Pannen passierten. So gab es zum Beispiel ungeplanten Beifall und Jubel, als Dertinger in einer Rede anmerkte, das Grundübel der Zeit sei „der Abfall von Gott"[314]. Vor dem Hintergrund der SED-Aktionen gegen die Kirchen und angesichts der beginnenden, aus der UdSSR importierten, atheistischen Propaganda klangen bereits solche Bemerkungen wie eine offene Kritik an der SED. Immer wieder kam es zu „reaktionären" Zwischenrufen einzelner Delegierter. Ungeachtet solcher kleinen Störungen verkündete der 6. Parteitag die vom 2. Parteikongreß der SED angeordnete Linie:

- Anerkennung der führenden Rolle der SED
- Mitarbeit im „Weltfriedenslager" und Kampf gegen das „Kriegslager" der westlichen Demokratien
- Mobilisierung der Mitglieder der CDU/CSU in der Bundesrepublik gegen die Regierung Adenauer
- „Freundschaft" mit der UdSSR
- Unterstützung der Staatsorgane der DDR und der Militarisierung der Gesellschaft
- Beeinflussung der Kirchen im kommunistischen Sinne und
- Unterstützung der Kollektivierung der Landwirtschaft und des Handwerkes.[315]

309 Vgl. „Die Glocke ruft zum Frieden". In: „Neue Zeit" vom 17. Oktober 1952.
310 Vgl. 6. Parteitag. Zeitplan (ACDP III-013-628).
311 Vgl. Erwin Richter: „Der Verrat der Ost-CDU". In: „Rheinischer Merkur" vom 7. November 1952. Vgl. „Erst Parteitag – dann Schauprozeß". In: „Der Kurier" vom 16. Oktober 1952.
312 Vgl. „SED und SKK überwachen Ost-CDU". In: „Die Neue Zeitung" vom 16. Oktober 1952. Vgl. Viktor Sandmann: Ost-CDU S. 36 (ACDP III-013-694).
313 Ebd. S. 35 (ACDP III-013-694).
314 Ebd. S. 36.
315 Vgl. „Die Entschließung des 6. Parteitages". In: Utm vom November 1952 S. 8–15. Vgl. Übersicht der Vorlagen des 6. Parteitages (ACDP III-013-1086).

Mit Bestürzung hatte man in der Parteileitung der CDU zunächst registriert, daß parallel zum 6. Parteitag der CDU der DDR im Westen Berlins der 3. Bundesparteitag der CDU stattfinden sollte.[316] Nachdem zunächst erwogen worden war, den Parteitag zu verlegen, entschloß sich Götting wegen des bereits betriebenen enormen Aufwandes zur parallelen Durchführung, untersagte jedoch allen regulären Teilnehmern das Verlassen des sowjetischen Sektors. Zugleich versuchte die Parteileitung, über Mittelsmänner Kontakt zu den Delegierten des Bundesparteitages aufzunehmen, von denen man wußte, daß sie die Politik Adenauers ablehnten. Zu diesem Zweck wurde im Hotel „Johannishof" an der Friedrichstraße im Ostsektor Berlins eine Anlaufstelle für eventuelle Zusammenkünfte eingerichtet.[317] Viel Erfolg hatte die Aktion nicht. Dafür sorgte schon die Exil-CDU, die sich auf dem 3. Bundesparteitag mit 99 Delegierten wiederum als eigentliche Vertretung der mitteldeutschen Christdemokraten repräsentierte.[318]

IV. Die CDU in der sowjetischen Deutschlandpolitik 1951/52

1. Die Jahre 1950 und 1951

Die Erklärung der Außenminister der Staaten des sowjetischen Einflußbereichs vom 21. Oktober 1950 signalisierte einen neuen Abschnitt in der sowjetischen Deutschlandpolitik. Die neue politische Offensive hielt auch für die CDU der DDR Aufgaben bereit. Nach einem Gespräch Dertingers mit dem sowjetischen Außenminister Molotow[1] begrüßte der Politische Ausschuß der CDU am 24. Oktober 1950 die Prager Beschlüsse der Außenminister, die für Deutschland die Bildung eines gesamtdeutschen Rates forderten, und bezeichnete sie für die Deutschlandpolitik als das „bedeutsamste Dokument der Nachkriegsjahre"[2].

Die UdSSR entwickelte nach den Prager Beschlüssen ein breitgefächertes Szenarium zur Verhinderung der von Adenauer angestrebten und von ihr als die „gefährlichste(n) aller weltpolitischen Möglichkeiten"[3] angesehene Westbindung der Bundesrepublik durch die Einbeziehung westdeutscher Kontingente in eine europäische

316 Vgl. Ost-CDU-Parteitag Mitte Oktober in Berlin (ACDP III-013-628).
317 Vgl. „Otto Nuschke will sich anbiedern. Ost-CDU soll beim Parteitag Fühlung mit West-CDU nehmen". In: „Die Neue Zeitung" vom 5. Oktober 1952.
318 Vgl. „Unser ganzes Hoffen und Sehnen ...". In: DUD Ausgabe A vom 21. Oktober 1952. Vgl. „Ein gesamtdeutscher Parteitag". In: DUD Ausgabe A vom 19./20. Oktober 1952.

1 Vgl. „Der neue Weg" vom 25. Oktober 1950.
2 „Die Prager Beschlüsse". In: Utm vom November 1950 S. 7.
3 HILLGRUBER: Handlungsspielräume S. 9.

Armee (EVG). Dieses Szenarium umfaßte sowohl die militärische Aufrüstung der DDR, die von Adenauer seinerseits mit größter Skepsis beobachtet wurde[4], als auch zahlreiche politische Aktionen gegen die Politik der Bundesregierung. Der CDU der DDR fiel dabei die Aufgabe zu, die Christen in beiden Teilen Deutschlands sowie die Teile der CDU/CSU, die der Politik Adenauers ablehnend gegenüberstanden, für die sowjetischen Ziele zu gewinnen. In der Unterstützung der Proteste gegen die Wiederbewaffnung der Bundesrepublik, wie sie von Persönlichkeiten wie Gustav Heinemann oder Martin Niemöller formuliert wurden, sahen die Sowjets einen geeigneten Ansatz, die Widerstände gegen die Bundesregierung zu aktivieren.[5] Daneben versuchten sie, den Einfluß der westlich orientierten gesamtdeutschen Kirchenleitungen zu unterminieren, die aufgrund der besonderen Situation in Deutschland nicht wie in den anderen sowjetisch besetzten Ländern durch Druck zu einer Anerkennung der kommunistischen Ansprüche bewegt werden konnten.Grundlage der mit Hilfe der CDU der DDR unternommenen Versuche, selbst Teile der Mitglieder der CDU/CSU für sich zu gewinnen, war das marxistisch-leninistische Verständnis, wonach „es sich bei den Meinungsverschiedenheiten und Auseinandersetzungen innerhalb der CDU/CSU nicht um bloße Differenzen zwischen einzelnen Personen" handelte, sondern um wesentliche Interessengegensätze, die als „Ausdruck des klassenbedingten Antagonismus zwischen der zum Kriege drängenden antinationalen und klerikal-militaristischen Klassenfraktion der Bourgeoisie einerseits und den friedlichen und nationalen Interessen der Volksmassen andererseits"[6] interpretiert wurden. Durch Aufklärung über den „wahren Charakter" der Politik Adenauers, die von der CDU der DDR geleistet werden sollte, hoffte man, „die christlichen Arbeiter, die heute noch der klerikal-militaristischen Regierungspartei folgen, für den Kampf gegen die Politik der CDU/CSU zu gewinnen"[7]. Ähnlich wie bei der Durchdringung der CDU der DDR mit kommunistischen Interessenvertretern sprach die SED in diesem Zusammenhang auch von der „Notwendigkeit der Arbeit der Kommunisten in den klerikalen Massenorganisationen"[8] der Bundesrepublik.

Zur Aktivierung des deutschlandpolitischen Engagements der CDU der DDR beschloß der Politische Ausschuß am 24. Oktober 1950 „Fünf Thesen der CDU zur Beteiligung der Christen am Friedenskampf"[9]. Darin wurden alle Christen in Deutschland aufgefordert, sich am „Friedenskampf" der UdSSR gegen angebliche Kriegspläne der westlichen Demokratien zu beteiligen. Der Versuch der CDU, den Klerus für die politischen Ziele der UdSSR nutzbar zu machen, führte zur Einbeziehung „fortschrittlicher" Geistlicher in die kommunistische „Friedensbewegung". Am

4 Vgl. Booms 3 S. 76–81.
5 Vgl. „Bekennende Kirche gegen Wiederaufrüstung". In: Utm vom November 1950 S. 21.
6 Zapf S. 260f.
7 EBD. S. 205.
8 EBD. S. 203.
9 Utm vom November 1950 S. 9.

„1. Kongreß der deutschen Kämpfer für den Frieden"[10], der am 4. und 5. November 1950 im Ostsektor Berlins stattfand, nahmen 42 evangelische und wenige katholische Theologen teil, von denen einige in das „Deutsche Friedenskomitee", das oberste Gremium der „Friedensbewegung", gewählt wurden. Dennoch war die Veranstaltung für die CDU und die Nationale Front kein Erfolg. Die Resonanz auf die etwa 1000 Einladungen zum Kongreß, die von der CDU der DDR an Funktionäre der CDU/CSU und an Theologen der Bundesrepublik verschickt worden waren, blieb gering.

Am 14. November 1950 formulierte der Nationalrat der Nationalen Front einen Aufgabenkatalog, der für die weitere Arbeit der CDU maßgeblich wurde. Neben der „Entfaltung einer umfassenden Volksbewegung" in ganz Deutschland, die u. a. durch die Aufklärungsarbeit der „Friedenskomitees" erreicht werden sollte, erteilte der Nationalrat der CDU den Auftrag, „regelmäßige briefliche Verbindungen zu entsprechenden Gruppen oder Personen in Westdeutschland"[11] herzustellen. Vor dem Hintergrund dieser und verschiedener ähnlicher Aktivitäten wandte sich DDR-Ministerpräsident Grotewohl am 30. November 1950 mit dem Vorschlag an Bundeskanzler Adenauer, zwischen beiden Regierungen Verhandlungen über die Bildung eines „Gesamtdeutschen Konstituierenden Rates"[12] aufzunehmen. Ziel des Vorschlages war die Verhinderung der im September 1950 von der New Yorker Außenministerkonferenz der Westmächte beschlossenen Beteiligung der Bundesrepublik an der militärischen Sicherung Westeuropas durch die EVG.[13] Während die Exil-CDU die Bundesregierung aufforderte, auf den Vorschlag Grotewohls zu reagieren, die Antwort aber nicht direkt an die DDR-Regierung, sondern an die Regierung der UdSSR zu richten und sie mit der Forderung nach freien Wahlen zu verknüpfen[14], begrüßte die CDU der DDR den Vorschlag uneingeschränkt. Sie richtete ein weiteres „Wort an die Christen in Westdeutschland"[15], das ohne Erfolg[16] zur Unterstützung der sowjetischen Deutschland- und „Friedenspolitik" aufforderte.

---

10 Vgl. FUCHS S. 202. Später gezählt als „1. Deutscher Friedenskongreß".

11 „Aufgaben der Nationalen Front". In: Utm vom Februar 1951.

12 Wortlaut in: BUNDESMINISTERIUM FÜR GESAMTDEUTSCHE FRAGEN: Die Bemühungen S. 21. VOLKMANN S. 188 behauptet, Grotewohl habe „ein demokratisches, neutrales Gesamtdeutschland offeriert". Das genaue Studium der Reaktionen der DDR-Regierung auf westliche Vorschläge läßt das als nicht gerechtfertigt erscheinen. Auf alle Vorschläge, die auf eine Demokratisierung hinausliefen (freie, von der UNO kontrollierte Wahlen, Zulassung aller Parteien bereits vor den Wahlen, Freilassung der politischen Häftlinge, gesicherte Kontrolle der Einhaltung freier Wahlen, Wahlpropaganda aller Parteien vor den Wahlen etc.), gingen weder die SED noch die Sowjets ein. Bewußt hielten sie die Wahlmodalitäten in der Schwebe.

13 Vgl. LILGE S. 102. Vgl. BOOMS S. 76–81.

14 Vgl. Protokoll über die Sitzung des legalen Hauptvorstandes der Exil-CDU am 7. Dezember 1950 in Königswinter/Rh. S. 2 (ACDP III-013-852).

15 Protokoll über die Sitzung des Politischen Ausschusses am 12. Dezember 1950 Anlage 1 (ACDP III-013-628).

16 Vgl. BREITENBORN S. 156.

Die Tatsache, daß sich die UdSSR neben der weiteren Sowjetisierung der DDR die Option einer Vereinigung Deutschlands für den Fall offenhielt, die Bundesrepublik dadurch vom Westen lösen zu können[17], stärkte die Position Nuschkes gegenüber der SED erheblich. Erfolglos versuchten Ulbricht und Grotewohl, den CDU-Vorsitzenden aus dem Kabinett zu verdrängen und ihn durch prokommunistische Interessenvertreter in der CDU zu ersetzen. Die Sowjets schützten Nuschke, denn sie wußten, daß die SED in einem vereinigten Deutschlands zunächst nur eine untergeordnete Rolle spielen würde. Da sie von einer Vorherrschaft der Union im Falle einer Wiedervereinigung überzeugt waren, setzten sie auf Nuschke, von dem sie hofften, daß er helfen würde, ihre Interessen in einem wiedervereinigten Deutschland und in einer gesamtdeutschen Union durchzusetzen.[18] Die Entscheidung für Nuschke bedeutete jedoch keinesfalls, daß die UdSSR fest mit einer Wiedervereinigung Deutschlands rechnete. Für den Fall aller Fälle aber wollte sie personell gewappnet sein. Der traditionell sowjetfreundliche Nuschke war für sie ein kaum ersetzbarer Repräsentant einer nach dem Osten orientierten deutschen Politik.

Der CDU-Vorsitzende nutzte seine Position. Durch seine Beziehungen zu Wladimir Semjonow und Botschafter Alexander S. Puschkin erreichte er – was ihm sehr am Herzen lag – zahlreiche Haftentlassungen von Mitgliedern der CDU.[19] Auch die Berufung von Heinrich Toeplitz zum Staatssekretär im Justizministerium[20] war von Nuschke gegen den Willen der SED durchgesetzt worden. Erfolglos blieb dagegen sein Einsatz für die in den Waldheimer Prozessen Verurteilten. In der Nacht vom 3. zum 4. November 1950 wurden zahlreiche zum Tode verurteilte Häftlinge in einer Massenhinrichtung im Keller der Strafvollzugsanstalt Waldheim erhängt.[21]

In bezug auf Nuschke und die mit der Unterstützung seiner Person verbundene Wiedervereinigungsoption der UdSSR – eine Wiedervereinigung durch Neutralisierung, gegebenenfalls ohne die Vorherrschaft der SED/KPD – existierte zwischen der Führung der deutschen und der sowjetischen Kommunisten ein Interessenkonflikt. Die Angriffe der SED auf Nuschke zielten indirekt auf die sowjetische Option der Deutschlandpolitik, bei der die UdSSR um den Preis der Verhinderung der Westbindung Westdeutschlands bereit gewesen wäre, auf eine direkte kommunistische Diktatur in einem wiedervereinigten Rumpfdeutschland zu verzichten. Die SED torpedierte die

17 Vgl. Bericht eines V-Mannes über Ulbrichts Ausführungen nach einer Moskau-Reise vor dem Politbüro der SED am 30. Dezember 1950. In: OVERESCH S. 145. Vgl. PFEILER S. 36–41 u. 70. Schon während des Krieges hatten die Sowjets versucht, sich alle Alternativen in der Deutschlandpolitik offenzuhalten. Vgl. A. FISCHER: Die sowjetische Deutschlandpolitik S. 10. Vgl. SCHWARZ: Vom Reich S. 261.

18 Vgl. Vertrauliche Mitteilungen vom 8. Dezember 1950 (BA NL Kaiser 25).

19 Aussage von Wolfram Kesseler am 8. November 1988 in Eichholz, Protokoll S. 31 (ACDP MAT Richter QR).

20 Vgl. TOEPLITZ S. 6.

21 Vgl. FRICKE: Politik und Justiz S. 523f.

sowjetischen Bemühungen dezent, schließlich konnte sie es sich nicht erlauben, offen gegen die sowjetischen Interessen zu opponieren.

Auf einen erfolglosen Anlauf der SED, Nuschke aus dem Amt zu verdrängen, deutet der Versuch, seine am 27. Dezember 1950 durch Mitarbeiter des MfS verhaftete Sekretärin Eva-Maria Engmann in stundenlangen Verhören zu der Aussage zu bewegen, Nuschke spioniere für den Westen.[22] Die Sowjets sahen keinen Grund, ihm zu mißtrauen. Ihre Entscheidung für Nuschke basierte auf den bisher mit ihm gemachten positiven Erfahrungen. Nuschke hatte zwar gegen diverse Maßnahmen der SED protestiert, aber gerade mit dieser Politik letztendlich dazu beigetragen, die CDU Schritt für Schritt auf einen prosowjetischen Kurs zu bringen. Die Sowjets wollten außerdem nicht darauf verzichten, die Kontakte, die Nuschke in die Bundesrepublik unterhielt, für ihre politischen Ziele zu nutzen. Immer wieder drängten sie die Parteileitung, diese Beziehungen zu aktivieren.

Am 9. Januar 1951 veröffentlichte die „Neue Zeit" einen Artikel, der Martin Niemöller, Gustav Heinemann, Günter Gereke und Ulrich Noack als politische Freunde der CDU der DDR darstellte und Sympathie für ihre politische Haltung ausdrückte.[23] Dabei machte die CDU keinen Hehl aus ihrem Ziel, die bundesdeutschen Politiker und Kirchenleute an die sowjetisch gelenkte „gesamtnationale Bewegung und an die Positionen der Weltfriedensbewegung"[24] heranzuführen.

Denselben Zielen diente auch der vom Politischen Ausschuß geforderte verstärkte Briefverkehr[25] der CDU-Mitglieder mit Freunden und Verwandten in der Bundesrepublik. Wie alle derartigen Aktionen basierte auch dieser Briefverkehr auf direkten Anweisungen der SKK und wurde von den Sowjets zentral geleitet. Die Briefaktion betraf nicht nur die CDU, sondern mußte von allen Parteien und Massenorganisationen durchgeführt werden.[26] Die CDU-Mitglieder wurden aufgefordert, vorgefertigte Brieftexte und Reden Grotewohls und Nuschkes in die Bundesrepublik zu verschicken. Die Aktion wurde massiert, nachdem Bundeskanzler Adenauer am 15. Januar 1951 in Reaktion auf den Brief von Ministerpräsident Grotewohl freie und geheime gesamtdeutsche Wahlen gefordert und die Vorschläge Grotewohls als sowjetische Propaganda zurückgewiesen hatte.[27] Die CDU-Führung ordnete eine weitere Verstärkung des Briefverkehrs mit entsprechender Polemik gegen Adenauers Forderung nach freien

22 Vgl. Eva-Maria Engmann (ACDP III-013 DbCDU Ok).

23 Vgl. „Vier westdeutsche Demokraten". In: „Neue Zeit" vom 9. Januar 1951.

24 G. Fischer: Die prinzipiellen Auseinandersetzungen S. 43.

25 Vgl. CDU HGS Abteilung Organisation: Organisationsstatistik und Tätigkeitsbericht für den Monat Januar 1951 S. 5 (ACDP III-013-789). Vgl. Protokoll über die Sitzung der Landessekretäre am Freitag, 12. Januar 1951 in Berlin (ACDP III-013-628).

26 Vgl. Jahn: An Adenauers Seite S. 205.

27 Vgl. „Christliche Aktivität für Deutschland". In: „Neue Zeit" vom 19. Januar 1951. Vgl. Bundesministerium für Gesamtdeutsche Fragen: Die Bemühungen S. 22f.

Wahlen[28] an. Den einzelnen Kreisverbänden wurden Patenkreisverbände und den Landesverbänden Patenlandesverbände der Union in der Bundesrepublik zugeteilt.[29] In allen Orts- und Betriebsgruppen mußten „Korrespondenzzirkel“ gegründet werden, die den Briefwechsel koordinieren sollten. Die aus der Bundesrepublik eingehenden Antworten mußten zur Auswertung an die Landesleitungen weitergeleitet werden.[30] Parallel lief eine Leserbriefaktion, bei der an verschiedene westliche Zeitungen „Leserbriefe“ verschickt wurden, die oft auch zum Abdruck kamen.[31]

Während sich die Volkskammer Ende Januar 1951 erneut an den Bundestag wandte,[32] wiederholte der Hauptvorstand der CDU seine Forderung, die Einbeziehung der Bundesrepublik in das Verteidigungsbündnis der westlichen Demokratien zugunsten einer Neutralisierung Deutschlands aufzugeben.[33] Nuschke hoffte zu diesem Zeitpunkt noch immer, durch eine gesamtdeutsche Lösung den Einfluß seiner Partei wiederbeleben und die SED auf die Oppositionsbänke eines gesamtdeutschen Parlaments verweisen zu können.[34] Realistischer beurteilte diesmal DDR-Außenminister Dertinger die Situation. Ihm war klar, daß der Volkskammerappell trotz relativ großer Zustimmung in der bundesdeutschen Bevölkerung[35] ohne Resonanz bleiben würde[36], da die DDR-Regierung nicht einmal bereit war, die vorgeschlagenen „freien Wahlen“ durch Vertreter der UNO kontrollieren zu lassen. Er wußte, wie ein Vierteljahr nach den „freiesten Wahlen der deutschen Geschichte“ – wie die Wahl auch von der CDU bezeichnet worden war – in der Bundesregierung über das Angebot „freier“ Wahlen gedacht wurde. Auch die polemischen Angriffe auf führende Politiker der Bundesrepublik, an denen sich die CDU der DDR beteiligte[37], waren nicht geeignet, eine Atmosphäre des Vertrauens zu schaffen.

Anfang des Jahres 1951 gab die CDU der DDR den „Union Presse-Dienst“ als „Westdeutschland-Information“ in einer neuen und aufwendigeren Form heraus, um

28 Vgl. „Antwort ohne Verantwortung“. In: „Neue Zeit“ vom 16. Januar 1951.

29 Vgl. IWE 14 vom 23. Januar 1951 (Brandenburg – Niedersachsen). Vgl. „Der neue Weg“ vom 3. Januar 1951 (Sachsen-Anhalt – Nordrhein-Westfalen).

30 Vgl. CDU LV Mecklenburg: Rundschreiben an alle Kreisvorsitzenden. Schwerin, 12. März 1951. Vgl. CDU LV Sachsen-Anhalt: Rundschreiben 38. Halle (S.), 7. Mai 1951 (ACDP III-013-791).

31 Vgl. Jahn: An Adenauers Seite S. 205.

32 VGL: Lobedanz: Die Wahrheit. Vgl. „Die neue Aktion Grotewohls“. In: „Der Tag“ vom 31. Januar 1951.

33 Vgl. Protokoll der Sitzung des Hauptvorstandes am 25. Januar 1951 Anlage 4: Politische Entschließung des Hauptvorstandes (ACDP III-013-628).

34 Vgl. Vertrauliches Aide-memoire eines V-Mannes für Bundeskanzler Adenauer vom 8. Februar 1951. In: Overesch S. 150–152. Vgl. Bericht, eing. 25. Februar 1951 (BA NL Kaiser 13).

35 Vgl. Booms 4 S. XXXVIII Anm. 101.

36 Vgl. Bericht vom 6. Februar 1951 (ACDP III-013-792).

37 Vgl. Lobedanz: Die Wahrheit.

„alle maßgeblichen westdeutschen Publikationsstellen sowie politische Persönlichkeiten und Gesinnungsfreunde der CDU der Deutschen Demokratischen Republik“[38] umfassend zu informieren. Wie alle Kontakte in die Bundesrepublik wurde auch der UPD von den Sowjets finanziert. Um die gesamtdeutschen Aktivitäten der CDU nicht zu stören, hielt die SKK die SED an, vorübergehend „Burgfrieden“ mit der CDU zu halten.[39]

Die Aktivitäten der CDU blieben seit 1951 nicht mehr auf die Bundesrepublik beschränkt. Die Partei wurde immer mehr in die von der UdSSR organisierte „Weltfriedensbewegung“ eingebunden, deren oberstes Organ, der „Weltfriedensrat“, von den Sowjets als eine Art „Gegen-UNO“ konzipiert war. Mit der „Weltfriedensbewegung“ versuchte die UdSSR, sich eine ihrer Politik wohlgesonnene Weltöffentlichkeit zu schaffen, nachdem sich die UNO durch ihre Kritik an der Invasion in Süd-Korea nach ihrer Meinung in ein „Instrument des Krieges“[40] verwandelt hatte. Im „Weltfriedensrat“ als den „wirklichen Vereinten Nationen“[41] fiel der CDU der DDR erstmals eine Rolle zu, die über den Rahmen der sowjetischen Deutschlandpolitik hinausging. Mit einer vom 21. bis 26. Februar 1951 im Ostsektor Berlins durchgeführten Tagung des „Weltfriedensrates“[42] begann für die CDU ein neuer Abschnitt ihres Wirkens. Wie alle christlichen Parteien und Organisationen des sowjetischen Herrschaftsbereiches erhielt sie die Aufgabe, internationale Kontakte zu christlichen Bewegungen und Personen herzustellen, die dem Regime der UdSSR freundlich gesonnen waren. Während die DDR-interne Bedeutung der CDU weiter zurückging, wuchs die Aufgabe der Parteiführung, in der Bundesrepublik und im Ausland aus „christlicher Überzeugung“ für die Politik Stalins zu werben. Sie knüpfte nicht nur Kontakte zu ihren Schwesterparteien in Polen oder der Tschechoslowakei[43], sondern auch zu christlichen Gruppen und Persönlichkeiten der westlichen Welt.[44] Sie nahm beispielsweise Kontakt zur „Gemeinschaft Christlicher Demokraten Österreichs“[45] und zur „Union fortschrittlicher Christen Frankreichs“[46] auf. Auch ihre deutschlandpolitischen Aktivitäten stellte die CDU von nun an in den Rahmen des weltweiten „Friedenskampfes“ der UdSSR. Vor dem Nationalrat bezeichnete Nuschke am 5. März 1951 die Legitimation der

38 UPD, hg. von der Pressestelle bei der Hauptgeschäftsstelle der CDU Nr. 1 1951.

39 Vgl. „SED verfügt ‚Burgfrieden‘ mit bürgerlichen Parteien“. In: IWE 27 vom 30. Januar 1951.

40 „Diskutiert das Stalin-Interview!“. In: Utm vom April 1951 S. 12.

41 UPD 3/1951 S. 1.

42 Vgl. „Entschließungen des Weltfriedensrates“. In: Utm vom März 1951 S. 7.

43 Vgl. „Konferenz der Tschechoslowakischen Volkspartei“. In: Utm vom März 1951 S. 20f.

44 Vgl. „Christliche Friedenskämpfer warnen“. In: Utm vom Mai 1951 S. 10f. Vgl. „Christen sind dort, wo man für Frieden arbeitet. Aussprache führender CDU-Politiker mit westdeutschen und ausländischen Friedensfreunden“. In: „Neue Zeit“ vom 26. Februar 1951.

45 Vgl. „Zwei Dokumente aus der Bewegung fortschrittlicher Christen in Europa“. In: Utm vom Juni 1952 S. 19.

46 Vgl. II. Halbjahresplan der CDU S. 3 (ACDP III-013-729).

Nationalen Front zur Vertretung gesamtdeutscher Forderungen als „ebenso unbestritten, wie die Legitimation des Weltfriedensrates“[47] zur Durchsetzung internationaler politischer Strukturen.

Indem er die am 9. März 1951 von Adenauer wiederholte Forderung nach freien Wahlen[48] zurückwies, verlangte Nuschke zugleich eine Verstärkung des „Friedenskampfes“ in der Bundesrepublik, der die bisherige „Ohne uns“–Bewegung ablösen sollte, die von der CDU der DDR ebenfalls unterstützt worden war. Nachdem das „Deutsche Friedenskomitee“, eine Sektion der „Weltfriedensbewegung“, es am 10. März 1951 als wichtigste Aufgabe bezeichnet hatte, in der Bundesrepublik eine „Volksabstimmung“ über die Frage zu erzwingen: „Sind sie gegen die Remilitarisierung und für den Abschluß eines Friedensvertrages mit Deutschland im Jahre 1951?“[49], betonte der Hauptvorstand der CDU am 13. März 1951 seine Unterstützung der Aktion und bekannte sich vorbehaltlos zu den Zielen des „Weltfriedensrates“.[50] In einem weiteren „Offenen Brief an die Christen in Westdeutschland“[51] wiederholte der Hauptvorstand der CDU seine Ablehnung der von Adenauer formulierten Forderung nach freien Wahlen in ganz Deutschland unter Kontrolle der UNO und rief alle Christen zum Kampf gegen die Bundesregierung auf.

2. „Sekretariat West“ beim Hauptvorstand der CDU

Um die intensivierten Einwirkungen in die Bundesrepublik besser organisieren und koordinieren zu können, wurde im Frühjahr 1951 die Arbeit des „Sekretariats West“ beim Hauptvorstand der CDU der DDR erweitert. Die Leitung übernahmen Walter Rübel und Ilse-Ruth Bubner.[52] Das „Sekretariat West“, das unter Leitung von Ilse-Ruth Bubner bereits seit 1950 existierte, unterstand keiner der neu geschaffenen Hauptabteilungen des Hauptvorstandes, sondern war direkt dem DDR-Außenminister Dertinger unterstellt. Walter Rübel leitete gleichzeitig das Referat „Nationale Front“ des Hauptvorstandes. Auf diese Weise konnten die Aktivitäten der CDU der DDR in der Bundesrepublik gut in den Rahmen der Arbeit der Nationalen Front eingebunden

47 NUSCHKE: Mahnung und Beispiel S. 18.

48 Vgl. „Der Schritt vom 9. März 1951. Erklärung des Bundeskanzlers vor dem Deutschen Bundestag in dessen (125.) Sitzung vom 9. März 1951“. In: BUNDESMINISTERIUM FÜR GESAMTDEUTSCHE FRAGEN: Die Bemühungen S. 27. Vgl. DEUERLEIN: Deutschland S. 193.

49 „Die Beschlüsse des Deutschen Friedenskomitees“. In: Utm vom April 1951 S. 19.

50 Vgl. Protokoll der Sitzung des Hauptvorstandes am Dienstag, den 13. März 1951, Anlage 2 (ACDP III-013-791). Vgl. „Wir kämpfen für den Frieden. Die Entschließungen des Hauptvorstandes der CDU vom 13. März“. In: Utm vom April 1951 S. 1.

51 Vorlage für die Sitzung des Hauptvorstandes am 13. März 1951 (ACDP III-013-630).

52 Vgl. Bericht 4 vom 14. März 1951 (ACDP III-013-830).

werden.[53] Die Arbeit erfolgte nach Anweisungen, die Götting direkt von den Westabteilungen der SED und des MfS erhielt[54], die ihrerseits in unmittelbarer Verbindung mit den sowjetischen Sicherheitsbehörden standen.[55]

Die Aufgaben der selbst vor Nuschke streng abgeschirmten Abteilung bestanden vor allem in der

- Erfassung der gesamten Struktur der CDU/CSU und deren personeller Besetzung
- Sammlung, Sichtung und Registrierung von Material über die Bundesrepublik, speziell über die CDU/CSU und marxistisch orientierte christliche Gruppen
- karteimäßigen Erfassung christlicher Persönlichkeiten der Bundesrepublik, sortiert nach deren politischer Gesinnung
- Betreuung von Personen und Gruppen aus der Bundesrepublik, die sich für eine Zusammenarbeit mit Stellen der DDR eigneten
- Förderung, Anleitung und Überwachung der gesamtdeutschen Korrespondenzarbeit der CDU der DDR
- Auswahl und Schulung von Personen für den Einsatz in der Bundesrepublik
- Vorbereitung und Auswertung der Einsätze
- Einrichtung und Aufrechterhaltung brieflicher und persönlicher Kontakte mit christlichen Persönlichkeiten der Bundesrepublik
- Zusammenarbeit mit der Nationalen Front und dem staatlichen Rundfunkkomitee
- Erstellung von Texten für den Versand in die Bundesrepublik und in der
- Herausgabe des UPD.

Schritt für Schritt baute Götting die „Abteilung West" zu einer geheimdienstlich arbeitenden Institution aus. Er forderte die Mitarbeiter auf, von ihren Westeinsätzen vor allem Detailinformationen mitzubringen. Es komme darauf an, so der Generalsekretär, zu wissen, „wem können wir 20 000 West in die Hand drücken oder ... wer ist anständig und kommt aus ideologischen Überlegungen zu uns"[56]. Gegenüber seinen engsten Mitarbeitern verriet Götting, daß der Erfolg der CDU fast nur noch nach dem Erfolg ihrer Spionage bemessen werde; in Zukunft stelle die Spionage das Hauptaufgabengebiet der Partei dar.[57]

53 Vgl. Bericht 1 vom 14. März 1951 (ACDP III-013-830). Die Ausführungen stützen sich vor allem auf Angaben des ehemaligen Leiters der Abteilung Westarbeit der CDU, Josef Janßen. Vgl. Ost-CDU 1. Westarbeit (ACDP III-013-694). Vgl. Josef Janßen (ACDP III-013 DbCDU Ok).

54 Vgl. Dallin S. 426.

55 Vgl. Fricke: Die DDR-Staatssicherheit S. 39.

56 Vgl. Ost-CDU 1. Westarbeit (ACDP III-013-694).

57 Ebd. S. 11.

Ende März 1951 organisierte das „Sekretariat West" eine neue Briefaktion. Die Kreisverbände erhielten den Auftrag, einen vom Hauptvorstand der CDU verfaßten Brieftext[58] unverändert auf einen Briefbogen des Kreisverbandes zu übertragen und vom Kreisvorstand vollzählig unterschrieben an den jeweiligen Patenkreisverband im Bundesgebiet zu verschicken. Ausdrücklich wurde angeordnet, alle Briefe gleichzeitig am 21. April 1951 zur Post zu geben und sie ausschließlich an die vom Hauptvorstand ebenfalls vorgeschriebenen Anschriften zu verschicken. Die Kreisvorstände wurden angewiesen, in allen Kreissekretariaten der CDU ein eigenes Referat „West" einzurichten.[59] Die Orts- und Betriebsgruppen mußten „Korrespondenzzirkel" einrichten und regelmäßig in die Bundesrepublik schicken.[60]

Die Briefaktionen wurden im Laufe des Jahres wiederholt. Neben CDU-Verbänden und Funktionären in der Bundesrepublik wurden auch Geistliche beider Konfessionen von „fortschrittlichen" Pfarrern aus der DDR angeschrieben. Die Mitglieder der CDU mußten sich in persönlich gehaltenen Schreiben[61] an Bekannte und Verwandte wenden und für die sowjetische Politik werben. Da viele CDU-Mitglieder die Briefaktionen dazu nutzten, ihrem Unwillen über das SED-Regime Ausdruck zu verleihen[62], wurde der Briefverkehr vom MfS kontrolliert.

Neben den Briefaktionen organisierte das „Sekretariat West" persönliche Kontakte auf verschiedenen Ebenen. Bundesdeutsche Theologen, Wissenschaftler, Ärzte, Pädagogen, Unternehmer und Studenten wurden zu Gesprächen mit der CDU in die DDR oder in den Ostsektor Berlins eingeladen.[63] „Fortschrittliche" Pfarrer und Funktionäre der CDU fuhren ins Bundesgebiet, um Kontakte zu Personen oder Gruppen herzustellen, von denen bekannt war, daß sie in Opposition zur Bundesregierung standen.[64] In Persönlichkeiten wie Gustav Heinemann, Martin Niemöller, Herbert Mochalski auf evangelischer und Klara-Marie Faßbinder, Helene Wessel, Joseph Wirth oder Wilhelm Elfes auf katholischer Seite sah man Gleichgesinnte, die man für die Politik der CDU der DDR zu gewinnen versuchte.[65] Angestrebt wurde eine

---

58 Vgl. Brief des CDU Kreisvorstandes Sondershausen an den Kreisverband der CDU Ludwigsburg, o. D. (ACDP III-013-791).

59 Vgl. CDU LV Thüringen: An alle Kreisverbände! Betr.: Briefverkehr mit Westdeutschland. Weimar, den 20. März 1951 (ACDP III-013-791).

60 Vgl. CDU LV Sachsen. Hauptabteilung Politik: Arbeitsrichtlinien April 1951 für die Betriebsgruppen im LV Sachsen. Dresden, 5. April 1951 (ACDP III-013-830).

61 Vgl. Stichworte für den Briefwechsel nach Westdeutschland im Monat August 1952 (ACDP III-013-749).

62 Vgl. Anonymer Brief aus der DDR, Ende 1951 (Dok. Nr. 81). In: OVERESCH S. 163–166. Vgl. Brief Annemarie Willich aus Eberswalde an die Kreisgeschäftsstelle der CDU KV Oberlahn vom 28. Oktober 1951 (ACDP III-013-628/2).

63 Vgl. CDU LV Thüringen: An alle Kreisverbände! Weimar, den 20. März 1951 S. 2 (ACDP III-013-791).

64 Vgl. „Ostzonen-CDU schaltet sich ein". In: UiD vom 17. März 1951. Vgl. „Starnberger Gespräch". In: „Kulturbrief der CDU" vom April 1951 S. 6. Vgl. Kirche und Christentum in der Ostzone (IV). Berlin, 17. Juli 1951 S. 7 (ACDP I-238-002/2 u. 3).

65 Vgl. CDU DER DDR: Dokumente 6 S. 98f.

„gesamtdeutsche Konferenz“ im Ostsektor Berlins, für die die CDU der DDR neben den genannten Personen auch andere Politiker zu gewinnen hoffte.[66] In den meisten Fällen erhielt die CDU der DDR klare Absagen auf ihre Offerten. Auch der Versuch der Kontaktaufnahme der CDU-Landeszeitungen mit bundesdeutschen Blättern blieb ohne Erfolg. So wies zum Beispiel die „Süddeutsche Zeitung“ das Ansinnen der sächsischen CDU-Zeitung „Die Union“ um Kontaktaufnahme zurück und forderte, zunächst gemeinsam für freie Wahlen in Deutschland einzutreten.[67] Die zahlreichen Bemühungen der CDU waren jedoch nicht in allen Fällen erfolglos. So gelang es, einzelne Persönlichkeiten, wie den ehemaligen Oberbürgermeister von Mönchengladbach, den CDU-Abgeordneten im Düsseldorfer Landtag, Wilhelm Elfes, für die Politik der CDU der DDR zu gewinnen.[68] Auch der CDU-Bundestagsabgeordnete Karl-Franz Schmidt-Wittmack, der sich 1954 in die DDR absetzte[69], arbeitete für die DDR und wurde nach seiner Flucht Mitglied der CDU der DDR. Bereits vor ihm setzte sich Günther Gereke in die DDR ab und trat der CDU der DDR bei. Anders als Schmidt-Wittmack hatte er bereits vor seiner Flucht aus seinen Sympathien für die CDU der DDR kaum einen Hehl gemacht und sich dadurch in der niedersächsischen CDU völlig diskreditiert.

Anfang des Jahres 1953 gab es in der Bundesrepublik mehr als hundert kommunistische Tarnorganisationen, die sich fast durchweg als „national“, „deutsch“, „patriotisch“, „demokratisch“ oder „christlich“ bezeichneten. Vor allem zu den „christlichen“ dieser Gruppen hielt die CDU der DDR Kontakt.[70] Finanziell unterstützt wurden diese Aktivitäten der CDU vom Außenministerium der DDR.[71]

Im Außenministerium ergaben sich zum selben Zeitpunkt für Dertinger die ersten ernsthaften Schwierigkeiten, deren Ursachen schließlich im Januar 1953 zur Verhaftung des ersten Außenministers der DDR führten. Im Frühjahr 1951 nutzte die SED die Tatsache, daß zahlreiche Unterlagen aus dem Außenministerium der DDR in den Westen gelangt waren, um die Stellung Dertingers endgültig zu unterminieren. Unter dem Vorwurf, „reaktionäre Mitarbeiter“ zu dulden, die Kontakt zu antisowjetischen Kreisen in der Tschechoslowakei unterhielten[72], entzog Ministerpräsident Grotewohl dem CDU-Außenminister auf Initiative Hermann Materns

66 Vgl. „Sowjet-CDU-Funktionäre sollen ‚gesamtdeutsche Konferenz‘ vorbereiten“. In: IWE 3/406 vom 1. April 1951.

67 Vgl. „Klare Absage an Ost-CDU“. In: „Der Tag“ vom 25. April 1951.

68 Zu den Gründen seines Übertrittes: SCHMIDT-WITTMACK S. 5-11. Vgl. WIRTH: Nicht wieder das Alte! Weitere von der SED positiv beurteilte Mitglieder der CDU/CSU finden sich bei ZAPF S. 287–297.

69 Vgl. Karl-Franz Schmidt-Wittmack (ACDP Pressedokumentation). Vgl. HAGEN S. 128.

70 Vgl. DALLIN S. 426.

71 Vgl. Bericht vom 1. Mai (1951) – (ACDP III-013-830).

72 Im November 1951 wurde Rudolf Slansky verhaftet. Vgl. FEJTÖ 1 S. 294.

jede selbständige Geschäftsführung.[73] Noch schwieriger wurde Dertingers Situation, als am 10. Juli 1951 im „Telegraf“ ein Artikel erschien, dessen Autor von angeblichen Fluchtabsichten des DDR-Außenministers wissen wollte[74], die Dertinger aber mit hoher Wahrscheinlichkeit nicht hatte.[75] Dertingers Stellung im Außenministerium der DDR war von Anfang an schwach gewesen. Etwa 300 der 350 Angestellten des Ministeriums gehörten der SED an. Die CDU-Betriebsgruppe umfaßte lediglich 14 Personen. Selbst die persönliche Referentin Dertingers, Helene Berger, war Mitglied der SED. Sie war an die Stelle von Frau Zinsser (CDU) getreten, die Dertinger mit ins Amt gebracht hatte. Auch Dertingers Staatssekretär Anton Ackermann gehörte der SED an.[76]

Ungeachtet des Verbotes der von der Nationalen Front organisierten „Volksbefragung“ sowie der Arbeit der FDJ im Bundesgebiet[77] setzten die Sowjets ihre Arbeit im Frühjahr 1951 in der Bundesrepublik weiter fort.

Während die „National-Zeitung“ der NDPD am 27. Mai 1951 erstmalig als „West-Ausgabe“ erschien[78], lud die CDU erstmalig bundesdeutsche Gäste zu einer Sitzung ihres Hauptvorstandes ein.[79] Im Mai 1951 reiste Nuschke in die Bundesrepublik[80], um an einer Kirchenbautagung der evangelischen Kirche in Nürnberg teilzunehmen. Seine hier gemachten Äußerungen über eine angeblich freie Religionsausübung in der DDR[81] stießen auf erhebliche Skepsis. Tatsächlich war es in der DDR zu einer vorübergehenden Entspannung der Beziehungen zwischen Staat und Kirche gekommen. Die Sowjets hatten eingesehen, daß eine restriktive Kirchenpolitik, wie sie in den übrigen Staaten ihres Machtbereichs betrieben wurde, ihren deutschlandpolitischen Zielen im Wege stand.[82] Da sie es sich nicht leisten konnten, die Christen in der Bundesrepublik gegen sich aufzubringen, verzichteten sie vorübergehend auf die

---

73 Vgl. „Dertinger ‚undicht‘“. In: UiD vom 14. März 1951. Vgl. „Das interessiert sie“. In: UiD vom 18. April 1951. Vgl. DUD vom 19. April 1951 S. 6.

74 Vgl. Brief des Bundesamtes für Verfassungsschutz an das Ostbüro der CDU. Köln, 20. August 1951 (ACDP III-013-830).

75 Gespräch d. Autors mit dem ehemaligen persönlichen Referenten Dertingers, Gerold Rummler, am 4. März 1988 (ACDP MAT Richter QI).

76 Zur Zusammensetzung vgl. IWE 1/7 vom 2. Januar 1951 Bl. 4. Der richtige Name A. Ackermanns lautete Eugen Hanisch.

77 Vgl. „Bonn schlägt endlich zurück“. In: „Der Tag“ vom 27. April 1951. Vgl. „Bundesregierung verbietet FDJ“. In: „Der Tag“ vom 27. Juni 1951.

78 Vgl. H.-D. Fischer S. 83.

79 Vgl. „CDU der DDR wegweisend für alle christlichen Demokraten. Bedeutsame Hauptvorstandssitzung unter Anwesenheit westdeutscher Freunde“. In: UPD 9/1951 S. 4. Vgl. „Verhindert Remilitarisierung“. In: „Neue Zeit“ vom 23. März 1951.

80 Vgl. „Über die Hintertreppe“. In: DUD vom 28. Mai 1951. Vgl. „Nuschke agitiert im Westen“. In: „Der Tag“ vom 27. Mai 1951.

81 Vgl. „Otto Nuschke und die Religionsfreiheit in der Sowjetzone“. In: IWE vom 26. Mai 1951 Bl. 7.

82 Vgl. den Abschnitt: „Milderes Klima“. In: Hutten S. 65–73.

ärgsten Repressalien gegen die Kirchen auf dem Gebiet der DDR und ließen ihre Pläne fallen, eine loyale Staatskirche für das Gebiet der DDR zu installieren. Eine Folge der veränderten Taktik der Sowjets war der Ausschluß des sächsischen Pfarrers Helmut Mehnert aus der CDU und seine Suspendierung aus sämtlichen staatlichen Ämtern. So schnell Pfarrer Mehnert als zukünftiger „Volksbischof" der zunächst vorgesehenen Gegenkirche befördert worden war, so schnell verschwand er nun in der Versenkung.[83] Einen neuen Versuch, den Wunsch der deutschen Bevölkerung nach Wiedervereinigung für ihre politischen Ziele zu nutzen, unternahmen die Sowjets mit der für den Sommer 1951 vorgesehenen „Volksbefragung" gegen Remilitarisierung und für den Abschluß eines Friedensvertrages.

Da damit zu rechnen war, daß ein großer Teil der Bevölkerung sich für eine Wiedervereinigung aussprechen würde[84], untersagten die westlichen Alliierten die „Volksbefragung" für die Bundesrepublik und Berlin (West). Nach diesem Verbot beschränkte sich die Aktion auf die DDR und den Ostsektor Berlins. Der Politische Ausschuß der CDU verpflichtete am 24. April 1951 die Landesverbände zur Unterstützung der vom 3. bis 5. Juni 1951 durchgeführten Befragung[85] und bezeichnete das manipulierte Ergebnis als „das getreue Spiegelbild der Stimmung in ganz Deutschland" und als Votum des deutschen Volkes zum Sturz der Bundesregierung.[86] Die suggestive Art der „Volksbefragung", die nach den „Volkswahlen" vom Oktober 1950 im Westen als ein weiteres Beispiel für das sowjetische Demokratieverständnis gedeutet werden mußte, trug ebenfalls dazu bei, daß künftige Vorschläge der UdSSR über die Wiedervereinigung Deutschlands auf demokratischem Wege im Westen strikt abgelehnt wurden. Trotz der nötigenden Methoden bei der Befragung war es in einzelnen Regionen der DDR, wie im katholischen Eichsfeld, in dem die CDU besonders stark vertreten war, wiederum zu einem Anteil an Nein-Stimmen gekommen, der bei der Regie der Abstimmung hätte unmöglich sein müssen. Da die „Volksbefragung" der SED und den staatlichen Stellen deutlich zeigte, in welchen Orten der DDR der Widerstand gegen die Politik der SED am größten war, mußten sich die zuständigen Funktionäre vor Mitarbeitern des MfS und – wie bei den Gemeinden des Eichsfeldes – vor der CDU-Landesleitung[87] verantworten.

Die Befragung zeigte den Organisatoren, daß die „Friedenspropaganda" der SED bei den Geistlichen beider Konfessionen kaum Erfolg hatte. In Sachsen-Anhalt konnten von 1458 gezählten Pfarrern nur 13 als „aktiv und zuverlässig" und weitere

83 Vgl. Brief H. Mehnerts (ACDP III-013-797). Vgl. „Aus der Ostzonen-CDU ausgeschlossen". In: UiD vom 30. Juni 1951.

84 1951 Ø 50 Prozent für Neutralisierung und Ø 35 Prozent für Westbindung. Vgl. MERRIT Figure 4. Preferences for alliance with the west vs. neutrality.

85 Vgl. „Volksbefragung". In: Utm vom Juni 1951 S. 1.

86 Vgl. „Bilanz der Volksbefragung: ‚Fort mit Adenauer!'". In: UPD 10/1951 S. 2.

87 Zur Haltung der Bundesregierung vgl.: Die Kabinettsprotokolle 1951 S. 647–649. Vgl. IWE vom 11. Juni 1951.

40 als „fortschrittlich“ eingeschätzt werden.[88] Die Kreisverbände der CDU erhielten von den Landesvorständen daher nach der Befragung die Aufgabe, die Geistlichen zu einer „mindestens loyalen Haltung“[89] gegenüber dem SED-Regime zu bewegen.

Im Herbst 1951 startete die UdSSR eine weitere deutschlandpolitische Kampagne. Mit einem Appell wandte sich die Volkskammer am 15. September 1951 an den Bundestag und schlug gesamtdeutsche Beratungen und Wahlen vor.[90] Der Vorstoß zeigte, daß die UdSSR zu Konzessionen bereit war, um die Westbindung der Bundesrepublik zu verhindern. Die sowjetische Führung war bereit, die SED-Herrschaft über die DDR zugunsten einer gesamtdeutschen Regierung zu opfern, in der ihre Interessen entsprechend vertreten wären. Dieser Interessenvertretung sollte u. a. die CDU der DDR dienen. Trotz allen ideologischen Gleichklangs kam es mit diesem sowjetischen Vorstoß zu einem Interessengegensatz zwischen der sowjetischen Führung und der SED. Den deutschen Kommunisten lag mehr an der Erhaltung ihrer Herrschaft in der DDR als an einer unsicheren Oppositionsrolle in einem gesamtdeutschen Parlament. Deswegen versuchten sie, den sowjetischen Vorschlag zu torpedieren.[91] Vertrauliche Informationen deuteten darauf hin, daß sie für den Fall einer Wiedervereinigung hofften, die Macht durch die Schaffung bürgerkriegsähnlicher Zustände dennoch wieder an sich reißen zu können.[92]

Anders sah die Situation für die CDU der DDR aus. Hier wuchsen die Hoffnungen auf eine Aufwertung der CDU durch die neuen sowjetischen Vorstöße. Offenbar hatten die Sowjets der CDU-Führung auch entsprechende Hinweise gegeben, denn Außenminister Dertinger organisierte in der Wohnung von Eberhard Plewe in Berlin (West) ein Treffen mit Ernst Lemmer, bei dem er sich bemühte, diesen von der Ernsthaftigkeit des sowjetischen Angebotes zu überzeugen.[93] Die Sowjets, so Dertinger angeblich, seien auch gegen den Widerstand der SED bereit, freie Wahlen zuzulassen. Sie wüßten sehr genau, daß die Nationale Front bei demokratischen Wahlen keine Chance hätte, zu gewinnen. Ihr hauptsächliches Ziel sei ein wiedervereinigtes Deutschland, dessen Politik nicht von den USA bestimmt würde.[94] In diesem Fall würden sie

---

88 Vgl. „Generalstabsarbeit im Kirchenkampf“. In: DUD Ausgabe A vom 20. Juli 1951.

89 Brief des CDU-LV Brandenburg an den Vorsitzenden des KV der CDU Senftenberg vom 30. Juni 1951 (Vertraulich!) – (ACDP III-013-797).

90 Vgl. „Appell an den Bundestag der Bundesrepublik Deutschland“. In: Utm vom Oktober 1951 S. 4.

91 Vgl. Bericht. Streng vertraulich! Nicht für die Presse bestimmt! (ACDP III-013-792).

92 Vgl. Analyse eines V-Mannes betr. Ulbrichts tatsächliche politische Lageeinschätzung Mitte März 1951 (Dok. Nr. 74). In: OVERESCH S. 154f.

93 Vgl. dpa-Information 1504 vom 13. Oktober 1951 und dpa-Information 1519 vom 16. Oktober 1951. Vgl. „Telegraf am Sonntag“ vom 28. Oktober 1951 (BA NL Kaiser 5). Wahrscheinlich kam es im Oktober 1951 auch zu einem geheimen Treffen zwischen Nuschke, Lemmer, Peter Nellen und zwei Mitgliedern der Westabteilung des Zentralkomitees der SED. Vgl. BUSCHFORT S. 420.

94 Vgl. SCHWARZ: Adenauer S. 882.

eine gesamtdeutsche CDU als Staatspartei akzeptieren.[95] In dieser gesamtdeutschen Union sollte die auf prokommunistischen Kurs gebrachte CDU der DDR allerdings über erheblichen Einfluß verfügen und den „Adenauer-Flügel" neutralisieren. Nach der Unterredung, die zu keiner Annäherung der Standpunkte und zu scharfer Kritik an Lemmer führte[96], setzte man in der CDU der DDR dennoch weiterhin große Hoffnungen auf den Volkskammerappell. Mit immer neuen Aufrufen an die „Christen in Westdeutschland"[97] warb die CDU für die sowjetische Politik. Selbst an die Beruhigung möglicher Gegner einer Wiedervereinigung war gedacht. In einem „Wort an die Christen in Frankreich"[98] betonte die CDU den friedlichen Charakter eines wiedervereinigten Deutschlands, von dem für Frankreich weniger Gefahr ausgehen würde als derzeit von der Bundesrepublik.

In der CDU der DDR hoffte man nicht zu Unrecht, daß der Volkskammerappell in der Bundesrepublik auch in der CDU/CSU Gehör und Zustimmung finden würde.[99] Tatsächlich sprachen sich z. B. Johann Baptist Gradl, Robert Tillmanns, Hermann Ehlers, Heinrich von Brentano und Hermann Ehren nach dem Appell dafür aus, Verhandlungsbereitschaft gegenüber der UdSSR zu signalisieren.[100] Gradl bestritt, daß ein neutralisiertes Deutschland unabwendbar zum sowjetischen Satelliten werden müßte. Auch Lemmer, der im Zusammenhang mit dem Appell mit dem Vorsitzenden der „Deutschen Sammlung", Reichskanzler a. D. Joseph Wirth, im Ostsektor Berlins zusammentraf[101], erklärte, man dürfe über den Appell nicht einfach zur Tagesordnung übergehen. Die Äußerungen Lemmers, die von der CDU der DDR anerkennend kommentiert wurden[102], führten bei Kaiser zu schriftlichen Protesten von CDU-Mitgliedern aus der DDR, die Lemmer „Rückversicherungsabsichten" unterstellten und eine strikte Ablehnung des Appells verlangten. [103]

In Anlehnung an die Erklärung der Bundesregierung vom März des Jahres wiederholte Bundeskanzler Adenauer nach dem Volkskammerappell das Angebot der Bundesregierung, durch freie Wahlen unter der Kontrolle der UNO zur Einheit Deutschlands zu gelangen.[104] Auch die weiteren Vorstöße der CDU der DDR[105] parierte die Bundesregierung in der Folgezeit mit der Forderung, Wahlen unter UNO-

95 Vgl. Bericht. Streng vertraulich! Nicht für die Presse bestimmt! (ACDP III-013-792).
96 Vgl. To: Mr. Don C. Travis, Betrifft: Angriff des Telegraf (28. Oktober 1951) gegen Ernst Lemmer (BA NL Kaiser 5).
97 „Ein Wort an die Christen in Westdeutschland". In: UPD 20/1951.
98 CDU DER DDR: Dokumente 1 S. 105f.
99 Vgl. SCHWARZ: Adenauer S. 881.
100 Vgl. VOLKMANN S. 185f. u. 189.
101 Vgl. FRUS III 1951 S. 1826f.
102 Vgl. „Kulturbrief der CDU" vom Oktober 1951 S. 1.
103 Vgl. Ostzone, den 10. Dezember 1951, Sehr geehrter Herr (ACDP III-013-750).
104 Vgl. JACOBSEN/LEPTIN u. a. S. 67.
105 Vgl. Otto NUSCKE: „14 Fragen an Dr. Adenauer" (Flugschrift) – (ACDP VII-004-014/2).

Kontrolle durchführen zu lassen.[106] Das Kabinett legte einen auch von der Exil-CDU ausdrücklich begrüßten Wahlentwurf für die Wahl einer verfassungsgebenden Deutschen Nationalversammlung vor[107] und entsandte eine Delegation zu der ad hoc gebildeten UNO-Kommission nach Paris. Als Vertreter der Exil-CDU, die an Vereinbarungen über die Wiedervereinigung besonders interessiert war, gehörte Gradl der Delegation an. In der DDR kursierten bereits Gerüchte, wonach die CDU/CSU und die CDU der DDR im Falle gesamtdeutscher Wahlen eine Listenverbindung eingehen würden und in der DDR das Zentrum wiedergegründet werde.[108] In dieser Situation wirkten Angriffe der CDU der DDR auf Gradl, die ihm antisemitische Aktivitäten während der Herrschaft des Nationalsozialismus unterstellten[109], und Polemik gegen „diese komische Kommission“[110] der UNO, der eine Kontrolle der Wahlbedingungen verweigert wurde[111], ernüchternd. Die Ablehnung der Wahlkontrolle durch die Sowjets hing mit dem Korea-Krieg zusammen, in dem sowjetisch unterstützte chinesische und nordkoreanische Truppen gegen amerikanische UNO-Einheiten kämpften.[112] Auf den Boden der Realitäten kehrten alle Politiker zurück, die wie Lemmer auf eine wirkliche Annäherung der Standpunkte gehofft hatten, als DDR-Außenminister Dertinger erklärte, daß das angestrebte Gesamtdeutschland wahrscheinlich „östlicher Prägung“[113] sein werde. Dertinger sprach damit nur aus, was ohnehin vermutet wurde, daß nämlich die Vorschläge der UdSSR auf die Verhinderung der westlichen Integrationspolitik und die Erhaltung und Ausweitung des östlichen Machtbereichs zielten. Anfang Januar 1952 konkretisierte die Regierung der DDR ihren Wiedervereinigungsvorschlag mit einem Wahlgesetzentwurf,[114] der auf eine gesamtdeutsche Regierung hinauslief, in der die SED eine untergeordnete Rolle spielen würde.[115] Der Entwurf ließ aber ebenso das sowjetische Bemühen erkennen, auf dem Territorium der DDR – vor allem auf regionaler und kommunaler Ebene – starke kommunistische Positionen zu erhalten. Jedes Land sollte einen eigenen Wahlkreis bilden und neben

---

106 Vgl. „Die UNO hat das Wort – Antwort an Otto Nuschke“. In: „Archivdienst der UiD“ vom 20. Oktober 1951. Vgl. „Antwort an Otto Nuschke“. In: DUD Ausgabe A vom 17./18. Oktober 1951. Vgl. „Die Tagung des Hauptvorstandes am Montag, 5. November 1951 in Berlin“. In: Utm vom Dezember 1951 S. 8f.

107 Die Kabinettsprotokolle 1951 S. 693 u. 697f. Vgl. „Gesamtdeutsche Wahlordnung nicht verzögern“. In: „Archivdienst der UiD“ vom 14. November 1951.

108 Vgl. ZILLIG S. 97.

109 Vgl. „CDU protestiert bei der UNO. Telegramm des Politischen Ausschusses – Dr. Gradl kein deutscher Repräsentant“. In: „Neue Zeit“ vom 20. Dezember 1951. Vgl. „Richtigstellung“. In: „Der Tag“ vom 16. November 1951.

110 Vgl. NUSCHKE: Mensch S. 46.

111 Vgl. MEISSNER: Die Sowjetunion S. 479.

112 Vgl. HILLGRUBER: Deutsche Geschichte S. 51.

113 Brief des Bundesamtes für Verfassungsschutz an das Ostbüro der CDU. Köln, 17. Januar 1952. Betr.: Äußerungen Dertingers (ACDP III-013-750).

114 Vgl. „Tägliche Rundschau“ vom 10. Januar 1952.

115 HILLGRUBER: Deutsche Geschichte S. 51 spricht sogar von einem „voraussehbaren Untergang des SED-Regimes“.

den Parteien auch Massenorganisationen zur Wahl zugelassen werden. Drei Monate vor der Wahl sollte die ungehinderte Bewegungsfreiheit für alle politischen Parteien in ganz Deutschland gewährleistet werden. Verbunden mit der Ablehnung einer Kontrolle der Wahlbedingungen, versuchte die SED, ihre Position auf dem Territorium der DDR weitgehend zu behaupten.[116] Vor allem die grundsätzlichen Erwägungen, die zur Entscheidung für die Westbindung geführt hatten, aber auch die Art der Vorschläge, die mit der Propagierung des Entwurfes verbundenen Angriffe auf die Bundesregierung und die ständigen Aufrufe zum Sturz Adenauers ließen die Politiker des Westens zurückhaltend reagieren. Die Führung der Exil-CDU verwies öffentlich auf ihre mit den Kommunisten gemachten Erfahrungen. Lemmer erklärte, fast noch wichtiger als das Wahlgesetz seien die Garantien für dessen Einhaltung. Aus der Tatsache, daß der UNO-Kommission eine Prüfung der Wahlbedingungen untersagt werde, lasse sich ablesen, daß die SED die Einhaltung der Vereinbarungen nicht vorhabe.[117] Gradl forderte, vor der Durchführung gesamtdeutscher Wahlen müßten die zahllosen politischen Gefangenen in der DDR freigelassen und eine freie politische Betätigung gewährleistet werden.[118] Vor, während und nach der Wahl müsse die staatsbürgerliche Freiheit gesichert sein.[119] Verbunden mit der Ablehnung des Wahlgesetzentwurfes der Regierung der DDR forderte die Exil-CDU die Bundesregierung auf, einen eigenen Wahlgesetzentwurf fertigzustellen und zu verabschieden.[120]

Die DDR-Regierung antwortete auf die ablehnende Haltung der Bundesregierung mit verschärften Angriffen gegen die Westbindung der Bundesrepublik. Der Politische Ausschuß der CDU der DDR erklärte sich mit den westdeutschen „Friedenskämpfern" Martin Niemöller, Joseph Wirth, Gustav Heinemann und Helene Wessel solidarisch und sprach der Bundesregierung das Recht ab, für das deutsche Volk zu handeln. In Zusammenarbeit mit dem „Deutschen Friedenskomitee" des „Weltfriedensrates" erarbeitete die CDU der DDR Richtlinien für die Tätigkeit einer neugeschaffenen „Christlichen Arbeitsgemeinschaft für den Frieden"[121], in deren Rundbriefen sie die westdeutschen Gegner einer Westbindung der Bundesrepublik, wie Niemöller und Heinemann, zu Wort kommen ließ.[122] Götting forderte eine weitere Intensivierung der Westarbeit der CDU und bezeichnete die CDU der DDR „ohne Überheblichkeit"

116 Vgl. MEISSNER: Rußland S. 479f.

117 Vgl. „Pankow legt Wahlgesetz vor". In: „Der Tag" vom 3. Januar 1952.

118 Vgl. „Wir haben vom Osten gelernt!". In: „Der Tag" vom 9. Januar 1952.

119 Vgl. Johann B. GRADL: „Nur Taten zählen!". In: „Der Tag" vom 10. Januar 1952.

120 Vgl. „Jakob Kaiser fordert von Grotewohl: Studienreisen in die Sowjetzone". In: „Der Tag" vom 13. Januar 1952.

121 Protokoll über die Sitzung des Erweiterten Sekretariats der Parteileitung am Freitag, den 18. Januar 1952, 11.00 Uhr im Unionshaus Berlin, Jägerstraße 59/60 S. 3 (ACDP III-013-789).

122 Vgl. 4. Rundbrief des Christlichen Arbeitskreises für den Frieden. Berlin, den 23. März 1952. Hg. vom Christlichen Arbeitskreis für den Frieden Berlin/DDR.

als „politischen Wortführer der ehrlichen und tatbereiten Christen in ganz Deutschland"[123]. Solche Äußerungen Göttings, die auch in der Bundesrepublik registriert wurden, ließen erahnen, welcher Art eine „gesamtdeutsche Union" sein müßte, der die UdSSR die Regierung eines wiedervereinigten Deutschlands zugestehen würde. Tatsächlich deuteten die Angriffe auf Adenauer, Kaiser und Gradl an, daß die Sowjets auf eine Isolierung dieser Politiker und eine starke Präsenz der Politiker der CDU der DDR in einer gesamtdeutschen Union setzten.

Das entscheidende politische Geschehen fand indessen jenseits des Einflußbereiches der SED und der CDU der DDR statt. Nach dem erfolgreichen Verlauf der Konferenz der drei westlichen Außenminister in London vom 17. bis 19. Februar 1952, zu der auch Bundeskanzler Adenauer hinzugezogen worden war, und der 9. NATO-Konferenz in Lissabon vom 20. bis 25. Februar 1952 mußten die Sowjets einsehen, daß mit Aktionen der Nationalen Front wie „Deutsche an einen Tisch", von der CDU verschickten „Briefen an die Christen in Westdeutschland" oder mit Appellen der Regierung der DDR keine Politik zu machen sei. Derartige Aktionen, die ohnehin als sowjetische Manöver erkannt wurden, bewirkten eher, daß die Rivalität unter den ehemaligen Kriegsverbündeten zunahm, da die westlichen Alliierten sich zu Recht von der Regierung der UdSSR hintergangen fühlten.[124] Stalin änderte daher seine Taktik und griff mit der Deutschlandnote vom 10. März 1952 selbst wieder öffentlich ins Geschehen ein.

3. Hoffnungen auf den „Tag X" – Die CDU im alliierten Notenwechsel 1952

Im Februar 1952 begann die theoretische Zeitschrift der KPdSU „Bol'sevik" mit dem Abdruck einer Artikelserie Stalins[125], mit der dieser im außenpolitischen Denken der UdSSR neue Akzente setzte. Im Gegensatz zur bis dahin offiziellen „Zwei-Lager-Theorie", die im September 1947 in Schreiberhau verkündet worden war, erklärte Stalin, daß die Gegensätze zwischen einzelnen kapitalistischen Ländern größer seien als die Gegensätze zwischen dem sozialistischen und dem kapitalistischen Lager insgesamt. Bei den „kapitalistischen" Ländern unterschied er zwischen „imperialistischen Hauptländern", zu denen er die USA, Frankreich und Großbritannien, und besiegten Ländern, zu denen er die Bundesrepublik und Japan zählte.

123 „Referat des Generalsekretärs beim Hauptvorstand". In: „Märkische Union" vom 6. Februar 1952.

124 Vgl. BUTTLAR S. 218. Vgl. PFEILER S. 41.

125 Josef W. Stalin: „Ekonomiceskie problem'i socialisma v SSSR". In: STALIN S. 188–245. Deutsch: „Ökonomische Probleme des Sozialismus in der UdSSR". Abdruck des außenpolitischen Teils der Ausführungen in: Keesings Archiv der Gegenwart 1952 3681 A.

Die für die Bundesrepublik entscheidende Aussage war, daß Stalin ein gemeinsames Vorgehen der sozialistischen und der besiegten und „unterdrückten" kapitalistischen Staaten gegen die USA, Frankreich und Großbritannien als realisierbar bezeichnete.

Zweifellos entspringt die Note der UdSSR vom 10. März 1952 der hier von Stalin formulierten neuen politischen Strategie. Sie zielte von vornherein auf eine Vertiefung des Gegensatzes zwischen der „besiegten" Bundesrepublik, die nach Stalins Überzeugung „unter dem Stiefel des amerikanischen Imperialismus ein elendes Dasein"[126] fristete, und den westlichen Demokratien USA, Frankreich und Großbritannien. Auf diese Weise hoffte Stalin nun, der Einbindung der Bundesrepublik in die westliche Werte- und Verteidigungsgemeinschaft Einhalt gebieten zu können. Nach dem Volkskammerappell war die Diskussion über eine Wiedervereinigung Deutschlands in vollem Gange.

In dieser Situation löste die Note in der Exil-CDU der SBZ und in der CDU der DDR zahlreiche, zum Teil hektische Aktivitäten aus. Der Friedensvertragsentwurf, der in einer Sonderausgabe der „Neuen Zeit"[127] erschien, weckte in der CDU der DDR neue Hoffnungen auf eine Änderung der Situation der Partei durch eine Wiedervereinigung Deutschlands. Trotz grundsätzlicher Zustimmung kritisierte der Außenminister der DDR, Dertinger, der hoffte, in einem wiedervereinigten Deutschland deutscher Botschafter in Moskau zu werden[128], im internen Kreis die sowjetische Formulierung von einer „unmittelbaren Beteiligung Deutschlands an einer Friedenskonferenz". „Unmittelbar" sei Deutschland auch in Versailles beteiligt gewesen. Ihm fehlte der Hinweis auf eine gleichberechtigte Teilnahme der Deutschen. Den Punkt 5 – Verbot friedensfeindlicher Organisationen – bezeichnete er als Ausdehnung des DDR-Friedensschutzgesetzes auf ganz Deutschland. Dertinger ging wie andere Politiker der CDU der DDR davon aus, daß eine durch die Note ausgelöste Wiedervereinigung die Ausdehnung weiter Teile des „Modells DDR" auf ganz Deutschland zur Folge haben würde.[129] Im brandenburgischen Landtag sprach der prokommunistische CDU-Abgeordnete Heinz Sauer davon, daß nach Abschluß eines Friedensvertrages die „Brüder und Schwestern im Westen" Anteil an den Erfolgen der DDR haben würden.[130] Im Landtag in Halle betonte der von den Sowjets protegierte CDU-Abgeordnete Karl Broßmann, die Fehler der Weimarer Zeit dürften nicht wiederholt werden. Demokratie dürfe nicht Schwäche, sondern müsse

---

126 EBD.

127 „Neue Zeit" Sonderausgabe vom 11. März 1952.

128 Auch das britische Foreign Office rechnete damit, daß Dertinger und Nuschke in einem wiedervereinigten Deutschland Regierungsfunktionen innehaben würden. Vgl. Kommentar von A. Brooke Turner, Foreign Office, 15. April 1952. In: STEININGER S. 199.

129 Vgl. Bericht. Zur Note der Sowjetregierung vom 10. März 1952 (ACDP III-013-789).

130 Vgl. Landtag des Landes Brandenburg. 2. Wahlperiode. Drucksache Nr. 40. Stenographischer Bericht. 13. (außerordentliche) Sitzung am Freitag, dem 21. März 1952.

„Stärke des werktätigen Volkes"[131] bedeuten. Der Sinn derartiger Aussagen erhellt bei einem Blick auf den politischen Sprachgebrauch in der DDR. Danach saßen im Bundestag keine Vertreter des „werktätigen Volkes", sondern die Interessenvertreter des Kapitals. Auch ein im März 1952 von der CDU vorgelegter „gesamtdeutscher Agrarplan" forderte, die Bodenreform, die „volkseigenen Güter" und die „Anwendung der fortschrittlichen sowjetischen Erkenntnisse bei den Erzeugungsmethoden"[132] auch in einem wiedervereinigten Deutschland nicht aufzugeben. Mit derartigen Vorschlägen folgte die CDU im wesentlichen der SED, die die DDR schon seit 1950 als „das Fundament für ein einheitliches, demokratisches, friedliebendes Deutschland"[133] bezeichnete.

Die gleichzeitig wiederholten Angriffe auf Bundeskanzler Adenauer[134] zeigten die Zielrichtung der östlichen Vorschläge. Mit der Revision der Westbindung der Bundesrepublik sollte zugleich die innenpolitische Ordnung einer grundsätzlichen Änderung zugeführt werden. [135]

Trotz aller erkennbaren sowjetischen Intentionen weckte die Note der UdSSR auch bei zahlreichen bundesdeutschen Politikern große Erwartungen. Gustav Heinemann traf sich in Berlin (Ost) mit Nuschke und Götting zu einer vertraulichen Aussprache über die Bedingungen einer möglichen Wiedervereinigung.[136] Der ehemalige Vorsitzende der CDU der SBZ und Berlins, Andreas Hermes, wie Heinemann ein Gegner der Politik Adenauers, führte in Berlin-Karlshorst Gespräche mit den Sowjets und traf sich wahrscheinlich auch mit Nuschke.[137] In Berlin (West) trafen Außenminister Dertinger und Versorgungsminister Hamann (LDP) mit dem ehemaligen thüringischen Justizminister Külz zusammen.[138] Aber auch die führenden Politiker der Exil-CDU der SBZ forderten die Bundesregierung auf, die Note genau zu prüfen und in der Sache ernstzunehmen.[139] Im Ministerium für Gesamtdeutsche Fragen wurde unter Kaisers Federführung über eine mögliche Kurskorrektur der Außen- und Sicherheitspolitik der Bundesrepublik nachgedacht. Kaiser wandte sich öffentlich dagegen, die

---

131 Landtag Sachsen-Anhalt. 2. Wahlperiode. 14. Sitzung am Dienstag, dem 18. März 1952, Sp. 706 D.

132 „Sowjet-CDU hat Pläne für gesamtdeutsche Agrarpolitik". In: IWE 24 vom März 1952.

133 PIECK: Die gegenwärtige Lage S. 37.

134 Vgl. Flugblatt der SED: „Frech oder dumm?" (ACDP III-013-749).

135 Vgl. SCHWARZ: Die außenpolitischen Grundlagen S. 42f.

136 Vgl. Protokoll des Gespräches mit Dr. Heinemann am 12. März 1952. Streng vertraulich! (ACDP III-013-797). Vgl. „Heinemann: Nationalarmee ein guter Schachzug!". In: EfDuE 1 vom Mai 1952 S. 9. Vgl. G. K. WÄCHTER: „Nun haben auch sie ihre Partei". In: EfDuE 8 vom Dezember 1952 S. 12.

137 Vgl. Anna HERMES S. 271–274.

138 Vgl. BUSCHFORT S. 420.

139 Vgl. SCHWARZ: Die Legende S. 46f. Vgl. Johann B. GRADL: Deutsche Einheit – unverzichtbares Ziel. Eröffnungsreferat auf dem 19. Parteitag der Exil-CDU am 10. April 1987 in Hof S. 8 (ACDP MAT Richter 1060). Vgl. BANDULET S. 110.

„Note des Kreml mit einer Handbewegung abtun zu wollen“[140]. Derartige, nicht mit dem Bundeskanzler abgestimmte Verlautbarungen führten zu Auseinandersetzungen zwischen Kaiser und Adenauer.[141]

Der Bundeskanzler lehnte die Note wegen des von den Sowjets geplanten Status des wiedervereinigten Deutschlands strikt ab.[142] Adenauer wollte um jeden Preis für die Bundesrepublik als den deutschen „Kernstaat“ Souveränität und Handlungsfreiheit zurückzugewinnen. Die Wiedervereinigung nahm den zweiten Platz hinter diesem kurzfristigen außenpolitischen Ziel ein.[143]

Ihm waren die auf Neutralisierung zielenden Aktivitäten Kaisers suspekt, und ein neutralisiertes Deutschland schien ihm die denkbar schlechteste Lösung des mitteleuropäischen Problems zu sein, da Deutschland keine unabhängige Stellung zwischen den Blöcken einnehmen könne, ohne strategisch äußerst gefährdet zu sein[144] und ohne in den „Sog“ der UdSSR, in ihre „Einflußsphäre“ zu geraten.

Am 14. März 1952 nahm die Volkskammer der DDR offiziell Stellung zur sowjetischen Note. Für die CDU begrüßte Nuschke den Friedensvertragsentwurf[145] und wies zugleich die westliche Forderung nach Überprüfung der Voraussetzungen für freie Wahlen in der DDR durch eine neutrale UNO-Kommission zurück. Dieser Haltung folgte auch die am 17. März 1952 vom Hauptvorstand der CDU abgegebene Erklärung, in der die sowjetische Forderung wiederholt wurde, „Organisationen, die den Frieden gefährden“[146], in einem vereinten Deutschland nicht zuzulassen. Mit dem Attribut „friedensgefährdend“ wurden in der DDR und von den Sowjets die Aktivitäten aller demokratischen Parteien in der Bundesrepublik, vor allem aber die Politik Adenauers, versehen. Sollte die CDU/CSU verboten werden? Im Sprachgebrauch der Kommunisten waren die Einheitslistenwahlen der Prototyp freier Wahlen schlechthin. Sollte das neue Deutschland durch Einheitslistenwahlen konstituiert werden? Nach sowjetischem Verständnis war es unmöglich, daß ein kapitalistischer Staat wie die Bundesrepublik friedlich sein könnte. Auf diesem Grundverständnis basierte die von Stalin vertretene Theorie von der Unvermeidbarkeit eines Krieges zwischen den Systemen.[147] Sollte Deutschland auf den Weg des Sozialismus sowjetischer Prägung gebracht werden? Die Potsdamer Beschlüsse über ein „friedliches“,

---

140 Rede Jakob KAISERS am 15. März 1952 im RIAS Berlin. In: Bulletin des Presse- und Informationsamtes der Bundesregierung vom 18. März 1952 S. 323.

141 Vgl. VOLKMANN S. 193.

142 Vgl. SCHWARZ: Adenauer S. 910. Vgl. STEININGER S. 35. HILLGRUBER S. 52.

143 Vgl. BANDULET S. 87.

144 Vgl. ADENAUER: Erinnerungen S. 96.

145 Vgl. Otto NUSCHKE: „In geschichtlicher Stunde nicht versagen! Stellungnahme der CDU zum großzügigen Friedensvertragsentwurf der Sowjetunion“. In: UPD 6 1952 S. 3f.

146 „Entschließung des Hauptvorstandes vom 17. März 1952“. In: Utm vom April 1952 S. 15f.

147 Vgl. BANDULET S. 78f.

„demokratisches“ Deutschland hatten die Sowjets zur Grundlage der völligen Sowjetisierung ihrer Zone genutzt und sich dabei ausdrücklich auf ihre Interpretation der in den Vereinbarungen benutzten Begrifflichkeiten berufen. Jetzt, 1952, wußte man im Westen Bescheid und konnte die Angebote der UdSSR besser interpretieren. So gingen die westlichen Verhandlungspartner der UdSSR zwar auf die Vorschläge ein, bauten aber in ihre Gegenvorschläge Sicherungen gegen eine mögliche Sowjetisierung Deutschlands ein, die von den Sowjets auch sofort abgelehnt wurden. Gestützt wurde die allgemeine Zurückhaltung und Skepsis gegenüber den Sowjets durch die Erfahrungen zahlreicher Politiker, die aus der SBZ oder Berlin kamen und die Vorgehensweise der Kommunisten einschätzen konnten. So sehr gerade diese Politiker auf eine Wiedervereinigung drängten, waren sie es ebenfalls, die darauf hinwiesen, was von sowjetischen Demokratie-Versprechungen zu halten war. Um ihre Interessen durchzusetzen, hatten die Sowjets in der SBZ freie Wahlen, die Gleichberechtigung aller Parteien und eine Politik der Wiedervereinigung Deutschlands versprochen. Die sowjetischen Versprechungen hatten immer nur dazu gedient, die demokratischen Kräfte zu lähmen und die kommunistische Vorherrschaft zu sichern. Es spricht für den starken Wiedervereinigungswillen der Politiker der Bundesrepublik, daß sie auf das neuerliche Ansinnen der Sowjets überhaupt reagierten.

Nach Absprachen mit Bundeskanzler Adenauer forderten die Westmächte am 25. März 1952 in ihrer Antwortnote eine aus freien und international kontrollierten Wahlen hervorgegangene deutsche Regierung als Voraussetzung für den Abschluß eines Friedensvertrages mit Deutschland.

Der Außenminister der DDR, Dertinger, empfand nach eigenem Bekunden die ausdrückliche Feststellung der Westmächte, daß Bonn vor der Abfassung der Note konsultiert worden sei, als „einen Schlag ins Gesicht“[148]. Er selbst hatte von der Note der UdSSR aus der Presse erfahren.

In Überschätzung seiner Kompetenzen und Möglichkeiten entwickelte Dertinger nach der westlichen Antwortnote ein eigenes Konzept zur Wiedervereinigung, das er den Sowjets vorlegte. Danach sollten in beiden Teilen Deutschlands getrennte Listenwahlen für eine Übergangsregierung durchgeführt werden, die bis zum Abschluß eines Friedensvertrages zu amtieren gehabt hätte. Dertinger meinte, daß derartige Listenwahlen zwar zu einer veränderten Zusammensetzung der Volkskammer geführt, am System selber aber nichts geändert hätten, da die Vertreter aller Parteien inzwischen dieselben Auffassungen verträten wie die SED.[149] Die Parteien der Bundesrepublik sollten nach Dertingers Konzept in der DDR nicht zugelassen werden, denn, so der Außenminister zu seinem persönlichen Referenten und Vertrauten Gerold Rummler:

148 Gerold RUMMLER: Bericht zur westlichen Antwortnote vom 25. März (ACDP III-013-789).
149 Vgl. EBD. Vgl. Bericht 2 vom 25. März 1952 (ACDP III-013-793).

„Glaubst Du, wenn die West-CDU bei uns zugelassen wird, daß dann noch einer von uns Ost-CDU-Bonzen gewählt wird?“[150]

Am 27. März 1952 brachte Dertinger sein Konzept dem sowjetischen Botschafter Puschkin zur Kenntnis, der es ohne eine weitere Prüfung sofort zurückwies. Puschkin machte den Außenminister der DDR auf die in der westlichen Antwortnote enthaltene Formulierung aufmerksam, die auf ein Festhalten am Gedanken der europäischen Integration hinwies. Dadurch, so Puschkin, wären Verhandlungen über die Note hinfällig, da gerade die Verhinderung der Westeinbindung der Bundesrepublik das eigentliche Ziel der Note gewesen sei. Das Schwergewicht der politischen Arbeit der DDR müsse jetzt auf die Schaffung einer machtvollen Widerstandsbewegung in der Bundesrepublik gelegt werden, die die Regierung Adenauer zu stürzen hätte. Einwände Dertingers wies Puschkin zurück.

In einem Gespräch, das Dertinger nach der Unterredung mit seinem persönlichen Referenten Gerold Rummler, führte, zeigte sich der Außenminister „sehr nachdenklich“. Wenn, so Dertinger, Moskau gar keine wirkliche Verständigung herbeiführen wolle, dann wäre seine gesamte bisherige politische Perspektive falsch gewesen, und er wäre keinesfalls der richtige Mann für den Sessel des Außenministers der DDR.[151] Die Offenbarung der Sowjets über ihre politischen Absichten, die mit einer tatsächlichen Neutralisierung und Unabhängigkeit Deutschlands wenig zu tun hatten, verunsicherte Dertinger sehr. In einer Rede, die er einen Tag nach der Unterredung mit Puschkin vor der CDU in Rostock hielt, bezeichnete er versehentlich vor über tausend Zuhörern statt der USA zweimal die UdSSR als Kriegshetzer.[152] Nachdem die SKK Informationen erhielt, daß sich Dertinger in internen Gesprächen negativ über verschiedene Vorkommnisse in der Regierung der DDR geäußert hatte[153] und seine Kontakte in den Westen aktivierte, verschlechterte sich seine Position schnell.

Die Sowjets waren über alle Schritte Dertingers genau informiert.[154] Sie besaßen auch Informationen darüber, daß Dertinger seinen Verbindungsmann in Berlin (West), Eberhard Plewe, beauftragte, mit amerikanischen Stellen in Verbindung zu treten. Auf Dertingers Wunsch nahm Plewe Kontakt zu Rechtsanwalt Hellmut Becker in Lindau auf, den er aus der Zeit des Krieges kannte. Gemeinsam mit Josef Müller gehörte Becker zur sogenannten „Vatikanopposition“, die während des Krieges über den Vatikan Kontakt zur amerikanischen Regierung hielt. Becker informierte Vertreter der amerikanischen Militärbehörde über den Wunsch des DDR-Außenministers, zu einem Austausch von Neutralisierungsmöglichkeiten zu kommen. Der Unterstaatssekretär

---

150 „Aufschlußreiche Begleitmusik“. In: UiD vom 26. April 1952. S. 2. G. Rummler bestätigte seine damaligen Aussagen in einem Gespräch mit dem Autor am 29. April 1987 (ACDP MAT Richter PZ,2).

151 Vgl. Bericht G. Rummlers o. D. (ACDP III-013-789).

152 Vgl. Gerold Rummler: „Östliches Kabarett“. In: EfDuE 1 vom Mai 1952 S. 8.

153 Vgl. Bericht „Georgi“ vom 15. Mai 1952 (ACDP III-013-793).

154 Das geht aus der Anklageschrift gegen Dertinger bei dessen Verurteilung im Jahr 1954 hervor.

im amerikanischen Außenministerium, Walter L. Dorn, organisierte daraufhin in Venedig ein Treffen mit Becker.[155] Die Kontakte blieben ohne Ergebnis, da die Amerikaner ebensowenig ein Interesse an der Neutralisierung Deutschlands hatten wie Adenauer. Der persönliche Referent Dertingers, Gerold Rummler, und Dertingers Westdeutschland-Referentin, Hanna Hermann, zogen es angesichts der prekären Situation vor, sich in die Bundesrepublik abzusetzen[156], nachdem sie stundenlang vom sowjetischen Geheimdienst über Dertinger verhört worden waren. Beide warnten Dertinger nach ihrer Flucht und legten ihm angesichts der Inhalte ihrer Verhöre unbedingt nahe, die DDR zu verlassen. Dertinger, der seine Rolle und Möglichkeiten überschätzte[157], lehnte ab. Er glaubte, seine Position halten zu können, nahm allerdings von Plänen Abstand, Nuschke im Amt des Parteivorsitzenden der CDU abzulösen.[158]

Den Unterschied der Auffassungen in der Deutschlandfrage zwischen Dertinger und den Sowjets zeigt die Behandlung eines Artikels des Außenministers, der am 9. April 1952, dem Tag der 2. Note der UdSSR an die Westmächte, in der „Täglichen Rundschau", dem Blatt der SKK, erschien. Der sowjetische Chefredakteur hatte dem Außenminister den wesentlichen Passus seiner Ausführungen gestrichen, der wie folgt lautete: „Im Gegensatz zur westlichen Antwort geht aus der sowjetischen Note hervor, daß die Sowjetunion nicht daran denkt, Deutschland in ein östliches Bündnissystem einzugliedern oder das deutsche Potential für sich nutzbar zu machen. Das entspricht der konsequenten Friedenspolitik der Sowjetunion."[159]

Nachdem der Chefredakteur ihn über die Zensur unterrichtet hatte, so erzählte später sein Referent Rummler, „wies Dertinger auf diese Stelle und schaute mich vielsagend an"[160].

Am 28. April 1952 hielt Dertinger vor dem Hauptvorstand der CDU eine Rede, die mit einem langen Zitat aus einer Rede Molotows begann, in der dieser sich auf der 5. Tagung des Alliierten Außenminister-Rates am 26. November 1947 über den Unterschied zwischen einem demokratischen und einem imperialistischen Frieden geäußert hatte. Mit den Worten Molotows aus dem Jahre 1947 definierte Dertinger vier Merkmale eines demokratischen Friedens:

„1. Die Anerkennung der Gleichberechtigung.
2. Die Anerkennung der Souveränität.

---

155 Nach Informationen Eberhard Plewes an Helmut Brandt. Gespräch d. Autors mit Helmut Brandt am 13. Juli 1988 in Bonn (ACDP MAT Richter QN).

156 Vgl. „NKWD bespitzelt Dertinger". In: „Der Tag" vom 16. April 1952. Vgl. „SSD hat reichlich Westgeld". In: „Der Tag" vom 20. April 1952.

157 So seine ehem. Referentin, Ilse-Ruth Bubner, in einem Gespräch mit d. Autor am 5. Juli 1988 in Eichholz.

158 Vgl. Bericht „Georgi" vom 15. Mai 1952 (ACDP III-013-793).

159 Bericht G. Rummlers zur westlichen Antwortnote vom 25. März S. 5 (ACDP III-013-789).

160 EBD.

3. Die Möglichkeit des friedlichen Nebeneinander verschiedener Ideologien und sozialer Systeme, und für die besiegten Völker
4. eine freie demokratische Entwicklung, die die Wiedererringung von Gleichberechtigung und Souveränität ermöglicht."[161]

Vergleicht man die Rede Dertingers mit anderen Ausführungen von ihm, so fällt sofort die sonst keinesfalls übliche ambivalente Diktion auf, die sich wie eine direkte Schuldzuweisung an die UdSSR liest. Erst zum Schluß seiner Ausführungen griff der Außenminister in gewohnter Weise den Bundeskanzler an, der für die DDR als Gesprächspartner bei gesamtdeutschen Beratungen unter keinen Umständen in Frage käme.[162] Die Einheit Deutschlands, so der Außenminister der DDR – wie sonst üblich – weiter, könne nur im Kampf gegen Adenauer hergestellt werden.

Derartige Äußerungen wurden in Bonn verständlicherweise mit ebenso großem Interesse zur Kenntnis genommen wie Hinweise über eine Sitzung des Hauptvorstandes der CDU der DDR, auf der Nuschke und Heinrich Fried den „Generalvertrag" als „Staatsstreich" bezeichneten und zum Widerstand gegen die Bundesregierung aufriefen.[163]

Zu einer Annäherung der Positionen der CDU der DDR und der Exil-CDU der SBZ kam es durch die Forderungen der führenden Vertreter der Exil-CDU der SBZ, die sowjetische Note ernsthaft zu prüfen.[164] Von Anfang an hatte es in der Führung der Exil-CDU starke Kräfte gegeben, die den EVG-Vertrag ablehnten und alle Chancen für eine Wiedervereinigung ausloten wollten. Die Auseinandersetzungen zwischen Adenauer und der Führung der Exil-CDU gewannen zeitweilig so an Schärfe, daß in der Exil-CDU ein Sturz Adenauers und die Bildung einer großen Koalition von CDU und SPD in Erwägung gezogen wurde.[165] Diese Haltung der Führungsmannschaft um Kaiser fand jedoch wenig Rückhalt unter den Mitgliedern und führte auf dem 2. Exil-Parteitag der CDU der SBZ im Oktober 1951 zu scharfen Auseinandersetzungen zwischen den Delegierten und der Parteiführung.[166] Die CDU der DDR hingegen wertete diese Haltung Kaisers, Lemmers und vor allem Gradls als einen Erfolg ihrer Westarbeit und schöpfte angesichts „der jetzt eingenommenen

161 „Aktivität im Friedenskampf. Kernsätze aus dem Referat Georg Dertingers vom 28. April 1952". In: Utm vom Juni 1952 S. 21.

162 Vgl. „Generalvertrag ist Generalverrat". In: „Berliner Zeitung" vom 29. April 1952.

163 Vgl. Protokoll der Hauptvorstandssitzung am Montag, dem 28. April 1952, in Berlin (ACDP III-013-789).

164 Vgl. „Debatte über Deutschlands Schicksalsfrage". In: „Der Tag" vom 4. April 1952. Vgl. „Auf die Probe stellen!". In: „Der Tag" vom 1. April 1952. Vgl. „Bundesminister Jakob Kaiser zu dem Vorschlag der Sowjet-Union an die Westmächte". In: „Das stand nicht im NEUEN DEUTSCHLAND" vom April 1952 (Flugschrift) – (BA NL Kaiser 45).

165 Klaus Gotto auf der Tagung des ACDP am 8./9. November 1988 in Eichholz, Protokoll S. 104f. (ACDP VI-015).

166 Siehe Kap. 2. II. 2.

Haltung Ernst Lemmers und Jakob Kaisers“[167] neue Hoffnungen auf einen Erfolg der sowjetischen Deutschlandpolitik. Der Parteivorstand beschloß angesichts der Haltung der Exil-CDU der SBZ, die Arbeit in der Bundesrepublik bedeutend zu intensivieren. Trotz aller Gegensätze zwischen den beiden konkurrierenden Parteiführungen kam hier für kurze Zeit eine Gemeinsamkeit zum Vorschein, die sich aus der gemeinsamen neutralistischen Tradition erklären läßt. In der Frage der Notwendigkeit und des Primats der Wiedervereinigung waren sich die Exil-CDU der SBZ und die CDU der DDR grundsätzlich einig.

Vom 15. bis 23. April 1952 reisten Nuschke und Götting in die sowjetische Besatzungszone Österreichs und nach Wien, wo sie auf Einladung des „Österreichischen Friedensrates“ auf zahlreichen Versammlungen für die Stalinnote warben.[168] Auch die Korrespondenz in die Bundesrepublik und ins westliche Ausland wurde erheblich erweitert.[169] Die Parteileitung bildete einen „Arbeitsausschuß für Gesamtdeutsche Fragen“, der unter direkter Anleitung Göttings stand.[170]

In den politischen Kreisen der Bundesrepublik, die eine baldige Wiedervereinigung für realisierbar hielten, bereitete man sich unterdessen auf alle Eventualitäten vor. Auf Initiative von Bundesminister Kaiser wurde am 24. März 1952 ein „Forschungsbeirat für Fragen der Wiedervereinigung Deutschlands“ gegründet, der sich vor allem mit wirtschaftlichen Aspekten der Wiedervereinigung beschäftigte und den Auftrag erhielt, ein „Sofortprogramm“[171] für den Fall der Wiedervereinigung vorzulegen. Kaiser und andere führende Politiker der Exil-CDU der SBZ beschlossen, die Vorarbeiten für den „Tag X“ wesentlich zu intensivieren, um für den – wie sie hofften – baldigen Tag der Wiedervereinigung präpariert zu sein.[172]

---

167 Protokoll über die 10. Sitzung des Sekretariats am Freitag, dem 4. April 1952, 11.00 Uhr (ACDP III-013-630/2).

168 Vgl. „Bei Freunden zu Gast“. In: „Stimme junger Unionsmitglieder“ vom Juni 1952 S. 3 (ACDP III-013-749). Vgl. „Rundbrief der Gemeinschaft Christlicher Demokraten“ 5 Wien im April 1952 S. 6 (ACDP III-013-654). Vgl. „Gerald Götting sprach in Wien“. In: Utm vom Juni 1952 S. 29.

169 Vgl. CDU Generalsekretariat gez. Götting. Briefe vom 21. Mai 1952 an: Stanley Evans (London), Kurt Dichte (Wien), Baron Allard (Brüssel), John Elton (Twickenham). Vgl. Brief der CDU HGS. Abteilung internationale Verbindungen an Nazario Nazzari, Torino 14 ... 1952 (ACDP III-013-797).

170 Vgl. Vorlage für die Sekretariatssitzung vom 25. April 1952. Betr.: Arbeitsausschuß für Gesamtdeutsche Fragen (ACDP III-013-630/2).

171 Bundesministerium für Gesamtdeutsche Fragen: Forschungsbeirat S. 10.

172 Vgl. „Vorarbeit für den Tag X“. In: „Mitteilungen für die Exil-CDU“ vom April 1952, Sonderbeilage in: UiD vom 5. April 1952. Vgl. Johann B. Gradl: „Für den Tag X ...“. In: Gradl: Für deutsche Einheit S. 68. Aus marxistischer Sicht: Heinrich/Ullrich S. 225 und IML: Geschichte der SED S. 289.

Wie Kaiser betonte auch Gradl die Notwendigkeit einer intensiven Vorbereitung mit der Möglichkeit eines überraschenden Kommens des „Tages X“.[173] In allen Landsmannschaften der Exil-CDU begannen nach der Stalin-Note Vorbereitungen auf den „Tag X“, die binnen kurzer Zeit Ausmaße annahmen, die den Hauptvorstand der Exil-CDU veranlaßten, bremsend einzugreifen. Kaiser legte fest, daß sich nur das Ostbüro und der Hauptvorstand mit den Vorbereitungen zu befassen hätten.[174] Die unterschiedlichen Konzepte für den „Tag X“, die die Mitglieder und Funktionäre der Parteileitung dennoch zuleiteten, wurden im Ostbüro begutachtet und an das Ministerium für gesamtdeutsche Fragen weitergereicht.

Die Vorschläge stellten keine offiziellen Verlautbarungen der Exil-CDU dar, spiegeln aber gut die Atmosphäre in der Partei wider. Die meisten Vorschläge beschäftigten sich mit Fragen der zukünftigen Arbeit der CDU in der DDR und mit der Organisation und Programmatik der Partei. In Erwartung einer baldigen Wiedervereinigung hatte man sich in der Exil-CDU bemüht, die alte CDU-Organisation in der DDR so vollständig wie möglich zu erhalten. In allen Landes- und Kreisverbänden der CDU der DDR saßen Vertrauenspersonen, die über ihre Vertreter in der Exil-CDU mitzubestimmen hatten.[175] Betont wurde in allen Konzepten zum „Tag X“, daß bei kommenden freien Wahlen nur eine Partei unter dem Namen CDU antreten dürfe. Um die aufgesetzte Führung der CDU der DDR zu entmachten, sollten sich die Ortsgruppen zu gegebener Zeit offiziell von den Landesverbänden lösen und eigene Kreis- und Landesverbände konstituieren.[176] Auf diese Weise sollte die innerparteiliche Demokratie, die von Götting schrittweise beseitigt worden war, wiederhergestellt werden. Zur Vorbereitung des „Tages X“ wurde vorgeschlagen, für alle Länder, Bezirke, Kreise und Gemeinden Beauftragte zu benennen, die bis zur Wiedervereinigung ehrenamtlich und nach dem „Tag X“ – bis zum Tag freier Wahlen – kommissarisch die wichtigsten Ämter übernehmen sollten.[177] Diese Beauftragten mußten entweder der Exil-CDU angehören oder sollten sich aus zuverlässigen Mitgliedern in der DDR rekrutieren. Die Mitglieder in der DDR sollten aus Sicherheitsgründen erst am Tag der Wiedervereinigung über ihre Bestimmung informiert werden. Es war vorgesehen, die festgelegten Vertrauenspersonen in der DDR am „Tag X“ zu aktivieren, damit sie bei den Wahlen in den Kreisen der DDR zentrale Wahlbüros der „CDU

173 Vgl. Johann B. GRADL: „Für den Tag X“. In: „Der Tag“ vom 25. März 1952.

174 Brief (W. Jöhren) an Gradl vom 7. April 1952 (ACDP III-013-735). Vgl. Notiz J Gr. (Jöhren – Gradl d. A.) vom 24. Juni 1952 (ACDP III-013-735).

175 So Alfred Krause in einem Gespräch mit d. Autor am 27. März 1987 in Berlin (ACDP MAT Richter PH2,4).

176 Vgl. Vorbereitung für den Tag X (ACDP III-013-751). Vgl. Wilhelm ROST: Plan X. Reorganisation und Übernahme der Ost-CDU durch die Exilpartei (ACDP III-013-751).

177 Vgl. Otto MOSCHÜTZ: Ergänzungen zu den Vorarbeiten für die Zusammenlegung der West- und Ostzone (ACDP III-013-735). Vgl. Vorschläge für vorbereitende Maßnahmen zur Übernahme der Verwaltung in den Ländern, Bezirken, Kreisen und kreisfreien Städten in der Ostzone durch die Bundesregierung (ACDP III-013-628/1).

Kaiser-Adenauer“[178] einrichteten. Bereits vorbereitet werden sollte ebenfalls die Besetzung staatlicher Stellen. Alle Landsmannschaften der Exil-CDU sollten rechtzeitig für diese Funktionen geeignete Kandidaten bestimmen. In allen Vorschlägen wurde die Wichtigkeit der Einflußnahme auf die Personalpolitik ausdrücklich betont. In Anlehnung an den Gründungsaufruf der CDU sahen die Pläne eine Veränderung der gesamten staatlichen, wirtschaftlichen, kulturellen und rechtlichen Verhältnisse in der DDR vor. Gewerkschaften, Berufskammern und Genossenschaften sollten reorganisiert, die Wirtschaft weitgehend reprivatisiert und Enteignungen überprüft und teilweise revidiert werden. Als Ziel wurde eine schrittweise Angleichung an die politischen und wirtschaftlichen Verhältnisse der Bundesrepublik genannt. Nicht nur in der CDU wurde in Anlehnung an die gerade erst beendete Entnazifizierung über die Art einer möglichen „Entsedifizierung“[179] nachgedacht. Der Hauptvorstand der Exil-CDU betonte ausdrücklich, daß eine „Jagd nach Mitläufern“[180], wie es bei der Entnazifizierung üblich gewesen war, nicht in Frage käme. Die Exulanten hätten sich nicht als „politische Sittenrichter“[181] aufzuspielen. Man hoffte, das Problem der zahlreichen prokommunistischen Kräfte in der CDU der DDR auf andere Weise zu lösen. Durch Parteiwahlen und die Redemokratisierung der CDU von der Parteibasis aus würden diese Personen automatisch aus ihren Ämtern vertrieben. Nur Personen, die aus Gründen der eigenen Karriere denunziert, gespitzelt und andere Personen in Schwierigkeiten gebracht hatten, sollten zur Verantwortung gezogen werden.

Die Haltung der Exil-CDU der SBZ war zwiespältig. Einerseits gehörten die geflohenen CDU-Mitglieder zu denen, die am deutlichsten auf Winkelzüge der Sowjets aufmerksam machten; andererseits drängte die Exilpartei in einem Maße auf eine Verständigung mit den Sowjets, daß es innerhalb der CDU/CSU zu deutlicher Kritik an der Haltung der Exil-CDU der SBZ kam. Vermutlich verband sich bei den Mitteldeutschen besonders intensives Hoffen auf Wiedervereinigung mit der in der SBZ gesammelten Erfahrung im Umgang mit den Sowjets. Aber die Überlegungen in der Exil-CDU der SBZ blieben Denkspiele. Weder die UdSSR noch die Westmächte rechneten noch mit einer Annäherung ihrer Standpunkte. Seit die Regierung der UdSSR wußte, daß die Unterzeichnung des Deutschlandvertrages und damit die Westeinbindung der Bundesrepublik nicht mehr zu verhindern war, schlug sie den Kurs ein, den Botschafter Puschkin bereits am 27. März 1952 gegenüber Dertinger angedeutet hatte. Demnach strebten die Sowjets eine Wiedervereinigung durch den Sturz der Bundesregierung an. Im Sinne dieser Politik rief Ministerpräsident Grotewohl am 1. Mai 1952 „die Arbeiter Westdeutschlands und West-Berlins“ zum Generalstreik gegen die Bundesregierung auf.[182] Ulbricht drohte allen Bundestagsabgeordneten,

---

178 Wilhelm ROST: Entwurf Plan X. Streng vertraulich! (ACDP III-013-751).

179 Carola STERN: „Was geschieht mit den politischen Funktionären der ‚DDR‘?“. In: N. N.: Probleme der Wiedervereinigung S. 9–17.

180 GRADL: Widerstand S. 9.

181 EBD.

182 Vgl. A. FISCHER: Außenpolitische Aktivität S. 68.

die den Deutschlandvertrag unterschrieben, Registrierung und „Bestrafung durch das Volk" an. Sollte es irgendwann zu Wahlen für eine Nationalversammlung kommen, so Ulbricht, werde sich „in jedem Fall ergeben, daß sich die Mehrheit der Bevölkerung für den Frieden entscheidet".[183] Die Kraft des friedlichen Aufbaus der DDR werde so stark wirken, daß die Bundesregierung völlig isoliert werde.

Im Ostsektor Berlins beteiligte sich auch die gesamte Hauptgeschäftsstelle der CDU an den Demonstrationen des 1. Mai 1952. Neben den Bildern Stalins, Ulbrichts und anderer kommunistischer Politiker trugen die Angestellten der CDU überlebensgroße Portraits der bundesdeutschen Gegner der Westbindung, Martin Niemöller und Joseph Wirth.[184] Eine Woche später kündigte Dertinger die Aufstellung bewaffneter Streitkräfte der DDR an.[185] Zur selben Zeit wurde damit begonnen, die Demarkationslinie zur Bundesrepublik zu einer festen Grenze auszubauen[186] und große Teile der Bevölkerung aus dem Grenzbereich zu evakuieren. Schlagartig verschlechterte sich im Sommer 1952 auch wieder die Situation der Kirchen. Die katholische Kirche wurde gezwungen, ihre Ausbildungsstätte für den Priesternachwuchs aus Berlin nach Erfurt zu verlegen. In der ganzen DDR startete die SED eine umfassende Kampagne gegen die Jungen Gemeinden.[187] Innerhalb der CDU forderte die Parteileitung alle CDU-Mitglieder auf, „Reaktionäre", „Agenten" und „unbewußte Helfershelfer" zu enttarnen, „Zentren der negativen Diskussion und des passiven Widerstandes"[188] zu melden, gegen „Hetzpropaganda", „Gerüchtemacherei" und „Provokationen" vorzugehen und der Parteileitung alle Vorstände und Mitglieder zu melden, die die Linie der Parteileitung verlassen hätten.[189]

Am 25. Mai 1952 wurde in Bonn durch Adenauer der Deutschlandvertrag unterzeichnet. Sein erklärtes Ziel war ein wiedervereinigtes Deutschland mit einer freiheitlich demokratischen Rechtsordnung, integriert in eine europäische Gemeinschaft. Während die Exil-CDU der SBZ den Vertrag begrüßte[190], nannte die CDU der DDR ihn ein Verbrechen. Die Pflicht eines jeden Deutschen müsse es angesichts des „Generalkriegsvertrages" sein, „die Adenauer-Regierung zu beseitigen", in der Bundesrepublik den „nationalen Widerstand" unter „kämpferischer Mitwirkung der

183 „CDU und Wirtschaft" vom Juni 1952 S. 2.

184 Vgl. Bericht (ACDP III-013-630/2). Vgl. IWE vom 30. April 1952.

185 Vgl. HUTTEN S. 73.

186 Vgl. Verordnung über Maßnahmen an der Demarkationslinie zwischen der DDR und den westlichen Besatzungszonen Deutschlands. In: INSTITUT FÜR THEORIE DES STAATES UND DES RECHTES DER ADW DER DDR 1 S. 254f. Vgl. BADSTÜBNER S. 154.

187 Vgl. HUTTEN S. 73f. Vgl. GRÜBER S. 326f.

188 CDU LV Mecklenburg: K-Rundschreiben Nr. 60, Schwerin, den 14. Mai 1952: Verstärkt die Wachsamkeit! (ACDP III-013-789).

189 Vgl. Richtlinien zur Verstärkung der innerparteilichen Wachsamkeit vom 16. Mai 1952. Vgl. „Zweigleisige und Inaktive". In: „Telegraf" vom 19. Juni 1952.

190 Vgl. „Es liegt in der Hand der Sowjets". In: „Der Tag" vom 1. Juni 1952.

christlichen Bevölkerung"[191] zu entfalten und die Aufstellung von DDR-Streitkräften zu unterstützen. Nuschke beschimpfte Adenauer als den „deutsche(n) Judas Ischarioth", der sein Volk verraten hätte. Die Deutschen müßten jetzt dem Rat Stalins folgen und die „Verteidigung des Friedens ... in die eigenen Hände nehmen"[192]. Die SED nannte Adenauer einen „Verräter an Deutschland", dessen Regierung sich „aus den Sturmführern der SS Heinrich Himmlers"[193] rekrutiere. Am 4. Juni 1952 kündigte Generalsekretär Götting eine weitere Intensivierung der Westarbeit der CDU an.[194]

Innerhalb der DDR verlor die CDU indessen weiter an Bedeutung. In der Regierung zeigte die SED jetzt ungeniert, daß sie an einer Mitarbeit von CDU und LDP wenig Interesse hatte. Die Stimmung in den Landesverbänden war im Sommer 1952 von Resignation geprägt. Überall wurden CDU-Mitglieder massiv benachteiligt. Bewerber für die neuaufgestellten kasernierten Volkspolizeieinheiten mußten trotz der insgesamt zu wenigen Bewerber aus der CDU austreten, wenn sie eine Chance haben wollten, für den Dienst an der Waffe genommen zu werden.[195] Immer wieder wurden Lehrer, die der CDU angehörten, vom Dienst suspendiert.[196] Allein im Juni 1952 verdoppelten sich die Flüchtlingszahlen im Vergleich zum Vormonat von 9.793 auf 16.883 und stiegen im September auf 23.331. Die Exil-CDU der SBZ wandte sich angesichts des wachsenden Flüchtlingsstromes an die bundesdeutsche Bevölkerung und bat sie, ihre mitteldeutschen Landsleute freundlich aufzunehmen.[197]

Der Notenwechsel der Alliierten dauerte zwar im Sommer 1952 noch an, aber keiner der Beteiligten glaubte an ein Ergebnis. Dennoch gab es von beiden Seiten immer wieder neue Vorstöße. So reiste im Anschluß an die 4. Note der UdSSR vom 23. August 1952 eine Delegation der Volkskammer der DDR nach Bonn, um dort mit Mitgliedern des Bundestages über eine Entsendung von Vertretern beider deutscher Staaten zur Teilnahme an einer möglichen 4-Mächte-Konferenz sowie über die Modalitäten zur Bildung einer Prüfungskommission für gesamtdeutsche Wahlen zu beraten. Für die CDU gehörte Nuschke der Delegation an. Gegen den Willen des Bundeskanzlers empfing Bundestagspräsident Hermann Ehlers die Delegation am 19. September 1952 zu einem knapp 20minutigen Gespräch. Ein Ergebnis brachte das Zusammentreffen nicht.

---

191 „Christen – verteidigt den Frieden!". In: UPD 9/1952 S. 2.

192 Otto NUSCHKE: „Bedingungslose Kapitulation Nr. 2". In: „Neue Zeit" vom 29. Mai 1952.

193 So Prof. Albert Norden. In: SCHMIDT-WITTMACK S. 27 f.

194 Vgl. Protokoll der Chefredakteurs-Konferenz am Mittwoch, dem 4. Juni 1952 (ACDP III-013-797). Vgl. SCHAPER: Jahre der Entscheidung S. 81.

195 Vgl. Bericht „Fritz" vom 31. Mai 1952 (ACDP III-013-793).

196 Vgl. IWE vom 18. Juni 1952. Vgl. „Neue Aktion gegen CDU- und LDP-Lehrer". In: IWE vom 25. September 1952.

197 Vgl. „Exil-CDU – Konstruktive Politik". In: „Der Tag" vom 14. Juni 1952.

Vor seiner Reise nach Bonn hatten einige Funktionäre der CDU Nuschke aufgefordert, die Öffentlichkeit in Bonn zu nutzen, um auf die Verhältnisse in der DDR aufmerksam zu machen.[198] Nuschke tat genau das Gegenteil. Auf Fragen von Journalisten bezeichnete er die politischen Verhältnisse und die Wahlen in der DDR als „vollkommen frei“[199]. Er verteidigte jetzt sogar ausdrücklich die Methoden des Staatssicherheitsdienstes, der wenige Tage vor dem Besuch der Delegation mit der Entführung des Mitarbeiters des Untersuchungsausschusses Freiheitlicher Juristen, Walter Linse aus Berlin (West), viel Aufsehen erregt hatte.[200] Wahrscheinlich äußerte sich Nuschke aus Angst nicht in anderer Weise. Im gesamten sowjetischen Machtbereich wurden Ende des Jahres 1952 Politiker verhaftet und hingerichtet. Auch in der DDR nahm die Art des Vorgehens der SED gegen politisch und weltanschaulich Andersdenkende immer fanatischere, zuvor kaum vorstellbare Formen an. Noch vor dem 6. Parteitag der CDU, der kurz nach der Reise Nuschkes nach Bonn stattfand, kündigte die SED umfangreiche Schauprozesse gegen die CDU an.

Wenn Nuschke die Methoden des MfS in Bonn so ausdrücklich lobte, glich das eher einer Beschwörung, denn mit dem Scheitern ihrer gesamtdeutschen Politik verloren die Sowjets ihr Interesse an Nuschke, das ihn bisher vor den Angriffen der SED schützte. So mußte ihm die plötzliche Verhaftung des Außenministers der DDR, Dertinger, arg zu denken geben.

4. Verhaftung von DDR-Außenminister Dertinger im Januar 1953

Kurz nach der Ankündigung der Veröffentlichung seiner gesammelten Reden[201] und einige Tage, nachdem ihm der Chef der polnischen Mission bei der DDR-Regierung das „Kommandeur-Kreuz mit dem Stern des Ordens Polonia Restituta“[202] verliehen hatte, wurde der Außenminister der DDR noch während der großen Schauprozesse gegen die CDU in Erfurt und Gera am 13. Januar 1953 überraschend festgenommen.[203] Die Verhaftung Dertingers und seiner Mitarbeiter erfolgte kurz nach 21 Uhr im Außenministerium und wurde vom Minister für Staatssicherheit, Zaisser,

---

198 Vgl. „Nuschke soll in Bonn die Wahrheit über die Sowjetzone sagen“. In: IWE vom 17. September 1952.

199 „Die Volkskammer-Delegation vor der Presse“. In: „SBZ-Archiv“ 18 vom 25. September 1952 S. 274.

200 Vgl. BUNDESMINISTERIUM FÜR GESAMTDEUTSCHE FRAGEN: SBZ von A bis Z, 6. Auflage 1960 S. 246f.

201 Vgl. „Damit das Salz nicht dumpf werde ...“. In: UPD 18/19 1952 S. 29.

202 „Polen-Orden für Dertinger“. In: „Der Tag“ vom 31.Dezember 1952.

203 WEBER: Geschichte der DDR S. 206 gibt fälschlich das Jahr 1954 an.

persönlich geleitet.[204] Auch die gesamte Familie Dertingers, selbst sein zehnjähriger Sohn Christian, kamen in Haft.[205]

Dertingers Verhaftung löste bei der CDU-Parteileitung Unruhe aus. Wenn selbst Dertinger verhaftet wurde, dessen Rolle bei der Umwandlung der CDU in eine prokommunistische Partei allgemein bekannt war, dann konnte jeder Politiker der CDU – auch Nuschke – der nächste sein. Nuschke wurde unmittelbar nach der Verhaftung mit einem Schlaganfall ins Regierungskrankenhaus eingeliefert.[206] Er hatte Dertinger noch kurz vor der Verhaftung in überschwenglichen Worten zum 50. Geburtstag gratuliert und seine Verdienste für die CDU gerühmt. Nun bewahrheitete sich erneut, was Kaiser bereits 1948 und nach ihm verschiedene andere Politiker vorhersagten, als sie prophezeiten, daß die SED die führenden CDU-Politiker „nach Gebrauch ... in die Wüste schicken“[207] würde. Die Verhaftung Dertingers fiel in eine Phase allgemeiner Verhaftungen im sozialistischen Lager, denen zu diesem Zeitpunkt auffällig viele Personen jüdischer Abstammung zum Opfer fielen.[208].

Zur gleichen Zeit wie Dertinger wurden der Leiter der Abteilung UdSSR im Außenministerium der DDR, Max Keilson, und dessen Ehefrau verhaftet.[209] Seit dem Herbst 1952 wurden das Außenministerium und alle diplomatischen Missionen der DDR einer „Säuberung“ unterzogen, der ebenfalls vor allem Funktionäre jüdischer Herkunft zum Opfer fielen. Bereits vor Dertinger wurden der Minister für Handel und Versorgung der DDR Karl Hamann (LDP) und zwei seiner Staatssekretäre in Haft genommen.[210]

Der Verhaftung Dertingers war am 28. Oktober 1952 die Inhaftierung des CDU-Abgeordneten der Volkskammer Heinrich Fried[211] und Mitte Dezember 1952 die des Landgerichtsrates a. D. Eberhard Plewe aus Berlin (West) vorausgegangen.[212] Plewe, der Dertinger als Kontaktperson zu westlichen Stellen diente und in dessen Wohnung sich Dertinger unter anderem mit Lemmer traf, wurde unmittelbar nach einem Besuch

---

204 Ilse-Ruth Bubner in einem Gespräch mit d. A. am 12. Juli 1988, Protokoll S. 75 (ACDP MAT Richter QS).

205 Vgl. Brief Christian Dertinger: Verehrter Herr Wilke! Dessau, den 21. Januar 1955 (ACDP I-296).

206 Vgl. Bericht Archiv/Ostbüro (ACDP III-013-797).

207 „Grauenhafte Selbsttäuschung“. In: „Der Tag“ vom 31. Oktober 1948. Vgl. „Götterdämmerung in der Sowjetzone?“. In: DUD Ausgabe A vom 19. April 1951. Vgl. Siegfried M. PISTORIUS: „Ein Mann auf Abwegen. Georg Dertinger, der Außenminister der Sowjetzone“. In: „Rheinischer Merkur“ vom 30. März 1951.

208 Hintergrund dieses Vorgehens war eine in der KPdSU verbreitete und von der SED übernommene „stalinistisch-antisemitische Grundhaltung“. So Franz Loeser im Vortrag „SED und Antisemitismus“ auf dem 2. Wissenschaftlichen Symposium des „Arbeitskreises ehemaliger DDR-Akademiker“ am 19. März 1988 in Königswinter (Mitschrift d. Autors).

209 Vgl. „Dertinger vom SSD verhaftet“. In: „Rheinische Post“ vom 17. Januar 1953.

210 Vgl. FRICKE: Warten auf Gerechtigkeit S. 91.

211 Vgl. „Vom SSD verhaftet“. In: „Der Tag“ vom 14. November 1952.

212 Vgl. „SSD verhaftet Westberliner“. In: „Der Kurier“ vom 17. Dezember 1952.

bei Dertinger, zu dem Götting ihn telefonisch aufgefordert hatte[213], im sowjetischen Sektor Berlins festgenommen.[214] Mit Dertinger wurden der Verwaltungsdirektor und Personalchef der CDU-Parteileitung Fritz Jentsch, seine Referentin Ilse-Ruth Bubner und der Angestellte bei der Parteileitung Alfred Henkel verhaftet.[215] Anfang Januar 1953 hatte sich der Leiter der Westabteilung bei der CDU-Parteileitung Walter Rübel noch rechtzeitig nach West-Berlin abgesetzt. Henkel folgten Dertingers Chefsekretärin Ruth Schneider[216], die Referenten für „Westpresse" Edith Kuhnert und für „jüdische Angelegenheiten" des Amtes „Verbindung mit den Kirchen" Albert Kirsch (SED), der selbst jüdischer Abstammung war.[217] Nach Informationen der Zeitung „Die Welt" ging die Verhaftungswelle auf einen Befehl des Chefs der Europaabteilung des MGB, Kobulow, zurück.[218] Im Zuge der Aktion wurde die gesamte Parteizentrale der CDU von etwa 100 Mitarbeitern des MGB und des MfS besetzt und vollständig durchsucht. Dabei wurden unter anderem Protokolle interner Sitzungen des sogenannten „Rates der CDU-Minister", dessen Vorsitz Dertinger hatte, beschlagnahmt. Parallel zur Großaktion gegen die Parteizentrale liefen in Erfurt und Gera die Schauprozesse gegen Funktionäre der CDU weiter.[219]

Diese Prozesse, die Verhaftung Dertingers und die Besetzung der CDU-Parteizentrale durch Polizei und Staatssicherheit führten in der CDU zu einer panikartigen Stimmung[220], die zur Flucht zahlreicher weiterer leitender CDU-Funktionäre führte.[221] Die Stimmung wurde durch die Verhaftung des verantwortlichen Redakteurs des CDU-Pressedienstes Hartmut Fuchs sowie des Referenten für Kirchenfragen bei der CDU-Parteileitung Willi Leisner weiter angeheizt.[222]

Angesichts der bedrohlichen Situation zögerte die Parteileitung der CDU keine Minute, sich von ihrem ehemaligen Generalsekretär zu distanzieren. Noch bevor irgendein Urteil über Dertinger gesprochen war, stand für Gerald Götting, Max Sefrin, Gerhard Desczyk und den übrigen Parteivorstand fest, daß Dertinger ein Verräter,

213 Ilse-Ruth Bubner in einem Gespräch mit d. A. am 9. November 1988 (ACDP MAT Richter Gesprächsnotiz Bubner).

214 Siehe dazu Kap. „Die CDU im Notenwechsel der Alliierten vom 10. März 1952 bis zum August 1952."

215 Vgl. „Ost-CDU-Funktionäre verhaftet". In: „Der Tag" vom 31. Januar 1953. Vgl. die Aussagen von Ilse-Ruth Bubner in einem Gespräch mit d. A. am 12. Juli 1988, Protokoll S. 75 (ACDP MAT Richter QS).

216 Vgl. Ruth Schneider (ACDP III-013 DbCDU Ok).

217 Vgl. Regierungskanzlei der Deutschen Demokratischen Republik S. 18 (ACDP III-013-794).

218 Vgl. „Großaktion des SSD gegen CDU-Zentrale in Ostberlin". In: „Die Welt" vom 18. Januar 1953.

219 Vgl. Kapitel 2. II. 4.

220 Vgl. SCHENK S. 168.

221 Vgl. „CDU-Funktionäre auf der Flucht". In: „Volksblatt" vom 3. Februar 1953.

222 Vgl. „Nicht scharf genug gesäubert". In: „Der Kurier" vom 6. Februar 1953. Vgl. FRANK S. 64.

Spion und „Doppelzüngler“[223] gewesen sei. Götting ordnete umgehend eine weitere umfassende „Säuberung“ der CDU an und rief zu verstärkter Wachsamkeit und zu intensiver Zusammenarbeit mit den Organen des MfS auf.[224]

Dertinger wurde Anfang Juni 1954 in einem Geheimprozeß als „Haupt einer Verschwörergruppe“ vom Obersten Gericht der DDR unter Leitung von Hilde Benjamin zu fünfzehn Jahren Zuchthaus verurteilt.[225] Eberhard Plewe erhielt dreizehn, Helmut Brandt, der ohne Bezug zum Fall Dertinger im selben Prozeß verurteilt wurde, zehn, die Pressereferentin Dertingers Ilse-Ruth Bubner elf, Fritz Jentzsch sieben und Frau Zinsser drei Jahre Zuchthaus. Dem ehemaligen Außenminister der DDR wurde vorgeworfen, er habe das politische System der DDR beseitigen wollen. Zu diesem Zweck habe er gemeinsam mit dem Staatssekretär der Bundesregierung Otto Lenz einen Plan zum Sturz der Regierung der DDR ausgearbeitet. Dazu habe er für westliche Stellen spioniert und das Eindringen bewaffneter Banden in die DDR vorbereitet.

Tatsächlicher Hintergrund der Verhaftung waren neben seinen Kontakten zu zahlreichen westlichen Stellen vor allem Auseinandersetzungen rivalisierender Kreise in der Führung der KPdSU und der SED. Es war kein Geheimnis, daß Walter Ulbricht ein gebrochenes Verhältnis zum CDU-Außenminister hatte.[226] Die Sowjets hatten das Außenministerium unter Dertinger als „eine Art Parallelerscheinung zum ‚Ministerium für gesamtdeutsche Fragen‘“[227] angesehen. Ulbricht wollte es nun in seinem Sinne umwandeln. Dabei stand ihm Dertinger als letzter nichtkommunistischer Außenminister des gesamten Ostblocks im Wege. Deswegen mußte Dertinger, der sich schon als Botschafter eines neuen „Deutschen Reiches“ in Moskau gesehen hatte, von der politischen Bühne verschwinden. Dertinger, „der Mann, der ein Monokel zu tragen wußte“[228], paßte nicht mehr ins Bild einer DDR, die sich anschickte, die Grundlagen des Sozialismus zu errichten. Seine zahlreichen Kontakte zu Politikern der Bundesrepublik und zu Vertretern der amerikanischen Besatzungsbehörden, wegen der die Sowjets ihn geschätzt und observiert hatten, dienten nun zur Untermauerung des Vorwurfs der Spionage. Seine Weigerung, der Einführung einer allgemeinen

223 „Zur Verhaftung Dertingers“. In: „Neue Zeit“ vom 17. Januar 1953. Vgl. PRO FO 871 160/60.

224 Vgl. „Die Lehren aus dem Fall Dertinger“. In: „Neue Zeit“ vom 22. Januar 1953. Vgl. „Ostzonen-CDU bedankt sich beim SSD“. In: „Der Kurier“ vom 22. Januar 1953.

225 Vgl. „15 Jahre Zuchthaus für Dertinger“. In: „Der Tag“ vom 9. Juni 1954.

226 Gespräch d. Autors mit Gerold Rummler am 29. April 1987 in Bonn (ACDP MAT Richter PZ,2).

227 RICHERT: Der Fall Dertinger S. 184.

228 EBD. S. 187.

Wehrpflicht in der DDR zuzustimmen[229], war möglicherweise der letzte Auslöser für seine Verhaftung.[230]

Die Verhaftung Dertingers steht für das Scheitern der Pläne der UdSSR, die politische und wirtschaftliche Ordnung der Bundesrepublik durch Neutralisierung Deutschlands zu verändern und sie wie die DDR auf den Weg des „gesellschaftlichen Fortschritts“ zu schicken. Seit dem Sommer 1952 setzten die Sowjets wieder vorrangig auf die Konsolidierung ihres Herrschaftsbereiches.[231] Nachdem es in der sowjetischen Führung Anfang 1953 zu Auseinandersetzungen über die Frage gekommen war, ob es sinnvoller sei, in der DDR den Aufbau des Sozialismus zu forcieren oder mit einem gemäßigten Kurs weiterhin die gesamtdeutsche Option zu favorisieren, verhalf der Volksaufstand des 17. Juni 1953 der Konsolidierungsoption zum Durchbruch. Für die CDU der DDR bedeute dies die endgültige Unterordnung unter die SED.

---

229 EBD. S. 189.

230 Dertinger, den man wie H. Brandt und I.-R. Bubner in der Haft schwer mißhandelte, wurde wie H. Brandt 1964 aus der Haft entlassen und war danach bis zu seinem Tode im Jahr 1968 als Lektor beim katholischen St. Benno-Verlag in Leipzig tätig. Frau Bubner wurde auf Initiative Lemmers am 24. Februar 1965 in die Bundesrepublik entlassen. Frau Bubner beschreibt den Zustand Dertingers, der ihr nach seinen Vernehmungen gegenübergestellt wurde, wie folgt: „ ... der Mann war um Jahre gealtert und hatte furchtbare Auswüchse am Kopf, so daß man ohne weiteres erkennen konnte, daß er auch sehr schwer mißhandelt worden war.“ Frau Bubner berichtete auch über ihre Mißhandlungen. Danach wurde sie geschlagen und es wurden ihr sämtliche Fußzehen gebrochen. Sie verbrachte einige Tage in der „Tropenzelle“ und im „Wasserbunker“: “Der Wasserbunker ist ... im Quadrat 1 mal 1 Meter ... keinerlei Sitzgelegenheiten, man kann nur stehen. Wenn man reingeht, das ist ... ein nasser Lehmboden, so sinkt man schon so ungefähr bis in die Knöchel ein. Und von den Wänden, von allen Seiten spritzt es, und es ist sehr kalt da drin. Und man ist nach ungefähr drei, vier Stunden völlig durchnäßt ... Man hat auch keine Gelegenheit, die Notdurft irgendwie, man muß sie einfach ablassen. Und nur einmal am Tage kriegen sie ‘ne Schale heiße Wassersuppe, sonst nichts; kein Brot, nichts, so daß man tatsächlich ... nach und nach zusammenbricht. Und im Laufe dieser acht Tage war ich dann bis weit über die Knie eingesunken ...“. Ilse-Ruth Bubner in einem Gespräch mit d. A. am 12. Juli 1988, Protokoll S. 78 (ACDP MAT Richter QS). Nach ihrem Aufenthalt im „Wasserbunker“ wurde sie von den DDR-Justizbeamten gefesselt die eisernen Gefängnistreppen hinuntergestoßen. Dabei erlitt sie u. a. einen doppelten Schädelbasisbruch, einen Nierenriß, eine doppelte Wirbelfraktur und eine Schilddrüsenklemmung (Protokoll S. 83). Nach Abschluß ihrer Vernehmungen verbrachte sie vier Jahre in Einzeldunkelhaft.

231 Vgl. PFEILER S. 45.

Resümee

Die Entwicklung der CDU der SBZ/DDR in den Jahren 1948 bis 1952 ist nur vor dem Hintergrund der politischen Ereignisse der Zeit zu verstehen und spiegelt diese zugleich deutlich wider. Bereits die Absetzung des auf Ausgleich zwischen Ost und West bedachten Vorsitzenden der CDU der SBZ und Berlins, Jakob Kaiser, war Ausdruck der Entwicklung zur Teilung Deutschlands, die in der Verkündung der „Zwei-Lager-Theorie" und dem Scheitern einer gemeinsamen Politik der Alliierten auf der Londoner Außenministerkonferenz im Herbst 1947 ihren Ausdruck fand.

Von besonderer Bedeutung für die CDU der SBZ/DDR war die Deutschlandpolitik der UdSSR, deren unterschiedliche Phasen und Optionen. Dabei verdeutlichte die Entwicklung der Partei wie der SBZ insgesamt die durchgängige Favorisierung der Option der Konsolidierung des sowjetischen Herrschaftsbereiches durch die UdSSR. Diese fand Ausdruck in der kontinuierlichen Umgestaltung der CDU der SBZ/DDR zu einem Instrument kommunistischer Machtpolitik, die bereits 1945 einsetzte. Diesem Transformationsprozeß, den die CDU wie die gesamte politische, wirtschaftliche und gesellschaftliche Ordnung der SBZ und des Berliner Ostsektors durchlief, wurde durch die Sowjets auch dann kein Einhalt geboten, wenn sie – wie zu Beginn des Jahres 1952 – scheinbar verstärkt auf die Wiederherstellung Deutschlands als Einheit hinarbeiteten. Die Politik der vollendeten Tatsachen, für die der Name des sowjetischen Außenministers Molotow steht und die sich in der Sowjetisierung der politischen Ordnung der SBZ/DDR ausdrückte, war der wesentliche Grund für das Scheitern aller Bemühungen, die Teilung Deutschlands zu verhindern. Diese Politik der UdSSR fand auch in der Entwicklung der CDU der SBZ/DDR ihren adäquaten Ausdruck.

Bei ihrem Ziel, in dem von ihnen besetzten Teil Deutschlands eine kommunistische Diktatur zu errichten, stießen die Sowjets auf erhebliche Widerstände, die sie mit Hilfe einer ihrem bündnispolitischen Repertoire entlehnten Taktik schrittweise beseitigten. Mit der Zerschlagung der SPD hatten sie im Jahr 1946 bereits einen wichtigen Schritt in diese Richtung getan. Zu Beginn des Jahres 1948 stand die Etablierung der Vorherrschaft der SED und damit die Umfunktionierung von CDU und LDP zu Instrumenten kommunistischer Politik auf dem Programm. Die CDU und die LDP aber waren als die Parteien, in denen sich drei Jahre nach der Zerschlagung der nationalsozialistischen Diktatur in der SBZ demokratische, christliche und liberale deutsche Traditionen verkörperten, nicht bereit, der Errichtung einer neuen, kommunistischen Diktatur widerstandslos zuzusehen. Sie wehrten sich, so gut und so lange sie konnten. Ihre Möglichkeiten, sich gegen die Befehle und Anordnungen einer allmächtigen, nach ideologischem und machtpolitischem Gutdünken handelnden Besatzungsmacht zu wehren, waren allerdings gering und wurden durch die Besatzungsmacht weiter gezielt und umfassend eingeengt.

Bis zu ihrer endgültigen Umwandlung zu einer prokommunistischen Kaderpartei leistete die CDU der SBZ/DDR auf allen Ebenen und in allen Bereichen Widerstand gegen die Errichtung der SED-Diktatur. Die Rahmenbedingungen dafür waren 1948 allerdings wesentlich andere als 1952, als die Entwicklung zu totalitären Strukturen bereits weit fortgeschritten war. Die Lähmung der Partei und ihre gleichzeitige Umgestaltung zu einem Instrument kommunistischer Machtpolitik nahmen vor allem ab 1950 schnell zu.

Die Polarisierung der Union. Bereits seit ihrer zwei Monate nach Kriegsende erfolgten Gründung hatte es in der CDUD Auseinandersetzungen über die Frage gegeben, auf welche Weise die Partei Einfluß auf die Politik nehmen und einer möglichen kommunistischen Vorherrschaft Einhalt gebieten könnte. 1948 waren die Meinungen darüber mehr als zuvor geteilt, und die sich abzeichnende Polarisierung in Deutschland zwang zu klaren Stellungnahmen. Unterschiede in den Vorstellungen über die zukünftige Ordnung Deutschlands, die in der Gründungsphase der Union von sekundärer Bedeutung waren (sozialistisch oder marktwirtschaftlich, zentralstaatlich oder föderativ, west- oder ostorientiert bzw. neutralistisch), führten angesichts der politischen Polarisierung durch die alliierten Meinungs- und Interessengegensätze bereits drei Jahre nach dem Kriegsende zu fundamentalen Differenzen, durch die der bisherige, wenig diskutierte Grundkonsens der christlichen Volkspartei gesprengt wurde.

Innerhalb der westlichen Union setzten sich ab 1948 vor allem Politiker durch, die auf Marktwirtschaft und Westbindung orientiert waren. Vertreter sozialistischer und zentralstaatlicher Vorstellungen verloren an Einfluß. Umgekehrt verlief die Entwicklung in der SBZ. Geprägt durch andere, von der Besatzungsmacht geschaffene Rahmenbedingungen, profilierte sich die CDU der SBZ immer deutlicher als eine demokratisch-sozialistische, auf Erhalt der Einheit Deutschlands hinarbeitende Partei. Damit traten in den Beziehungen zwischen den westlichen Unionsverbänden und der CDU der SBZ, die vor allem in der Arbeitsgemeinschaft der CDU/CSU Ausdruck fanden, Antagonismen auf, die angesichts der allgemeinen politischen Situation trotz des Wollens der Akteure nicht lösbar waren.

Die organisatorische Verbindung mit der CDU der SBZ in der Arbeitsgemeinschaft der CDU/CSU bis zum Herbst 1948 brachte für die westlichen Unionsverbände verschiedene Probleme mit sich. Die SPD, die angesichts ihrer Erfahrungen in der SBZ jede Zusammenarbeit mit Kommunisten strikt ablehnte, warf der Union vor, daß eine ihrer Gliederungen – die CDU der SBZ – sich an kommunistischen Aktionen, wie dem Volkskongreß, beteilige. Problematisch war auch, daß durch die organisatorische Verbindung mit der CDU der SBZ ein mögliches Zusammengehen der östlichen CDU-Vertreter mit sozialistisch und zentralstaatlich orientierten Unionspolitikern aus den Westzonen und damit andere Mehrheitsverhältnisse realisierbar waren als bei einer rein westzonalen Besetzung der gemeinsamen Gremien.

In der Trennung der westlichen Unionsverbände von der CDU der SBZ nach deren 3. Parteitag im September 1948 bei gleichzeitiger Akzeptierung einer symbolischen Vertretung der CDU-Mitglieder in der SBZ durch Kaiser drückte sich die wachsende Dominanz der auf Westbindung und Marktwirtschaft setzenden Politiker aus. Die Entwicklung der Partei zu einer Gemeinschaft der westlichen Unionsverbände und zu einer Organisation in der SBZ entsprach zugleich der politischen Polarisierung, die innerhalb der Unionsverbände der Zonen vor sich ging. Hatten die westlichen Unionsverbände Probleme mit ihrem sozialistischen und neutralistischen Schwesternverband in der SBZ, so war dies umgekehrt ebenso der Fall. Seit 1948 wurde die CDU der SBZ von der Besatzungsmacht gedrängt, alle „Adenauer-Filialen" zu schließen und keine westlichen Einflüsse zuzulassen. Auch der Einfluß marktwirtschaftlich orientierter Politiker, wie Gerhard Rohner und Siegfried Witte, wurde im Laufe der Zeit immer weiter zurückgedrängt.

Der wesentliche Unterschied in der Situation der Union in Ost und West bestand allerdings darin, daß sich in der westlichen Union die Politiker durchsetzten, deren Auffassungen Mehrheiten in der Partei fanden, während durch die restriktive Politik der SMAD in der SBZ gerade die politischen Kreise protegiert wurden, die kaum über Rückhalt unter den Mitgliedern der CDU verfügten.

Die Folge der programmatischen und organisatorischen Auseinanderentwicklung der Schwesternverbände in Ost und West relativierte schnell die Bedeutung der verbliebenen Gemeinsamkeiten. Die Anstrengungen der CDU der SBZ, gegenüber den westlichen Unionsverbänden zu demonstrieren, daß man auch weiterhin christlich-demokratische Prinzipien vertrete, wurden, soweit noch erkennbar, im Westen zwar beiläufig registriert, konnten aber die polarisierende Entwicklung nicht bremsen. Wichtiger als eventuelle Gemeinsamkeiten wurde ab 1948 zunehmend die Frage: „Ost oder West?" –, und gerade in deren Beantwortung schieden sich die Auffassungen der Politiker.

Parallel zur Polarisierung der Unionsverbände in den Westzonen und in der sowjetischen Zone verlief die Teilung des Landesverbandes Berlin der CDU. Während sie den Zugang zu den Westsektoren Berlins blockierten, spalteten die Sowjets durch die Bildung eines neuen Magistrats und durch die künstliche Etablierung eigener CDU- und LDP-Organisationen im Ostsektor der Stadt die bis dahin einheitlichen

Landesverbände Berlin der CDU und der LDP. Wie die CDU/CSU mit der Exil-CDU der SBZ als stimmberechtigtes Mitglied der gesamtdeutsch organisierten Union ihren Anspruch auf Vertretung der CDU-Mitglieder zum Ausdruck brachte, so fanden auch die CDU-Kreisverbände des Ostsektors im Landesverband Berlin (West) Sitz und Stimme.

Die Polarisierung innerhalb der CDU der SBZ/DDR. Unter den Mitgliedern, Funktionsträgern und den führenden Politikern der CDU der SBZ kristallisierten sich unter der politischen Konstellation der Jahre 1948/49 vier wesentliche Hauptgruppierungen heraus, die sich sowohl in ihren politischen Grundüberzeugungen, in ihren taktischen Erwägungen als auch in der Einschätzung der politischen Situation in Europa und Deutschland voneinander unterschieden. Sie verbinden sich mit den Namen ihrer hauptsächlichen Repräsentanten Kaiser, Hickmann, Nuschke und Götting.

Jakob Kaiser. Ausgelöst durch seine Absetzung sammelte sich um Kaiser eine Gruppe von Politikern, die angesichts des sowjetischen Vorgehens jede weitere Kooperation mit der SMAD ablehnten. In ihrer Haltung drückte sich eine auch schon vorher latent vorhandene Stimmung aus. Grund für die Ablehnung einer weiteren Zusammenarbeit mit der sowjetischen Besatzungsmacht war die im Laufe der politischen Arbeit in der SBZ gewonnene Überzeugung, daß die Sowjets nicht kompromißbereit waren und ausschließlich ideologisch verbrämte, nationalegoistische Interessen durchsetzten. Eine Zusammenarbeit mit der SMAD führte demnach lediglich dazu, daß die Deutschen zu Aktivitäten gegen eigene nationale Interessen instrumentalisiert wurden. Diese Haltung wurde auch von einem großen Teil der CDU-Mitglieder vertreten. Im besetzten Deutschland war die Entscheidung gegen eine weitere Kooperation mit den Sowjets allerdings kaum anders zu verwirklichen als durch Passivität oder eine „individuelle Westbindung" durch Flucht aus dem sowjetischen Herrschaftsbereich. Von Bewohnern der SBZ und des Ostsektors von Berlin konnte eine solche Haltung nicht ungestraft vertreten werden. In der mangelnden Praktizierbarkeit der Haltung Kaisers für CDU-Mitglieder in der SBZ zeichnete sich bereits 1948 das Dilemma dieser Haltung ab. Er und sämtliche Mitglieder des Hauptvorstandes, die mit ihm eine weitere Kooperation mit der SMAD verweigerten, wohnten in den Westsektoren Berlins. Politiker wie Lemmer und Nuschke wohnten jedoch im sowjetischen Herrschaftsbereich. Da ein Wohnungswechsel Anfang des Jahres 1948 nahezu aussichtslos war, prägte die Lage des Wohnorts der Akteure wesentlich die Entscheidung für oder wider eine weitere Zusammenarbeit mit der SMAD. Die Sowjets unterstützten diesen Effekt durch gezielte materielle Korrumpierung kooperationsbereiter Politiker.

Die Entscheidung Kaisers gegen eine Fortsetzung der Zusammenarbeit mit der SMAD war 1948 möglich, weil sich die Interessengegensätze zwischen den Alliierten des Zweiten Weltkrieges soweit entwickelt hatten, daß Politiker wie Kaiser mit der Unterstützung der westlichen Alliierten rechnen konnten. Für Andreas Hermes, der von der SMAD im Dezember 1945 als Vorsitzender der CDUD abgesetzt worden war, hatte es die Möglichkeiten, die sich Kaiser nach seiner Absetzung auftaten, noch nicht gegeben. Ende des Jahres 1945 dominierte noch die gemeinsame Gegnerschaft der Alliierten gegenüber den besiegten Deutschen. 1948 konnte Kaiser bereits damit rechnen, als Symbolfigur einer unterdrückten CDU der SBZ im Westen zu neuen Ehren zu kommen. Die Erfahrungen, die die westlichen Alliierten und demokratischen Politiker aus der SBZ mit den Sowjets gemacht hatten, deckten sich. Wie Kaiser oder Schumacher glaubten auch die Alliierten nicht mehr an die Möglichkeit einer konstruktiven Zusammenarbeit mit den in allen besetzten Ländern Europas „Volksdemokratien“ errichtenden Sowjets. Roosevelts Utopie der „one world“ und einer konstruktiven Zusammenarbeit mit der UdSSR war gescheitert. Damit wuchsen die Gemeinsamkeiten mit den demokratischen Kräften Deutschlands. Im beginnenden Kalten Krieg diente Kaisers Anspruch, legitimer, weil gewählter Vorsitzender der CDU der SBZ zu sein, zugleich der sich entwickelnden Auffassung vom Weststaat als dem demokratischen „Kernstaat“ eines wiederzuvereinigenden Deutschlands.

So bestand bei allen programmatischen Gemeinsamkeiten ein wesentlicher Unterschied zwischen der Parteileitung Kaisers und der Hickmanns und später auch Nuschkes darin, daß Kaiser der zwar durch seine Wahl auf dem CDU-Parteitag 1947 demokratisch legimierte, aber durch seine Absetzung im Sinne des sowjetischen Besatzungsrechts illegale Vorsitzende der CDU der SBZ war, Hickmann und Nuschke hingegen zwar per Anweisung der SMAD den legalen Vorstand repräsentierten, welcher aber weder 1948 noch zu einem späteren Zeitpunkt demokratisch legitimiert wurde.

Erstmals seit dem Ende des Krieges dominierte damit, unterstützt durch die westlichen Alliierten, das Prinzip demokratischer Legitimation vor einer von der Besatzungsmacht geschaffenen Legalität. Auch in ihren eigenen Zonen förderten die westlichen Alliierten schrittweise die Entwicklung einer neuen deutschen Demokratie. Indem sie 1948 Kaiser unterstützten, setzten sich die westlichen Alliierten deutlich über die sowjetische Entscheidung der Absetzung hinweg. Zu verstehen ist diese Haltung der Westmächte vor dem Hintergrund ihrer Erfahrungen bei der Zusammenarbeit im Alliierten Kontrollrat und in anderen gemeinsamen Gremien. Die Sowjets hatten die Kooperation fast ausschließlich zur Durchsetzung eigener Interessen benutzt und sich über westliche Interessen und Entscheidungen weitgehend hinweggesetzt. An die Stelle gegenseitiger Rücksichtnahme, wie sie bis Ende 1947 gerade in Berlin durchaus noch üblich war, trat – wie bei der Blockade der Berliner Westsektoren deutlich zu erkennen – die offene Konfrontation. Die von den westlichen Alliierten geförderte Entwicklung demokratischer Strukturen fand in der deutschen Bevölkerung weitgehenden Anklang. Auch in der SBZ war der Wille, neue demokratische Verhältnisse herzustellen, nach den Erfahrungen mit dem nationalsozialistischen Regime groß. So ist die breite Zustimmung zu erklären, mit der Kaiser auch nach seiner Absetzung rechnen konnte. Die CDU-Mitglieder unterstützten ihn, weil er als gewählter Vorsitzender das Prinzip demokratischer Legitimität symbolisierte. Die Mitglieder der CDU der SBZ entschieden sich mit Kaiser gegen die von den Sowjets geschaffene Besatzungslegalität, die erkennbar der Errichtung einer neuen Diktatur diente. Die Entscheidung der mitteldeutschen Bevölkerung für Demokratie und wirtschaftlichen Aufschwung, wie er sich in den Westzonen nach der Währungsreform langsam abzuzeichnen begann, fand Ausdruck in der anwachsenden Massenflucht aus der SBZ/DDR. Kaisers Konzept, das sich nicht als Modell dafür eignete, wie man unter den Gegebenheiten der SBZ leben und wirken konnte, stellte – nach seinem vergeblichen Bemühen um Kooperation mit den Sowjets – die Verhältnisse in der SBZ nun radikal in Frage und setzte sich damit über die durch den verlorenen Krieg entstandenen Realitäten hinweg.

Eine Haltung wie die Kaisers, die jede Hoffnung auf eine Verbesserung der Situation in der SBZ durch Zusammenarbeit mit der SMAD aufgegeben hatte, führte, wenn sie von CDU-Mitgliedern in der SBZ vertreten wurde, zwangsläufig zur Flucht, zur Absetzung oder zu langjährigen Freiheitsstrafen.

Kaisers Wirken war wie in der SBZ bis Ende 1947 so auch im westdeutschen „Exil“ immer vordergründig auf Wiedervereinigung orientiert. Dabei unterschätzte er 1947 wie in den 50er Jahren als Bundesminister für gesamtdeutsche Fragen den Ost-West-Konflikt in seinen globalen Dimensionen, seiner Intensität und den Auswirkungen auf Deutschland, zeigte wenig Gespür für den historischen Bankrott des deutschen Nationalstaates und die Chancen für dessen Wiedererstehen nach 1945. Als Mann des Widerstandes gegen die nationalsozialistische Diktatur teilte er nicht die Schuldgefühle, die viele Politiker zu einer defensiven Haltung gegenüber den Besatzungsmächten veranlaßten, sondern glaubte von den Alliierten eine Demokratisierung Deutschlands fordern zu können. Kaiser kann als Repräsentant und Hoffnungsträger der Bevölkerungsteile angesehen werden, die die Konsequenzen aus der Niederlage nicht zogen. Wie sein auf Neutralität hinaus laufendes Konzept, aus Deutschland eine „Brücke zwischen Ost und West“ zu machen, so war auch sein Wiedervereinigungskonzept in den 50er Jahren zum Scheitern verurteilt. Hatte er zunächst die Interessen der westlichen Alliierten zu wenig in sein politisches Kalkül mit einbezogen, so setzte er sich nun über die Interessen der UdSSR hinweg. Indem er nicht bereit war, die vorhandenen politischen Realitäten zu akzeptieren, weil sie den elementaren deutschen Interessen widersprachen, wurde er zur Symbolfigur deutscher Machtlosigkeit im eigenen Lande und des Willens, sich nicht mit dem durch den Krieg entstandenen Status abzugeben.

Im Kabinett Adenauer erfüllte er mit dieser Haltung die Funktion, die auf Wiedervereinigung hoffenden Mittel- und Ostdeutschen an die langfristig auf deutsche Einheit in einem geeinten Europa angelegte Politik Adenauers zu binden. Trotz des Scheiterns seines deutschlandpolitischen Ansatzes kommt dem Wirken Kaisers und seiner Exilpartei große Bedeutung zu. Sein Wirken in der SBZ und seine Absetzung im Dezember 1947 trugen neben der Liquidierung der SPD in der

SBZ 1946 wesentlich dazu bei, die nötige Bereitschaft für die Westbindung der Westzonen zu schaffen. Durch sein intensives Bemühen um deutsche Einheit fällt es der Union heute nicht schwer, sich gegen den Vorwurf der verpaßten Chancen zu wehren. Sein Scheitern in dem Bemühen, zu einem Ausgleich mit den Sowjets zu kommen, bewahrte die bundesdeutsche Politik insgesamt, vor allem aber die Union, vor einer „deutschlandpolitischen Dolchstoßlegende" (Hacke). Mit Kaiser im Kabinett konnte Adenauer die Westbindung eines Teils der Deutschen stellvertretend für alle Deutschen durchführen. Durch seine Person wurden die in der SBZ/DDR lebenden CDU-Mitglieder, soweit sie nicht ohnehin flohen, symbolhaft in die Westbindung einbezogen. Durch die Exil-CDU der SBZ realisierte die CDU/CSU bis in die Gegenwart auf parteipolitischem Gebiet den Verfassungsauftrag, für jene Deutschen in der SBZ/DDR mitzusprechen, denen mitzuwirken versagt war.

Hugo Hickmann. Eine ähnliche Haltung, wie sie Kaiser bis zu seiner Absetzung vertrat, nahm auch Hickmann ein, der bis zum Herbst 1948 dem Koordinierungsausschuß der Landesvorsitzenden der CDU der SBZ vorstand und nach der Wahl Nuschkes zum neuen Vorsitzenden der CDU der SBZ zweiter Vorsitzender der CDU der SBZ/DDR blieb, bis er unmittelbar nach der Gründung der DDR von den Sowjets abgesetzt wurde. Anders als Kaiser ging Hickmann auch über das Jahr 1947 hinaus von der Alternativlosigkeit einer Zusammenarbeit mit der sowjetischen Besatzungsmacht aus. In der Verlegung des politischen Tätigkeitsfeldes in die Westzonen/Bundesrepublik sah er keine geeignete Alternative zur Lösung der in der SBZ/DDR anstehenden Probleme. Bis zu seinem Tode im Jahr 1955 behielt der Theologieprofessor seinen Wohnsitz in Dresden und versuchte Lösungen vor Ort zu finden. Er kritisierte Kaisers Politik, vom Westen aus in die SBZ zu wirken, bis er 1950 desillusioniert Vorstandsmitglied der Exil-CDU der SBZ wurde. Für Hickmann bedeutete Neutralisierung Deutschlands den Anschluß aller Zonen an die Wertegemeinschaft der westlich-liberalen Demokratien. Darin sah er keinen unbedingten Interessengegensatz zu den sowjetischen Sicherheitsinteressen, die nach seiner Überzeugung ihren Ausdruck in einem neutralen Status Deutschlands finden konnten. Seine Zielvorstellung läßt sich mit dem Status Österreichs nach Abschluß des Staatsvertrages im Jahre 1955 vergleichen. Sein deutschlandpolitisches Motto in der Zeit vor seiner Absetzung durch die SMAD läßt sich auf die Formel bringen: Lieber ganz Deutschland neutral, modifiziert demokratisch und marktwirtschaftlich als Westdeutschland westgebunden, demokratisch und marktwirtschaftlich und Mitteldeutschland ostgebunden und kommunistisch. Die Conditio sine qua non seiner Kompromißbereitschaft gegenüber der Besatzungsmacht bestand für ihn – wie für Nuschke – in der Durchführung freier Wahlen, die integraler Bestandteil seines politischen Konzeptes waren. Die Forderung nach freien Wahlen war angesichts der Stimmung in der Bevölkerung identisch mit der Forderung nach einem baldigen Ende der Vorherrschaft der SED und der Berufung der CDU und der LDP in die – nach Möglichkeit gesamtdeutsche – Regierungsverantwortung. Im Falle eines Wahlsieges der CDU der SBZ rechnete er fest damit, zu einer Verständigung mit der westlichen Union und damit auch zu einer Einheit Deutschlands zu kommen. Nur unter dieser Prämisse ist die Bereitschaft Hickmanns und der meisten Landesvorsitzenden sowie anderer führender CDU-Politiker der SBZ in den Jahren 1948 und 1949 zur Zusammenarbeit mit der SMAD zu deren Bedingungen erklärlich. Anders als Adenauer erstrebte Hickmann keine Wiedervereinigung irgendwann, sondern sofort und durch Zugeständnisse des Westens und der UdSSR. Wie viele Politiker unterschätzte er die Interessen der Siegermächte des Zweiten Weltkrieges, die im besiegten Deutschen Reich die entscheidenden politischen und wirtschaftlichen Weichen nach ihren sehr unterschiedlichen nationalen Interessenlagen stellten. Bei seiner Forderung nach westlichem Entgegenkommen verkannte oder ignorierte Hickmann, daß die Teilung des Reiches und damit die Westbindung der Westzonen eine Folge der sowjetischen Politik der vollendeten Tatsachen war. Seine Konzeption der Wiedervereinigung durch Neutralisierung wurde von der Befürchtung genährt, daß Mitteldeutschland zu der von Adenauer angestrebten westlichen Gemeinschaft bei einer Teilung des Landes für lange Zeit ohnehin nicht hinzugehören, sondern durch die drohende Ostbindung auf das politische, wirtschaftliche und gesellschaftliche Niveau Osteuropas herabgedrückt würde. Die Realitäten in der SBZ ließen am Willen der sowjetischen und deutschen Kommunisten, den von ihnen beherrschten Teil Deutschlands in diesem Sinne umzugestalten, keinen Zweifel.

Hickmanns und Nuschkes Auffassungen ähneln sich in vielen Punkten. Beide hatten einen nationalstaatlichen Denkansatz. Unter diesem Aspekt ähnelte ihre Haltung der von Kaiser, Hermes, Lemmer, Wirth, Müller oder Heinemann, die der Einheit Deutschlands einen Eigenwert zumaßen, für den sie zu Zugeständnissen in Fragen der Gestaltung der politischen, wirtschaftlichen und gesellschaftlichen Ordnung Deutschlands bereit waren. Damit unterschied sich die Haltung Hickmanns und Nuschkes zugleich grundsätzlich von der Adenauers, der die Schaffung und langfristige Sicherung einer westlich-demokratischen Staaten- und Wertegemeinschaft als einen Wert ansah, der ihn die Einheit Deutschlands auf den zweiten Platz seiner Prioritätenliste rücken ließ.

Während Hickmann die sowjetische Präsenz in Deutschland zwar in sein Kalkül einbezog, aber unter Berücksichtigung sowjetischer Interessen versuchte, Deutschland der westlichen Wertegemeinschaft näherzubringen, favorisierte Nuschke eine Ostorientierung Deutschlands, das aus Einsicht in die politischen und wirtschaftlichen Notwendigkeiten seine Zukunft im Osten des Kontinents sehen sollte. Nuschke bezeichnete sich gern als „Eurasier“, eine Formulierung, die im Munde Hickmanns so nicht denkbar gewesen wäre. Wie bis zum Herbst 1947 Kaiser, so hoffte Nuschke, der häufig an den Vertrag von Rapallo aus dem Jahre 1922 und das damalige gute Verhältnis zwischen dem Deutschen Reich und Sowjetrußland erinnerte, daß auch nach dem Zweiten Weltkrieg gute Beziehungen zwischen Deutschland und der UdSSR entstehen würden.

Eine wesentliche Gemeinsamkeit in der Haltung Hickmanns und Nuschkes lag in ihrem Bemühen, der Errichtung einer kommunistischen Diktatur in der SBZ Einhalt zu gebieten. Dabei unterschieden beide sehr genau zwischen unumstößlichen, von der Besatzungsmacht angeordneten Gegebenheiten, die sie wie den Volkskongreß akzeptierten und auf das Konto der SMAD schrieben, und Aktionen, die sie dem Konto der SED anlasteten. Während sie die Maßnahmen der Besatzungsmacht – aus Mangel an Alternativen – akzeptierten, kritisierten sie zugleich entschieden die Ansprüche und das restriktive Vorgehen der SED. Natürlich wußten die CDU-Politiker, daß die SMAD die SED favorisierte und hinter den Aktionen der SED steckte. Sie wußten auch, daß die Sowjets der SED im Falle der Teilung des Landes die Führung des östlichen Teilstaates überlassen würden. Gerade deswegen trafen sie die oft sehr feinen Unterscheidungen. Auf diese Weise versuchten sie sowohl den Eindruck ihrer Eigenständigkeit als auch den ihrer Loyalität zu wahren und die CDU der SBZ so gegenüber dem Westen wie der SMAD als einen entscheidenden Faktor im Falle der Wiedervereinigung zu erhalten und zu empfehlen.

Otto Nuschke. Die Auffassungen Hickmanns und Nuschkes unterschieden sich zunächst kaum. Wie Hickmann strebte auch Nuschke eine Wiedervereinigung Deutschlands durch freie Wahlen an. Noch über ein halbes Jahr nach der Gründung der DDR war er von dieser Forderung nicht abgerückt. Anders als Hickmann war er jedoch zunehmend bereit, auch bei einer Wiedervereinigungs- und Neutralisierungspolitik mitzuwirken, deren Ergebnis eine Neutralität gewesen wäre, bei der vor allem die Sowjets die politische und gesellschaftliche Ordnung bestimmt hätten. Auch er glaubte, von den westdeutschen Politikern Abstriche an der Westbindung, den demokratischen Strukturen und der marktwirtschaftlichen Ordnung Westdeutschlands verlangen zu können, um die Einheit eines sowjetfreundlichen neutralen Rumpfdeutschlands zu erreichen. Wie Hickmann ging er von der falschen Annahme aus, daß die Teilung Deutschlands durch eine gemeinsame Willensanstrengung der besiegten Deutschen verhindert werden könnte, und ignorierte damit die Konsequenzen der bedingungslosen Kapitulation, die den Deutschen von den Alliierten bereits auf der Konferenz von Casablanca im Januar 1943 auferlegt worden waren. Nuschke übersah, daß aus der Sicht der Alliierten Deutschland noch immer in erster Linie das besiegte Reich darstellte, in dem und durch das sie ihre Interessen vertraten.

Nachdem er bis zum Sommer 1950 versucht hatte, den Sowjets gegenüber auf seiner Forderung nach freien und geheimen Listenwahlen zu insistieren, setzte er schließlich uneingeschränkt nicht nur auf die östliche, sondern auch auf die kommunistische Karte. Die Akzeptanz der von der Siegermacht vorgegebenen Tatsachen verbindet ihn eher mit Adenauer als mit Kaiser, der nicht gewillt war, die Folgen des Krieges zu begreifen, und Forderungen stellte, die für einen deutschen Politiker inopportun waren. Wie Adenauer freiwillig und aus Überzeugung, so fügte er sich den Zwängen gehorchend in die vorgegebenen politischen, gesellschaftlichen und wirtschaftlichen Rahmenbedingungen seiner Zone und betrieb Politik als die Kunst des Machbaren, wenngleich die Situation in der SBZ – anders als im Westen – kaum Machbares für die CDU bot.

Die Unterschiede in den politischen Überzeugungen Hickmanns und Nuschkes fanden in der Entwicklung der beiden Politiker ab 1950 ihren Ausdruck. Während Hickmann angesichts der politischen Polarisierung, die eine neutrale Haltung zwischen Ost und West immer mehr ad absurdum führte, Vorstandsmitglied der Exil-CDU der SBZ wurde, schwenkte Nuschke auf die prokommunistische Linie Göttings ein, der die Partei seit Januar 1950 forciert auf diesen Kurs brachte. Dabei half ihm sein antiwestliches Ressentiment, das wahrscheinlich auf Erfahrungen mit den Alliierten des Ersten Weltkrieges in der Weimarer Republik basierte und immer wieder in Ausfällen gegen die westlichen Siegermächte Ausdruck fand. Mit seiner aus dieser Haltung und einem gewissen Opportunismus herrührenden Kompromißbereitschaft gegenüber der SMAD/SKK, die die Sowjets mit erheblichen materiellen Zugeständnisse stabilisierten, hat er wesentlich zur Lähmung des Widerstandes gegen die politische Umgestaltung der CDU und damit zur Erleichterung der Errichtung des totalitären Regimes der SED beigetragen.

Nach dem Scheitern Kaisers kennzeichneten die Absetzung Hickmanns kurz nach der Gründung der DDR und die im Mai 1950 erklärte Zustimmung Nuschkes zu Einheitslistenwahlen, die mit seiner Entmachtung innerhalb der CDU durch Götting korrespondierte, ein weiteres Mal das Scheitern einer auf Ausgleich und kooperative Zusammenarbeit mit den Sowjets zielenden Politik. Einmal mehr hatten die Sowjets das Entgegenkommen deutscher Politiker dazu genutzt, ausschließlich eigene Interessen durchzusetzen, die in der Errichtung einer kommunistischen Diktatur auf deutschem Boden bestanden. Alle Landesvorsitzenden, die sich im Dezember 1947 im Koordinierungsausschuß zusammengefunden und für die Fortsetzung der Zusammenarbeit mit der SMAD plädiert hatten, waren – außer Lobedanz – bis zum Sommer 1950 entweder abgesetzt (Hickmann, Trommsdorff), im Zuchthaus (Herwegen) oder wie Wolf auf ungeklärte Weise ums Leben gekommen. Auch der kooperationsbereite Gründer des „Arbeitskreises Groß-Berlin beim Gesamtverband der CDU", Brandt, saß im Zuchthaus.

Gerald Götting. Völlig im Unterschied zu Nuschke oder Hickmann repräsentierte Götting eine Gruppe von Funktionären, die ganz auf die sowjetische Karte setzten und die politischen Ziele der Besatzungsmacht über die CDU-Parteiräson stellten. Wie vor ihm Dertinger so gestaltete auch Götting die CDU nach sowjetischen Anweisungen und nach deren Wünschen zu einer prokommunistischen Kaderpartei um. Damit war Götting anders als Nuschke oder Hickmann ab Ende 1949 kein CDU-Politiker im eigentlichen Sinne mehr, sondern ein Vertreter der Besatzungsmacht in der Partei. Aus keinem Protokoll ab dem Jahr 1949 geht hervor, daß Götting irgendwann

Parteiinteressen vor sowjetische Interessen gestellt hätte, wie dies Nuschke laufend tat.

Die Gruppe prokommunistischer Funktionäre, die wie Götting, Gohr, Bachem, Broßmann, Rambo, Gerigk oder Dedek zum Teil aus Überzeugung, zum Teil aus weniger ehrenwerten Gründen die Partei in sowjetischem Auftrag umwandelten, läßt sich am deutlichsten umreißen. Ihr Argument, daß nur eine prokommunistische CDU in der politischen Ordnung der DDR eine Chance habe, zu überleben, mag stimmen; mit allen Vorstellungen, die man von der CDU haben mag, hatte die der SED untergeordnete Organisation, die 1952 noch immer den Namen CDU trug, nichts mehr zu tun. Indem sie der Errichtung totalitärer kommunistischer Strukturen diente und als Bestandteil wesentlich zur Erhaltung dieser Strukturen beitrug, waren ihre Intentionen denen einer christlich-demokratischen Partei diametral entgegengesetzt.

Die Entscheidung, die CDU unter der Bedingung formal überleben zu lassen, daß sie in ein Werkzeug zur Verhinderung demokratischer Verhältnisse und damit der Einheit Deutschlands umgewandelt würde, hatten auch keine Politiker mehr getroffen und realisiert, die sich den Intentionen des Gründungsaufrufes verpflichtet sahen, sondern von den Sowjets gelenkte und von der SED kontrollierte prokommunistische Funktionäre, die von den Sowjets und der SED in der CDU aufgebaut worden waren, um die Partei von oben und innen zu paralysieren.

Nicht alle Politiker der CDU der SBZ/DDR lassen sich den genannten vier Hauptgruppierungen der Partei zuordnen. Die Haltung von Politikern wie Lemmer oder Dertinger macht deutlich, daß sich die Gruppierungen nicht deutlich voneinander abgrenzen lassen, sondern in ihren Intentionen ineinander übergingen. So vertrat Lemmer bis zu seinem Weggang aus der SBZ im Sommer 1949 zwar eine ähnliche Haltung wie Hickmann, war aber anders als dieser nicht bereit, die Absetzung Kaisers zu akzeptieren und Kaisers neue Politik zu verurteilen. Anders als Kaiser spielte er jedoch trotz seiner Absetzung mit dem Gedanken, sich am Volksrat zu beteiligen und die Führung der CDU der SBZ zu übernehmen. Bis Mitte 1949 arbeitete er in den Vorständen des FDGB und des Kulturbundes leitend mit. Seine Haltung läßt erkennen, daß er – anders als Kaiser – weiterhin auf Kooperation setzte. Anderthalb Jahre nach Kaiser und ein halbes Jahr vor Hickmann schloß er sich der Linie Kaisers an, nachdem er mit großem Bedauern festgestellt hatte, daß die Sowjets zu keinerlei Kompromissen fähig waren. Dertingers politische Konzeption ähnelt der Nuschkes. Wie dieser setzte er auf eine Form der Wiedervereinigung Deutschlands, die die sowjetischen Interessen befriedigte und stellte sich als DDR-Außenminister dieser Politik zur Verfügung. Wie Nuschke hoffte auch Dertinger bis zum Frühjahr 1952 auf ein partnerschaftliches Verhältnis zwischen Deutschland und der UdSSR. Erst die gewonnene Erkenntnis über die tatsächlichen Intentionen der sowjetischen Deutschlandpolitik ließen ihn an seiner eigenen Haltung und an seinem Beitrag zur Durchsetzung dieser Politik zweifeln.

Früher als Nuschke, aber mit wesentlich weniger innerer Überzeugung hatte sich Dertinger zum Werkzeug der Sowjets machen lassen.

Bei der Beurteilung der verschiedenen Strömungen in der CDU der SBZ/DDR und ihrer Repräsentanten müssen neben den politischen Grundüberzeugungen auch die taktischen Erwägungen, die charakterlichen Unterschiede der Akteure sowie deren Wohnort berücksichtigt werden. Oft waren die politischen Überzeugungen der Mitglieder und Funktionäre von Konzeptionslosigkeit geprägt. Nach der gescheiterten Demokratie der Weimarer Republik und nach den Erfahrungen mit dem Nationalsozialismus reduzierten sich die Überzeugungen der meisten Mitglieder auf allgemein christlich-humanistische Erwägungen, die von der Hoffnung auf eine allgemeine Besserung der Situation geprägt waren. Mit der Entwicklung demokratischer Strukturen in den Westzonen und der dort damit einhergehenden Besserung der wirtschaftlichen Situation gewannen westlich-demokratische Modelle an Attraktivität. Dennoch handelte es sich auch bei den demokratischen Denkansätzen um undifferenzierte Vorstellungen, die von zahlreichen Vorurteilen und durch Unkenntnis geprägt waren. Stärker als die politischen Erwägungen bestimmten oft die schwierigen materiellen Umstände die Haltung der Akteure. Die wirtschaftliche Not erhöhte die Bereitschaft zu Zugeständnissen in der eigenen Meinung, zumal wenn sie scheinbar abstrakte politische Vorgänge betrafen, die nicht in einem erkennbaren Zusammenhang zum selbst erfahrenen Lebensbereich standen.

Neben der materiellen Situation bestimmte der Wohnort die politische Haltung. Eine westlich-demokratische Gesinnung und die Befürwortung der Westbindung Westdeutschlands ließen sich auf Dauer mit einem Leben in der SBZ nicht sinnvoll verbinden und führten zur Flucht in den Westen. Kam – wie für Hickmann – ein Weggang aus der Heimat nicht in Frage, paßte sich in der Regel auch die politische Überzeugung den äußeren Umständen an. Eine Funktion innerhalb der politischen Ordnung der SBZ/DDR verlangte eine andere Modifizierung christlich-humanistischer Grundüberzeugungen als eine ähnliche Funktion in den Westzonen bzw. in der Bundesrepublik. Aus diesem Grund kam es immer wieder zu Protesten geflüchteter CDU-Mitglieder, deren Verhalten in der SBZ nach ihrer Flucht im Westen nach westlichen Verhaltensnormen beurteilt wurde. Die Ursache dafür lag darin begründet, daß bei den Flüchtlingen in aller Regel die Zusammenhänge zwischen den politisch-moralischen Grundüberzeugungen und den unvermeidbaren Spiegelungen der allgemeinen Verhältnisse der SBZ in den politischen Verhaltensweisen ungenügend berücksichtigt wurden. Sowohl bei den Mitgliedern und Funktionären der westlichen Unionsverbände als auch bei denen aus der SBZ verbanden sich ähnliche christlich geprägte demokratische Grundüberzeugungen mit den unterschiedlichen politischen, wirtschaftlichen und gesellschaftlichen Rahmenbedingungen in Ost und West. Die Integrierung der jeweiligen Realität in das Konzept politischen Handelns als Ausdruck einer pragmatischen und realistischen Grundhaltung kennzeichnete die Haltung der meisten CDU-Funktionäre. In der Regel stellte es für geflohene CDU-Mitglieder auch kein Problem dar, sich in kurzer Zeit an die wesentlichen politischen Regeln in Westdeutschland zu gewöhnen und Funktionen auszuüben. Nur selten verdrängte – wie bei Götting – die Akzeptanz der Realität die eigene politische Überzeugung und dominierte die Entscheidungen. Eher noch kam es wie bei Kaiser zu einer Ignoranz gegenüber der Realität.

Phasen der Entwicklung der CDU der SBZ

Die Entwicklung der CDU der SBZ/DDR 1948 bis 1952 läßt sich in zwei Hauptphasen einteilen. Die erste Phase reichte von der Gründung der Partei bis ins Jahr 1950. In der zweiten, bis ins Jahr 1989 reichenden Hauptphase präsentierte sich die CDU der DDR als prokommunistische zentralistische Kaderpartei. Die erste Phase war gekennzeichnet durch eine eigenständige bzw. auf Eigenständigkeit zielende Politik der CDU-Führung, die durch die Akzeptanz der von der Besatzungsmacht vorgegebenen politischen, wirtschaftlichen und gesellschaftlichen Rahmenbedingungen geprägt war. Bei allen Modifizierungen änderte sich an dieser Haltung der Führung der CDU in der SBZ in den fünf Nachkriegsjahren nichts. Während der gesamten Zeit vertrat die Partei eine mehr oder weniger christlich-sozialistische, auf demokratische Verhältnisse zielende Politik, trat für Wiedervereinigung Deutschlands auf neutraler Grundlage (Brücke zwischen Ost und West) ein und stand mit der KPD/SED wegen deren von der SMAD unterstützten Führungsanspruchs und der sich abzeichnenden Entwicklung zur kommunistischen Diktatur in der SBZ in ständiger Auseinandersetzung.

Ungeachtet der Absetzung Kaisers und dessen beginnender Aktivitäten gegen die von der Besatzungsmacht geschaffene Legalität setzte der um seine Westberliner Mitglieder reduzierte Rumpfhauptvorstand als Koordinierungsausschuß der Landesvorsitzenden seine Arbeit fort, die wie bisher durch den Versuch gekennzeichnet war, parteipolitische Eigenständigkeit mit Loyalität gegenüber der Besatzungsmacht zu verbinden. Daß damit die Anerkennung der von den Sowjets neu inszenierten Volkskongreßbewegung einherging, wäre kaum erwähnenswert, wenn nicht Kaiser die Beteiligung an diesem Gremium verweigert hätte, weil er zu Recht befürchtete, der Volkskongreß werde nicht der Einheit, sondern der Teilung Deutschlands dienen. Die Tatsache, daß Kaiser mit der „Nationalen Repräsentation", dem Block, der Bodenreform und anderen vergleichbaren Institutionen und Vorgängen bisher auch die Politik der SMAD unterstützt hatte, zeigt, daß nicht der Volkskongreß den eigentlichen Grund für sein Opponieren darstellte, sondern die durch das Scheitern gemeinsamer alliierter Politik erstmals entstandene Möglichkeit dazu. Angesichts der bis dahin demonstrierten Gemeinsamkeit aller Alliierten hatte es zuvor eine Aussicht auf Durchsetzung von Entscheidungen gegen die Politik der Sowjets für deutsche Politiker in Berlin und der SBZ nicht gegeben.

Nicht die Haltung der CDU-Führung, die nach Kaisers Absetzung einen Koordinierungsauschuß zur Fortsetzung ihrer Arbeit bildete, veränderte sich – wie von Kaiser später behauptet –, sondern die politische Situation in Deutschland und Europa. Eine gleichbleibend loyale Haltung der CDU-Führung traf Anfang 1948 auf veränderte politische Rahmenbedingungen. Im Gegensatz zu Hickmann und Nuschke hatte Kaiser diese Situation nicht nur erkannt, sondern, ausgelöst durch seine von ihm selbst provozierte Absetzung, aus der veränderten Situation eine neue Variante seiner Politik entwickelt, die der politischen Polarisierung zwischen den Alliierten und den deutschen politischen Kräften Rechnung trug. Anders reagierten die Landesvorsitzenden, die stärker an die SBZ gebunden und mehr durch die praktische Arbeit vor Ort geprägt waren als Kaiser. Für sie standen die Solidarität mit den Mitgliedern, soziale Probleme, Wirtschaftsfragen und die Entwicklung in der Region stärker im Zentrum ihres politischen Kalküls als die weltpolitischen Konstellationen. Die negativen Meldungen von den alliierten Außenministerkonferenzen kompensierten sie mit ihrer Hoffnung auf eine baldige Änderung der Situation. Schon wegen der Folgen für die Länder in der SBZ wagte kaum einer daran zu denken, daß die Teilung Deutschlands auf Dauer Wirklichkeit werden könnte.

Parallel zur Entwicklung der CDU in der SBZ entstand mit Kaisers Absetzung und der von ihm gegen den Willen der SMAD dennoch fortgesetzten Parteiarbeit auf dem Gebiet der SBZ eine neue Variante von Parteipolitik in der CDU der SBZ, wie sie ähnlich bereits bei der SPD existierte. Diese Politik blieb sich im wesentlichen von 1948 bis in die 60er Jahre gleich und bestand vor allem in öffentlichen Aktionen in den Westzonen/der Bundesrepublik, Propaganda gegen die totalitäre Struktur in der SBZ/DDR und Organisierung der dortigen illegalen Parteiarbeit. In einer Zeit, in der die verhärteten Fronten des Kalten Krieges keinerlei Veränderung der Situation im geteilten Deutschland in Aussicht stellten, entwickelte sich so in der Bundesrepublik ein alternatives Betätigungsfeld für die zahlreichen Flüchtlinge aus der SBZ und aus Ostdeutschland. Der für den Kalten Krieg typische Aktionismus trat an die Stelle konstruktiver Politik. Eine wesentliche Änderung im politischen Konzept der Exil-CDU der SBZ ergab sich Anfang des Jahres 1953, als angesichts der inzwischen perfekt funktionierenden totalitären Strukturen und der damit einhergehenden zahlreichen Schauprozesse gegen Mitarbeiter des Ostbüros der CDU zu eher passiven Formen des Widerstandes übergegangen wurde.

Die von Kaiser seit 1948 vertretene Haltung, der sich Mitte 1949 auch Lemmer und Anfang 1950 selbst Hickmann anschloß, ist nur aus einer tiefen Enttäuschung dieser Politiker angesichts einer doktrinären Politik der Sowjets heraus zu verstehen, die alle Hoffnungen auf eine bessere deutsch-sowjetische Zusammenarbeit ad absurdum führte und gegen ihre eigentliche Absicht unter den Westdeutschen die Bereitschaft zur Westbindung selbst am meisten stärkte.

Die CDU der SBZ/DDR in der sowjetischen Deutschlandpolitik.

Eine besondere Rolle spielte die CDU der SBZ/DDR im Rahmen der sowjetischen Deutschlandpolitik der Jahre 1949 bis 1952, ohne deren Beachtung auch die Rolle, die die Partei innerhalb der SBZ spielte, nicht adäquat erfaßt werden kann. Im Unterschied zu den sowjetisch besetzten Ländern der „Volksdemokratien“ Ostmittel- und Südosteuropas trug das Vorgehen der Sowjets in Deutschland der besonderen Situation Rechnung, die sich aus der gemeinsamen Besetzung des Landes durch verschiedene politische Mächte ergab. Alle politischen Maßnahmen waren immer auf die Möglichkeit ausgerichtet, Einfluß auf alle Teile Deutschlands zu gewinnen. Von den Sowjets geschaffene Institutionen wie der Volksrat oder die Nationale Front, Gesetzeswerke wie die Verfassung der DDR oder das „Gesetz zum Schutz des Friedens“ bezogen sich immer auf ganz Deutschland. Die DDR selbst wurde zum „Kernstaat“ eines zu vereinenden Deutschlands unter sowjetischer Dominanz. Im Rahmen dieser Politik, die bei aller erkennbaren Bevorzugung der Arrondierung des eigenen Herrschaftsbereiches durch Sowjetisierung der SBZ/DDR nie auf den Versuch verzichtete, Einfluß auf ganz Deutschland zu gewinnen, fiel der CDU der SBZ/DDR eine besondere Rolle zu, die sich aus dem ehemals gesamtdeutschen Charakter der Partei und der auf Wiedervereinigung gerichteten Zielstellung der Partei ergab. Im Rahmen der Realisierung der Wiedervereinigungsoption der UdSSR erhielt die CDU der SBZ/DDR eine Bedeutung, die der SED so nicht zukam. In der auf die SBZ/DDR beschränkten Alleinherrschaft der SED fand die Teilungs- und Arrondierungsoption der UdSSR ihren Ausdruck. Damit war die Rolle der SED deutlich auf die SBZ reduziert. Umgekehrt verhielt es sich mit der Situation der CDU der SBZ/DDR. Während ihre Bedeutung innerhalb der SBZ ständig sank, behielt sie als möglicherweise entscheidender Faktor im Falle einer Wiedervereingung für die Sowjets eine Bedeutung, die in der Sonderbehandlung Nuschkes ihren deutlichsten Ausdruck fand. Nuschke konnte sich als möglicher führender Repräsentant einer gesamtdeutschen Regierung innerhalb der SBZ und gegen die SED Vorstöße erlauben, die in anderen sowjetisch besetzten Staaten längst zur Absetzung oder gar zur Verhaftung und Hinrichtung geführt hätten. Auch in der Art der Umfunktionierung der CDU der SBZ/DDR im Zeitraum 1949 bis 1952 schlug sich die deutschlandpolitische Funktion der Partei nieder. Unter der Anleitung des Außenministeriums der DDR, das vom ehemaligen CDU-Generalsekretär Dertinger geleitet wurde und ähnliche Funktionen erfüllte wie das Ministerium für gesamtdeutsche Fragen unter Kaiser, entwickelte die CDU der SBZ/DDR eine umfangreiche Westarbeit, die auf Destabilisierung der Regierung Adenauer und gegen die Westbindung Westdeutschlands gerichtet war. Die CDU der SBZ/DDR versuchte, Kontakte zu westlichen Unionspolitikern herzustellen, die in Opposition zur Politik Adenauers standen und beteiligte sich an „Volksaktionen“ und Appellen gegen die Westbindung. In Briefaktionen und Veranstaltungen mit westdeutschen Vertretern setzte sich die Partei gegen die Westbindung ein. Götting bezeichnete Anfang der 50er Jahre die Westarbeit als das entscheidende Aufgabengebiet der Partei.

Die CDU der SBZ/DDR nahm die ihr von den Sowjets seit dem Winter 1948/1949 gestellte Aufgabe gern an, entsprach diese doch vermeintlich dem Ziel der Partei, die Teilung des Landes zu verhindern. Die führenden Politiker waren sich im klaren darüber, daß die Zukunft der Partei von der Wiedervereinigung abhing und die Entscheidung für die Teilungsoption das politische Ende der CDU bedeutete. Immer wieder machte Dertinger auf die gesamtdeutsche Bedeutung der CDU der SBZ/DDR aufmerksam und verband dies mit dem Hinweis auf die im Falle der Wiedervereinigung geringe Bedeutung der SED. Die SED ihrerseits kompensierte dies mit dem gelegentlichen Hinweis darauf, daß sie auch in einem vereinten Deutschland die Macht an sich reißen würde.

Seit dem Dezember 1948 begannen die Sowjets verstärkt, die CDU der SBZ im Sinne ihrer Politik zu instruieren und zu instrumentalisieren. Ihre ersten Einsätze hatten Politiker der CDU der SBZ im Rahmen des Nationalen Befreiungskampfes und der beginnenden Arbeit der Nationalen Front zu absolvieren. Mit Besuchen in den Westzonen versuchten Nuschke und andere Politiker der Weststaatbildung entgegenzuwirken und langfristige Kontakte zu Politikern der westlichen Union aufzubauen. Im Westen beobachtete man die Aktivitäten der CDU der SBZ mit Skepsis. Die westlichen Alliierten und Politiker wie Adenauer erkannten die Sowjets als die eigentlichen Drahtzieher der Aktionen. Als die wirklichen Botschafter aus der SBZ sah man im Westen nicht Politiker wie Nuschke an, der durch die Propaganda Kaisers ohnehin bereits zum Untertan der SED abgestempelt war, sondern die immer zahlreicher werdenden Flüchtlinge, die angesichts der fortschreitenden Sowjetisierung der SBZ ihre Heimat verließen. Da auch die Wunschpartner der CDU-Führung der SBZ wie Heinemann oder Müller innerhalb der westlichen Union an Bedeutung verloren, blieben die Aktivitäten der CDU der SBZ ohne Erfolg. Die Entstehung der Bundesrepublik konnte durch den Versuch, die Weststaatbildung durch die Aktivierung einer deutschen Öffentlichkeit zu unterminieren, nicht verhindert werden. Ungeachtet dieser Tatsachen setzten die Sowjets ab 1950 ihre Versuche fort, mit Hilfe der Nationalen Front und einer inzwischen auf einen prokommunistischen Kurs gebrachten CDU der DDR Einfluß auf die westdeutsche Bevölkerung zu nehmen. Vor allem während des alliierten Notenwechsels 1952 wurde die CDU der DDR noch einmal aktiv, um die Westeinbindung der Bundesrepublik zu verhindern. Dertinger und Nuschke nutzten alte Kontakte, um selbst in Kreisen der Exil-CDU der SBZ für eine Neutralisierung Deutschlands nach sowjetischen Wünschen zu werben.

Die permanente Favorisierung der Option der Sowjetisierung und der Arrondierung des Herrschaftsbereiches durch die Osteinbindung der SBZ machten die auf Wiedervereinigung und angebliche Neutralisierung zielenden Vorstöße der UdSSR unglaubwürdig. Den Westalliierten, die an einer Neutralisierung Deutschlands ohnehin nicht interessiert waren, mußte es schwerfallen, Beispiele für die angekündigte

Kompromißbereitschaft zu finden, auf die sich das für eine Wiedervereinigung aller Zonen nötige Vertrauen hätte stützen können. Sowohl die bisher mit den Sowjets gesammelten Erfahrungen als auch die Kenntnis der politischen und wirtschaftlichen Verhältnisse in der SBZ, die permanenten Angriffe auf die Bundesregierung, der man eine Mitwirkung an einer gesamtdeutschen Regierung nicht zubilligte, und nicht zuletzt der desolate Zustand der die sowjetische Politik und die Wiedervereinigung anpreisenden CDU der SBZ/DDR nährten den Verdacht, daß die Sowjets mit ihrem Drängen nach Wiedervereinigung nur den Versuch unternahmen, ganz Deutschland nach Osten zu binden. Vor allem die ab Januar 1952 von Stalin verkündete Abkehr von der „Zwei-Lager-Theorie" zugunsten der Theorie von einer angeblichen Rivalität zwischen den kapitalistischen Hauptmächten (USA, Großbritannien, Frankreich) und dem besiegten Deutschland und das damit verbundene Angebot an die Bunderepublik, in Zukunft mit den sowjetisch okkupierten Staaten zu kooperieren, erhöhten bei den westlichen Alliierten keinesfalls die Bereitschaft, auf die Westbindung der Bundesrepublik zu verzichten. Das Scheitern der sowjetischen Wiedervereinigungspolitik und die Verkündigung der Errichtung des Sozialismus in der DDR führten in direkter Folge zur endgültigen Unterordnung der CDU unter die kommunistische Alleinherrschaft, zur Verhaftung des CDU-Außenministers der DDR und zu einer Reihe von CDU-Schauprozessen während des Winters 1952/53. Die CDU verlor ihr entscheidendes Betätigungsfeld und die Chance, in einer gesamtdeutschen Regierung für eine ostorientierte Politik zu wirken.

Die Umfunktionierung der CDU der SBZ/DDR und ihr Widerstand dagegen.

Die gesamte Zeit bis zur endgültigen Umgestaltung war gekennzeichnet von der schrittweisen Lähmung und Umfunktionierung der CDU durch die SMAD, die SED und die in der CDU wirkenden prokommunistischen Kräfte. Dasselbe gilt auch für die LDP. Die Veränderung von Funktion, Organisation und Programmatik der CDU und der LDP im untersuchten Zeitraum vollzog sich sowohl innerhalb der Parteien als auch durch die schrittweise Umwandlung der gesamten politischen, wirtschaftlichen und gesellschaftlichen Verhältnisse der SBZ. So hat etwa die Schaffung eines Systems staatlicher Betriebe, in denen die SED von Anfang an dominierte, erheblich zur Schwächung der CDU und LDP und damit zur Umgestaltung beigetragen. Die Verstaatlichungen und andere ähnliche Maßnahmen, mit denen die wirtschaftliche und gesellschaftliche Ordnung der SBZ völlig umstrukturiert wurden, zielten zwar nicht direkt auf die Veränderung der Parteien, trugen aber entscheidend dazu bei. Die Besatzungsmacht schuf mit der befohlenen Sowjetisierung der SBZ ein politisches, wirtschaftliches und gesellschaftliches System, in dem die CDU und die LDP mehr und mehr wie Fremdkörper wirkten. Die von der Besatzungsmacht geschaffenen Realitäten schlugen sich in den Programmen, den Arbeitsmöglichkeiten und in der Organisation von CDU und LDP nieder und trugen so zur Veränderung der Parteien bei. Darüber hinaus aber wurden CDU und LDP ab 1948 vor dem Hintergrund der Teilung Deutschlands und der schnellen Sowjetisierung der SBZ den veränderten Verhältnissen durch unmittelbare Maßnahmen der SMAD/SKK und SED angepaßt. Exemplarisch seien einige der wichtigsten Schritte auf dem Weg der Umfunktionierung der CDU in eine prokommunistische Kaderpartei ab 1948 wiederholt:

- Schaffung der Volkskongresse auf allen Ebenen und des Volksrates als Alternativen zu den parlamentarisch-demokratischen Körperschaften, in denen CDU und LDP oft dominierten.
- Immer stärkere Einbindung in die Blockarbeit und Zentralisierung der Blockentscheidungen.
- Einführung des „demokratischen Zentralismus" in der CDU und im Block als Voraussetzung für die Umfunktionierung „von oben".
- Gründung der prokommunistischen Parteien DBD und NDPD zur Schwächung von CDU und LDP in allen Parlamenten.
- Einbeziehung von DBD, NDPD, FDGB und Massenorganisationen in die Parlamente.
- Direkte sowjetische Anweisungen zur Anerkennung einer Entwicklung zu totalitären Strukturen (3. Parteitag der CDU).
- Mehrmalige Verschiebung freier und geheimer Listenwahlen durch die SMAD.
- Ständiger offener Terror (Absetzungen, Verhaftungen) gegen oppositionelle CDU-Funktionäre und Mitglieder auf allen Parteiebenen.
- Benutzung der Justiz zur Verfolgung der politischen Opposition.
- Einführung von Einheitslistenwahlen, die die Mehrheiten von CDU und LDP kaschierten.
- Außerparlamentarische „Volksaktionen" der SED gegen die CDU und LDP.
- Verbot der Gründung christlicher Gewerkschaften.
- Verbot der Betriebsgruppenarbeit der CDU.
- Umdefinierung der christlich-sozialistischen Volkspartei CDU in eine „kleinbürgerliche" Partei und Zuweisung einer untypischen und kleinen Zielgruppe.
- Abschaffung der Länder und ihrer Institutionen als Träger relativer Eigenständigkeit und Ersetzung durch eine zentralistische Bezirksstruktur.

Während die Parteiführung unter Hickmann und Nuschke bemüht war, die politische Orientierung nicht zu verändern und in Programmen auszuformulieren, ging die Entwicklung rasant über sie hinweg. In einer revolutionären Entwicklung veränderten die Sowjets und ihre deutschen Vasallen die politische, wirtschaftliche und gesellschaftliche Ordnung. Die CDU war gegenüber der Besatzungsmacht völlig in der Defensive, bemühte sich aber, wo und wann sie konnte, der Umgestaltung der Ordnung der SBZ Einhalt zu gebieten. Auf alle gravierenden Maßnahmen bei der Umgestaltung der SBZ zu einer kommunistischen Diktatur reagierte die CDU bis Anfang 1950 regelmäßig mit Protesten und anderen Aktionen, die ihr vergebliches Bemühen um Erhalt der Eigenständigkeit und um Demokratisierung der Gesellschaft dokumentieren:

– Nach der Anerkennung der Volkskongreßbewegung als Instrument der sowjetischen Besatzungsmacht bekundete die CDU durch Aufkündigung der Zusammenarbeit mit der SED im Zentralen Block, daß ihre Loyalität gegenüber der SMAD nicht die Akzeptanz der von der SED beanspruchten führenden Rolle einschloß.
– Ein zweites Mal stellte sie 1949 – wie die LDP – die Zusammenarbeit mit der SED im Zentralen Block wegen der Forderung der SED nach der Führungsrolle in Staat, Wirtschaft und Gesellschaft ein.
– Seit Anfang des Jahres 1948 erklärte die Parteiführung die baldige Abhaltung freier Wahlen zur Voraussetzung für ihre weitere Mitarbeit. In diesem Sinne instruierte sie alle Parteigliederungen und untersagte die Beteiligung an Maßnahmen, die gegen die Abhaltung freier Wahlen gerichtet waren.
– Angesichts der Einbeziehung der CDU in die Arbeit des im März 1948 geschaffenen Volksrates und der Volksausschüsse bestanden die CDU-Vertreter in allen Zonen-, Landes-, Kreis- und Ortsausschüssen darauf, daß es sich bei den Ausschüssen und dem Volksrat um keinen Ersatz für die parlamentarische Arbeit in den Landtagen, Kreis- und Kommunalparlamenten handelt.
– Im Verfassungsausschuß des Deutschen Volksrates drängten die CDU-Vertreter auf eine Verankerung parlamentarisch-demokratischer Prinzipien in der Verfassung für die Deutsche Demokratische Republik.
– In allen Parlamenten der SBZ kritisierte die CDU die Vormachtstellung der SED sowie zahlreiche Gesetzesanträge und forderte die Einhaltung parlamentarischer Regeln.
– Die CDU wandte sich energisch gegen den Zweijahresplan der SED und den damit verbundenen Anspruch, Plan des ganzen Volkes zu sein. Sie stellte als Gegenplan ein eigenes Wirtschafts- und Sozialprogramm auf.
– Ihre programmatische Selbständigkeit unterstrich sie durch die Erstellung eines Agrar-, Genossenschafts- sowie eines Kulturprogrammes.
– Sie kritisierte die Art und den Umfang der Sequestrierungen und setzte sich für den Erhalt einer privaten Wirtschaft und eines freien Bauerntums ein.
– Die CDU protestierte gegen die Gründung prokommunistischer Parteien und bezeichnete die Gründung als Manöver zur Machterringung durch die SED.
– Sie wehrte sich gegen die Einbeziehung der neuen prokommunistischen Parteien und der Massenorganisationen in die Parlamente.
– In den Betrieben und im FDGB wehrte sich die CDU gegen die Bevorzugung der SED.
– Angesichts der Umfunktionierung des FDGB in eine kommunistische Massenorga-

nisation drängten die führenden CDU-Gewerkschafter auf Gründung unabhängiger christlicher Gewerkschaften.

- Dem Führungsanspruch der SED in den staatlichen Betrieben versuchten die CDU-Gewerkschafter durch die überregionale Organisierung und den Zusammenschluß der CDU-Betriebsgruppen zu begegnen.
- In der FDJ kritisierte die CDU die marxistisch-leninistische Orientierung des Jugendverbandes und den Führungsanspruch der SED.
- Auf dem 3. Parteitag kritisierte sie öffentlich den Führungsanspruch der SED und ihre Propagierung des „Klassenkampfes".
- Nach der von der SMAD angeordneten Anerkennung der führenden Rolle der SED auf dem 3. Parteitag der CDU in Erfurt profilierte sich die CDU als wichtigste Kraft im Falle einer Wiedervereinigung und reduzierte die Bedeutung der SED auf die SBZ.
- Bis zum 16. Mai 1950 sprach sich Nuschke kategorisch gegen Einheitslistenwahlen aus, deren erkennbarer Zweck darin bestand, die SED ohne demokratische Legitimierung an der Macht zu halten.
- Symbolisch begehrte Nuschke mit seinem Protest anläßlich der Waldheim-Prozesse gegen die kommunistische Justiz auf.

Die Möglichkeiten, gegen die Umwandlung der Gesellschaft zu protestieren, nahmen für die CDU schnell ab. Innerhalb der Partei wurden zudem die protestbereiten Mitglieder und Funktionäre in einem Prozeß der „Selbstreinigung" von prokommunistischen Funktionären ersetzt, die in immer stärkerem Maße behaupteten, die eigentliche CDU zu repräsentieren.

Der Aktionsradius war allerdings auf den verschiedenen Ebenen unterschiedlich. Der Prozeß der Zentralisierung der CDU, für den die Namen Dertinger und Götting stehen, ließ eine Veränderung der Partei von oben nach unten eintreten. Das Generalsekretariat war die Stabsstelle für die Umfunktionierung der Partei von innen. Die Umstände, die von den Landesverbänden in der Frühphase der Entwicklung der Partei stets kritisiert wurden – mangelnde Koordinierung und fehlende Direktiven – verkehrten sich nun ins Gegenteil. Mit der Zentralisierung der Partei verlagerte sich das eigentliche Geschehen an die Parteispitze und trat in Form von zahlreichen Direktiven in Erscheinung. Ab 1950 verschwanden die Eigenheiten der Landesverbände. Das Parteileben gestaltete sich einheitlich nach den Anweisungen Göttings. Die Landes- und ab 1952 die Bezirksverbände der CDU wurden zu Instrumenten der zentralistischen Kaderpartei. Die hier ebenfalls etablierten CDU-Sekretäre sorgten für die Umsetzung der Anweisungen und delegierten sie an die nachgeordneten Parteigremien. Von einem demokratischen Entscheidungsfluß von der Parteibasis an die Parteispitze konnte 1952 keine Rede mehr sein. Dennoch waren die Möglichkeiten an der Parteibasis immer am größten und blieben am längsten erhalten, hatten andererseits natürlich die wenigsten Auswirkungen auf das politische Geschehen. Im Rahmen der Kommunalpolitik konnten CDU-Vertreter noch lange Zeit Entscheidungen durchsetzen, die auf Landes- oder Bezirksebene bzw. auf Zonen/DDR-Ebene undenkbar gewesen wären.

Verfolgt man die Entwicklung der politischen Struktur der SBZ, so wird erkennbar, daß alle markanten politischen Schritte, die zur Gründung und Stabilisierung der DDR führten, sich direkt gegen demokratische Strukturen richteten, deren Reste tilgten oder ihr Entstehen unterbanden. Die Bundestagswahlen 1949 bestätigten die sowjetische Vermutung, daß freie Listenwahlen zu einem Sieg der Union führten. Auch in der SBZ hätten Listenwahlen ein ähnliches Ergebnis wie in der Bundesrepublik erbracht. Die CDU Nuschkes hätte wahrscheinlich gemeinsam mit der LDP eine Mehrzahl der Stimmen erringen können und damit die Regierung gestellt. Bei aller Loyalität gegenüber der Besatzungsmacht wäre dadurch eine völlig veränderte Situation in der SBZ und damit in ganz Deutschland entstanden. Die dann von CDU und LDP vermutlich angestrebte Angleichung der Verhältnisse der SBZ/DDR an die Westzonen/Bundesrepublik widersprach den sowjetischen Interessen fundamental. Ihre Politik in der SBZ war nur mit der politisch kongruenten SED denkbar, die als „von Stalin geschweißte“ Partei die sowjetischen Interessen optimal in die Tat umsetzte.

Mit dem bei freien Listenwahlen im Oktober 1949 zu erwartenden Wahlsieg von CDU und LDP wären bei der auf Wiedervereinigung und Demokratisierung zielenden Politik der beiden Parteien die Weichen in Richtung Wiedervereinigung gestellt gewesen. Demokratisierung und Einheit des Landes lagen dicht beieinander. Nur durch rigides Eingreifen hätten sich die Sowjets gegen eine solche Entwicklung wenden können und wären damit als die eigentlichen Verursacher der Teilung Deutschlands bloßgestellt gewesen.

Mit der Gründung der DDR unter Führung der SED und der nach der Gründung einsetzenden Terrorwelle gegen CDU und LDP, mit der Abschaffung freier Listenwahlen und der Einführung einer Einheitslistenwahl im Oktober 1950 setzten sich die Sowjets über das Verlangen der Bevölkerung nach demokratischen Strukturen und Wiedervereinigung hinweg und zementierten damit die bis dahin von ihnen betriebene Teilung Deutschlands. Die Errichtung der SED-Diktatur anstelle demokratischer Strukturen ist bis in die Gegenwart der wesentliche Hinderungsgrund für die Einheit Deutschlands geblieben. Die bisherige Form der CDU und der LDP in der DDR, die 1949 von der Bevölkerung in die Regierungsverantwortung gerufen worden wären, wenn die Sowjets dies nicht durch die Abschaffung freier Listenwahlen verhindert hätten, blieb bis in die Gegenwart Ausdruck der totalitären Strukturen im anderen Teil Deutschlands. Erst die neuen Entwicklungen seit dem Herbst 1989 bieten die Chance, in ganz Deutschland zukünftig den Weg der Demokratie und Selbstbestimmung zu gehen.

Anhang

1. Tabellen

Mitgliederentwicklung der Landesverbände der CDU 1948 bis 1952

		Sachsen	S.-Anh.	Thüring.	Brand.	Meckl.	Berlin*
1947	Dez.	68.459	45.858	36.083	24.209	26.153	17.427
1948	Jan.	.	.	.	.	.	17.305
	Febr.	.	.	.	.	.	17.262
	März	69.746	.	.	.	.	17.180
	April	70.378	46.236	35.254	24.648	26.807	17.069
	Mai	70.881	46.264	35.301	24.848	26.692	======
	Juni	.	47.462	35.844	25.248	27.443	.
	Juli	72.992	.	.	.	.	68
	Okt.	73.829	47.950	36.710	25.542	28.850	.
	Dez.	73.299	47.234	36.388	.	.	.
1949	Jan.	73.299	47.234	36.388	25.227	29.028	.
	Febr.	71.564	46.983	36.183	25.003	28.948	.
	März	70.947	46.865	36.012	24.769	28.870	.
	April	70.747	46.716	36.213	25.011	28.969	.
	Mai	70.439	46.792	36.281	25.066	29.263	.
	Juni	70.092	46.754	36.166	24.886	.	.
	Juli	70.092	46.754	36.166	24.568	29.019	.
	Sept.	70.302	46.808	35.653	.	.	.
	Okt.	70.302	46.834	35.653	24.423	28.789	1.355
	Dez.	70.965	46.604	35.296	24.900	28.227	.
1950	Jan.	71.990	46.650	35.199	24.640	27.625	.
	Febr.	70.991	46.469	35.208	23.766	27.360	1.523
	März	69.856	45.906	35.255	23.251	27.028	1.565
	Mai	66.923	45.287	34.858	22.054	26.491	1.615
	Juni	66.069	44.781	35.545	21.817	26.073	.
	Juli	64.989	44.388	34.166	21.543	25.633	1.676
	Nov.	61.052	41.891	33.233	20.563	24.650	1.741
	Dez.	60.451	41.116	33.206	20.528	23.986	1.755
1951	Jan.	59.151	40.457	32.979	19.578	23.268	1.786
	Febr.	57.543	39.194	.	.	.	1.779
	März	56.858	.	.	.	.	1.799
	Mai	.	38.758	.	.	.	.
	Nov.	54.000	.	.	.	.	.
1952	Juli	.	.	28.000	.	.	.

* Im April 1948 verläßt der LV Berlin den Gesamtverband der CDU der SBZ und Berlins. An seine Stelle tritt der „Arbeitskreis Groß-Berlin beim Gesamtverband der CDU". Quellen: (ACDP III-013-790/I-297-001/III-013-800/III-013-781/III- 013-696). WEBER: Parteiensystem S. 526f.

Mitglieder der CDU der SBZ/DDR und Berlins*

1947	Dezember	218.189		März	172.628
1948	Oktober	212.881		Juni	170.568
1949	Januar	211.176		November	166.000
	Juli	206.599	**1952**	Juli	164.250
1950	Januar	206.114		Oktober	155.700
	Juli	194.934		Dezember	155.000
	September	188.652	**1956**		100.000
1951	Januar	177.280	**1960**		85.000

Grafische Darstellung: Mitgliederentwicklung der CDU*

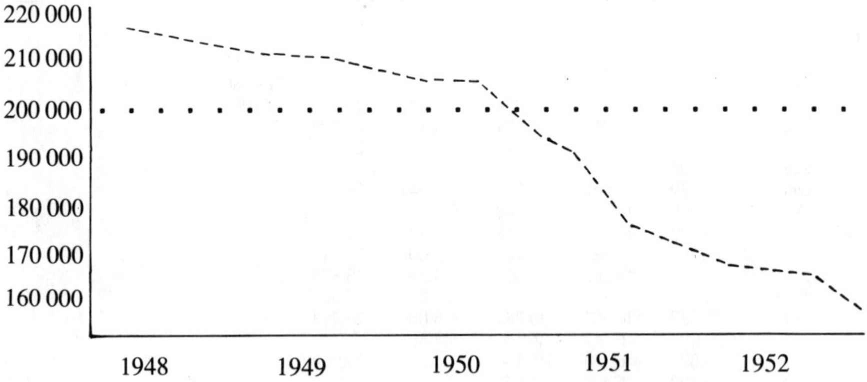

Weibliche Mitglieder der CDU der SBZ/DDR 1947 bis 1950 (in %)

		S.-Anhalt	Brandenb.	Mecklenb.	Sachsen	Thüringen
1947	Dez	42,1	–	44,1	47,0	39,7
1948	Juni	42,0	45,8	43,0	46,7*	39,0
	Dez	41,4	45,4	42,4	–	37,3
1949	Juni	41,0	45,1	41,0	45,8	36,9
	Dez	40,5	44,0	40,2	45,1	36,3
1950	Juni	40,1	43,8	39,7	44,5	35,9
	Dez	39,3	42,8	40,1	43,8	35,8

*31.7.48; Quelle: WEBER: Parteiensystem S. 533.

Mitgliederbestände und Berufsstruktur der Mitglieder der CDU der SBZ/DDR 1948 bis 1951 (in % der Mitglieder)

1 = Arbeiter
2 = Angestellte
3 = Behörden-angestellte
4 = Bauern
5 = selbständige Handwerker/Kaufleute
6 = freie Berufe
7 = Hausfrauen
8 = ohne Beruf
9 = anderes/ohne Angaben

		1	2	3	4	5	6	7	8	9	Insg./ Absol.
Sachsen-Anhalt											
1948	Jan.	12,6	18,4	8,3	13,6	9,6	8,4	24,6	4,5	–	45.853
	Juni	14,0	16,5	9,4	13,3	11,4	5,5	22,1	7,8	–	47.462
	Dez.	14,6	16,4	9,9	12,9	11,2	5,5	21,6	8,0	–	47.234
1949	Juni	15,9	15,1	10,0	13,2	10,1	4,5	21,5	9,8	–	46.754
	Dez.	16,1	14,9	10,5	13,4	10,2	4,2	20,4	–	10,4	46.604
1950	Juni	16,1	15,2	11,0	13,5	10,4	4,0	20,0	9,8	–	44.781
	Dez.	16,8	15,3	11,9	13,1	10,3	4,1	18,8	9,6	–	41.116
Brandenburg											
1948	Jan.	12,5	19,4	6,3*	13,6	8,7	4,4*	21,1		14,2	24.209
	Juni	14,1	18,0	4,4	15,5	9,5	3,0	21,1		14,3	25.248
	Dez.	14,4	17,8	4,3	15,7	9,7	3,2	21,0		13,9	25.227
1949	Juni	15,6		25,6	18,3	10,6	–	20,2		9,5	24.886
	Dez.	16,0	15,4	5,1	18,9	10,6	3,9	19,8		9,3	24.900
1950	Juni	16,2	16,2	4,9	20,4	11,0	3,3	20,0		8,0	21.817
	Dez.	16,3	17,2	5,2	22,7	11,2	4,2	19,4		4,7	20.528
Mecklenburg											
1948	Jan.	7,0	10,8	9,9	18,5	16,0	7,8	23,2	6,8	–	26.153
	Juni	7,9	10,5	10,3	18,6	16,1	6,6	22,8	7,3	–	27.443
	Dez.	8,7	9,6	10,9	18,8	16,2	5,9	22,8	7,1	–	29.028
1949	Juni	8,3	9,7	10,9	19,6	15,8	5,9	21,6	7,3	–	29.019
	Dez.	8,9	9,6	11,0	20,3	15,9	5,9	20,9	7,5	–	28.227
1950	Juni	8,9	9,5	11,5	20,6	15,9	5,4	20,3	7,9	–	26.073
	Dez.	8,9	9,9	12,6	20,1	15,5	5,3	19,3	8,5	–	23.986
Sachsen											
1948	Jan.	17,6	26,1	10,4	13,4	6,2	24,2			2,2	68.459
	Juli	18,7	26,2	10,6	12,7	5,7	24,3			1,9	72.992
	Dez.	18,7	26,3	10,8	12,5	5,6	24,2			2,0	73.299
1949	Juni	19,0	27,1	10,8	12,4	5,5	23,3			1,9	70.092
	Dez.	19,6	27,4	10,8	12,2	5,6	22,4	2,0		–	70.965
1950	Juni	19,7	28,1	11,0	12,0	5,6	21,6	2,0		–	66.069
	Dez.	20,1	28,6	11,0	12,2	5,6	20,5	2,0		–	60.451
Thüringen											
1948	Jan.	23,2	20,3	7,2	16,2	10,1**	6,2	16,8	–	–	36.083
	Juni	24,4	20,9	6,6	15,5	10,1**	6,1	16,4	–	–	35.844
	Dez.	24,2	21,4	6,5	15,5	10,4**	5,4	16,6	–	–	36.388
1949	Juni	23,1	23,8	6,2	15,4	10,3	5,1	16,1	–	–	36.166
	Dez.	23,6	24,5	5,9	15,2	10,6	5,0	15,3	–	–	35.296
1950	Juni	23,7	25,4	2,0	15,4	10,2	2,8	14,9	4,5	–	35.545
	Dez.	23,4	26,8	2,1	15,6	9,9	2,2	15,0	4,9	–	33.206

* Näherungswert; ** selbständige Handwerker und (kleine) Unternehmer;
Quelle: WEBER: Parteiensystem S. 526f.

Ortsgruppen der CDU in der SBZ/DDR und in Berlin 1947 bis 1952

		Sachsen	S.-Anh.	Thür.	Brand.	Meckl.	O.-Bln.	Insg.
1947	Dez.	1267	1119	738	814	567	–	4505
1948	April	1280	1158	738	882	616	–	4674
	Okt.	1309	1223	772	923	763	–	4990
1949	Jan.	1302	1098	794	819	782	–	4795
	April	1275	1136	805	774	821	–	4811
	Mai	1278	1146	805	783	848	–	4860
	Juli	1294	1161	818	772	870	–	4915
	August	1298	1164	818	774	878	–	4932
	Okt.	1311	1276	823	783	880	–	5073
1950	Jan.	1366	1230	849	797	883	–	5125
	Febr.	1359	1226	855	731	878	8	5057
	April	1337	1230	865	719	858	27	5036
	Mai	1275	1230	879	643	843	27	4897
	Juli	1254	1114	879	638	828	27	4740
	Okt.	1285	1177	892	880	847	27	5083
	Dez.	1356	1172	892	530	844	27	4821
1951	Jan.	1365	1138	892	484	825	27	4731
	April	1413	1086	902	498	819	28	4746
	Juli	1393	1093	904	490	821	28	4729
	Okt.	1328	1077	904	486	828	28	4651
1952	Jan.	1374	1035	908	473	826	28	4644
	März	1374	1035	909	466	794	30	4608
	Juni	1374	1015	912	477	794	30	4602

Die Zunahme der Ortsgruppen in Sachsen und Thüringen gegen den Trend erklärt sich aus der Auflösung bzw. Umbenennung der Stützpunkte in Ortsgruppen. Vgl. Tabelle: Stützpunkte der CDU.
Quellen: (ACDP I-297-003/III-013-781/III-013-696/III-013-789/III- 012-29/III-013-791/III-013-800/III-013-630/2). Utm vom August 1952.

Stützpunkte der CDU in der SBZ/DDR und in Berlin 1948 bis 1952

		Sachsen	S.-Anh.	Thüring.	Brandenb.	Meckl.	O-Bln.	Insg.
1948	April	135	614	805	51	–	–	1612
	Okt.	143	609	828	106	–	–	1686
1949	Jan.	145	750	895	180	–	–	1970
	April	140	717	896	246	–	–	1999
	Mai	130	728	899	236	–	–	1993
	Juni	111	698	900	239	–	–	1948
	Aug.	112	689	900	230	–	–	1928
	Sept.	110	577	903	219	58	–	1867
1950	Jan.	94	601	898	216	79	–	1888
	Febr.	87	606	893	234	79	–	1899
	März	92	614	883	233	101	6	1929
	April	120	587	876	238	91	6	1918
	Juni	104	609	387	235	96	6	1437
	Sept.	75	397	351	357	80	6	1266
	Dez.	75	378	349	356	74	6	1230
1951	Jan.	75	372	352	298	83	6	1186
	April	–	361	308	273	78	6	1026
	Juli	–	337	303	268	83	6	997
	Okt.	–	303	284	268	77	6	938
1952	Jan.	–	323	262	263	81	6	945
	März	–	323	267	258	122	4	974
	Juni	–	318	257	252	122	4	953

Quellen: (ACDP I-297-003/III-013-781/III-013-696/III-013-789/III- 012-29/III-013-791/III-013-800/ III-013-630/2). Utm vom August 1952.

Betriebsgruppen der CDU 1949 bis 1952

		Sachsen	S.-Anh.	Thür.	Brand.	Meckl.	O.Bln.	Insg.
1949	Jan.	270	185	120	46	59	–	680
	April	285	194	131	48	76	–	734
	Mai	289	199	139	70	79	–	776
	Juni	322	217	157	70	81	–	847
	August	336	235	173	77	87	–	908
	Sept.	347	238	175	87	88	–	935
1950	Jan.	421	297	203	109	100	–	1130
	Febr.	430	312	204	105	99	17	1167
	Mai	452	319	222	108	98	19	1218
	Juli	449	299	224	110	87	20	1189
	Okt.	484	300	231	126	83	21	1246
	Dez.	489	290	231	125	87	21	1240
1951	Jan.	477	293	231	127	89	21	1238
	April	490	324	224	175	105	22	1440
	Juli	515	335	246	182	107	22	1407
	Okt.	508	337	257	178	107	21	1408
1952	Jan.	513	320	259	165	110	23	1350
	März	527	316	266	176	107	23	1415
	Juni	541	319	279	217	101	23	1471

Quellen: (ACDP I-297-003/III-013-781/III-013-696/III-013-789/III- 012-29/III-013-791/III-013-800/ III-013-630/2). Utm vom August 1952.

Betriebsgruppen der CDU in Sachsen-Anhalt

	August 1950	April 1951		August 1950	April 1951
Bernburg	12	16	Oschersleben	7	7
Bitterfeld	17	21	Osterburg	–	–
Burg	6	8	Quedlinburg	27	22
Delitzsch	7	8	Querfurt	5	4
Dessau	8	7	Saalkreis	2	3
Eisleben	20	22	Salzwedel	6	6
Gardelegen	9	6	Sangerhausen	7	8
Genthin	5	5	Schönebeck	1	1
Halberstadt	8	9	Stendal	2	5
Haldensleben	6	3	Torgau	8	8
Halle	43	42	Wanzleben	7	4
Herzberg	3	3	Weissenfels	–	14
Kölleda	2	2	Wernigerode	13	16
Köthen	13	14	Wittenberg	8	8
Liebenwerda	5	7	Wolmirstedt	–	–
Magdeburg	24	23	Zeitz	7	6
Merseburg	5	11	Zerbst	4	4
			Insgesamt	297	324

CDU-Mitglieder in Massenorganisationen (Sachsen-Anhalt)

		DFD	FDJ	VdGB	FDGB	DSF	DKB
1949	August	691	1015	4230	14960	526	1177
	Oktober	689	1049	4322	15140	582	1189
1950	Februar	740	1097	4668	15967	1674	1248
	Juli	1038	1301	4430	15896	3011	1288
	August	1142	1549	4530	16514	3261	1342
1951	März	1849	1754	4105	17300	6227	1856

Quellen: (ACDP III-013-790/III-013-791/III-013-630).

Grafischer Vergleich: CDU-Mitglieder insgesamt und CDU-Mitglieder in der DSF (Sachsen-Anhalt)

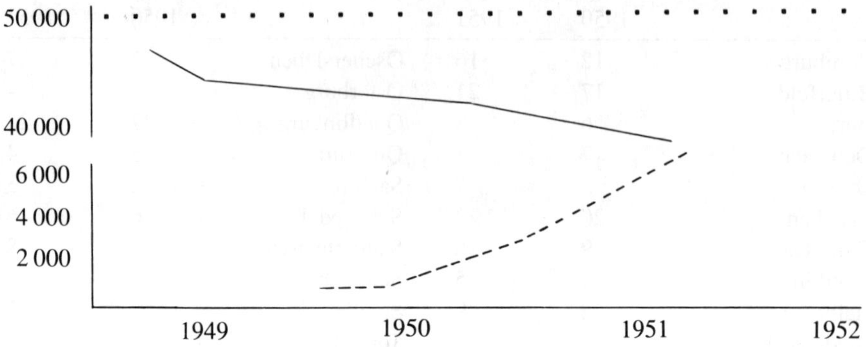

Grafischer Vergleich: Frauen in der CDU und CDU-Mitglieder* im DFD (Sachsen-Anhalt)

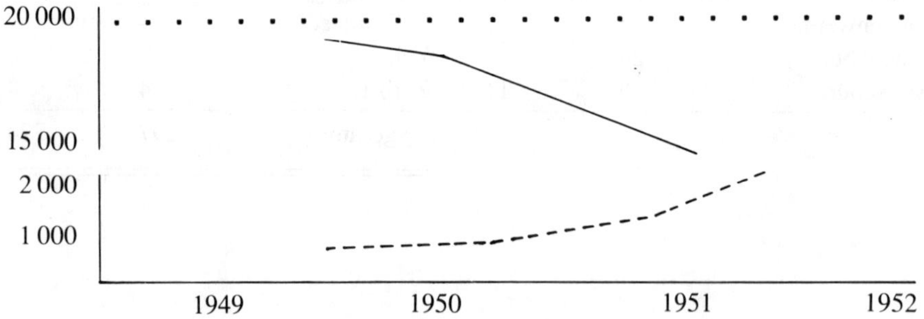

* Frauen. Quellen: (ACDP III-013-790/III-013-791/III-013-630).

Die Landesvorsitzenden der CDU der SBZ/DDR 1948 bis 1952

	Sachsen	S.-Anhalt	Thüringen	Brandenburg	Mecklenburg
1948	Hugo Hickmann	Leo Herwegen	Siegfried Trommsdorff	Wilhelm Wolf	Reinhold Lobendanz
		Erich Fascher (Mai 48)		Ernst Zborowski (Juni 48)	
				Karl Grobbel (November 48)	
1949		Keine Veränderungen			
1950	Otto Freitag (kommiss. Febr. 50)	Leopold Becker (kommiss. Febr. 50)		Hermann Gerigk (Mai 50)	
	Josef Rambo (Juni 50)	Josef Wujciak (Juni 50)	August Bach (Juni 50)		
	Magnus Dedek (Okt. 50)				
1951			Keine Veränderungen		
1952				Hans-Paul Ganter-Gilmans (kommiss. April 52)	
				Heinz Sauer (Juni 52)	

Auflösung der Landesverbände der CDU der DDR und Konstituierung von Bezirksverbänden der CDU am 1. August 1952.

Die Vorsitzenden der Bezirksverbände der CDU in der DDR 1952

BV Leipzig	Heinz Kühn	BV Halle	Josef Wujciak
BV Dresden	Max Schmidt	BV Cottbus	Adolf Maurer
BV Chemnitz	Walter Wagner	BV Frankfurt	Günter Frölich
BV Erfurt	Hermann Kalb	BV Potsdam	Friedrich Kind
BV Suhl	Richard Götz	BV Neubrandenburg	Emma Heinrich
BC Gera	Günter Neumann	BV Schwerin	Hans Rösner
BV Magdeburg	Karl Broßmann	BV Rostock	Otto Sadler

Von der CDU besetzte Regierungsämter in der SBZ/DDR 1945–1952

Zentralverwaltung der SBZ

ab 1945	Leiter der Hauptverwaltung für Land- und Forstwirtschaft und Vizepräsident der Zentralverwaltung für Land- und Forstwirtschaft	L. Steidle
9/1945-9/1946	Leiter der Zentralverwaltung für Brennstoff und Energie	F. Friedensburg
1948	Leiter der Hauptverwaltung für Handel und Versorgung	H.-P. Ganter-Gilmans

Deutsche Wirtschaftskommission (DWK)

9.3.1948-7.10.1949	Stellv. Vors. der DWK für Landwirtschaft, Arbeit, Umsiedler	L. Steidle

Landesregierung Brandenburg

20.12.1946-5.12.1949	Justiz	E. Stargardt
	Arbeit und Soziales	F. Schwob
5.12.1949-23.7.1950	Arbeit und Soziales	F. Schwob
4/1950-1/1952	Arbeit und Soziales/Arbeit und Versorgung	K. Grobbel

Landesregierung Mecklenburg (bis 12.3.1947 M.-Vorpommern)

9.12.1946-12/1947	Wirtschaft	O. Moeller
12/1947-31.1.1950	Wirtschaft	S. Witte
9.12.1946-18.11.1950 (4/1948 zur NDPD)	Landwirtschaft und Forsten	O. Moeller

3/1950-18.11.1950	Industrie, Aufbau und Verkehr	E. Wächter
4.12.1946-7.10.1949	Arbeit und Soziales	F. Burmeister
10/1949-18.11.1950	Arbeit und Soziales	W. Pöhls
18.11.1950-23.7.1952	Arbeit und Gesundheit	B. Hirschberg
	Industrie und Aufbau	H. Lichtenberg

Landesregierung Sachsen

4.7.1945-13.6.1947	Finanzen und Steuern	G. Rohner
1.1.1947-13.6.1947	Handel und Verkehr	G. Knabe
31.7.1947-24.11.1950	Finanzen	G. Rohner
2/1950-24.11.1950	Finanzen	C. Ulbricht
31.7.1947-24.11.1950	Handel und Versorgung	G. Knabe
24.11.1950-10/1951	Versorgung und Landwirtschaft	R. Schulze

Landesregierung Sachsen-Anhalt

8/1945-3.12.1946	Vizepräsident	W. Hülse
3.12.1946-8.11.1949	Arbeit und Sozialfürsorge	L. Herwegen
8.11.1949-24.11.1950	Arbeit und Sozialfürsorge	L. Becker
10/1949-7.2.1950	Finanzen	G. Kunisch
24.11.1950-23.7.1952	Handel und Versorgung	H. Hannich

Landesregierung Thüringen

7/1945-4.12.1945	Vizepräsident	M. Kolter
4.12.1946-1.9.1947	Kultur und Volkserziehung	W. Wolf
	Handel und Versorgung	G. Grosse
	Verkehr	W. Bachem

1946	Land- und Forstwirtschaft	H. Lukaschek
25.2.1950-21.11.1950	Land- und Forstwirtschaft	H. Wetzstein
9.10.1947-14.2.1948	Handel und Versorgung	G. Grosse
14.2.1948-6.7.1950	Handel und Versorgung	H. Gillessen
7/1950-21.11.1950	Handel und Versorgung	W. Rücker
21.11.1950-23.7.1952	Handel und Versorgung	W. Rutsch
9.10.1947-25.2.1950	Verkehr	W. Bachem
25.2.1950-15.10.1950	Verkehr	H. v. Oertzen

Provisorische Regierung der DDR (7.10.1949-15.10.1950)

12.10.1949-15.10.1950	Stellvertretender Ministerpräsident	O. Nuschke
12.10.1949-15.10.1950	Post- und Fernmeldewesen	F. Burmeister
12.10.1949-15.10.1950	Auswärtige Angelegenheiten	G. Dertinger
12.10.1949-15.10.1950	Arbeit und Gesundheitswesen	L. Steidle

Regierung der DDR

15.10.1950-1957	Stellvertretender Ministerpräsident	O. Nuschke
15.10.1950-1963	Post- und Fernmeldewesen	F. Burmeister
15.10.1950-1/1953	Auswärtige Angelegenheiten	G. Dertinger
15.10.1950-1958	Gesundheitswesen	L. Steidle

Anzahl der in der Ortskartei des Ostbüro der CDU registrierten, aus der SBZ/DDR geflüchteten CDU-Mitglieder 1948 bis 1953 (siehe auch: Grafischer Vergleich)

		S.-Anhalt	Sachsen	Thüring.	Brandenb.	Mecklenb.	Insg.
1948	Januar	–	2	2	1	1	6
	Februar	–	1	–	–	–	1
	März	2	–	2	1	–	5
	April	1	1	2	–	–	4
	Mai	2	–	1	–	–	3
	Juni	1	4	2	–	–	7
	Juli	–	1	1	1	–	3
	August	2	4	1	–	–	7
	Septemb.	1	3	2	2	1	9
	Oktober	1	5	3	3	–	12
	November	3	2	2	4	2	13
	Dezember	3	6	1	4	1	15
1949	Januar	3	4	4	1	8	20
	Februar	2	11	2	4	2	11
	März	1	7	3	4	1	16
	April	4	5	2	2	4	17
	Mai	–	5	5	1	–	11
	Juni	2	5	2	2	1	12
	Juli	3	3	4	–	3	13
	August	5	8	4	2	5	24
	Septemb.	5	6	2	2	5	20
	Oktober	5	8	4	2	2	21
	November	5	3	2	4	6	20
	Dezember	6	9	6	4	2	27
1950	Januar	10	5	12	6	12	46
	Februar	7	15	8	6	11	47
	März	17	18	9	10	9	63
	April	12	15	8	16	12	63
	Mai	15	15	9	19	13	71
	Juni	23	25	24	24	27	123
	Juli	21	37	31	23	18	131
	August	50	31	28	27	41	177
	Septemb.	49	33	34	27	34	177
	Oktober	37	32	44	25	37	175
	November	29	30	26	21	28	134
	Dezember	22	24	25	14	22	107

Fortsetzung von Seite 403

		S.-Anhalt	Sachsen	Thüring.	Brandenb.	Mecklenb.	Insg.
1951	Januar	28	31	21	18	26	124
	Februar	25	18	11	21	26	101
	März	21	37	20	20	19	117
	April	31	34	17	26	22	128
	Mai	29	26	19	27	29	127
	Juni	33	47	20	17	33	160
	Juli	32	48	34	17	33	134
	August	33	37	39	25	28	162
	Septemb.	37	52	45	45	32	211
	Oktober	3	38	29	20	45	179
	November	26	31	31	19	22	129
	Dezember	17	17	13	14	28	89
1952	Januar	27	19	24	21	36	127
	Februar	23	16	12	18	25	94
	März	15	22	10	18	25	90
	April	23	22	19	17	23	104
	Mai	23	22	17	15	19	96
	Juni	35	26	34	18	29	142
	Juli	49	34	54	17	70	224
	August	65	46	56	17	85	269
	Septemb.	66	35	68	37	76	282
	Oktober	46	36	44	30	89	245
	November	44	39	36	29	61	209
	Dezember	34	45	27	33	45	184
1953	Januar	89	51	33	51	120	344
	Februar	94	72	46	95	122	429
	März	179	112	90	136	174	691
	April	75	78	73	59	96	381
	Mai	95	102	70	71	129	467
	Juni	122	59	49	51	82	363
	Juli	32	24	26	23	19	124
	August	21	22	12	24	25	104
	Septemb.	34	34	31	36	23	158
	Oktober	42	48	33	28	30	181
	November	41	36	32	24	35	178
	Dezember	28	23	24	18	23	116
		2000	1812	1536	1424	2089	8874

Ohne Berlin. Quelle: (DbCDU Ok).

Anzahl der in der Ortskartei des Ostbüros der CDU registrierten politisch motivierten Verhaftungen von Mitgliedern der CDU in der SBZ/DDR 1948 bis 1953

	1949	1950	1951	1952	1953
	61	118	111	109	117

Ohne Berlin. Quelle: (ObCDU Ok).

Grafischer Vergleich: Anzahl der Flüchtlinge aus der SBZ/DDR insgesamt und Anzahl der im Ostbüro der CDU registrierten, aus der SBZ/DDR geflüchteten CDU-Mitglieder 1948 bis 1953 (Flüchtlinge insg. ——, CDU - - -)

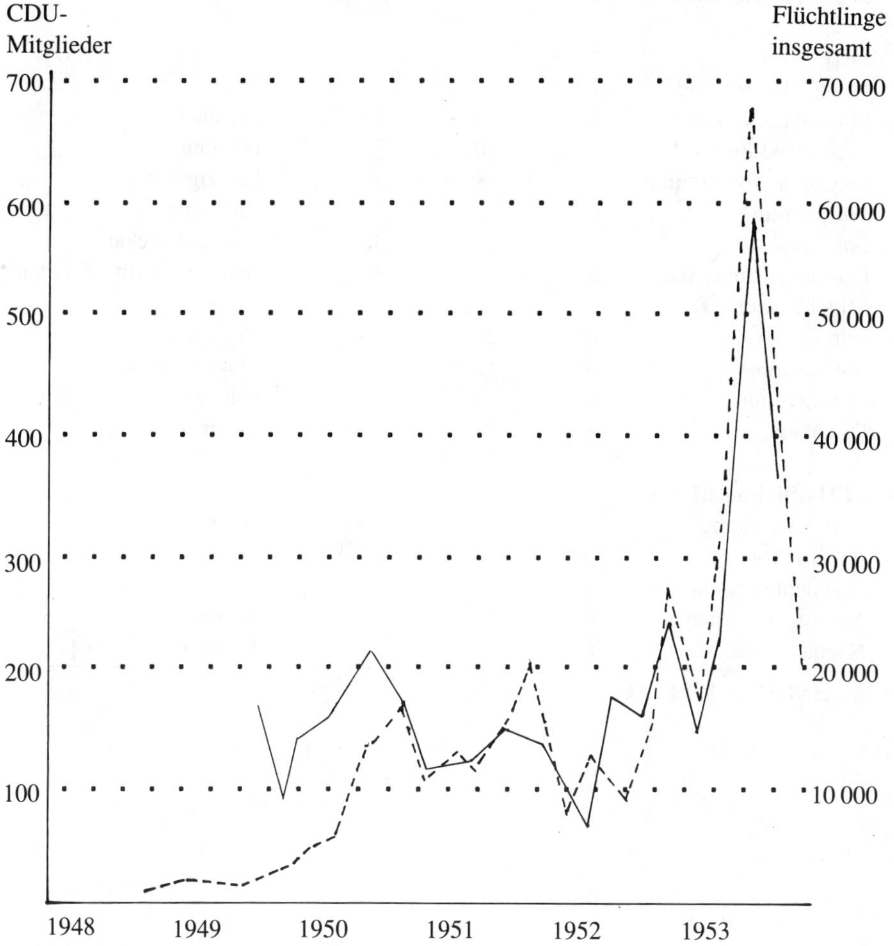

Vergleich: Kommunistische und CDU-Zeitungen*

	wöchentl. Erscheinen	Lokal-teile	Preis DM(O)	Erscheinungs-ort
CDU				
Neue Zeit	6	2	4,-	Berlin
Märkische Union	5	2	3,-	Berlin
Die Union	4	4	2,80	Dresden
Der Neue Weg	6	–	3,-	Halle
Der Demokrat	6	–	3,80	Schwerin
Thüringer Tageblatt	5	–	2,60	Weimar
SED				
Neues Deutschland	7	2	3,50	Berlin
Märkische Volksstimme	6	23	3,-	Potsdam
Sächsische Zeitung	6	10	3,-	Dresden
Leipziger Volkszeitung	6	8	3,-	Leipzig
Volksstimme	6	8	3,-	Chemnitz
Freie Presse	6	9	3,-	Plauen/Zwickau
Lausitzer Rundschau	6	7	3,-	Bautzen/Görlitz/Zwickau
Mitteldeutsche Tageszeitung „Freiheit“	6	22	3,-	Halle u. a.
Volksstimme	6	12	3,-	Magdeb. u. a.
Landeszeitung	6	–	3,80	Schwerin
Das Volk	6	27	2,80	Erfurt u. a.
SED-offiziöse Blätter				
Berliner Zeitung	6	–	3,-	Berlin
BZ am Abend	6	–	2,50	Berlin
Brandenburgische Neueste Nachrichten	6	3	3,25	Berlin
Nachtexpress	6	2	5,-	Berlin

* Stand März 1952 (ACDP I-294-855).

2. Kurzbiographien

August *Bach* (1897-1966), 1919–1922 Studium der Germanistik und Geschichte, Verlagsmitarbeiter, später Mitinhaber der Quader-Verlags GmbH Berlin, Hg. der „Berliner Monatshefte“, 1945 Mitgründer der CDU Weimar, ab Mai 1946 Chefredakteur des „Thüringer Tageblatt“, 1949–1952 MdL und 1. Vizepräsident, ab 1948 MdVR, ab 7.10.1949 MdPVK, ab Okt. 1950 MdVK, Juni 1950–Juli 1952 Vorsitzender des CDU-LV Thüringen, ab Okt. 1952 Mitglied des Präsidiums des HV der CDU, 1955–1958 MdLK, ab Mai 1955 Präsident der LK, ab 13.3.1958 kommissarischer Vorsitzender und später Vorsitzender der CDU der DDR.

Wilhelm *Bachem* (geb. 1903), Drogist; 1930 Kandidat der DSP für den Reichstag (Wahlkreis Düsseldorf-Ost und West), 1933–1945 NSKK, Mitglied des Jungdeutschen Ordens, 1945 CDU, ab 1946 Verwaltungsdirektor der CDU-Landesgeschäftsstelle Thüringen, 9.10.1947–25.2.1950 Verkehrsminister in Thüringen, Okt. 1949–1950 Staatssekretär im Verkehrsministerium der DDR, 1948–1950 Mitglied des HV der CDU, 1949 MdVR, ab Okt. 1950 MdVK, Anfang 1951 Hauptgeschäftsführer der Zentralen Vermögensverwaltung der CDU, Jan. 1951 Flucht.

Heinrich *Baumann* (1901–1979), Journalist; 1.10.1946–17.2.1949 Chefredakteur des „Thüringer Tageblatt“, 17.2.1949–25.8.1956 Haft wegen angeblicher Spionage.

Leopold *Becker* (geb. 1904), bis 1933 Mitglied des Windthorstbundes, 8.11.1949–24.11.1950 Minister für Arbeit und Soziales in Sachsen-Anhalt, ab März 1950 kommissarischer Vorsitzender des CDU-LV Sachsen-Anhalt, ab Okt. 1950 MdVK.

Hans *Beitz* (geb. 1917), Dozent am Institut für Körpererziehung der Universität Jena, 1949 verhaftet und durch ein SMT zu 25 Jahren Arbeitslager verurteilt, 1956 Haftentlassung, ab 1971 MdA Berlin, Mitglied des Hauptvorstandes der Exil-CDU.

Franz *Bialek*, 1948 1. stv. Vorsitzender des CDU-LV Thüringen.

Dr. Peter *Bloch* (1900–1984), Verlagsinhaber; 1945 Mitbegründer der CDU Brandenburg, Vorsitzender der CDU-OG Klein-Machnow, ab 1946 MdL Brandenburg, stv. Vorsitzender des CDU-LV Brandenburg, Mitglied des erweiterten HV, 1950 Flucht nach Berlin (West), 1959 Bezirksbürgermeister von Berlin-Steglitz.

Dr. Josef *Bock* (geb. 1915), 1945 Mitbegründer der CDU Sachsen, 1945 Kreissekretär der CDU Pirna, Mitglied des CDU-KVo Pirna, 1946–1947 Mitglied des LVo (Bildungsarbeit), 1947–1949 Leiter der Bildungsstätte der CDU der SBZ in Blankenburg/Harz, 1949 Flucht, Exil-CDU, bis 1951 Geschäftsführer der CDA Königswinter.

Dr. Dr. Helmut *Brandt* (geb. 1911), Jurist und Volkswirt; 1931 Sekretär der Reichstagsfraktion der DVP, 1937 Syndikus der Deutschen Bank, bis 1939 Assessor und Referent für Wirtschaftsrecht am Kaiser-Wilhelm-Institut, 1940 Zulassung als Rechtsanwalt beim Landgericht Berlin, 1939–1945 Wehrmacht (zuletzt Oberleutnant), 1945 Mitgründer der CDU Berlin, ab 1945 Referent für Verfassungsfragen und Außenpolitik bei der Reichsgeschäftsstelle der CDU,

Lehrauftrag für öffentliches Recht der Universität Berlin, ab 1946 MdA Berlin, 1948–1950 Leiter des „Arbeitskreises Groß-Berlin beim Gesamtverband der CDU“, 1948–1949 MdVR und Vizepräsident der „Deutschen Zentralverwaltung für Justiz“, ab Okt. 1949 MdPVK, Okt. 1949–1950 Staatssekretär im Justizministerium der DDR, 1950 durch MfS verhaftet, bis 1965 inhaftiert.

Fritz *Brauer* (geb. 1883), bis 1933 Mitglied der DVP, 1945 CDU, 1946 Leiter des Ausschusses Land- und Forstwirtschaft beim LV Brandenburg, ab 1946 Mitglied des Ausschusses Land- und Forstwirtschaft beim HV der CDU, 1950 stv. Vorsitzender des CDU-LV Brandenburg.

Karl *Broßmann* (geb. 1892), Lehrer; 1.4.1933 NSDAP, bis 1945 Studienrat, 1945 CDU, zeitweise MdL Sachsen-Anhalt und Landessekretär der NF, 1950 2. Vorsitzender des CDU-LV Sachsen-Anhalt, Aug. 1952 bis Mai 1960 Vorsitzender des CDU-BV Magdeburg, Vorsitzender der CDU-Fraktion der LK, stv. Vorsitzender des BV Magdeburg der DSF, MdHV.

Ilse-Ruth *Bubner* (geb. 1913), Dolmetscherin, Pädagogin, Ökonomin; Besuch des Deutschen Gymnasiums in Riga, Studium an der Kolonialschule in Rendsburg, 1936 Exil in Schweden, Frankreich, England und Finnland wegen halbjüdischer Abstammung, Brüder im KZ umgekommen, 1945 CDU, ab April 1946 Mitglied des HV, 1949–1951 Vorsitzende der Jugendausschüsse der CDU, 1948–1951 Leiterin des Referats für Frauen- und Jugendfragen in der CDU-HGS, ab 1950 Leiterin des Westbüros der CDU der DDR, persönliche Referentin von DDR-Außenminister Dertinger, am 15. 1. 1953 verhaftet, 1953–1965 Haft, 1965 Freikauf durch BM Ernst Lemmer, heute Mitarbeiterin der CDU-Geschäftsstelle in Bad Homburg.

Dr. Karl Arthur *Buchheim* (1889–1982), Hochschullehrer; bis 1933 Zentrum, Studienrat in Freiberg/Sachsen, 1934–1943 freier Schriftsteller, 1943 Verlagsleiter in Leipzig, Mitgründer der DPD, dann CDU in Leipzig, 1946–1950 MdL Sachsen, 1946–1950 Dozent für Geschichte an der Universität Leipzig, 1948 Leiter der Universitätsbibliothek, ab 1950–1958 Professor an der TH München, 1957 emeritiert, Mitglied der Exil-CDU.

Friedrich *Burmeister* (1888–1968), Postbeamter; vor 1933 DDP, 1945 Mitgründer der CDU, Mitglied des CDU-LVo Mecklenburg, zeitweise Mitglied und geschäftsführender LVo der CDU Mecklenburg, ab 1950 Mitglied des CDU-HV, 9.12.1946–Okt. 1949 Minister für Arbeit und Soziales in Mecklenburg, 1949–1963 Minister für Post- und Fernmeldewesen der DDR, 1946–1949 MdL Mecklenburg, 1950–1958 MdVK.

Carl-Leo *Butke*, bis Mai 1948 Vorsitzender der CDU-OG Berlin-Heiligensee und Mitglied des KVo Berlin-Reinickendorf, 1948 Stadtrat für Verkehr und Versorgungsbetriebe des Magistrats von Berlin (Ost), Ende März 1949 abgesetzt, 1948 Vorsitzender des Gewerkschaftsausschusses der CDU Berlin und Vorsitzender des Zonengewerkschaftsausschusses der CDU, 1948 3. Vorsitzender des Arbeitskreises Groß-Berlin beim Gesamtverband der CDU.

Magnus *Dedek* (geb. 1917), Apotheker; bis 1939 Apotheker, 1939–1944 Wehrmacht, in brit. Gefangenschaft, Mitglied „Freies demokratisches Deutschland", 1946 CDU, am 19.1.1950 gegen die Stimmen der CDU zum stv. Landrat von Aue gewählt, ab 1950 Mitglied des Nationalrates der NF, ab 10.2.1950 Mitglied des LVo Sachsen, Juni 1950 3. Vorsitzender des CDU-LV Sachsen, Sep. 1950 bis Aug. 1952 Vorsitzender des CDU-LV Sachsen, ab Okt. 1952 Mitglied des CDU-HV, 1952 stv. Vorsitzender des Rates des Bezirkes Dresden, 1955 stv. Minister für Außenhandel und innerdeutschen Handel.

Georg *Dertinger* (1902–1968), vor 1933 DNVP, Redakteur des „Stahlhelm", Anhänger des „Tat"-Kreises, 1945 Mitgründer CDU, bis Ende 1945 Pressereferent des CDU-HV, ab Anfang 1946 Generalsekretär und Hauptgeschäftsführer der CDU, Ende 1948 bis Herbst 1949 Mitglied der DWK, Herbst 1949 bis Jan. 1953 Minister für Auswärtige Angelegenheiten der DDR, 1948–1953 Mitglied des VR, der PVK und VK, Jan. 1953 verhaftet, wegen angeblicher Spionage zu 15 Jahren Zuchthaus verurteilt, 1964 begnadigt, Lektor beim St. Benno Verlag, Leipzig.

Dr. Gerhard *Desczyk* (1899–1987), Journalist; 1927 Chefredakteur der „Sächsischen Volkszeitung", 1928 Gründer des „St.-Benno-Blattes", Landessekretär des Zentrums Sachsen, 1945 CDU, ab 1945 Mitarbeiter der CDU-HGS, Leiter der Abt. Kultur, ab 1954 Mitglied des Präsidiums des CDU-HV, ab 1956 Cheflektor der Buchverlage der CDU.

Hugo *Dornhofer* (1897–1977), vor 1933 aktiv in den christlichen Gewerkschaften, unter dem NS-Regime im KZ, 1945 Mitgründer der CDU Thüringen (Heiligenstadt, Kreis Worbis/Eichsfeld), 1948 stv. Vorsitzender des CDU-LV Thüringen, 1952 verhaftet und zu 12 Jahren Zuchthaus verurteilt, 1956 Haftentlassung.

Dr. Emil *Dovifat* (1890–1969), Publizist und Hochschullehrer; bis 1933 Zentrum, 1921–1928 Redakteur bzw. Chefredakteur der Tageszeitung der christlichen Gewerkschaften, 1928–1947 Professor für Zeitungswissenschaft an der Berliner Universität, 1945 Mitgründer der CDU, Juli bis Sep. 1945 Chefredakteur der CDU-Tageszeitung „Neue Zeit", 1948 Mitgründer der Tageszeitung „Der Tag", Berlin (West), 1948–1959 Direktor des Instituts für Publizistik an der Freien Universität Berlin.

Hans *Egidi* (1890–1970), vor 1933 Ministerialdirigent, 1945 Mitgründer der CDU Potsdam, 1946–1948 Vorsitzender des CDU-KV Potsdam und Mitglied des CDU-LVo Brandenburg, 1946 MdL Brandenburg, 1948 Flucht in die Westzonen, Exil-CDU, 1955–1958 Präsident des Bundesverwaltungsgerichts.

Ernst *Eichelbaum* (geb. 1893), Pädagoge; 1919–1943 Lehrer an der Thomasschule in Leipzig, 1933 Mitglied der Bekennenden Kirche, 1945 Mitgründer der CDU Leipzig, 1945–1946 Lehrer an der Thomasschule in Leipzig, 1945–1948 2. Vorsitzender des CDU-KV Leipzig, zeitweilig Mitglied des CDU-LVo Sachsen, 1946–1948 2. hauptamtlicher Bürgermeister von Leipzig, Oktober 1948 SBZ verlassen, Exil-CDU, 1949–1957 Oberstudiendirektor in Wuppertal, ab 1957 MdB, Bundesvorsitzender des Gesamtverbandes der Sowjetzonenflüchtlinge, 2. Sprecher der Landsmannschaft Sachsen der Exil-CDU.

Dr. Erich *Fascher* (1897–1978), Theologe und Hochschullehrer; 1926 Habilitation Neues Testament, 1926 Privatdozent an der Universität Marburg, 1930 Professor an der Universität Jena, 1937 Universität Halle, 1945 Mitgründer der CDU Sachsen-Anhalt, Mai 1948 bis Feb. 1950 Vorsitzender des CDU-LV Sachsen-Anhalt, Absetzung auf Anweisung der SKK, 1950–1954 Professor an der Universität Greifswald, 1954–1964 Professor an der Humboldt-Universität, 1958–1964 Dekan.

Otto *Freitag* (geb. 1888), Kaufmann; ab 1921 DVP, Mitglied des Zentralvorstandes der DVP, ab 1935 selbständig, 1945 CDU Dresden, ab 1946 MdL Sachsen, ab 1945 Mitglied des CDU-LVo Sachsen, 1947–1950 3. Vorsitzender des CDU-LV Sachsen, danach 2. Vorsitzender des CDU-LV Sachsen, ab 1948 Mitglied des VR, der PVK und VK.

Heinrich *Fried* (geb. 1909), Mitgründer des „Arbeitskreises Groß-Berlin beim Gesamtverband der CDU", bis zum 1.9.1952 Mitglied des CDU-HV und MdVK, im Nov. 1952 verhaftet, nach der Entlassung 1954 Flucht.

Dr. Ferdinand *Friedensburg* (1886–1972), Wirtschaftswissenschaftler; 1919–1933 DDP, 1925–1927 Polizeipräsident von Berlin, 1927–1933 Regierungspräsident in Kassel, 1933 aus allen Ämtern entfernt, 1935 Gestapohaft, 1945 Mitgründer der CDU Berlin, 1945–1946 Leiter der Zentralverwaltung der Brennstoffindustrie in der SBZ, 1946–1951 Bürgermeister von Berlin, 1945–1968 Präsident des Deutschen Instituts für Wirtschaftsforschung, Berlin, 1952–1965 MdB, ab 1953 Professor an der TU Berlin.

Dr. Otto Heinrich von der *Gablentz* (1898–1972), 1925–1934 Mitarbeiter im Statistischen Reichsamt, 1934 aus dem Amt entfernt, 1945 Mitgründer der CDU Berlin, ab 1945 Vorsitzender des Ausschusses für Wirtschaftspolitik der CDU, ab 1948 an der Deutschen Hochschule für Politik in Berlin, 1955–1959 Direktor der Deutschen Hochschule für Politik Berlin, 1953–1966 Professor an der Freien Universität Berlin.

Hans-Paul *Ganter-Gilmans* (geb. 1917), Diplomhandelskaufmann; bis 1939 Leiter eines eigenen Handelsbetriebes, 1939 Einberufung zur Wehrmacht, 1941 Kriegsgericht in Paris, Eltern im KZ Sachsenhausen und Theresienstadt, 1944 Desertation von der Wehrmacht und Flucht bis 1945, 1945 CDU, Aufbau des Wirtschaftsamtes Potsdam, Stadtrat, Funktionär der CDU, Vorsitzender des Ausschusses für Kreis- und Gemeindeangelegenheiten beim brandenburgischen Landtag und stv. Vorsitzender des Ausschusses für Wirtschaft, Handel und Versorgung, ab 1.5.1948 Leiter der Hauptverwaltung für Handel und Versorgung der DWK, 1948 Mitglied VR, ab 1948 Mitglied PA und HV der CDU, Okt. 1949 Staatssekretär im Ministerium für Innerdeutschen Handel, Außenhandel und Materialversorgung der DDR.

Dr. Günther *Gereke* (1893–1970), Jurist; 1919 Landrat in Torgau, Mitglied der DNVP, Mitglied des Landtags der Preußischen Provinz Sachsen, 1924–1928 MdR, 1929 Mitgründer und stv. Vorsitzender der Christlich-Nationalen Bauern- und Landvolkpartei, 1930–1932 MdR, 1932–1933 Reichskommissar für Arbeitsbeschaffung in den Kabinetten von Schleicher und Hitler, 1933, 1936 und 1944 vorübergehend inhaftiert, 1945 Präsidialdirektor und Leiter der Kommunalabteilung der

Provinzialverwaltung Sachsen, 1945 CDU, 1946 Übersiedlung in die britische Zone, 1946–1947 Innenminister von Niedersachsen, MdL und geschäftsführender Vorsitzender der CDU Niedersachsen, 1950 Rücktritt, Austritt aus der CDU und Übertritt zu BHE, Vorsitzender der Landtagsfraktion, Nov. 1950 Ausschluß und Übertritt zur DSP, 1952 Übersiedlung in die DDR und Mitglied der CDU, ab 1953 Präsident der Zentralstelle für Zucht- und Leistungsprüfung von Vollblut- und Traberpferden, Vorsitzender des Bezirksausschuß Frankfurt/Oder der NF.

Hermann *Gerigk* (1924–1960), nach 1933 Hitlerjugendführer in Ostpreußen, 1945 CDU, Neulehrer, Schuldirektor in Eberswalde, Oberregierungsrat im Kultusministerium Brandenburg, von März 1950 bis Dez. 1950 Bürgermeister von Potsdam, ab 24.5.1950 Vorsitzender des CDU-LV Brandenburg, Vizepräsident des brandenburgischen Landtages, MdVK, Mitglied im Zentralrat FDJ, Mitglied PA und HV der CDU, 1952 sämtlicher Ämter enthoben, Feb. 1960 Selbstmord nach Festnahme in Berlin (West).

Karl *Gierke* (1900–1978), Schlosser; 1925–1933 Stahlhelm, nach 1933 Bekennende Kirche und illegale Arbeit, 1945 CDU und FDGB, 15.4.1946–15.1.1950 Mitglied des CDU-LVo Sachsen-Anhalt, 1.11.1946–31.10.1949 Landesgewerkschaftsreit, 1945 CDU und FDGB, 15.4.1946–15.1.1950 Mitglied des CDU-LVo Sachsen-Anhalt, 1.11.1946–31.10.1949 Landesgewerkschaftsreferent der CDU, 20.10.1946–15.01.1950 MdL Sachsen-Anhalt, 14.4.1949–15.1.1950 Vizepräsident des Landtages, 20.5.1947–15.1.1950 Mitglied der DWK, 12.8.1947–20.8.1950 Mitglied des FDGB-Bundesvorstandes, 16.1.1950 Austritt aus der CDU, 16.1.1950–20.8.1950 MdL ohne Parteibindung, Sep. 1950 Flucht nach Berlin (West).

Dr. Heinrich *Gillessen* (1896–1979), Wirtschaftsjurist; CDU, 14.2.1948–6.7.1950 Minister für Handel und Versorgung des Landes Thüringen, Mitglied des Präsidiums der DWK, 1950 Flucht in die Bundesrepublik, Feb. 1952 in Abwesenheit vom Landgericht Erfurt zu 8 Jahren Zuchthaus wegen angeblicher Spionage verurteilt, Exil-CDU.

Gerald *Götting* (geb. 1923), Philologe; 1946 CDU und FDJ, 1947–1949 Studium der Philologie, 1948 Mitglied des CDU-LVo Sachsen-Anhalt, ab 1949 Mitglied PVK und VK, 1949–1966 Generalsekretär der CDU der DDR, 1950–1954 Vizepräsident der VK, nach August Bach Vorsitzender der CDU der DDR bis 1989.

Arnold *Gohr* (1896–1983), Kaufmann; bis 1933 DDP und Angestellten-Gewerkschaft, 1945 Mitgründer CDU Berlin-Köpenick, 1948–1958 stv. OB und Stadtrat des Magistrats von Berlin (Ost), 18.6.1949 bis Juli 1952 Vorsitzender des „Arbeitskreises Groß-Berlin beim Gesamtverband der CDU" (LV Berlin (Ost) der CDU), ab Juli 1952 Vorsitzender des Stadtverbandes Berlin (Ost) der CDU, 1949–1963 Mitglied PVK (Berliner Vertreter).

Dr. Johann Baptist *Gradl* (1904–1988), bis 1933 Zentrum, 1926–1933 Vorsitzender in Berlin-Kreuzberg, 1926–1930 Redakteur beim Zentralorgan des Zentrums „Germania" in Berlin, 1931 in der Geschäftsführung des Deutschen Sparkassen- und Giroverbandes, 1938 in der Geschäftsführung der Reichsgruppe Banken,

1945 Mitgründer der CDU Berlin, 1945 bis Ende 1947 Mitglied CDU-PV und Mitarbeiter des CDU-PV, Dez. 1947 von SMAD abgesetzt, ab 1947 Mitglied und geschäftsführender Vorstand der SBZ/Exil-CDU, 1953–1980 Mitglied des BuVo der CDU 1957–1980 MdB, 1965–1966 BM für Vertriebene und für Gesamtdeutsche Fragen, Vorsitzender der Exil-CDU.

Wilhelm *Gries* (1894–1971), bis 1933 Zentrum, 1928–1933 stv. bzw. Chefredakteur des Zentralorgans der Zentrumspartei „Germania" in Berlin, 1933 entlassen, 1934–1938 Chefredakteur der „Saarbrücker Landeszeitung", 1938 aus politischen Gründen ausgeschieden, 1938–1945 Redakteur des „Dienst aus Deutschland" (DAD), 1945 CDU, 1945 bis Dez. 1947 Chefredakteur der Tageszeitung der CDU „Neue Zeit", Dez. 1947 von der SMAD abgesetzt, 1948–1957 Chefredakteur der Tageszeitung „Der Tag", Berlin (West), 1957–1965 Chefredakteur der „Saarbrücker Zeitung".

Karl *Grobbel* (1896–1971), 1920–1933 Zentrum, 1925–1933 Hg. „Der Weckruf", Juni 1933 Schnellgericht und Haft, 1945 CDU, ab 1945 Mitglied des CDU-LVo Brandenburg, 1948 stv. und von Nov. 1948 bis Mai 1950 Vorsitzender des CDU-LV Brandenburg, ab 1947 MdL Brandenburg, bis 1953 Beisitzer des CDU-HV, zeitweise stv. Vorsitzender der CDU, 1953 strenge Parteirüge, April 1950 bis Jan. 1952 Minister für Arbeit und Soziales/Arbeit und Versorgung Brandenburg, ab 1948 Mitglied VR, PVK und VK, ab 1953 Journalist, Redakteur für Wirtschaftspolitik bei der „Neuen Zeit", Hg. der Monatszeitschrift „Begegnung" in Berlin (Ost).

Georg *Grosse* (1900–1973), Bankdirektor; 1935 Direktor der Dresdner Bank, Altenburg, 1945–1946 Vorsitzender der Industrie- und Handelskammer Altenburg, 1945 Mitgründer der CDU Thüringen, ab 1946 MdL Thüringen, 4.12.1946–14.2.1948 Minister für Handel und Versorgung Thüringen, Aug. 1949 Flucht nach Berlin (West), ab 1950 Mitglied des HV der Exil-CDU, 1956 Direktor der Bank für Gemeinwirtschaft, Aachen.

Hubert *Hannich* (geb. 1906), Kaufmann; 1934 Bücherrevisor, 1945 sowjetische Kriegsgefangenschaft, stv. Vorsitzender des NKFD-Gefangenenlagerkomitees, ab Juni 1950 Vorsitzender des CDU-KV Stendal, MdL Sachsen-Anhalt, 24.11.1950–23.7.1952 Minister für Handel und Versorgung Sachsen-Anhalt.

Ernst-Günter *Haß* (geb. 1896), Gründer und Vorsitzender der OG Frohna, 1946–1947 Vorsitzender des CDU-KV Chemnitz und Fraktionsvorsitzender des CDU-Kreistags Chemnitz, Nov. 1946 bis Juli 1950 unbesoldeter Stadtrat, Absetzung während der Kaiser-Krise, 1. Sprecher der Landsmannschaft Sachsen der Exil-CDU, Vorsitzender des Landesflüchtlingsausschusses Berlin.

Willy *Heller* (1900–1981), Ingenieur; 1919 Mitgründer Windthorstbund Frankfurt a.M., Geschäftsführer des Volksvereins für das katholische Deutschland, Cottbus, 1945 Mitgründer der CDU Cottbus (zunächst Zentrum), 1946–1950 MdL Brandenburg, ab 1948 Vorsitzender der CDU-Fraktion, 1948 Ministerialdirektor im Ministerium für Verkehr, Brandenburg, April 1950 Flucht in die Bundesrepublik, Mitglied des HV der Exil-CDU, Vorsitzender der DAG Essen.

Dr. Andreas *Hermes* (1878–1964), bis 1933 Zentrum, 1920–1922 Reichsminister für Ernährung, Landwirtschaft und Forsten, 1922–1923 Reichsminister der Finanzen, 1924–1928 MdL Preußen, 1928–1933 MdR, 1928–1933 Präsident der Vereinigung Christlicher Bauernvereine, 1930–1933 Präsident des Reichsverbandes der deutschen Raiffeisen-Genossenschaften, 1933 und 1944 verhaftet, 1945 zum Tode verurteilt, 1945 Mitgründer der CDU Berlin und der SBZ, Mitte 1945 bis Dez. 1945 Vorsitzender der CDUD, vom SMAD abgesetzt, 1945 stv. OB von Groß-Berlin und Leiter der Ernährungsabteilung, Berlin, 1947–1949 Mitglied des Frankfurter Wirtschaftsrates der Bizone, 1948–1955 Präsident des Deutschen Bauernverbandes, 1948–1961 Präsident des Deutschen Raiffeisenverbandes.

Dr. Leo *Herwegen* (1886–1972), Bergbauingenieur; bis 1933 Zentrum, 1944 verhaftet, 1945 Mitgründer der CDU, 1945–1949 Mitglied CDU-PV, Mitglied des CDU-LVo Sachsen-Anhalt, 1946 bis Mai 1948 stv. und Vorsitzender des CDU-LV Sachsen-Anhalt, 1945–1946 Präsidialdirektor der Provinzverwaltung, 3.12.1946–8.11.1949 Minister für Arbeit und Sozialfürsorge, Sachsen-Anhalt, 1946–1949 MdL Sachsen-Anhalt, 1948 Mitglied VR, November 1949 aller Ämter enthoben und verhaftet, 1950 im Dessauer Schauprozeß zu 15 Jahren Zuchthaus verurteilt, 1956 entlassen, Flucht in die Bundesrepublik.

D. Hugo *Hickmann* (1877–1955), Hochschullehrer und Theologe; ab 1908 Religionsprofessor in Leipzig, 1919–1933 DVP, 1922–1933 MdL, ab 1926 Vizepräsident des sächsischen Landtages, 1945 Mitgründer der CDU, 1945–1950 Vorsitzender des CDU-LV Sachsen, 1948–1950 2. Vorsitzender der CDU der SBZ/DDR, 1946–1950 MdL Sachsen, 1948–1950 Mitglied VR, PVK und VK – Vizepräsident PVK, Jan. 1950 zum Rücktritt gezwungen, Verbindungsmann der Exil-CDU in Sachsen.

Bruno *Hirschberg* (geb. 1899), Bankkaufmann; 1945 CDU, 1945 Bürgermeister von Boizenburg, 1946 MdL Mecklenburg-Vorpommern, 1947 Kreisrat und stv. Landrat Hagenow, 18.11.1950–23.7.1952 Minister für Arbeit und Gesundheit Mecklenburg, 1952–1961 stv. Vorsitzender des Rates des Bezirkes Rostock.

Werner *Jöhren* (1900–1959), Architekt und Verlagsbuchhändler; bis 1933 DSP, 1930 Mitglied des Hauptaktionsausschusses, nach 1933 Leiter eines eigenen Verlages, 1945 Mitgründer der CDU auf Usedom, Landrat von Usedom, 1946–1948 MdL Mecklenburg-Vorpommern, Vorsitzender der CDU-Fraktion, 1948 Flucht nach Berlin (West), Leiter des Ostbüros der CDU, bis 1959 Sprecher der Landsmannschaft Mecklenburg im HV der Exil-CDU.

Jakob *Kaiser* (1888–1961), vor 1933 Zentrum, 1924–1933 Landesgeschäftsführer der Christlichen Gewerkschaften für Westdeutschland, 1933 MdR, ab 1933 im Widerstand, 1938 Gestapohaft, 1944–1945 Versteck im Keller einer Wohnung in Babelsberg, 1945 Mitgründer der CDU in Berlin und der SBZ, Dez. 1945 bis Dez. 1947 Vorsitzender der CDU der SBZ und Berlins, von der SMAD abgesetzt, Fortsetzung der Parteiarbeit von Berlin (West), 1948–1949 Berliner Vertreter im Parlamentarischen Rat, 1949–1957 MdB und BM für Gesamtdeutsche Fragen, ab 1950 Vorsitzender der Exil-CDU, 1950–1958 stv. CDU-Vorsitzender.

Dr. Elfriede *Kaiser-Nebgen* (geb. Nebgen) (1890–1983), vor 1933 Zentrum, 1921–1933 Referentin im Gesamtverband der Christlichen Gewerkschaften, Schriftleiterin des „Zentralblattes der christlichen Gewerkschaften Deutschlands", Leiterin des Zentralwohlfahrtsausschusses der Christlichen Arbeitshilfe, 1933–1945 Widerstand (Goerdeler-Kreis), 1945 Mitgründerin der CDU, 1945–1948 MdPV und Vorsitzende des Zentralen Frauenausschusses der CDU, 1948 Flucht, Bildungsarbeit bei der CDA.

Ludwig *Kirsch* (1891–1950), Priester; 1910–1913 Theologiestudent in Prag, 1914 Priester, 1929–1933 Vorsitzender des Zentrums Sachsen, Feb. bis Dez. 1935 KZ Sachsenhausen, 1945 Mitgründer der CDU, Sachsen, Vorsitzender der CDU Chemnitz, ab 1946 Mitglied CDU-PV und MdL Sachsen, 1948 MdVR, ab 6.6.1948 2. Vorsitzender CDU-LV Sachsen, 1949 Mitglied der PVK.

Dr. Georg *Knabe* (geb. 1894), Volkswirt; 1933 als Direktor der Papiermacher-Genossenschaft Chemnitz entlassen (Freimaurer), 1945 LDP/CDU, Nov. 1945 bis Dez. 1946 Ministerialrat in der Landesregierung Sachsen, Ende 1946 bis 1951 Mitglied des LVo der CDU Sachsen, bis Ende 1946 Ministerialbeamter der Landesregierung Sachsen, 1.1.1947–13.6.1947 Minister für Handel und Verkehr Sachsen, 31.7.1947–24.11.1950 Minister für Handel und Versorgung (nach der Flucht Rohners als Minister abgesetzt), 1948 MdVR, 1950 MdVK und MdL Sachsen, ab Feb. 1951 kommissarischer Leiter des Finanzgerichtes von Berlin (Ost), Mai 1951 Flucht.

Dr. Heinrich *Krone* (1895–1989), 1923–1933 stv. Generalsekretär des Zentrums und Vorsitzender der deutschen Windthorstbunde, 1925–1933 MdR, 1934–1945 Geschäftsführer des Caritas-Notwerkes, 1944 im Zusammenhang mit dem 20. Juli 1944 verhaftet, 1945 Mitgründer der CDU Berlin und der SBZ, 1947 stv. Vorsitzender des CDU-LV Berlin, 1949–1969 MdB, 1955–1961 Vorsitzender der CDU/CSU-Fraktion, 1961–1966 Bundesminister für besondere Aufgaben.

Dr. Georg *Kunisch*, Okt. 1949 bis 7.2.1950 Finanzminister Sachsen-Anhalt, während der Fascher-Krise aus der CDU ausgeschlossen, danach Flucht in die Bundesrepublik, Exil-CDU.

Heinrich *Lechtenberg* (geb. 1895), 1945 CDU, 1946–1950 stv. Landrat Calau, 1949 MdVR, kurzfristig Nov. 1950 Minister für Handel und Versorgung, 18.11.1950–23.7.1952 Minister für Industrie und Aufbau Mecklenburg, ab Juli 1950 2. Vorsitzender des CDU-LV Brandenburg, Okt. 1950 bis 1954 MdVK.

Ernst *Lemmer* (1898–1970), Redakteur; 1918–1933 DDP/DSP, 1922–1933 Generalsekretär der Hirsch-Dunckerschen Gewerkschaften, 1924–1933 MdR, nach 1933 Journalist, Kontakt zum Widerstand, Vertreter ausländischer Zeitungen, 1945 Mitgründer der CDU, 1945 bis Ende 1947 Mitglied CDU-PV CDU, Anfang 1946 bis Ende 1947 stv. Vorsitzender der CDU, Dez. 1947 mit J. Kaiser von der SMAD abgesetzt, 1945–1949 stv. Vorsitzender des FDGB-BuVo und Mitglied des Präsidialrates des Kulturbundes, 1947–1949 MdL Brandenburg, Mai 1949 Umzug von Klein-Machnow nach Berlin (West), 1949 Chefredakteur „Der Kurier", 1950 2.

Vorsitzender der Exil-CDU der SBZ, MdA Berlin (Fraktionsvorsitzender), ab 1952 MdB, 1956–1957 Bundespostminister, 1957–1962 BM für Gesamtdeutsche Fragen, 1964–1965 BM für Vertriebene, Flüchtlinge und Kriegsbeschädigte.

Dr. Otto *Lenz* (1903–1957), Rechtsanwalt; vor 1933 Zentrum, 1928–1933 Pressereferent im preußischen Justizministerium, zuletzt Landgerichtsdirektor, 1938–1948 Rechtsanwalt und Notar in Berlin, 1944 im Zusammenhang mit dem 20. Juli 1944 verhaftet, 1945 CDU, Mitglied des CDU-PV, 1946 Mitglied des Verfassungsausschuß beim CDU-PV, 1949–1950 Rechtsanwalt in München, 1951–1952 Staatssekretär im Bundeskanzleramt, 1953 MdB.

Dr. Reinhold *Lobedanz* (1880–1955), 1912 Leiter des Versicherungsamtes, Wismar, 1914 Schwerin, 1919 Ministerialrat, bis 1930 Landesvorsitzender der DDP in Mecklenburg-Schwerin, 1945 Mitgründer der CDU Schwerin, 1945 bis Juli 1952 Vorsitzender des CDU-LV Mecklenburg, ab Aug. 1952 Mitglied der CDU-Bezirksleitung Schwerin, ab 1945 Ministerialdirektor der Landesregierung Mecklenburg und Leiter der Landesverwaltung, Sep. 1945 bis 1950 Leiter der Präsidialabteilung der mecklenburgischen Landesregierung, 1946–1952 MdL Mecklenburg, Mitglied der DWK, 1948–1955 MdVR, PVK und VK, ab Okt. 1949 Präsident der LK der DDR.

Dr. Hans *Lukaschek* (1885–1960), Jurist; 1920–1927 Mitglied der Gemischten Kommission für Oberschlesien, OB von Hindenburg, Rechtsanwalt in Breslau, 1929–1933 Oberpräsident von Oberschlesien, Zentrum, 1944 im Zusammenhang mit dem 20. Juli 1944 verhaftet (Kreisauer Kreis), bis 1945 im KZ Ravensbrück, 1945 Mitgründer der CDU Berlin und der SBZ, 1945–1946 3. Vizepräsident der Landesverwaltung Thüringen und Leiter des Landesamtes für Land- und Forstwirtschaft, 1946–1947 Minister für Land- und Fortswirtschaft Thüringen, 1947 Flucht, 1948–1949 Vizepräsident des Deutschen Obergerichts, Köln, 1949–1953 Bundesvertriebenenminister, MdB, Vizepräsident des Caritas-Verbandes.

Karl *Magen* (1890–1959), Jurist; 1945 Mitgründer der CDU Gera (Thüringen) und Mitglied des CDU-LVo Thüringen, 1946 MdL Thüringen und Vorsitzender der CDU-Fraktion, 1947–1949 Vizepräsident des Oberlandesgericht Gera und stv. Vorsitzender der thüringschen Justizverwaltung, 1949 Flucht, Exil-CDU, später Bürgermeister von Bonn.

D. theol. Reimer *Mager* (1906–1966), Weber und Theologe; vor 1933 führender Gewerkschafter in Sachsen, 1933 Bekennende Kirche, mehrfach wegen Kontakten zum 20. Juli 1944 inhaftiert, 1945 Mitgründer der CDU Dresden, 1947–1948 4. Vorsitzender des CDU-LV Sachsen, 1946–1948 MdS Dresden und Sprecher der CDU-Fraktion, Mitglied des CDU-KVo Dresden-Stadt, Präses der evangelisch-lutherischen Landessynode Sachsen, Mitglied des Rates der EKD, Geschäftsführer der Bekennenden Kirche und der evangelisch-lutherischen Kirche Sachsen.

Anton *Miller* (geb. 1899), Kaufmann und Fabrikant; 1945 Mitgründer CDU, 1945–1946 Vorsitzender des Wohnungs- und Siedlungsausschusses des CDU-LV Sachsen-Anhalt, 1946–1948 MdL Sachsen-Anhalt, Vizepräsident des Landtages und Vorsitzender der CDU-Fraktion, 1947–1949 Mitglied des Landesblockausschusses Sachsen-Anhalt, 1951 Flucht, Vertreter des Landes Sachsen-Anhalt bei der Exil-CDU der SBZ, MdB.

Otto *Möller* (1892–1978), Kulturbaumeister; 1924–1933 Freimaurer, 1932 Stahlhelm, 1919–1945 Abteilungsleiter Landwirtschaftskammer Mecklenburg bzw. Reichsnährstand, 1945–1948 CDU, 1948 NDPD, Mitglied des Hauptausschusses der NDPD, 1945–1946 2. Vizepräsident der Landesverwaltung Mecklenburg-Vorpommern mit Ressort Landwirtschaft und Forsten (bis Sep. 1946, Industrie, Handel und Versorgung), Mitglied der Landesbodenreformkommisssion, 9.12.1946 bis Feb. 1948 Minister für Landwirtschaft und Forsten Mecklenburg, 9.12.1946 bis Ende 1947 Wirtschaftsminister Mecklenburg, 1948–1950 Professor für Kulturtechnik an der Universität Rostock, 1949–1963 Mitglied der PVK und VK, ab 1955 Professor und Institutsdirektor an der Universität Rostock.

Otto *Nuschke* (1883–1957), Journalist; 1908 Chefredakteur der „Hessischen Landeszeitung“, 1915–1930 Chefredakteur der „Berliner Volkszeitung“, 1919 Mitglied der Verfassungsgebenden Nationalversammlung Weimar, 1921–1933 MdL Preußen, DDP, 1933 Berufsverbot, bis 1945 Landwirt, Kontakte zum Widerstand, 1945 Mitgründer der CDU, 1945–1957 Mitglied des PV, bis 1948 Verlagsleiter des Zentralorgans „Neue Zeit“ und Mitglied des geschäftsführenden Vorstandes, Sep. 1948 bis 1957 Vorsitzender der CDU, 1949–1957 stv. Ministerpräsident und stv. Vorsitzender des Ministerrates der DDR, 1946–1950 MdL Sachsen-Anhalt und MdL Brandenburg, ab 1948 MdVR, PVK und VK.

Hellmut von *Oertzen* (gest. 1952), 25.2.1950–15.10.1950 Minister für Verkehr in Thüringen, Mitglied des geschäftsführenden CDU-LVo Thüringen.

Dr. Eberhard *Plewe* (1905–1986), Jurist; 1944 im Zusammenhang mit dem 20. Juli 1944 verhaftet, 1945 Mitgründer der CDU, ab 1945 juristischer Berater im CDU-PV, Mitglied des Außenpolitischen Ausschusses des CDU-PV, 1952 vom MGB verhaftet, 1954 zu 13 Jahren Zuchthaus verurteilt, 1961 entlassen, lebte anschließend wieder in Berlin (West), Amtsgerichtsrat in Berlin (West).

Werner *Pöhls* (geb. 1890), Ministerialamtmann, 1936 Ministerialsekretär im Ministerium für Landwirtschaft Mecklenburg-Schwerin, 1945 Mitgründer der CDU Schwerin, 1945–1949 Referent beim Ministerium für Landwirtschaft Mecklenburg, 1949–1950 MdVR und PVK, 18.10.1949–18.11.1950 Minister für Arbeit und Soziales Mecklenburg, danach arbeitslos, 1951 Verlagsleiter der „Märkischen Union“, Potsdam, April 1953 Flucht.

Martin *Preikschar*; vor 1945 Redakteur, 1940 NSDAP, 1948–1949 Schriftleiter der Wochenzeitung der „Arbeitsgemeinschaft Groß-Berlin beim Gesamtverband der CDU“, „Der Fortschritt“, Feb. 1950 bis Dez. 1950 als Chefredakteur der „Neuen Zeit“, abgesetzt.

Joseph *Rambo* (geb. 1898), Versicherungskaufmann; 1945 Mitgründer der CDU Leipzig, Geschäftsführer der CDU Leipzig, 1946 MdL Sachsen, 1946 Direktor der Leipziger Emissions- und Girobank, 1949 2. Bürgermeister von Leipzig,

Vizepräsident der PVK, 1950 Präsident des Verwaltungsgerichts Sachsen, Juni 1950 bis Okt. 1950 Vorsitzender des CDU-LV Sachsen, danach Flucht.

Gerhard *Rohner* (geb. 1895), Kaufmann; 1925–1945 Vertreter des Flick-Konzerns in Dresden, Chemnitz und Berlin, 1945 CDU, 1946–1950 Mitglied des CDU-LVo Sachsen, 4.7.1945–13.6.1947 Minister für Finanzen und Steuern Sachsen, 31.7.1947–24.11.1950 Finanzminister Sachsen, ab 1946 MdL Sachsen.

Walter *Rübel* (geb. 1900), ab 1949 MdVR, PVK und VK, Leiter der West-Abteilung beim HV der CDU, Jan. 1953 Flucht.

Walter *Rücker* (geb. 1905), 1945 CDU, 1946 bis Sep. 1950 MdL Thüringen, März 1948 bis Sep. 1950 MdVR, PVK und VK, bis 24.10.1950 stv. Landesvorsitzender der CDU Thüringen, Juli 1950 bis 21.11.1950 Minister für Handel und Versorgung Thüringen, dann Parteiausschluß und Flucht.

Carl Günther *Ruland* (1874–1962), Rechtsanwalt; 1927 Rechtsanwalt beim Reichsgericht, 1945 Mitgründer der CDU Leipzig, 1945–1950 Vorsitzender des CDU-KV Leipzig, 1946–1950 MdL Sachsen, Mitglied des Erweiterten Zonenausschusses, 1948–1950 MdVR, PVK und VK, 1946 Landgerichtsrat Leipzig, ab 1948 Präsident des Oberlandesgerichtes Sachsen, Feb. 1950 Rücktritt, Ausschluß, Flucht, Exil-CDU.

Willi *Rutsch* (geb. 1904), Kaufmann; ab 1945 Abteilungsleiter der Sozialversicherung Meiningen, stv. Landrat und Kreisrat für Handel und Versorgung Meiningen, 21.11.1950–23.7.1952 Minister für Handel und Versorgung Thüringen, 1952 stv. Vorsitzender des Rat des Bezirkes Erfurt, 1964–1977 Präses der Vereinigten Kirchen- und Klosterkammer Erfurt.

Alfred *Sagner*, 1947 letzter gewählter Vorsitzender der JU der SBZ, 1947 Wechsel zum Büro J. Kaiser, Vorsitzender des Deutschlandrates der JU, 1959 Major, Persönlicher Referent von F. J. Strauß, Militärattaché in Korea.

Heinz *Sauer* (geb. 1919), Schriftsetzer; 1945 Gewerbelehrer und Abteilungsleiter der Landesregierung Brandenburg, 1946 CDU, 25.5.1952 bis Juli 1952 Vorsitzender des CDU-LV Brandenburg, ab Aug. 1952 stv. Vorsitzender des Rates des Bezirkes Potsdam, ab 1958 Bezirksbaudirektor, Mitglied des Bezirkstages.

Frank *Schleusener* (1876–1950), Rechtsanwalt und Notar; bis 1933 DDP, Stadtrat Stettin, OB Brandenburg, Regierungspräsident von Potsdam, 1924–1933 Staatssekretär im Preußischen Finanzministerium, nach 1933 Rechtsanwalt, 1945 CDU, 1945–1946 4. Vizepräsident der Provinzverwaltung Brandenburg (verantwortlich für Finanzen), 1946–1950 MdL Brandenburg und Vorsitzender des Rechts- und Verfassungsausschusses, Vorsitzender der CDU-Fraktion der Stadtverordnetenversammlung Potsdam, 1950 verhaftet und in der Haft umgekommen.

Georg *Schneider* (geb. 1892), bis 1948 Geschäftsführer des CDU-LV Thüringen, Flucht, 2. Vorsitzender der DAG, MdB, Sprecher der Landsmannschaft Thüringen der Exil-CDU.

Dr. Walther *Schreiber* (1884–1958), Jurist; 1911–1925 Rechtsanwalt, bis 1933 DDP, 1919–1933 MdL Preußen, 1925–1932 Preußischer Minister für Handel und Gewerbe, nach 1933 Rechtsanwalt und Notar in Berlin, 1945 Mitgründer der CDU, bis Dez. 1945 stv. Vorsitzender der CDU, von der SMAD abgesetzt, ab 1946 Vorsitzender des CDU-LV Berlin, ab 1946 MdA Berlin, 1950 CDU-Fraktionsvorsitzender, 1950 Bürgermeister, 1953–1954 Regierender Bürgermeister von Berlin.

Rudolph *Schulze* (geb. 1918), Drogist; 1934–1939 Drogistenlehre, Soldat, 1945–1948 sowjetische Gefangenschaft, 1948 CDU, Verwaltungsangestellter, 1949 Verwaltungsschule Bermsgrün, 1950 Bürgermeister von Schwarzenberg, 24.11.1950 bis Okt. 1951 Minister für Versorgung und Landwirtschaft Sachsen, 1952–1955 stv. Vorsitzender des Rates des Bezirkes Leipzig, ab 1952 Mitglied des Präsidiums des CDU-HV, MdVK, verschiedene Staatsfunktionen, ab 1963 Minister für Post- und Fernmeldewesen der DDR, ab 1971 stv. Vorsitzender des Ministerrates.

Fritz Hermann *Schwob* (1891–1956), Volkswirt; vor 1933 Zentrum, 1922–1933 Mitglied des Provinzausschusses Grenzmark Posen-Westpreußen, stv. Mitglied des Preußischen Staatsrates, stv. Bevollmächtigter zum Reichsrat, 1933–1945 freiberuflich und in der Wirtschaft tätig, 1945 CDU, Leiter des Finanzamtes Jüterbog, 20.12.1946–23.7.1950 Minister für Arbeit und Soziales/Arbeit und Gesundheitswesen Brandenburg, Mitglied des CDU-LVo Brandenburg, MdL, Mitglied der DWK, Feb. 1950 Flucht, Exil-CDU.

Ernst *Stargardt* (1883–1954), Jurist; vor 1933 DNVP, 1921–1935 Staatsanwalt in Potsdam, politisch verfolgt, 1945 CDU, 1945–1946 Generalstaatsanwalt in Potsdam, 20.12.1946–5.12.1949 Justizminister von Brandenburg, Abgeordneter der Kirchenversammlung der EKD, Aug. 1950 Flucht, Exil-CDU.

Luitpold *Steidle* (1898–1984), Landwirt, Offizier; 1921–1926 eigener Bauernhof Loibersdorf/Bayern, 1926–1934 Gutsverwalter, 1933 NSDAP, 1934–1944 Berufsoffizier der Wehrmacht, zuletzt Oberst und Kommandeur des 767. Grenadier-Regiments, Ritterkreuzträger, Feb. 1943 (Stalingrad) sowjetische Gefangenschaft, Mitglied und Frontbevollmächtigter des NKFD und Vizepräsident des „Bundes Deutscher Offiziere", 1945 CDU, 1948 Vorstand der CDU der SBZ, ab 9.3.1948 Vizepräsident der Verwaltung für Landwirtschaft und Umsiedlung in der DWK, 1949–1971 MdVR, PVK und VK, 12.10.1949 Minister für Arbeit und Gesundheit der DDR, Okt. 1950 bis 1958 Minister für Gesundheitswesen der DDR, 1960–1969 OB von Weimar.

Dr. Robert *Tillmanns* (1896–1955), Volkswirt; bis 1933 Geschäftsführer des Deutschen Studentenwerks und Regierungsrat in der preußischen Unterrichtsverwaltung, 1933 Entlassung, 1933–1945 Industrieangestellter, 1945 Mitgründer der CDU Berlin und der SBZ, 1945–1949 Leiter des Zentralbundes Ost des Hilfswerks der evangelischen Kirchen, ab 1946 MdPVK, 1946 bis Ende 1947 MdL Sachsen, nach der Teilung des LV Berlin Weiterarbeit im Westen, 1949 stv. Vorsitzender des CDU-LV Berlin, 1949–1955 MdB (Berliner Abgeordneter), ab 1953 Bundesminister für besondere Aufgaben, 1949–1952 stv., ab 1952 Vorsitzender des CDU-LV Berlin und Mitglied des HV der Exil-CDU, ab 1954 Vorsitzender des Evangelischen Arbeitskreises der CDU/CSU, 1955 stv. CDU-Vorsitzender.

Siegfried *Trommsdorff* (1902–1974), Gärtner; 1928 selbständiger Samenhändler, 1945 CDU, 1945–1949 Vorsitzender der CDU-OG Erfurt, Sep. 1947 bis Juni 1950 Vorsitzender des CDU-LV Thüringen, 1949 bis 15.10.1950 MdVR, PVK und VK, Juni 1950 bis Juni 1952 Mitglied des CDU-LVo Thüringen, Juli 1952 Flucht in die Bundesrepublik.

Carl *Ulbricht* (geb. 1904), Buchdrucker; Feb. 1950 bis 24.11.1950 Finanzminister in Sachsen, ab Okt. 1950 MdVK.

Erich *Wächter* (geb. 1908), Kaufmann; 1927–1944 Angestellter der Deutschen Lufthansa, 1945 CDU, 1946 Kreisrat für Wirtschaft und stv. Landrat des Kreises Hagenow, 1950 Landrat des Kreises Usedom, März 1950 bis 18.11.1950 Minister für Industrie und Aufbau Mecklenburg, 16.11.1950–9.6.1953 Staatssekretär im Ministerium für Verkehr der DDR, 1950–1958 MdVK, 19.12.1953 Präsident der Industrie- und Handelskammer der DDR, ab 18.5.1955 stv. Minister für Außenhandel und Innerdeutschen Handel, ab 18.10.1952 Mitglied des CDU-PA, ab 25.9.1954 Mitglied des HV und des Präsidiums des HV der CDU, ab 14.1.1954 Vorsitzender der AG Wirtschaftspolitik beim Parteivorstand der CDU.

Herbert *Wetzstein* (geb. 1890), 25.2.1950–21.11.1950 Minister für Land- und Forstwirtschaft Thüringen.

Dr. Siegfried *Witte* (1897–1961), Kaufmann; Mitinhaber einer Fabrik, 1945 Mitgründer der CDU, 1945 Vorsitzender des CDU-KV Rostock, Mitglied der Beratenden Landesversammlung Mecklenburg, 1946 MdL Mecklenburg-Vorpommern, Ende 1947 bis 31.1.1950 Wirtschaftsminister in Mecklenburg, Mitglied der DWK, Anfang 1950 Verhaftung und Flucht, Exil-CDU, 1951–1961 Geschäftsführer im Königsteiner Kreis Frankfurt a.M.

Dr. Wilhelm *Wolf* (1899–1948), Kaufmann; 1945 Mitgründer der CDU, 1945–1948 Vorsitzender des CDU-LV Brandenburg und Mitglied PV der CDU, 1946–1948 MdL Brandenburg (Vizepräsident des Landtages), 1948 MdVR.

Josef *Wujciak* (geb. 1901), Bergmann; 1929 Häuerprobe und Meisterhauer, 1919–1933 Zentrum und Christliche Gewerkschaften, 1945 CDU, 1948 Vorsitzender der BG der CDU seines Schachtes, 1948 Vorsitzender des CDU-KV Eisleben und Mitglied des CDU-Landesausschusses Sachsen-Anhalt, 4.6.1950 bis Juli 1952 Vorsitzender des CDU-LV Sachsen-Anhalt, ab 21.8.1952 Vorsitzender des CDU-BV Halle, 18.10.1952–25.9.1954 Mitglied des PA der CDU, ab 21./25.9.1954 Mitglied des HV der CDU, ab 15.10.1950 Vizepräsident des Landtages Sachsen-Anhalt, Okt. 1950 bis 1954 MdVK.

Ernst *Zborowski* (geb. 1907), Diplomvolkswirt; bis 1948 Landesgeschäftsführer der CDU Brandenburg, Ende Juni 1948 bis 1.11.1948 Vorsitzender des CDU-LV Brandenburg, Flucht.

3. Abkürzungen

Abt.	Abteilung
ACDP	Archiv für Christlich-Demokratische Politik
AdW	Akademie der Wissenschaften der DDR
AfG	Akademie für Gesellschaftswissenschaften beim ZK der SED
AG	Arbeitsgemeinschaft
APuZG	Aus Politik und Zeitgeschichte
BA	Bundesarchiv Koblenz
BHE	Block der Heimatvertriebenen und Entrechteten
BG	Betriebsgruppe
BGL	Betriebsgewerkschaftsleitung
BM	Bundesminister
BuVo	Bundesvorstand
BV	Bezirksvorstand
BzG	Beiträge zur Geschichte der Arbeiterbewegung, Berlin (Ost)
CDA	Christlich-Demokratische Arbeitnehmerschaft
CDU	Christlich-Demokratische Union Deutschlands
CDUD	Christlich-Demokratische Union Deutschlands (gebräuchlich vor allem bis 1947, in Sachsen bis in die 50er Jahre)
ChO	Chronologische Ordner des DbCDU
CidW	Christ in der Welt
CSU	Christlich-Soziale Union
DA	Deutschland Archiv
DAG	Deutsche Angestellten Gewerkschaft
DbCDU	Deutschlandbüro der CDU in Berlin (West)
DBD	Demokratische Bauernpartei Deutschlands
DDP	Deutsche Demokratische Partei
DDR	Deutsche Demokratische Republik
DF	Deutsche Fragen
DGB	Deutscher Gewerkschaftsbund
DIZ	Deutsches Institut für Zeitgeschichte
DKB	Deutscher Kulturbund
DNVP	Deutschnationale Volkspartei
DPD	Demokratische Partei Deutschlands (LDP/FDP)
DSF	Gesellschaft für deutsch-sowjetische Freundschaft
DSP	Deutsche Soziale Partei
DUD	Deutschland-Union-Dienst
DVP	Deutsche Volkspartei
DWK	Deutsche Wirtschaftskommission
EfDuE	Entscheidung für Deutschland und Europa
EHSt	Eichsfelder Heimatstimmen

EKD	Evangelische Kirche in Deutschland
FDGB	Freier Deutscher Gewerkschaftsbund
FDJ	Freie Deutsche Jugend
FH	Frankfurter Hefte
FO	Foreign Office
Hg.	Herausgeber
HGS	Hauptgeschäftsstelle
HO	Handelsorganisation
HV	Hauptvorstand
IDFF	Internationale Demokratische Frauenföderation
IfG	Institut für Gesellschaftswissenschaften beim ZK der SED
IML	Institut für Marxismus/Leninismus beim ZK der SED
IWE	Informationsbüro West
JbG	Jahrbuch für Geschichte, Berlin (Ost)
JU	Junge Union
KAS	Konrad-Adenauer-Stiftung
KB	Kulturbund
KiS	Kirche im Sozialismus
KPD	Kommunistische Partei Deutschlands
KPdSU	Kommunistische Partei der Sowjetunion (bis zum 19. Parteitag im Oktober 1952 VKP(B))
KV	Kreisverband
KVo	Kreisvorstand
KWU	Kommunales Wirtschaftsunternehmen
KZ	Konzentrationslager
LDP	Liberal-Demokratische Partei Deutschlands
LDPD	Liberal-Demokratische Partei Deutschlands
LK	Länderkammer
LV	Landesverband
LVo	Landesvorstand
MAS	Maschinen-Ausleih-Stationen
MAT	Materialsammlung
MdA	Mitglied des Abgeordnetenhauses
MdG	Mitglied des Gemeindevorstandes
MdHV	Mitglied des Hauptvorstandes
MdK	Mitglied des Kreistages
MdKV	Mitglied des Kreisvorstandes
MdL	Mitglied des Landtages
MdLK	Mitglied der Länderkammer
MdLV	Mitglied des Landesvorstandes
MdOV	Mitglied des Ortsvorstandes
MdPVK	Mitglied der Provisorischen Volkskammer

MdR	Mitglied des Reichstages
MdS	Mitglied der Stadtverordnetenversammlung
MdVK	Mitglied der Volkskammer
MdVR	Mitglied des Volksrates
MfS	Ministerium für Staatssicherheit der DDR
MGB	Ministerstvo gosudarstvennoj bezopasnosti (Ministerium für Staatssicherheit. Bis zum März 1946 NKGB)
MVD	Ministerstvo vnutrennich del (Ministerium für innere Angelegenheiten. Bis zum März 1946 NKVD)
MWD	Gebräuchlich für MVD
NDPD	National-Demokratische Partei Deutschlands
NF	Nationale Front
NKFD	Nationalkomitee Freies Deutschland
NKGB	Narodnyi komissariat gosudarstvenno (Volkskommissariat für Staatssicherheit)
NKVD	Narodnyi komissariat vnutrennich del (Volkskommissariat für innere Angelegenheiten)
NSDAP	Nationalsozialistische Deutsche Arbeiterpartei
NSKK	Nationalsozialistisches Kraftfahrkorps
OB	Oberbürgermeister
OG	Ortsgruppe
Ok	Ortskartei des DbCDU
OMGBS	Office of Military Government, Berlin Sector
OMGUS	Office of Military Government of the United States
PA	Politischer Ausschuß
PM	Die Politische Meinung
PRO	Public Record Office London
PVK	Provisorische Volkskammer
PVS	Politische Vierteljahresschrift
SAG	Sowjetische Aktiengesellschaft
SBZ	Sowjetische Besatzungszone
SED	Sozialistische Einheitspartei Deutschlands
SEP	Sozialistische Einheitspartei Deutschlands (in den 50er Jahren gebräuchlich)
SKK	Sowjetische Kontrollkommission
SMA	Sowjetische Militäradministration (Länder- und Provinzialebene)
SMAD	Sowjetische Militäradministration in Deutschland (Zentrale Ebene Berlin)
SMT	Sowjetisches Militärtribunal
SMV	Sowjetische Militärverwaltung
SSD	Staatssicherheitsdienst

stv.	stellvertretender
StVA	Strafvollzugsanstalt
SVK	Sozialversicherungskasse
TH	Technische Hochschule
TU	Technische Universität
UD	Union-Dienst
UdSSR	Union der Sozialistischen Sowjetrepubliken
UfJ	Untersuchungsausschuß freiheitlicher Juristen
UGO	Unabhängige Gewerkschaftsopposition
UiD	Union in Deutschland
UPD	Union-Pressedienst
Utm	Union teilt mit
VdgB	Vereinigung der gegenseitigen Bauernhilfe
VEB	Volkseigener Betrieb
VfZ	Vierteljahrshefte für Zeitgeschichte
VK	Volkskammer
VKP (B)	Vsesojuznaja Kommunisticeskaja partija (bol'sevikov) (Kommunistische Partei der Sowjetunion – bol'sewiki 1925–1952)
VR	Volksrat
VOB	Vereinigung Organisationseigener Betriebe
VVN	Vereinigung der Verfolgten des Naziregimes
ZfG	Zeitschrift für Geschichtswissenschaft, Berlin (Ost)
ZfParl	Zeitschrift für Parlamentsfragen
ZK	Zentralkomitee
ZVW	Zentrale Vermögensverwaltung (der CDU)

4. Ungedruckte Quellen

Archiv für Christlich-demokratische Politik, Sankt Augustin

	Nachlässe/Deposita
I–009	Dörpinghaus, Bruno
I–028	Krone, Heinrich
I–188	Buchheim, Karl
I–090	Hermes, Andreas
I–094	Riedel, Clemens
I–103	Klose, Alfred
I–133	Wolf, Erika
I–151	Theiss, Konrad
I–172	Lenz, Otto
I–201	Eichelbaum, Ernst
I–230	Dumstrey, Wilhelm
I–238	Stoedtner, Gerhard
I–254	Klauck, Fritz
I–255	Heller, Willy
I–257	Weide, Erwin
I–280	Lemmer, Ernst
I–282	Wegehaupt, Friedrich
I–294	Gradl, J. Baptist
I–296	Exil-CDU (A-Z) (Nachlaßsplitter)
I–297-001	Schönfeld, Helmut
I–297-002	Maeße, Reinhold
I–297-003	Haß, Ernst-Günter
I–297-004	Gries, Wilhelm
I–297-100/1/1	Deichgräber, Willi
I–297-100/1/2	
I–297-100/1/3	Ebert, Erich
I–297-100/1/4	Ernst, Regina
I–297-100/1/5	Dittmar, Rupprecht
I–297-100/1/6	Grosch, Heinz
I–297-100/1/7	Hartmann, Paul
I–297-100/2/1	Matthaes, Ruth
I–297-100/2/2	Meier, Hellmut
I–297-100/2/3	Neubert, Curtpaul

I–297-100/2/4	Schleusener, Frank
I–297-100/2/5	Schmidt, Rudolf
I–297-100/2/6	Sternitzke, Gotthold
I–297-100/2/7	Wolf, Wilhelm
I–297-100/8	Magen, Karl
I–298	Seibert, Wolfgang
I–307	Hoffbauer, Rudolf
I–308	Tappenbeck, Kurt
I–328	Schaefer, Aloys
I–331	Coelln, Esther-Maria von
I–336	Matuschek, Hedwig
I–350	Jöhren, Werner
I–412	Müller-Hermann, Ernst

Kreisverbände der CDU

II-002	KV Berlin-Prenzlauer Berg
II-012	KV Berlin-Lichtenberg
II-099	KV Berlin-Köpenick
II-101	KV Berlin-Mitte
II-108	KV Berlin-Schöneberg
II-113	KV Berlin-Wilmersdorf

Landesverbände der CDU

III-002	LV Westfalen-Lippe
III-012	LV Berlin
III-013	Exil-CDU der SBZ

Deutschlandbüro der CDU in Berlin (West)

III-013 DbCDU Ok	Ortskartei
III-013 DbCDU ChO	Chronologische Ordner
III-013 DbCDU Pk	Personenkartei

Protokolle der Tagungen im Rahmen des Projektes „Die CDU in der SBZ/DDR 1945 bis 1952“

VI-015-018/1-2	Tagung am 23./24. November 1981 in Schloß Eichholz
VI-015-021	Tagung am 22./23. November 1982 in Walberberg
VI-015-029	Tagung am 22./23. März 1986 in Schloß Eichholz
VI-015-034	Tagung am 11./12. November 1987 in Schloß Eichholz

VI-015-036	Tagung am 5./6. Juli 1988 in Schloß Eichholz
VII-004	Bundesgeschäftsstelle der CDU

Materialsammlung Richter im ACDP (MAT Richter)
Gesprächsprotokolle und Briefwechsel

Beitz, Hans	PI 1
Bornemann, Gertrud	PS
Bornmann, Horst	PK
Brandt, Helmut	QB/QC/QN
Bubner, Ilse-Ruth	QO/QS
Coelln, Esther-Maria von	QL
Dau, Else	PH 1
Degenhardt, Heinrich	QR
Ernst, Ewald	QL/QP
Gradl, Johann Baptist	QS
Grosse, Cilly	QT
Heller, Engelbert	QH
Hellrung, Albert	QF
Kesseler, Wolfram	PU
Koch, Erika	PN
Koch, Hans-Ulrich	PF/PU
Krause, Alfred	PH 2
Lehmann, Horst	PQ
Lemmer, Henning	PK 1
Matthaes, Ruth	Q1
Oehlschläger, Wolfgang	QA
Rummler, Gerold	PX/PZ/QI
Pieser, Lieselotte	QQ
Poisson, Erich	PT
Prusko, Georg	QE
Rothe, Gerhard	QD
Sagner, Alfred	PY
Schmidt-Westhausen, Werner	PR/QM
Schwarze, Hans-Joachim	PX
Seibert, Wolfgang	PY
Sigismund, Volker	OG
Sommer, Norbert	PI 2
Soyke, Otto	PL
Stargardt, Jürgen	PE/PU
Stephan, Werner	PG

Strecker, Rolf	PV
Wegehaupt, Friedrich	PM
Wietz, Irmtraud	QM
Wöllert, Ursula	QM/PW
Wolf, Erika	PD/PO

Bundesarchiv, Koblenz
Nachlaß Jakob Kaiser
Nachlaß Ludwig Kirsch

Archiv des Instituts für Zeitgeschichte, München
Bestand MF 260 OMGUS/OMGBS Bestand MF 84 POLAD

Public Record Office, London
Bestand Foreign Office (FO)

Bundesanstalt für Gesamtdeutsche Aufgaben, Bonn
Archivbestand (Signatur POL)

Privatarchiv Volker Sigismund

5. Gedruckte Quellen und Literatur

Adenauer: „Es mußte alles neu gemacht werden“. Die Protokolle des CDU-Bundesvorstandes s. Buchstab, Günter (Bearb.): Adenauer...
Adenauer, Konrad: Erinnerungen Bd. 1. 1945–1953. Stuttgart 1965.
Konrad Adenauer und die CDU der britischen Besatzungszone 1946–1949. Dokumente zur Gründungsgeschichte der CDU Deutschlands. Hg. von der Konrad-Adenauer-Stiftung. Eingeleitet und bearb. von Helmuth Pütz. Bonn 1975.
Agrarpolitische Leitsätze. In: Rüstzeug der Union 14. Berlin (Ost) o.J. (1952).
Ammer, Thomas: Universität zwischen Demokratie und Diktatur. Ein Beitrag zur Nachkriegsgeschichte der Universität Rostock. Köln 1969.
Appelt, Rudolf: Wesen und Ziele der Blockpolitik. In: Einheit 2 (1947). Hg. vom Parteivorstand beim ZK der SED. Berlin S. 825–836.
Arbeitsbereich Geschichte und Politik der DDR am Institut für Sozialwissenschaften der Universität Mannheim (Hg.): Studien und Materialien 1. Mannheim 1982.
Arbeitsbereich Geschichte und Politik der DDR am Institut für Sozialwissenschaften der Universität Mannheim (Hg.): Ziele, Formen und Grenzen der „besonderen“ Wege zum Sozialismus. Zur Analyse der Transformationskonzepte europäischer kommunistischer Parteien in den Jahren 1944/45 und 1948 (Studien und Materialien 2). Mannheim 1984.

Auf dem Wege zur gemeinsamen humanistischen Verantwortung. Eine Sammlung kirchenpolitischer Dokumente 1945–1966 unter Berücksichtigung von Dokumenten aus dem Zeitraum 1933–1945. Berlin (Ost) 1967.

Der Auftrag der Tschechoslowakischen Volkspartei (Hefte aus Burgscheidungen 184). o.O. 1972.

BACH, August: Aus Reden und Aufsätzen 1946–1966. Hg. vom Sekretariat des Hauptvorstandes der CDU. Berlin (Ost) 1977.

BADSTÜBNER, Rolf: Der „christliche Sozialismus" und die Verfälschung des marxistischen Sozialismusbildes als Bestandteil der imperialistischen Strategie und Taktik. In: ZfG 17 (1969) S. 451–457.

– Geschichte der DDR. Berlin (Ost) 1981.

– Zur Problematik und historischen Bedeutung des Ahlener Programms der westdeutschen CDU. In: ZfG 9 (1961) S. 1789–1824.

BADSTÜBNER, Rolf/HEITZER, Heinz (Hg.): Die DDR in der Übergangsperiode. Studien zur Vorgeschichte und Geschichte der DDR 1945 bis 1961. Berlin (Ost) 1979.

BADSTÜBNER, Rolf/THOMAS, Siegfried: Die Spaltung Deutschlands 1945–1949. Berlin (Ost) 1966.

BANDULET, Bruno: Adenauer zwischen West und Ost. Alternativen der deutschen Außenpolitik. München 1970.

BECKER, Winfried: Die CDU im demokratischen Neubeginn 1945/46 – Motive der Gründung und parteipolitischer Standort. In: RÜTHER 1 S. 333–360.

– CDU und CSU 1945–1950. (Studien zur politischen Bildung 13). Mainz 1987.

Beitrag zur friedlichen Lösung der deutschen Frage. Bildungshefte der CDU. Hg. von der Zentralen Parteischule der CDU „Otto Nuschke" Halle (Reihe: Der Kampf um den Frieden und die nationale Einheit 2). Berlin (Ost) o.J. (1953).

Die Bemühungen der Bundesrepublik um Wiederherstellung der Einheit Deutschlands durch gesamtdeutsche Wahlen. Dokumente und Akten. 2. Aufl. Bonn 1952.

BENEDIKT, Klaus-Ulrich: Emil Dovifat. Ein katholischer Hochschullehrer und Publizist (Veröffentlichungen der Kommission für Zeitgeschichte. Reihe B: Forschungen 42). Mainz 1986.

BENJAMIN, Hilde: Zur Geschichte der Rechtspflege der DDR 1945–1949. Hg. von der Akademie für Staats- und Rechtswissenschaft der DDR, Lehrstuhl „Geschichte der Rechtspflege". Berlin (Ost) 1976.

BERGER, Gottfried: In tyrannos. Die Sowjetisierung der Hochschulen. Dargestellt am Beispiel der Universität Leipzig (PZ Archiv, Aktuelle Sonderdrucke 4). o.O. 1951.

BERGSTRÄSSER, Ludwig: Geschichte der politischen Parteien in Deutschland. 11. Aufl. München 1965.

Berlin – Quellen und Dokumente 1945–1951. 1. Halbband, bearb. durch Hans J. Reichhardt u.a. Hg. vom Senat der Stadt Berlin. Berlin (West) 1964.

Berlin. Ringen um Einheit und Wiederaufbau 1948–1951. Hg. im Auftrage des Senats von Berlin. Berlin (West) 1962.

Berliner Schicksal 1945–1952. Hg. vom Senat der Stadt Berlin. Berlin (West) 1952.

BERNECKER, Walther L./DOTTERWEICH, Volker (Hg.): Persönlichkeit und Politik in der Bundesrepublik Deutschland. Politische Porträts. Bd. 1 und 2. Göttingen 1982.

Bewährung und Verantwortung für Deutschland. Reden und Beschlüsse der 4. Jahrestagung der CDU am 12. und 13. November 1949 in Leipzig. Hg. von der Hauptgeschäftsstelle der CDU. Berlin (Ost) 1950.

BITTEL, Karl (Hg.): Kleine Dokumentensammlung. Die Nationale Front des demokratischen Deutschland im Kampf für Einheit, Frieden, Demokratie und Sozialismus. Berlin (Ost) 1960.

BLEEK, Wilhelm: Dissertationen aus der DDR. Verborgene Quellen der DDR-Forschung? In: DA 17 (1984) S. 1188–1203.

– Plädoyer für eine ganze Deutschlandforschung. In: DA 19 (1986), S. 136–142.

BLOCH, Peter: Zwischen Hoffnung und Resignation. Als CDU-Politiker in Brandenburg 1945–1950. Hg. von Siegfried Suckut. Köln 1986.

BLUMENWITZ, Dieter/GOTTO, Klaus u.a. (Hg.): Konrad Adenauer und seine Zeit. Politik und Persönlichkeit des ersten Bundeskanzlers. Bd. 1: Beiträge von Weg- und Zeitgenossen (Veröffentlichung der Konrad-Adenauer-Stiftung, Archiv für Christlich-Demokratische Politik). 2. Aufl. Stuttgart 1976.

BÖRNER, Rolf: Der Antikommunismus – ein Hauptbestandteil der modernen bürgerlichen Ideologie. Über einige antikommunistische Tendenzen auf der Eisenacher Kulturtagung der CDU 1949. In: Als Christen dem Sozialismus verpflichtet. Eine Veröffentlichung aus Anlaß des 10. Gründungstages der Zentralen Schulungsstätte der CDU „Otto Nuschke". Hg. von der Parteileitung der CDU. Berlin (Ost) 1961, S. 68ff.

– Für die Souveränität des werktätigen Volkes! Die Mitwirkung der CDU bei der Ausarbeitung der Länderverfassungen und der Verfassung der DDR (1946–1949) (CDUD-Beiträge zur Geschichte). Berlin (Ost) 1975.

BOLLMUS, Reinhard: Zwischen Kapitulation und Grundgesetz. Die CDU zwischen J. Kaiser und K. Adenauer. Abdruck einer Sendung im WDR vom 28. März 1969, 21 bis 22 Uhr, 3. Programm, 15. Sendewoche. Köln: WDR 1969.

BOLZ, Lothar: Einiges Volk! Einiges Land! Berlin (Ost) 1949.

BOOMS, Hans (Hg.): s. Die Kabinettsprotokolle der Bundesregierung.

BORKOWSKI, Dieter: Erich Honecker. Statthalter Moskaus oder deutscher Patriot? Eine Biographie. München 1987.

BRAAS, Gerhard: Die Entstehung der Länderverfassungen in der Sowjetischen Besatzungszone Deutschlands 1946/1947 (Mannheimer Untersuchungen zu Politik und Geschichte der DDR 4). Köln 1987.

BRANDT, Hans-Jürgen/DINGES, Martin: Kaderpolitik und Kaderarbeit in den „bürgerlichen" Parteien und den Massenorganisationen in der DDR (Politologische Studien 28). Berlin (West) 1984.

BRANDT, Heinz: Ein Traum, der nicht entführbar ist. München 1967.

BRANDT, Helmut: Hinter den Kulissen der Waldheimer Prozesse des Jahres 1950. Sonderdruck des Waldheimer Kameradschaftskreises 1965.

BRAUN, Günter: Zur Entwicklung der Wahlen in der SBZ/DDR 1946–1950. In: WEBER: Parteiensystem S. 545–

BREDENDIEK, Walter: Emil Fuchs und die Anfänge des Christlichen Arbeitskreises im Friedensrat der DDR (Hefte aus Burgscheidungen 112). o.O. 1964.

BREITENBORN, Konrad: Der Friedensbund Deutscher Katholiken 1918/19 bis 1951. Berlin (Ost) 1981.

BRÜGELMANN, Hermann/SIMON, Klaus (Hg.): Robert Tillmanns – Eine Lebensleistung (Schriftenreihe der Hermann-Ehlers-Gesellschaft). Stuttgart 1956.

BUCHHAAS, Dorothee: Die Volkspartei. Programmatische Entwicklung der CDU 1950–1973 (Beiträge zur Geschichte des Parlamentarismus und der politischen Parteien 68). Düsseldorf 1981.

BUCHHEIM, Karl: Artikel „Christlich-demokratische Union". In: Staatslexikon Bd. 2. 6. Aufl. Freiburg 1958, S. 451–456.

– Geschichte der christlichen Parteien in Deutschland. München 1953.

BUCHSTAB, Günter (Bearb.): Adenauer: „Es mußte alles neu gemacht werden". Die Protokolle des CDU-Bundesvorstandes 1950–1953 (Forschungen und Quellen zur Zeitgeschichte 8). Stuttgart 1986.

– Die Bestände des Archivs für Christlich-Demokratische Politik der Konrad-Adenauer-Stiftung. Kurzübersicht. 2. Aufl. Melle 1986.

BUCHSTAB, Günter/GOTTO, Klaus (Hg.): Die Gründung der Union. Traditionen, Entstehung und Repräsentanten (Geschichte und Staat 254/255). München 1981.

Bündnispolitik im Sozialismus. Hg. von der Akademie für Gesellschaftswissenschaften beim ZK der SED. Institut für Geschichte der deutschen Arbeiterbewegung. Berlin (Ost) 1978.

BURNHAM, James: Die Strategie des kalten Krieges. Stuttgart 1950.

BUSCHFORT, Wolfgang: Das Ostbüro der SPD 1946–1958. Ein Nachrichtendienst im geteilten Deutschland (Diss.) Bochum 1989.

BUTTLAR, Walrab von: Ziele und Zielkonflikte in der sowjetischen Deutschlandpolitik 1945–1947. Stuttgart 1980.

CDU in der DDR. Hg. vom Hauptvorstand der CDU. Berlin (Ost) 1984.

Die CDU/CSU im Parlamentarischen Rat. Sitzungsprotokolle der Unionsfraktion. Eingeleitet und bearb. von Rainer SALZMANN (Forschungen und Quellen zur Zeitgeschichte 2). Stuttgart 1981.

ČERNY, Jochen: Vom antifaschistisch-demokratischen Block zum sozialistischen Mehrparteiensystem. Eine Studie zur Genesis der politischen Organisation der Gesellschaft im Gründungsjahr der DDR (Okt. 1949 bis Okt. 1950). In: BADSTÜBNER, Rolf/HEITZER, Heinz (Hg.): Die DDR in der Übergangsperiode. Berlin (Ost) 1979 S. 159–195.

ČESLIŠČEV, N.I.: Političeskaja forma revoljucionno-demokratičeskoj diktatury proletariata i krest'janstva v vostočnoj Germanii (1945–1949). Sverdlovsk 1963.

Christen, kämpft für den Frieden! Gesamtbericht über die 5. Jahrestagung der Christlich-Demokratischen Union Deutschlands vom 15. bis 17. September 1950 in Berlin. Hg. von der Hauptgeschäftsstelle der CDU. Berlin (Ost) 1950.

Die Christlich-Demokratische Union Deutschlands – eine Partei des Friedens, der Demokratie und des Sozialismus (Hefte aus Burgscheidungen 209). o.O. 1978.

Die Christlich-Demokratische Union in der Deutschen Demokratischen Republik (Hefte aus Burgscheidungen 86). o.O. 1962.

Christliche Demokraten der ersten Stunde. Bonn (Eichholz) 1966.

Christliche Existenz im Sozialismus. Aus Reden und Aufsätzen christlicher Persönlichkeiten der DDR. Hg. vom Sekretariat des Hauptvorstandes der CDU. o.O. 1976.

Christliche Existenz im sozialistischen Staat. Zeugnisse zu Weg und Wirken von Christen in der DDR (Hefte aus Burgscheidungen 243). o.O. 1987.

Christlicher Realismus. Hauptreferate und Thesen der Arbeitstagung der CDU in Meißen vom 19.–21. Oktober 1951. Berlin (Ost) 1951.

Christlicher Realismus. Hg. von der Parteileitung der CDU – Referat Schulung: A. Voraussetzungen und Grundlagen. B: Die Verantwortung der Christen (Fern-Studium der Christlich-Demokratischen Union Deutschlands 1 und 2). Berlin (Ost) 1953.

CONZE, Werner: Jakob Kaiser, Politiker zwischen Ost und West 1945–1949. Stuttgart 1969.

CORNIDES, Wilhelm: Die Neutralitätslehre des Nauheimer Kreises und der geistige Hintergrund des West-Ost Gespräches in Deutschland. 2. Teil. In: Europa-Archiv 5 (1950) S. 3103–3112.

CREUZBERGER, Stefan: Innere Organisation und äußere Beziehungen der SMAD. Ein Beitrag zur Geschichte der Sowjetischen Besatzungspolitik in Deutschland 1945–1949 (unveröffentlichtes Manuskript). Bonn 1988.

DÄHN, Horst: Konfrontation oder Kooperation? Das Verhältnis von Staat und Kirche in der SBZ/DDR 1945–1980 (Studien zur Sozialwissenschaft 52). Opladen 1982.

DAHLGREN, Sam: Das Verhältnis von Staat und Kirche in der DDR während der Jahre 1949–1958. Uppsala 1972.

DALLIN, David J.: Die Sowjetspionage. Prinzipien und Praktiken. Köln 1956.

DDR – Werden und Wachsen. Zur Geschichte der DDR. Hg. von der Akademie der Wissenschaften der DDR. Zentralinstitut für Geschichte. Berlin (Ost) 1974.

DESCZYK, Gerhard: Ludwig Kirsch. Besinnung aufs Grundsätzliche (Christ in der Welt 42). Berlin (Ost) 1977.

DEUERLEIN, Ernst: CDU/CSU 1945–1957. Beiträge zur Zeitgeschichte. Köln 1957.

– Deutschland nach dem Zweiten Weltkrieg 1945–1955. Konstanz 1964.

– Zehn Jahre demokratische Parteien. Die Christlich-Demokratische Union Deutschlands. In: Das Parlament (1956) S. 5.

DEUERLEIN, Ernst (Hg.): DDR – Geschichte und Bestandsaufnahme. 3. Aufl. München 1971.

Der deutsche Zweijahresplan für 1949–1950. Berlin (Ost) o.J.

Das ganze Deutschland in ein geeintes Europa. Feststellungen und Forderungen des III. Exil-Parteitages der Christlich-Demokratischen Union der Sowjetischen Besatzungszone in Bonn 22./23. März 1953. Berlin (West) 1953.

DIEPENTHAL, Wolfgang: Drei Volksdemokratien. Ein Konzept kommunistischer Machtstabilisierung und seine Verwirklichung in Polen, der Tschechoslowakei und der Sowjetischen Besatzungszone Deutschlands. 1944–1948. Köln 1974.

DIRKSEN, Ulrich: Bürgertum auf dem Marsch in den Sozialismus. Die Liberal-Demokratische Partei Deutschlands zwischen Verständigungsbereitschaft, Widerstand und Anpassung (1945–1952). In: Deutsche Studien 23 (1985) S. 360–388.

– Die Mitwirkung der LDPD an der sozialökonomischen Umwälzung in Ostdeutschland (1945–1949). (Diss.). Berlin (Ost) 1975.

DITTBERNER, Jürgen: Die Parteitage von CDU und SPD. In: DITTBERNER, Jürgen/EBBIGHAUSEN, Rolf S. 82–108.

DITTBERNER, Jürgen/EBBIGHAUSEN, Rolf: Parteiensystem in der Legitimationskrise. Studien und Materialien zur Soziologie der Parteien in der Bundesrepublik Deutschland (Schriften des Zentralinstituts für sozialwissenschaftliche Forschung der Freien Universität Berlin 24). Opladen 1973.

DITTRICH, Gottfried: Der Übergang vom Kapitalismus zum Sozialismus in der DDR (1945–1961) und einige seiner Besonderheiten. In: Wissenschaftliche Zeitschrift der Karl-Marx-Universität Leipzig. Gesellschafts- und Sprachwissenschaftliche Reihe 31 (1982) S. 138ff.

DJILAS, Milovan: Gespräche mit Stalin. Frankfurt a.M. 1962.

– Der Krieg der Partisanen. Memoiren 1941–1945. Wien 1978.

DOERNBERG, Stefan: Deutschland 1945–1949. Kurzer Abriß der geschichtlichen Entwicklung. Berlin (Ost) 1959.

– Kurze Geschichte der DDR. 3. Aufl. Berlin (Ost) 1968.

– Die Tätigkeit der Sowjetischen Militärverwaltung – deutsch-sowjetische Freundschaft in Aktion. In: Zwei Jahrzehnte S. 37–55.

DÖRPINGHAUS, Bruno/WITT, Kurt: Politisches Jahrbuch der CDU/CSU. Hg. vom Generalsekretariat der Arbeitsgemeinschaft der CDU/CSU für Deutschland. 1. Jg. Frankfurt a.M. 1950.

Dokumentation des Informationsbüros West. Chronologische Materialien zur Geschichte der SED. Berlin (West) 1956.

Dokumentation des Terrors. Namen und Schicksale der seit 1945 in der sowjetisch besetzten Zone Deutschlands verhafteten und verschleppten Professoren und Studenten. Hg. vom Verband deutscher Studentenschaften. 5. Aufl. Berlin (West) 1962.

Dokumente der CDU. Bd. 1: 1945–1955. Berlin (Ost) 1956.

Dokumente der SED. Beschlüsse und Erklärungen des Zentralsekretariats und des Parteivorstandes. Bd. 1. Berlin (Ost) 1951.

Dokumente des Unrechts (zusammengestellt vom Untersuchungsausschuß Freiheitlicher Juristen). o.O. o.J.

Dokumente und Materialien zur Geschichte der deutschen Arbeiterbewegung. Reihe III Bd. 1. Berlin (Ost) o.J.

Dokumente zur Geschichte der SED. Bd. 1: 1847 bis 1945. Berlin (Ost) 1981.

DORN, Walter L.: Inspektionsreisen in der US-Zone. Notizen, Denkschriften und Erinnerungen aus dem Nachlaß übersetzt und hg. von Lutz Niethammer (Schriftenreihe der VfZ 26). Stuttgart 1973.

DOWIDAT, Christel: Vom Parlament zur „sozialistischen Volksvertretung". Die Entwicklung der CDUD-Fraktionen in den Landtagen der SBZ/DDR von 1946 bis 1952. In: ZfParl 16 (1985) S. 57–70.

DREHER, Klaus: Der Weg zum Kanzler. Adenauers Griff nach der Macht. Düsseldorf 1972.

30 Jahre CDU. Berlin (Ost) 1975.

DRESSLER, Helmut: Fehlschüsse im kalten Krieg. Das Fiasko klerikal-antikommunistischer Anfeindungen der DDR in drei Jahrzehnten ihres Bestehens (Fakten/Argumente). Berlin (Ost) 1979.

DROBISCH, Klaus (Hg.): Christen im Nationalkomitee „Freies Deutschland". Eine Dokumentation. Berlin (Ost) 1973.

DUHNKE, Horst: Stalinismus in Deutschland. Die Geschichte der Sowjetischen Besatzungszone. Köln 1955.

Ehemalige Nationalsozialisten in Pankows Diensten. 3. Aufl. Hg. vom Untersuchungsausschuß Freiheitlicher Juristen. Berlin (West) 1960.

EHLERT, Nikolaus: Große Grusinische Nr. 17. Deutsche Botschaft in Moskau. Frankfurt a.M. 1967.

EHRLER, Klaus: Der andere Weg. Betrachtungen zum 20. Gründungstag von CDU und LDP. In: Blätter für deutsche und internationale Politik 10 (1965) S. 666–673.

EHRLER, Klaus (Hg.): CDU in der DDR oder was wir von unseren Brüdern und Schwestern lernen können. Im Auftrage der Westberliner Verständigungshilfe (Edition Verständigungshilfe). Köln 1969.

Ein Vorbild der Einheit von Theorie und Praxis. Festschrift zum 85. Geburtstag von Hilde Benjamin. Aktuelle Beiträge der Staats- und Rechtswissenschaft 345. Hg. von der Akademie für Staats- und Rechtswissenschaft der DDR. Potsdam 1987.

Eindrücke in Moskau. Hg. vom Hauptvorstand der CDU. In: Wege in die neue Zeit 9. Berlin (Ost) 1948.

Eine Gründung, die sich bewährte. Vor zehn Jahren erging aus Berlin der Aufruf zur Christlich-Demokratischen Union. o.O. o.J. (1955).

Einheit in Freiheit. Hg. von der Exil-CDU der SBZ. o.O. 1950.

Engagement aus dem Glauben. Zur schöpferischen Mitarbeit katholischer Bürger in der DDR. (Die Beiträge dieser Broschüre wurden auf einer Tagung der Arbeitsgruppe Kirchenfragen der Hauptverwaltung der CDU gehalten, die am 11. April 1973 in Berlin stattfand.) Hg. vom Sekretariat des Hauptvorstandes der CDU. o.O. 1973.

ERDMANN, Karl Dietrich: Die Zeit der Weltkriege (Bd. 4,2: GEBHARDT: Handbuch der deutschen Geschichte, hg. von Herbert Grundmann). 9. Aufl. Stuttgart 1976.

Erfurt 1948. Die 3. Jahrestagung der CDU. Protokoll des 3. Parteitages. Berlin (Ost) 1949.

Erinnerungen an Otto Nuschke. Berichte und Zeugnisse von Zeitgenossen. Berlin (Ost) 1973.

Erlebnisse und Erfahrungen christlicher Demokraten aus drei Jahrzehnten. Berlin (Ost) 1974.

Erster Parteitag der Christlich-Demokratischen Union Deutschlands, Goslar 20.–22. Oktober 1950. Bonn 1950.

ESCHENBURG, Theodor: Jahre der Besatzung 1945–1949 (Geschichte der Bundesrepublik Deutschland 1). Stuttgart 1983.

FEJTOE, François: Die Geschichte der Volksdemokratien. Bd. 1: Die Ära Stalin 1945–1953. Graz 1972.

FENSKE, Hans: Strukturprobleme der deutschen Parteiengeschichte. Wahlrecht und Parteiensystem vom Vormärz bis heute. Frankfurt a.M. 1974.

FERDINAND, Horst (Hg.): Beginn in Bonn. Erinnerungen an den ersten Deutschen Bundestag. Freiburg 1985.

FIJALKOWSKI, Jürgen u.a.: Berlin – Hauptstadtanspruch und Westintegration (Schriften des Instituts für politische Wissenschaft 20). Köln 1967.

FINN, Gerhard: Die politischen Häftlinge der Sowjetzone 1945 bis 1959. Pfaffenhofen 1960.

FISCHER, Alexander: Anfänge der Wiederbewaffnung in der SBZ/DDR (1945/46–1955/56). In: FISCHER, A. (Hg.): Wiederbewaffnung in Deutschland nach 1945 S. 11–30.

– Außenpolitische Aktivität bei ungewisser sowjetischer Deutschlandpolitik (bis 1955). In: JACOBSEN u.a. S. 51–84.

– Bilanz und Perspektiven der DDR-Forschung. In: DA 20 (1987) S. 1052–1058.

– Handlungsspielräume der UdSSR in der Entstehung des Ost-West-Gegensatzes 1945 bis 1950. In: APuZG 33 (1983) B 25 S. 13–18.

– Referat. In: Der Weg nach Pankow. Zur Gründungsgeschichte der DDR. Kolloquium des Instituts für Zeitgeschichte. München 1980 S. 14–19.

– Sowjetische Deutschlandpolitik im Zweiten Weltkrieg 1941–1945 (Studien zur Zeitgeschichte). Stuttgart 1975.

– Die Sowjetunion und die „deutsche Frage“ 1945–1949. In: Die Deutschlandfrage und die Anfänge des Ost-West-Konflikts 1945–1949 (Studien zur Deutschlandfrage 7). Berlin (West) 1984 S. 41–57.

FISCHER, Alexander (Hg.): Wiederbewaffnung in Deutschland nach 1945 (Schriftenreihe der Gesellschaft für Deutschlandforschung 12). Berlin (West) 1986.

FISCHER, Gerhard: Antifaschistisches Erbe – Mythos oder Auftrag. Lehren aus dem Widerstand von Christen in Deutschland (Fakten/Argumente). Berlin (Ost) 1986.

– Die CDU und der Aufbau des Sozialismus in der DDR. In: ZfG 27 (1979) S. 1121–1125.

– Die prinzipiellen Auseinandersetzungen über die ideologische Position der CDU zwischen dem 5. und 6. Parteitag (1950–52) und die Rolle der „Neuen Zeit“ als Zentralorgan der Partei (CDUD-Beiträge zur Geschichte). Berlin (Ost) 1967.

– Otto Nuschke – Ein Lebensbild. Berlin (Ost) 1983.
– Wir haben die Geschichte der DDR mitgeschrieben (Hefte aus Burgscheidungen 176). o.O. 1970.

FISCHER, Heinz-Dietrich: Parteien und Presse in Deutschland seit 1945 (Studien zur Publizistik. Bremer Reihe 15). Bremen 1971.

FISCHER, Martin (Hg.): Das Zeugnis der Verhafteten. Berlin (West) 1953.

FLECHTHEIM, Ossip K.: Der Dritte Weg in der deutschen Parteipolitik nach 1945. In: APuZG (1973) B 25 S. 3–14.

FLECHTHEIM, Ossip K. (Hg.): Dokumente zur parteipolitischen Entwicklung in Deutschland seit 1945. Bd. 1: A. Neubildung der deutschen Parteien nach 1945. B. Die Stellung der Parteien in der Verfassung und im Recht. C. Satzungen der deutschen Parteien. Berlin (West) 1962. Bd. 2: Programmatik der deutschen Parteien. Teil 1. Berlin (West) 1963. Bd. 3: Programmatik der deutschen Parteien. Teil 2. Berlin (West) 1963. Bd. 6: Innerparteiliche Auseinandersetzungen. Teil 1. Berlin (West) 1968. Bd. 7: Innerparteiliche Auseinandersetzungen. Teil 2. Berlin (West) 1969.
– Die Parteien der Bundesrepublik Deutschland. Hamburg 1973.

Flüchtlinge und Parteien. Hg. von der Arbeitsgemeinschaft der CDU/CSU Deutschlands. Frankfurt a.M. 1949.

FOCKE, Franz: Sozialismus aus christlicher Verantwortung. Die Idee eines christlichen Sozialismus in der katholisch-sozialen Bewegung und in der CDU. Wuppertal 1978.

Foreign Relations of the United States 1949, Vol. 3: Council of Foreign Ministers; Germany and Austria. Washington 1974.

Foreign Relations of the United States 1950, Vol. 4: Central and Eastern Europe; The Soviet Union. Washington 1980.

Foreign Relations of the United States 1951, Vol. 3: European security and the German question. Part 2. Washington 1981.

Forschungsbeirat für Fragen der Wiedervereinigung Deutschlands beim Bundesminister für gesamtdeutsche Fragen. Erster Tätigkeitsbericht 1952/1953. Bonn 1954.

FOSCHEPOTH, Josef: Einleitung: Adenauer und die Deutsche Frage. In: FOSCHEPOTH: Adenauer S. 7–28.
– Westintegration statt Wiedervereinigung: Adenauers Deutschlandpolitik 1949–1955. In: FOSCHEPOTH: Adenauer S. 29–60.

FOSCHEPOTH, Josef (Hg.): Adenauer und die deutsche Frage. Göttingen 1988.
– Kalter Krieg und Deutsche Frage. Deutschland im Widerstreit der Mächte 1945–1952 (Veröffentlichungen des Deutschen Historischen Instituts London 16). Göttingen 1985.

Frage und Antwort in der Diskussion über die Thesen des christlichen Realismus. Mit einem Vorwort von Georg Dertinger. Berlin (Ost) 1952.

Frage und Antwort Nr. 12. Warum gemeinsame Kandidatenliste der Nationalen Front des demokratischen Deutschland? Hg. vom Parteivorstand der SED. Berlin (Ost) 1950.

Fragen des Aufbaus eines einheitlichen, demokratischen, friedliebenden deutschen Staates. Berlin (Ost) 1952.

Frank, Henning: Die mitteldeutsche CDU nach ihrem 12. Parteitag (Oktober 1968), gesendet im DLF am Sonntag, den 13. Oktober 1968. In: Frank, Henning: Die Blockparteien der SED. Köln 1969 S. 53–66.

Franke, Joachim/Kahl, Volker (Bearb.): Zeittafel zur Geschichte der CDU 1945–1987 (Hefte aus Burgscheidungen 246/247) o.O. 1987.

Fricke, Karl Wilhelm: DDR-Gründung und Opposition. In: DA 7 (1974) S. 946–955.

– Die DDR-Staatssicherheit. Köln 1982.

– Gerald Götting. Lebensbild eines „revolutionären Christen". In: SBZ-Archiv 5 (1954) S. 105.

– Geschichte und Legende der Waldheimer Prozesse. In: DA 13 (1980) S. 1172–1183.

– Luitpold Steidle. „Minister für Gesundheitswesen". In: SBZ-Archiv 5 (1954) S. 317.

– Opposition und Widerstand in der DDR. Ein politischer Report. Köln 1984.

– Otto Nuschke. Ein „psychologisches Rätsel". In: SBZ-Archiv 4 (1953) S. 281–182.

– Politik und Justiz in der DDR. Zur Geschichte der politischen Verfolgung 1945–1968. Köln 1979.

– Das Schicksal der „bürgerlichen Parteien" in der Sowjetzone. In: SBZ-Archiv 5 (1954) S. 133–135.

– Selbstbehauptung und Widerstand in der SBZ (Bonner Berichte aus Mittel- und Ostdeutschland). Bonn 1964.

– Volkswahlen ohne Alternative. In: Politische Meinung 8 (1963) 88 S. 17–24.

– Warten auf Gerechtigkeit. Kommunistische Säuberungen und Rehabilitierungen. Bericht und Dokumentation. Köln 1971.

Fricke, Karl Wilhelm/Dittmar, Peter: „Gegen 99,8 Prozent". Opposition in der DDR. Hg. von der Presseabteilung des Deutschlandfunks 17/1974. Köln 1974.

Friede – aber mit einem Deutschland! VII. Parteitag der Exil-CDU Braunschweig 11.–13. März 1961. o.O. 1961.

Friede sei mit Euch. Eine historische Tagung sächsischer Pfarrer im Landtagsgebäude zu Dresden am 27. Juni 1950. o.O. o.J.

Friedensburg, Ferdinand: Es ging um Deutschlands Einheit. Rückschau eines Berliners auf die Jahre nach 1945. Berlin (West) 1971.

Friedrich, Gerd: Die Freie deutsche Jugend – Stosstrupp des Kommunismus in Deutschland. Hg. vom Publizistischen Zentrum für die Einheit Deutschlands (Rote Weißbücher 1). Köln 1950.

– Der Kulturbund zur demokratischen Erneuerung Deutschlands. Geschichte und Funktion (Rote Weißbücher 8). Köln 1952.

– Die permanente „Säuberung". In: SBZ-Archiv 4 (1953) S. 82–84, S. 100f.

Frohn, Axel: Neutralisierung als Alternative zur Westintegration. Die Deutschlandpolitik der Vereinigten Staaten von Amerika 1945–1949 (Dokumente zur Deutschlandpolitik, Beiheft 7). Frankfurt a.M. 1985.

FUCHS, Emil: Ruf und Antwort. Festgabe für Emil Fuchs zum 90. Geburtstag. Leipzig 1964.

Der Fünf-Jahres-Plan (Rüstzeug der Union 5). Berlin (Ost) 1951.

25 Jahre DDR. 25 Jahre Mitarbeit der CDU. Berlin (Ost) 1974.

FURTAK, Robert F.: Dissens und Opposition in den politischen Systemen Osteuropas. In: Partei und System. Eine kritische Einführung in die Parteienforschung. Hg. von Wolfgang Jäger. Stuttgart 1973 S. 182–209.

GEILING, Martin: Außenpolitik und Nuklearstrategie. Eine Analyse des konzeptionellen Wandels der amerikanischen Sicherheitspolitik gegenüber der Sowjetunion (1945–1963). Köln 1975.

Gemeinsam zum Sozialismus. Zur Geschichte der Bündnispolitik der SED. Hg. vom Institut für Gesellschaftswissenschaften beim ZK der SED. Berlin (Ost) 1969.

GERST, Wilhelm Karl: Eine Abrechnung. 50 Beiträge zur Charakteristik der Adenauer-Partei. Berlin (Ost) o.J. (1960).

GERTL, Franz: Josef Streb. Zeugnis und Beispiel (Christ in der Welt 44). Berlin (Ost) 1978.

Geschichte der CDU. Bildungshefte der CDU. Hg. von der Zentralen Parteischule der CDU „Otto Nuschke" Halle (Reihe: Die Arbeit der CDU). Halle 1953.

Geschichte der deutschen Arbeiterbewegung. Kap. XII: Periode von Mai 1945 bis 1949. Hg. vom Institut für Marxismus-Leninismus beim ZK der SED. Berlin (Ost) 1968.

Geschichte der SED. Abriß. Hg. vom Institut für Marxismus-Leninismus beim ZK der SED. Berlin (Ost) 1978.

Geschichte des Staates und des Rechts der DDR. Dokumente 1949–1961. Hg. vom Institut für Theorie des Staates und des Rechts der Akademie der Wissenschaften der DDR. Berlin (Ost) 1984.

GEYER, Dietrich (Hg.): Osteuropa-Handbuch. Sowjetunion – Außenpolitik 1917–1955. Köln 1972.

GNIFFKE, Erich W.: Jahre mit Ulbricht. Köln 1966.

GNIOSTKO, Ehrhard: Zur Rolle der Gewalt in der sozialistischen Revolution. In: Studien zur marxistisch-leninistischen Revolutionstheorie. Leipzig 1967 S. 279–290.

GÖTTING, Gerald: Bilanz und Ausblick. Aufgaben nach dem 30. Gründungstag der CDU (Hefte aus Burgscheidungen 198). o.O. 1975.

– Der Christ sagt Ja zum Sozialismus. Berlin (Ost) 1960.

– In christlicher Verantwortung für Frieden und Sozialismus (Hefte aus Burgscheidungen 121). Berlin (Ost) 1964.

– Lehren aus der Geschichte der CDU. In: Politisches Jahrbuch der Christlich-Demokratischen Union Deutschlands. Jg. 1 (1966/67). Berlin (Ost) 1966 S. 17–25.

– 25 Jahre CDU – ein Vierteljahrhundert erfolgreicher Arbeit für Frieden und Glück des Volkes. In: Politisches Jahrbuch der Christlich-Demokratischen Union Deutschlands. 2. Folge (1970). Berlin (Ost) 1970 S. 5–9.

– 40 Jahre CDU. Geschehnisse und Erkenntnisse aus vier Jahrzehnten Parteigeschichte (Hefte aus Burgscheidungen 226). Berlin (Ost) 1984.

GOROSCHKOWA, G. N.: Die deutsche Volkskongreßbewegung für Einheit und gerechten Frieden 1947–1949. Berlin (Ost) 1963.

GOTSCHE, Otto: Der Weg zum festen Bündnis. Begegnungen in vier Jahrzehnten. Berlin (Ost) 1977.

GOTTO, Klaus: Adenauers Deutschland- und Ostpolitik 1954–1963. In: GOTTO/MAIER S. 156–286.

– Heinrich Krone. In: BERNECKER/DOTTERWEICH 2 S. 37–48.

GOTTO, Klaus/HOCKERTS, Hans G./REPGEN, Konrad: Nationalsozialistische Herausforderung und kirchliche Antwort. Eine Bilanz. In: BRACHER, Karl D./FUNKE, Manfred/JACOBSEN, Hans-Adolf (Hg.): Nationalsozialistische Diktatur 1933–1945. Eine Bilanz (Schriftenreihe der Bundeszentrale für politische Bildung 192). Bonn 1986 S. 655–668.

GOTTO, Klaus/MAIER, Hans u.a. (Hg.): Konrad Adenauer. Seine Deutschland- und Außenpolitik 1945–1963. Mit einem Vorwort von Hans Maier. München 1975.

GRABBE, Hans-Jürgen: Unionsparteien, Sozialdemokratie und Vereinigte Staaten von Amerika 1945–1966 (Beiträge zur Geschichte des Parlamentarismus und der politischen Parteien 71). Düsseldorf 1983.

GRADL, Johann Baptist: Anfang unter dem Sowjetstern. Die CDU 1945–1948 in der sowjetischen Besatzungszone Deutschlands. Köln 1981.

– Artikel „Christlich-Demokratische Union-Ost". In: Staatslexikon 2, 6. Aufl. Freiburg 1958 S. 456–458.

– Deutschland als Aufgabe. Politik und Nationalpädagogik. Reden, Essays und Interviews 1975–1985. Hg. von Christian Hacke. Köln 1986.

– Für deutsche Einheit. Zeugnisse eines Engagements. Hg. von Karl Willy Beer. 2. Aufl. Stuttgart 1975.

– Im Interesse der Einheit. Hg. von Karl Willy Beer. Stuttgart 1971.

– Jakob Kaiser. In: Christliche Demokraten der ersten Stunde. Bonn 1966 S. 175–210.

– Kein Triumpf, aber auch kein Trauertag. In: Das andere Deutschland. Zeugnisse 1958–1966. Hg. vom Zentralverband demokratischer Widerstandskämpfer und Verfolgtenorganisationen e.V. Beuel bei Bonn 1967.

– s. auch „Mut zur Einheit". Festschrift für J. B. Gradl; s. auch Christian Hacke.

– Stets auf der Suche. Reden, Äußerungen und Aufsätze zur Deutschlandpolitik. Hg. von Christian Hacke. Köln 1979.

– Der Widerstand der Sowjetzone. o.O. o.J. (1953).

GRAML, Hermann: Die Märznote von 1952. Legende und Wirklichkeit (Deutschland-Report 6). Melle 1988.

GRASEMANN, Hans-Jürgen: Das Blocksystem und die Nationale Front im Verfassungsrecht der DDR (Diss.). Göttingen 1973.

GREBING, Helga: Geschichte der deutschen Parteien. Wiesbaden 1962.

GRENIER, Max: Christentum und Marxismus. Berlin (Ost) 1948.

GRIES, Wilhelm: Unter sowjetischer Zensur. Das Drama einer deutschen Zeitung. Saarbrücken o.J.

Der große Wahlbetrug am 15. Okt. 1950 in der sowjetischen Besatzungszone. Hg. vom Bundesministerium für Gesamtdeutsche Fragen. o.O. o.J.

GROSSER, Alfred: Geschichte Deutschlands seit 1945. 12. Aufl. München 1985.

GROSSER, Günther: Das Mehrparteiensystem in den sozialistischen Ländern Europas. Bd. 1 und 2. (Habil.) Leipzig 1964.

– Sozialistische Revolution und Parteiensystem. In: GROSSER, Günther: Studien zur marxistisch-leninistischen Revolutionstheorie S. 37ff.

– Studien zur marxistisch-leninistischen Revolutionstheorie (Karl-Marx-Universität Leipzig). Leipzig 1967.

GROSSER, Günther/PAWULA, Harry/PFRETSCHMER, Rudolf: Demokratischer Block und Nationale Front – feste Bestandteile der Arbeiter- und Bauernmacht. In ihrer Entwicklung in den 15 Jahren des Bestehens der Deutschen Demokratischen Republik. In: Wissenschaftliche Zeitschrift der Karl-Marx-Universität (Gesellschafts- und Sprachwissenschaftliche Reihe 4 Heft 13). (1964) S. 609ff.

GROTEWOHL, Otto: Im Kampf um Deutschland. Bd. I: Reden und Aufsätze. Berlin (Ost) 1948.

– Die Politik der Partei und ihre Entwicklung zur Partei neuen Typus. In: Protokoll der 1. Parteikonferenz der SED. Berlin (Ost) 1950.

GRÜBER, Heinrich: Erinnerungen aus sieben Jahrzehnten. Köln 1968.

Grundzüge der Parteigeschichte der CDU. Hg. von der Parteileitung der CDU – Referat Schulung. In: Fern-Studium der Christlich-Demokratischen Union Deutschlands 3. Berlin (Ost) 1953.

GUDENSCHWAGER, Wolfgang: Zur Kulturpolitik der CDU 1945 bis 1952 (Hefte aus Burgscheidungen 175). o.O. 1970.

GUDENSCHWAGER, Wolfgang/KOSTKA, Guntram: Kulturpolitik zwischen Gestern und Morgen. Zur Geschichte der CDU 1945 bis 1952 (CDUD-Beiträge zur Geschichte. Hg. vom Sekretariat des Hauptvorstandes der CDU). Berlin (Ost) 1977.

GURLAND, Arkadius R.L.: Die CDU/CSU. Ursprünge und Entwicklung bis 1953. Hg. von Dieter Emig. Frankfurt a.M. 1980.

HAASIS, Hellmut G.: Spuren der Besiegten. 3.: Freiheitsbewegungen vom demokratischen Untergrund nach 1948 bis zu den Atomkraftgegnern. Reinbek 1984.

HACKE, Christian: Ein deutscher Patriot im Gegenstrom der Nachkriegsentwicklung. Zum 100. Geburtstag von Jakob Kaiser. In: DA 21 (1988) S. 177–181.

– Traditionen und Stationen der Außenpolitik der Bundesrepublik Deutschland von 1949 bis 1987. In: APuZG 38 (1988), B3 S. 3–15.

– Die Wirkung von Johann Baptist Gradl auf die Ost- und Deutschlandpolitik der Bundesrepublik Deutschland. In: Mut zur Einheit. Köln 1984 S. 13–38.

HACKE, Christian (Hg.): Jakob Kaiser. Wir haben Brücke zu sein. Reden, Äußerungen und Aufsätze zur Deutschlandpolitik. Köln 1988.

HACKEL, Renate: Katholische Publizistik in der DDR 1945–1984 (Veröffentlichungen der Kommission für Zeitgeschichte: Reihe B Forschungen 45). Mainz 1987.

HACKEL, Wolfgang: Die Auswahl des politischen Nachwuchses in der Bundesrepublik Deutschland (Studien zur Politik 2). Stuttgart 1978.

HACKER, Jens: Der Ostblock. Entstehung, Entwicklung und Struktur 1939–1980. Baden-Baden 1983.

HÄTTICH, Manfred u.a.: Politische Bewegungen in Deutschland. Entwicklungen, Aufbau, Ziele (Handbücher der Politischen Akademie Eichholz 1). 2. Aufl. Bonn 1967.

HAGEN, Louis: Der heimliche Krieg auf deutschem Boden. Seit 1945. Mit einem Nachwort von Hans Detlev Becker. Düsseldorf 1969.

HAHN, Karl Josef: Die christliche Demokratie in Europa. Die europäische Volkspartei. Rom 1979.

Handbuch der Sowjetzonen-Volkskammer 2. Legislaturperiode (1954–1958). Hg. vom Informationsbüro West. Berlin (West) 1955.

Handbuch des Abgeordnetenhauses von Berlin. 1. Wahlperiode (ab 11. Januar 1951). Hg. vom Büro des Abgeordnetenhauses. Berlin (West) 1952.

HARTL, Hans/MARX, Werner: Fünfzig Jahre sowjetische Deutschlandpolitik. Boppard 1967.

HARTUNG, Markus: Eigenständigkeit oder Gleichschaltung? Nationale und gesellschaftliche Zielsetzungen der CDUD unter Otto Nuschke im Spiegel der Neuen Zeit 1948/49 (schriftl. Hausarbeit zur wiss. Prüfung für das Lehramt an Gymnasien). Kiel 1980.

HAUNGS, Peter: Die Christlich-Demokratische Union Deutschlands (CDU) und die Christlich-Soziale Union in Bayern (CSU). In: VEEN, Hans-Joachim (Hg.): Christlich-Demokratische und konservative Parteien in Westeuropa. Bd. 1. Paderborn 1983 S. 9–194.

HECHT, Gerd: Die Aufgaben der „Nationalen Front", Nationale Hilfstruppe der SED. In: SBZ-Archiv 7 (1956) S. 178–181.

HECK, Bruno (Hg.): Die CDU und ihr Programm. Programme, Erklärungen, Entschließungen. Melle 1979.

HEIDTMANN, Günter: Hat die Kirche geschwiegen? 3. Aufl. Berlin (West) 1964.

HEINRICH, Eberhard/ULLRICH, Klaus: Befehdet seit dem ersten Tag. Über drei Jahrzehnte Attentate gegen die DDR. Frankfurt a.M. 1981.

HEINRICH, Wilhelm: Politische Erinnerungen und Erkenntnisse (CDUD-Beiträge zur Geschichte). Berlin (Ost) 1969.

HEITZER, Heinz: Allgemeines und Besonderes der Übergangsperiode vom Kapitalismus zum Sozialismus in der DDR. In: JbG 11 (1974) S. 7–57.

– Die Strategie und Taktik der SED 1949–1955. In: ZfG 14 (1966) S. 1472–1484.

– Zur Dialektik von objektiven Bedingungen und subjektivem Faktor in der Übergangsperiode vom Kapitalismus zum Sozialismus in der DDR. In: BADSTÜBNER/HEITZER S. 26–53.

– Zur weiteren Ausarbeitung der Strategie und Politik der SED 1948/49. In: ZfG 36 (1988) S. 193–218.

HELLER, Friedrich: Entwicklung und Aufgaben der Nationalen Front in der SBZ. In: Jahrbuch für Ostrecht 4 (1963) S. 7–28.

HELP, Peter: Ostzonale Quislinge? In: Frankfurter Hefte 4 (1949) S. 811–813.

HEPKE, Herbert: Die sächsische Landesorganisation der SED im Kampf für die Festigung der Arbeiter- und Bauernmacht und den Sieg der Nationalen Front bei den ersten Volkswahlen 1949/1950. In: Beiträge zur Geschichte der Sozialistischen Einheitspartei Deutschlands. Hg. vom Institut für Gesellschaftswissenschaften beim ZK der SED. Berlin (Ost) 1961.

HERMES, Andreas: Deutsche Schicksalsfragen. Rede, gehalten auf dem Landesparteitag der CDU-Berlin am 11. April 1948 in Berlin-Schöneberg. Hg. von der CDU Berlin (als Manuskript gedruckt). Bonn 1948.

HERMES, Anna: Und setzet ihr nicht das Leben ein. Andreas Hermes – Leben und Wirken. Nach Briefen, Tagebuchaufzeichnungen und Erinnerungen. Stuttgart 1971.

HEYL, Wolfgang: CDU im Bündnis. Zu einigen Aspekten des Wachstums und der Bedeutung der Bündnispolitik (Hefte aus Burgscheidungen 232). o.O. 1985.

– Christ im Sozialismus – Freiheit und Dienst. Aus Reden und Aufsätzen 1958–1980. Berlin (Ost) 1981.

– Christlicher Glaube und gesellschaftlicher Fortschritt. Christen im Bündnis für Frieden und soziale Gerechtigkeit (Hefte aus Burgscheidungen 203). o.O. 1977.

– Was unsere Parteigeschichte lehrt (Hefte aus Burgscheidungen 177). Berlin (Ost) 1970.

– Wir sind die von der Geschichte legitimierte CDU. In: Politisches Jahrbuch der Christlich-Demokratischen Union Deutschlands. 2. Folge. Berlin (Ost) 1970 S. 28–32.

HILLGRUBER, Andreas: Alliierte Pläne für eine „Neutralisierung“ Deutschlands 1945–1955 (Vorträge/Rheinisch-Westfälische Akademie der Wissenschaften: Geisteswissenschaften G 286). Opladen 1987.

– Deutsche Geschichte 1945–1982. Die „deutsche Frage“ in der Weltpolitik. 5. Aufl. Stuttgart 1984.

– Handlungsspielräume der UdSSR in der Entstehung des Ost-West-Gegensatzes 1945–1950. In: APuZG 33 (1983) B 25 S. 7–12.

HOFFMANN, Wolfgang: Die Bedeutung der Gründung der SED für die demokratische Entwicklung der kleinbürgerlichen und bürgerlichen Parteien in der ehemaligen sowjetischen Besatzungszone. In: Wissenschaftliche Zeitschrift der Friedrich-Schiller-Universität Jena. Gesellschafts- und Sprachwiss. Reihe 10 (1960/61) 2 S. 181ff.

„Der hohe Stand fortschrittlicher Demokratie“. Das Beispiel der SED-Wahlinstruktionen vom 14. Oktober 1950. In: SBZ-Archiv 5 (1954) S. 53.

HOHLFELD, Johannes/HOHLFELD, Klaus (Hg.): Dokumente der deutschen Politik und Geschichte von 1848 bis zur Gegenwart. Bd. 6: Deutschland nach dem Zusammenbruch 1945. Berlin (West) 1952.

HOOPES, James: Oral History. An Introduction for Students. 3. pr. Chapel Hill 1980.

HORN, Werner: Der Kampf der SED um den Aufbau der Grundlagen des Sozialismus in der DDR und die Herstellung der Einheit Deutschlands als friedliebender demokratischer Staat (1952–1955). Berlin (Ost) o.J.

– Der Kampf der SED um die Festigung der DDR und den Übergang zur zweiten Etappe der Revolution (1949–1952). Berlin (Ost) 1959.

HORNSTEIN, Erika von: Staatsfeinde. Sieben Prozesse in der „DDR". Köln 1963.

HÜRTEN, Heinz (Bearb.): Christliche Parteien in Europa. Osnabrück 1964.

HÜWEL, Detlev: Karl Arnold. Eine politische Biographie (Düsseldorfer Schriften zur Neueren Landesgeschichte und zur Geschichte Nordrhein-Westfalens 1). Wuppertal 1980.

HURWITZ, Harold: Demokratie und Antikommunismus in Berlin nach 1945. Bd. 1: Die politische Kultur der Bevölkerung und der Neubeginn konservativer Politik. Köln 1983.

HUTTEN, Kurt: Christen hinter dem Eisernen Vorhang. Die christliche Gemeinde in der Kommunistischen Welt. Bd. 2. Sowjet. Besatzungszone bzw. „Deutsche Demokratische Republik", Jugoslawien, Rumänien, Bulgarien, Albanien, China. Stuttgart 1963.

Im Bündnis fest vereint. Die schöpferische marxistisch-leninistische Bündnispolitik der SED 1945 bis 1965. Ausgew. und überarb. Protokoll der wissenschaftlichen Konferenz des Instituts für Gesellschaftswissenschaften beim ZK der SED, Institut für Marxismus-Leninismus und der Hochschule „Karl Marx" am 13. und 14. April 1966 in Berlin. Hg. vom Institut für Marxismus-Leninismus beim ZK der SED. Berlin (Ost) 1966.

JACOBSEN, Hans-Adolf u.a. (Hg.): Drei Jahrzehnte Außenpolitik der DDR. Bestimmungsfaktoren. Instrumente. Aktionsfelder (Schriften des Forschungsinstituts der Deutschen Gesellschaft für Auswärtige Politik. Reihe: Internationale Politik und Wirtschaft 44). München 1979.

JÄGER, Wolfgang (Hg.): Partei und System. Eine kritische Einführung in die Parteienforschung. Stuttgart 1973.

JAHN, Hans Edgar: An Adenauers Seite. Sein Berater erinnert sich. München o.J.

– Vertrauen – Verantwortung – Mitarbeit. Eine Studie über public relations Arbeit in Deutschland. Oberlahnstein 1953.

JESSE, Eckhard (Hg.): Bundesrepublik Deutschland und Deutsche Demokratische Republik. Die beiden deutschen Staaten im Vergleich. 3. Aufl. Berlin (West) 1982.

JUST, Hermann: Die sowjetischen Konzentrationslager auf deutschem Boden 1945–1950. o.O. 1952.

KAACK, Heino: Geschichte und Struktur des deutschen Parteiensystems. Opladen 1971.

Die Kabinettsprotokolle der Bundesregierung Bd. 2–4 1950/51 hg. für das Bundesarchiv von Hans Booms. Boppard am Rhein 1984–1988.

KAISER, Jakob: Kampf den Kommunisten. In: Männer und Frauen der Sowjetzone S. 5–8.

– Der Kampf der Christlichen Demokraten in der Sowjetzone. In: Politisches Jahrbuch der CDU/CSU 1 (1950) S. 198–204.

– Nationale und soziale Verpflichtung der christlich-demokratischen Arbeiterschaft im deutschen Kernstaat. Aus der Rede Jakob Kaisers auf der Tagung des Sozialausschusses der CDU/CSU in Düsseldorf. In: Union im Wahlkampf. Informations-

und Rednerdienst der Arbeitsgemeinschaft der CDU/CSU Deutschlands, hg. von Bruno Dörpinghaus. Nr. 21 (Sonderausgabe Sonderausschüsse). Frankfurt a.M. 1949 S. 1–4.

KAISER-NEBGEN, Elfriede: Konnte die Teilung vermieden werden? Politik um die sowjetisch-besetzte Zone vor 20 Jahren. In: Stimme im Exil 42 (Oktober 1967). Berlin 1967 S. 1f., 5f.

KALTENBRUNNER, Gerd-Klaus (Hg.): Das Elend der Christdemokraten. Ortsbestimmung der politischen Mitte Europas. München 1977.

KAPLAN, Karel: Der kurze Marsch. München 1981.

– Die politischen Prozesse in der Tschechoslowakei 1948–1954 (Veröffentlichungen des Collegium Carolinum 48). München 1986.

KEIDERLING, Gerhard: Die Berliner Krise 1948/49. Zur imperialistischen Strategie des Kalten Krieges gegen den Sozialismus und der Spaltung Deutschlands. Berlin (Ost) 1982.

KIND, Friedrich: Christliche Demokraten im Ringen um eine neue Demokratie. Zur Entwicklung und zum Beitrag des Landesverbandes Brandenburg der CDU innerhalb der politischen Organisationen der Gesellschaft während der antifaschistisch-demokratischen Umwälzung (1945–1949/50) (CDUD-Beiträge zur Geschichte). Berlin (Ost) 1984.

KISTNER, Hans: Die politisch-ideologische Auseinandersetzung in der CDU (1948–1950) und ihre Widerspiegelung im Zentralorgan der Partei „Neue Zeit" (CDUD-Beiträge zur Geschichte). Berlin (Ost) o.J.

KLAUCK, Fritz: Entwicklung und Bilanz – 12 Jahre Junge Union – 10 Jahre Junge Union Deutschlands. In: Blätter für junge Politik 1957, Nr. 58 S. 1–8.

KLESSMANN, Christoph: Die doppelte Staatsgründung. Deutsche Geschichte 1945–1955 (Schriftenreihe der Bundeszentrale für politische Bildung 193). Bonn 1982.

KLIMOW, Gregory: Berliner Kreml (mit einem Nachwort von Ernst Reuter). Köln 1953.

KNAUFT, Wolfgang: Katholische Kirche in der DDR. Gemeinden in der Bewährung 1945–1980. Mainz 1980.

KNÜTTER, Hans-Helmuth: CDU/CSU und Antifaschismus. Eine Partei in Verlegenheit. In: Criticon 107 (1988) S. 135–138.

KOCH, Hans: Dem Fortschritt zugewandt. Eine Untersuchung über die Mitarbeit des CDU-Landesverbandes Mecklenburg in der antifaschistisch-demokratischen Revolution und bei der Gründung der Deutschen Demokratischen Republik (1945 bis 1949) (CDUD-Beiträge zur Geschichte). Berlin (Ost) 1974.

– Reinhold Lobedanz (Christ in der Welt 41). Berlin (Ost) 1977.

KOCH, Hans-Gerhard: Neue Erde ohne Himmel. Der Kampf des Atheismus gegen das Christentum in der „DDR" – Modell einer weltweiten Auseinandersetzung. Stuttgart 1963.

– Staat und Kirche in der DDR. Stuttgart 1975.

KOCH, Manfred: Blockpolitik und Parteiensystem in der SBZ/DDR 1945–1950. In: APuZG 34 (1984) B 37 S. 3–14.

KOCH, Manfred u.a.: Versuch und Scheitern gesamtdeutscher Parteibildungen 1945–1948. In: Die beiden deutschen Staaten im Ost-West-Verhältnis. Fünfzehnte Tagung zum Stand der DDR Forschung in der Bundesrepublik Deutschland 1. bis 4. Juni 1982. Köln 1982 S. 90–107.

KOCH, Manfred/MÜLLER, Werner: Transformationsprozeß des Parteiensystems der SBZ/DDR zum „sozialistischen Mehrparteiensystem" 1945–1950. In: 30 Jahre DDR. DA 12 (1979). Sonderheft S. 27–44.

KOCH, Peter: Konrad Adenauer. Eine politische Biographie. Reinbek 1985.

KÖHLER, Günter (Hg.): Pontifex nicht Partisan. Kirche und Staat in der DDR von 1949–1958. Stuttgart 1974.

KÖHLER, Hans: Christentum, Kommunismus, Neutralismus. Hg. vom Volksbund für Frieden und Freiheit e.V. Bonn o.J.

KOHL, Helmut: Ansprache des CDU-Bundesvorsitzenden Bundeskanzler Dr. Helmut Kohl bei der Gedenkveranstaltung aus Anlaß des 100. Geburtstags von Jakob Kaiser am 8. Februar 1988 in Bonn. o.O. o.J.

KOPP, Fritz: Die „National-Demokratische Partei Deutschlands" (NDPD). In: DF 13 (1967) H. 5.

KOPPE, Hans Joachim: Berliner CDU am Scheideweg. Zum Kampf der fortschrittlichen Kräfte des Berliner Landesverbandes der CDU um die demokratische Einheitsfront 1948/1949 (CDUD-Beiträge zur Geschichte). Berlin (Ost) 1967.

KOSTHORST, Erich: Jakob Kaiser. Bundesminister für gesamtdeutsche Fragen 1949–1957. Stuttgart 1972.

– Jakob Kaiser (1888–1961). In: Zeitgeschichte in Lebensbildern 2. Mainz 1975 S. 143–158.

KRAUSE, Manfred: Zur Zusammenarbeit der SED mit den anderen Parteien des Demokratischen Blocks nach der Gründung der DDR bis Mitte 1952. In: JbG 20 (1979) S. 111–142.

KRAUTKRÄMER, Elmar: Deutsche Geschichte nach dem II. Weltkrieg. Eine Darstellung der Entwicklung von 1845 bis 1949 mit Dokumenten. Hildesheim 1962.

KRIEG, Harald: LDP und NDP in der „DDR" 1949–1958. Köln 1965.

KRIEGER, Wolfgang: General Lucius D. Clay und die amerikanische Deutschlandpolitik 1945–1949 (Forschungen und Quellen zur Zeitgeschichte 10). Stuttgart 1987.

KRIPPENDORFF, Ekkehart: Die Liberal-Demokratische Partei Deutschlands in der Sowjetischen Besatzungszone 1945/48 – Entstehung, Struktur, Politik (Beiträge zur Geschichte des Parlamentarismus und der politischen Parteien 21). Düsseldorf 1961.

KRUBKE, Erwin: Wirtschaftspolitik zwischen Gestern und Morgen. Die Stellungnahme der CDU zur Herausbildung der sozialistischen Planwirtschaft in der DDR in Gestalt des Zweijahresplanes 1949/1950 und des ersten Fünfjahresplanes 1951/1955 (CDUD-Beiträge zur Geschichte). Berlin (Ost) 1977.

KÜLLMANN, Eberhard: Christlicher Realismus – ein trojanisches Pferd! Hg. vom Arbeitswerk für christliche Kultur Berlin-Charlottenburg. Berlin (West) o.J.

Külz, Helmut R.: Die Flüchtlinge aus der sowjetischen Besatzungszone (Kleine Schriften für den Staatsbürger 10). Frankfurt a.M. 1950.

Künzel, Werner: Die Landtage von 1946 bis 1949: Revolutionär-demokratische Volksvertretungen. In: Revolutionärer Prozeß der Staatsentstehung. Berlin (Ost) 1976 S. 95–130.

Kulbach, Roderich: Die CDU-Ost. Aufbau und Entwicklung im Blocksystem der SBZ/DDR von 1945–1952 (Dipl.-Arbeit). Nürnberg 1972.

Kulbach, Roderich/Weber, Helmut: Parteien im Blocksystem der DDR. Funktion und Aufbau der LDPD und der NDPD. Köln 1969.

Lapp, Peter Joachim: Aufschlußreiche Quellen zum Willensbildungs- und Entscheidungsprozeß in der SBZ und frühen DDR. In: DA 19 (1986) S. 772–774.

– Die „befreundeten Parteien" der SED. DDR-Blockparteien heute. Köln 1988.

– Die Blockparteien in der DDR. Zwischen totaler Anpassung und latenter Konfliktbereitschaft. In: Beiträge zur Konfliktforschung 10 (1980) S. 103–122.

– Die Volkskammer der DDR (Studien zur Wissenschaft 33). Opladen 1975.

– Wahlen in der DDR. Berlin (West) 1982.

Lehmann, Hans Georg: Chronik der DDR. 1945/49 bis heute. München 1987.

Lehmbruch, Gerhard: Proporzdemokratie. Politisches System und politische Kultur in der Schweiz und in Österreich (Recht und Staat in Geschichte und Gegenwart 335/336). Tübingen 1967.

Lemmer, Ernst: Manches war doch anders. Erinnerungen eines deutschen Demokraten. Frankfurt a.M. 1968.

– Die neue CDU – eine Reichspartei? Gespräch. In: Wucher, Albert (Hg.): Wie kam es zur Bundesrepublik? Freiburg i.Br. 1968 S. 59–66.

– Um Deutschlands Wiederaufbau. In: „Aufbau" 4 (1948) S. 367–373.

Lenin, Wladimir I.: Werke 31. Berlin (Ost) 1983.

Leonhard, Wolfgang: Beitrag. In: Der Weg nach Pankow. Zur Gründungsgeschichte der DDR. München 1980 S. 32–42.

– Die Revolution entläßt ihre Kinder. 8. Aufl. Köln 1955.

Lichtenberg, Hans-Jürgen: Sicherung der Freiheit. Die Haltung der CDU/CSU zum Soldatentum und ihre Sicherheits- und Wehrpolitik in den Jahren 1945–1952 (Diss.). Köln 1979.

Lilge, Herbert (Hg.): Deutschland 1945–1963 (Edition Zeitgeschehen). Hannover 1978.

Lippmann, Heinz: Honecker. Portrait eines Nachfolgers. Köln 1971.

Lobedanz, Reinhold: Die Wahrheit über Konrad Adenauer und Jakob Kaiser. Hg. von der Nationalen Front des Demokratischen Deutschland. Berlin (Ost) 1951.

Löwenthal, Richard: Widerstand im totalen Staat. In: Bracher, Karl D./Funke, Manfred/Jacobsen, Hans-Adolf (Hg.): Nationalsozialistische Diktatur 1933–1945. Bonn 1986 S. 618–632.

Lohse, Wolfgang: Die Politik der Sowjetischen Militäradministration in der sowjetischen Besatzungszone Deutschlands (Diss.). Halle 1967.

LUKAS, Richard: Zehn Jahre Sowjetische Besatzungszone. Politik – Wirtschaft – Kultur – Rechtswesen. Mainz 1955.

Männer und Frauen der Sowjetzone! Zu Euch sprechen: Der Bundeskanzler. Der Bundesminister für gesamtdeutsche Fragen. Der Bundestag über Deutschlands Einheit und Freiheit. Der Wahlbetrug vom 15. Oktober 1950. o.O. o.J.

MAIER, Hans: Herkunft und Grundlagen der christlichen Demokratie. In: HÜRTEN S. 11–44.

MARKMANN, Heinz: Parteien im Schraubstock (über das Blocksystem der Sowjetzone). In: Wahlen zwischen Ost und West. Beiträge zur Problematik gesamtdeutscher Wahlen. Sonderdruck aus „Der Wähler", Oktober 1954 für das Bundesministerium für gesamtdeutsche Fragen. Frankfurt a.M. 1954.

Marxisten und Christen wirken gemeinsam für Frieden und Humanismus (Schriftenreihe des Staatsrates der DDR 5). Berlin (Ost) 1964.

MATERN, Hermann: Das Mehrparteiensystem in der Deutschen Demokratischen Republik. In: Probleme des Friedens und des Sozialismus 4 (1959). Berlin (Ost) 1959 S. 27–34.

MATSCHKE, Werner: Die industrielle Entwicklung in der sowjetischen Besatzungszone Deutschlands (SBZ) 1945 bis 1948 (Wirtschaft und Gesellschaft im geteilten Deutschland 2). Berlin (West) 1988.

MATTEDI, Norbert: Gründung und Entwicklung der Parteien in der Sowjetischen Besatzungszone Deutschlands 1945–1949. Bonn 1966.

MAYER, Tilman (Hg.): Jakob Kaiser. Gewerkschafter und Patriot. Eine Werkauswahl. Köln 1988.

MCCAULEY, Martin: Deutsche Politik unter sowjetischer Besatzung. In: FOSCHEPOTH, Josef (Hg.): Kalter Krieg und deutsche Frage S. 291–313.

MEINICKE, Wolfgang: Die Entnazifizierung in der sowjetischen Besatzungszone 1945 bis 1948. In: ZfG 32 (1984) S. 968–979.

MEISSNER, Boris: Rußland, die Westmächte und Deutschland. Die sowjetische Deutschlandpolitik 1943–1953 (Abhandlungen der Forschungsstelle für Völkerrecht und ausländisches öffentliches Recht der Universität Hamburg 5). 2. Aufl. Hamburg 1954.

– Die sowjetische Deutschlandpolitik 1945–1949. In: GEYER S. 448–473.

– Die Sowjetunion und die deutsche Frage 1949–1955. In: GEYER S. 474–501.

MERRITT, Anna J./MERRITT, Richard L. (Hg.): Public Opinion in semisovereign Germany. The HICOG surveys 1949–1955. Office of West European Studies, Published in conjunction with the Office of International Programs and Studies. Urbana 1980.

MERZ, Kai-Uwe: Kalter Krieg als antikommunistischer Widerstand. Die Kampfgruppe gegen Unmenschlichkeit 1948–1959 (Studien zur Zeitgeschichte 34). München 1987.

MEYER, Gerd: Die sowjetische Deutschland-Politik im Jahre 1952 (Forschungsberichte und Untersuchungen zur Zeitgeschichte 24). Tübingen 1970.

MICHAELIS, Herbert/SCHRAEPLER, Ernst/SCHEEL, Günter (Hg.): Ursachen und Folgen. Bd. 25: Der Zerfall der alliierten Koalition. Bd. 26: Die staatliche Neuordnung Deutschlands. Berlin (West) 1977/78.

MINER, Gerhard: Bericht über die SBZ. Hilfstruppen der SED. 1. Die Ost-CDU. In: Die Orientierung Nr. 236 (August 1968). Ilmgau 1968.

Ministerium für Staatssicherheit. Aufbau und Arbeitsweise (Hefte der Kampfgruppe). Hg. von der Kampfgruppe gegen Unmenschlichkeit. Berlin (West) 1957.

MINTZEL, Alf: Besatzungspolitik und Entwicklung der bürgerlichen Parteien in den Westzonen (1945–1949). In: STARITZ, Dietrich (Hg.): Das Parteiensystem der Bundesrepublik S. 73–89.

– Die CSU. Anatomie einer konservativen Partei 1945–1972 (Schriften des Zentralinstituts für sozialwissenschaftliche Forschung der Freien Universität Berlin 26). Opladen 1975.

Mit der Sowjetunion Sieger der Geschichte. Bilanz und Ausblick. Hg. vom Institut für Gesellschaftswissenschaften beim ZK der SED. Berlin (Ost) 1968.

MLECZKOWSKI, Wolfgang: Bewegung im Monolith. Das „sozialistische Mehrparteiensystem" der DDR. In: APuZG 34 (1984) B 16/17 S. 3–17.

MOLT, Peter: Die Christlich-Demokratische Union Deutschlands – Anfänge, Programmatik, Entwicklung. In: HÄTTICH u.a. S. 237–289.

MORSEY, Rudolf: Der politische Aufstieg Konrad Adenauers 1945–1949. In: GOTTO/MAIER S. 38–96.

– Der politische Aufstieg Konrad Adenauers 1945–1949. In: MORSEY/REPGEN S. 20–57.

MORSEY, Rudolf/REPGEN, Konrad (Hg.): Adenauer-Studien I (Veröffentlichungen der Kommission für Zeitgeschichte, Reihe B: Forschungen 10). Mainz 1971.

MOTSCHMANN, Jens/MATTHIES, Helmut: Rotbuch Kirche. Stuttgart 1976.

MÜCHLER, Günter: CDU/CSU. Das schwierige Bündnis (Politik und politische Bildung). München 1976.

MÜLLER, Josef: Bis zur letzten Konsequenz. Ein Leben für Frieden und Freiheit. München 1975.

MÜLLER, Werner: Ein „besonderer deutscher Weg" zur Volksdemokratie? Determinanten und Besonderheiten kommunistischer Machterringung in der SBZ/DDR 1945–1950. In: PVS 13 (1982) S. 278–303.

Mut zur Einheit. Festschrift für Johann Baptist Gradl. Köln 1984.

NARR, Wolf-Dieter: CDU – SPD. Programm und Praxis seit 1945. Stuttgart 1966.

National-Demokratische Partei Deutschlands (Hg.): 42 Fragen (Der nationale Demokrat antwortet 1/1950). Berlin (Ost) 1950.

Nationale Front für Einheit und gerechten Frieden. Rededisposition. Hg. vom Sekretariat des Deutschen Volksrates. Berlin (Ost) o.J. (1949).

NAUNDORF, Günter: Die Verwirklichung christlicher Anliegen im Sozialismus (Hefte aus Burgscheidungen 1). o.O. o.J. (1958)

NAWRATIL, Heinz: Die deutschen Nachkriegsverluste unter Vertriebenen, Gefangenen und Verschleppten. Mit einer Übersicht über die europäischen Nachkriegsverluste. München 1987.

NEBGEN, Elfriede: Jakob Kaiser. Der Widerstandskämpfer. Stuttgart 1967.

NEEF, Helmut: Der 3. Deutsche Volkskongreß. Eine Dokumentation. In: ZfG 7 (1959).

– Entscheidende Tage im Oktober 1949. Die Gründung der DDR. 2. Aufl. Berlin (Ost) 1984.

– Der Freiheit Morgenrot. Berlin (Ost) 1960.

1945–1955 Deutschland zehn Jahre geteilt! Feststellungen und Forderungen des IV. Exil-Parteitages der Christlich-Demokratischen Union der Sowjetischen Besatzungszone in Göttingen 16.–18. Juli 1955. Berlin (West) 1955.

NIEDBALSKI, Bernd: Zeitgeschichtlich-politikwissenschaftliche DDR-Forschung. Zweite Fachtagung in Mannheim (25.–27. März 1985). In: DA 7 (1985) S. 756–759.

NITSCHE, Hellmuth: Zwischen Kreuz und Sowjetstern. Zeugnisse des Kirchenkampfes in der DDR (1945–1981). Aschaffenburg 1983.

NOLTE, Ernst: Deutschland und der kalte Krieg. München 1974.

NORDEN, Albert: Fälscher. Zur Geschichte der deutsch-sowjetischen Beziehungen. Berlin (Ost) 1959.

– Ein freies Deutschland entsteht. Die ersten Schritte der neuen deutschen Demokratie. Berlin (Ost) 1963.

NOTTBECK, Behrend von: Das Ende eines Neutralisten. In: SBZ-Archiv 3 (1952) S. 225.

HEYL, Wolfgang: 100. Geburtstag Otto Nuschkes (Sendung Radio DDR I vom 1. Januar 1983 8.20 Uhr).

Otto Nuschke. Ein Kämpfer für den Frieden. Ein Leben für Deutschland. Berlin (Ost) o.J. (1951).

NUSCHKE, Otto: Mahnung und Beispiel. Reden und Aufsätze aus den Jahren 1951 bis 1957. Berlin (Ost) 1958.

– Reden und Aufsätze 1919–1950. Berlin (Ost) 1957.

Österreich und die Sicherung des Friedens. Bildungshefte der CDU, hg. von der Zentralen Parteischule der CDU „Otto Nuschke“ (Reihe: Der Kampf um den Frieden und die Nationale Front). Halle 1954.

OLZOG, Günter: Die politischen Parteien in der Bundesrepublik Deutschland (Geschichte und Staat 104). München 1964.

ORDNUNG, Carl: Erziehung zum Frieden (Fakten/Argumente). Berlin (Ost) 1982.

– Martin Niemöller. Nachfolge Christi in unserer Zeit (Reihe Christ in der Welt 11). Berlin (Ost) 1967.

– Die Oktoberrevolution verändert die Welt. Christliche Verantwortung im Zeitalter der revolutionären Erneuerung der Gesellschaft (Hefte aus Burgscheidungen 164). o.O. 1967.

OSTMANN, Konrad: Reinhold Lobedanz. Opportunist aus Konsequenz. In: SBZ-Archiv 5 (1954) S. 235.

OVERESCH, Manfred: Die Deutschen und die deutsche Frage 1945–1955. Düsseldorf 1985.

Parteien-Handbuch. Die Parteien der Bundesrepublik Deutschland 1945–1980. Hg. von Richard Stöss. 2 Bde. (Schriftenreihe des Zentralinstituts für sozialwissenschaftliche Forschung der Freien Universität Berlin 38/39). Opladen 1983/1984.

Petrunin, E. N.: Massovye demokraticčeskie organizacil v bor'be za socialisticčeskoe perenstrojstvo sel-skogo chozjajstva Germanskoj Demokraticčeskoj Respubliki (maj 1945–1960 g.). Moskva 1970.

Pfefferkorn, Oskar: Georg Dertinger. „Ex oriente pax". In: SBZ-Archiv 3 (1952) S. 181.

– Karl Kleinschmidt, Pfarrer neuen Typus. In: SBZ-Archiv 4 (1953) S. 55.

Pfeiler, Wolfgang: Deutschlandpolitische Optionen der Sowjetunion (Forschungsbericht der Konrad-Adenauer-Stiftung 63). Melle 1987.

Pieck, Wilhelm: Die gegenwärtige Lage und die Aufgaben der Partei. Rechenschaftsbericht an den III. Parteitag der SED, Berlin 20. bis 24. Juli 1950. Berlin (Ost) 1950.

– Reden und Aufsätze. Auswahl aus den Jahren 1908–1950. Bd. II: Juni 1945 bis November 1950. Berlin (Ost) 1950.

Pipes, Richard: Wohin entwickelt sich die sowjetische Politik? Aus amerikanischer Sicht. In: Veen (Hg.): Die Zukunft der deutsch-amerikanischen Beziehungen S. 135–139.

Die Politik der Berliner Union. Hg. vom Landesverband der CDU. Berlin (Ost) 1948.

Politisches Jahrbuch der christlich-demokratischen Union Deutschlands. Hg. im Auftrage des Sekretariats des Hauptvorstandes der CDU. Berlin (Ost) 1966. Folge 2: 1970. Berlin (Ost) 1970. Folge 3: Berlin (Ost) 1973.

Potthoff, Heinrich (Bearb.): Handbuch politischer Institutionen und Organisationen 1945–1949 (Handbücher zur Geschichte des Parlamentarismus und der politischen Parteien 1). Düsseldorf 1983.

Probleme der Wiedervereinigung. Eine Diskussion. Köln 1956.

Protokoll des 6. Parteitages der CDU vom 16.–18. Oktober 1952 Berlin. Hg. von der Parteileitung der CDU. Berlin (Ost) 1952.

Protokolle der Sitzungen der Landtage der SBZ/DDR: Landtag des Landes Brandenburg, Erster Landtag des Landes Mecklenburg, Wahlperiode 1946/49, Sitzungsberichte, Verhandlungen des Landtages Sachsen-Anhalt, Sächsischer Landtag, Thüringer Landtag. Stenographische Berichte. Weimar o.J.

Publizistisches Zentrum für die Einheit Deutschlands (Hg.): Die Technik der Verfälschung des Volkswillens. In: PZ-Archiv 1 vom Oktober 1950. Köln 1950.

Pütz, Helmuth: Die Christlich-Demokratische Union. Entwicklung, Aufbau und Politik der Christlich-Demokratischen Union Deutschlands (Ämter und Organisationen der Bundesrepublik Deutschland 30). 3. Aufl. Düsseldorf 1978.

Puvogel, Ulrike: Gedenkstätten für die Opfer des Nationalsozialismus. Eine Dokumentation (Schriftenreihe der Bundeszentrale für politische Bildung 245). Bonn 1987.

Repräsentanten der Deutschen Demokratischen Republik. Bibliothek des Propagandisten. Berlin (West) 1952.

Revolutionärer Prozeß und Staatsentstehung (Staats- und rechtstheoretische Studien 2). Berlin (Ost) 1976.

RICHERT, Ernst: Die Blockpartner im sowjetzonalen Staatsapparat. In: SBZ-Archiv 4 (1953) S. 133–135.

– Die DDR-Elite oder unsere Partner von morgen? Hamburg 1968.

– Entwicklungsphasen der Sowjetzone. Eine Analyse der politischen Vorgänge von 1945–1955. In: SBZ-Archiv 6 (1955) S. 179–181.

– Der Fall Dertinger und die DDR-Außenpolitik. In: Osteuropa 3 (1953) S. 184–190.

– Macht ohne Mandat. Der Staatsapparat in der sowjetischen Besatzungszone Deutschlands (Schriften des Instituts für politische Wissenschaft 11). Köln 1958.

– Das zweite Deutschland. Ein Staat, der nicht sein darf. Gütersloh 1964.

RITTER, Gerhard A./NIEHUSS, Merith: Wahlen in der Bundesrepublik Deutschland. Bundestags- und Landtagswahlen 1946–1987 (Statistische Arbeitsbücher zur neueren deutschen Geschichte). München 1987.

ROSSMANN, Gerhard: Geschichte der Sozialistischen Einheitspartei Deutschlands. Abriß. Berlin (Ost) 1978.

RUDOLPH, Hermann: Die deutsche Frage – neu gestellt? Zur Kritik des neuen Patriotismus vor dem Hintergrund von Jakob Kaisers Brücke-Konzept. In: Mut zur Einheit S. 147–164.

RÜHMLAND, Ullrich: Mitteldeutschland „Moskaus westliche Provinz“. 15 Jahre Sowjetzonenstaat. Bonn 1963.

– Ulbrichts Bürgerfalle, Aufstieg und Niedergang der National-Demokratischen Partei der Sowjetzone. In: PM 24 (1958) S. 72–78.

RÜSS, Gisela: Anatomie einer politischen Verwaltung. Das Bundesministerium für gesamtdeutsche Fragen – Innerdeutsche Beziehungen 1949–1970. München 1973.

RÜTHER, Günther (Hg.): Geschichte der christlich-demokratischen und christlich-sozialen Bewegungen in Deutschland. Grundlagen, Quellen, Unterrichtsmodelle. 2 Bde. Köln 1986.

SACHER, S.: Die Entwicklung der Blockpolitik in Sachsen in der Zeit der Festigung der Arbeiter- und Bauern-Macht in der Deutschen Demokratischen Republik (1945–1950). (Diss.). Leipzig 1963.

SAGOLLA, Bernhard: Die rote Gestapo. Der Staatssicherheitsdienst in der Sowjetzone. Berlin 1952.

SALZMANN, Rainer (Bearb.): s. CDU/CSU im Parlamentarischen Rat.

Satzung der Christlich-Demokratischen Union Deutschlands. Hg. von der Hauptgeschäftsstelle der CDU. Berlin (Ost) 1949.

SBZ-Biographie. Ein biographisches Nachschlagebuch über die Sowjetische Besatzungszone Deutschlands (zusammengestellt vom Untersuchungsausschuß Freiheitlicher Juristen) (Versch. Aufl.). Bonn. 1958–1965.

SBZ von A – Z. Ein Taschen- und Nachschlagebuch über die Sowjetische Besatzungszone Deutschlands (Versch. Aufl.). Bonn 1953–1966.

SCHACHTNER, Richard: Die deutschen Nachkriegswahlen. Wahlergebnisse in der

Bundesrepublik Deutschland, in den deutschen Bundesländern, in West-Berlin, im Saarland und in der Sowjetzone (DDR) 1946 bis 1956. München 1956.
SCHAPER, Alwin: Als die Welt sich wandelte. Erinnerungen und Beobachtungen (CDUD-Beiträge zur Geschichte). Berlin (Ost) 1974.
– Antikommunismus – Instrument der Kriegsvorbereitung (Hefte aus Burgscheidungen 68). o.O. 1961.
– Jahre der Entscheidung. Erinnerungen an die Entwicklung des Landesverbandes Sachsen-Anhalt der CDU (1945–1952) (CDUD-Beiträge zur Geschichte). Berlin (Ost) 1969.
– Otto Nuschke und seine Zeit. Politik aus dem Geschichtserlebnis des 20. Jahrhunderts (Hefte aus Burgscheidungen 92). Burgscheidungen 1963.
– So wurde Deutschland gespalten. Die Geschichte der Herauslösung Westdeutschlands aus unserem National- und Staatsverband (Hefte aus Burgscheidungen 76). o.O. 1962.
SCHENK, Fritz: Im Vorzimmer der Diktatur. Köln 1962.
SCHLANGEN, Walter (Hg.): Die deutschen Parteien im Überblick. Düsseldorf 1979.
SCHLOMANN, Friedrich Wilhelm: Eine demokratische Partei wurde umgekrempelt. In: „Der Report" 11 vom 16. März 1978 S. 4.
– Vor 30 Jahren. Die Ostzonen-CDU wurde „gleichgeschaltet" ... In: „Schweizer Politische Korrespondenz" vom 14. März 1978.
SCHMIDT, Ute: Die Christlich-demokratische Union Deutschlands. In: Parteien-Handbuch 1 S. 490–660.
SCHMIDT-WITTMACK, Karl Franz: So geht es nicht weiter! Hg. vom Ausschuß für deutsche Einheit. Berlin (Ost) 1954.
SCHMOLZE, Gerhard: Das Elend der Ost-CDU. In: KALTENBRUNNER S. 74–92.
SCHNEIDER, Wolfgang: Zur Entwicklung der Klassen und Schichten in der DDR. Berlin (Ost) 1977.
SCHÖNEBURG, Karl-Heinz: Errichtung des Arbeiter- und Bauern-Staates der DDR 1945–1949. Berlin (Ost) 1983.
SCHÖNEBURG, Karl-Heinz/KÜNZEL, Werner: Allgemeines, Besonderes und Einzelnes in der Entstehung volksdemokratischer sozialistischer Staaten in Europa. In: Revolutionärer Prozeß S. 9–25.
SCHOLLWER, Wolfgang: Potsdamer Tagebuch 1948–1950. Liberale Politik unter sowjetischer Besatzung (Biographische Quellen zur deutschen Geschichte nach 1945 6). München 1988.
SCHUDER, Rosemarie (Hg.): Otto Nuschke. Mensch, Politiker, Journalist (Bibliothek der CDUD 1). Berlin (Ost) 1953.
SCHÜTZE, Hans: „Volksdemokratie" in Mitteldeutschland. Hg. von der Niedersächsischen Landeszentrale für politische Bildung. Ergänzende Überarbeitung. Hannover 1964.
SCHWARZ, Hans-Peter: Adenauer. Der Aufstieg: 1876–1952. Stuttgart 1986.
– Die Ära Adenauer. Gründerjahre der Republik 1949–1957 (Geschichte der Bundesrepublik Deutschland 2). Stuttgart 1981.

– Das außenpolitische Konzept Konrad Adenauers. In: GOTTO/MAIER S. 97–155.
– Die außenpolitischen Grundlagen des westdeutschen Staates. In: LÖWENTHAL, Richard/SCHWARZ, Hans-Peter: Die zweite Republik. 25 Jahre Bundesrepublik Deutschland – eine Bilanz. Stuttgart 1974 S. 27–63.
– Vom Reich zur Bundesrepublik. Deutschland im Widerstreit der außenpolitischen Konzeptionen in den Jahren der Besatzungsherrschaft 1945–1949. Neuwied 1966.

SCHWARZ, Hans-Peter (Hg.): Die Legende von der verpaßten Gelegenheit. Die Stalin-Note vom 10. März 1952 (Rhöndorfer Gespräche 5). Stuttgart 1982.

SEIBERT, Wolfgang: Mitwirkung am Aufbau der Demokratie. Die Grundlagen der Jungen Union in den vier besetzten Zonen. In: Die Entscheidung 2 (1987) S. 17f.

SEYDEWITZ, Max: Ansprache des Herrn Ministerpräsidenten des Landes Sachsen, Max Seydewitz, auf der Tagung der sächsischen Pfarrer in Leipzig am 2. Oktober 1950. Hg. vom Amt für Information Land Sachsen. Dresden 1950.

Sieg der Gemeinschaft – Glück des Volkes. Die Nationale Front (Hefte aus Burgscheidungen 128). Berlin (Ost) 1965.

Solange Kirche Kirche und Staat Staat bleiben, können wir in Frieden miteinander leben, und der Staat wird die Kirche unterstützen. Hg. vom Amt für Information Land Sachsen. Dresden 1950.

Sozialismus des christlichen Arbeiters. Hg. von der Hauptgeschäftsstelle der CDU (Rüstzeug der Union 4). Berlin (Ost) 1948.

SPANGER, Hans-Joachim: Die SED und der Sozialdemokratismus. Ideologische Abgrenzung in der DDR. Köln 1982.

SPITTMANN, Ilse (Hg.): Die SED in Geschichte und Gegenwart. Beiträge von J. Hacker u.a. Köln 1987.

STALIN, Josef W.: Works 3 (XVI) 1946–1953. Hg. von Robert H. McNeal. Stanford 1967.

STAMMEN, Theo: Parteien in Europa. Nationale Parteiensysteme, Transnationale Parteienbeziehungen, Konturen eines europäischen Parteiensystems. 2. Aufl. München 1978.

STARITZ, Dietrich: Geschichte der DDR 1949–1985. Frankfurt a.M. 1985.
– Die Gründung der DDR. München 1984.
– Die National-Demokratische Partei Deutschlands 1948–53. Ein Beitrag zur Untersuchung des Parteiensystems der DDR (Diss.). Berlin (West) 1968.
– Parteien für ganz Deutschland. Zu den Kontroversen über ein Parteiengesetz im Alliierten Kontrollrat 1946/47. In: VfZ 2 (1984) S. 240–268.
– Sozialismus in einem halben Lande. Zur Programmatik und Politik der KPD/SED in der Phase der antifaschistisch-demokratischen Umwälzung in der DDR. Berlin (West) 1976.
– Zur Entstehung des Parteiensystems der DDR. In: STARITZ (Hg.): Das Parteiensystem S. 90–108.

STARITZ, Dietrich (Hg.): Auf dem Wege zur DDR (1948/1949). In: APuZG 35 (1985) B 18 S. 29–45.

– Das Parteiensystem der Bundesrepublik. Geschichte – Entstehung – Entwicklung. 2. Aufl. Opladen 1980.
STEIDLE, Luitpold: Das große Bündnis (Hefte aus Burgscheidungen 91). Berlin (Ost) 1963.
STEIN, G.: Die gleichgeschaltete „CDU". Hg. von der SPD Hannover. Sonderdruck aus Sopade 822/823 vom 14./15. Juli 1949.
STEINBACH, Peter (Hg.): Widerstand. Ein Problem zwischen Theorie und Geschichte. Köln 1987.
STEINIGER, Alfons: Das Blocksystem. Beitrag zu einer demokratischen Verfassungslehre. Berlin (Ost) 1949.
STEININGER, Rolf: Eine Chance zur Wiedervereinigung? Die Stalin-Note vom 10. März 1952 (Archiv für Sozialgeschichte, Beiheft 12). Bonn 1985.
STELTZER, Theodor: Von deutscher Politik. Dokumente, Aufsätze und Vorträge. Frankfurt a.M. 1949.
STERN, Carola: Die „Blockpolitik" der SED. In: SBZ-Archiv 6 (1955) S. 226–229.
– Porträt einer bolschewistischen Partei. Köln 1957.
– Ulbricht. Eine politische Biographie. Köln 1964.
STÖCKIGER, Rolf: Zur Bündnispolitik der SED. In: ZfG 27 (1979) S. 1115–1120.
STÖSS, Richard: s. Parteien-Handbuch.
STÖSSEL, Frank Thomas: Positionen und Strömungen in der KPD/SED 1945/1954. 2 Bde. Köln 1985.
STRÖBINGER, Rudolf: Kreuz und roter Stern. Hinter den Kulissen der christlichen Parteien des Ostblocks. Düsseldorf 1977.
SUCKUT, Siegfried: Die Betriebsrätebewegung in der Sowjetisch Besetzten Zone Deutschlands (1945–1948). Zur Entwicklung und Bedeutung von Arbeiterinitiative, betrieblicher Mitbestimmung und Selbstbestimmung bis zur Revision des programmatischen Konzepts der KPD/SED vom „besonderen deutschen Weg zum Sozialismus". Frankfurt a.M. 1982.
– Blockpolitik in der SBZ/DDR 1945–1949. Die Sitzungsprotokolle des zentralen Einheitsfront-Ausschusses. Quellenedition (Mannheimer Untersuchungen zu Politik und Geschichte der DDR 3). Köln 1986.
– Die CDU in der DDR. Zu Funktion und Funktionswandel einer christlichen Partei im Sozialismus. In: DDR-Report 15 (1982) S. 702–705.
– Die CDU in der SBZ und die Gründung der SED. Parteiinterne Wertungen und Reaktionen. In: DA 20 (1987) S. 612–623.
– Keine Manipulation. Anmerkungen zur Rezension von „Blockpolitik in der SBZ/DDR 1945–1949". In: DA 19 (1986) S. 965f.
– Der Konflikt um die Bodenreformpolitik in der Ost-CDU 1945. Versuch einer Neubewertung der ersten Führungskrise der Union. In: DA 15 (1982) S. 1080–1095.
– Von der Opposition zum Bündnis. Zur Entwicklung der DDR-CDU von 1945 bis 1952. In: KiS 8 (1982) S. 50–55.

– Zu Krise und Funktionswandel der Blockpolitik in der sowjetisch besetzten Zone Deutschlands um die Mitte des Jahres 1948. In: VfZ 31 (1983) S. 674–718.
– Zum Wandel von Rolle und Funktion der Christlich-Demokratischen Union Deutschlands (CDUD) im Parteiensystem der SBZ/DDR (1945–1952). In: WEBER (Hg.): Parteiensystem S. 117–178.
– 40 Jahre CDU. Anmerkungen zu einem politischen Jubiläum. In: KiS 11 (1985) S. 141f.

Die Teilung Deutschlands. Sowjetische Strategie und Taktik in der SBZ 1945–1948. In: APuZG (1961) B 35 S. 497–507.

TELLER, Hans: Der kalte Krieg gegen die DDR. Von seinen Anfängen bis 1961. Berlin (Ost) 1979.

Die Thesen des christlichen Realismus. Durch den 6. Parteitag der CDU am 17.10.1952 bestätigt. Hg. von der Parteileitung der CDU. Berlin (Ost) 1954.

Thesen zur Geschichte der Christlich-Demokratischen Union Deutschlands (CDUD-Beiträge zur Geschichte). Berlin (Ost) 1970.

THIEL, Isolde van: Entstehung und Entwicklung des Parteiensystems der DDR 1945–1949 im Spiegel der Pravda (mit einem Vergleich zu Bol'sevik) (Europäische Hochschulschriften. Reihe III: Geschichte und ihre Hilfswissenschaften 155). Frankfurt a.M. 1981.

THIEL, Victor: Christen Thüringens in der Bewährung. Aus der Geschichte des Landesverbandes Thüringen der Christlich-Demokratischen Union Deutschlands (CDUD-Beiträge zur Geschichte). Halle 1970.

TIMMERMANN, Heinz: Stichwort: Kominform. In: DA 20 (1987) S. 798f.

TJULPANOW, Sergej: Deutschland nach dem Kriege (1945–1949). Erinnerungen eines Offiziers der Sowjetarmee. Hg. von Stefan Doernberg. Berlin (Ost) 1986.

TOEPLITZ, Heinrich: Aus Reden und Aufsätzen 1952–1973. Berlin (Ost) 1974.
– Was bedeutet für uns Christen der Marxismus-Leninismus? Vortrag, gehalten auf der Festsitzung des wissenschaftlichen Arbeitskreises der CDU anläßlich der 135. Wiederkehr des Geburtstages von Karl Marx. Berlin (Ost) 1953.

TORMIN, Walter: Geschichte der deutschen Parteien seit 1848. 3. Aufl. Stuttgart 1968.

TORMOLEN, H.: Der perfekte Polizeistaat. Überwachung der Sowjetzonen-Bevölkerung durch den „Sektionsdienst der Volkspolizei". In: SBZ-Archiv 3 (1952) S. 18f.

TRAVERS, Detlev Ahlhardt: Entwicklung und ideologische Hintergründe der Verfassungsarbeiten in der Sowjetischen Besatzungszone Deutschlands bis zur Gründung der „Deutschen Demokratischen Republik" (Diss.). Freiburg 1962.

TREUE, Wolfgang: Die deutschen Parteien vom 19. Jahrhundert bis zur Gegenwart. Frankfurt a.M. 1975.

UERTZ, Rudolf: Christentum und Sozialismus in der frühen CDU. Grundlagen und Wirkungen der christlich-sozialen Ideen in der Union 1945–1949 (Schriftenreihe der VfZ 43). Stuttgart 1981.

ULBRICHT, Walter: Der deutsche Zweijahresplan für 1949–1950. Berlin (Ost) o.J.
– Die Entwicklung des deutschen volksdemokratischen Staates 1945–1958. Berlin (Ost) 1958.

– Die nächsten Aufgaben des demokratischen und wirtschaftlichen Neuaufbaus. Referat auf der 7. (21.) Tagung des Parteivorstandes der SED, 11./12.2.1948. In: Zur Geschichte III. Zusatzband S. 437–470.
– Zu den Aufgaben der Parteiorganisation in den Justizverwaltungen. Diskussionsrede auf der 3. Tagung des Ausschusses für Rechtsfragen beim ZK der SED am 3. und 4. Januar 1948. In: Zur Geschichte III. Zusatzband S. 403–410.
– Zur Geschichte der deutschen Arbeiterbewegung. Bd. II: 1946–1950. 5. Aufl. Berlin (Ost) 1960.
– Zur Geschichte der deutschen Arbeiterbewegung. Bd. III: 1946–1950 (Zusatzband). Hg. vom Institut für Marxismus/Leninismus beim ZK der SED. Berlin (Ost) 1971.
– Zur Geschichte der deutschen Arbeiterbewegung. Bd. IV: 1950–1954. Aus Reden und Aufsätzen. Berlin (Ost) 1958.

Um ein antifaschistisch-demokratisches Deutschland. Dokumente aus den Jahren 1945–1949. Hg. vom Ministerium für Auswärtige Angelegenheiten. Berlin (Ost) 1968.

Unrecht als System. Dokumente über planmäßige Rechtsverletzungen im sowjetischen Besatzungsgebiet. Bonn 1952.

Unser Geschichts- und Naturbild. Kulturtagung der CDU vom 24.–26. Juni 1949 in Eisenach. Ansprache und Beschlüsse. Berlin (Ost) 1949.

Unser Sozialismus. Die Frage der Zeit. Hg. vom Landesverband Sachsen der CDU. Dresden 1948.

Unsere christliche Politik. Die Forderung der Zeit. Hg. vom Landesverband Sachsen der CDU. Dresden 1948.

Unsere Demokratie. CDU. Die Politik der Zeit. Hg. vom Landesverband Sachsen der CDU. Dresden 1948.

VEEN, Hans-Joachim (Hg.): Christlich-demokratische und konservative Parteien in Westeuropa. 2 Bde. Paderborn 1983.
– Die Zukunft der deutsch-amerikanischen Beziehungen. 2. Deutsch-amerikanische Konferenz des sozialwissenschaftlichen Forschungsinstituts der Konrad-Adenauer-Stiftung (Forschungsbericht der Konrad-Adenauer-Stiftung 23). Melle 1983

VOGEL, Bernhard/NOHLEN, Dieter/SCHULTZE, Rainer-Olaf: Wahlen in Deutschland. Theorie – Geschichte – Dokumente 1848–1970. Berlin (West) 1971.

VOLKMANN, Hans-Erich: Adenauer und die deutschlandpolitischen Opponenten in CDU und CSU. In: FOSCHEPOTH: Adenauer S. 183–206.

Vom Gründungsaufruf zur Partei des Friedens, der Demokratie und des Sozialismus. Hg. vom Sekretariat des Hauptvorstandes der CDU. o.O. 1980.

Die Wahlen in der Sowjetzone. Dokumente und Materialien. Bonn 1956. 6. Aufl. Berlin (West) 1964.

Wahlfälschungen, Wahlbehinderungen,
Wahlbeeinflussungen in der sowjetischen Besatzungszone 1946–1950. Dokumente und Tatsachen. Berlin o.J.

WEBER, Hermann: Die DDR 1945–1986. München 1988.
– Kleine Geschichte der DDR (Edition Deutschland-Archiv). Köln 1980.
– Von der SBZ zur „DDR“ 1945–1967. Bd. 1: 1945–1955. Hannover 1966.
– Zum Transformationsprozeß des Parteiensystems in der SBZ/DDR. In: WEBER: Parteiensystem S. 11–50.

WEBER, Hermann (Hg.): Parteiensystem zwischen Demokratie und Volksdemokratie. Dokumente und Materialien zum Funktionswandel der Parteien und Massenorganisationen in der SBZ/DDR 1945–1950. Köln 1982.

Der Weg der Union. Die Ergebnisse der Tagung des erweiterten Parteivorstandes der CDU am 29.7.1948. Hg. von der Hauptgeschäftsstelle der CDU. Berlin (Ost) 1948.

Der Weg nach Pankow. Zur Gründungsgeschichte der DDR. Kolloqium des Instituts für Zeitgeschichte München. München 1980.

Der Weg zur Lösung der Lebensfragen der deutschen Nation. Bildungshefte der CDU. Hg. von der Zentralen Parteischule der CDU „Otto Nuschke“ (Reihe: Der Kampf um den Frieden). Berlin 1954.

WEISSHUHN, Herbert: Luitpold Steidle, Entscheidung für das Leben (Christ in der Welt 64). Berlin (Ost) 1986.

WELS, Horst: 5 Jahre Bolschewisierung der Sowjetzone. In: Aus der Zone des Unrechts. Sondernummer 4 (1954).

WENGST, Udo (Bearb.): Auftakt zur Ära Adenauer. Koalitionsverhandlungen und Regierungsbildung 1949 (Quellen zur Geschichte des Parlamentarismus und der politischen Parteien. 4. Reihe, Bd. 3). Düsseldorf 1985.
– Die CDU/CSU im Bundestagswahlkampf 1949. In: VfZ 34 (1986) S. 1–52.

WERNET-TIETZ, Bernhard: Bauernverband und Bauernpartei in der DDR. Die VdgB und die DBD 1945–1952. Ein Beitrag zum Wandlungsprozeß des Parteiensystems der SBZ/DDR (Mannheimer Untersuchungen zur Politik und Geschichte 2). Köln 1984.

Die westdeutschen Parteien 1945–1965. Ein Handbuch. Hg. vom Deutschen Institut für Zeitgeschichte. Berlin (Ost) 1966.

Wie steht der Christ zur Sowjetunion? Berlin (Ost) 1954.

Wiedervereinigung in Frieden und Freiheit. Hg. von der Exil-CDU der SBZ. Berlin (West) o.J. (1951).

WIETSTRUK, Siegfried (Hg.): Entwicklung des Arbeiter- und Bauernstaates der DDR 1949–1961. Hg. vom Institut für Theorie des Staates und des Rechts der AdW der DDR. Berlin (Ost) 1987.

WILHELMUS, Wolfgang: Die Stellung der Kaiser-Lemmer-Gruppe der CDU zur nationalen Frage und zur Volkskongreßbewegung 1947–1948. In: Wissenschaftliche Zeitschrift der Ernst-Moritz-Arndt-Universität 14 (1965) 2/3. Greifswald S. 385–392.

WILKE, Manfred: Einheitsgewerkschaft zwischen Demokratie und antifaschistischem Bündnis (Forschungsbericht der Konrad-Adenauer-Stiftung 46). Melle 1985.

WINTER, Beatrice: Zur Problematik der Mitarbeit der Evangelischen Kirche in den Jahren 1946–1958 (Diss.). Berlin (West) 1979.

WIRTH, Günter: Der Leninismus und die bürgerlich-demokratischen Kräfte (Hefte aus Burgscheidungen 174). Berlin (Ost) 1970.

– Zur Entwicklung der Christlich-Demokratischen Union von 1945–1950. In: ZfG 7 (1959) S. 1577–1601.

– Zur Politik der CDU 1945–1950 (Hefte aus Burgscheidungen 24). Burgscheidungen 1959.

WIRTH, Günter (Hg.): Wir leben in der DDR. Selbstzeugnisse christlicher Persönlichkeiten. Berlin (Ost) 1963.

– Otto Nuschke (Reihe: Christ in der Welt 1). Berlin (Ost) 1965.

– Wilhelm Elfes. Nicht wieder das Alte! (Reihe: Christ in der Welt 58). Berlin (Ost) 1984.

WÖRMANN, Karl: Jesus, der erste Aktivist. Stalin ist der neue Gott der „Nuschke-Christen". In: Aktion 2 (1952) 20 S. 44–47.

Dem Wohle des Volkes verpflichtet. Zeugnisse der Mitarbeit christlicher Demokraten am Werden und Wachsen der DDR. Berlin (Ost) 1979.

WOLFGRAMM, Herbert: Zu Fragen des Bündnisses der Arbeiterklasse mit den Mittelschichten in der DDR. In: Wissenschaftliche Zeitschrift der Ernst-Moritz-Arndt-Universität Greifswald. Gesellschafts- und Sprachwissenschaftliche Reihe VIII (1958/59) 5/6 S. 513ff.

WÜNSCHMANN, Werner: Gemeinsames stärker als Trennendes. Erfahrungen der CDU zur Zusammenarbeit von Christen und Marxisten in der DDR (Fakten/Argumente). Berlin (Ost) 1986.

ZAPF, Helmut: Der Gegensatz zwischen den klerikal-militaristischen und friedlich-demokratischen Kräften in der CDU/CSU als Ausdruck des Klassenwesens dieser Partei unter den Bedingungen der Existenz zweier gegengesetzter Gesellschaftssysteme in Deutschland (Diss.). Leipzig 1963.

ZAV'JALOV, A. S.: Demokratičeskie partij GDR v period stroitel'stva razvitogo socializma. Kiev 1986.

– Edinym frontom. Demokratiečeskie Partij GDR v bor'be za socializm (1949–1961). Kiev 1980.

10 Jahre DDR – 10 Jahre Mitarbeit der CDU. Hg. von der Parteileitung der CDU. Berlin (Ost) 1959.

Zehn Jahre Christlich-Demokratische Union Deutschlands. Festausgabe zum zehnten Jahrestag der Veröffentlichung des Gründungsaufrufes der Christlich-Demokratischen Union. Hg. von der Parteileitung der CDU. Berlin (Ost) 1955.

ZILLIG, Hans: In der Mitarbeit gewachsen und gereift. Zur Geschichte des Landesverbandes Sachsen der CDU (1945 bis 1952) (CDUD-Beiträge zur Geschichte). Berlin (Ost) 1975.

Zu den Beziehungen zwischen Kirche und Staat in der DDR. Zusammengestellt von der Parteileitung der CDU. Berlin (Ost) 1956.

Zur Strategie und Taktik der KPD/SED. Aktionseinheit. Einheitsfront. Volksfront. Bündnispolitik (Die DDR – Realitäten, Argumente). Bonn 1982.

20 Jahre Christlich-Demokratische Union – 20 Jahre gemeinsamen Kampfes für Frieden und Sozialismus, für das Glück des Volkes (Hefte aus Burgscheidungen 135). Berlin (Ost) 1965.
Zwei Jahrzehnte deutsch-sowjetische Beziehungen 1945–1965. Berlin (Ost) 1965.
Zweiter Parteitag der CDU für die Britische Zone (Wirtschaftlicher Neuaufbau im Dienste des Menschen 2). Recklinghausen 1948.

6. Periodika

Aus der Zone des Unrechts – Informationen und Berichte vom Untersuchungsausschuß Freiheitlicher Juristen (nicht im Zeitschriftenvertrieb). Berlin (West). 1. Jg. 1951.
Bauernbrief der Union hg. von der Christlich-Demokratischen Union Deutschlands. Berlin (Ost). Jg. 1949–1952.
Bauern-Echo Zentralorgan der Demokratischen Bauernpartei Deutschlands. Berlin (Ost). 1. Jg. 1948.
Bauernwacht für Mitteldeutschland hg. von der Bundesgeschäftsstelle der CDU. Verantwortlich für den Inhalt: Werner Jöhren. Bonn. O.J.
Begegnung Zeitschrift für Katholiken in Kirche und Gesellschaft. Berlin (Ost). 1. Jg. 1961.
Beiträge zur Geschichte der Arbeiterbewegung hg. von der SED. Berlin (Ost). 1. Jg. 1959.
Berliner Statistik Monatsschrift. Berlin (West). 1. Jg. 1946.
Berliner Zeitung Berlin (Ost). 1. Jg. 1945.
Bildungshefte der CDU hg. von der Zentralen Parteischule der CDU *Otto Nuschke*. Halle/Saale. O.J.
Blätter für die Berliner Union hg. von der Jungen Union im Landesverband Berlin der CDU. Berlin (West). 1. Jg. 1948.
Blätter für junge Politik im Auftrag der Jungen Union hg. von Peter Lorenz, Fritz Klauck und Ernst Benda. Berlin (West). 1. Jg. 1950.
Brandenburger Briefe der Exil-CDU hg. von Willy Heller. Essen. 1. Jg. 1952.
CDU in der staatlichen Verwaltung Informationsbrief der CDU Hauptgeschäftsstelle. Berlin (Ost). 1951–1952.
Der Abend Berlin (West). 1. Jg. 1946.
Der Demokrat Zeitung des Landesverbandes Mecklenburg der CDU. Schwerin/Rostock. 1. Jg. 1945.
Der Fortschritt Wochenzeitung der CDU Berlin. Schriftleitung Martin Preikschar. Berlin (Ost). Jg. 1948–1950.
Der Kurier Berlin (West). 1. Jg. 1945.

Der neue Weg Zeitung des Landesverbandes Sachsen-Anhalt der CDU. Halle. 1. Jg. 1945.

Der Sozialdemokrat Organ der Sozialdemokratie von Groß-Berlin. Berlin (West). Jg. 1946–1949.

Der Tag Berlin (West). 1. Jg. 1948.

Der Tagesspiegel Berlin (West). 1. Jg. 1945.

Der Unionsfreund Nachrichtenblatt des Landesverbandes Sachsen-Anhalt der CDU für die aktiven Parteiarbeiter (nicht im Buchhandel). Halle. Jg. 1949.

Der Wellenbrecher hg. vom Ostbüro der CDU. Berlin (West). Jg. 1951–1952.

Deutsche Fragen Beiträge zur Situation im geteilten Deutschland und zur Wiedervereinigung. Hg. vom Untersuchungsausschuß Freiheitlicher Juristen. Berlin (West). 1. Jg. 1954.

Deutschland-Union-Dienst Ausgabe A. Pressedienst der CDU und CSU. Hg. von Bruno Dörpinghaus. Frankfurt am Main. Jg. 1947–1952. Ausgabe B. Pressedienst der CDU und CSU. Hg. von Bruno Dörpinghaus. Frankfurt am Main. Jg. 1947–1949. Ausgabe C. Informationsblatt der Arbeitsgemeinschaft der CDU/CSU Deutschlands. Hg. von Bruno Dörpinghaus. Frankfurt am Main. Jg. 1947–1950. Ab 1951 hg. von der Bundesgeschäftsstelle der CDU. Bonn.

Die Neue Zeitung Berlin (West). 1. Jg. 1945.

Die Parteiorganisation Informationsbrief der Hauptabteilung Organisation der Parteileitung der CDU. Berlin (Ost). Ab April 1952 Organisationsbrief der Parteileitung der CDU.

Die Union Zeitung des Landesverbandes Sachsen der CDU. Dresden. 1. Jg. 1945.

Die Union Betriebsgruppe Informationsbrief des Zonengewerkschaftsrates, später des Gewerkschaftsrates der CDU. Berlin (Ost). 1. Jg. 1950.

Die Union Betriebsgruppe Hochschulgruppen hg. vom Jugendreferat der CDU. Berlin (Ost). 1. Jg. 1949.

Die Union in der Kommunalpolitik Informationsbrief der CDU Hauptgeschäftsstelle. Berlin (Ost). Jg. 1950–1952.

Die Union in der Nationalen Front Informationsbrief der CDU. Hg. vom Hauptvorstand der CDU. Berlin (Ost). Jg. 1950–1952.

Die Union in der Sozialpolitik und Mitteilungen für die Betriebsgruppen Informationsbrief der CDU. Hg. von der Hauptgeschäftsstelle der CDU. Berlin (Ost). Jg. 1951–1952.

Dokumentation der Zeit Gesamtdeutsches Informations-Archiv. Hg. vom DIZ. Berlin (Ost). 1. Jg. 1949.

Entscheidung für Deutschland und Europa hg. von Werner Jöhren. Berlin (West). 1. Jg. 1949.

Frankfurter Hefte Zeitschrift für Kultur und Politik. Hg. von Eugen Kogon und Walter Dirks. Frankfurt am Main. 1. Jg. 1946.

Informationsbüro West Berlin (West). 1. Jg. 1951.

Informationsdienst-A hg. vom Zonenausschuß der CDU (britische Zone). Jg. 1948.

Informationsdienst-B hg. vom Zonenausschuß der CDU (britische Zone). Jg. 1948.
Informations-Dienst der CDU Köln. Jg. 1948–1951.
Kulturbrief der CDU Informationsbrief des Kulturreferates der CDU. Berlin (Ost). Jg. 1950–1952.
Landes-Zeitung Organ der SED für Mecklenburg. Schwerin/Rostock. 1. Jg. 1946.
Leipziger Volkszeitung Organ der SED in Leipzig. Leipzig. 1. Jg. 1946.
Märkische Union Zeitung des Landesverbandes Brandenburg der CDU. Potsdam. 1. Jg. 1945.
Märkische Volksstimme Organ der SED in Brandenburg. Potsdam. 1. Jg. 1946.
Märkischer Adler Brandenburger Informationen junger christlicher Demokraten. Hg. von Wolfram Kesseler, Engelbert Peters und Michael Schütze. Berlin (West). 1. Jg. 1951.
Mecklenburg Brief hg. von der Arbeitsgemeinschaft Berlin der Landsmannschaft Mecklenburg-Pommern der Exil-CDU. Berlin (West). Jg. 1951–1952.
Mitteldeutscher Pressedienst Nachrichten und Berichte aus der Sowjetzone. Hg. von Hermann Brill, Helmut Külz, Hans Lukaschek und Dietrich Großmann. Frankfurt am Main. O.J.
Neues Deutschland Zentralorgan der SED. 1. Jg. 1946.
Neue Zeit Zentralorgan der CDU. Berlin (Ost). 1. Jg. 1945.
Ohne uns Zeitung für unabhängige demokratische Freiheit. Hg. von Fritz Küster. Hannover. 1. Jg. 1951.
PZ Archiv Dokumente. Berichte. Kommentare. Hg. vom Publizistischen Zentrum für die Einheit Deutschlands. Köln. 1. Jg. 1950.
Rundbriefe des Christlichen Arbeitskreises für den Frieden Berlin (Ost). O.J.
Rundbrief der Gemeinschaft Christlicher Demokraten hg. von der Gemeinschaft Christlicher Demokraten i. G. Wien. 1. Jg. 1951.
Rundbrief an unsere Freunde in der Bundesrepublik hg. von der Exil-CDU. Landsmannschaft Sachsen. Berlin (West). Jg. 1952.
Sachsenbrief hg. von der Landesgruppe Sachsen der Exil-CDU (maschinenschriftlich). O.J.
Sächsische Zeitung Organ der SED in Dresden. Dresden. 1. Jg. 1946.
Sopade Informationsdienst. Jg. 1948–1953.
Stimme im Exil Informationsblatt der Exil-CDU der SBZ. 1. Jg. 1955.
Stimme junger Unionsmitglieder und Mitteilungen für die Studenten der Hochschulgruppen. Berlin (Ost). Jg. 1951–1952.
Tägliche Rundschau Berlin (Ost). 1. Jg. 1945.
Tarantel Satirische Monatsschrift der Sowjetzone. Berlin (West). 1. Jg. 1950.
Telegraf Berlin (West). 1. Jg. 1946.
Telegraf Wochen-Spiegel – Die Nachrichten-Brücke zwischen Ost und West mit umfassenden Suchdienst. Berlin (West). 1. Jg. 1949.
Thüringer Tageblatt Organ der CDU (Landesverband Thüringen). Weimar. 1. Jg. 1946.
Union – Nachrichtenblatt der CDU Württemberg Stuttgart. 1. Jg. 1946.

Union-Dienst Pressedienst der CDU und CSU. Hg. von Bruno Dörpinghaus. Frankfurt am Main. Jg. 1947–1948.

Union im Wahlkampf Informations- und Rednerdienst der Arbeitsgemeinschaft der CDU/CSU. Hg. von Bruno Dörpinghaus. Frankfurt am Main. Jg. 1949.

Union in Deutschland Informationsbrief der Christlich-Demokratischen und Christlich-Sozialen Union Deutschlands. Hg. von Bruno Dörpinhaus. Ausgabe des DUD für alle Mitarbeiter in der CDU/CSU. Jg. 1948–1952.

Union Presse-Dienst (UPD) hg. von der Pressestelle des Hauptvorstandes der CDU. Berlin (Ost). 1. Jg. 1947.

Union-Presse-Korrespondenz (UPK) hg. von der Pressestelle der CDU bis 1951. Berlin (Ost).

Union teilt mit Nachrichten der CDU. Berlin (Ost). 1. Jg. 1946.

Union und die Wirtschaft Informationsbrief des Zonenreferates für Wirtschaftspolitik der CDU. Berlin (Ost). Jg. 1950–1952.

Verantwortung Berlin (Ost) – Christliche Wochenschrift der CDU. Jg. 1952 (im Januar 1953 Erscheinen eingestellt).

Wartburg Brief Arbeitsgemeinschaft Berlin der Landsmannschft Thüringen der Exil-CDU. Berlin (West). Jg. 1952.

Werftecho Rostock – Betriebszeitung der Schiffswerft Neptun. Rostock. 1. Jg. 1950.

Sachregister

Seitenangaben mit Asteriskus beziehen sich im Sach-, Personen- und Ortsregister auf eine Fußnote.

Personenregister

Ortsregister

Forschungen und Quellen zur Zeitgeschichte

Im Auftrag der Konrad-Adenauer-Stiftung

herausgegeben von
Günter Buchstab, Klaus Gotto, Hans Günter Hockerts,
Rudolf Morsey und Hans-Peter Schwarz

Band 1 Hans Günter Hockerts
Sozialpolitische Entscheidungen im Nachkriegsdeutschland
Alliierte und deutsche Sozialversicherungspolitik 1945 bis 1957
1980, 463 S., Leinen, ISBN 3-12-912910-3

Band 2 *Die CDU/CSU im Parlamentarischen Rat*
Sitzungsprotokolle der Unionsfraktion
Eingeleitet und bearbeitet von Rainer Salzmann
1981, XLIV, 701 S., Leinen, ISBN 3-12-912930-8

Band 3 Franz J. Bauer
Flüchtlinge und Flüchtlingspolitik in Bayern 1945–1950
1982, 444 S., Leinen, ISBN 3-608-91066-2

Band 4 *Bibliographie zur Geschichte der CDU und CSU 1945–1980*
Erstellt von Gerhard Hahn
1982, LXVIII, 961 S., Leinen, ISBN 3-12-912940-5

Band 5 Christian Hacke
Die Ära Nixon-Kissinger 1969-1974
Konservative Reform der Weltpolitik
1983, 319 S., Leinen mit Schutzumschlag, ISBN 3-608-91228-2

Band 6 Ulrich Reusch
Deutsches Berufsbeamtentum und britische Besatzung
Planung und Politik 1943-1947
1985, 419 S., Leinen, ISBN 3-608-91231-2

Band 7 Wulf Schönbohm
Die CDU wird moderne Volkspartei
Selbstverständnis, Mitglieder, Organisation und Apparat 1950–1980
1985, 343 S., Leinen mit Schutzumschlag, ISBN 3-608-91233-9

Band 8 *Adenauer: „Es mußte alles neu gemacht werden."*
Die Protokolle des CDU-Bundesvorstandes 1950–1953
Bearbeitet von Günter Buchstab
1986, XXIX, 730 S., Leinen mit Schutzumschlag, ISBN 3-608-91426-9

Band 9 *Der Weg in die Soziale Marktwirtschaft*
Referate, Protokolle, Gutachten der Arbeitsgemeinschaft
Erwin von Beckerath 1943–1947
Bearbeitet von Christine Blumenberg-Lampe
1986, 633 S., Leinen mit Schutzumschlag, ISBN 3-608-91399-8

Band 10 Wolfgang Krieger
General Lucius D. Clay und die amerikanische Deutschlandpolitik 1945–1949
1987, 560 S., Leinen mit Schutzumschlag, ISBN 3-608-91443-9

Band 11 *Im Zentrum der Macht*
Das Tagebuch von Staatssekretär Lenz 1951–1953
Bearbeitet von Klaus Gotto, Hans-Otto Kleinmann und Reinhard Schreiner
1989, XLIV, 800 S., Leinen mit Schutzumschlag, ISBN 3-7700-0763-8

Band 12 Horstwalter Heitzer
Die CDU in der britischen Zone 1945–1949
Gründung, Organisation, Programm und Politik
1988, 814 S., Leinen mit Schutzumschlag, ISBN 3-7700-0755-7

Band 13 *Die CDU/CSU im Frankfurter Wirtschaftsrat*
Protokolle der Unionsfraktion 1947–1949
Bearbeitet von Rainer Salzmann
1988, 481 S., Leinen, ISBN 3-7700-0756-5

Band 14 Margaret Lavinia Anderson
Windthorst
Zentrumspolitiker und Gegenspieler Bismarcks
Aus dem Amerikanischen von Christa Dericum und Hildegard Möller
1988, X, 466 S., Leinen mit Schutzumschlag, ISBN 3-7700-0774-3

Band 15 *Bibliographie zur Geschichte der CDU und CSU 1981–1986*
Mit Nachträgen 1945–1980
Erstellt von Brigitte Krahe und Michaela Seibel
1990, XIX, 687 S., Leinen, ISBN 3-7700-0798-0

Band 16 *Adenauer: „Wir haben wirklich etwas geschaffen."*
Die Protokolle des CDU-Bundesvorstands 1953 bis 1957
Bearbeitet von Günter Buchstab
1990, XXXVII, 1380 S., Leinen mit Schutzumschlag, ISBN 3-7700-0799-9

